Umsetzung der Verbrauchsgüterkaufrichtlinie
in Spanien und Deutschland

Internationalrechtliche Studien

Beiträge zum Internationalen Privatrecht, zum Einheitsrecht und zur Rechtsvergleichung

Herausgegeben von Ulrich Magnus

Band 24

PETER LANG
Frankfurt am Main · Berlin · Bern · Bruxelles · New York · Oxford · Wien

Sascha J. Morgenroth

Umsetzung der Verbrauchsgüterkaufrichtlinie in Spanien und Deutschland

Umsetzung der Richtlinie 1999/44/EG des Europäischen Parlaments und des Rates vom 25. Mai 1999 zu bestimmten Aspekten des Verbrauchsgüterkaufs und der Garantien für Verbrauchsgüter in Spanien und Deutschland

PETER LANG
Europäischer Verlag der Wissenschaften

Bibliografische Information Der Deutschen Bibliothek
Die Deutsche Bibliothek verzeichnet diese Publikation in der Deutschen Nationalbibliografie; detaillierte bibliografische Daten sind im Internet über <http://dnb.ddb.de> abrufbar.

Zugl.: Hamburg, Univ., Diss., 2002

D 18
ISSN 0947-0395
ISBN 3-631-51076-4

www.peterlang.de

Para mis padres

y
en memoria de
Francisca Bethencourt Acosta

Danksagung

Diese Arbeit wurde im Wintersemester 2002/2003 vom Fachbereich Rechtswissenschaft der Universität Hamburg unter dem Titel "Reaktionen auf die Verbrauchsgüterkaufrichtlinie in Spanien und Deutschland" als Dissertation angenommen. Sie ist vor der Drucklegung grundlegend aktualisiert worden und hat nunmehr einen Stand von Februar 2003.

Sehr herzlich danken möchte ich meinem Doktorvater Herrn Professor Dr. *Ulrich Magnus* für die Anregung zur Erstellung dieser Arbeit, die freundliche und hilfreiche Unterstützung sowie die Aufnahme in seine Schriftenreihe.

Herrn Professor Dr. *Peter Mankowski* danke ich für die Erstellung des Zweitgutachtens.

Für ihre freundliche Hilfestellung - ohne die diese Arbeit nicht in der vorliegenden Form zustande gekommen wäre - gilt mein Dank außerdem dem *Ministerio de Justicia de España*, Professor Dr. *Maria Elena Sánchez Jordan*, Universidad de La Laguna (Tenerife), Professor Dr. *Miquel Martín Casals*, Universidad de Girona, dem *Max-Planck-Institut für ausländisches und internationales Privatrecht in Hamburg* und der *Facultad de Derecho de la Universidad Complutense de Madrid*, an der ich, wie an der *Biblioteca Nacional* in Madrid, im Frühjahr 2001 beste Voraussetzungen für meinen Forschungsaufenthalt vorgefunden habe. Für die vielfältige Unterstützung, die ich an seinem Lehrstuhl an der Bucerius Law School als Mitarbeiter erhalten habe, danke ich Herrn Prof. Dr. *Gregor Thüsing*, LL.M.

Dank gebührt weiter allen, die mich in der Zeit der Dissertation vorangetragen haben. Mein Bruder *Stefan* hat mir sehr wertvolle technische Unterstützung geleistet. Von Herzen danke ich vor allem *meinen lieben Eltern*, denen diese Arbeit gewidmet ist. Mit ihr gedenke ich meiner Großmutter *Francisca Bethencourt Acosta*, die mich für Spanien begeistert und immer unterstützt hat.

Hamburg, im Februar 2003 Sascha J. Morgenroth

Inhaltsübersicht

Inhaltsverzeichnis

1. Kapitel

Einleitung, Problemstellung und Gang der Erörterung

A. Einleitung

Am 25.5.1999 wurde die Richtlinie 1999/44/EG zu bestimmten Aspekten des Verbrauchsgüterkaufs und der Garantien für Verbrauchsgüter[1] vom Europäischen Parlament und dem Rat der Europäischen Union verabschiedet. Die EG-Mitgliedstaaten hatten die sog. Verbrauchsgüterkaufrichtlinie (VbrKfRil), die am 7.7.1999 in Kraft trat, bis zum 1. Januar 2002 in nationales Recht umzusetzen. Mit dieser Richtlinie verfolgt der europäische Gesetzgeber das Ziel, die gesetzliche Gewährleistung und selbständige Garantien in Verbraucherkäufen über bewegliche Güter im europäischen Binnenmarkt - parallel zur Einführung des Euro als Barzahlungsmittel - zu harmonisieren.[2] Die unterschiedlichen Regelungen der gesetzlichen Gewährleistung im Kaufrecht der Mitgliedstaaten der EG sollen beseitigt werden, um einen unkontrollierten Wettbewerb der Regelungen zu vermeiden und das Integrationsziel des Binnenmarktes zu erreichen.[3] Zu diesem Zweck wird den Verbrauchern durch die Richtlinie ein allen EG-Mitgliedstaaten gemeiner Mindestsockel an Rechten gewährt.[4] Es handelt sich um die bisher wichtigste EG-Verbraucherschutzrichtlinie,[5] deren Umsetzung bedeutsame Auswirkungen auf das nationale Zivilrecht der EG-Mitgliedstaaten hat.[6] Während die bisherigen verbraucherschützenden Richtlinien eher Randbereiche des Zivilrechts betrafen, regelt die Richtlinie mit der Harmonisierung der Kaufrechtsgewährleistung in Verbraucherverträgen den Kern der europäischen Zivilrechtsordnungen.[7]

Der Umfang der Veränderung der nationalen Zivilrechtsordnungen durch die Umsetzung der VbrKfRil hängt davon ab, mit welchem Ehrgeiz die Richt-

---

[1] ABlEG Nr.L 171 v. 07.07.1999, S.12; NJW 1999, 2421; EuZW 1999, 498.

[2] Erwägungsgrund 2-4 VbrKfRil.

[3] Erwägungsgrund 3 VbrKfRil.

[4] Erwägungsgrund 5 VbrKfRil.

[5] Auch Weisner, in: JuS 2001, 759.

[6] Staudenmayer, RIW 1999, 733.

[7] Matthiessen/Lindner, NJ 1999, 617; Tonner, BB 1999, 1769; Weisner, JuS 2001, 759.

linienumsetzung in den Mitgliedstaaten betrieben wird. Zum einen kann sich der Gesetzgeber mit einer sog. 1:1-Umsetzung in das nationale Recht begnügen, zum anderen kann die Richtlinie von den EG-Mitgliedstaaten aber auch zum Anlaß genommen werden, das nationale Zivilrecht umfassend zu erneuern. Die notwendige Umsetzung der VbrKfRil bietet damit die Möglichkeit Veränderungen vorzunehmen, die das nationale Recht - das im Falle des spanischen Código Civil (CC) und des deutschen Bürgerlichen Gesetzbuchs (BGB) aus dem vergangenen Jahrhundert stammt - auf den Stand der Anforderungen der heutigen Zeit bringen. Auf internationaler Ebene sind Vorschriftenwerke entstanden, an denen sich eine umfassende nationale Reform messen lassen muß, um selbst mit der weiteren absehbaren europäischen Zivilrechtsvereinheitlichung Schritt halten zu können. Besonders hervorzuheben ist das, im Bereich des Kaufrechts seit 1980 bestehende Übereinkommen der Vereinten Nationen über Verträge über den internationalen Warenkauf (CISG oder UN-Kaufrecht)[8]. Das UN-Kaufrecht regelt auch das Leistungsstörungsrecht, ist aber seinerseits auf Warenkäufe zwischen Kaufleuten beschränkt. Dem Übereinkommen sind mittlerweile 61 Staaten beigetreten.[9] Es ist in der internationalen Praxis, und gerade auch im grenzüberschreitenden europäischen Güterverkehr, von besonderer Bedeutung und Gegenstand einer gewachsenen Rechtsprechung in den Vertragsstaaten, zu denen Spanien (seit 1.8.1991) und Deutschland (seit 1.1.1991) zählen. Mittlerweile hat sich das UN-Kaufrecht zu einem "Weltkaufrecht"[10] entwickelt. Handelskammern und Industrieverbände empfehlen nicht mehr den Ausschluß des Wiener Kaufrechts.[11] Vielmehr hat das UN-Kaufrecht als nahezu europa- und weltweit geltende Regelung[12] Modellcharakter.[13] Mit den UNIDROIT-Prinzipien wurde 1994 ein weiterer Beitrag zur Vereinheitlichung des internationalen Handelsrechts vorgelegt.[14] Hierbei handelt

---

[8] Vom 11. April 1980 (BGBl 1989 II 588, berichtigt BGBl 1990 II 1415).

[9] Stand August 2002. Magnus, RIW 2002, 577.

[10] Herber, IHR 2001, 1 (2); Herrmann, IHR 2001, 6.

[11] Magnus, Die Verbrauchsgüterkaufrichtlinie und das UN-Kaufrecht, in: Grundmann/Medicus/Rolland (Hrsg.), Europäisches Kaufgewährleistungsrecht, S.80 (Fn.12).

[12] 12 Mitgliedstaaten der EU haben das CISG ratifiziert. Das Vereinigte Königreich, Irland und Portugal sind dem Übereinkommen noch nicht beigetreten. Dazu Herber, IHR 2001, 1 (2).

[13] Herber, in: IHR 2001, 1 (3).

[14] Grundregeln der Internationalen Handelsverträge ("Unidroit-Prinzipien"), UNIDROIT, 1994. Dazu Drobnig, Der Stand der internationalen Überlegungen: Die UNIDROIT Principles of International Commercial Contracts, in: Grundmann/Medicus/Rolland (Hrsg.), Europäisches

es sich um Grundregeln bezüglich des Vertragsabschlusses, der Gültigkeit und Auslegung von Handelsverträgen, sowie deren Erfüllung und Nichterfüllung. Die UNIDROIT-Prinzipien wollen selbst als "Modell für nationale und internationale Gesetzgeber dienen"[15]. Außerdem hat die sog. Lando-Kommission, ein privates Forum namhafter Rechtswissenschaftler aller EU-Mitgliedstaaten unter dem Vorsitz von Professor Ole Lando, nach fast zwanzigjähriger Tätigkeit kürzlich ihre vollständigen "Principles of European Contract Law" vorgelegt.[16] Es handelt sich um einen möglichst allgemein gehaltenen Vorschriftenkatalog, der auf die allgemeine Rechtsgeschäftslehre und das allgemeine Schuldrecht begrenzt ist.

Im System der Rechtsangleichungs- und Rechtsvereinheitlichungsbemühungen des UN-Kaufrechts, UNIDROIT- und den Prinzipien der Lando-Kommission bildet die Verbrauchsgüterkaufrichtlinie einen "neuen Schritt" auf dem Weg zu einem künftigen einheitlichen europäischen Privatrecht.[17] Sowohl die Verbrauchsgüterkaufrichtlinie als auch UNIDROIT- und Lando-Prinzipien sind vom UN-Kaufrecht wesentlich geprägt und haben dessen Modell nur in Einzelheiten weiter ausgearbeitet.[18] Bei der Verbrauchsgüterkaufrichtlinie handelt es sich zwar

---

Kaufgewährleistungsrecht, S.49 ff.

[15] Präambel der UNIDROIT- Prinzipien, ebenda.

[16] Lando/Beale: Principles of European Contract Law, Parts I and II, 2000; dies., Principles of European Contract Law-Part I, 1995. Dazu Lando, International Trends, Requirements concerning the quality of movable goods and remedies for defects under the Principles of European Contract Law, in: Grundmann/Medicus/Rolland (Hrsg.), Europäisches Kaufgewährleistungsrecht, S.61 ff.

[17] Ehmann/Rust, JZ 1999, 853 (854); Hondius, ZEuP 1997, 130 (140); Reich, NJW 1999, 2397 (2398); Schlechtriem, GS Lüderitz, S.675 (678); Schulze/Zimmermann, Vorwort, in: Basistexte zum Europäischen Privatrecht, S.5 f.; Tonner, BB 1999, 1769; Weisner, JuS 2001, 759; Welser/Jud, S.7. Nach Bar, Die Study Group on a European Civil Code, FS Henrich, S.1 (10), sei gar durch die Verbrauchsgüterkaufrichtlinie alsbald eine "kritische Masse" erreicht, der es bedürfe, um das Vorhaben eine europäischen Zivilgesetzbuchs anzugehen. Kritisch zur Bedeutung des Richtlinienentwurfs für die Annäherung an ein europäisches Zivilrecht hingegen Schwartze, Die Europäisierung des Privatrechts am Beispiel des Kaufrechts, in: Martiny/Witzleb (Hrsg.), Auf dem Wege zu einem Europäischen Zivilgesetzbuch, S.33 (40).

[18] Drobnig, Der Stand der Überlegungen: Die UNIDROIT Principles of International Commercial Contracts, in: Grundmann/Medicus/Rolland (Hrsg.), Europäisches Kaufgewährleistungsrecht, S. 49 (51); Lando, International Trends: Requirements concerning the quality of movable goods and remedies for defects under the Principles of European Contract Law, in: Grundmann/Medicus/Rolland (Hrsg.), Europäisches Kaufgewährleistungsrecht, S.61 ff.; Magnus, Der Tatbestand der Pflichtverletzung, in: Schulze/Schulte-Nölke (Hrsg.), Die

um eine auf den Bereich der kaufrechtlichen Mängelgewährleistung beschränkte Harmonisierung der europäischen Privatrechtsordnungen.[19] Die weitere Entwicklung in Richtung auf das Fernziel der Errichtung eines europäischen Zivilgesetzbuches hat indes bereits begonnen:[20] Die EU-Kommission hat zu diesem Thema eine Arbeitsgruppe ins Leben gerufen und mit einer Mitteilung an den Rat und das Europäische Parlament[21] zur Ausweitung der Diskussion über das europäische Vertragsrecht aufgerufen.[22] Des weiteren hat sich das EU-Parlament in zwei Entschließungen[23] für eine einheitliche europäische Zivilrechtskodifikation ausgesprochen und ein entsprechendes allgemeines Arbeitsdokument[24] vorgelegt. Eine dritte Entschließung des EU-Parlaments, die eine Stellungnahme zur Mitteilung der Kommission enthalten soll, ist in Vorbereitung.[25] Die VbrKfRil kann

---

Schuldrechtsreform vor dem Hintergrund des Gemeinschaftsrechts, S.67 (69); Schlechtriem, IHR 2001, 12 (13).

[19] Dies rügt ausdrücklich Schlechtriem, in: GS Lüderitz, S.675 (697).

[20] Dazu Bar, Die Study Group on a European Civil Code, FS Henrich, S.1 (9); Grundmann, NJW 2000, 14 (23); Cámara Lapuente, La Ley 1999-2, D-61, S.1668 (1672). Safferling, Re-Kodifizierung des BGB- ein Anachronismus?, in: Helms/Neumann/Caspers/Sailer/Schmidt-Kessel (Hrsg.), Das neue Schuldrecht, Jb.J.ZivRWiss., S.133 (162), hält die Entwicklung eines Europäischen Zivilgesetzbuchs gar für nicht mehr aufzuhalten. Das mag wohl nur für den Bereich des Vermögensrechts uneingeschränkt zutreffen. Bar, Die Study Group on a European Civil Code, FS Henrich, S.1 (3); Drobnig, Europäisches Zivilgesetzbuch- Gründe und Grundgedanken, in: Martiny/Witzleb (Hrsg.), Auf dem Wege zu einem europäischen Zivilgesetzbuche, S.109 (123).

[21] Kommission der Europäischen Gemeinschaften, Mitteilung der Kommission an den Rat und das Europäische Parlament zum europäischen Vertragsrecht, Brüssel 11.07.2001, KOM (2001), 398 endg. Staudinger, VuR 2001, 353 ff.; Wägenbaur, ZRP 2001, 533 f.

[22] Staudenmayer, in: EuZW 2001, 485 (489), bezeichnet die Mitteilung der EU-Kommission als wesentliche Etappe in der Entwicklung des Europäischen Privatrechts und empfindet den Moment in der Geschichte des gemeinschaftlichen Privatrechts als besonders geeignet, die Debatte um ein Europäisches Privatrecht zu führen.

[23] Entschließung (A2-157/89) v. 2.6.1989, ABlEG Nr.C 158, S.400, und Entschließung (A3-0329/94) v. 25.7.1994, ABlEG Nr.C 205, S.518.

[24] Europaparlament, The Private Law Systems in the EU: Discrimination on grounds of nationality and the need for an European Civil Code bzw. Untersuchung der Privatrechtsordnungen der EU im Hinblick auf Diskriminierungen und die Schaffung eines Europäischen Zivilgesetzbuchs (JURI 103 DE), PE 168.511.

[25] Der Rechts- und Binnenmarktsausschuß des EU-Parlaments hat über die Mitteilung der EU-Kommission zum europäischen Vertragsrecht am 6.11.2001 beraten. FAZ v. 6.11.2001, S.31.

daher, jedenfalls wenn sich die Mitgliedstaaten zu einer Umgestaltung ihrer nationalen Zivilrechtskodifikationen nach dem Modell des UN-Kaufrechts entschließen, den Beginn eines Dialogs zwischen nationalem und gemeineuropäischem Privatrecht bedeuten.[26] Diese Arbeit untersucht die insoweit wegweisende Umsetzung der Verbrauchsgüterkaufrichtlinie in Spanien und Deutschland.

B. Problemstellung

Die zentrale Schwierigkeit bei der Umsetzung der Verbrauchsgüterkaufrichtlinie war die sehr kurze zeitliche Frist von etwa 1 ½ Jahren, die den nationalen Gesetzgebern gegeben wurde, um deren Vorgaben in nationales Recht umzusetzen. Da die Richtlinie mit dem Kaufgewährleistungsrecht für Verbraucherkäufe einen Schlüsselbereich des Schuldrechts aller europäischen Zivilrechtsordnungen harmonisiert, liegt es schon in der Natur der Sache begründet, daß die Mitgliedstaaten, deren bisherige Regelungen der Materie von den Vorschriften der Richt-

---

Leible, in: EWS 2001, 471; Staudenmayer, EuZW 2001, 485 (486); ders., Perspektiven des Europäischen Vertragsrechts, in: Schulze/Schulte-Nölke (Hrsg.), Die Schuldrechtsreform vor dem Hintergrund des Gemeinschaftsrechts, S.419 (430); Peter Grundmann, Nach der Reform ist vor der Reform, in: FAZ v. 13.12.2001, S.10. Nunmehr liegt ein Bericht über die Annäherung des Zivil- und Handelsrecht der Mitgliedstaaten (KOM (2001) 398 - C5 - 0471/2001 - 2001/2187 (COS)) v. 6.11.2001, PE 308.471, vor. In diesem Bericht fordert der Ausschuß die Kommission auf, als "nächsten Schritt auf dem Weg zu einer Annäherung des Zivil- und Handelsrechts der Mitgliedstaaten und nach eingehender wirtschaftlicher Beratung einen Aktionsplan vorzulegen." Danach soll ab 2010 die Ausarbeitung und Verabschiedung eines Regelwerkes zum Vertragsrecht der EU - möglicherweise in Form einer EU-Verordnung - stehen.

[26] Remien, Nationale Schuldrechtsmodernisierung und gemeineuropäische Privatrechtswissenschaft, in: Schulze/Schulte-Nölke (Hrsg.), Die Schuldrechtsreform vor dem Hintergrund des Gemeinschaftsrechts, S.101 (103). Die besondere Bedeutung des UN-Kaufrechts für die weitere europäische Privatrechtsvereinheitlichung, gerade auch im Hinblick auf die Verbrauchsgüterkaufrichtlinie, unterstreichen Remien, in: Mitteilung zum europäischen Vertragsrecht, S.5; Schulze/Schulte-Nölke, in: Gemeinsame Stellungnahme zur Mitteilung zum Europäischen Vertragsrecht, S.2. Herber, in: IHR 2001, 1 (3), geht davon aus, daß das UN-Kaufrecht eine Modellwirkung entfaltet, die "über kurz oder lang zu völliger Vereinheitlichung innerstaatlichen und internationalen Kaufrechts führen wird". Basedow, in: AcP 200 (2000), 445 (456 f.), sieht im UN-Kaufrecht faktisches europäisches Privatrecht. Ähnlich Schulte-Nölke, in: JZ 2001, 917 (918).

linie meist erheblich abweichen[27], nur unter erheblichen Kraftanstrengungen überhaupt in der Lage sind, den zwingenden europäischen Anforderungen gerecht zu werden. Darüber hinaus sind die Mitgliedstaaten durch die Richtlinie in weiten Teilen frei in der Umsetzung (z.B. hinsichtlich der Einfügung einer Verbraucherrüge, Art.5 Abs.2 VbrKfRil), was sie vor weitere schwierige Entscheidungen stellt, wenn sie die bevorstehende Schaffung eines Europäischen Zivilgesetzbuches nicht außer Acht lassen wollen.[28]

Die Mitgliedstaaten der Europäischen Union, unter ihnen Spanien und Deutschland, mußten sich in der kurzen Frist entschließen, ob sie die, aufgrund der VbrKfRil notwendigen Änderungen oder Ergänzungen, in ihre Zivilgesetzbücher einfließen lassen oder sie als Spezialmaterie in Sondergesetzen isolieren. Entscheidend für den Erfolg der Umsetzung der VbrKfRil ist, unabhängig davon, ob sie - wie in Deutschland - zum Anlaß einer umfassenden Reform der nationalen Zivilrechtsbücher genommen, oder die Umsetzung - wie in Spanien - auf die Inhalte der VbrKfRil beschränkt wird, ihre ordnungsgemäße und systematisch überzeugende Einfügung in die nationalen Rechtsordnungen.[29]

Eine umfassende Reform der nationalen Zivilrechtskodifikation, insbesondere des Schuldrechts, wirft einen erheblichen Arbeitsaufwand auf und erfordert eine eingehende wissenschaftliche Diskussion. Gestaltet sich, wie bei der VbrKfRil, die Einfügung von Richtlinien-Gemeinschaftsrecht in das nationale Recht aus den genannten Gründen zudem schwierig, kann sich der nationale Gesetzgeber durchaus "defensiv" verhalten[30] und die Vorgaben der Richtlinie nur isoliert umsetzen. Angesichts der knapp bemessenen Zeit bietet sich eine sog. 1:1-Umsetzung der VbrKfRil auf den ersten Blick sogar förmlich an. Auf diesem

---

[27] Eine bedeutende Ausnahme bildet das niederländische Burgerlijk Wetboek, das seit dem 1.1.1992 ein modernes Verbraucherrecht aufweist. Dazu Hondius/Jeloschek, Die Kaufrichtlinie und das niederländische Recht: Für den Westen kaum etwas Neues, in: Grundmann/Medicus/Rolland (Hrsg.), Europäisches Kaufgewährleistungsrecht, S.197 ff.

[28] Moreno-Torres Herrera, Los plazos de ejercicio de los derechos del consumidor ante la falta de conformidad con el contrato en la directiva 1999/44/CE y su transposición a los ordenamientos: Un caso de 'desharmonización', La Ley, Año XXIII., Número 5655, 14 de Noviembre de 2002, sieht daher in Art.5 VbrKfRil gar einen Schritt der "Deharmonisierung" der europäischen Zivilrechtsordnungen.

[29] Die Notwendigkeit einer sachgerechten Einfügung der VbrKfRil in das deutsche Recht betonen zu Recht Ernst/Gsell, in: ZIP 2001, 1389 f.

[30] Grundmann, JuS 2001, 946 (950).

Wege ließe sich die Umsetzung zeitlich schneller bewältigen, was nicht zuletzt an der einfacheren rechtspolitischen Durchsetzbarkeit eines solchen beschränkten Ansatzes liegen dürfte. Systematische Brüche mit den übrigen nationalen schuldrechtlichen Vorschriften sind indes auch bei einer inhaltlich begrenzten Umsetzung nicht auszuschließen. Nicht ohne weiteres bedeutet also die Beibehaltung des bewährten nationalen Schuldrechts in allen Bereichen eine sorgfältige und ordnungsgemäße Richtlinienumsetzung. Schließlich ignoriert der nationale Gesetzgeber damit die zukunftweisenden Inhalte der VbrKfRil, die sinnvolle Anregungen für die Struktur des gesamten Kaufrechts gibt.[31]

C. Gang der Erörterung

Zunächst soll die Verbrauchsgüterkaufrichtlinie, der Umsetzungsgegenstand, gründlich untersucht und in der Lehre bestehende Zweifelsfragen betreffend ihrer Auslegung einem Lösungsversuch zugeführt werden (2. Kapitel). Die daraus folgenden Ergebnisse werden den bisher bestehenden Gewährleistungsregelungen des spanischen und deutschen Rechts gegenübergestellt (3. Kapitel). Im Anschluß daran wird der Reformbedarf des spanischen und deutschen Rechts aufgezeigt (4. Kapitel). Die vorerst in Spanien mit einem Regierungsentwurf vom 31.10.2002 vorgesehene Umsetzung der Verbrauchsgüterkaufrichtlinie durch ein Sondergesetz zum Verbrauchsgüterkauf wird auf dieser Grundlage untersucht (5. Kapitel). Daran schließt sich eine eingehende Erörterung des deutschen Schuldrechtsmodernisierungsgesetzes an, das die Verbrauchsgüterkaufrichtlinie zum Anlaß einer umfassenden Reform des Schuldrechts des Bürgerlichen Gesetzbuches genommen hat, die bereits zum 1.1.2002 in Kraft trat (6. Kapitel). Es schließt sich ein Rechtsvergleich der Umsetzung der Verbrauchsgüterkaufrichtlinie in Spanien und Deutschland an (7. Kapitel). Die sich aus der Umsetzung ergebenden Folgerungen für beide EU-Staaten, auch gerade im Hinblick auf ein in der Zukunft zu erwartendes Europäisches Zivilgesetzbuch, werden abschließend zusammengefaßt (8. Kapitel).

[31] Auf das grundsätzliche Problem, daß eine punktuelle Umsetzung von Richtlinienvorgaben den häufig zukunftweisenden Lösungen im Gemeinschaftsrecht nicht immer gerecht wird, weist Grundmann, in: JuS 2001, 946 (950), hin.

2. Kapitel

Der Umsetzungsgegenstand: Die Verbrauchsgüterkaufrichtlinie unter Bezugnahme auf das UN-Kaufrecht

A. Die Verbrauchsgüterkaufrichtlinie

Eingangs ist der Gegenstand der Umsetzung, also der Regelungsgehalt der Verbrauchsgüterkaufrichtlinie (VbrKfRil), zu untersuchen. Die VbrKfRil ist Basis und Maßstab der Umsetzung in das nationale Recht. Bei der Auslegung der nationalen Umsetzungsvorschriften ist auf die Richtlinie zurückzugreifen.

Die Darstellung erfordert den Vergleich zum Wiener UN-Kaufrecht, dem offensichtlichen Vorbild der Verbraucherkaufrichtlinie[32]. Besonderer Aufmerksamkeit ist der Untersuchung und Auslegung der unbestimmten Rechtsbegriffe einzuräumen, die sich teilweise erst im Entstehungsprozess der Richtlinie in der geltenden Form herausgebildet haben. Es handelt sich dabei um Begriffe, die den nationalen Rechtsordnungen der EU-Mitgliedstaaten weitestgehend unbekannt sind,[33] und mit denen der europäische Gesetzgeber Formulierungen vermeiden wollte, die bereits einschlägigen und zum Teil in den Mitgliedstaaten divergierenden Auslegungen unterliegen. Das UN-Kaufrecht kann insoweit als Auslegungshilfe dienen.[34] Dies ist gerade auch hinsichtlich eines möglichst übereinstimmenden Verständnisses grenzüberschreitender Kaufverträge wünschenswert. Außerdem sind mögliche Kollisionen zwischen dem UN-Kaufrecht und der Verbrauchs-

---

[32] Schlechtriem, JZ 1997, 441; ders., in: ZSR 118 (1999), 335 (342); Staudenmayer, NJW 1999, 2393; Weisner, JuS 2001, 759.

[33] Dazu Micklitz, EuZW 1999, 485 (491).

[34] So auch Jud, Die Rangordnung der Gewährleistungsrechtsbehelfe, in: Helms/Neumann/Caspers/Sailer/Schmidt-Kessel (Hrsg.), Das neue Schuldrecht, Jb.J.ZivRWiss., S.205 (208). Dem steht auch nicht entgegen, daß Großbritannien, Irland und Portugal noch nicht Vertragsstaaten des UN-Kaufrechtsübereinkommens sind. Jud, ebenda, Fn.18. Im Grundsatz auch Kainer, AnwBl 2001, 380 (381).

güterkaufrichtlinie zu lösen.[35] Nicht zuletzt wird auch ein einheitliches Zivilgesetzbuch vor der Aufgabe stehen, die Vorschriften des UN-Kaufrechts mit denen der Verbrauchsgüterkaufrichtlinie abzustimmen.[36] Die nähere Ausdifferenzierung der Kriterien zur Auslegung der unbestimmten Rechtsbegriffe wird letztlich der Rechtsprechung des Europäischen Gerichtshofs (EuGH) obliegen.[37]

I. Entstehung

Die Verbrauchsgüterkaufrichtlinie ist das Ergebnis eines umfangreichen Entscheidungsfindungsprozesses und Gesetzgebungsverfahrens der Europäischen Union. Wesentliche vorbereitende Arbeiten zur Entwicklung der Richtlinie in ihrer endgültigen Fassung hat die Kommission mit ihrem Grünbuch über Verbrauchsgütergarantien und Kundendienst vom 15.November 1993[38] geleistet. Darin wird der gegenwärtige Stand der Gewährleistungsrechte der Verbraucher bei Käufen innerhalb der Europäischen Gemeinschaft untersucht, die nationalen Regelungen einander gegenübergestellt und Vorschläge zur Lösung problematischer Konstellationen entwickelt. Eine entscheidende Weichenstellung in Richtung auf die Ausarbeitung einer Richtlinie über den Verbrauchsgüterkauf nahm die Kommission durch die Favorisierung einer gemeinschaftsrechtlichen Harmonisierung der nationalen Vorschriften gegenüber einer schlichten Überarbeitung des internationalen Privatrechts mit dem Ziel der Erleichterung des Binnenmarkt-

---

[35] Drobnig, Europäisches Zivilgesetzbuch-Gründe und Grundgedanken, in: Martiny/Witzleb (Hrsg.), Auf dem Wege zu einem Europäischen Zivilgesetzbuche, S.109 (122).

[36] Bar, Die Study Group on a European Civil Code, in: FS Henrich, S.1 (9); Schmid, JZ 2001, 674 (682).

[37] Nach Vorlage der nationalen Gerichte (auch durch Instanzengerichte) zur Vorabentscheidung an den EuGH nach Art.177 EGV. Basedow, in: AcP 200 (2000), 445 (457), fordert, daß für die weitere Entwicklung des europäischen Privatrechts, dem EuGH die Auslegungskompetenz hinsichtlich solcher internationaler Übereinkommen übertragen wird, die in allen EG-Mitgliedstaaten in Kraft stehen. Nach einem Beitritt Großbritanniens, Irlands und Portugals zum UN-Kaufrechtsübereinkommen, der im Interesse der weiteren europäischen Rechtsvereinheitlichung wünschenswert ist, wäre dieser Schritt von Seiten der EU zu erwägen.

[38] Grünbuch KOM (93) 509 endg. Das Grünbuch entstand, nachdem der Versuch der Kommission fehlgeschlagen war, das Kaufgewährleistungsrecht mit der Richtlinie über mißbräuchliche Vertragsklauseln (Richtlinienvorschlag v. 09.11.1990, AblEG Nr.C 12/8 v. 18.1.1991) einer harmonisierenden Regelung zuzuführen. Weisner, JuS 2001, 759.

handels vor.[39] Inhaltlich behandelt das Grünbuch die "gesetzliche Garantie", die die gesetzlichen Gewährleistungspflichten des Verkäufers bezeichnet, die "kommerzielle Garantie", die Hersteller, Verkäufer oder Zwischenhändler freiwillig leisten, und den "Kundendienst", der alle Serviceleistungen umfaßt, die vom Hersteller oder Verkäufer nach Erwerb des Verbrauchsguts erbracht werden, soweit es sich nicht um Gewährleistungs- oder Garantieleistungen handelt.[40] Dies sind Dienstleistungen zur Instandhaltung oder Reparatur des Verbrauchsguts, die nach Ablauf der Gewährleistungs- oder Garantiefrist durchgeführt werden.[41] Insbesondere die Befassung mit dem Kundendienst stellte eine Neuerung im Gemeinschaftsrecht dar.[42] In Bezug auf die "gesetzliche Garantie" konstatiert das Grünbuch teilweise erhebliche Unterschiede zwischen den nationalen Rechtsordnungen hinsichtlich der Voraussetzungen und der Ausgestaltung der Rechtsbehelfe sowie der Gewährleistungsfristen. Der Verbraucher-Käufer sollte nach Ansicht der Kommission grundsätzlich die freie Wahl zwischen Wandelung, Minderung des Kaufpreises, Umtausch und Reparatur haben. Dem jeweiligen Gewährleistungsbegehren des Käufers sollte der Verkäufer aber nach Belieben mit eigenen "Gegenrechten" begegnen können.[43] Dies liefe aber schließlich auf ein Wahlrecht des Verkäufers hinaus.[44] Voraussetzungen für die Inanspruchnahme der Gewährleistungsrechte sollten das Vorhandensein eines Mangels im Zeitpunkt der Ablieferung, keine Kenntnis des Käufers von der Mangelhaftigkeit der Sache bei Kaufvertragsabschluß, eine ordnungsgemäße Benachrichtigung des Käufers

---

[39] Die Überarbeitung des Internationalen Privatrechts der Mitgliedstaaten erwägt noch das Grünbuch, S.105 f., bemängelt aber, daß auf diese Weise Wettbewerbsverzerrungen nicht wirksam und endgültig beseitigt werden können.

[40] Schnyder/Straub, ZEuP 1996, 8 (10).

[41] Amtenbrink/Schneider, VuR 1996, 367 (369); Schnyder/Straub, ZEuP 1996, 8 (10), Welser/Jud, S.11.

[42] Welser/Jud, S.11/12.

[43] Auch Art.48 CISG sieht unter besonderen Voraussetzungen ein Recht des Verkäufers zur Nacherfüllung vor. Einschränkend verlangt Art.48 Abs.1 S.1 CISG aber, daß die Nacherfüllung keine unzumutbare Verzögerung nach sich zieht und dem Käufer weder unzumutbare Unannehmlichkeiten noch Ungewißheit über die Erstattung seiner Auslagen durch den Verkäufer verursacht.

[44] Schnyder/Straub, ZEuP 1996, 8 (53); Welser/Jud, S.81.

und die Wahrung der Gewährleistungsfrist sein. Einen Vorschlag für die Dauer einer einheitlichen Gewährleistungsfrist enthält das Grünbuch jedoch nicht.[45]

Die "kommerziellen Garantien" der Hersteller und des Handels sind nach Feststellung der Kommission für den Verbraucher meist mißverständlich formuliert. Dem Verbraucher ist häufig nicht klar, welche formalen und inhaltlichen Voraussetzungen er erfüllen muß, um die freiwilligen Garantien in Anspruch nehmen zu können. Nicht zuletzt wissen die Verbraucher in der Regel nicht, daß sie neben den Rechten aus der vertraglich vereinbarten Garantie auch gesetzliche Gewährleistungsansprüche haben. Die Garantierechte bleiben außerdem in der Regel hinter den gesetzlichen Ansprüchen zurück. Den hierdurch eröffneten Mißbrauchsmöglichkeiten sollte nach dem Grünbuch mit einem entsprechenden Hinweis der garantiegebenden Partei abgeholfen werden.[46] Die Kommission schlug im Grünbuch eine "gemischte Lösung" vor, mit der ein verbindlicher rechtlicher Rahmen geschaffen und außerdem eine geschützte und in der gesamten Gemeinschaft gültige fakultative "Europäische Garantie" zugelassen werden sollte.[47]

Der "Kundendienst" wird bislang hauptsächlich vom Einzelhandel besorgt, der aber zur Gewährleistung angemessener Dienste wesentlich auf die Zusammenarbeit mit dem Hersteller angewiesen ist. Dieser besitzt in der Regel die besseren technischen Möglichkeiten Reparaturen und Instandsetzungsarbeiten durchzuführen und stellt die erforderlichen Ersatzteile her. Die Kommission forderte daher einheitliche Vorschriften für die Mitgliedstaaten, um dem Verbraucher während der voraussichtlichen Lebensdauer der Ware einen angemessenen Kundendienst zu sichern. Aus diesem Grund sollte der Handel verpflichtet werden, auf Warenetiketten den Zeitraum aufzuführen, in dem der Hersteller die entsprechenden Ersatzteile vorhält.

Die Vorschläge der Kommission hinsichtlich der Regelung des Kaufgewährleistungsrechts sind zum großen Teil in die Entwürfe und schließlich mit mehreren Abänderungen in die endgültige Fassung der Richtlinie übernommen worden. Allerdings verwarf bereits der im Auftrag des Europäischen Parlaments durch die Kommission ausgearbeitete erste Vorschlag für eine Richtlinie über den

---

[45] Darauf weisen Welser/Jud, S.15 zu Recht hin.

[46] Grünbuch, S.124.

[47] Schermaier-Horak, S.225 (232); Schnyder/Straub, ZEuP 1996, 8 (24/27); Welser/Jud, S.16.

Verbrauchsgüterkauf und Garantien[48] die eigenen Vorstellungen des Grünbuchs hinsichtlich einer geschützten "Europäischen Garantie" und einer einheitlichen Vorschrift zur Vorhaltung von Ersatzteilen durch den Hersteller.

II. Anwendungsbereich

Die VbrKfRil hat, mit Rücksicht auf das gemeinschaftsrechtliche Subsidiaritätsprinzip (Art.5 EGV), keinesfalls die Harmonisierung des gesamten Kaufgewährleistungsrechts zum Gegenstand. Der Anwendungsbereich ist in zwei Richtungen, in personeller und sachlicher Hinsicht, auf "bestimmte Aspekte" begrenzt.

1. Personeller Anwendungsbereich

a) Parteien des Verbrauchsgüterkaufs: Verbraucher und Verkäufer

Personell beschränkt sich der Anwendungsbereich der Richtlinie auf Kaufverträge von Verbrauchern mit gewerblichen Verkäufern.

aa) Verbraucher

Art.1 Abs.2 lit.a VbrKfRil faßt unter den Begriff des "Verbrauchers" jede natürliche Person,[49] die zu einem nicht zu ihrer[50] beruflichen oder gewerblichen Tätigkeit zuzurechnenden, d.h. privatem Zweck[51] handelt. Er darf gerade nicht zu beruflichen oder gewerblichen Zwecken einkaufen. Gleichgültig ist, ob es sich

---

[48] KOM (95) 520, AblEG Nr. C 307 v. 16.10.1996, S.8.

[49] Die Begrenzung des Verbraucherbegriffs auf natürliche Personen ist im Schrifttum zu Recht kritisiert worden, da auch schutzwürdige juristische Personen als Endverbraucher denkbar sind. Medicus, ZIP 1996, 1925. Pfeiffer, Der Verbraucherbegriff als zentrales Merkmal im europäischen Privatrecht, in: Schulte-Nölke/Schulze, Europäische Rechtsangleichung und nationale Privatrechte, S.21 (38 ff.), sieht in der Beschränkung des Verbraucherbegriffs auf natürliche Personen sogar einen System- und Wertungsbruch.

[50] Die Bezugnahme auf das Possessivpronomen "ihre" ist irreführend, da bei strenger wörtlicher Interpretation nur solche Personen Verbraucher sein könnten, die an sich gewerblich oder beruflich tätig sind. Flume, ZIP 2000, 1427; Repgen, Kein Abschied von der Privatautonomie, S.31. Es handelt sich aber um die in EU-Verbraucherschutzrichtlinien übliche Formulierung, die offensichtlich noch nicht zu einem dahingehenden Mißverständnis geführt hat.

[51] Vgl. Honsell, JZ 2001, 278.

dabei um eine selbständige oder unselbständige berufliche Tätigkeit handelt.[52] Der Verbraucherbegriff der VbrKfRil stimmt damit grundsätzlich mit denen der vorangegangenen Verbraucherschutzrichtlinien[53] überein.[54]

bb) Verkäufer

"Verkäufer" ist nach Art.1 Abs.2 lit.c VbrKfRil in ihrer deutschen Fassung jede natürliche oder juristische Person, die aufgrund eines Vertrags im Rahmen ihrer beruflichen oder gewerblichen Tätigkeit Verbrauchsgüter verkauft. Die spanische Fassung beschränkt sich auf das Kriterium "actividad profesional". Damit ergibt sich aber letztlich keine inhaltliche Diskrepanz zwischen den verschiedenen sprachlichen Fassungen der Richtlinie, da das spanische Wort "profesional" sowohl als "beruflich" als auch "gewerblich" übersetzt werden kann.[55] Eine unterschiedliche Definition des Verkäufers dürfte auch der europäische Gesetzgeber nicht beabsichtigt haben.

Die Richtlinie regelt damit nur sog. qualifiziert einseitige Unternehmensgeschäfte: Den Verbraucherkauf und den einseitigen Handelsverkauf, aber nicht den beiderseitigen Handels- bzw. Unternehmerkauf, den "umgekehrten" Verbraucherkauf, bei dem der Verbraucher als Verkäufer auftritt, oder das zweiseitige Verbrauchergeschäft. Vom Anwendungsbereich der Richtlinie ausgeschlossen sind also Verkäufe nur zwischen Kaufleuten[56] oder Verbrauchern, oder Verkäufe

---

[52] Welser/Jud, S.25. Dagegen: Faber, ZEuP 1998, 854 (874), der nur die selbständige "berufliche Tätigkeit" ausgeschlossen sieht.

[53] Art.2 Abs.1 Richtlinie 1985/577/EWG, ABlEWG Nr.L 372/31 v. 31.12.1985 (Haustürwiderrufrichtlinie), Art.1 Abs.2 lit.a Richtlinie 1987/102/EWG, ABlEWG Nr.L 42/48 v. 12.2.1987 (Verbraucherkreditrichtlinie), Art.2 lit.b Richtlinie 1993/13/EWG, ABlEWG Nr.L 95/29 v. 21.4.1993 (Klauselrichtlinie), Art.2 Nr.2 Richtlinie 1997/7/EG, ABlEG Nr.L 144/19 v. 4.6.1997 (Fernabsatzrichtlinie).

[54] Faber, ZEuP 1998, 854; Roth, JZ 1999, 529 (531 f.); Welser/Jud, S.23. Zu dem Verbraucherbegriff der vorangegangenen Richtlinien allgemein: Kilian, Verbraucherbegriff in der EU, S.49 ff.

[55] So zu Art.1 Abs.3 Ley 26/1984, de 19 de julio, General para la Defensa de los Consumidores y Usuarios (LGDCU): Bercovitz/Bercovitz-Alberto Bercovitz Rodríguez-Cano, Estudios jurídicos sobre protección de los consumidores, S.128; im Ergebnis auch Odenbach, in: Löber/Peuster, S.197 (200).

[56] Kaufverträge zwischen Kaufleuten werden aber indirekt durch die Regreßvorschrift für den Letztverkäufer gegen die Vormänner in der Vertragskette gemäß Art.4 VbrKfRil in den Anwendungsbereich der Richtlinie einbezogen.

von Verbrauchern an gewerbliche oder berufliche Käufer.[57] Sinn und Zweck der Richtlinie ist grundsätzlich nur der Schutz des privat handelnden Verbrauchers, der als typischerweise schwächerer Vertragspartner einem gewerblichen oder beruflichen Verkäufer gegenübersteht.

Schließt der Käufer den Vertrag sowohl zu privaten als auch zu beruflichen Zwecken, ist entscheidend welche Nutzung hinsichtlich der Kaufsache überwiegt.[58]

b) Abgrenzung zum UN-Kaufrecht

Das UN-Kaufrecht ist der VbrKfRil hinsichtlich des personellen Anwendungsbereichs diametral entgegengesetzt. Die Regeln des Wiener UN-Kaufrechts beschränken sich auf internationale Handelskäufe. Ihre Anwendung auf Verbraucherkäufe ist nach Art.2 lit.a CISG ausdrücklich ausgeschlossen. Trotzdem kann es in Ausnahmefällen zur parallelen Anwendbarkeit der Richtlinie und des UN-Kaufrechts kommen. Denn nach Art.2 lit.a CISG findet das UN-Kaufrecht zwar "keine Anwendung auf den Kauf von Ware für den persönlichen Gebrauch oder den Gebrauch der Familie oder im Haushalt", das UN-Kaufrecht ist aber dennoch anwendbar, wenn "der Verkäufer vor oder bei Vertragsabschluß weder wußte noch wissen mußte, daß die Ware für einen solchen Gebrauch gekauft wurde". Die Richtlinie nimmt wiederum Käufe, bei denen der Verkäufer nicht von der Verbrauchereigenschaft des Käufers wußte oder wissen mußte, nicht von ihrem Anwendungsbereich aus, sondern beschränkt sich auf die Definition des Verbrauchers. Deshalb können die VbrKfRil und das UN-Kaufrecht in Fällen, in denen ein beruflicher bzw. gewerblicher Käufer bestimmte Güter ausnahmsweise für private Zwecke kauft, in Konkurrenz zueinander treten. Zu einem Konkurrenzverhältnis kommt es auch bei Käufen, bei denen die erworbenen Güter sowohl privaten als auch beruflichen Zwecken dienen sollen (sog. dual-use Güter), da das UN- Kaufrecht nur solche Käufe von ihrem Anwendungsbereich ausschließt, die ausschließlich privaten Zwecken dienen.[59] Es erfaßt daher, wie die Richtlinie,

---

[57] Sanz Valentín, AC 1999 (LV), Rn. 1073 (1075).

[58] Lehr/Wendel, EWS 1999, 321; Staudenmayer, NJW 1999, 2393. Im Ergebnis auch Magnus, in: Der Stand der internationalen Überlegungen-Die Verbrauchsgüterkauf-Richtlinie und das UN-Kaufrecht, Grundmann/Medicus/Rolland (Hrsg.): Europäisches Kaufgewährleistungsrecht, S.79 (85).

[59] Schlechtriem-Herber, Art.2, Rn.8; Magnus, in: Staudinger, Art.2 CISG, Rn.17; ders., in: Der Stand der internationalen Überlegungen-Die Verbrauchsgüterkauf-Richtlinie und das UN-

auch Käufe von Gütern, die für den privaten und beruflichen Gebrauch bestimmt sind. Das Rangverhältnis der EG-Richtlinien zum UN-Kaufrecht ist umstritten.[60] Teilweise[61] wird Richtlinien, unter analoger Anwendung des bezüglich völkerrechtlicher Übereinkommen geltenden Art.90 CISG, der Vorrang vor dem UN-Kaufrecht eingeräumt. Nach anderer Meinung[62] wird das UN-Kaufrecht durch EG-Richtlinien nicht immer und nicht ohne weiteres, sondern erst nach Abgabe einer Erklärung gemäß Art.94 CISG über die Nichtanwendung der Konvention ausgeschlossen. Letztere Ansicht ist letztlich vorzugswürdig, da angesichts des Art.94 CISG die Regelungslücke und deshalb auch die Notwendigkeit der Analogie des Art.90 CISG nicht gegeben ist. Ohne die erforderliche Erklärung der EU-Mitgliedstaaten nach Art.94 CISG ist daher das UN-Kaufrecht gegenüber der VbrKfRil vorrangig anzuwendendes Recht. Dies ist letztlich auch für Verbraucher hinnehmbar, da sich die Regeln der VbrKfRil ohnehin eng an die des UN-Kaufrechts annähern und einen angemessenen Ausgleich der Verbraucher- und Verkäuferinteressen erlauben, wenn der Verkäufer nicht von der Verbrauchereigenschaft des Vertragspartners wußte oder wissen mußte. Erklärungen der EU-Mitgliedstaaten nach Art.94 CISG sind angesichts des begrenzten Kollisionsrahmens jedenfalls für die Zukunft kaum zu erwarten.

Neben den geschilderten Konkurrenzfällen stehen das UN-Kaufrecht als Handelsrecht und die Verbrauchsgüterkaufrichtlinie überschneidungsfrei nebeneinander. Das UN-Kaufrecht und die Richtlinie unterscheiden sich schließlich wegen der grundsätzlich divergierenden Anwendungsbereiche in den Regelungen, in denen das UN-Kaufrecht die zügige Abwicklung und Herstellung der Rechtssicherheit bei zweiseitigen Handelskäufen beabsichtigt, die Richtlinie dagegen aus Gründen des Verbraucherschutzes den Verbraucher als Kaufvertragspartner durch entsprechende Regelungen entlasten will.

Kaufrecht, Grundmann/Medicus/Rolland (Hrsg.): Europäisches Kaufgewährleistungsrecht, S.79 (85) m.w.N. Anderer Ansicht: Soergel-Lüderitz, Art.2 CISG, Rn.3.

[60] Dazu Janssen, VuR 1999, 324; Magnus, ZEuP 1999, 642 (646); ders., in: Staudinger, Art.90 CISG, Rn.4; Welser/Jud, S.26 f.

[61] Schlechtriem-Herber, Art.90 CISG, Rn.12; Herber/Czerwenka, Art.90 CISG, Rn.4.

[62] Janssen, VuR 1999, 324 (326); Staudinger-Magnus, Art.90 CISG, Rn.4; ders., ZEuP 1999, 642 (646 f.).

2. Sachlicher Anwendungsbereich

a) Verbrauchsgüterkaufverträge

Die Richtlinie beschränkt sich in sachlicher Hinsicht auf bestimmte Aspekte des Verbrauchsgüterkaufs und Garantien für Verbrauchsgüter. Verbrauchsgüter sind nach der Definition der Richtlinie (Art.1 Abs.2 lit.b) bewegliche körperliche Gegenstände.[63] Kaufverträge über Immobilien liegen daher außerhalb der Harmonisierungswirkung der Richtlinie. Viehkäufe unterfallen hingegen dem Regelungsbereich der Richtlinie.[64] Von der Richtlinie ausdrücklich ausgenommen sind auch Kaufverträge über Güter aus Zwangsvollstreckungs- oder anderen gerichtlichen Maßnahmen (Spiegelstrich 1), sowie Kaufverträge über Strom (Spiegelstrich 3) als auch über Wasser und Gas, soweit dieses nicht in einem begrenzten Volumen oder in einer bestimmten Menge abgefüllt ist (Spiegelstrich 2). Die Ausklammerung des Stromhandels aus der Richtlinie gründet sich darauf, daß mit der Richtlinie 1996/92/EG über den Elektrizitätsbinnenmarkt bereits die Harmonisierung der Lieferung von Strom und Gas erreicht wurde.[65]

Die Richtlinie ist uneingeschränkt auf neue und gebrauchte[66], langlebige und verbrauchbare Verbrauchsgüter anwendbar. Den Mitgliedstaaten bleibt aber nach Art.1 Abs.3 VbrKfRil freigestellt, von der Definition der Verbrauchsgüter gebrauchte Waren auszuschließen, die in einer öffentliche Versteigerung verkauft werden, bei der Verbraucher die Möglichkeit haben, dem Verkauf persönlich beizuwohnen.[67]

---

[63] Auch das UN-Kaufrecht ist historisch (nicht nach dem Wortlaut) auf bewegliche Sachen beschränkt. Dazu Schlechtriem, Rn.31.

[64] So auch Brüggemeier, JZ 2000, 529 (530); Welser/Jud, S.29.

[65] Dazu und zu der Energierechtsreform in Deutschland: Micklitz/Rott, VuR 2000, 389 f.

[66] Die Einbeziehung gebrauchter Güter kritisiert Honsell, in: JZ 2001, 278 (280), demzufolge gebrauchte Sachen ganz aus dem Anwendungsbereich der Richtlinie hätten ausgenommen werden sollen.

[67] Zu der unter britischer Ratspräsidentschaft eingefügten Ausnahme: Staudenmayer, in: EG-Richtlinie 1999/44/EG zur Vereinheitlichung des Kaufgewährleistungsrechts, Grundmann/Medicus/Rolland (Hrsg.), Europäisches Kaufgewährleistungsrecht, S.27 (33). Welser/Jud, S.29, weisen diesbezüglich auf die in Großbritannien üblichen "Hausratsversteigerungen" hin.

Die Verbrauchsgüterkaufrichtlinie trifft keine Regelungen hinsichtlich des allgemeinen Leistungsstörungsrechts, d.h. des allgemeinen Schuldrechts.[68] Des gleichen wird durch die Richtlinie das gesamte Schadensersatzrecht, auch als Teil der Kaufvertragsgewährleistung, unberührt gelassen.[69]

Im Gegensatz zum Wiener UN-Kaufrecht gilt die Richtlinie nicht nur für internationale, d.h. grenzüberschreitende Kaufverträge, sondern auch für alle Verträge innerhalb der EU-Mitgliedstaaten, zur "Schaffung eines gemeinsamen Mindestsockels von Verbraucherrechten".[70]

b) Werkverträge

Problematisch ist, in welchem Maße die Richtlinie auch das Gewährleistungsrecht der Werkverträge harmonisiert. Die Richtlinie versteht unter dem Begriff des "Kaufvertrages" auch Verträge über die Lieferung herzustellender oder zu erzeugender Verbrauchsgüter (Art.1 Abs.4 VbrKfRil). Es handelt sich dabei um Verträge, die auf Herbeiführung eines bestimmten Erfolges, der Herstellung und Erzeugung von Verbrauchsgütern, gerichtet sind. Danach werden Werkverträge jedenfalls zum Teil von der Richtlinie erfaßt.[71] Folge der Einbeziehung von Werkverträgen in den Regelungsbereich der Richtlinie ist, daß insoweit das Gewährleistungsrecht von Kauf- und Werkvertrag automatisch harmonisiert wird. Von vornherein bleibt die Richtlinie aber auf Werkverträge über die Herstellung beweglicher Sachen ("Verbrauchsgüter" nach Art.1 Abs.2 lit.b VbrKfRil) beschränkt. Inwieweit Werkverträge in den Mitgliedstaaten konkret vom Regelungsbereich der Richtlinie erfaßt werden und ein Umsetzungsbedürfnis besteht, läßt sich jedoch abschließend nur nach Untersuchung der (teilweise unterschiedlichen) definitorischen Modelle der nationalen Rechte, insbesondere der im deutschen Recht bestehenden Differenzierung zwischen Werk- und Werklieferungsvertrag, beantworten.

---

[68] Welser/Jud, S.27.

[69] Erwägungsgrund 6 bestimmt, daß die Angleichungsbemühungen der Richtlinie die innerstaatlichen Regeln der "vertraglichen und außervertraglichen Haftung" nicht beeinträchtigen dürfen. Welser/Jud, S.27 m.w.N.

[70] Erwägungsgrund 5; Huber, Kaufrecht-Made in Europe!, FS Henrich, S.297.

[71] Zutreffend Welser/Jud, S.30 f. Ebenso Weisner, JuS 2001, 759 (760).

c) Leasingverträge

Bisher nicht geklärt ist, ob Leasingverträge von der Richtlinie erfaßt werden. Nach Art.1 Abs.1 VbrKfRil beschränkt sich die Richtlinie grundsätzlich auf bestimmte Aspekte des Verbrauchsgüterkaufs. Leasingverträge werden von der Richtlinie nicht ausdrücklich in den Anwendungsbereich einbezogen. Eine Erweiterung des Regelungsbereichs der Richtlinie auf Leasingverträge könnte sich daher nur aus Art.1 Abs.4 VbrKfRil ergeben, wonach Kaufverträge im Sinne der Richtlinie auch Verträge über die Lieferung herzustellender oder zu erzeugender Verbrauchsgüter sein können. Beim Leasingvertrag besteht die für den Vertragstyp wesentliche Verkäuferpflicht jedoch, ähnlich der Miete,[72] in der Gebrauchsüberlassung der Sache auf Zeit und nicht in der Herbeiführung eines bestimmten Erfolgs. Etwas anderes ergibt sich auch nicht, wenn der Leasingnehmer nach Ablauf des Leasingvertrages die Sache kauft. Darüber hinaus hat auch das UN-Kaufrecht, an welches sich die Richtlinie überwiegend orientiert, auf die Einbeziehung von Leasingverträgen verzichtet. Mithin fallen Leasingverträge nicht in den Anwendungsbereich der Richtlinie.

III. Vertragsmäßigkeit, Art.2 VbrKfRil

1. Vertragsmäßigkeit als zentrale Leistungspflicht

Die Richtlinie verpflichtet den Verkäufer in Art.2 Abs.1 VbrKfRil "dem Verbraucher dem Kaufvertrage gemäße Güter zu liefern"[73]. Es handelt sich bei dieser Vorschrift um den Regelungskern[74] der Verbrauchsgüterkaufrichtlinie, dessen Verständnis ganz entscheidend für die Bestimmung des notwendigen Umsetzungsgehalts der Richtlinie ist, da die Vertragsmäßigkeit die Tatbestandsvoraussetzung für die Haftung des Verkäufers ist.

Die Richtlinie erklärt die Vertragsmäßigkeit und damit die sachmängelfreie Lieferung der Kaufsache zur zentralen Leistungspflicht des Verkäufers. Mittel-

[72] Reinicke/Tiedtke, Kaufrecht, Rn.1521 ff.

[73] Repgen, in: Kein Abschied von der Privatautonomie, S.48, kritisiert die Formulierung als wenig geglücktes Deutsch.

[74] So Lehr/Wendel, EWS 1999, 321 (322). Auch Weisner, in: JuS 2001, 759 (760), bezeichnet die Vertragsmäßigkeit der Ware als den zentralen Begriff der Richtlinie.

punkt der Verkäuferhaftung in Art.3 VbrKfRil ist deshalb, ähnlich Art.35 CISG[75], die Vertragsmäßigkeit der Kaufsache.[76]

Der Begriff der Vertragsmäßigkeit wird für den Fall, daß die Parteien keine Beschaffenheitsvereinbarung über die Sache getroffen haben, im Wortlaut der Richtlinie, an Art.35 Abs.2 CISG[77] angelehnt, näher konkretisiert.[78] Art.2 Abs.2 VbrKfRil zählt zu diesem Zweck Fälle auf, in denen die Vertragsmäßigkeit der Verbrauchsgüter vermutet wird. Mittels des aufgeführten Katalogs soll zum einen die Bestimmung der Vertragsmäßigkeit in den Mitgliedstaaten erleichtert und zum anderen gleichzeitig eine Mindestmaß gleichmäßiger Auslegung des Begriffs gewährleistet werden.[79] Der Grundsatz der Vertragsmäßigkeit kann nach Erwägungsgrund Ziffer 7 der Richtlinie zwar als "gemeinsames Element" der verschiedenen einzelstaatlichen Rechtstraditionen gesehen werden,[80] es sind aber unter Umständen zusätzliche innerstaatliche Bestimmungen erforderlich, um den Schutz der Verbraucher für die Fälle zu gewährleisten, in denen sich die Parteien nicht über den genauen Vertragsinhalt geeinigt oder Vereinbarungen getroffen haben, aufgrund derer die Verbraucherrechte unmittelbar oder mittelbar außer Kraft gesetzt oder eingeschränkt werden.[81] Liegen keine spezifischen Vertrags-

---

[75] Art.35 Abs.1 CISG spricht etwas präziser im Wortlaut von "...Ware...", die "...den Anforderungen des Vertrages entspricht."

[76] Ehmann/Rust, JZ 1999, 853 (856); Hänlein, DB 1999, 1641 (1642); Reich, NJW 1999, 2397 (2399); Staudenmayer, NJW 1999, 2393. Nach der Richtlinie bildet die Vertragsmäßigkeit den alleinigen Haftungstatbestand des Verkäufers. Weisner, JuS 2001, 759 (760).

[77] Art.35 Abs.2 CISG entspricht, bis auf wenige Unterschiede, dem Art.2 Abs.2 VbrKfRil. Schlechtriem, in: ZSR 118 (1999), 335 (343); Anders, ZRP 2000, 293 (294); Junker, DZWir 1997, 271 (273), bereits zum Richtlinienvorschlag.

[78] Huber, Kaufrecht-Made in Europe!, FS Henrich, S.297 (298 f.); Weisner, JuS 2001, 759 (760); Welser/Jud, S.43.

[79] Lehmann, JZ 2000, 280 (282). Honsell, in: JZ 2001, 278 (279), hält die Vermutung der Vertragswidrigkeit hingegen für "weitschweifig und relativ beliebig".

[80] Dafür spricht die Bezugnahme auf des UN-Kaufrecht. Huber, Kaufrecht-Made in Europe!, FS Henrich, S.297 (298); Medicus, ZIP 1996, 1925 (1926); Micklitz, EuZW 1997, 229 (231); Repgen, Kein Abschied von der Privatautonomie, S.48 (Fn.145), der auf die gemeinsame Wurzel im römischen Recht verweist; Schiller, PHI 1999, 118 (122); Wolf, RIW 1997, 899 (900).

[81] Erwägungsgrund 7 VbrKfRil.

klauseln vor, können deshalb die in der Vermutung genannten Elemente zur Bestimmung der Vertragswidrigkeit der Waren verwendet werden.[82]

Verbrauchsgüter werden von der Richtlinie jedenfalls dann als vertragsgemäß bezeichnet, wenn sie

- der Beschreibung des Verkäufers bzw. vorgelegten Mustern oder Proben entsprechen (lit.a),
- sich für die offengelegten Zwecke des Verbrauchers, denen der Verkäufer zugestimmt hat (lit.b), oder die gewöhnlichen Zwecke (lit.c) eignen,
- und die für Güter gleicher Art übliche Qualität und Leistung aufweisen und den legitimen Erwartungen des Verbrauchers, mit Rücksicht auf die Beschaffenheit des Gutes und den in der Werbung und Etikettierung gemachten öffentlichen Äußerungen des Verkäufers oder Herstellers, entsprechen (lit.d).

Die Richtlinie formuliert damit einen weiten, überwiegend subjektiven, d.h. an der vertraglichen Vereinbarung ausgerichteten Fehlerbegriff, der mit objektiven Elementen verschärft wird.[83] Als objektive Bestandteile sind insbesondere zu nennen: Eine Haftung für Werbeaussagen (lit.d)[84] und die Eignung des Verbrauchsguts für gewöhnliche Zwecke (lit.c). Nach diesem subjektiv-objektiven Fehlerbegriff kommt es bei der Bestimmung der an die verkaufte Sache zu stellenden Anforderungen, vorrangig auf die Vereinbarung der Parteien über die Be-

---

[82] Erwägungsgrund 8 VbrKfRil. Honsell, in: JZ 2001, 278 (279), bemängelt, daß, obwohl es das Ziel der Regelung sei, festzulegen, daß die Ware bei Nichtvorliegen dieser Tatbestände vertragswidrig ist, diese nur die Vermutung der Vertragsmäßigkeit entfallen läßt, was noch keine Vertragswidrigkeit sei. Die Vermutungskonstruktion sei daher "unsinnig". Der Sinn der Regelung ist indes darin zu sehen, daß der Gemeinschaftsgesetzgeber, in Anlehnung an das UN-Kaufrecht, die Vertragsmäßigkeit der Kaufsache in den Mittelpunkt der vertraglich bedungenen Leistungspflicht des Verkäufers rückt. Treffen die Parteien keine ausdrückliche Vereinbarung über die Sollbeschaffenheit der Kaufsache, kann diese nur unter Zugrundelegung hypothetischer Merkmale bestimmt werden (vgl. Art.35 Abs.2 CISG). Nichts anderes bedeutet im Ergebnis auch die "Vermutung" des Art.2 Abs.2 VbrKfRil. Im Umkehrschluß ergibt sich bei fehlender Übereinstimmung mit diesen Merkmalen die Vertragswidrigkeit der Kaufsache.

[83] Anders, in: ZRP 2000, 293 (294).

[84] So auch Schlechtriem, ZSR 118 (1999), 335 (347).

schaffenheit der Kaufsache an. Erst wenn eine solche Vereinbarung nicht einmal konkludent geschlossen wurde, sind objektive Maßstäbe heranzuziehen.[85]

Das Grünbuch stellte hingegen noch den "Schutz berechtigter Erwartungen des Verbrauchers" in den Vordergrund der Gewährleistungshaftung.[86] Hiernach bildeten die Umstände des Einzelfalls aus objektiver Verbrauchersicht den Anknüpfungspunkt der Sachmängelrechte.[87] Der Vertrag bildete nach dieser Konzeption neben der Darbietung des Produkts, dem Preis, der Marke und der Werbung lediglich ein Merkmal unter vielen zur Bestimmung der Fehlerhaftigkeit der Ware. Ein insgesamt objektiv-abstrakter Mangelbegriff wäre die Folge gewesen.[88] Wegen der Unsicherheiten hinsichtlich der Bestimmung des Begriffs der "berechtigten Erwartungen" und der an den Verbraucher zu stellenden Anforderungen, sowie des sich hierauf gründenden Widerspruchs der Unternehmer, ist dieser Ansatz schon im ersten Richtlinienentwurf zu Recht verworfen und der Vertrag als Maßstab zur Bestimmung der Fehlerhaftigkeit der Ware herangezogen worden.

2. Vermutungsmerkmale der Vertragsmäßigkeit

Haben die Kaufvertragsparteien keine besondere Vereinbarung über die Eigenschaften der Kaufsache getroffen, wird die Vertragsmäßigkeit der Kaufsache unter den teilweise recht umständlich und ungenau formulierten[89] Voraussetzungen des Art.2 Abs.2 VbrKfRil vermutet. Die einzelnen dort aufgeführten Merkmale gelten grundsätzlich kumulativ, wenn nicht ein bestimmtes Element nach den Umständen des entsprechenden Falls offenkundig unanwendbar ist.[90] Bei Unanwendbarkeit eines Merkmals sind die übrigen Elemente der Vermutung trotzdem heranzuziehen.[91] Daraus ergibt sich, daß ein Verbrauchsgut nur dann vertrags-

---

[85] Weisner, JuS 2001, 759 (760).

[86] Für die Kostruktion der "berechtigten Verbrauchererwartung" hatte sich auch das Europäische Parlament in seiner Entschließung vom 6.5.1994 (Entschließung des Europäischen Parlaments zum Grünbuch der Kommission über Verbrauchsgütergarantien und Kundendienst, ABlEG Nr C 205 v. 25.7.1994, S.562) ausgesprochen.

[87] Welser/Jud, S.42.

[88] Welser/Jud, S.42.

[89] Honsell, in: JZ 2001, 278 (279), meint, die Formulierung sei "weitschweifig", "stilistisch mangelhaft", "in der Sache unpräzis" und enthalte "überflüssige Adjektive".

[90] Erwägungsgrund 8.

[91] Erwägungsgrund 8.

gemäß ist, wenn alle aufgezählten Merkmale erfüllt sind.[92] Bei der Auslegung der einzelnen Merkmale kann, da die Formulierungen im überwiegenden Teil an Art.35 Abs.2 CISG angelehnt sind, auf die Grundsätze des UN-Kaufrechts zurückgegriffen werden.[93]

a) Übereinstimmung mit den Beschreibungen und Mustern und Modellen des Verkäufers (lit.a)

Nach lit.a wird die Vertragsmäßigkeit der Kaufsache vermutet, wenn sie den vom Verkäufer gegebenen Beschreibungen und den vorgelegten Mustern oder Proben entspricht. Dem UN-Kaufrecht entspricht nur die letztere Anforderung.[94] Fraglich ist, ob die Vermutung des Art.2 Abs.2 VbrKfRil nur dann gilt, wenn die Beschreibungen des Verkäufers und die Eigenschaften der vorgelegten Muster und Modelle übereinstimmen. Dies hätte zur Folge, daß die Bedeutung der Warenangaben des Verkäufers in Zukunft nur noch von geringer Bedeutung wären, da der Verkäufer regelmäßig, etwa im Versandhandel, keine Muster oder Modelle neben seiner Warenbeschreibung vorlegt.[95] Es macht daher Sinn, das "und" hier als "oder" zu lesen.[96] Diese Auslegung ist durch das Mindestschutzgebot (Art.8 Abs.2 VbrKfRil) gedeckt, das strengere Vorschriften für den Verkäufer zuläßt, wenn sie zu einem größeren Verbraucherschutz beitragen. Den Mitgliedstaaten bleibt daher überlassen, vorzusehen, daß die Vertragsmäßigkeit des Verbrauchsguts auch dann zu vermuten ist, wenn die Ware nur mit der Beschreibung des Verkäufers oder nur mit den vorgelegten Mustern und Modellen übereinstimmt.[97] Die Beschreibung des Verkäufers kann zur Bestimmung der Vertragswidrigkeit lediglich dann von Bedeutung sein, wenn es sich um einseitige Willenserklärungen handelt, die nicht nachweislich zu einer Vereinbarung i.S.v. Art.2 Abs.1

---

[92] Sanz Valentín, AC (LV) 1999, 1073 (1080 a.E.). Honsell, in: JZ 2001, 278 (279), geht dagegen unzutreffend davon aus, daß nach der von der Richtlinie gewählten Formulierung nur die Vermutung der Vertragsmäßigkeit entfällt, was noch nicht die Vertragswidrigkeit bedeute.

[93] Lehr/Wendel, EWS 1999, 321 (322).

[94] Art.35 Abs.2 lit.c CISG.

[95] Schlechtriem, GS Lüderitz, S.675 (682); ders., Das geplante Gewährleistungsrecht im Licht der Kaufgewährleistungsrichtlinie, in: Ernst/Zimmermann (Hrsg.), Zivilrechtswissenschaft und Schuldrechtsreform, S.205 (214).

[96] Honsell, JZ 2001, 278 (279); Schlechtriem, ZSR 118 (1999), 335 (346); ders., in: GS Lüderitz, S.675 (682).

[97] Im Ergebnis auch Schlechtriem, GS Lüderitz, S.675 (682).

VbrKfRil geführt haben.[98] Benutzt der Verkäufer Muster oder Proben, darf er sie dem Käufer nicht bloß als unverbindliche Vorlage zur Ansicht übergeben haben.[99] Die Vermutung greift auch nicht ein, wenn es sich um eine Probe des Käufers gehandelt hat (sog. Bestellprobe). Möglicherweise ist dann aber zwischen den Kaufvertragsparteien eine konkludente Vereinbarung über die Eigenschaften der Sache getroffen worden, die der Verkäufer schon nach Art.2 Abs.1 VbrKfRil zu beachten hat.[100]

b) Eignung für vom Verbraucher angestrebten Zweck, den der Verbraucher dem Verkäufer bei Vertragsschluß zur Kenntnis gebracht und dem der Verkäufer zugestimmt hat (lit.b)

Nach lit.b gilt die Kaufsache auch dann als vertragsgemäß, wenn sie sich zu dem von dem Verbraucher angestrebten Zweck eignet, den der Käufer dem Verkäufer bei Vertragsschluß zur Kenntnis gebracht und dem der Verkäufer auch zugestimmt hat. Danach muß der Verkäufer hinsichtlich des von dem Verbraucher gewünschten Zwecks positive Kenntnis gehabt und diesem jedenfalls konkludent zugestimmt haben.[101] Damit stellt die Richtlinie etwas strengere Voraussetzungen als Art.35 Abs.2 lit.b CISG auf, der ausreichen läßt, daß der Käufer dem Verkäufer die vorbestimmten Zwecke der Sache zur Kenntnis gebracht hat.[102]

Zum Teil[103] wird die Meinung vertreten, daß eine vertragliche Vereinbarung der Verwendung der Kaufsache oder gar eine Eigenschaftszusicherung durch den Verkäufer nach der Richtlinie wegen Abs.1 gerade nicht erforderlich ist. Nach der

---

[98] Hoffmann, ZRP 2001, 347 (348); Huber, Kaufrecht-Made in Europe!, FS Henrich, S.297 (301).

[99] Lehr/Wendel, EWS 1999, 321 (322). Bezüglich. der Regelung in § 35 Abs.2 lit.c CISG, die eine Vermutung nur für den Fall der Übereinstimmung der Ware mit einer dem Käufer vorgelegten Probe oder Muster aufstellt: Schlechtriem, Intern. UN-KaufR, Rn.140; Schlechtriem-Schwenzer, Art.35, Rn.26.

[100] So für das UN-Kaufrecht: Schlechtriem, Intern. UN-KaufR, Rn.140.

[101] Lehr/Wendel, EWS 1999, 321 (322).

[102] Schlechtriem, ZSR 118 (1999), 335 (347); ders., in: GS Lüderitz, S.675 (682).

[103] Lehr/Wendel, EWS 1999, 321 (322). Für das UN-Kaufrecht: Schlechtriem, Intern. UN-KaufR, Rn.138. Bezüglich der Formulierung des Gemeinsamen Standpunktes vom 24.9.1998 (..."nicht aus den Umständen ergibt, daß sich der Verbraucher nicht auf die Erklärung des Verkäufers verlassen hat."), die noch keine Zustimmung des Verkäufers verlangte, stellte dies Faber, JBl 1999, 413 (419) fest.

Gegenansicht[104] ist der Verkäufer erst zur Gewährleistung verpflichtet, wenn die Eigenschaft der Kaufsache vertraglich vereinbart wurde. Dafür wird zu Recht vorgebracht, daß es sonst zu einer nahezu unbeschränkten Haftung des Verkäufers für das Zutreffen von Vorstellungen und Absichten des Käufers kommt,[105] dem Verkäufer also Vorstellungen über die Beschaffenheit des Verbrauchsguts aufgezwungen werden. Dann ist das Vermutungsmerkmal der lit.b aber schlechthin überflüssig, da in diesem Fall bereits eine Beschaffenheitsvereinbarung nach Art.2 Abs.1 VbrKfRil vorliegt.[106] Das sich lit.b dennoch in Abs.2 findet, ist auf die relativ kurzfristige Entscheidung zurückzuführen, den Vermutungstatbestand um das Zustimmungserfordernis zu erweitern.[107]

Fraglich ist, wie deutlich dem Verkäufer der Verwendungszweck zur Kenntnis gebracht werden muß.[108] Eine ausdrückliche Kundgabe ist nach UN-Kaufrecht nicht erforderlich. Ausreichend ist, daß ein vernünftiger Verkäufer nach den Umständen des Einzelfalls in der Lage gewesen wäre, den besonderen Gebrauchszweck zu erkennen.[109] Problematisch erscheint diese Annahme aber dann, wenn der Verkäufer nicht über die notwendige Sachkunde verfügt, um übersehen zu können, welche Eigenschaften für die Eignung der Sache zum kundgegebenen Zweck erforderlich sind.[110] Diese Zweifel sind gerade auch im Rahmen der VbrKfRil angebracht, insbesondere da lit.b der Richtlinie nicht wie Art.35 Abs.2 lit.b CISG eine Haftungseinschränkung für den Fall vorsieht, daß der Käufer auf die Sachkunde und das Urteilsvermögen des Verkäufers nicht vertraute oder

---

[104] Huber, Kaufrecht-Made in Europe!, FS Henrich, S.297 (300); Welser/Jud, S.46. Bezüglich des ersten Kommissionsentwurfs, der mit dem Gemeinsamen Standpunkt fast wörtlich übereinstimmt: Jud, ÖJZ 1997, (441) 443 und Schermaier-Steiner, S.243 (259).

[105] Welser/Jud, S.46.

[106] Huber, Kaufrecht-Made in Europe!, FS Henrich, S.297 (300).

[107] Dazu Staudenmayer, EG-Richtlinie 1999/44/EG zur Vereinheitlichung des Kaufgewährleistungsrechts, in: Grundmann/Medicus/Rolland (Hrsg.), Europäisches Kaufgewährleistungsrecht, S.27 (34 ff.).

[108] Umstritten ist dies im UN-Kaufrecht, das in seinem Wortlaut verlangt, daß der Verwendungszweck „ausdrücklich oder auf andere Weise zur Kenntnis gebracht wurde" (Art.35 Abs.2 lit.b CISG).

[109] Schlechtriem-Schwenzer, Art.35, Rn.21; Staudinger-Magnus, Art.35, Rn.28. Dem bezüglich der Richtlinie zugeneigt wohl auch Lehr/Wendel, EWS 1999, 321 (322).

[110] Schlechtriem, Intern. UN-KaufR, Rn.139.

vernünftigerweise nicht vertrauen konnte.[111] Nach dem Wortlaut der Richtlinie, der eine derartige Einschränkung nicht aufweist, muß der Verkäufer, wenn ihn der Verbraucher über den vorgesehenen Verwendungszweck in Kenntnis gesetzt hat, deshalb auch für den Fall Gewähr leisten, daß der Verbraucher begründete Zweifel an der Kompetenz des Verkäufers hatte.[112] Der europäische Richtliniengeber geht davon aus, daß der Verbraucher generell, wegen größerer Sachkunde des Verkäufers, schützenswert ist.

Das Zustimmungserfordernis der Richtlinie bringt letztlich keine wesentliche Erleichterung für den Verkäufer, da er die Zustimmung meist schon bei Kaufvertragsabschluß erteilt haben wird.[113]

Andererseits wird der Verbraucher in der Regel, d.h. ohne Zeugen und schriftliche Fixierung, kaum in der Lage sein, die Zustimmungserklärung des Verkäufers und deren Inhalt zu beweisen,[114] da sich die Beweislastumkehr gemäß Art.5 Abs.3 VbrKfRil auf die Bestimmung des Entstehenszeitpunktes der Vertragswidrigkeit beschränkt.

c) Gebrauchseignung für gewöhnliche Zwecke der Güter gleicher Art (lit.c)

Wenn der Käufer dem Verkäufer bei Vertragsabschluß nicht den von ihm angestrebten Zweck der Verwendung der Kaufsache mitgeteilt hat, ist nach lit.c bzgl. der Vertragsmäßigkeit der Sache entscheidend, daß sie sich für den Zweck eignet, für den die Güter der gleichen Art gewöhnlich gebraucht werden. Darin stimmt die Richtlinie fast wörtlich mit Art.35 Abs.2 lit.a CISG überein. Ausschlaggebend ist dabei, daß sich die Kaufsache für diejenigen Gebrauchszwecke eignet, für die gleichartige Konkurrenzprodukte üblicherweise tatsächlich verwendet werden.[115] Vergleichbar sind aber nur solche Produkte, die auch preislich miteinander im

---

[111] Vgl. Schlechtriem, Das geplante Gewährleistungsrecht im Licht der Kaufrechtsrichtlinie, in: Ernst/Zimmermann, Zivilrechtswissenschaft und Schuldrechtsreform, S.205 (215).

[112] Vgl. Schlechtriem, Das geplante Gewährleistungsrecht im Licht der Kaufrechtsrichtlinie, in: Ernst/Zimmermann, Zivilrechtswissenschaft und Schuldrechtsreform, S.205 (215).

[113] Vgl. Schlechtriem, Das geplante Gewährleistungsrecht im Licht der Kaufrechtsrichtlinie, in: Ernst/Zimmermann (Hrsg.), Zivilrechtswissenschaft und Schuldrechtsreform, S.205 (215).

[114] Lehr/Wendel, EWS 1999, 231 (322).

[115] Lehr/Wendel, EWS 1999, 321 (323).

Wettbewerb stehen, da nur dann ähnliche Anforderungen an die Qualität gestellt werden können.[116]

d) Bei Gütern der gleichen Art übliche und vom Verbraucher vernünftigerweise erwartete Qualität, bei Betrachtung der Beschaffenheit des Gutes und gegebenenfalls insbesondere in der Werbung oder bei der Etikettierung gemachten Äußerungen des Verkäufers, des Herstellers oder dessen Vertreters über die konkreten Eigenschaften des Gutes (lit.d)

Art.2 Abs.2 VbrKfRil läßt den Verkäufer, neben den von ihm gegebenen Beschreibungen (lit.a) ausdrücklich, allerdings erheblich verklausuliert, auch für seine Werbung haften (lit.d am Ende). Denn das Verbrauchsgut ist auch dann vertragsgemäß, wenn es eine Qualität und Leistung aufweist, die bei Gütern der gleichen Art üblich sind und die der Verbraucher vernünftigerweise erwarten kann, wenn die Beschaffenheit des Gutes und gegebenenfalls die, insbesondere in der Werbung oder bei der Etikettierung gemachten öffentlichen Äußerungen des Verkäufers, des Herstellers oder dessen Vertreters über die konkreten Eigenschaften des Gutes in Betracht gezogen werden. Danach muß das Verbrauchsgut Qualitäten und Leistungen aufweisen, die für Waren der gleichen Art üblich sind und von dem Verbraucher vernünftigerweise[117] erwartet werden können. Durch diese Maßstäbe wird die Beurteilung der Vertragsmäßigkeit der Verbrauchsgüter objektiviert.[118] Beide Voraussetzungen müssen kumulativ gegeben sein.[119] Der Verbraucher, der eine ganz ungewöhnliche Verwendung der Kaufsache beabsichtigt, soll sich nicht schlechterdings nur auf die Werbung verlassen dürfen.[120] Die einseitigen Werbeerklärungen des Verkäufers werden auf diesem Wege Grundlage der Gewährleistungshaftung, ohne daß sie Inhalt des Kaufvertrages geworden

---

[116] Lehr/Wendel, EWS 1999, 321 (323), da sich "...ein sehr hochpreisiges Produkt hinsichtlich der Qualitätsanforderungen wohl kaum mit einem Produkt im unteren Preissegment vergleichen läßt."

[117] Honsell, in: JZ 2001, 278 (279), hält die das Adjektiv "vernünftigerweise" für überflüssig.

[118] Schlechtriem, GS Lüderitz, S.675 (683); ders., in: JZ 1997, 441 (444), in Bezug auf den Richtlinienvorschlag KOM (95), 520 endg. Ebenso Repgen, Kein Abschied von der Privatautonomie, S.51.

[119] Faber, JBl 1999, 413 (421). Anderer Ansicht ist Honsell, in: JZ 2001, 278 (279).

[120] Faber, JBl 1999, 413 (421); Schmidt-Räntsch, ZIP 1998, 849 (851).

sein müssen.[121] Die Verantwortlichkeit des Verkäufers ist jedoch von den Richtliniengebern eingeschränkt worden.[122] Entspricht die Ware nicht den öffentlichen Äußerungen des Herstellers oder Verkäufers, so ist sie zwar grundsätzlich vertragswidrig, vorausgesetzt allerdings, die Erklärungen waren zum Zeitpunkt des Vertragsschlusses noch wirksam und sind nicht vorher vom Verkäufer berichtigt worden (Art.2 Abs.4 Alt.2 VbrKfRil). Anderenfalls ist der Verkäufer nicht an seine Aussagen gebunden. Gleiches gilt, wenn der Verkäufer die Äußerung erst gar nicht kannte oder vernünftigerweise keine Kenntnis von ihr haben konnte (Alt.1), oder wenn die Kaufentscheidung nicht durch die betreffende Äußerung beeinflußt sein konnte (Alt.3). Den Verkäufer trifft hinsichtlich dieser Ausschlußgründe die Beweislast.[123] Der Wert der Einschränkungen in der Praxis ist, bis auf den Fall der Berichtigung der Werbeaussagen, aufgrund der Beweislastverteilung und der Schwierigkeit des Beweises innerer Tatsachen für den Verkäufer, zweifelhaft.[124]

Weiterhin sind für die beschriebene Werbehaftung hinreichend konkrete Angaben des Herstellers oder Verkäufers hinsichtlich bestimmter Produkteigenschaften erforderlich.[125] Sie müssen Bezug auf die Qualität und Leistung des Produktes nehmen, die bei Gütern der gleichen Art üblich sind und die der Ver-

---

[121] Schwartze, Europ. Sachmängelgewährleistung, S.95. Dagegen verlangen Welser/Jud, S.49, daß die Beschaffenheit des Verbrauchsgutes entsprechend den öffentlichen Äußerungen wenigstens konkludent vereinbart sein muß. Kircher, in: ZRP 1997, 290 (292), kritisiert Art.2 Abs.2 lit.d des Vorschlags für die VbrKfRil, da die Regelung die Unterscheidung zwischen reinen Anpreisungen und verbindlicher Willenserklärungen aufgebe und damit eine grundlegende Wertung des allgemeinen Vertragsrechts außer Kraft setze.

[122] Eine erhebliche Haftungseinschränkung nimmt Schlechtriem, in: GS Lüderitz, S.675 (683), an. Von einer erheblichen Haftungsverschärfung ist Schlechtriem, in: JZ 1997, 441 (444 f.), noch hinsichtlich des Richtlinienvorschlags KOM (95), 520 endg. ausgegangen, der uneingeschränkt darauf abstellte, ob die Verbrauchsgüter "angesichts...des gezahlten Preises und sie betreffender öffentlicher Äußerungen ...in bezug auf Qualität und Leistung zufriedenstellend sind".

[123] Art.2 Abs.4 VbrKfRil: „...wenn er nachweist,...".

[124] Repgen, Kein Abschied von der Privatautonomie, S.52. Ähnlich Jorden, Verbrauchergarantien, S.123; Lehmann, JZ 2000, 280 (286) und von Sachsen Gessaphe, RIW 2001, 721 (725). Staudenmayer, in: NJW 1999, 2393 (2394), sieht in den Ausnahmetatbeständen insgesamt einen Ausgleich für die strenge Haftung des Verkäufers für Werbeaussagen.

[125] Gass, FS Rolland, S.129 (136); Magnus, Der Regreßanspruch des Letztverkäufers, S.429 (436); Schmidt-Räntsch, ZIP 1998, 849 (851); Wolf, RIW 1997, 899 (900 f.).

braucher vernünftigerweise auch erwarten kann (lit.d am Anfang). Die Angaben müssen quantifizierbar oder meßbar sein; lediglich schwammige Werbebekundungen reichen zur Auslösung der Sachmängelhaftung nicht aus.[126]

Die Werbehaftung hat jedenfalls im Wortlaut des Art.35 Abs.2 CISG dagegen keinen Niederschlag gefunden, und wird sich auch durch Auslegung kaum ergeben können.[127] Die Werbung, verstanden als bestimmte Eigenschaftsangaben des Verkäufers, kann aber zur Bestimmung der Vertragsmäßigkeit nach Art.35 Abs.1 CISG herangezogen werden.[128]

Die Kommission begründet die Einfügung von lit.d damit, daß das Kaufverhalten der Konsumenten erheblich durch die Werbeaussagen der Hersteller und Verkäufer beeinflußt wird.[129] Auf diese Weise bringt die Richtlinie die im Rahmen der Massenproduktion immer enger werdende Verbindung zwischen Produzent, Verkäufer und Verbraucher zum Ausdruck.

3. Beurteilung einzelner Fehlergruppen nach der Richtlinie

a) Quantitätsmängel und Aliud-Lieferungen

aa) Quantitätsmängel

Der Richtlinie unterliegen auch Quantitätsmängel, d.h. Mehr- oder Minderlieferungen der Kaufsache(n).[130] Dies ergibt sich nicht direkt aus dem Wortlaut der Richtlinie, der insoweit allgemeiner gefaßt ist als Art.35 Abs.1 CISG, welcher ausdrücklich Bezug auf die vertraglich vereinbarte Warenmenge nimmt. Nach Art.2 Abs.1 VbrKfRil ist der Verkäufer verpflichtet dem Verbraucher dem Kauf-

---

[126] Ehmann/Rust, JZ 1999, 853 (856); Gass, FS Rolland, S.129 (136); Lehr/Wendel, EWS 1999, 321 (323); Sanz Valentín, AC (LV) 1999, 1073 (1081); Schmidt-Räntsch, ZIP 1998, 849 (851).

[127] Magnus, Der Regreßanspruch des Letztverkäufers, 429 (436); Junker, DZWir 1997, 271 (273), bereits zum Richtlinienvorschlag.

[128] Schlechtriem-Schwenzer, Art.35, Rn.7, ähnlich Bianca/Bonell-Bianca, Art.35, Anm.2.3. Nach Magnus, Der Regreßanspruch des Letztverkäufers, S.429 (436), ist jedenfalls ein höherer Kraftstoffverbrauch als der öffentlich angepriesene eine Vertragswidrigkeit nach Art.35 CISG.

[129] Lehr/Wendel, EWS 1999, 321 (323).

[130] Jorden/Lehmann, JZ 2001, 952; Lehr/Wendel, EWS 1999, 321 (323); Schwartze, ZEuP 2000, 544 (555); Tenreiro, REDC 1996, 187 (197). Auf die Fälle der Zuweniglieferung beschränkt: Faber, Aliud- und Minderlieferung, S.85 (95); Schlechtriem, GS Lüderitz, S.675 (685). Für das UN-Kaufrecht: Schlechtriem, Intern. UN-KaufR, Rn.134; Schlechtriem-Schwenzer, Art.35, Rn.8.

vertrag gemäße Güter zu liefern. Die Lieferung einer mengenmäßig von der Vereinbarung abweichenden Kaufsache entspricht nicht dem Kaufvertrag. Der Umstand, daß die Richtlinie diesen Unterfall nicht ausdrücklich regelt, zwingt nicht zu der Annahme sie wolle diesen Fall der Vertragswidrigkeit nicht regeln und beschränke sich allein auf die Fälle der Schlechterfüllung. Der Wortlaut ist offen und ermöglicht einen weiten Anwendungsbereich.[131] Die sonstige Anlehnung des Fehlerbegriffs der Richtlinie an Art.35 Abs.1 CISG spricht deshalb dafür, daß die Richtlinie auch Quantitätsmängel erfaßt. Unerheblich ist, ob es sich um Quantitätsmängel beim Stück- oder Gattungskauf handelt. Im Falle der Zuweniglieferung kann der Verbraucher Nachlieferung mittels des Rechtsbehelfs der "Nachbesserung" verlangen, der gemäß der Legaldefinition des Art.1 Abs.2 lit.f VbrKfRil die "Herstellung des vertragsmäßigen Zustands des Verbrauchsguts", also auch dessen mengenmäßige Ergänzung erlaubt.[132]

bb) Aliud-Lieferung

Ob auch die Lieferung eines aliuds, also einer anderen als der vertraglich vereinbarten Sache, in den Anwendungsbereich der Richtlinie fallen, ist fraglich. Auch diesbezüglich weist Art.2 Abs.1 VbrKfRil, im Gegensatz zu Art.35 Abs.1 CISG, keine wörtliche Einbeziehung der "Art" des Gutes in die Definition der Vertragsmäßigkeit auf. Daraus könnte zu schließen sein, daß sich die Richtlinie der Stellungnahme enthält, um den Mitgliedstaaten die Entscheidung über die Einbeziehung von Mehr- bzw. Minderlieferungen und des aliuds in den nationalen Mangelbegriff zu überlassen. Art.2 Abs.1 der Richtlinie wurde jedoch bewußt an Art.35 Abs.1 des Wiener UN-Kaufrechts angelehnt, das den Mangelbegriff auf Mengenabweichungen und jede Aliud-Lieferung erweitert. Es ist daher davon auszugehen, daß die Richtlinie auch die Lieferung eines aliuds erfaßt.[133]

---

[131] Faber, Aliud- und Minderlieferung, S.85 (89).

[132] Faber, Aliud- und Minderlieferung, S.85 (90 f.).

[133] Amtenbrink/Schneider, VuR 1996, 367 (372); Faber, Aliud- und Minderlieferung, S.85 (95); Jorden/Lehmann, JZ 2001, 952; Kircher, ZRP 1997, 290 (291); Lehr/Wendel, EWS 1999, 321 (323); Reich, NJW 1999, 2397 (2400); Roth, Der nationale Transformationsakt: Vom Punktuellen zum Systematischen, in: Grundmann/Medicus/Rolland, Europäisches Kaufgewährleistungsrecht, S.113 (137); Schermaier, Einführung, in: Schermaier (Hrsg.), Reform des Gewährleistungsrechts und europäische Rechtsangleichung, S.9 (11); Schlechtriem, GS Lüderitz, S.675 (685); Schwartze, ZEuP 2000, 544 (555); Staudenmayer, NJW 1999, 2393; ders., in: EG-Richtlinie 1999/44/EG zur Vereinheitlichung des Kaufgewährleistungsrechts,

Der Begriff der Vertragswidrigkeit der Richtlinie umfaßt mithin, seinem Vorbild dem UN-Kaufrecht entsprechend, neben dem peius auch das aliud und Mengenfehler.

b) Rechtsmängel

Keine eindeutige Klärung im Wortlaut der Richtlinie findet die Frage, ob die Richtlinie mit dem Begriff der Vertragswidrigkeit neben der Sachmängelgewährleistung auch Rechtsmängel[134] erfaßt. Im Schrifttum ist daher umstritten, ob die VbrKfRil auch Rechtsmängel regeln will.[135] Das UN-Kaufrecht behält die begriffliche Unterscheidung zwischen der Vertragsmäßigkeit der Ware hinsichtlich Sach- und Rechtsmängeln in Art.41 CISG ausdrücklich aufrecht. Die VbrKfRil orientiert sich ganz offensichtlich an den Sachmängelregelungen des Wiener Kaufrechts, was die Auslegung nahe legt, daß -wie im UN-Kaufrecht- zwischen Rechts- und Sachmängeln differenziert werden soll. Die Richtlinie schweigt damit beredet über die Regelung der Rechtsmängel. Die Richtlinie harmonisiert im Sinne des Mindestschutzes (Art.8 VbrKfRil) lediglich die Sachmängelhaftung in der Gemeinschaft zwingend. Auf die Regelung der Rechtsmängelhaftung hat der

---

Grundmann/Medicus/Rolland (Hrsg.), Europäisches Kaufgewährleistungsrecht, S.27 (35); Welser/Jud, S.53. Für das UN-Kaufrecht: Schlechtriem-Schwenzer, Art.35, Rn.10; Schlechtriem, Intern. UN-KaufR, Rn.134.

Andere Ansicht: Ehmann/Rust, JZ 1999, 853 (856); Schäfer/Pfeiffer, ZIP 1999, 1829 (1832). Tenreiro, in: REDC 1996, 187 (197), geht davon aus, daß die Lieferung einer anderen Sache grundsätzlich eine Vertragswidrigkeit im Sinne der Richtlinie bildet. Weicht das Gut aber so erheblich vom Vertrag ab, daß der Verkäufer vernünftigerweise nicht davon ausgehen konnte, daß der Käufer es durch sein Schweigen akzeptieren will, handele es sich nicht um eine Vertragswidrigkeit, sondern um einen Fall gänzlicher Nichterfüllung. Diese Differenzierung findet keine Grundlage in Art.35 Abs.1 CISG und ist daher abzulehnen.

[134] Unter Rechtsmängel werden hier unter Bezugnahme auf Art.41 CISG Rechte oder Ansprüche Dritter verstanden die, ohne Einwilligung des Käufers, auf der Kaufsache lasten.

[135] Dafür: Rieger, VuR 1999, 287; Schmidt-Räntsch, ZEuP 1999, 294 (298); ders., ZIP 2000, 1639. Dagegen: Brüggemeier, JZ 2000, 529 (530); Ernst; ZRP 2001, 1 (2); ders., Zum Fortgang der Schuldrechtsreform, in: Ernst/Zimmermann (Hrsg.), Zivilrechtswissenschaft und Schuldrechtsmodernisierung, S.559 (561); Ernst/Gsell, ZIP 2000, 1410 (1411); Jud, ÖJZ 1997, 441 (442); Schlechtriem, GS Lüderitz, S.675 (685), unter Hinweis darauf, daß eine Befristung der Verkäuferhaftung bei Rechtsmängeln auf zwei Jahre unangemessen sei, da der Endverbraucher Rechtsmängel häufig erst viel später als Sachmängel erkennen könne; Welser, FS Hempel, S.325.

europäische Gesetzgeber verzichtet. Den Mitgliedstaaten bleibt freigestellt, Rechtsmängel weiterhin der bestehenden nationalen Regelung zu überlassen oder dem Sachmängelmodell der Richtlinie anzupassen. Die Richtlinie erfaßt daher Rechtsmängel nicht zwingend.

Das UN-Kaufrecht gleicht Sach- und Rechtsmängel in den Rechtsfolgen dagegen einander weitestgehend an. Dem Käufer, dem rechtsmangelhafte Ware geliefert wurde, stehen auch die Rechtsbehelfe der Art.45 ff. CISG zu.[136] Die EU-Mitgliedstaaten sollten daher bei der Umsetzung der Verbrauchsgüterkaufrichtlinie zur Sicherung der Einheit der Rechtsordnung die Annäherung der Rechts- an die Sachmängelhaftung der Richtlinie anstreben.

c) Verborgene Mängel

Die VbrKfRil umfaßt auch verborgene Mängel.[137] Hinsichtlich der Gewährleistung unterscheidet die Richtlinie nicht zwischen offensichtlichen und verborgenen Mängeln, sondern umfaßt nach Art.2 Abs.1 alle Vertragswidrigkeiten.

d) Einschränkung der Vertragswidrigkeit, Art.2 Abs.3 VbrKfRil

Nach der Regelung des Art.2 Abs.3 VbrKfRil ist das Verbrauchsgut, ähnlich Art.35 Abs.3 CISG, nicht vertragswidrig, wenn der Verbraucher bei Vertragsabschluß positive Kenntnis von der Vertragswidrigkeit hatte, vernünftigerweise nicht in Unkenntnis der Vertragswidrigkeit sein konnte oder die Vertragswidrigkeit eines zu liefernden Werkes auf dem vom Verbraucher gelieferten Stoff beruht.

Die Auslegung des Begriffs "vernünftigerweise"[138], der dem Instrumentarium des Art.35 Abs.3 i.V.m. Art.8 Abs.2 CISG entnommen ist, ist umstritten. Nach einer sehr weit greifenden Ansicht[139] ist hierunter ein über grobe Fahrlässigkeit hinausgehender Verschuldensgrad zu verstehen. Andere Stimmen[140] wiederum

---

[136] Staudinger-Magnus, Art.41, Rn.23.

[137] Dazu Art.5 Abs.1und 3 VbrKfRil.

[138] Honsell, in: JZ 2001, 278 (279), hält den Begriff "vernünftigerweise" in Art.2 VbrKfRil für überflüssig.

[139] Schlechtriem-Schwenzer, Art.35, Rn.34: „Gleichsam ins Auge springende Vertragswidrigkeiten".

[140] Ehmann/Rust, JZ 1999, 853 (857); Honsell, JZ 2001, 278 (279); Tonner, VuR 2001, 87 (92, Fn.34).

lassen leichte Fahrlässigkeit ausreichen. Überwiegend[141] wird der Begriff jedoch zu Recht als grobe Fahrlässigkeit aufgefaßt. Mußte sich dem Verbraucher also zum Zeitpunkt des Vertragsschlusses, insbesondere bei gebrauchten Gütern, die Fehlerhaftigkeit augenscheinlich geradezu aufdrängen, verliert er nicht bloß seine Gewährleistungsrechte[142], sondern läßt das Verbrauchsgut begrifflich erst gar nicht mangelhaft sein und entzieht damit schon die Grundlage der Entstehung der Gewährleistungsrechte. Im Umkehrschluß aus Art.2 Abs.3 VbrKfRil ist ein Verbrauchsgut daher vertragswidrig, wenn (lediglich) eine[143] der Voraussetzungen des Abs.2, ohne daß dies an einem vom Verbraucher gelieferten Stoff liegt, nicht gegeben ist und der Verbraucher davon keine positive Kenntnis hatte und ihm auch keine grobe Fahrlässigkeit zur Last fällt.[144]

Art.2 Abs.3 VbrKfRil stellt damit freilich keine indirekte Untersuchungs- und Rügeobliegenheit auf.[145] Vielmehr bildet die Regelung systematisch einen § 460 BGB ähnlichen Haftungsausschluß,[146] der dem Verkäufer weder die Pflicht noch die Obliegenheit zur Untersuchung der Kaufsache auferlegt. Den Mitgliedstaaten steht es aber nach Art.5 Abs.2 VbrKfRil ausdrücklich offen, eine Rügeobliegenheit in das nationale Recht einzuführen.

---

141 Amtenbrink/Schneider, VuR 1996, 367 (374); Dauner-Lieb, Anmerkungen zur konsolidierten Fassung des Diskussionsentwurfs, S.78; Diskussionsentwurf eines Schuldrechtsmodernisierungsgesetzes, S.512. So wohl auch Reich, NJW 1999, 2397 (2402); Repgen, Kein Abschied von der Privatautonomie, S.58 (Fn.173); Schlechtriem, Das geplante Gewährleistungsrecht im Licht der Kaufrechtsrichtlinie, in: Ernst/Zimmermann (Hrsg.), Zivilrechtswissenschaft und Schuldrechtsreform, S.205 (217); Staudenmayer, NJW 1999, 2393 (2394 f.). Für das UN-Kaufrecht: Schlechtriem, Intern. UN-KaufR, Rn.143; Staudinger-Magnus, Art.35, Rn.48 und Art.8, Rn.12. Nach Micklitz, EuZW 1999, 485 (492), ist der Begriff der vernünftigen Erwartung in der Verbrauchsgüterkaufrichtlinie dagegen kaum durch die, "dem deutschen Recht bekannte Kategorie der groben Fahrlässigkeit einzufangen".

142 Reich, NJW 1999, 2397 (2402).

143 Sanz Valentín, AC (LV) 1999, 1073 (1081).

144 Lehr/Wendel, EWS 1999, 320 (322). Im Ergebnis auch Faber, JBl 1999, 413 (418); Huber, FS Henrich, S.297 (303).

145 Reich, NJW 1999, 2397 (2402); Thode, ZfBR 2000, 363 (369). Für das UN-Kaufrecht: Schlechtriem, Intern. UN-KaufR, Rn.143.

146 Art.2 Abs.3 VbrKfRil kommt eine besondere Bedeutung zu, da die Gewährleistungsrechte der VbrKfRil nicht zu Lasten der Verbraucher vertraglich abbedungen werden dürfen. Weisner, JuS 2001, 759 (762).

Die Einschränkung der Vertragswidrigkeit aus Abs.3 greift sowohl für den Fall der Beschaffenheitsvereinbarung nach Abs.1 als auch bei implizierten Pflichten nach Abs.2 ein. Der Wortlaut der Vorschrift läßt eine Einschränkung auf den Katalog der gesetzlichen Vermutungen in Abs.2 der Richtlinie nicht erkennen.[147]

e) Mangel aufgrund unsachgemäßer Montage oder Montageanleitung, Art.2 Abs.5 VbrKfRil

Die Gewährleistungshaftung des Verkäufers wird durch Art.2 Abs.5 VbrKfRil auf Montagemängel des Verbrauchsguts erweitert. Diese Vorschrift hat erst in die endgültige Fassung der Richtlinie auf Antrag des Europäischen Parlaments Aufnahme gefunden und ist als sog. IKEA-Klausel[148] bekannt geworden. Der Vertragswidrigkeit wird gemäß Art.2 Abs.5 S.1 VbrKfRil der Mangel gleichgestellt, der infolge unsachgemäßer Montage des Verbrauchsgutes entsteht, wenn die Montage Bestandteil des Kaufvertrags über das Verbrauchsgut war und vom Verkäufer oder unter dessen Verantwortung vorgenommen wurde. Eine Vertragswidrigkeit liegt nach Art.2 Abs.5 S.2 VbrKfRil sogar vor, wenn der Verbraucher wegen eines Mangels in der Montageanleitung[149] ein durch ihn zu montierendes Erzeugnis selbst unsachgemäß anbringt. Nach dem Wortlaut der Richtlinie haftet der Verkäufer auch für mündliche Montageanleitungen; der Verbraucher wird dann aber vor der Schwierigkeit stehen, die Angaben des Verkäufers beweisen zu müssen.[150]

---

[147] Dies ist bzgl. der Einschränkung in Art.35 Abs.3 CISG, die sich nach ihrem Wortlaut auf Abs.2 beziehen soll, umstritten: Schlechtriem, in: Intern. UN-KaufR, Rn.144, will die Einschränkung nur auf Abs.2 anwenden, während Magnus, in: Staudinger, Art.35, Rn.49, differenziert und die Einschränkung grundsätzlich auch auf Beschaffenheitsvereinbarungen anwendbar hält.

[148] Micklitz, EuZW 1999, 485 (486); Schlechtriem, GS Lüderitz, S.675 (684); Staudenmayer, NJW 1999, 2393; Welser/Jud, S.69.

[149] Eine Pflicht zur Übergabe einer Montageanleitung ergibt sich hieraus aber nicht. Krebber, AcP 201 (2001), 333 (339).

[150] Vgl. Welser/Jud, S.70. Für die Beweislast des Käufers auch Schlechtriem, Das geplante Gewährleistungsrecht im Licht der Kaufrechtsrichtlinie, in: Ernst/Zimmermann (Hrsg.), Zivilrechtswissenschaft und Schuldrechtsreform, S.205 (217).

IV. Verbraucherrechte, Art.3 VbrKfRil: Das Rechtsbehelfssystem

Der Verkäufer haftet dem Verbraucher gemäß Art.3 Abs.1 VbrKfRil für jede Vertragswidrigkeit des Verbrauchsgutes, die zum Zeitpunkt der Lieferung besteht. Die Richtlinie erklärt den Verkäufer damit zum einzigen, gegenüber dem Verbraucher für die Vertragswidrigkeit Haftenden. Zu seinen Gunsten wird grundsätzlich die Vertragsmäßigkeit der Verbrauchsgüter vermutet. Die Beweislast wird allerdings zu seinen Lasten umgekehrt, wenn die Vertragswidrigkeit innerhalb der ersten sechs Monate nach der Lieferung auftritt.

1. Gewährleistungsschuldner

Der Verkäufer steht gemäß Art.3 Abs.1 VbrKfRil für die Vertragswidrigkeit des Verbrauchsguts ein.[151] Dies kann bei Direktverkäufen "ab Werk" auch der Hersteller sein. Der Hersteller haftet dem Verbraucher für die Vertragswidrigkeit der Ware nur direkt nach den Gewährleistungsregelungen des Art.3 VbrKfRil, wenn er die Ware selbst verkauft hat. Deshalb können dem Verkäufer-Hersteller nicht unter Anwendung der Legaldefinition des Herstellers in Art.1 Abs.2 lit.d VbrKfRil ohne weiteres der Verbrauchsgüterimporteur für das Gebiet der Gemeinschaft oder jede andere Person, die sich selbst als Hersteller bezeichnet, indem sie ihren Namen, ihre Marke oder ein anderes Kennzeichen an der Ware anbringt (sog. Quasi-Hersteller), als Gewährleistungsschuldner gleichgestellt werden.[152] Sie können nur nach der Rückgriffsregelung des Art.4 VbrKfRil haftbar gemacht werden, in der der legaldefinierte Herstellerbegriff ausdrückliche Erwähnung findet. Im übrigen haftet der Hersteller nur für die Vertragswidrigkeit, wenn er dem Verbraucher eine Garantie gemäß Art.6 VbrKfRil gewährt hat.

2. Zeitpunkt der Vertragswidrigkeit

Entscheidender Zeitpunkt für die Feststellung der Vertragswidrigkeit der Kaufsache ist nach Art.3 Abs.1 VbrKfRil die Lieferung. Das ist der Zeitpunkt der Übergabe der Ware an den Verbraucher, ganz gleich, ob dies im Direkterwerb beim Hersteller, beim Endverkäufer oder, bei Vereinbarung einer Bringschuld des Verkäufers, durch Anlieferung und Übergabe beim Verbraucher selbst ge-

---

[151] Es handelt sich dabei um einen klassischen Grundsatz der in den Rechtsordnungen der Mitgliedstaaten verankert ist. (Erwägungsgrund 9, Satz 2).

[152] Davon gehen aber Lehr/Wendel, EWS 1999, 321 (324) aus.

schieht.[153] Damit unterscheidet sich die Richtlinie von den meisten nationalen Regelungen als auch vom UN-Kaufrecht, das gemäß Art.36 Abs.1 CISG grundsätzlich auf den Gefahrübergang abstellt.[154] Die Richtlinie macht aber in Erwägungspunkt 15 ausdrücklich klar, daß die Bezugnahme auf den Zeitpunkt der Lieferung die Mitgliedstaaten nicht dazu veranlassen soll, ihre Vorschriften über den Gefahrübergang zu ändern. Der Verbraucher wird vom europäischen Gesetzgeber bewußt im Ungewissen darüber gelassen, ab wann er bei grenzüberschreitenden Käufen nach den jeweiligen nationalen Vorschriften die Gefahr des Untergangs der Kaufsache zu tragen hat. Dagegen trifft das UN-Kaufrecht in den Art.66-70 CISG klare und praktikable einheitliche Regelungen des Gefahrübergangs für den internationalen Handelskauf.

3. Widerlegbare Vermutung der Vertragsgemäßheit der Verbrauchsgüter und Beweislastumkehr

Nach der Konzeption der Richtlinie wird die Vertragsmäßigkeit der Verbrauchsgüter grundsätzlich zugunsten des Verkäufers vermutet, wenn die Voraussetzungen des Art.2 Abs.2 VbrKfRil erfüllt sind. Die Beweislast dafür, daß eine Vertragswidrigkeit bereits im Zeitpunkt der Lieferung vorlag, die den Verbraucher nach Art.3 Abs.1 VbrKfRil ab der Lieferung treffen würde, kehrt die Richtlinie aber in Art.5 Abs.3 wieder zugunsten des Verbrauchers um, wenn die Vertragswidrigkeit innerhalb von sechs Monaten nach der Lieferung offenbar wird. Daher werden, wie nach Art.36 Abs.1 CISG, auch verborgene Mängel erfaßt, die bei der Übergabe noch nicht offenbar sind.[155] Die Vertragswidrigkeit muß aber im Zeitpunkt der Lieferung jedenfalls im Keim vorhanden gewesen sein.[156] Ausreichend für das Eingreifen der Beweislastumkehr ist, daß der verborgene Mangel sechs Monate nach der Ablieferung offenbar geworden ist. Dem UN-Kaufrecht ist im Gegensatz zur VbrKfRil eine derartige Beweislastumkehr zugunsten des Verbraucher-Käufers unbekannt,[157] da es schließlich auf eine "ausgewogene

---

[153] Lehr/Wendel, EWS 1999, 321 (323).

[154] Lehr/Wendel, EWS 1999, 321 (323); Micklitz, EuZW 1997, 232.

[155] Lehr/Wendel, EWS 1999, 321 (323, Fn.23). Für das UN-Kaufrecht: Bianca/Bonell-Bianca, Art.36, Bem. 2.3; Schlechtriem-Schwenzer, Art.36, Rn.4; Staudinger-Magnus, Art.36, Rn.9.

[156] Lehr/Wendel, EWS 1999, 321 (323, Fn.23). Für das UN-Kaufrecht: Bianca/Bonell-Bianca, Art.36, Bem. 2.3; Schlechtriem-Schwenzer, Art.36, Rn.4; Staudinger-Magnus, Art.36, Rn.9.

[157] Mit diesem Ergebnis auch Ernst, Kurzreferat: EU-Richtlinie zum Verbrauchsgüterkauf-Optionen für die Umsetzung, in: Grundmann/Medicus/Rolland (Hrsg.), Europäisches

Verteilung der Rechten und Pflichten der Parteien"[158] des internationalen Handelskaufs ausgerichtet ist.

a) Wirkung der Beweislastumkehr

Zeigt sich eine Vertragswidrigkeit innerhalb der ersten sechs Monate, gilt damit im Anwendungsbereich der VbrKfRil die Vermutung, daß das Verbrauchsgut bereits zum Lieferzeitpunkt mangelhaft war. Während dieser sechsmonatigen Frist kann sich der Verkäufer nur dann von der Haftung freizeichnen, wenn er beweisen kann, daß die Vertragswidrigkeit erst nach der Lieferung entstanden ist. Die Beweisführung ist für den Verkäufer in dem Zeitraum der Beweislastumkehr erschwert, da sich das Verbrauchsgut nach der Lieferung in Händen des Verbrauchers befindet, in dessen Bereich der Verkäufer regelmäßig keinen Einblick hat. Deshalb wird er kaum nachweisen können, daß die Vertragswidrigkeit erst beim Verbraucher eingetreten ist.[159] An dieser Beweislastverteilung ändert sich grundsätzlich auch nichts, wenn der Verbraucher die Mangelhaftigkeit der Sache vorsätzlich oder fahrlässig selbst verschuldet hat, da der Verkäufer dann nachweisen muß, daß die Vertragswidrigkeit auf einem Verschulden des Verbrauchers beruht.[160] Wegen der erschwerten Beweislage wird der Verkäufer, in der Regel auch bei einem rechtsmißbräuchlichen Handeln des Käufers, die Gewährleistungsansprüche erfüllen und die entstehenden Mehrkosten über den Kaufpreis auf die Käufer zurückbelasten.[161] Die Beweislastumkehr bedeutet für den Verkäufer daher eine Haftungsverschärfung.[162]

b) Ausschluß der Beweislastumkehr

Art.5 Abs.3 VbrKfRil greift nicht ein, wenn die Vermutung mit der Art des Gutes oder der Art der Vertragswidrigkeit unvereinbar ist.[163] Die Richtlinie legt nicht

---

Kaufgewährleistungsrecht, S.325 (330).

158 Staudinger-Magnus, Einl zum CISG, Rn.8.

159 In diesem Sinne auch Lehr/Wendel, EWS 1999, 321 (323).

160 Lehr/Wendel, EWS 1999, 321 (323).

161 Repgen, Kein Abschied von der Privatautonomie, S.63. Schlechtriem, in: ZSR 118 (1999), 335 (341), ist dagegen der Ansicht, daß die Regelungen der Richtlinie so "zahm" seien, daß sie keinerlei Einfluß auf die Preisgestaltung der Verkäufer von Verbrauchsgütern hätten.

162 Repgen, Kein Abschied von der Privatautonomie, S.61.

163 Ehmann/Rust, in: JZ 1999, 853 (857) und Honsell, in: JZ 2001, 278 (280), sehen in Art.5 Abs.3 VbrKfRil eine neuartige soziale Billigkeitserwägung nach dem Motto: "die arme alte Frau

fest, wann die Vermutung mit der Art des Gutes oder mit der Art der Vertragswidrigkeit unvereinbar sein soll. Die Präzisierung der Ausnahmetatbestände wird daher Aufgabe von Rechtsprechung und Literatur sein.[164] Fraglich ist insbesondere, ob die Ausnahmegründe den generellen Ausschluß bestimmter Gütergruppen aus der Anwendung der Vermutungsregel erlauben. Ein derart pauschaler Ausschluß wird von der Richtlinie indes kaum gewollt sein, da dies zu Lasten des angestrebten möglichst hohen Verbraucherschutzniveaus[165] ginge. Ausnahmen von der Beweislastumkehr sind daher im konkreten Einzelfall zu beurteilen.[166]

c) Rechtslage nach Ende der Beweislastumkehr

Nach Ablauf der sechsmonatigen Frist greift die übliche Beweislastverteilung nach Art.2 Abs.2 VbrKfRil ein, nach der grundsätzlich die Vertragsgemäßheit des Verbrauchsguts vermutet wird, wenn dessen Voraussetzungen vorliegen und der Verbraucher keine Kenntnis von der Vertragswidrigkeit hatte oder vernünftigerweise nicht in Unkenntnis der Vertragswidrigkeit sein konnte. Der Verbraucher muß dann, wenn er die Vertragswidrigkeit des Gutes geltend macht, nachweisen, daß die Kaufsache bereits zum Zeitpunkt der Übergabe einen Mangel aufwies.

Den Mitgliedstaaten steht es nach Art.5 Abs.2 VbrKfRil frei, die Beweislastumkehr bei der Umsetzung in nationales Recht durch eine fakultative Rügeobliegenheit bzw. Rügefrist abzumildern.

---

hat immer Recht", die "in vielen Fällen zu unzumutbaren Belastungen des Verkäufers" führt. Die Beweislastverteilung begrüßt dagegen Schmidt-Räntsch, in: ZEuP 1999, 294 (296).

164 Ebenfalls Ehmann/Rust, JZ 1999, 853 (857); Welser/Jud, S.75.

165 Erwägungsgrund 23 VbrKfRil.

166 Die Beweislastumkehr ist mit der Art des Gutes oder der Vertragswidrigkeit regelmäßig nicht vereinbar bei vom Käufer selbst verschuldeten Fehlern, bei einer üblichen Abnutzung von Gebrauchsgegenständen, bei besonders schadensanfälligen Gegenständen (z.B. Porzellan) und Sachen, die naturgemäß eine kürzere Lebenszeit als sechs Monate aufweisen (z.B. verderbliche Lebensmittel). Weisner, in: JuS 2001, 759 (763), nimmt dies auch bei allen gebrauchten Gütern an. In dieser Pauschalität, etwa beim Kauf eines nur kurzzeitig gebrauchten Kraftfahrzeugs vom Hersteller oder Vertragshändler, kann eine Ausnahme von der Beweislastumkehr allerdings nicht überzeugen.

4. Das Rechtsbehelfssystem im engeren Sinne

a) Hierarchisierung der Gewährleistungsrechte

Das Rechtsbehelfsystem des Art.3 VbrKfRil bietet dem Verbraucher bei einem nicht den Voraussetzungen des Art.2 VbrKfRil entsprechendem Gut vier Gewährleistungsrechte: Nachbesserung, Ersatzlieferung, Minderung und Vertragsauflösung (Wandelung). Wobei die Richtlinie die Rechtsmittel in Art.2 Abs.5 VbrKfRil zweistufig hierarchisiert.[167] Auf der ersten Stufe stehen Nachbesserung oder Ersatzlieferung, auf der zweiten Minderung oder Vertragsauflösung (Wandelung), die lediglich nachrangig Anwendung finden. Dieses System der Gewährleistungsrechte unterscheidet sich von dem Rechtsstand in den meisten nationalen Rechtsordnungen erheblich.[168] Vom Rechtsbehelfssystem der Richtlinie dürfen die Mitgliedstaaten nur zum Vorteil des Verbrauchers abweichen (Art.8 Abs.2 VbrKfRil).

Das Rechtsbehelfssystem des CISG sieht ebenfalls eine gewisse Stufung der Gewährleistungsrechte vor.[169] Die Stufung des Rechtsbehelfssystems erreicht das UN-Kaufrecht durch eine Abwendungsbefugnis des Verkäufers (Art.48 CISG) und durch die Voraussetzung einer wesentlichen Vertragsverletzung in den Fällen der Ersatzlieferung und Vertragsaufhebung (Art.46 Abs.2, Art.49 Abs.1 lit.a CISG).[170] Im übrigen kann der Käufer dem Verkäufer eine Nachfrist setzen, vor deren Ablauf der Käufer keinen Rechtsbehelf wegen Vertragsverletzung ausüben darf (Art.47 Abs.2 CISG).

---

[167] Gass, FS Rolland, S.129 (130): "...Hierarchisierung..."; Staudenmayer, NJW 1999, 2393 (2395): "...Stufenlösung der verschiedenen Rechte..."; Allgemeine Begründung des deutschen Diskussionsentwurfs für ein Schuldrechtsmodernisierungsgesetz, A.II.1.d): "...nur stufenweise..."; Lehr/Wendel, EWS 1999, 321 (323): "...eine Art Rangverhältnis..."; Weisner, JuS 2001, 759 (761): "...hierarchisches Stufenverhältnis...".

[168] Die Rechtsposition des Verbrauchers verschlechtert sich im Gegensatz zu den meisten nationalen Rechtsordnungen durch die Subsidiarität der Minderung. Der Verkäufer kann nach der Richtlinie bei einer Gattungsschuld ohne die Gefahr der Minderung mangelhafte Ware liefern, die erst nach Beanstandung des Verbrauchers nachgebessert werden muß. Ehmann/Rust, JZ 1999, 853 (854); Repgen, Kein Abschied von der Privatautonomie, S.56.

[169] Schlechtriem, in: ZSR 118 (1999), 335 (343). Nach Huber, Kaufrecht-Made in Europe!, FS Henrich, S.297 (304), liegt die Hierarchisierung des Rechtsbehelfssystems "im Trend der Zeit".

[170] Diesem Modell folgen auch die Principles of European Contract Law und die UNIDROIT-Prinzipien. Huber, Kaufrecht-Made in Europe!, FS Henrich, S.297 (305).

b) Aussparung der Schadensersatzansprüche

Schadensersatzansprüche werden von der VbrKfRil nicht geregelt.[171] Darin weicht die Richtlinie deutlich vom UN-Kaufrecht ab, das dem Käufer grundsätzlich einen Schadensersatzanspruch gibt, wenn der Verkäufer eine ihm nach dem Vertrag oder dem CISG obliegende Pflicht verletzt (Art.45 Abs.1 lit.b CISG). Die VbrKfRil verzichtet damit auf die Regelung des schärfsten Rechtsbehelfs der Kaufgewährleistung. Die Regelung von Mangel- und Mangelfolgeschäden[172] bleibt im Ergebnis den Mitgliedstaaten überlassen.

c) Gewährleistungsstufe 1: Nachbesserung oder Ersatzlieferung

"Zunächst" kann der Verbraucher, der eine mangelhafte Kaufsache erhalten hat, gemäß Art.3 Abs.1 i.V.m. Abs.3 VbrKfRil die unentgeltliche Herstellung des vertragsgemäßen Zustands durch Nachbesserung oder Ersatzlieferung verlangen.[173]

aa) Wahlrecht des Verbrauchers

Bei der Frage, ob dem Verbraucher oder dem Verkäufer ein Wahlrecht zwischen den Rechtsbehelfen einer Stufe zusteht, wurde ein Kompromiß getroffen.[174] Nach Erwägungsgrund 12 der Richtlinie kann der Verkäufer dem Verbraucher in Fällen der Vertragswidrigkeit zur Erzielung einer gütlichen Einigung stets jede zur Verfügung stehende Abhilfemöglichkeit anbieten. Welches der beiden Rechtsmittel der jeweiligen Stufe der Verbraucher schließlich wählt, bleibt ihm überlassen.[175] Im Ergebnis behält also der Verbraucher das Wahlrecht zwischen den Rechtsbehelfen.[176] Der Verkäufer hat keinen Anspruch auf Nachleistung.[177]

---

171 Nach Hondius, in: ZEuP 1997, 130 (136), hätte die Einbeziehung des Schadensersatzrechts in die Thematik zum Scheitern der Richtlinie führen können.

172 Grundmann, NJW 2000, 14 (20), mit dem Hinweis, daß insoweit die Produkthaftungsrichtlinie eingreift.

173 So für die Nachbesserung auch die Legaldefinition in des Art.1 Abs.2 lit.f VbrKfRil, wonach die Nachbesserung bei Vertragswidrigkeit die Herstellung des vertragsgemäßen Zustands des Verbrauchsgutes ist.

174 Staudenmayer, NJW 1999, 2393 (2395).

175 Erwägungsgrund 12 VbrKfRil.

176 Honsell, in: JZ 2001, 278 (279), hält das Wahlrecht des Verbrauchers zwischen Nachbesserung und Ersatzlieferung für sachwidrig. Ähnlich Repgen, in: Kein Abschied von der Privatautonomie, S.55, der das Wahlrecht des Verbrauchers für eine kaum zu rechtfertigende

Die in den Art.46-52 CISG geregelten Rechtsbehelfe stehen ebenfalls alternativ zur Wahl des Käufers.[178] Das Ersatzlieferungsverlangen setzt jedoch eine wesentliche Vertragsverletzung i.S.v. Art.25 CISG voraus. Zusätzlich wirkt das Nacherfüllungsrecht des Verkäufers (Art.48 CISG) als Schranke der Rechtsbehelfe des Käufers.[179] Die Abwendungsbefugnis des Verkäufers steht allerdings unter dem Vorbehalt der Vertragsaufhebung (Art.49 CISG).[180] Nach ganz herrschender Auffassung ist der Verkäufer nicht mehr zur Nacherfüllung berechtigt, wenn der Käufer die Vertragsaufhebung erklärt.[181] Ein unmittelbares Nachbesserungsrecht des Verkäufers, das die Ausübung der Rechtsbehelfe des Käufers einschränkt, kennt die Richtlinie aus Verbraucherschutzgesichtspunkten nicht. Ein Recht des Verkäufers zur zweiten Andienung ist lediglich mittelbar im Vorrang der Nacherfüllungsansprüche, d.h. in der grundsätzlichen Beschränkung der Verbraucherrechte auf Nacherfüllung, gegeben.

bb) Unmöglichkeit bzw. Unverhältnismäßigkeit der Abhilfe

Nachbesserung oder Ersatzlieferung kann der Verbraucher gemäß Art.3 Abs.3 Satz 1 VbrKfRil nicht verlangen, wenn deren Durchführung unmöglich oder unverhältnismäßig ist. Das Wahlrecht des Verbrauchers zwischen Nachbesserung und Ersatzlieferung ist nach Art.3 Abs.3 VbrKfRil durch die Möglichkeit ihrer Durchführung und der jeweiligen ökonomischen Zumutbarkeit begrenzt.[182]

Belastung des Verkäufers hält. So auch Schlechtriem, ZSR 118 (1999), 335 (352). Kritisch auch Matthiessen/Lindner, NJ 1999, 617 (621) und Tonner, BB 1999, 1769 (1774). In der Praxis wird es freilich Fälle geben, in denen der Verkäufer besser als der Verbraucher-Käufer beurteilen kann, welche Form der Nacherfüllung am zweckmäßigsten ist. Das Interesse des Verkäufers wird indes ausreichend durch Art.3 Abs.3 VbrKfRil berücksichtigt.

177 Drobnig, Der Stand der internationalen Überlegungen: Die UNIDROIT Principles of International Commercial Contracts, in: Grundmann/Medicus/Rolland (Hrsg.), Europäisches Kaufgewährleistungsrecht, S.49 (56, Fn.18).

178 Staudinger-Magnus, Art.45, Rn.16.

179 Staudinger-Magnus, Art.45, Rn.15.

180 Konsequenter sind insoweit Art.8:104 Principles of European Contract Law und Art.7.1.4. (1) UNIDROIT-Prinzipien, die auch die Vertragsaufhebung ausschließen. Huber, Kaufrecht-Made in Europe!, FS Henrich, S.297 (305).

181 Herber/Czerwenka, Art.48, Rn.9; Schlechtriem-Huber, Art.48, Rn.15; Soergel-Lüderitz, Art.48, Rn.3; Staudinger-Magnus, Art.48, Rn.17.

182 Hucke, IStR 1999, 277 (280). Schlechtriem, in: GS Lüderitz, S.675 (687 f.), sieht den Verkäufer gleichwohl unnötig belastet.

(1) Unverhältnismäßigkeit der Abhilfe

Unverhältnismäßig ist die Abhilfe nach Satz 2, wenn dem Verkäufer durch Nacherfüllung oder Neulieferung Kosten entstehen, die im Vergleich zu alternativen Abhilfemöglichkeiten unzumutbar sind.[183] Diese Begrenzung der Wahlmöglichkeit der Nacherfüllungsansprüche entspricht insoweit Art.46 Abs.3 CISG, der die Nachbesserung ausschließt, wenn diese "unter Berücksichtigung aller Umstände unzumutbar ist".[184] Die Kosten sind nicht zumutbar, wenn die Kosten der Abhilfe deutlich höher sind als die Kosten eines anderen Rechtsbehelfs.[185] Bezugspunkte für die Beurteilung der Unzumutbarkeit sind dabei der hypothetische Wert des Verbrauchsguts ohne die Vertragswidrigkeit, die Bedeutung der Vertragswidrigkeit und, ob auf die alternative Abhilfe ohne erhebliche Unannehmlichkeiten für den Verbraucher zurückgegriffen werden kann (Art.3 Abs.3 S.2. VbrKfRil). Für die Feststellung der Unverhältnismäßigkeit der Abhilfe gilt ein objektiver Maßstab.[186] Grundsätzlich wird die Nachbesserung eher bei höherwertigen und die Ersatzlieferung eher bei geringerwertigen Verbrauchsgütern der wirtschaftlichere Rechtsbehelf sein.[187] Andererseits kann freilich auch die Nachbesserung einer höherwertigen Ware bei einer besonderen Schwere des Fehlers unverhältnismäßig sein.[188] Die Richtlinie stellt in Erwägungsgrund 16 außerdem klar, daß mangelhafte gebrauchte Güter in der Regel nicht ersetzt werden können und der Verbraucher deshalb in diesem Fall in der Regel keinen Ersatzlieferungsanspruch hat.

(2) Unmöglichkeit der Abhilfe

Wann Nachbesserung bzw. Ersatzlieferung unmöglich sind, ist hingegen in der Richtlinie nicht legaldefiniert. Unmöglichkeit der Nachbesserung oder Ersatzlieferung wird regelmäßig anzunehmen sein, wenn beide Maßnahmen objektiv, d.h.

---

183 So auch Erwägungsgrund 11 VbrKfRil. Honsell, in: JZ 2001, 278 (279), ist der Ansicht, daß der Begriff der Unverhältnismäßigkeit "mit unklaren Begriffen umständlich erläutert" wird. Diese Kritik ist weitestgehend unbegründet, lehnt sich die Formulierung doch eng an die des bewährten UN-Kaufrechts an, und gibt den EU-Mitgliedstaaten, in Form der ausdifferenzierten "Umstände" (Art.46 Abs.3 CISG), weitere Auslegungshilfen für die Umsetzung an die Hand.

184 Schlechtriem, GS Lüderitz, S.675 (687).

185 Erwägungsgrund 11 VbrKfRil.

186 Erwägungsgrund 11 VbrKfRil.

187 Lehr/Wendel, EWS 1999, 321 (324); Schmidt-Räntsch, ZIP 1998, 849 (852).

188 Darauf weisen zu Recht Lehr/Wendel, EWS 1999, 321 (324) hin.

von niemanden vorgenommen werden können, der Mangel also irreparabel ist.[189] Die Unmöglichkeit der Ersatzlieferung wird regelmäßig nur beim Stückkauf, kaum hingegen beim Gattungskauf von Massenprodukten, gegeben sein.[190]

cc) Unentgeltlichkeit der Abhilfe

Nachbesserung bzw. Ersatzlieferung sind unentgeltlich. Dem Verbraucher dürfen durch die Ausübung der primären Rechtsbehelfe keine Kosten entstehen. Nach Art.3 Abs.4 VbrKfRil muß der Verkäufer die zur Herstellung des vertragsmäßigen Zustandes des Verbrauchsgutes notwendigen Kosten, insbesondere Versand-, Arbeits- und Materialkosten tragen.

dd) Abhilfe in angemessener Frist und ohne erhebliche Unannehmlichkeiten

Wählt der Verbraucher einen Rechtsbehelf der ersten Stufe, muß der Verkäufer gemäß Art.3 Abs.3 Satz 3 VbrKfRil in angemessener Frist und ohne erhebliche Unannehmlichkeiten für den Verbraucher handeln. Entscheidend ist insoweit die Art des Verbrauchsguts und die Verwendungsabsicht des Verbrauchers (Art.3 Abs.3 Satz 3 VbrKfRil). Eine Nachfristsetzung des Käufers verlangt die Richtlinie im Gegensatz zu Art.47 Abs.1, 49 Abs.1 lit.b CISG nicht.[191] Leistet der Verkäufer nicht in angemessener Frist oder nur unter erheblichen Unannehmlichkeiten für den Verbraucher Abhilfe, räumt die Richtlinie dem Verbraucher hilfsweise die sekundären Rechtsbehelfe der Wandelung[192] und Minderung ein.[193] Beide Gründe für den Übergang auf die sekundären Gewährleistungsrechte müssen nicht kumulativ gegeben sein, wie sich möglicherweise aus der Formulierung von Art.3 Abs.3 Satz 3 VbrKfRil ("Die Nachbesserung oder die Ersatzlieferung muß innerhalb einer angemessenen Frist und ohne erhebliche Unannehmlichkeiten für

---

[189] Lehr/Wendel, EWS 1999, 321 (324).

[190] Lehr/Wendel, EWS 1999, 321 (324).

[191] Rieger, VuR 1999, 287 (291). Gegen das Erfordernis der Nachfristsetzung sind auch Micklitz, in: EuZW 1999, 485 (488) und Reich, in: NJW 1999, 2397 (2402). Zur Nachfristetzung nach Art.47 Abs.1, 49 Abs.1 lit.b CISG Lurger, IHR 2001, 91 (94).

[192] Schlechtriem, in: GS Lüderitz, S.675 (689), hält es nicht für erforderlich, daß der Verbraucher bei vollständiger Nacherfüllung neben einem Minderungs-, und eventuell einem Schadensersatzanspruch, auch ein Vertragsauflösungsanspruch durch die Richtlinie erhält.

[193] Schlechtriem, in: GS Lüderitz, S.675 (686), bedauert zu Recht, daß die Richtlinie bei schuldhafter Säumigkeit des Verkäufers als Sanktion nicht auch einen Schadensersatzanspruch für den Verbraucher regelt.

den Verbraucher erfolgen,...") schließen ließe, sondern stehen in einem Alternativitätsverhältnis zueinander.[194] Dies stellen Art.3 Abs.5 Spiegelstrich 2 und 3 VbrKfRil klar, zwischen denen ein "oder" steht.[195] Art.3 Abs.3 Satz 3 VbrKfRil sagt nach seinem Wortlaut nur aus, daß die Nacherfüllung sowohl in angemessener Frist als auch ohne erhebliche Unannehmlichkeiten erfolgen muß. Liegt nur eine der Voraussetzungen nicht vor, kann der Verbraucher mindern oder wandeln.

(1) Erhebliche Unannehmlichkeiten bei der Abhilfe

Erhebliche Unannehmlichkeiten bereitet die Abhilfe jedenfalls, wenn die Nachbesserung gänzlich fehlschlägt,[196] also insgesamt mangelhaft ist. Hinsichtlich der Beurteilung der "Unannehmlichkeiten" und ihrer "Erheblichkeit" ist auf die Art des Verbrauchsguts sowie auf den Zweck Rücksicht zu nehmen, für den der Verbraucher es benötigt. Die Beurteilung, wann erhebliche Unannehmlichkeiten vorliegen, ist im Einzelfall vorzunehmen. Grundsätzlich ist aber im Falle einer erfolgreichen Nacherfüllung eine erhebliche Unannehmlichkeit ausgeschlossen.[197]

(2) Angemessene Frist der Abhilfe

Als angemessene Frist wird grundsätzlich, je nach Art der Ware, noch eine Wartezeit von einer bis zwei Wochen erachtet.[198] Hat der Verkäufer dem Verbraucher Abhilfe durch Nacherfüllung verschafft, ohne daß diese mit Mängeln behaftet ist, und ist die Nacherfüllung nur nicht "in angemessener Frist" erfolgt (Art.3 Abs.5 Spiegelstrich 2 VbrKfRil), deutet der Wortlaut der Richtlinie darauf hin, dass dem Verbraucher zusätzlich Minderung und Vertragsauflösung ermöglicht werden

---

[194] Micklitz, EuZW 1999, 485 (488).

[195] Micklitz, EuZW 1999, 485 (488); Staudenmayer, EG-Richtlinie 1999/44/EG zur Vereinheitlichung des Kaufgewährleistungsrechts, in: Grundmann/Medicus/Rolland, Europäisches Kaufgewährleistungsrecht, S.27 (39).

[196] Micklitz, EuZW 1999, 485 (488); Welser/Jud, S.86.

[197] Welser/Jud, S.85, halten die Richtlinie insoweit zu Recht für "schlecht" formuliert, da der Verbraucher nach dem Wortlaut des Art.3 Abs.5 VbrKfRil Minderung oder Vertragsauflösung auch dann verlangen kann, wenn der Verkäufer den Mangel ohnehin nachgebessert hat. Für diese einschränkende Ansicht auch Tonner/Crellwitz/Echtermeyer, Kauf- und Werkvertragsrecht, in: Micklitz/Pfeiffer/Tonner/Willingmann, Schuldrechtsreform und Verbaruacherschutz, S.293 (324). Anderer Ansicht Roth, Die Schuldrechtsmodernsierung im Kontext des Europarechts, in: Ernst/Zimmermann, Zivilrechtswissenschaft und Schuldrechtsreform, S.223 (245).

[198] Lehr/Wendel, EWS 1999, 321 (325).

sollen. Erbringt der Verkäufer die vertraglich vereinbarte Leistung, liegt dies selbstverständlich grundsätzlich im Interesse des Verbrauchers. Eine Abstandnahme vom gesamten Kaufvertrag ist aber letztlich unverhältnismäßig,[199] erhält der Verbraucher doch die vereinbarte Gegenleistung. Die Minderung des Kaufpreises zielt nach dem Verständnis der Richtlinie außerdem ausschließlich auf den Ausgleich des durch die Lieferung einer nicht dem Vertrag entsprechenden Sache gestörten Äquivalenzverhältnisses. Vorliegend geht es aber nicht um eine mangelhafte, sondern um eine verspätete Erbringung der Vertragsleistung. Findet die Minderung hier Anwendung, tritt sie an die Stelle eines Schadensersatzanspruchs wegen Verzugs (sog. Verspätungsschaden). Schadensersatzansprüche sind jedoch nicht Gegenstand der Richtlinie. Bei erfolgter, lediglich verzögerter Nacherfüllung ist Art.3 Abs.5 VbrKfRil daher dahingehend einschränkend auszulegen, daß der Verbraucher keine Minderung und Vertragsauflösung mehr verlangen darf.[200]

(3) Keine pauschale Begrenzung der Nachbesserungsversuche

Eine Begrenzung auf eine bestimmte Zahl der Nachbesserungsversuche läßt sich dem ausdrücklichen Wortlaut der VbrKfRil nicht entnehmen.[201] Ein zweiter Nachbesserungsversuch des Verkäufers darf, jeweils im Hinblick auf die Art der Ware und ihren Verwendungszweck, weder zu erheblichen Unannehmlichkeiten führen, noch die zur Nacherfüllung angemessene Frist überschreiten. Bei technisch unkomplizierten Gütern, die alltäglichen Ge- oder Verbrauchszwecken (z.B. Kaffeemaschine) dienen, wird ein zweiter Nachbesserungsversuch in der Regel jedenfalls eine erhebliche Unannehmlichkeit für den Verbraucher bedeuten[202] und in der Praxis regelmäßig nicht in angemessener Frist zu bewirken sein. In diesem häufigen Fall, hat der Verkäufer daher grundsätzlich nur einen Nachbesserungsversuch. Bei technisch komplizierteren Gütern (z.B. Kraftfahrzeuge) kann dem Verbraucher im Einzelfall auch ein zweiter Nachbesserungsversuch zumutbar sein, wenn der Verkäufer in der Lage ist, den erneuten Nachbesserungsversuch in der jeweils angemessenen Frist zu erbringen.

---

199 Schmidt-Räntsch, Das neue Schuldrecht, Rn.782 ff.

200 Schlechtriem, Das geplante Gewährleistungsrecht im Licht der Kaufrechtsrichtlinie, in: Ernst/Zimmermann (Hrsg.), Zivilrechtswissenschaft und Schuldrechtsreform, S.205 (219); Welser/Jud, S.86.

201 Auch Faber, in: Aliud- und Minderlieferung, S.85 (97 f., Fn.62).

202 Micklitz, in: EuZW 1999, 485 (488), geht grundsätzlich von nur einem Nachbesserungsversuch aus. Ebenso Welser/Jud, S.86, und Tonner, BB 1999, 1769 (1773).

d) Gewährleistungsstufe 2: Vertragsauflösung oder angemessene Minderung

Hat der Verbraucher, trotz Mangelhaftigkeit des Verbrauchsguts keinen Anspruch auf Nachbesserung oder Ersatzlieferung, weil diese unmöglich oder unverhältnismäßig ist (Art.3 Abs.3 Satz 1, 2. HS) oder erbringt der Verkäufer die Abhilfe nicht in angemessener Frist bzw. nur unter erheblichen Unannehmlichkeiten für den Verbraucher, erfolgt die Gewährleistung auf zweiter Stufe (Art.3 Abs.5 Spiegelstrich 1-3 VbrKfRil). Der Verbraucher kann dann nach Art.3 Abs.5 VbrKfRil eine angemessene Minderung des Kaufpreises oder die Vertragsauflösung in Bezug auf das vertragswidrige Verbrauchsgut, d.h. Wandelung, verlangen. Auch innerhalb der zweiten Gewährleistungsstufe hat der Verbraucher das Wahlrecht zwischen den ihm zur Verfügung stehenden Rechtsbehelfen.[203] Der Anspruch auf Vertragsauflösung besteht jedoch nach Abs.6 nicht, wenn eine lediglich geringfügige Vertragswidrigkeit vorliegt. Die schweren Rechtsfolgen, vor allem die Rückabwicklung des gesamten Vertrages, die die Vertragsauflösung nach den Vorschriften der Mitgliedstaaten regelmäßig hat, soll nicht schon bei nur nebensächlicher Vertragswidrigkeit möglich sein. Die Anlehnung der VbrKRil an das Wiener UN-Kaufrecht, das bei der Ersatzlieferung (Art.46 Abs.2 CISG) und der Vertragsaufhebung (Art.49 Abs.1 lit.a CISG) an eine wesentliche Vertragsverletzung (Art.25 CISG) anknüpft,[204] legt nahe, daß nach der VbrKfRil nur unwesentliche Vertragsverletzungen den Anspruch auf die Vertragsauflösung ausschließen.

Zur Durchführung der Rechtsbehelfe der Vertragsauflösung und Minderung, die jedenfalls angemessen sein muß, enthält nur Erwägungsgrund 15 der Richtlinie weitere Hinweise: Den Mitgliedstaaten bleibt danach überlassen, ob die Minderung des Kaufpreises etwa dann herabzusetzen ist, wenn die Ware durch den Verbraucher benutzt worden ist.[205] Auch die Einzelheiten der Vertragsauflösung können die nationalen Rechtsordnungen nach ihrer Maßgabe regeln. Die Enthaltsamkeit hinsichtlich der Regelung der Vertragsaufhebungsfolgen kann der Richtlinie allerdings nicht zum Vorwurf gemacht werden, da eine Regelung erhebliche Probleme aufwirft, deren Lösung schließlich auch die UNIDROIT-

---

203 Lehr/Wendel, EWS 1999, 321 (325).

204 Für das UN-Kaufrecht: Lurger, IHR 2001, 91 ff.; Schlechtriem, in: Intern. UN-Kaufrecht, Rn.111.

205 Nach Schlechtriem, in: GS Lüderitz, S.675 (689), ist bezüglich der Beurteilung der Angemessenheit der Minderung auch darauf abzustellen, ob die Reparaturkosten zu dem Wert der Sache in Verhältnis stehen.

Prinzipien und die "Principles of European Contract Law" der Lando-Kommission scheuen.[206]

V. Rückgriffsrechte, Art.4 VbrKfRil

1. Letzverkäuferregreß, Art.4 VbrKfRil

Die VbrKfRil räumt dem Letztverkäufer in Art.4 Satz 1 ausdrücklich einen Regreßanspruch gegen vor ihm in der Vertragskette stehende Verkäufer oder den Hersteller[207] oder sonstige Zwischenpersonen ein, wenn er Verbrauchern für eine Vertragswidrigkeit der Kaufsache (nach den Regeln der Richtlinie) haftet, die auf deren Handeln oder Unterlassen beruht. Damit soll vermieden werden, daß der Letztverkäufer, der grundsätzlich alleiniger Adressat der Gewährleistungsansprüche des Käufers ist,[208] die wirtschaftlichen Lasten der Mängel trägt, die in die Verantwortung des Herstellers oder eines Händlers in der Vertragskette fallen und auf die er selbst keinen Einfluß hat.[209] Die Richtlinie verpflichtet die Mitgliedstaaten daher, dem haftenden Letztverkäufer einen Rückgriffsanspruch einzuräumen.[210] Grundsätzlich muß der Letztverkäufer so lange Regreß nehmen können,

---

206 Schlechtriem, ZSR 118 (1999), 335 (353); ders., in: GS Lüderitz, S.675 (690). Zu Recht weist Schlechtriem, GS Lüderitz, S.675 (688, 690), darauf hin, daß die Richtlinie bezüglich Vertragsauflösung, aber auch der Ersatzlieferung, jedenfalls eine einheitliche Regelung für den Fall hätte treffen müssen, daß dem Verbraucher die Rückgabe der fehlerhaften Kaufsache schuldhaft unmöglich ist, und wie Verwendungen und Gebrauchsvorteile zu berücksichtigen sind.

207 Als Hersteller und damit Schuldner des Rückgriffsanspruchs definiert die Richtlinie in Art.1 Abs.2 lit.d VbrKfRil jedoch nicht nur den eigentlichen Erzeuger der Verbrauchsgüter, sondern auch deren Importeur für das Gebiet der Gemeinschaft oder jede andere Person, die sich selbst als Hersteller bezeichnet, indem sie ihren Namen, ihre Marke oder ein anderes Kennzeichen an der Ware anbringt.

208 Erwägungsgrund 9, Satz 1.

209 Magnus, Der Regreßanspruch des Letztverkäufers, S.429 (431). Jud, in. ÖJZ 2000, 661 (662), weist zu Recht darauf hin, daß sich das häufig bestehende Ungleichgewicht zwischen Verkäuferhaftung und der Verantwortlichkeit der Vormänner in der Vertragskette mit der Umsetzung der Richtlinie und daraus sich ergebenden Erweiterung der Gewährleistungsrechte des Verbrauchers sogar noch "verschärft".

210 Brüggemeier, JZ 2000, 529 (533); Jorden, Verbrauchergarantien, S.447; Jud, ÖJZ 2000, 661 (662); Kircher, ZRP 1997, 290 (294); Lehmann, JZ 2000, 289 (290); Magnus, Der

wie er selbst dem Verbraucher haftet.[211] Der Letztverkäufer wird von der VbrKfRil insoweit einem ähnlichem Schutz unterstellt wie der Endverbraucher.[212] Damit vollzieht die Richtlinie einen gewissen Bruch in der Grundkonzeption verbraucherschützender EG-Richtlinien, da es sich bei Art.4 VbrKfRil gerade nicht um eine typische Verbraucherschutzregelung handelt.[213] Die Vorschrift dient aber jedenfalls (auch) mittelbar dem Verbraucherschutz,[214] indem sie durch den Rückgriff die Solvenz des Vertragspartners des Verbrauchers verbessert.[215] Die Richtlinie geht aber nicht so weit, das Rückgriffsrecht zwingend auszugestalten: In der Vertragskette zwischen Letztverkäufer und dem Hersteller oder Zwischenpersonen kann der Regreßanspruch abbedungen werden.[216] Nach Erwägungs-

---

Regreßanspruch des Letztverkäufers, S. 429 (437); Medicus, ZIP 1996, 1925 (1928); Micklitz, EuZW 1999, 485 (490); Rieger, VuR 1999, 287 (291); Schmidt-Kessel, ÖJZ 2000, 668 (671); Schmidt-Räntsch, ZIP 1998, 849 (850); Schulz, ZRP-Gesetzgebungs-Report 2000, 453 (456); Staudenmayer, NJW 1999, 2393 (2396); ders., EG-Richtlinie 1999/44/EG zur Vereinheitlichung des Kaufgewährleistungsrechts, in: Grundmann/Medicus/Rolland (Hrsg.), Europäisches Kaufgewährleistungsrecht, S.27 (42); Welser/Jud, S.158. Dafür spricht auch der Wortlaut von Erwägungsgrund 9, Satz 3: "Der Verkäufer *muß* allerdings nach Maßgabe des innerstaatlichen Rechts den Hersteller, einen früheren Verkäufer innerhalb derselben Vertragskette oder eine andere Zwischenperson in Regreß nehmen können, es sei denn, daß er auf dieses Recht verzichtet hat." (Hervorhebung durch den Verfasser).

[211] Weitergehender Lehmann, in: JZ 2000, 280 (290); Roth, Der nationale Transformationsakt: Vom Punktuellen zum Systematischen, in: Grundmann/Medicus/Rolland, Europäisches Kaufgewährleistungsrecht, S.113 (120).

[212] Magnus, Der Regreßanspruch des Letztverkäufers, S.429 (432); Micklitz, EuZW 1997, 229 (233).

[213] Micklitz, in: EuZW 1997, 229 (233) hält die Vorschrift daher für "systemfremd". Honsell, in: JZ 2001, 278 (280), ist der Ansicht, die Regelung habe "mit Verbraucherschutz absolut nichts mehr zu tun".

[214] Gleichwohl geht die Wirkung der VbrKfRil durch die Rückgriffsregelung auch über den Verbrauchsgüterkauf hinaus. Weisner, JuS 2001, 759 (762).

[215] Jud, ÖJZ 2000, 661 (662); Roth, Die Schuldrechtsmodernisierung im Kontext des Europarechts, in: Ernst/Zimmermann (Hrsg.), Zivilrechtswissenschaft und Schuldrechtsmoderniserung, S.225 (250); von Sachsen Gessaphe, in: RIW 2001, 721 (725).

[216] Grundmann, Europäisches Schuldvertragsrecht, S.286 (299), Rn.25, zum gemeinsamen Standpunkt; Jud, ÖJZ 2000, 661 (662); Magnus, Der Regreßanspruch des Letztverkäufers, S.429 (432); Hondius/Jeloscheck, Die Kaufrichtlinie und das niederländische Recht, in: Grundmann/Medicus/Rolland (Hrsg.), Europäisches Kaufvertragsrecht, S.197 (213); Staudenmayer, NJW 1999, 2393 (2396); Welser/Jud, S.158. Ehmann/Rust, JZ 1999, 853 (863),

grund 9 wird der Grundsatz der Vertragsfreiheit und somit auch das Recht der Vertragsparteien den Regreß des Letztverkäufers individualvertraglich oder durch AGB auszuschließen, durch die Richtlinie nicht eingeschränkt.[217] Art.7 Abs.1 VbrKfRil erklärt im übrigen nur die Vorschriften der Richtlinie für zwingend, die dem Verbraucher Rechte einräumen. Der verbraucherähnliche Schutz für den Letztverkäufer stößt noch auf weitere Grenzen: Die Richtlinie schweigt hinsichtlich der Verjährungsfrist, der der Letztverkäuferregreßanspruch unterliegen soll und unterstellt ihn nicht der Zweijahresfrist des Art.5 VbrKfRil. In den meisten Mitgliedstaaten (so in Deutschland[218]; in Spanien besteht eine Ausschlußfrist für die Geltendmachung der Gewährleistungsansprüche) ist im Verhältnis des Letztverkäufers zu seinen Vormännern daher eine kurze handelsrechtliche Verjährungsfrist anzuwenden, die durch spezielle Rügeobliegenheiten noch verschärft wird. Dies führt im Ergebnis dazu, daß der Letztverkäufer in den meisten Fällen, jedenfalls aber dann, wenn der Käufer die zweijährige Verjährungsfrist ausschöpft, keinen Regreß nehmen kann.[219] Die Richtlinie weist an dieser Stelle eine

---

halten hingegen den Ausschluß des Regreßrechts zwischen Kaufleuten für unzulässig. Micklitz, in: EuZW 1999, 485 (487), meint, daß die Formulierung des Erwägungsgrundes 9 darauf hindeutet, daß nur ein ausdrücklicher Ausschluß durch Individualvereinbarung gewollt ist, da dem Letzverkäufer ein gesetzlich verankertes Rücktrittsrecht, das jedenfalls durch eine Haftungsfreizeichnungsklausel in AGB abbedungen werden könnte, nicht nütze. Dies ergebe sich aus der Gesamtsystematik der Richtlinie. Ebenso von Sachsen Gessaphe, RIW 2001, 721 (727).

[217] Erwägungsgrund 9, Satz 4: "Die Richtlinie berührt nicht den Grundsatz der Vertragsfreiheit in den Beziehungen zwischen dem Verkäufer, dem Hersteller, einem früheren Verkäufer oder einer anderen Zwischenperson." So auch Roth, Der nationale Transformationsakt: Vom Punktuellen zum Systematischen, in: Grundmann/Medicus/Rolland, Europäisches Kaufgewährleistungsrecht, S.113 (121, Fn.39).

[218] Das UN-Kaufrecht hat §§ 377, 378 HGB zum Vorbild (Art.38, 39 CISG), verlangt allerdings keine "unverzügliche" Mängelrüge, sondern läßt eine Rüge in "angemessener Frist" ausreichen. Dazu Schlechtriem, Intern. UN-Kaufrecht, Rn.149.

[219] Roth, Der nationale Transformationsakt: Vom Punktuellen zum Systematischen, in: Grundmann/Medicus/Rolland, Europäisches Kaufgewährleistungsrecht, S.113 (121, Fn.39); Jorden, Verbrauchergarantien, S.448; von Sachsen Gessaphe, RIW 2001, 721 (726) sind der Ansicht, daß der "effet utile" von Art.4 Satz 1 VbrKfRil i.V.m. Art.10 EGV eine Gleichstellung des Regreßanspruchs mit der Haftung gegenüber dem Endverbraucher verlangt. Mangels weiterer ausdrücklicher Bestimmungen und der ausdrücklichen Anordnung der Richtlinie weitere Modalitäten des Rückgriffs den nationalen Gesetzgebern zu überlassen, ist dies nur insoweit zutreffend, als daß die nationale Regelung einen Rückgriff nicht gänzlich ausschalten

erhebliche Lücke auf, wodurch es Sache der Mitgliedstaaten bleibt, die handelsrechtliche Verjährungsfrist der des Verbrauchers anzupassen, um einen Regreßanspruch des Letztverkäufers nicht leerlaufen zu lassen.[220] Die Richtlinie verpflichtet die Mitgliedstaaten aber nicht, dem Letztverkäufer auch dann einen Regreßanspruch einzuräumen, wenn er die ordnungsgemäße Mängelrüge versäumt.[221] Art.4 Satz 2 überläßt den nationalen Rechtsordnungen schließlich die genaue Ausgestaltung des Rückgriffs, d.h. die Bestimmung des oder der gegenüber dem Letztverkäufer Haftenden, sowie das entsprechende Vorgehen und die Modalitäten. Ob dem Letztverkäufer Regreßansprüche gegen alle Glieder der Vertriebskette einschließlich des Herstellers zustehen sollten, muß ebenfalls der nationale Gesetzgeber entscheiden.[222]

---

darf. Die Voraussetzungen des Rückgriffs, insbesondere eine handelsrechtliche Rügeobliegenheit des Berechtigten können von den Mitgliedstaaten vorgesehen werden. Notwendig aber auch ausreichend ist, daß diese Voraussetzungen einen Rückgriff nicht von vornherein ausschließen. Ähnlich Staudenmayer, in: NJW 1999, 2393 (2396) und Magnus, Der Regreßanspruch des Letztverkäufers, S.429 (437), die davon ausgehen, daß ein "nur irgendwie gearteter Rückgriff des haftenden Letztverkäufers bestehen muß".

220 Lehmann, in: JZ 2000, 280 (290), schließt aus der Formulierung von Art.4 Abs.1 VbrKfRil, daß eine nationale Regelung nach der der Rückgriffsanspruch des Letztverkäufers bereits zu dem Zeitpunkt verjährt sein kann, in dem der Letztverkäufer selbst noch dem Verbraucher gegenüber haftet, unzulässig ist. Zweifellos ist eine Angleichung der Verjährungsfristen der Gewährleistungsrechte des Verbrauchers und des Letztverkäuferregresses erforderlich, um den Rückgriff nicht wegen der längeren Verjährungsfrist nach Art.5 Abs.2 VbrKfRil für die wohl im Ergebnis seltenen Fälle auszuschließen, in denen der Verbraucher die Frist ausschöpft. Schlechtriem, GS Lüderitz, S.675 (691), schlägt daher auch zu Recht vor, die Verjährungsfrist für den Regreßanspruch des Letztverkäufers erst beginnen zu lassen, wenn der Verbraucher Gewährleistungsrechte gegen ihn geltend gemacht hat. Allerdings gibt der Wortlaut von Art.4 VbrKfRil, der selbst nur davon spricht, daß der Letztverkäufer einen Regreß nehmen "kann", und die Mitgliedstaaten das Vorgehen und die Modalitäten des Rückgriffs bestimmen, nichts für die Annahme her, daß der nationale Gesetzgeber dazu verpflichtet ist, einen Gleichlauf der Fristen zwingend herbeizuführen. Anderer Ansicht ist Lehmann, in: JZ 2000, 280 (290).

221 Zutreffend ist die Feststellung von Magnus, Der Regreßanspruch des Letztverkäufers, S.429 (434), daß die Richtlinie nicht erkennen läßt, daß ein Eingriff in die nationalen Handelsrechte und in das CISG beabsichtigt ist. Vielmehr kann nach Art.5 Abs.2 VbrKfRil selbst für den Verbraucher eine Rügeobliegenheit eingeführt werden. Ebenso Roth, Der nationale Transformationsakt: Vom Punktuellen zum Systematischen, S.113 (136).

222 Rieger, VuR 1999, 287 (291). Im Ergebnis auch Magnus, Der Regreßanspruch des Letztverkäufers, S.429 (431).

2. Umfang des Regreßanspruchs

Den Umfang des Regreßanspruchs regelt die Richtlinie nicht. Ihr Anliegen ist es, den Letztverkäufer von den wirtschaftlichen Folgen zu entlasten, die ihm durch das Verhalten Dritter entstehen. Ein vollumfänglicher Regreß in Höhe der durch die Gewährleistung dem Letztverkäufer entstandenen Kosten ist von der Richtlinie jedenfalls nicht gewollt, da die Haftung der Vormänner grenzenlos ausgedehnt würde. Die Höhe des Regreßanspruchs wäre im Ergebnis nur von dem gegenüber dem Verbraucher erzielten Verkaufspreis abhängig.[223]

3. Keine Direkthaftung des Herstellers nach der Verbrauchsgüterkaufrichtlinie

Dem Grundsatz der Mindestharmonisierung folgend, verpflichtet die Richtlinie nicht zur Einführung der Direkthaftung des Herstellers gegenüber dem Verbraucher, sondern stellt es den Mitgliedstaaten frei, eine "action directe" nach französischem Vorbild[224] in ihrem nationalen Kaufrecht zu erhalten oder neu zu schaffen.[225] Im Grünbuch der Europäischen Kommission über Verbrauchsgütergarantien und Kundendienst war noch eine ausdrückliche Regelung des direkten Verbraucherrückgriffs auf den Hersteller vorgesehen. Die Gewährleistung sollte auf den Hersteller in Form einer "quasi-subsidiarischen" Haftung erweitert werden.[226] Die namentlich von Frankreich in den Beratungen zur Richtlinie geforderte Herstellerdurchgriffshaftung hat aber bei den Mitgliedstaaten keine Mehrheit gefunden und führte zu einem Kompromiß.[227] Erwägungsgrund 23 der Richtlinie weist darauf hin, daß sich in der Zukunft eine stärkere Harmonisierung als notwendig erweisen kann, die eine direkte Haftung des Herstellers für ihm zurechenbare Mängel zwingend vorschreibt. Die Europäische Kommission hat nach Art.12 VbrKfRil bis zum 7.7.2006 über die Anwendung der Richtlinie in den Mitgliedstaaten Bericht zu erstatten und dabei insbesondere zu untersuchen, ob Veranlassung besteht, eine unmittelbare Haftung des Herstellers einzuführen und in ihrem Bericht gegebenenfalls Vorschläge zu machen. Ausgangspunkt dieser Untersuchung muß sein, festzustellen, ob in den Mitgliedstaaten durch die Umsetzung der VbrKfRil ein hinreichendes einheitliches Mindestniveau des Verbrau-

---

[223] Jud, ÖJZ 2000, 661 (663 f.).

[224] Zur 'action directe' im französischen Recht Ghestin/Desché, Traité des Contrats-La Vente, Rn.1015 ff.; Schulz, action directe, S.7 ff.

[225] Reich, NJW 1999, 2397 (2399). Zum österreichischen Recht Welser/Jud, S.156.

[226] Grünbuch, S.112 f.

[227] Schmidt-Räntsch, ZIP 1998, 849 (850).

cherschutzes erreicht wurde. Ein erneuter Harmonisierungsanstoß wird dann erforderlich sein, wenn sich keine einheitliche Entwicklung in den Mitgliedstaaten bzgl. einer Herstellerdirekthaftung aufgrund der Optionsregelung in der VbrKfRil herausgebildet hat, und die EU-Kommission zu dem Ergebnis kommt, daß der Verbrauchsgüterkauf damit in dem Bereich der Europäischen Gemeinschaft weiterhin unterschiedlichen einzelstaatlichen Absatzmärkten unterliegt, die zu Wettbewerbsverzerrungen führen und nach Erwägungsgrund 3 der VbrKfRil gerade verringert werden sollten.[228] Namentlich von französischer Seite werden Vorstöße in Richtung auf eine europarechtliche Anerkennung der Direkthaftung des Herstellers gegenüber Verbrauchern zu erwarten sein.[229]

VI. Gewährleistungsfristen, Art.5 VbrKfRil

Die VbrKfRil nimmt eine Unterscheidung der Gewährleistungsfristen vor: Die Richtlinie regelt Ausschluß- und Verjährungsfristen.

1. Ausschlußfrist

Die VbrKfRil schreibt in Art.5 Abs.1 Satz 1 die Haftung des Verkäufers nur vor, wenn die Vertragswidrigkeit binnen zwei Jahren nach der Lieferung offenbar wird.[230] Auf das "Offenbarwerden der Vertragswidrigkeit" stellt auch das UN-Kaufrecht ab, allerdings zur Bestimmung des für die Vertragswidrigkeit maßgeblichen Zeitpunktes (Art.36 Abs.1 CISG). Die Gestaltung der Frist der Richtlinie geht auf die Ausschlußfrist des Art.39 Abs.2 CISG zurück, nach der der Käufer innerhalb von zwei Jahren ab der Übergabe der Ware die Vertragswidrigkeit

---

228 Welser/Jud, S.162, weisen darauf hin, daß die Entscheidung der Mitgliedstaaten für unterschiedliche Regreßregelungen für Hersteller und Händler in den verschiedenen Ländern zu "großen Wettbewerbsunterschieden" führen kann.

229 Rohlfing-Dijoux, Umsetzungsüberlegungen zur Kaufgewährleistungs-Richtlinie in Frankreich, in: Grundmann/Medicus/Rolland, Europäisches Kaufgewährleistungsrecht, S.145 (158).

230 Honsell, in: JZ 2001, 278 (280), kritisiert die pauschale Frist von 2 Jahren für alle Produkte, also auch Güter mit kurzer oder mittlerer Lebensdauer, als zu lang. Insbesondere für den Viehkauf sei die Zweijahresfrist und die sechsmonatige Vermutungsregel des Art.5 Abs.3 VbrKfRil gänzlich unangebracht.

rügen muß, um seine Rechte nicht zu verlieren.[231] Die Ausschlußfrist kann nach CISG nicht gehemmt oder unterbrochen werden, und ist von Amts wegen zu beachten.[232] Das gilt grundsätzlich auch für die Ausschlußfrist der Richtlinie. Den Mitgliedstaaten ist aber im Zuge der Umsetzung der Richtlinie freigestellt bei einer Nachbesserung, Ersatzlieferung oder bei Verhandlungen der Vertragspartner über eine gütliche Einigung eine Hemmung oder Unterbrechung der Ausschlußfrist vorzusehen.[233]

2. Verjährungsfrist

Für den Fall, daß in den Mitgliedstaaten eine Verjährungsfrist für Mängelgewährleistungsrechte besteht, darf diese nicht kürzer als die zweijährige Ausschlußfrist nach Art.5 Abs.2 Satz 1 VbrKfRil sein (Art.5 Abs.1 S.2 VbrKfRil). Damit handelt es sich um eine der für die Mitgliedstaaten bedeutesten Vorschriften der Richtlinie, die die überwiegend wesentlich kürzeren nationalen Gewährleistungsfristen erheblich ausweitet. Die Verjährungsfrist beginnt ab dem Zeitpunkt der Lieferung der Verbrauchsgüter, d.h. mit der Übergabe der Kaufsache.

Nach Art.7 Abs.1 Satz 2 VbrKfRil kann der nationale Gesetzgeber bei der Umsetzung lediglich den Vertragsparteien freistellen, für gebrauchte Güter eine kürzere Verjährungsfrist zu vereinbaren, die jedoch mindestens ein Jahr betragen muß. Bei der Umsetzung ist es den Mitgliedstaaten auch überlassen, Hemmungen oder Unterbrechungen der Verjährungsfrist zuzulassen.[234]

Das UN-Kaufrecht enthält keine Gewährleistungsfrist, sondern bestimmt nur den zeitlichen Rahmen für die Mängelrüge des Art.39 Abs.1 CISG.[235]

---

[231] Schlechtriem, ZSR 118 (1999), 335 (354); ders., GS Lüderitz, S.675 (691); Schlechtriem-Schwenzer, Art.39, Rn.22; Staudinger-Magnus, Art.39, Rn.63.

[232] Schlechtriem, JZ 1997, 441 (445); Staudinger-Magnus, Art.39, Rn.63.

[233] Erwägungsgrund 18.

[234] Erwägungsgrund 18.

[235] Staudinger-Magnus, Art.39, Rn.71. Die Verjährung im Anwendungsbereich des UN-Kaufrechts richtet sich grundsätzlich nach dem gemäß internationalen Privatrecht einschlägigen nationalen Recht. Möglicherweise gilt aber auch das UN-Verjährungsübereinkommen (Übereinkommen über die Verjährung beim internationalen Warenkauf), das Deutschland und Spanien allerdings bisher nicht ratifiziert haben. Dazu Staudinger-Magnus, Art.3 VertragsG zum CISG, Rn.2 f.

VII. Rügeobliegenheit- und Rügefristoption, Art.5 Abs.2 VbrKfRil

Art.5 Abs.2 VbrKfRil stellt den Mitgliedstaaten anheim, die Gewährleistungsrechte des Verbrauchers außerdem durch eine kombinierte Rügefrist und Rügeobliegenheit auszuschließen, wenn er den Verkäufer nicht binnen zwei Monaten nach der Feststellung der Vertragswidrigkeit informiert. Die positive Feststellung der Vertragswidrigkeit durch Verbraucher bestimmt dabei den Fristbeginn. Angesichts des Mindestschutzcharakters der Richtlinie (Art.8 Abs.2 VbrKfRil), darf die Frist nicht kürzer als zwei Monate sein. Eine längere Frist ist im Interesse des Verbraucherschutzes möglich. Die Beweislast hinsichtlich der Rechtzeitigkeit der Mängelrüge trifft den Verbraucher-Käufer.[236]

Bei der durch die Verbrauchsgüterkaufrichtlinie in Art.5 Abs.2 aufgestellten Option einer gesetzlichen Rügeobliegenheit für den Verbraucher handelt es sich neben der Regreßregel des Art.4, um eine weitere Ausnahme von dem Grundsatz der Unabdingbarkeit der VbrKfRil. Die Vorschrift schafft damit auf dem ersten Blick ein gewisses Bild der Heterogenität der Richtlinie hinsichtlich des Verbraucherschutzes: Den Verbraucher treffen Obliegenheiten, denen er nachkommen muß, um seine Gewährleistungsrechte zu erhalten. Der Aufnahme von Art.5 Abs.2 VbrKfRil in seiner endgültigen Fassung in die Richtlinie sind kontroverse Diskussionen im Europäischen Parlament und im Rat vorausgegangen, an deren Ende mit der Optionsregelung ein weiterer Kompromiß stand.[237] Das UN-Kaufrecht beinhaltet dagegen in Art.39 CISG eine für alle internationalen Handelskäufe geltende Rügeobliegenheit. Danach trifft den Verkäufer eine Obliegenheit zur Mängelanzeige und auch zur Untersuchung der Ware.[238] Der Käufer muß die Vertragswidrigkeit in "angemessener Frist" nach deren Entdeckung bzw. Entdeckbarkeit rügen.[239] Staudenmayer[240] hat die Optionsregelung der Ver

---

[236] Gsell, ERPL 1999, 151 (163); Welser/Jud, S.151.

[237] Reich, NJW 1999, 2397 (2401). Für die Einfügung einer Rügeobliegenheit in die VbrKfRil ist insbesondere Deutschland eingetreten.

[238] Zum UN-Kaufrecht: Schlechtriem, Intern. UN-KaufR, Rn.149; Magnus, TranspR-IHR, 3-1999, 29 ff.

[239] In den CISG-Vertragsstaaten wird die Dauer der Frist unterschiedlich beurteilt: Der deutsche BGH hält eine Durchschnittsfrist von einem Monat als 'groben Mittelwert' für angemessen (BGHZ 129, 75 (85 f.)). Nach dem österreichischen OGH ist hingegen eine vierzehntägige Gesamtfrist regelmäßig angemessen (OGH, JBl 1999, 318). Für eine 14-Tagesfrist hat sich vorher auch schon das OLG Köln, in: RIW 1994, 972, ausgesprochen. Zur Bestimmung der

brauchsgüterkaufrichtlinie als "deutlichen Schwachpunkt der Richtlinie" kritisiert. Die Konstruktion ist wegen des verbraucherschutzrechtlichen Binnenmarktkonzepts problematisch.[241] Eine zwingende Harmonisierung des Rügeerfordernisses ist sicher wünschenswert, die Kritik muß jedoch relativiert werden. Art.5 Abs.2 VbrKfRil bürdet dem Käufer keine Untersuchungsobliegenheit, wie etwa Art.39 Abs.1 CISG, auf.[242] Die Vorschrift besitzt daher nicht die gleiche Intensität im Bezug auf die Beschränkung der Gewährleistungsrechte. Eine durchgreifende Begünstigung der Verkäuferposition ist nicht zu erwarteten,[243] da der regelmäßig vor- bzw. barleistende Verbraucher, der mangelhafte Sachen erhält, ohnehin ein Interesse hat, auf eine baldige Mängelbeseitigung bzw. Ersatzlieferung hinzuwirken.[244] Die Rügeobliegenheit ist dem Verbraucher daher auch zumutbar[245] und belastet ihn nicht unverhältnismäßig[246]. Es wird zumeist gar nicht erst zum Ablauf der, insofern relativ langen, zweimonatigen Frist kommen. Voraussichtlich werden die Rügeobliegenheit und Rügefrist im entgegengesetzten Fall zusätzliche

---

Angemessenheit der Frist auch Piltz, in: NJW 1996, 2768 (2771 f.).

[240] Staudenmayer, in: EG-Richtlinie 1999/44/EG zur Vereinheitlichung des Kaufgewährleistungsrechts, Grundmann/Medicus/Rolland (Hrsg.), Europäisches Kaufgewährleistungsrecht, S.27 (41 f.); ders., in: NJW 1999, 2393 (2396).

[241] Staudenmayer, NJW 1999, 2393; ders., in: EG-Richtlinie 1999/44/EG zur Vereinheitlichung des Kaufgewährleistungsrechts, Grundmann/Medicus/Rolland (Hrsg.), Europäisches Kaufgewährleistungsrecht, S.27 (41 f.). So auch Reich, NJW 1999, 2397 (2401). Auch Schlechtriem, in: GS Lüderitz, S.675 (692), kritisiert, daß die Richtlinie auf eine einheitliche Regelung des Rügeerfordernisses verzichtet hat. Ähnlich Weisner, in: JuS 2001, 759 (762), der die Richtlinie für kontraproduktiv hält, weil es in den Mitgliedstaaten zu unterschiedlichen Regelungen kommen wird, die den Verbraucher verunsichern und von grenzüberschreitenden Käufen abhalten.

[242] So auch Honsell, JZ 2001, 278 (280).

[243] Honsell, in: JZ 2001, 278 (280), hält die Rügeobliegenheit nicht für einen geeigneten Ausgleich der langen "Verjährungsfrist". Schlechtriem, in: GS Lüderitz, S.675 (692), sieht in dem Rügeerfordernis -freilich zu Recht- trotzdem ein "gewisses Gegengewicht" zur Ausdehnung der Haftungsdauer des Verkäufers.

[244] Brüggemeier/Reich, BB 2001, 213 (220).

[245] Grundmann, Europäisches Schuldvertragsrecht, S.286 (300)., Rn.28, da die Rügeobliegenheit nicht mit einer gesonderten Untersuchungsobliegenheit gekoppelt ist; Weisner,JuS 2001, 759 (762). Schmidt-Räntsch, in: ZIP 1998, 849 (852), hält die Rügeobliegenheit für überflüssig und nicht im Interesse des Verbrauchers liegend. Heilegger, in: RdW 1999, 633 (634), sieht die Verbraucher durch die Rügeobliegenheit erheblich schlechter gestellt.

[246] Rieger, VuR 1999, 287 (290); Weisner, JuS 2001, 759 (762).

Rechtsstreitigkeiten zur Folge haben. Denn Verbraucher, die ihre Rügefrist arglos verstreichen lassen, werden sich gezwungen sehen, gegen die Abschneidung ihrer Gewährleistungsrechte durch den Verkäufer gerichtlich vorzugehen. In diesem Fall wird der Verkäufer die Angaben des Verbrauchers regelmäßig nicht widerlegen können, da er, mangels der Möglichkeit den Bereich des Käufers zu überblicken, grundsätzlich nicht erfährt, wann der Verbraucher positive Kenntnis hinsichtlich der Vertragswidrigkeit erwirbt.[247] Den Verkäufer trifft aber die Beweislast hinsichtlich des Beginns der Rügefrist.[248] Die Interessen des Verkäufers sind im übrigen wohl bereits hinreichend durch Art.2 Abs.3 VbrKfRil geschützt, der eine Vertragswidrigkeit dann ausschließt, wenn der Verbraucher die Vertragswidrigkeit im Zeitpunkt des Vertragsabschlusses kannte oder vernünftigerweise nicht in Unkenntnis darüber sein konnte.

Die Mitgliedstaaten müssen die Kommission über die hinsichtlich der Rügeoption gewählte Lösung unterrichten, während die Kommission die Auswirkungen der Rügeoption auf Verbraucher und Binnenmarkt überwacht (Art.5 Abs.2 Satz 2 und 3 VbrKfRil). Bis zum 7.1.2003 hatte die Kommission einen Bericht über die von den Mitgliedstaaten beschrittenen Wege zu erstatten, der im Amtsblatt der Europäischen Gemeinschaften veröffentlicht wird (Art.5 Abs.2 Satz 4 und 5 VbrKfRil). Zukünftig sind daher, insbesondere wenn sich die von den Mitgliedstaaten gewählten Lösungen sehr unterscheiden sollten, weitere gesetzgeberische Angleichungsschritte der EU betreffend der Verbraucherrüge zu erwarten.

---

247 Honsell, JZ 2001, 278 (280); Lehr/Wendel, EWS 1999, 321 (325). Auf Beweisschwierigkeiten weisen auch Gsell, in: ERPL 1999, 151 (163) und Schmidt-Räntsch, in: ZIP 1998, 849 (852), hin. Schlechtriem, Das geplante Gewährleistungsrecht im Licht der Kaufrechtsrichtlinie, in: Ernst/Zimmermann (Hrsg.), Zivilrechtswissenschaft und Schuldrechtsreform, S.205 (218), kommt zu Recht zu dem Schluß, daß der Verkäufer regelmäßig auf den Anscheinsbeweis angewiesen sein wird.

248 Vgl. Schlechtriem, Das geplante Gewährleistungsrecht, in: Ernst/Zimmermann (Hrsg.), Zivilrechtswissenschaft und Schuldrechtsreform, S.205 (218).

VIII. Garantien, Art.6 VbrKfRil

Die Richtlinie regelt neben den gesetzlichen Garantien (Gewährleistungsrechten) auch die Mindestanforderungen an freiwillige[249] Garantien, die neben der allgemeinen gesetzlichen Gewährleistungshaftung vom Verkäufer oder dem Hersteller eingegangen werden können (sog. selbständige Garantien, Art.6 VbrKfRil). Die Richtlinie verpflichtet nicht zur Abgabe von Garantien und sieht auch keine Mindestinhalte der Garantien vor[250]. Sie beschränkt sich darauf, aus freien Stücken abgegebenen Garantien Bindungswirkung zuzusprechen und formale Anforderungen an Garantieerklärungen zu stellen, um zu vermeiden, daß Garantien, die grundsätzlich ein zulässiges Marketinginstrument darstellen, zur Irreführung der Verbraucher mißbraucht werden.[251] Entgegen dem Wortlaut der Richtlinie gelten die Anforderungen des Art.6 VbrKfRil nicht nur in Bezug auf Garantien des Verkäufers oder Herstellers, sondern auch für die Garantien anderer Glieder der Vertriebskette.[252]

1. Garantiebegriff, Art.6 i.V.m. Art.1 Abs.2 lit.e VbrKfRil

Eine Garantie im Sinne der Richtlinie ist nach der Legaldefinition in Art.1 Abs.2 lit.e VbrKfRil jede von einem Verkäufer oder Hersteller gegenüber dem Verbraucher unentgeltlich eingegangene Verpflichtung den Kaufpreis zu erstatten, das Verbrauchsgut zu ersetzen, nachzubessern oder in sonstiger Weise Abhilfe zu schaffen, wenn das Verbrauchsgut nicht den in der Garantieerklärung oder in der einschlägigen Werbung[253] genannten Eigenschaften entspricht. Grundsätzlich wird aber der ausdrücklichen Vereinbarung, solange sie nicht gegen zwingendes Recht der Richtlinie verstößt, der Vorrang vor zumeist inhaltlich und in Bezug auf den Adressatenkreis sehr allgemein gehaltenen Angaben in der Werbung ein-

---

[249] Vgl. Schlechtriem, Das geplante Gewährleistungsrecht im Lichte der Kaufrechtsrichtlinie, in: Ernst/Zimmermann (Hrsg.), Zivilrechtswissenschaft und Schuldrechtsreform, S.205 (223).

[250] Grundmann, Generalreferat: Internationalisierung und Reform des deutschen Kaufrechts, in: Grundmann/Medicus/Rolland (Hrsg.), Europäisches Kaufgewährleistungsrecht, S.281 (319).

[251] Erwägungsgrund 21.

[252] Medicus, ZIP 1996, 1925 (1929); Welser/Jud, S.163.

[253] Reich, in: NJW 1999, 2397 (2400), erwartet, daß dies zu einer "Versachlichung der Werbung erheblich beitragen" wird.

zuräumen sein.[254] Auf den Begriff der "kommerziellen Garantie" wird im Vergleich zum Grünbuch und den Vorentwürfen verzichtet.

Der Rechtscharakter der Garantie wird durch die Rechtlinie nicht ausdrücklich geklärt. Fraglich ist daher, ob die Garantie durch eine vertragliche[255] Parteivereinbarung zustande gekommen sein muß, oder ob eine Garantie i.S.d. Richtlinie auch durch eine einseitige Willenserklärung des Garantiegebers[256] eingegangen werden kann. Nach UN-Kaufrecht kann die Garantie im Vertrag, in einer selbständigen Zusatzvereinbarung oder auch einseitig erfolgen.[257] Dieser Auslegung ist im Interesse eines einheitlichen Verständnisses internationaler Kaufverträge in der EU und einer weiten verbraucherfreundlichen Auslegung auch für Art.6 VbrKfRil zu folgen.

2. Bindungswirkung der Garantie, Art.6 Abs.1 VbrKfRil

Der abgegebenen Garantieerklärung, sowie der verwendeten Werbung, wird nach Art.6 Abs.1 VbrKfRil bindende Rechtskraft zugemessen.

3. Transparenz der Garantie, Art.6 Abs.2 VbrKfRil

Art.6 Abs.2 VbrKfRil schreibt des weiteren vor, daß die Garantie transparent sein muß. In ihr ist darzulegen, daß die gesetzlichen Gewährleistungsrechte der Mitgliedstaaten durch die Garantie nicht berührt werden (Spiegelstrich 1). In "einfachen und verständlichen Formulierungen" muß die Garantie den "Inhalt der Garantie und die wesentlichen Angaben" wiedergeben, "die für die Inanspruchnahme der Garantie" erforderlich sind. Insbesondere hat die Garantie die "Dauer und den räumlichen Geltungsbereich des Garantieschutzes sowie Namen und Anschrift des Garantiegebers" zu enthalten (Spiegelstrich 2).

4. Verbraucherrechte und Sprachenregelung, Art.6 Abs.3 und 4 VbrKfRil

Der Verbraucher kann außerdem verlangen, daß ihm eine schriftliche Ausfertigung oder eine auf einem dauerhaften Datenträger gespeicherte Version der Garantie zur Verfügung gestellt oder zugänglich gemacht wird (Art.6 Abs.3 VbrKfRil). Der Mitgliedstaat, in dem das Verbrauchsgut in den Verkehr gebracht

---

[254] Dahingehend auch Welser/Jud, S.166.

[255] So Welser/Jud, S.163.

[256] Reich, NJW 1999, 2397 (2399).

[257] Staudinger-Magnus, Art.36, Rn.16. Herber/Czerwenka, Art.36, Rn.4, sind dagegen der Ansicht, daß die Garantie einer vertraglichen Vereinbarung bedarf.

wird, kann weiterhin vorsehen, daß die Garantie mindestens in einer oder in mehreren Amtssprachen der EU abzufassen sind, soweit dies mit dem EG-Vertrag vereinbar ist, also nicht wettbewerbsbeschränkend wirkt (Art.6 Abs.4 VbrKfRil).

5. Gültigkeit der Garantie, Art.6 Abs.5 VbrKfRil

Art.6 Abs.5 VbrKfRil stellt klar, daß die Garantie auch bei der Mißachtung ihrer Mindestanforderungen in den Abs.2-4 gültig bleibt. Die Richtlinie sieht aber keine Sanktionen für die Gewährung irreführender Garantien, Verstöße gegen das Transparenzgebot oder dem Versäumnis, dem Verbraucher die Garantie schriftlich zugänglich zu machen, vor.[258] Die Mitgliedstaaten können auch im Interesse eines hohen Verbraucherschutzniveaus (Art.8 Abs.2 VbrKfRil) insbesondere nicht die Unwirksamkeit der Garantie als Rechtsfolge des Verstoßes gegen die Richtlinienvorgaben festlegen. Dem Verbraucher würde damit entgegen Art.6 Abs.5 VbrKfRil die Garantie entzogen und das Mindestverbraucherschutzniveau der Gemeinschaft unterlaufen.

Eine Garantieregelung findet sich auch in Art.36 Abs.2 CISG, wonach der Verkäufer auch für Vertragswidrigkeiten haftet, die nach Gefahrübergang eintreten und auf eine Verletzung der Pflichten aus einer Garantie zurückzuführen sind. Es handelt sich dabei um Garantien dafür, daß die Ware für eine bestimmte Zeit für den üblichen Zweck oder für einen bestimmten Zweck geeignet bleiben oder besondere Eigenschaften oder Merkmale behalten wird.[259] Das UN-Kaufrecht mißt den Garantien somit, ähnlich wie die Richtlinie, Bindungswirkung bei. Allerdings schließt das UN-Kaufrecht, im Gegensatz zur Richtlinie, die Nichteinhaltung des Garantieversprechens als Vertragswidrigkeit in das Sanktionssystem gesetzlicher Rechtsbehelfe der Art.35 ff. CISG ein.

IX. Unabdingbarkeit und Internationales Privatrecht, Art.7 VbrKfRil

1. Unabdingbarkeit

Die Richtlinie stellt in ihrem Anwendungsbereich eine zwingende Haftungsordnung auf, die auch für Individualvereinbarungen, unabhängig vom Vorliegen

---

[258] Micklitz, EuZW 1999, 485 (488); Weisner, JuS 2001, 759 (763); Welser/Jud, S.165.

[259] Schlechtriem, Intern. UN-KaufR, Rn.146 f.; Schlechtriem-Schwenzer, Art.36, Rn.9.

von AGB, gilt.[260] Der Rechtsgedanke der Unabdingbarkeit der Gewährleistungsregelungen geht bereits auf das Grünbuch zurück und ist den EG-Richtlinien zum Verbraucherschutz gemein[261]. Damit entsteht innerhalb der Richtlinie ein Spannungsverhältnis zwischen vertraglich vereinbarter Umschreibung der Vertragsmäßigkeit einerseits und zwingender Festlegung der Gewährleistungsrechte andererseits. Durch das System zwingender, nicht abdingbarer Verbraucherrechte der Richtlinie ist wegen der dogmatischen Konstruktion der Rechte, von denen auch die Verbraucher nicht freiwillig abweichen können, indes keine Einschränkung der Privatautonomie zu besorgen.[262] Privatautonomie erfordert notwendig eine zweiseitige Gestaltungsmacht. Das zwingende Recht der VbrKfRil gleicht das Ungleichgewicht zwischen den Vertragsparteien aus, das dadurch entsteht, daß individualvertragliche Vereinbarungen bei Verbrauchsgüterkäufen in der Praxis selten sind, und deshalb der Verbraucher in Verbrauchsgüterkaufverträgen kaum ein Selbstbestimmungsrecht ausüben kann. Die zwingenden Gewährleistungsregelungen der VbrKfRil stellen die Vertragsfreiheit wieder her.[263] Die Vertragsfreiheit ist nunmehr allerdings, wie sich aus Erwägungsgrund 8 ergibt, noch Grundlage, aber nicht mehr Grenze der Haftung.[264] Es soll vermieden werden, daß der gesetzliche Schutz des Verbrauchers durch einschränkende oder außer Kraft setzende Parteivereinbarungen ausgehöhlt wird.[265] Es dürfen insbesondere auch keine Klauseln vereinbart werden, nach denen der Verbraucher jede zum Zeitpunkt der Vertragswidrigkeit bestehende Vertragswidrigkeit des Verbrauchsguts kannte.[266] Mit einer derartigen Klausel wäre der zwingende

---

[260] Ehmann/Rust, JZ 1999, 853 (860); Welser/Jud, S.19.

[261] Micklitz, EuZW 1997, 229 (235); Staudenmeyer, NJW 1999, 2393 (2397); Welser/Jud, S.19.

[262] Ausführlicher Nachweis bei Repgen, Kein Abschied von der Privatautonomie, S.85 f. Eine Einschränkung der Privatautonomie im Kaufrecht durch das zwingende Recht der VbrKfRil befürchten dagegen Ernst/Gsell, in: ZIP 2000, 1410. Ähnlich Gass, in: FS Rolland, S.129 (132); Weisner, in: JuS 2001, 759 (763), der einen derart weiten Eingriff in die Privatautonomie als nicht im Interesse des Verbrauchers stehend ansieht, da sich in der Folge die Produktkosten erhöhen. Indes ist die zu erwartende Erhöhung der Produktkosten vorrangig auf die Verlängerung der Verjährungsfrist und die Beweislastumkehr zugunsten des Verbrauchers zurückzuführen.

[263] Repgen, Kein Abschied von der Privatautonomie, S.85.

[264] Reich, NJW 1999, 2397 (2399).

[265] Erwägungsgrund 22, Satz 1.

[266] Erwägungsgrund 22, Satz 2.

Charakter der Gewährleistungsrechte der Richtlinie ausgehebelt und der Verbraucher begäbe sich seiner Rechte aus der Richtlinie. Denn nach Art.2 Abs.3 VbrKfRil liegt nur bei Kenntnis des Verbrauchers von der Vertragswidrigkeit zum Zeitpunkt des Vertragsschlusses, oder für den Fall, daß der Verbraucher vernünftigerweise nicht in Unkenntnis der Vertragswidrigkeit sein konnte, keine Vertragswidrigkeit vor, die ihrerseits Voraussetzung für die Verbraucherrechte aus Art.3 VbrKfRil ist.

Die Unabdingbarkeit der in der VbrKfRil gewährten Rechte ist der tragende Pfeiler eines hohen Verbraucherschutzniveaus, das durch die Aufstellung einheitlicher Mindestvorschriften gewonnen wird. In den Bereichen, in denen die nationalen Gewährleistungsvorschriften den verbindlichen Zielen der Richtlinie widersprechen, sind die Mitgliedstaaten zur ordnungsgemäßen Umsetzung durch Schaffung neuer, der Richtlinie entsprechender Vorschriften verpflichtet. Die nationalen Kaufrechte der Mitgliedstaaten der Europäischen Gemeinschaft stellen bisher die gesetzlichen Kaufrechtsregeln zum ganz überwiegenden Teil zur Disposition der Vertragsparteien, die in vertraglicher Übereinstimmung von diesen Vorschriften abweichen können.

Lehnt sich die Richtlinie sonst zum Teil deutlich an das UN-Kaufrecht an, zeigt sich in der Unabdingbarkeit ihrer Regeln ein augenscheinlicher Unterschied zu Art.6 CISG, der den Kaufvertragsparteien Ausschluß, Abweichung und Änderung der Wirkung der Vorschriften des UN-Kaufrechts ermöglicht. Art.6 CISG stellt das Prinzip der kollisionsrechtlichen und materiell-rechtlichen Privatautonomie auf[267] und erhält den "professionellen" Kaufvertragsparteien konsequenterweise die Rechtswahlautonomie[268]. Der zwingende Charakter der VbrKfRil läßt sich nur aus dem Schutzzweck eines typischen europäischen Verbraucherschutzrechts rechtfertigen. Das CISG schließt den Verbraucher dagegen aus seinem personellen Anwendungsbereich gemäß Art.2 lit.a aus.[269]

Für gebrauchte Güter ist der Grundsatz der Unabdingbarkeit der Richtlinie gemäß Art.7 Abs.1 Satz 2 VbrKfRil durch eine Option für die Mitgliedstaaten etwas gelockert, die es ermöglicht die Verjährungsfrist bis zu einem Jahr durch Parteivereinbarung zu verkürzen. Diese Regelung hat insbesondere Bedeutung für den Gebrauchtwagenmarkt, dem naturgemäß größten Gebrauchtgütermarkt. Der

---

[267] Schlechtriem, Intern. UN-KaufR, Rn.19.

[268] Reich, NJW 1999, 2397 (2399).

[269] So auch Reich, NJW 1999, 2397 (2399).

Gebrauchtwagenmarkt ist Quelle einer Vielzahl von Rechtsstreitigkeiten, da dort vor allem die Beweisführung schwierig ist und mit zunehmendem zeitlichem Abstand weiterhin erschwert wird. Die kurze Verjährung bedeutet daher einen Gewinn an Rechtsfrieden im Bereich des Gebrauchtgüterkaufs.[270]

Der Grundsatz der Unabdingbarkeit der Verbraucherschutzvorschriften aus der Richtlinie ist darüber hinaus durch weitere Optionen zur Einführung einer Rügeobliegenheit für den Verbraucher (Art.5 Abs.2 VbrKfRil) und hinsichtlich der rechtlichen Ausgestaltung des Letztverkäuferregresses (Art.4 Satz 2 VbrKfRil) durchbrochen.

2. Internationales Privatrecht

Art.7 Abs.2 VbrKfRil enthält eine eigene international-privatrechtliche Kollisionsregelung. Darin gleicht die VbrKfRil den moderneren verbraucherschützenden EG-Richtlinien, die durch eine entsprechende Norm den Verbraucher vor vertraglicher Abbedingung der ihm in der jeweiligen Richtlinie eingeräumten Mindestrechte durch Vereinbarung des Rechts von Nicht-EU-Mitgliedstaaten schützen.[271] Dadurch wird die kollisionsrechtliche Absicherung des Binnenmarktes gegenüber Drittstaaten-Recht bezweckt.[272] Insbesondere gilt es, den in der Europäischen Union erreichten Verbraucherschutzstandard abzusichern.[273] Mithin ist das Kollisionsrecht Teil der verbraucherspezifischen Rechtsangleichung auf

---

270 Dagegen hält Gsell, in: ERPL 1999, 151 (169), diese Option für eine unangemessene Erweiterung des Verbraucherschutzes, die die Privatautonomie der Vertragsparteien zu stark einschränkt. Honsell, in: JZ 2001, 278 (280), hält die Einbeziehung gebrauchter Güter in die unabdingbare Haftungsordnung des Art.7 Abs.1 S.1 VbrKfRil insgesamt für den "gröbsten Mißgriff" der Richtlinie.

271 Art.6 Abs.2 der Richtlinie 1993/13/EWG des Rates v. 5.4.1993 über mißbräuchliche Klauseln in Verbraucherverträgen (Klauselrichtlinie), ABlEWG 1993 Nr.L 95/29; Art.9 der Richtlinie 1994/47/EG des Europäischen Parlaments und des Rates vom 26.10.1994 zum Schutz der Erwerber im Hinblick auf bestimmte Aspekte von Verträgen über den Erwerb von Teilnutzungsrechten an Immobilien (Teilzeit-Wohnrechte-Richtlinie), ABlEG 1994 Nr.L 280/83; Art.12 der Richtlinie 1997/7/EG des Europäischen Parlaments und des Rates vom 20.5.1997 über den Verbraucherschutz bei Vertragsabschlüssen im Fernabsatz (Fernabsatzrichtlinie), AblEG Nr.L 144/19.

272 Erwägungsgrund 22. Basedow, Materielle Rechtsangleichung und Kollisionsrecht, in: Schnyder/Heiss/Rudisch (Hrsg.), Internationales Verbraucherschutzrecht, S.11 (31); Wagner, IPRax 2000, 249 (250). Dahingehend auch Freitag/Leible, ZIP 1999, 1296 (1297).

273 Freitag/Leible, ZIP 1999, 1296 (1297).

europäischer Ebene geworden. Art.7 Abs.2 VbrKfRil verlangt freilich einschränkend, daß der betreffende Vertrag einen engen Zusammenhang mit dem Gebiet der Mitgliedstaaten aufweisen muß.

Die VbrKfRil verpflichtet die Mitgliedstaaten durch Art.7 Abs.2 zur Aufnahme einer für die Richtlinienumsetzung eigenen international-privatrechtlichen Kollisionsnorm.[274] Die älteren Richtlinien überließen, jedenfalls nach ihrem Wortlaut, die Regelung kollisionsrechtlicher Zweifelsfälle dem Übereinkommen vom 19.Juni 1980 über das auf vertragliche Schuldverhältnisse anzuwendende Recht (EVÜ).[275] Das EVÜ regelt in Art.5 das internationale Privatrecht der Verbraucherverträge.[276] Nach Art.5 Abs.1 EVÜ gilt die Vorschrift für Verträge über die Lieferung beweglicher Sachen an Verbraucher, zu einem Zweck der nicht der beruflichen oder gewerblichen Tätigkeit des Verbrauchers zugerechnet werden kann. Der personelle Anwendungsbereich, d.h. die Verbraucherdefinition des EVÜ und der VbrKfRil, entsprechen sich daher. Auch der sachliche Anwendungsbereich des EVÜ deckt sich mit dem der VbrKfRil, da EVÜ und die VbrKfRil Kaufverträge über bewegliche Sachen erfassen.[277] Im Rahmen von Art.5 EVÜ sind Werklieferungsverträge dem Kaufvertrag gleichgestellt, wenn nicht der Besteller einen großen Teil des Materials zur Verfügung stellen muß.[278] Die VbrKfRil erstreckt sich ebenfalls auf die Lieferung herzustellender oder zu erzeugender Verbrauchsgüter, allerdings ohne eine entsprechende Einschränkung.[279] Der Anwendungsbereich von Art.5 EVÜ greift über den der VbrKfRil außerdem insofern hinaus, daß auch Dienstleistungen, Tausch- und Finanzierungsgeschäfte erfaßt werden. Art.5 EVÜ findet jedenfalls auch auf Leasingverträge Anwendung,

---

[274] Faber, JBl 1999, 413 (430); Welser/Jud, S.171.

[275] Das EVÜ ist in Deutschland seit dem 1.1.1999 in der Fassung des 3. Beitrittsübereinkommens (BGBl 1998 II 1412) in Kraft (BGBl 1999 II 7) und wurde in die Art.27 ff. EGBGB inkorporiert. In Spanien ist das EVÜ am 1.9.1993 in Kraft getreten ("Convenio sobre la ley aplicable a las obligaciones contractuales, hecho en Roma el 19 de junio de 1980 y Protocolos de Interpretación. BOE núm. 171, de 19 de junio de 1993; corrección de errores, BOE núm.189, de 9 de agosto de 1993).

[276] Art.5 EVÜ ist in Deutschland in Art.29 Abs.1, 2 und 4 umgesetzt worden.

[277] Für Art.5 EVÜ: Giuliano/Lagarde, S.23; Nemeth, S.34.

[278] Nemeth, S.34. So auch Art.3 Abs.1 CISG.

[279] Mit entsprechender Einschränkung aber noch Art.1 Abs.4 letzter HS des Gemeinsamen Standpunktes.

bei denen die Sache nach Ablauf des Leasingvertrages gekauft wird.[280] Die VbrKfRil erfaßt freilich Leasingverträge nicht.

Art.5 Abs.2 EVÜ beschränkt seinen Schutz allerdings auf drei eng umschriebene Lebenssachverhalte. Danach darf die Rechtswahl der Parteien nicht dazu führen, daß dem Verbraucher zwingende Schutzbestimmungen des Staates seines gewöhnlichen Aufenthalts entzogen werden, wenn der Verbraucher dort einen Vertrag abschließt, der auf ein ausdrückliches Angebot oder eine Werbung des Verkäufers im selben Staat zurückgeht (Spiegelstrich 1). Das gleiche gilt, wenn eine Bestellung des Verbrauchers von dessen Vertragspartner im Staat seines gewöhnlichen Aufenthalts angenommen wurde (Spiegelstrich 2), oder wenn der Verkäufer beim Warenkauf vom Ort seines gewöhnlichen Aufenthalts aus ins Ausland gereist ist, um dort eine Bestellung aufzugeben, sofern diese Reise vom Verkäufer gerade veranlaßt wurde, um den Verbraucher zum Vertragsabschluß zu veranlassen (Spiegelstrich 3).

Das EVÜ mißt dem Verbraucherschutz daher im Ergebnis nur eingeschränkte Bedeutung bei.[281] Die Kollisionsregelungen der neueren Richtlinien, also auch Art.7 Abs.2 VbrKfRil, weichen von den beschränkten verbraucherschützenden Anknüpfungsregelungen des EVÜ ab,[282] und gewährleisten einen weiteren Verbraucherschutz als Art.5 EVÜ.[283] Dies gilt nicht nur wegen der

---

280 Nemeth, S.35. Einschränkend auf das Finanzierungsleasing MünchKomm-Martiny, Art.29 EGBGB, Rn.9. Alle Leasingverträge sieht von Hoffmann, in: Soergel, Art.29 EGBGB, Rn.5, erfaßt.

281 Wagner, IPRax 2000, 249.

282 Fischer, in: FS Großfeld, S.277 (280); Wagner, IPRax 2000, 249 (250). Für Art.7 Abs.2 VbrKfRil auch Welser/Jud, S.172.

283 Fischer, in: FS Großfeld, S.277 (280); Rusche, IPRax 2001, 420 (421 f.); Welser/Jud, S.172. Freitag/Leible, ZIP 1999, 1296 (1297), Martiny, ZEuP 1999, 246 (250), zu § 12 AGBG a.F., und Basedow, Materielle Rechtsangleichung und Kollisionsrecht, in: Schnyder/Heiss/Rudisch (Hrsg.), Internationales Verbraucherschutzrecht, S.11 (31 f.), mit Bezug auf die der Verbrauchsgüterkaufrichtlinie vorangegangenen Verbraucherschutzrichtlinien. Art.5 Abs.2 EVÜ bietet aufgrund des eingeschränkten sachlichen Anwendungsbereichs nicht für alle Problemlagen einen ausreichenden Verbraucherschutz, wie die sog. Gran Canaria-Fälle gezeigt haben. In diesen Fällen sind deutsche Urlauber auf Werbeveranstaltungen in spanischer Sprache zur Bestellung deutscher Ware veranlaßt worden. In den geschlossenen Verträgen war formularmäßig die Anwendung spanischen Rechts und die Erfüllung in Deutschland vereinbart worden. Aufgrund der unzulänglichen Gesetzeskasuistik der Nr.1-3 des Art.5 Abs.2 EVÜ, die in Deutschland in Art.29 Abs.1 EGBGB umgesetzt wurden, hatten die Instanzgerichte

fehlenden Einschränkung der Kollisionsregelung auf bestimmte Fallkonstellationen,[284] sondern insbesondere auch wegen des umfassenderen räumlichen Anknüpfungsbereichs der Richtlinien innerhalb der gesamten EU[285]. Ausreichend für die Absicherung des Richtlinienmindestschutzes ist nach Art.7 Abs.2 VbrKfRil, wenn der Verbraucher einen Kaufvertrag in irgendeinem Staat innerhalb der Gemeinschaft abschließt, der einen hinreichenden Gemeinschaftsbezug aufweist.

Die aufgrund der Umsetzung von EG-Richtlinien in den Mitgliedstaaten entstandenen Kollisionsnormen genießen gemäß Art. 20 EVÜ Vorrang vor Art.5 EVÜ,[286] jedenfalls soweit sie sich auf die Richtlinienvorgaben beschränken.[287] Grundlegende Rangkonflikte zwischen Art.7 Abs.2 VbrKfRil und Art.5 EVÜ sind daher grundsätzlich nicht zu befürchten.[288] Die im Wege von Art.5 EVÜ auf der

---

verschiedentlich den Versuch unternommen, die Urlauber durch die regelwidrige Ausweitung des kollisionsrechtlichen Verbraucherschutzes besser zu stellen. So gelangten die Gerichte überwiegend über Art.31 Abs.2 EGBGB zur Anwendung von § 1 Haustürwiderrufsgesetz (LG Hamburg, IPRax 1990, 239; RIW 1990, 664; LG Aachen, NJW-RR 1991, 885; OLG Stuttgart, IPRax 1991, 332; LG Stuttgart, NJW-RR 1990, 1394; LG Wiesbaden, MDR 1991, 156; OLG Celle, IPRax 1991, 334; LG Aachen, NJW 1991, 2221; LG Hildesheim, IPRax 1993, 173. Kritik an der Entwicklung der instanzgerichtlichen Rechtsprechung üben zu Recht Basedow, Materielle Rechtsangleichung und Kollisionsrecht, in: Schnyder/Heiss/Rudisch (Hrsg.), Internationales Verbraucherschutzrecht, S.11 (28); Hoffmann, Internationales Privatrecht, § 10, Rn.73 (S.388); Kegel/Schurig, Internationales Privatrecht, § 17, V., S.539; Kropholler, Internationales Privatrecht, § 52, V.2.b), S.462; Mäsch, IPRax 1995, 371 (373 f.). Der Bundesgerichtshof, in: BGHZ 113, 11 (16), hatte die Anwendung von § 1 UWG verworfen, da im konkreten Fall spanisches Wettbewerbsrecht anwendbar gewesen sei.

[284] Die Verwendung des Erfordernisses des "engen Zusammenhangs" mit der EU vermeidet den Fehler des Art.5 Abs.2 EVÜ, einer allzu präzisen Festlegung und erlaubt daher die Anpassung an neue kommerzielle Praktiken, die dem Verbraucher die Situation eines Binnenmarktgeschäfts vorspiegeln, aber in Art.5 Abs.2 EVÜ nicht erfaßt sind. So zu Recht Basedow, Materielle Rechtsangleichung und Kollisionsrecht, in: Schnyder/Heiss/Rudisch (Hrsg.), Internationales Verbraucherschutzrecht, S.11 (32).

[285] Martiny, ZEuP 1999, 246 (270).

[286] Kropholler, Internationales Privatrecht, § 52, V.6., S.463; Martiny, ZEuP 1999, 246 (249).

[287] Nemeth, S.113. Mankowski, in: BB 1999, 1225, sieht § 12 AGBG a.F. noch als subsidiäre kollisionsrechtliche Schutzmaßnahme. § 12 AGBG a.F. wurde mit dem Gesetz über Fernabsatzverträge und andere Fragen des Verbraucherschutzes sowie zur Umstellung von Vorschriften auf den Euro v. 27.6.2000 (BGBl I, 877 mit Berichtigung S.1139), abgeschafft und durch Art.29a EGBGB ersetzt.

[288] Allgemein zum Verhältnis der EG-Richtlinien zum EVÜ Wagner, IPRax 2000, 249 (250).

Ebene des internationalen Privatrechts gewonnene Rechtsangleichung erweitert die Richtlinie durch ihre Harmonisierungswirkung innerhalb der Gemeinschaft.

Da die VbrKfRil, und zumeist auch die übrigen EG-Verbraucherschutzrichtlinien, mit eigenen Kollisionsvorschriften nur Mindestmaßstäbe vorgeben und den Mitgliedstaaten damit einen gewissen Spielraum bei der Umsetzung in das nationale Recht einräumen, wird das Internationale Privatrecht auch innerhalb der Europäischen Union nicht ganz entbehrlich sein.[289] Art.5 EVÜ behält seine Bedeutung neben Art.7 Abs.2 VbrKfRil, wenn zu klären gilt, welche der nationalen Umsetzungsformen der Optionsregelungen der VbrKfRil hinsichtlich der Verbrauchermängelrüge, Ausschlußfrist für den Kauf gebrauchter Güter und den Letztverkäuferregreß Anwendung finden.[290] Art.7 Abs.2 VbrKfRil trifft insoweit keine Regelung.

X. Innerstaatliches Recht und Mindestschutzklausel, Art.8 VbrKfRil

Die Richtlinie läßt außerhalb ihres Anwendungsbereichs stehende vertragliche oder außervertragliche Ansprüche der Verbraucher nach nationalem Recht unberührt (Art.8 Abs.1 VbrKfRil). Die Richtlinie besitzt keinen Ausschließlichkeitscharakter.

Trotz ihres überwiegend zwingenden Charakters, verwehrt die Richtlinie den Mitgliedstaaten grundsätzlich nicht, zugunsten des Verbraucherschutzes strengere Vorschriften als die der Richtlinie selbst zu erlassen oder beizubehalten (Art.8 Abs.2 VbrKfRil, sog. Mindestschutzklausel). Den Mitgliedstaaten bleibt damit über den zwingenden Schutz nach Art.7 Ab.1 hinaus ein Spielraum "nach oben", um ein noch höheres Verbraucherschutzniveau zu erreichen.[291] Die Erlangung eines hohen Verbraucherschutzniveaus ist nach Art.153 Abs.1 und 3 EGV erklärtes Ziel der Gemeinschaft.[292] Die Verbrauchsgüterkaufrichtlinie

---

[289] Nemeth, S.74.

[290] Dahingehend auch Welser/Jud, S.172, die das EVÜ insoweit für "strenger" halten. Dennoch ist die Zukunft des EVÜ ungewiß. Noch für das Jahr 2001 war die Vorlage eines Grünbuchs durch die EU-Kommission vorgesehen, möglicherweise verbunden mit einem Verordnungsentwurf, der das EVÜ ersetzen soll. Dazu Jayme/Kohler, IPRax 2001, 501 (510).

[291] Erwägungsgrund 24.

[292] Auch Erwägungsgrund 1.

schreibt damit, unter Wahrung des Subsidiaritätsprinzips, einen Mindestschutzstandard für Verbraucher innerhalb der Gemeinschaft vor.

Der Mindestschutzcharakter der Richtlinie wird allerdings, wie auch die in der Richtlinie vorgesehenen Optionsregelungen, aller Voraussicht nach nicht immer zur Einheitlichkeit der Vorschriften innerhalb der Europäischen Union beitragen, sondern kann bezogen auf die Rechtsangleichung innerhalb der EU eine gegenteilige Wirkung entfalten, wenn die von den Mitgliedstaaten getroffenen Regelungen sehr voneinander abweichen.[293]

XI. Informationspflichten, Art.9 VbrKfRil

In Art.9 VbrKfRil werden die Mitgliedstaaten verpflichtet, die Verbraucher mit geeigneten Maßnahmen über die, in Umsetzung der Richtlinie, neu geschaffenen nationalen Vorschriften zu unterrichten. Falls angebracht, sollen Berufsorganisationen aufgerufen werden, die Verbraucher über ihre (neuen) Rechte zu informieren. Die Aufstellung einer derartigen Verbraucherinformationspflicht wurde bisher noch in keiner anderen Verbraucherschutzrichtlinie vorgeschrieben.[294] Die Informationspflicht beschränkt sich, dem Wortlaut zur Folge, auf das auf Grundlage der Richtlinie geschaffene nationale Recht, nicht aber den Inhalt der Richtlinie selbst.[295] Dies gilt selbst für den Fall, daß ein Mitgliedstaat die Vorgaben der Richtlinie nicht rechtzeitig zum 1.1.2002 umsetzt, die Richtlinie aber bereits

---

293 Staudenmayer, in: Schwartze, Diskussionsbericht, in: Grundmann/Medicus/Rolland (Hrsg.), Europäisches Kaufgewährleistungsrecht, S.335 (339), kritisiert das "Konzept der Harmonisierung von unten durch Wettbewerb der Rechtssysteme", da es von der gegenseitigen Anerkennung der verschiedenen nationalen Rechte als gleichwertig abhängt. Die punktuelle Harmonisierung sei letztlich nur eine Notlösung, geboren aus dem Streben nach dem politisch Machbaren. Der Ausschuß für Recht und Binnenmarkt des Europäischen Parlaments hat in seinem Bericht über die Annäherung des Zivil- und Handelsrechts der Mitgliedstaaten (KOM (2001)/2187(COS)) v. 6.11.2001 (PE 308.471) die EU-Kommission dringend aufgefordert Vorschläge zur Überarbeitung der bestehenden Verbraucherschutzrichtlinien betreffend des Vertragsrecht vorzulegen und insbesondere die Mindestharmonisierungsklauseln zu streichen, die die Einführung einheitlicher Rechtsvorschriften auf Ebene der EU zum Schaden des Verbraucherschutzes und des reibungslosen Funktionierens des Binnenmarktes verhindert hätten.

294 Welser/Jud, S.19.

295 Welser/Jud, S.19.

Rechtswirkung entfaltet. Die Verpflichtung zur Information setzt erst nach erfolgter Umsetzung und nach Ablauf der Umsetzungsfrist am 1.1.2002 ein. Mit Art.9 VbrKfRil erhält der Verbraucher in den Mitgliedstaaten ein neues eigenes subjektives Recht auf Information durch den jeweiligen Staat. Der Verbraucher kann nach Maßgabe der Entscheidung des EuGH in der Rechtssache "Francovich"[296] Staatshaftungsansprüche wegen Verletzung von Gemeinschaftsrecht durch die Nichtumsetzung der Richtlinie geltend machen, wenn er nicht über die erfolgte Umsetzung in nationales Recht in Kenntnis gesetzt wurde oder das nationale Recht die kundgemachten Rechte tatsächlich gar nicht vorsieht.[297]

XII. Umsetzungsverpflichtung der nationalen Gesetzgeber, Art.11 VbrKfRil

Die Richtlinie war gemäß Art.11 VbrKfRil bis zum 1.1.2002 durch die Inkraftsetzung erforderlicher Rechts- und Verwaltungsvorschriften in nationales Recht umzusetzen.[298]

Erfolgt die Umsetzung nicht rechtzeitig, weil sich das Gesetzgebungsverfahren verzögert oder die Umsetzung inhaltlich fehlerhaft ist, muß die Richtlinie dennoch angewandt werden, wenn sie Direktwirkung entfaltet.

---

296 EuGH, Verb. Rs. C-6/90 und C-9/90 (Andrea Francovich u.a. gegen Italienische Republik), Urteil v. 19.11.1991, Slg. 1991, I-5357.

297 Darauf weisen auch Welser/Jud, S.19 f., hin. Dazu auch Palandt-Thomas, § 839, Rn.19b.

298 Lehr/Wendel, EWS 1999, 321, sind allerdings dem Irrtum erlegen, die Richtlinie sei von den Mitgliedstaaten erst zum 7.7.2006 verpflichtend umzusetzen. Dabei handelt es sich nach Art.12 Satz 1 VbrKfRil lediglich um die Frist, innerhalb derer die EG-Kommission die Anwendung der Richtlinie zu überprüfen und dem Rat sowie dem Europäischen Parlament einen entsprechenden Bericht vorzulegen hat. Dies soll vor allem den Zweck haben, festzustellen, ob die Harmonisierung hinsichtlich einer unmittelbaren Herstellerhaftung in den Mitgliedstaaten erforderlich ist. Die Kommission soll für diesen Fall Vorschläge erarbeiten (Art.12 Satz 2 VbrKfRil).

Unbestritten ist nach der Rechtsprechung des EuGH[299] und dem Schrifttum[300], daß Richtlinien keine unmittelbare Wirkung entfalten, die die Mitgliedstaaten von ihrer Verpflichtung zur Umsetzung befreit und diese entbehrlich macht. Richtlinien sind nach dem Gebot effektiver Umsetzung regelmäßig in Form verbindlicher, klarer und eindeutiger[301] nationaler Außenrechtssätze umzusetzen.[302] Grundsätzlich hat der nationale Gesetzgeber dabei den Richtlinieninhalt wörtlich wiederzugeben, auch wenn die Umsetzungsvorschriften der Mitgliedstaaten im Lichte der Richtlinie auszulegen sind, da nur auf diese Weise die umfängliche Umsetzung der Richtlinie gewährleistet ist.[303] Insbesondere im Bereich des Verbraucherschutzes kann eine etwa bestehende nationale Rechtsprechung, die innerstaatliche Rechtsvorschriften in einem Sinn auslegt, der als den Anforderungen der Richtlinie entsprechend angesehen wird, nicht die Klarheit und Bestimmtheit aufweisen, die notwendig ist, um dem Erfordernis der Rechtssicherheit zu genügen.[304] Die Richtlinienumsetzung durch richtliniengerechte Auslegung bestehender nationaler Generalklauseln oder unbestimmter Rechtsbegriffe muß daher im Bereich des Verbraucherschutzes stets im Einzelfall am Maßstab der Rechtssicherheit bezüglich des Richtlinieninhalts und der Verläßlichkeit und Qualität der nationalen Auslegungspraxis beurteilt werden. In der Regel wird die Auslegung nationaler Generalklauseln und unbestimmter Rechtsbegriffe danach nur die Umsetzung unterstützen, aber nicht ersetzen können.[305]

Äußerst umstritten ist hingegen, ob Richtlinien auch unmittelbare Anwendung im Verhältnis zwischen Privaten finden und individuelle Rechte und Pflich-

---

[299] EuGH v. 6.5.1980, Rs. 102/79 (Kommission/Belgien), Slg. 1980, 1473 (1479); EuGH v. 1.3.1983, Rs. 301/81 (Kommission/Belgien), Slg. 1983, 467 (478); EuGH v. 11.8.1995, Rs. C-433/93 (Kommission/Bundesrepublik Deutschland), JZ 1996, 88 (89).

[300] Gellermann, S.25; Grundmann, JZ 1996, 274 (283, Fn.95); Heß, Umsetzung von EG-Richtlinien, S.101 m.w.N.

[301] EuGH, Urteil v. 10.5.2001, Rs. C-144/99 (Kommission der EG/ Königreich der Niederlande), in: EuZW 2001, 437 f.; NJW 2001, 2244 f. (Tz. 14, 17).

[302] Herdegen, Europarecht, Rn.179.

[303] Bleckmann, Europarecht, Rn.441.

[304] EuGH, Urteil v. 10.5.2001, Rs. C-144/99 (Kommission der EG/ Königreich der Niederlande), in: EuZW 2001, 437 (438), Tz. 21. Der EuGH hat mit dieser Entscheidung die allgemeine Mitgliedstaatliche Pflicht zur Richtlinienumsetzung am Beispiel der Klauselrichtlinie weiter konkretisiert.

[305] Leible, in: EuZW 2001, 538.

ten unter diesen entfalten (sog. horizontale Drittwirkung). Folge der horizontalen Drittwirkung der Verbrauchsgüterkaufrichtlinie wäre, daß sich Verkäufer, Zwischenhändler und Hersteller ohne nationalen Umsetzungsakt nach Ablauf der Umsetzungsfrist den zum Teil, im Vergleich zu den bisher bestehenden nationalen Vorschriften, sehr weitreichenden Vorgaben der Richtlinie gegenübersehen würden. Der EuGH[306] hat sich zu Recht gegen eine Drittwirkung zu Lasten Privater ausgesprochen. Ist die VbrKfRil trotz Fristablaufs nicht oder nicht vollumfänglich in nationales Recht umgesetzt worden, kann sich der Betroffene auf ihn begünstigende, unbedingt und hinreichend bestimmt ausgestaltete Vorschriften der Richtlinie nur gegenüber dem jeweiligen Mitgliedstaat vor dessen nationalen Behörden und Gerichten berufen.[307] Nur durch Verordnung können in der Europäischen Union allgemein geltende Verpflichtungen für einzelne Private geschaffen werden. Hat ein Mitgliedstaat die Richtlinie nicht oder nicht vollumfänglich bis zum Ablauf der Umsetzungsfrist in nationales Recht überführt, so kann sich der Verbraucher, der nach dem Ablauf der Umsetzungsfrist eine mangelhafte Sache kauft, vor den nationalen Gerichten auf die ihm in der Richtlinie verliehenen Rechte berufen. Die Gerichte müssen im Rahmen ihrer Zuständigkeiten die Bestimmungen des Gemeinschaftsrechts anwenden und die volle Wirkung dieser Bestimmungen gewährleisten und die Rechte schützen, die das Gemeinschaftsrecht dem Einzelnen verleiht.[308] Der Mitgliedstaat, der die Richtlinie nicht ordnungsgemäß umsetzt, muß dem Einzelnen die Schäden ersetzen, die diesem aufgrund der Nichtumsetzung entstehen.[309]

---

[306] EuGH, Rs. 152/84 (Marshall I), Slg. 1986, 723 (Tz.48). Dabei bleibt es grundsätzlich auch nach der Entscheidung EuGH, Urteil v. 26.9.2000, Rs. C-443/98 (Unilever Italia SpA/Central Food SpA), in: EuZW 2001, 153, durch die der EuGH erstmals die Berufung auf eine vom nationalen Gesetzgeber mißachtete EG-Richtlinie auch unter Privaten zugelassen hat, wenn der Gegenseite dadurch kein eigenes (kollidierendes) Recht aberkannt wird; so bei staatlichen Bestimmungen, die den Vertragsparteien im öffentlichen Interesse Verbote auferlegen.

[307] EuGH in ständiger Rechtsprechung, vgl. nur Rs. 8/81 (Becker), Slg. 1982, 53 (Tz. 21 ff.).

[308] EuGH, Verb. Rs. C-6/90 und C-9/90 (Andrea Francovich u.a. gegen Italienische Republik), Urteil v. 19.11.1991, Slg. 1991, I-5357 (Tz. 32).

[309] Dies ist ein Grundsatz des Gemeinschaftsrechts. Der Verbraucher, der nach dem Ablauf der Umsetzungsfrist eine mangelhafte Ware in einem EG-Mitgliedstaat erwirbt, der die VbrKfRil nicht fristgerecht umgesetzt hat, kann von dem betreffenden Mitgliedstaat Schadensersatz zum einen wegen Verletzung der primärrechtlichen Verpflichtung zur Richtlinienumsetzung gemäß Art.249 Abs.3 EGV verlangen. EuGH, Verb. Rs. C-46/93 und C-48/93, Brasserie du Pêcheur/Factortame (Brasserie du Pêcheur/ Bundesrepublik Deutschland und The Queen/

Unmittelbare Wirkung der Richtlinie und auch eine richtlinienkonforme Auslegung des nationalen Rechts können einen ordnungsgemäßen Umsetzungsakt in den Mitgliedstaaten nicht ersetzen.[310] Die Verbrauchsgüterkaufrichtlinie ist daher in den Staaten der Europäischen Union, unter ihnen Deutschland und Spanien, durch ein entsprechendes Gesetz umzusetzen, soweit in den bestehenden nationalen Regelungen durch die Vorgaben der Richtlinie ein Änderungsbedarf besteht. Ist ein Änderungsbedarf gegeben, wird der nationale Gesetzgeber bei der Umsetzung in der neuen Vorschrift selbst oder mit einem Hinweis in der amtlichen Veröffentlichung auf die Verbrauchsgüterkaufrichtlinie Bezug zu nehmen haben (Art.11 Ab.1 S.2 VbrKfRil), damit die Herkunft der transformierten Vorschriften nicht verschleiert wird.[311]

Der Gemeinschaftsgesetzgeber beruft sich "insbesondere auf Art.95 EGV" als Kompetenznorm zum Erlaß der Verbrauchsgüterkaufrichtlinie.[312] Im Anschluß an die Entscheidung des EuGH vom 5.10.2000 zur Tabakwerberichtlinie[313] sind Zweifel an der Kompetenz des EU-Gesetzgebers zum Erlaß der Verbrauchsgüterkaufrichtlinie geäußert worden.[314] Nach dem Urteil des EuGH zur Tabakwerberichtlinie sind Maßnahmen der EU auf Grundlage von Art.95 EGV nur zulässig, wenn sie den Zweck haben, die Voraussetzungen für die Errichtung und das

---

Secretary of State of Transport ex parte: Factortame Limited u.a.), (Tz.17, 34 Satz 2, 46). Zum anderen ergibt sich ein Schadensersatzanspruch des betroffenen Verbrauchers auch aus der Verletzung der europarechtlich sekundären Verbraucherschutzbestimmungen der VbrKfRil. EuGH, Verb. Rs. C-6/90 und C-9/90 (Andrea Francovich u.a. gegen Italienische Republik), Urteil v. 19.11.1991, Slg. 1991, I-5357 (Tz.37).

[310] Heß, Umsetzung von EG-Richtlinien, S.107.

[311] Dazu Roth, Der nationale Transformationsakt: Vom Punktuellen zum Systematischen, in: Grundmann/Medicus/Rolland (Hrsg.), Europäisches Kaufgewährleistungsrecht, S.113 (127).

[312] Siehe Präambel und Erwägungsgrund 1 VbrKfRil.

[313] EuGH, Rs. C-376/98 (Bundesrepublik Deutschland/Europäisches Parlament und Rat der EU), in: NJW 2000, 3701.

[314] Honsell, JZ 2001, 278. Roth, Die Schuldrechtsmodernisierung im Kontext des Europarechts, in: Ernst/Zimmermann, Zivilrechtswissenschaft und Schuldrechtsreform, S.225 (231 ff.), entnimmt Erwägungsgrund 9, daß es für den Letztverkäuferregreß aus Art.4 VbrKfRil an der Zwecksetzung der Vermeidung von Handelshindernissen und der Beseitigung von Wettbewerbsverzerrungen fehlt. Schon vorher bezweifelte Micklitz, in: EuZW 1997, 229 (232), daß EG-Recht überhaupt Rückgriffsfragen regeln kann. Zweifelnd auch von Sachsen Gessaphe, RIW 2001, 721 (724). Anderer Ansicht Kainer, AnwBl 2001, 380 (382).

Funktionieren des Binnenmarktes zu verbessern.[315] Nicht ausreichen soll für die Heranziehung der gemeinschaftsrechtlichen Ermächtigungsgrundlage aus Art.95 EGV, die "bloße Feststellung von Unterschieden zwischen den nationalen Vorschriften und die abstrakte Gefahr der Beeinträchtigung von Grundfreiheiten oder daraus möglicherweise entstehender Wettbewerbsverzerrungen".[316] Der Verbrauchsgüterkaufrichtlinie wird vorgeworfen, daß sie in Erwägungsgrund 3 nur anführt, daß der Verbrauchsgüterkauf in den Mitgliedstaaten unterschiedlich geregelt ist, und deshalb wegen unterschiedlicher Absatzmärkte bei den Verbrauchsgütern Wettbewerbsverzerrungen (lediglich) eintreten "können".[317] Diese pauschalen Angaben in der Richtlinie dürften den vom EuGH zuletzt aufgestellten strengen Anforderungen wohl tatsächlich nicht genügen.[318]

Eine Nichtigkeitsklage gegen die Richtlinie wegen fehlender Kompetenz der EU zum Erlaß der VbrKfRil muß aber gemäß Art.230 Abs.5 EGV binnen zwei Monaten nach der Bekanntgabe der betreffenden Richtlinie beim EuGH erhoben werden. Diese Ausschlußfrist ist bereits seit dem 7.9.1999 abgelaufen. Die Verbrauchsgüterkaufrichtlinie kann daher von den EU-Mitgliedstaaten nicht mehr

---

[315] EuGH, Rs. C-376/98, in: NJW 2000, 3701 (3702; Tz.83).

[316] EuGH, Rs. C-376/98, in: NJW 2000, 3701 (3702; Tz.84).

[317] Roth, Die Schuldrechtsmodernisierung im Kontext des Europarechts, in: Ernst/Zimmermann, Zivilrechtswissenschaft und Schuldrechtsreform, S.225 (234, Fn.38), bemängelt, daß die in Erwägungsgrund 3 VbrKfRil behaupteten Wettbewerbsverzerrungen weder nachgewiesen noch plausibel gemacht worden sind. Ders., in: JZ 2001, 475 (478). Ebenso Honsell, in: JZ 2001, 278, der entgegen den Behauptungen in Präambel und Erwägungsgründen der Richtlinie keine Hindernisse für den Handel oder erhebliche Wettbewerbsverzerrungen sieht. Im Grünbuch, S.11, wird noch auf die Ergebnisse der Eurobarometer-Umfrage Nr.35, Juli 1991, verwiesen, aus der sich ergebe, daß die Schwierigkeiten, die mit der Reparatur und dem Umtausch von im Ausland gekauften Produkte verbunden sind, an erster Stelle der Vorbehalte der Verbraucher (53%) gegen Einkäufe in einem anderen Mitgliedstaat liegen. Außerdem belege eine Studie der EU-Kommission von 1990 über Beschwerden im Zusammenhang mit grenzüberschreitenden Kaufgeschäften, daß "ein Großteil der Beschwerden (je nach Mitgliedstaat zwischen 50% und 75%) zumindest zum Teil fehlerhafte Produkte" betraf oder "konkret im Zusammenhang mit der Geltendmachung von Ansprüchen aus kommerziellen Garantien oder Kundendienstzusagen (zwischen 10 % und 75%)" stand. Das Grünbuch, S.12, kommt daher zum Ergebnis, daß die Verbraucher Hemmnissen ausgesetzt sind, die sie davon abhalten, Produkte im gesamten Binnenmarkt zu beschaffen.

[318] Anderer Ansicht Müller-Graff, in: Schulte-Nölke, Diskussionsbericht zu den Vorträgen von W.-H. Roth und Ulmer, in: JZ 2001, 497.

gerichtlich angegriffen werden, und ist daher trotz der dargelegten Bedenken fristgerecht umzusetzen.[319]

B. Ergebnis

Die Verbrauchsgüterkaufrichtlinie lehnt sich in wesentlichen Bereichen eng an das UN-Kaufrecht an.[320] Die Umsetzung der Richtlinie sollte daher unter Zuhilfenahme des UN-Kaufrechts, insbesondere unter Berücksichtigung der praktischen Erfahrungen mit dem UN-Kaufrecht, erfolgen.[321] Bestehen Unsicherheiten bei der Umsetzung der Richtlinie, ist die Orientierung an den Lösungen des UN-Kaufrechts zu empfehlen.[322] Dies gilt umso mehr, als daß das UN-Kaufrecht Vorbild für die UNIDROIT-Prinzipien und die Prinzipien der Lando-Kommission ist und auch heute noch im wesentlichen den Stand der europäischen Rechtsentwicklung widerspiegelt.[323]

Zu berücksichtigen bleibt aber, daß das UN-Kaufrecht handelsrechtlicher Natur ist und deshalb, abgesehen von einigen Ausnahmefällen, auf Verbraucherkäufe gerade keine Anwendung findet. Die Ausrichtung des UN-Kaufrechts auf den internationalen Warenhandel bedingt, daß es gegenüber dem Käufer teilweise, im Vergleich zur Richtlinie, schärfere Regelungen beinhaltet bzw. die Richtlinie einige für den Verbraucher-Käufer günstigere Vorschriften vorsieht. Folglich

---

[319] So im Ergebnis auch Roth, Die Schuldrechtsmodernisierung im Kontext des Europarechts, in: Ernst/Zimmermann, Zivilrechtswissenschaft und Schuldrechtsreform, S.225 (235); ders., in: JZ 2001, 475 (479). Ebenso von Sachsen Gessaphe, RIW 2001, 721 (724). Weisner, in: JuS 2001, 759 (760), ist der Ansicht, daß der Streit über die Ermächtigung der Gemeinschaft zum Erlaß der VbrKfRil dahinstehen kann, da dem Rat ein weitreichender Ermessens- und Beurteilungsspielraum zugebilligt werde, und der EuGH größte Zurückhaltung bei der Überprüfung üben werde. Nach dem Tabakwerbeurteil des EuGH ist dieser Standpunkt jedenfalls zweifelhaft.

[320] Magnus, in: Staudinger, Einl zum CISG, Rn.2; ders., in: Der Stand der internationalen Überlegungen; Die Verbrauchsgüterkaufrichtlinie und das UN-Kaufrecht, S.79 (91).

[321] Magnus, Der Stand der internationalen Überlegungen; Die Verbrauchsgüterkaufrichtlinie und das UN-Kaufrecht, S.79 (91).

[322] Magnus, Der Stand der internationalen Überlegungen; Die Verbrauchsgüterkaufrichtlinie und das UN-Kaufrecht, S.79 (91).

[323] Schlechtriem, IHR 2001, 12 (13).

weisen Richtlinie und UN-Kaufrecht anwendungsspezifische Abweichungen von einander auf.[324]

Die Richtlinie stellt, ebenso wie bereits das UN-Kaufrecht, die Vertragsmäßigkeit der Kaufsache in den Mittelpunkt der Leistungspflicht des Verkäufers. Da das UN-Kaufrecht in den Mitgliedstaaten unmittelbar geltendes Recht für den internationalen Handelskauf ist, wird das Konzept der Vertragsmäßigkeit nunmehr durch die Verbrauchsgüterkaufrichtlinie auf den Verbraucherkauf ausgedehnt. Die Vertragsmäßigkeit bestimmt sich vorrangig nach den vertraglichen Vereinbarungen zwischen Verbraucher und Verkäufer. Haben sich die Parteien nicht über bestimmte Eigenschaften ausdrücklich geeinigt, greift eine Vermutung der Vertragsmäßigkeit bei Vorliegen katalogisierter Voraussetzungen ein. Quantitätsmängel und Falschlieferungen werden sowohl von der Richtlinie, als auch vom UN-Kaufrecht erfaßt. Die sich aus der Vertragswidrigkeit der Sache ergebenen Rechtsbehelfe sind ebenfalls nach beiden Regelungen nur abgestuft ausübbar. Die Stufenmodelle unterscheiden sich aber erheblich. Die Nachfristsetzung, das Erfordernis der wesentlichen Vertragsverletzung für die Rechtsbehelfe der Ersatzlieferung und Vertragsauflösung und das Recht des Verkäufers zur Nacherfüllung, das noch das Grünbuch über Verbrauchsgütergarantien und Kundendienst vorsah, sind der Richtlinie unbekannt. Denn die Richtlinie ist stärker als das UN-Kaufrecht vom "Primat der Naturalerfüllung"[325] geprägt. Das UN-Kaufrecht zielt dagegen vorrangig auf Nachbesserung bzw. Ausgleich in Geld durch Minderung oder Schadensersatz.[326] Naturalrestitution sieht das Schadensersatzrecht des UN-Kaufrechts nicht vor.[327] Der Verkäufer soll im internationalen Handelsverkehr nicht mit unwirtschaftlichen Transportkosten für eine Ersatzlieferung oder eine Rücknahme der Kaufsache nach Vertragsauflösung und die Verwertung der mangelhaften Sache belastet werden, wenn die Verletzung seiner Pflichten aus dem Kaufvertrag nicht so wesentlich ist, daß der Käufer kein Inter-

---

[324] Ernst, Kurzreferat: EU-Richtlinie zum Verbrauchsgüterkauf-Optionen für die Umsetzung, in: Grundmann/Medicus/Rolland (Hrsg.), Europäische Kaufgewährleistung, S.325 (330).

[325] Schulze/Schulte-Nölke, Schuldrechtsreform und Gemeinschaftsrecht, in: Schulze/Schulte-Nölke, Die Schuldrechtsreform vor dem Hintergrund des Gemeinschaftsrechts, S.14.

[326] Schulze/Schulte-Nölke, Schuldrechtsreform und Gemeinschaftsrecht, in: Schulze/Schulte-Nölke, Die Schuldrechtsreform vor dem Hintergrund des Gemeinschaftsrechts, S.14.

[327] Schlechtriem, Intern. UN-KaufR, Rn.286.

esse mehr an der Lieferung hat.[328] Damit soll vermieden werden, daß die Kosten der Mängelbeseitigung durch unnötige Warentransaktionen in die Höhe getrieben werden.[329] Im Gegenzug erhält der Käufer, anders als in der Verbrauchsgüterkaufrichtlinie, für jede Art der Vertragsverletzung einen in der Praxis besonders relevanten Schadensersatzanspruch (Art.45 Abs.1 lit.b, 74 ff. CISG).[330]

Im Gegensatz zum UN-Kaufrecht enthält die Richtlinie weiterhin keine Regelung der Rechtsmängelhaftung. Während das UN-Kaufrecht auf Werklieferungsverträge anzuwenden ist, erstreckt sich die Verbrauchsgüterkaufrichtlinie auch auf bestimmte Werkverträge. Die Richtlinie weist darüber hinaus verbraucherschutzspezifische Abweichungen vom Wiener UN-Kaufrecht auf. Vor allem beschränkt sich der Anwendungsbereich der Richtlinie überhaupt nur auf Verbraucherkaufverträge über bewegliche Sachen. Aus Gründen des Verbraucherschutzes beinhaltet die Richtlinie außerdem überwiegend ein zwingendes Haftungsregime, während das UN-Kaufrecht aus disponiblen Vorschriften besteht. Zugunsten des Verbrauchers sieht die Richtlinie auch eine Beweislastumkehr bezüglich der Vertragswidrigkeit vor, wenn diese innerhalb der ersten sechs Monate nach der Lieferung offenbar wird. Die Richtlinie verpflichtet die Mitgliedstaaten des weiteren mindestens zweijährige Gewährleistungsfristen beim Verbraucherkauf einzuführen. Die Fristen können für gebrauchte Güter auf ein Jahr verkürzt werden.

Bemerkenswert ist, daß sich die Richtlinie bei der Definition der Vertragswidrigkeit vom UN-Kaufrecht unterscheidet. So zieht die Richtlinie auch öffentliche Äußerungen des Verkäufers oder Herstellers zur Bestimmung der Vertragswidrigkeit heran. Grundsätzlich muß der Verkäufer für die Beschreibung der Kaufsache in der Werbung des Herstellers eintreten. Nicht zuletzt deswegen erweitert die Richtlinie ihren Schutz auch auf den Letztverkäufer, der einen Regreßanspruch gegen einen seiner Vormänner in der Vertriebskette erhalten muß. Denn der Verkäufer ist nach der Richtlinie der gegenüber dem Verbraucher

---

[328] Schulze/Schulte-Nölke, Schuldrechtsreform und Gemeinschaftsrecht, in: Schulze/Schulte-Nölke, Die Schuldrechtsreform vor dem Hintergrund des Gemeinschaftsrechts, S.14; Staudinger-Magnus, Art.46 CISG, Rn.38.

[329] Schulze/Schulte-Nölke, Schuldrechtsreform und Gemeinschaftsrecht, in: Schulze/Schulte-Nölke, Die Schuldrechtsreform vor dem Hintergrund des Gemeinschaftsrechts, S.14.

[330] Huber, JBl 1989, 275 (276); Schlechtriem, Intern. UN-KaufR, Rn.286; Schulze/Schulte-Nölke, Schuldrechtsreform und Gemeinschaftsrecht, in: Schulze/Schulte-Nölke, Die Schuldrechtsreform vor dem Hintergrund des Gemeinschaftsrechts, S.14 f.

allein Haftende, obwohl der in heutiger Zeit überwiegend betriebene Massengüterverkehr mit neu hergestellten Produkten in der Regel eine Mitverantwortlichkeit des Letztverkäufers für die Vertragswidrigkeit der Kaufsache fast vollständig ausschließt. Eine Einbeziehung des Herstellers in die Gewährleistungshaftung wurde daher im Grünbuch zur Verbrauchsgüterkaufrichtlinie vorgeschlagen, hat sich aber nicht für eine Einfügung in die Richtlinie empfehlen können. Als Restbestand des Gedankens der Herstellerhaftung enthält die Richtlinie lediglich einen halbherzigen, weil vertraglich abdingbaren und nicht in das Verjährungsregime der Richtlinie eingefügten, Rückgriffsanspruch des Letztverkäufers (Art.4 VbrKfRil) und einen Auftrag an die Kommission, bis zum 7.7.2006 darüber Bericht zu erstatten, ob eine direkte Herstellerhaftung zukünftig zwingend einzuführen ist (Art.12 VbrKfRil). Letztlich bleibt die Richtlinie noch in anderen Bereichen hinter dem Regelungsgehalt des Grünbuchs über Verbrauchsgütergarantien und Kundendienst zurück; insbesondere die Serviceleistungen nach Kaufvertragsabschluß sind nicht Teil der Richtlinie geworden.

Die Rechtsangleichung der Kaufgewährleistungsrechte in der Richtlinie weist im übrigen Lücken auf, da die nähere Ausgestaltung der Rechtsbehelfe in wesentlichen Teilen den Mitgliedstaaten überlassen bleibt, und insbesondere der Letztverkäuferregreß und die Rügeobliegenheit des Verbrauchers in das Belieben der Mitgliedstaaten gestellt sind. Das führt dazu, daß die von der Richtlinie angestrebte Beseitigung der Wettbewerbsunterschiede im Binnenmarkt der EU nicht in vollem Umfang gelungen ist.[331] Voraussehbar ist daher, daß weitere europäische Angleichungsschritte, jedenfalls in Richtung auf eine direkte Herstellerhaftung, zu erwarten sind. So hat der Ausschuß für Recht und Binnenmarkt des Europäischen Parlaments die EU-Kommission in seinem Bericht über die Annäherung des Zivil- und Handelsrechts des Mitgliedstaaten (KOM (2001) 398-C5-0471/2001-2001/2187(COS)) v. 6.11.2001 (PE 308.471) aufgefordert einen entsprechenden Aktionsplan zu entwickeln. Der europäische Gesetzgeber wird sich auch nochmals mit der Frage auseinandersetzen müssen, ob zukünftig eine zwingende Verbraucherrüge einzuführen ist.

---

[331] Kritisch auch Schlechtriem, GS Lüderitz, S.675 (690).

3. Kapitel

Die Ausgangslage: Das bisher geltende spanische und deutsche Kaufgewährleistungsrecht

Nachdem der Umsetzungsgegenstand, die VbrKfRil, dargestellt wurde, ist diesem das bisher in Spanien und Deutschland geltende Kaufgewährleistungsrecht gegenüber zu stellen, welches der notwendige Ausgangspunkt der Umsetzung der Richtlinie in das nationale Recht ist.

A. Das spanische Kaufgewährleistungsrecht

I. Grundlagen

1. Allgemeines

Der Kaufvertrag findet im spanischen Recht seine Grundlage im "Código Civil" (Bürgerliches Gesetzbuch), im Falle des Handelskaufs im "Código de Comercio" (Handelsgesetzbuch).

Einführend ist festzustellen, daß sich der 1889 erlassene Código Civil (CC) gerade auf dem Gebiet des Schuldrechts sehr an den französischen Code Civil anlehnt und deshalb zum Teil wörtliche Übereinstimmungen der Vorschriften bestehen[332]. Große Ähnlichkeiten sind auch im allgemeinen Kaufrecht vorzufinden.[333] Im spanischen Kaufrecht existieren jedoch, anders als in Frankreich, Sonderregeln für die Sachmängelhaftung beim Handelskauf im Código de Comercio (CCom) von 1885.[334] Damit stehen Haftungsgrundlagen des CC und des

[332] Ibán, S. 164; Schwartze, Europ. Sachmängelgewährleistung, S.67; Zweigert/Kötz, Rechtsvergleichung, S.106.

[333] Schwartze, Europ. Sachmängelgewährleistung, S.67.

[334] Schwartze, Europ. Sachmängelgewährleistung, S.67; Valcárcel-Schnüll, Verkäuferhaftung, S.61, 84 ff. Das französische Handelsrecht sieht nur Art.189bis des Code de Commerce bei der Beteiligung eines Kaufmanns an dem Kaufvertrag eine Verjährungsfrist von 10 Jahren vor,

CCom im Kaufgewährleistungsrecht nebeneinander. Abgrenzungsprobleme sind die Folge.[335] Sowohl in Spanien als auch in Frankreich bestehen spezielle Regelungen für Verbraucherkäufe.[336]

Das zivilrechtliche Kaufrecht ist im vierten Buch des CC, das sich mit dem vertraglichen Schuldrecht ("De las obligaciones y contratos") befaßt, unter dem 4. Titel ("Título IV: Del contrato de compra y venta"), in den Art.1445 ff. geregelt. In dessen 3. Sektion unter den Art.1474 ff. findet sich das Gewährleistungsrecht ("Sección Tercera: Del saneamiento").

Die Vorschriften des zivilrechtlichen Kaufs im CC sind dispositiv, also durch Individualvertrag zwischen den Kaufvertragsparteien, oder einseitig durch Allgemeine Geschäftsbedingungen (AGB), abdingbar.[337] Einschränkend wirken die Vorschriften des Gesetzes 7/1998 v. 13.4.1998 über die Allgemeinen Bedingungen des Vertragschlusses[338], das in Umsetzung der EG-Richtlinie 93/13/EG über mißbräuchliche Klauseln in Verbraucherverträgen Art.10 des Allgemeinen Verbraucherschutzgesetzes, der Ley General para la Defensa de los Consumidores y Usuarios (LGDCU) um einen Art.10bis ergänzt, womit AGB nunmehr im spanischen Recht eine umfassende Regelung finden.

2. Abgrenzung zum Allgemeinen Schuldrecht

Nach Art.1461 CC ist der Verkäufer zur Übergabe und Gewährleistung ("saneamiento") der Kaufsache verpflichtet. Beide Hauptpflichten stehen selbständig nebeneinander. Daher bleibt im Falle der Schlechterfüllung durch den Verkäufer die Verpflichtung zur Übergabe und Kaufpreisentrichtung bestehen. Die Haftung des Schuldners wegen Nichterfüllung einer Hauptpflicht nach den Art.1124 und Art.1101 CC umfaßt grundsätzlich auch deren Schlechterfüllung, die außerdem spezielle Gewährleistungsrechte aus dem Kaufrecht auslöst. Ob die Kaufgewähr-

---

soweit die Ansprüche nicht einer speziellen noch kürzeren Frist unterliegen.

335 Fuchs, Verbraucherschutz in Spanien, S.55.

336 In Spanien: Ley 26/1984, de 19 de julio, General para la Defensa de los Consumidores y Usuarios (LGDCU). In Frankreich besteht eine eigene Verbraucherkodifikation: Code de la Consommation. Darauf weist Schwartze, Europ. Sachmängelgewährleistung, S.67 (Fn.219), hin. Sondergesetze zum Verbraucherschutz bestehen auch in Griechenland und Finnland.

337 Hernández Martí, Kaufvertragsrecht in Spanien, S.977 (1019; Rn.113 und 1020, Rn.114).

338 Ley 7/1998, de 13 de Abril, sobre Condiciones Generales de la Contratación.

leistungsrechte nach dem gesetzlichen Modell legis specialis zu den allgemeinen Nichterfüllungsregeln sind, läßt sich aus dem CC nicht zweifelsfrei entnehmen. Die Rechtsprechung[339] und die neuere Lehre[340] halten die Nichterfüllungsansprüche neben den Gewährleistungsrechten grundsätzlich für anwendbar. Der oberste spanische Gerichtshof (Tribunal Supremo) begründet dies damit, daß mit der Nichterfüllungs- und der Schlechterfüllungshaftung zwei unterschiedliche und selbständige Haftungsgrundlagen bestehen. Die Regeln des Allgemeinen Schuldrechts betreffen die Vermögensschädigung des Käufers wegen Nichterfüllung, dagegen die Gewährleistung die fehlende Eignung der geleisteten Kaufsache für den vertraglich vorgesehenen Gebrauch.[341] Das Tribunal Supremo unterscheidet dabei nicht nach Gattungs- und Spezieskauf.[342]

---

[339] Grundlegend Sentencia del Tribunal Supremo (STS) 6.5.1911, CL Nr.156. Des weiteren STS 1.7.1947, RJA 1947, Nr.927; 23.6.1965, RJA 1965, Nr.3911; 25.11.1967, RJA 1967, Nr.4769; 8.3.1969, RJA 1969, Nr.1224; 7.6.1969, RJA 1969, Nr.3287; 10.6.1983, RJA 1983, Nr.3454; 25.4.1973, RJA 1973, Nr.2289; 20.2.1981, RJA 1981, Nr.1007; 3.4.1981, RJA 1981, Nr.1478; 23.3.1982, RJA 1982, Nr.1500; 1.6.1982, RJA 1982, Nr.3401 und STS 19.12.1984, RJA 1984, Nr.6134; 3.2.1986, RJA 1986, Nr.409. Für den Vorrang der kaufrechtlichen Gewährleistungsrechte nach der Regel "lex specialis derogat legi generali" dagegen STS 10.6.1983, RJA 1983, Nr.3454. Zur Rechtsprechung Carrasco Perera/Cordero Lobato/Martínez Espín, in: Transposición de la Directiva comunitaria sobre venta y garantías de los bienes de consumo, Estudios sobre Consumo, 2000, S.125 (130).

[340] Díez-Picazo/Gullón, Sistema II, S.308; Díez-Picazo y Ponce de León-López López, Art.46, S.413 f.; Fenoy Picón, in: Falta de conformidad e incumplimiento en la compraventa, S.376; Lacruz Berdejo, S.69; Navarro Pérez, La Compraventa en el Código Civil, S.280; Rubio Garrido, Contrato de Compraventa y transmisión de la propiedad, S.628 ff. Dagegen vertritt Albaladejo, in: Derecho civil II, S.38, die Ansicht, daß die allgemeinen Schuldrechtsvorschriften nicht neben den kaufrechtlichen Gewährleistungsregeln anwendbar sind.

[341] STS 6.5.1965; STS 3.4.1981, RJA 1981, Nr.1479.

[342] Dagegen will ein Teil der Literatur die Regeln des Allgemeinen Schuldrechts auf den Gattungskauf beschränken. Bercovitz y Rodríguez-Cano, in: ADC 1969, 777 (778 und 799); Llácer Matacás, El saneaminto por vicios ocultos, S.157; Morales Moreno, in: ADC 1980, 585 (592 und 662); Ortí Vallejo, La protección del Comprador, S.25; Pasquau Liaño, AC 1990-2, 419 (421).

3. Gefahrübergang

Der Übergang der Preisgefahr auf den Käufer tritt im spanischen Recht nach der nur schwierig durchschaubaren Norm[343] des Art.1452 Abs.1 CC i.V.m. Art.1452 Abs.2 CC im Grundsatz bereits mit dem Kaufvertragsabschluß ein.[344] Diese Grundregel geht auf die Annahme zurück, daß dem Käufer ab diesem Zeitpunkt auch die Nutzungen der Sache (sog. commoda obligationis) gebühren. Art.1452 CC, der auf die allgemeinen Regeln der Art.1096 und 1182 CC verweist, unterscheidet dabei zwischen dem Gefahrübergang beim Spezies- und Gattungskauf. Der Verkäufer trägt beim Spezieskauf nach Abschluß des Kaufvertrags gemäß Art.1182 CC noch die Gefahr des nachträglichen Untergangs; es sei denn, er hat den Untergang nicht zu vertreten und ist mit der Lieferung nicht in Verzug geraten.[345] Beim Gattungskauf vertretbarer Sachen zu einem Festpreis in Verbindung zu Gewicht, Zahl und Maß geht die Gefahr gemäß Art.1452 Abs.3 CC erst nach dem Wiegen, Zählen oder Messen, d.h. der Konkretisierung, auf den Käufer über, solange dieser nicht in Verzug der Abnahme geraten ist.[346]

---

343 Oliva Blázquez, La Transmisión del Riesgo en la Compraventa Internacional de Mercaderías, S.28.

344 STS 6.10.1965, RJA 1965, Nr.4358; Alonso Pérez, El riesgo en el contrato de compraventa, S.291 ff. Albaladejo, in: Derecho civil, Tomo II, Segunda parte: Derecho de obligaciones, S.48 ff., wendet jedenfalls auf die Gegenleistung, als Ausdruck des aus Art.1274 CC folgenden funktionalen Synallagmas, die Grundregel des Nichterfüllungsrechts des Art.1124 CC an, wonach der Käufer den Vertrag bei Nichterfüllung auflösen kann und der Verkäufer die Preisgefahr trägt, die in Art.1452 CC nicht geregelt wird. Darüber hinausgehend nimmt Alcántara Sampelayo, in: RDP 1946, 487 (504), an, daß der Verkäufer wegen Nichterfüllung nach Art.1124 CC die Sachgefahr auch zwischen Vertragsabschluß und Übergabe trägt. Diéz-Picazo, in: Fundamentos del Derecho Civil Patrimonial, Volumen Primero, S.855, geht dagegen davon aus, daß der Grundsatz des Übergangs der Sachgefahr im Zeitpunkt des Kaufvertragsabschlusses nur auf Fälle der Schlechtlieferung anwendbar ist, die nicht im vollständigen Verlust oder in der vollständigen Zerstörung der Kaufsache bestehen.

345 Lete del Río, Derecho de Obligaciones, S.40, weist zu Recht darauf hin, daß die allgemeinen Vorschriften der Art.1096 und 1182 CC eine klare Lösung vermissen lassen, vielmehr ausdrücklich nur die Sachgefahr des Verkäufers regeln, ohne auch gleichzeitig ausdrücklich die Verpflichtung des Käufers zur Kaufpreiszahlung erlöschen zu lassen.

346 Caffarena Laporta, ADC 1982, 291 (336 ff.); Fenoy Picón, Falta de conformidad e incumplimiento, S.110; Lete del Río, Derecho de Obligaciones, S.40. De Cossío, in: ADC 1953, 597 (612 ff.), nimmt dagegen an, daß Art.1452 Abs.3 CC lediglich auf eine bestimmte Form des Spezieskaufs ("precio ad mensuram") Bezug nehme.

4. Abgrenzung zum Werkvertrag

Verpflichtet sich ein Werkunternehmer ("contratista") gegenüber dem Besteller ("dueño de la obra") gemäß Art.1588 CC nur zu einer Arbeitsleistung, zu seinem Fleiß oder auch zur Lieferung des Materials, gilt Werkvertragsrecht. Die Abgrenzung zwischen Kauf- und Werkvertragsrecht ist dann schwierig, wenn der Unternehmer auch die Materiallieferung übernommen hat.[347] Zur Unterscheidung beider Vertragstypen muß auf den Willen der Parteien und deren Vereinbarung hinsichtlich der Gefahrtragung abgestellt werden.[348] Bis zur Fertigstellung des Werks trägt der Unternehmer beim Werkvertrag nach Art.1589 CC die Preisgefahr. Das spanische Werkvertragsrecht der Art.1588 ff. CC beinhaltet jedoch, im Gegensatz zum deutschen Bürgerlichen Gesetzbuch, keine ausdrückliche Regelung der Gewährleistungsrechte des Bestellers bei Mängeln der (beweglichen)[349] Werke.[350] Nach herrschender Lehre[351] und Rechtsprechung[352] sind die Gewährleistungsvorschriften des Kaufrechts (Art.1474 ff. BGB) analog anzuwenden, sowie das Allgemeine Schuldrecht, insbesondere der Vertragsaufhebungsmechanismus nach Art.1124 CC, heranzuziehen. Danach kann der Besteller, der ein mangelhaftes Werk erhält, Wiedergutmachung ("subsanación") der Fehler und Mängel auf Kosten des Unternehmers (Art.1098 CC analog),[353] Minderung des Preises in Anbetracht des Mangels,[354] Neuerstellung des Werks oder die Aufhebung des Vertrages verlangen, wenn eine Reparatur absolut unmöglich oder das

---

347 Albaladejo-Lucas Fernandez, Art.1588, S.181.

348 STS 7.7.1982; 21.10.1987; Paz Rubio, Art.1588, S.682.

349 Ist ein Gebäude ("edificio") Gegenstand des Werkvertrages, findet der in der Praxis äußerst bedeutsame Art.1591 CC Anwendung, nach dem der Bauunternehmer ab der Beendigung des Werks zehn Jahre für Konstruktionsmängel haftet. Die analoge Anwendung dieser Vorschrift auf Mängel anderer Werke ist ausgeschlossen; so Santos Briz, RDP 1972, 379 (392).

350 Albaladejo-Lucas Fernandez, Art.1588, S.234; Santos Briz, RDP 1972, 379 (392).

351 Albácar López, Art.1588, S.1555; Santos Briz, RDP 1972, 379 (392). So auch Albaladejo-Lucas Fernandez, Art.1588, S.234, der auf Art.1553 CC verweist, wonach das Kaufgewährleistungsrecht auf Miete und Pacht anwendbar ist, und dies erstrecht für den Werkvertrag gelten muß, der eher dem Kauf ähnelt, als die auf die Nutzung gerichtete Miete.

352 STS 27.1.1992.

353 So schon STS 20.2.1959.

354 STS 14.10.1968, 13.5.1985.

Werk für den vorbestimmten Zweck in erheblicher Weise ungeeignet ist[355].[356] Außerdem kann der Besteller Schadensersatz für die Mängel am Werk, jedoch nicht für seine sonstige Schäden und Nachteile, verlangen.[357] Die Abgrenzung zwischen Kauf- und Werkvertrag zeitigt daher im spanischen Recht im Ergebnis grundsätzlich nur marginale Bedeutung.

II. Rechtsmängelgewährleistung ("saneamiento en caso de evicción"[358])

Wie das deutsche Kaufrecht, unterscheidet das spanische Recht bei der Mängelgewährleistung zwischen Rechts- und Sachmängeln. Die Rechtsmängelgewährleistung stellt jedoch keinen typischen Fall der Schlechterfüllungshaftung dar. Im spanischen Recht haftet der Verkäufer im Rahmen der Rechtsmängelgewährleistung gemäß Art.1474 CC für den gesetzmäßigen und friedlichen Besitz des Käufers an der Kaufsache. Ein Rechtsmangel besteht nach Art.1475 Abs.1 CC, wenn der Käufer den Besitz der Kaufsache durch ein rechtskräftiges Urteil und kraft eines Rechts, das vor dem Kauf begründet wurde, ganz oder teilweise verliert (sog. Eviktion).[359] Der Verkäufer haftet aber nur, wenn der Käufer ihn gemäß Art. 1481, 1482 CC unverzüglich von der Eviktion benachrichtigt hat.[360] Als Rechtsfolge der Rechtsmängelhaftung sieht Art.1478 CC einen Anspruch auf Rückerstattung des Kaufpreises (Nr.1), Ersatz der Früchte und Erträge (Nr.2), der Kosten des Eviktions- und des nachfolgenden Gewährleistungsprozesses (Nr.3) und der Vertragskosten (Nr.4) vor. Schadensersatz kann der Käufer gemäß Art.1478 Nr.5 CC nur dann verlangen, wenn der Verkäufer hinsichtlich des bestehenden Rechts zum Zeitpunkt des Kaufvertragsabschlusses bösgläubig war. Eine Verpflichtung des Verkäufers zur Übergabe einer rechtsmangelfreien Sache

---

[355] STS 18.4.1969, 19.2.1970, 13.5.1985.

[356] STS 27.1.1992 faßt alle genannten Rechte zusammen.

[357] STS 19.2.1970.

[358] Überschrift des § 1 der 3. Sektion des vierten Titels im vierten Buch des CC.

[359] STS 13.5.1992, RJA 1992, Nr.3983; Lete del Río, Derecho de obligaciones, S.48 f., m.w.N.

[360] STS 7.6.1995, RJA 1995, Nr.4630; Lete del Río, Derecho de obligaciones, S.48 f. m.w.N. Nach STS 10.5.1966 haftet der Verkäufer auch dann aus Eviktionsgesichtspunkten, wenn er zwar nicht vom Käufer über die Rechte Dritter informiert wurde, aber selbst Kenntnis von ihnen erlangt hat und Rechtsmittel zur Verteidigung gegen diese Rechte erhoben hat.

besteht nicht.[361] Ist die Sache lediglich mit Rechten Dritter belastet, haftet der Verkäufer dem Käufer nicht schon allein wegen des Bestehens dieser Rechte auf Schadensersatz. Nach in Rechtsprechung und Literatur herrschender Ansicht[362] ist das Bestehen von Rechten Dritter an der Kaufsache ein Sachmangel und eröffnet dem Käufer die Rechtsmittel der Sachmängelgewährleistung.

Für die Geltendmachung der Ansprüche aus Rechtsmängelgewährleistung gilt die allgemeine 15jährige Frist des Art.1964 CC.[363]

III. Sachmängelgewährleistung ("saneamiento por los defectos o gravámenes ocultos de la cosa vendida"[364])

Nach Art.1484 1.HS CC ist der Verkäufer wegen verborgener Mängel der Sache zur Gewährleistung verpflichtet, wenn der Mangel sie für den vorbestimmten Gebrauch ungeeignet macht oder wenn er den Gebrauch der Sache derart einschränkt, daß der Käufer die Sache in Kenntnis des Mangels nicht erworben oder nur einen geringeren Preis für sie gezahlt hätte.

1. Fehlerbegriff

Voraussetzung der Sachmängelgewährleistung ist das Vorliegen eines Mangels[365] an der Kaufsache. Der Mangelbegriff selbst ist im CC nicht legaldefiniert. Art.1484 1.HS CC legt lediglich allgemein die Zweckbestimmung der Kaufsache zugrunde, ohne eine Unterscheidung nach objektiven oder subjektiven Kriterien vorzunehmen.[366] Es ist daher umstritten, ob der Sachmangel aus objektiver oder

---

[361] Piske, Kaufvertrag in Spanien, S.58.

[362] STS 22.12.1971, RJA 1971, Nr.5399; Albácar López, Art.1484, Rn.II; Castán Tobeñas, S.130 f.; Valcárcel Schnüll, Verkäuferhaftung, S.63. Einen Rechtsmangel nimmt García Cantero, in: Albaladejo, S.341 an.

[363] Albácar López, Art. 1475-1476, S.372; Albaladejo-García Cantero, Art.1475-1482, S.296 f.

[364] Überschrift des § 2 der 3. Sektion des vierten Titels im vierten Buch des CC.

[365] Die Art.1474 ff. CC verwenden die Begriffe "vicios" und "defectos" durchgehend nebeneinander, die sich in ihrer Bedeutung weitestgehend überschneiden, wobei "vicios" sprachlich Substanzmängel einbeziehen, während "defectos" den Fehlerbegriff auf Funktionsmängel erweitern. Navarro Pérez, La Compraventa en el Código Civil, S.310.

[366] Schwartze, Europ. Sachmängelgewährleistung, S.78.

subjektiver Sicht zu bestimmen ist.[367] Die dogmatische Klärung des Problems wird vielfach offengelassen.[368]

In der Rechtsprechung ist keine klare Linie erkennbar: In seinem Urteil vom 31.01.1970 definiert das Tribunal Supremo den Mangel als "Abweichung, die die verkaufte Sache von anderen Gegenständen der gleichen Gattung und gleicher Qualität" unterscheidet.[369] In anderen Entscheidungen kommt hingegen der vertraglichen Vereinbarung ausschlaggebende Bedeutung zu.[370] Die wohl noch herrschende Ansicht in der Literatur, versteht als Sachmangel jede objektive Abweichung des Kaufgegenstandes von den übrigen Sachen derselben Gattung.[371] Nach einer starken Gegenmeinung soll jedoch ein subjektiver Fehlerbegriff gelten, der die Parteivereinbarung entscheiden läßt.[372] Einigkeit besteht dagegen darüber, daß beim zivilrechtlichen Kauf reine Qualitätsabweichungen ("defectos de calidad") und Zuweniglieferungen nicht vom Mangelbegriff des Art.1484 CC erfaßt werden, sondern Fallgruppen der Nichterfüllung sind.[373]

a) Verborgene Mängel, Art.1484 1.HS CC

Im spanischen Kaufrecht ist der Verkäufer gemäß Art.1484 1.HS CC nur für verborgene Mängel zur Gewährleistung verpflichtet. Der Verkäufer haftet damit, wie Art.1484 2.HS CC ausdrücklich festlegt, nicht für offenbare oder auf erstem

---

[367] Fuchs, Verbraucherschutz in Spanien, S.36; Piske, Kaufvertrag in Spanien, S.59. Vgl. auch Valcárcel Schnüll, Verkäuferhaftung, S.62 (Fn.2).

[368] Vgl. Fuchs, Verbraucherschutz in Spanien, S.36.

[369] STS 31.1.1970, RJA 1970, Nr.370.

[370] STS 25.1.1924; 8.3.1969, RJA 1969, Nr.1224; 14.3.1973.

[371] Badenes Gasset, Compraventa, S.684; Díez-Picazo/Gullón, Sistema II, S.306. Wohl auch Lacruz Berdejo, Elementos, S.66. Von einem objektiven Fehlerbegriff gehen auch Valcárcel Schnüll, Verkäuferhaftung, S.62 und Schwartze, Europ. Sachmängelgewährleistung, S.79, aus.

[372] Albaladejo-García Cantero, S.337; Bercovitz, ADC 1969, 777 (786); Borell y Soler, Contrato de compraventa, S.164; Morales Moreno, ADC 1980, 585 (649). Dem subjektiven Fehlerbegriff zugeneigt ist auch Fuchs, Verbraucherschutz in Spanien, S.36.

[373] STS 26.10.1987, RJA 1987, Nr.7473; 29.12.1984, RJA 1984, Nr.6302; 22.12.1982, RJA 1982, Nr.7976. Navarro Pérez, La Compraventa en el Código Civil, S.336; Hernández Martí, Kaufvertragsrecht in Spanien, S.977 (1021, Rn.117); Piske, Kaufvertrag in Spanien, S.59; Valcárcel Schnüll, Verkäuferhaftung, S.62 und 148. Diese Unterscheidung wurde zunächst in der französischen und italienischen Zivilrechtsordnung vorgenommen und in Spanien übernommen, um die Fälle der Qualitätsmängel der kurzen Gewährleistungsfrist zu entziehen. Vicent Chuliá, Compendio critico de derecho mercantil, S.115 f.

Blick sichtbare Mängel und auch nicht für verborgene Mängel, die ein sachkundiger Käufer aufgrund seines Amtes oder Berufes leicht erkennen konnte.[374] In letzterem Fall wird die Kenntnis des Käufers vermutet.[375] Dies gilt jedoch nur, wenn die Sachkunde des Käufers gerade auf dessen beruflicher Tätigkeit beruht.[376] Die Feststellung eines verborgenen Mangels bemißt sich nach den Kenntnissen und Fähigkeiten des konkreten Käufers.[377]

Den Käufer trifft nach Art.1484 2.HS CC grundsätzlich keine Obliegenheit zur Mängeluntersuchung der Kaufsache. Besitzt der Käufer jedoch eine besondere Sachkunde hinsichtlich der von ihm erworbenen Waren, so muß er bei offenbaren Fehlern die Kaufsache zurückweisen und bei verdeckten Mängeln, die eine mehr oder weniger schwierige Untersuchung erfordern, seine Gewährleistungsrechte in der gesetzlichen Frist von sechs Monaten ausüben.[378] Durch Individualvertrag oder AGB können die Kaufvertragsparteien auch die grundsätzliche Pflicht des Käufers vereinbaren, die Ware bei Übergabe auf Qualitäts- oder Quantitätsfehler zu untersuchen.

Der Verkäufer haftet gemäß Art.1485 Abs.1 CC für die verborgenen Fehler und Mängel der Kaufsache auch, wenn er sie nicht gekannt hat.[379] Diese scharfe verschuldensunabhängige Gewährleistungshaftung[380] kann durch Parteivereinbarung abbedungen werden, solange der Verkäufer in Unkenntnis des verborgenen Fehlers oder Mangels ist (1485 Abs.2 CC).

Sind gebrauchte Güter Gegenstand des Kaufvertrages und hat der Verkäufer keine Kenntnis vom Bestehen eines Mangels, ist seine Gewährleistungs-

---

[374] STS 11.7.1983, RJA 1983, Nr.4205; 6.7.1984, RJA 1984, Nr.3799. Lete del Río, Derecho de obligaciones, S.51 f. Der Begriff "perito" in Art.1484 CC ist nach STS 6.7.1984 nicht auf den technischen Terminus für den Beruf des Sachverständigen zu beschränken, sondern ist auf alle Personen zu erstrecken, die aufgrund ihrer beruflichen Tätigkeit die Fähigkeit besitzen, die Eigenschaften bestimmter Sachen und Materialien zu erkennen.

[375] Fuchs, Verbraucherschutz in Spanien, S.59.

[376] STS 6.7.1984, RJA 1984, Nr. 3799; Valcárcel-Schnüll, Verkäuferhaftung, S.63.

[377] Badenes Gasset, Compraventa, S.684; Hernández Martí, Kaufvertragsrecht in Spanien, S.977 (1020; Rn.116); Valcárcel Schnüll, Verkäuferhaftung, S.63.

[378] STS 31.1.1970, RJA 1970, Nr.370; Navarro Pérez, La Compraventa en el Código Civil, S.337; Hernández Martí, Kaufvertragsrecht in Spanien, S.977 (1017; Rn.106 f.).

[379] Lete del Río, Derecho de obligaciones, S.52.

[380] Valcárcel Schnüll, Verkäuferhaftung, S.64.

haftung nach spanischem Recht bereits konkludent, d.h. automatisch, ausgeschlossen.[381]

b) Schwere des Mangels, Art.1484 1.HS CC

Der Fehler muß eine bestimmte Schwere besitzen, um die Kaufgewährleistungsrechte auszulösen. Art.1484 1. HS CC erfaßt daher nur solche Mängel, die die Kaufsache für ihren vorbestimmten Gebrauch ungeeignet machen oder den Gebrauch der Sache derart einschränken, daß der Käufer die Sache in Kenntnis der Mängel nicht erworben oder einen geringeren Preis für sie gezahlt hätte. Ist zwischen den Kaufvertragsparteien keine Vereinbarung über den vorgesehenen Gebrauch der Kaufsache getroffen worden, kommt es entscheidend auf den objektiv üblichen Gebrauch von Sachen gleicher Art und Qualität an.[382]

Das Kaufgewährleistungsrecht ist nicht einschlägig, wenn die Sache für den Käufer zum - von den Kaufvertragsparteien vereinbarten - Zweck absolut unbrauchbar ist. Die Rechtsprechung geht in diesen Fällen zunehmend von einer Aliud-Lieferung aus, die einen Fall der vertraglichen Nichterfüllung darstellt.[383] Danach liegt ein aliud, und damit Nichterfüllung, im spanischen Recht nicht nur vor, wenn eine gänzlich andere, nicht verkaufte Sache übergeben wurde, die in grundlegenden Eigenschaften von der Vereinbarung abweicht, sondern auch, wenn die Kaufsache für ihren vorbestimmten Zweck völlig untauglich oder der

---

381 STS 20.11.1969, RJA 1969, Nr.5313; Badenes Gasset, Compraventa, S.699; Valcárcel Schnüll, Verkäuferhaftung, S.65.

382 STS 31.1.1970, RJA 1970, Nr.370; 14.3.1973; Albácar López, Art.1484, Rn.I 1; Castán Tobeñas, S.133 (Fn.2); Lacruz Berdejo, S.67; Fuchs, Verbraucherschutz in Spanien, S.59; Valcárcel Schnüll, Verkäuferhaftung, S.65.

383 Ständige Rechtsprechung: STS 23.3.1982, RJA 1982, Nr.1500; 20.2.1984, RJA 1984, Nr.693; 20.10.1984, RJA 1984, Nr.4906; 22.10.1984, RJA 1984, Nr.4909; 29.12.1984, RJA 1984, Nr.6302; 6.3.1985, RJA 1985, Nr.1108; 15.7.1987, RJA 1987, Nr.5793; 7.1.1988, RJA 1988, Nr.117; 12.2.1988, RJA 1988, Nr.941; 6.4.1989, RJA 1989, Nr.2994; 26.10.1990, RJA 1990, Nr.8025; 1.3.1991, RJA 1991, Nr.1708; 8.4.1992, RJA 1992, Nr.3023; 14.5.1992, RJA 1992, Nr.4121; 12.4.1993, RJA 1993, Nr.2997; 29.4.1994, RJA 1994, Nr.2982; 10.5.1995, RJA 1995, Nr.4226; 12.6.1995, RJA 1995, Nr.4735; 25.10.1995; 2.9.1998, CCJC 1999 (Heft 49), Nr.1331, S.175. Von einem Fall der Nichterfüllung gingen bereits die Entscheidungen STS 30.11.1972, RJA 1972 Nr.4689; 23.1.1982, RJA 1982, Nr.400, aus, ohne allerdings den Terminus der Aliud-Lieferung zu verwenden. STS 17.2.1994, RJA 1994, Nr.1621, weist auf die Unterscheidung zwischen aliud und verstecktem Mangel hin, kommt aber zu dem Ergebnis, daß im zu entscheidenden Fall ein versteckter Mangel vorliegt.

Käufer mit ihr objektiv unzufrieden ist.[384] Erforderlich ist dafür, daß der Kaufgegenstand den Vertragszweck nicht erfüllt oder nach seiner Natur und üblichen Verwendung für den Käufer unbrauchbar ist.[385] Auf diese schlechthin nicht typisierbaren Fälle wendet die Rechtsprechung ausschließlich die allgemeinen Regeln der Art.1101 und 1124 CC an.[386] Der römisch-rechtliche Terminus des aliuds wird damit sinnwidrig überdehnt, um die Anwendung der kurzen sechsmonatigen Sachmängelgewährleistungsfrist des Art. 1490 CC zu vermeiden.[387] Die speziellen Gewährleistungsregeln werden dadurch weitgehend ausgehöhlt. Es finden sich in der Rechtsprechung zwar nicht wenige Entscheidungen, die die speziellen Gewährleistungsregeln zugrunde legen, dabei handelt sich aber fast ohne Ausnahme um Fälle in denen das Gewährleistungsverlangen im Handelsverkehr scheitert.[388] Eine Abgrenzung zwischen Schlecht- und Nichterfüllung

---

384 Erstmals STS 23.3.1982, RJA 1982, Nr.1500, in ausdrücklicher Anlehnung an STS 1.7.1947, RJA 1947, Nr.927. Ebenso 22.10.1984, RJA 1984, Nr.4909; 29.12.1984, RJA 1984, Nr.6302; 6.3. 1985, RJA 1985, Nr.1108; 15.7.1987, RJA 1987, Nr.5793; 7.1.1988, RJA 1988, Nr.117; 26.10.1990, RJA 1990, Nr.8025; 1.3.1991, RJA 1991, Nr.1708; 8.4.1992, RJA 1992, Nr.3023; 12.4.1993, RJA 1993, Nr.2997; 29.4.1994, RJA 1994, Nr.2982; 10.5.1995, RJA 1995, Nr.4226; 12.6.1995, RJA 1995, Nr.4735. Zuletzt 2.9.1998, CCJC 1999 (Heft 49), Nr.1331, S.175. Zu dieser spanischen Rechtsprechung auch Ranieri, Europäisches Obligationenrecht, S.107 ff.

385 STS 20.2.1984, RJA 1984, Nr.693; 20.10.1984, RJA 1984, Nr.4906; 7.1.1988, RJA 1988, Nr.117; 6.10.1990; 1.3.1991, RJA 1991, Nr.1708; 8.4.1992, RJA 1992, Nr.3023; 14.5.1992, RJA 1992, Nr.4121; 17.2.1994, RJA 1994, Nr.1621; 29.4.1994, RJA 1994, Nr.2982; 10.5.1995, RJA 1995, Nr.4226; 12.6.1995, RJA 1995, Nr.4735; 25.10.1995; 2.9.1998, CCJC 1999 (49), Nr.1331, S.175. Hernández Martí, Kaufvertragsrecht in Spanien, S.977 (1021; Rn.117).

386 STS 20.2.1984, RJA 1984, Nr.693; 20.10.1984, RJA 1984, Nr.4906; 22.10.1984, RJA 1984, Nr.4909; 29.12.1984, RJA 1984, Nr.6302; 7.1.1988, RJA 1988, Nr.117; 1.3.1991, RJA 1991, Nr.1708; 8.4.1992, RJA 1992, Nr.3023; 12.4.1993, RJA 1993, Nr.2997; 17.2.1994, RJA 1994, Nr.1621; 29.4.1994, RJA 1994, Nr.2982; 14.11.1994, RJA 1994, Nr.8485; 10.5.1995, RJA 1995, Nr.4226; 2.9.1998, CCJC 1999 (49), Nr.1331, S.175. Lete del Río, Derecho de obligaciones, S.52.

387 Orti Vallejo, in: Aranzadi Civil, 2001, N° 9, S.15 (42).

388 STS 12.1.1949, RJA 1949, Nr.85; 21.2.1957, RJA 1957, Rn.1537; 24.4.1958, RJA 1958, Nr.1298; 18.11.1965, RJA 1965, Nr.618; 21.1.1966, RJA 1966, Nr.10; 3.7.1971, RJA 1971, Nr.3378; 5.7.1975, RJA 1975, Nr.2944; 12.3.1982, RJA 1982, Nr.1372; 23.9.1982; 8.11.1983; 6.7.1984, RJA 1984, Nr.3799; 13.7.1984, RJA 1984, Nr.3982; 6.4.1989, RJA 1989, Nr.2994; 18.2.1991, RJA 1991, Nr.1445; 20.11.1991, RJA 1991, Nr.8469; 17.2.1994, RJA 1994, Nr.1621; 10.3.1994, RJA 1994, Nr.1734; 23.7.1994, RJA 1994, Nr.6587; 11.5.1999, RJA 1999, 3050.

wird außerdem nahezu unmöglich. In der Rechtsanwendung ist auf diese Weise erhebliche Unsicherheit hinsichtlich der Rechtsfolgen einer mit Mängeln behafteten Kaufsache entstanden.

c) Zeitpunkt des Vorliegens des Mangels

Nach Art.1484 CC knüpft die Bestimmung der Fehlerhaftigkeit des Kaufgegenstandes an den Zeitpunkt des Vertragsabschlusses an.[389] Die Kaufsache muß im Zeitpunkt des Vertragsschlusses oder vorher fehlerhaft gewesen sein.[390] Ausreichend ist dabei, daß der Fehler bereits im Keim in der Kaufsache vorhanden ist, auch wenn er sich erst später herausgebildet hat.[391] Den Käufer trifft grundsätzlich die Beweislast hinsichtlich aller Umstände auf die er seine Forderung stützt, also auch hinsichtlich der Existenz des Mangels und des Zeitpunktes des Eintritts der Mangelhaftigkeit.[392]

2. Haftung für zugesicherte Eigenschaften und Werbeangaben

Im spanischen Kaufrecht besteht, wie in Frankreich, keine spezielle Gewährleistungshaftung für zugesicherte Eigenschaften.[393] Den §§ 459 Abs.2, 463 BGB entsprechende Rechtsnormen existieren nicht.[394] Das bedeutet jedoch nicht, daß der Verkäufer im spanischen Recht nicht für das Fehlen zugesicherter Eigenschaften einstehen muß. Vielmehr haftet der Verkäufer nach den allgemeinen Regeln und möglicherweise nach speziellen werberechtlichen Vorschriften.

a) Haftung für zugesicherte Eigenschaften

Zusicherungen sind ausdrückliche oder stillschweigende Erklärungen des Verkäufers, die zum Inhalt der vertraglichen Absprache zwischen den Parteien geworden sind. Weist die Kaufsache nicht die vereinbarten Eigenschaften auf, liegt eine

---

389 "...defectos ocultos que *tuviere* la cosa vendida...." (Hervorhebung des Verfassers).

390 STS 31.1.1970, RJA 1970, Nr.370; Lete del Río, Derecho de obligaciones, S.52.

391 STS 21.12.1957; 31.1.1970, RJA 1970, Nr.370. Albaladejo-García Cantero, S.343; Badenes Gasset, Compraventa, S.695; Borell y Soler, Contrato de compraventa, S.147; Castán Tobeñas, S.130; Fuchs, Verbraucherschutz in Spanien, S.59; Lete del Río, Derecho de obligaciones, S.52; Valcárcel Schnüll, Verkäuferhaftung, S.63.

392 Badenes Gasset, S.654; Manresa, S.338 f.

393 Fuchs, Verbraucherschutz in Spanien, S.35; Piske, Kaufvertrag in Spanien, S.103; Valcárcel Schnüll, Verkäuferhaftung, S.66.

394 Fuchs, Verbraucherschutz in Spanien, S.35.

(teilweise) Nichterfüllung des Kaufvertrages vor. Die Schäden des Käufers aufgrund des Fehlens solcher zugesicherten Eigenschaften werden daher als Fälle der Nichterfüllungshaftung von den Art.1124 und 1101 des Allgemeinen Schuldrechts im CC erfaßt.[395] Der Käufer kann nach diesen Vorschriften wahlweise Erfüllung, Vertragsaufhebung oder Schadensersatz verlangen.[396] Anwendbar sind insbesondere auch die Vorschriften über Willensmängel in den Art.1266 ff. CC. Ist der Käufer über das Vorliegen bestimmter Eigenschaften der Kaufsache arglistig getäuscht worden oder irrt sich der Käufer über eine für die Parteien wesentliche Eigenschaft, kann er die "relative Nichtigkeit"[397] des Kaufvertrages geltend machen.[398]

b) Haftung für Werbeangaben

aa) Haftung für Werbeangaben nach dem CC

Der Verkäufer haftet auch für nicht eingehaltene Werbeangaben. Nach der Rechtsprechung schuldet der Verkäufer dem Käufer bei nicht eingehaltenen Angaben in Werbeprospekten Schadensersatz, wenn die Werbung Teil des Angebots und damit des Vertrages geworden,[399] oder der Schadensersatz aus Treu und Glauben geboten ist[400]. Diese Annahme der Rechtsprechung findet seine Grundlage in den

---

395 Badenes Gasset, Compraventa, S.686; Hernández Martí, Kaufvertragsrecht in Spanien, S.977 (1021); Schwartze, Europ. Sachmängelgewährleistung, S.87, 264; Valcárcel Schnüll, Verkäuferhaftung, S.66 und 149. So im Ergebnis auch Piltz, Spanisches Kaufrecht, in: Löber/Peuster, Aktuelles spanisches Handels- und Wirtschaftsrecht, S.219.

396 Valcárcel Schnüll, Verkäuferhaftung, S.149.

397 "Relative Nichtigkeit" eines Vertrages ist gegeben, wenn eine der Willenserklärungen der Parteien Mängel aufweist. Insoweit ist die "relative Nichtigkeit" mit der Anfechtbarkeit im deutschen Recht vergleichbar. Dazu Peuster, Spanisches Zivilgesetzbuch, S.13 ff.

398 Adomeit/Frühbeck, Einführung in das spanische Recht, S.67; Piltz, Spanisches Kaufrecht, in: Löber/Peuster, Aktuelles spanisches Handels- und Wirtschaftsrecht, S.219.

399 STS 14.6.1976, RJA 1976, Nr.2753. Das Tribunal Supremo verurteilte in diesem Fall den Hersteller-Verkäufer einer Maschine, diese im Wege der Naturalrestitution durch eine andere zu ersetzen, die den Beschreibungen eines veröffentlichten Verkaufsprospekts entspricht, das dem Käufer als Grundlage des Kaufvertragsschlusses diente.

400 STS 27.1.1977, RJA 1977, Nr.121. Ein Immobilienunternehmen wurde vom Tribunal Supremo verpflichtet, Ersatz für alle nicht vorhandenen Einrichtungen eines Hauses (z.B. Klimaanlage) zu leisten, die in einem von dem Unternehmen selbst herausgegebenen Prospekt als Bestandteil des Hauses beworben wurden.

allgemeinen Vertragsbestimmungen der Art.1258 und Art.1283 CC bzw. Art.57 CCom, die die Parteien dazu verpflichten, den Vertrag gemäß den getroffenen Vereinbarungen und nach den Maßstäben von Treu und Glauben auszuführen.[401]

bb) Haftung für Werbeangaben nach der LGDCU

Das spanische Allgemeine Verbraucherschutzgesetz[402] stellt für Verbraucherverträge in Art.8 Abs.1 LGDCU darüber hinaus bei Beteiligung von Verbrauchern seit 1984 ausdrücklich ein allgemeines Prinzip der Wahrhaftigkeit für Werbeaussagen ("principio de veracidad publicatoria") auf. Nach Art.8 Abs.1 Satz 1 LGDCU müssen sich Angebot, Verkaufsförderung und Werbung für Produkte, Aktivitäten oder Dienstleistungen nach deren Natur, Eigenschaften, Bedingungen, Nutzen oder Zweck richten, unbeschadet der Vorschriften über Werbung. Danach müssen die Werbeangaben genau und nachvollziehbar sein. Art.8 Abs.1 Satz 2 LGDCU legt weiter fest, daß ihr Inhalt, die jedem Produkt oder Dienstleistung eigenen Leistungen und die angebotenen Bedingungen und Garantien[403] von den Verbrauchern und Nutzern eingefordert werden können, selbst wenn sie nicht ausdrücklich in dem abgeschlossenen Vertrag oder erhaltenen Urkunde oder Bestätigung aufgeführt sind. Auf diesem Weg wird der Vertrag um die Aussagen ergänzt, die nur Inhalt der Werbung, aber nicht notwendig Inhalt des Vertrages geworden sind.[404] Demnach haben Verbraucher im spanischen Recht einen Leistungsanspruch nach Maßgabe der Werbung.[405] Der vertragliche Erfüllungsanspruch wird durch Art.8 Abs.1 LGDCU gesetzlich modifiziert, so daß sich der vertragliche Leistungsanspruch des Vertragspartners des Werbenden, allerdings nur zu dessen Gunsten (Art.8 Abs.2 LGDCU), über den sonstigen Inhalt des

---

[401] Gómez Calero, Los Derechos de los Consumidores y Usuarios, S.79.

[402] Ley 26/1984, de 19 de julio, General para la Defensa de los Consumidores y Usuarios (LGDCU).

[403] Der Begriff der Garantie wird von der LGDCU nicht im juristisch-technischen Sinne verwendet, der in der spanischen Rechtssprache grundsätzlich nur die dinglichen Sicherungsrechte betrifft.

[404] Fuchs, Verbraucherschutz in Spanien, S.119; Menendez Mato, La Oferta Contractual, S.96. Die Werbung bindet den Erklärenden nicht selbst vertraglich, sondern nur, wenn sie selbst Teil einer Angebotserklärung geworden ist. Morales Moreno, ADC 1999 II 1, 265 (272).

[405] Gómez Calero, Los Derechos de los Consumidores y Usuarios, S.79; Bredow, S.21 (Rn.31). So auch Nebe, Werbung in Spanien, S.39.

Kaufvertrages hinaus nach dem Inhalt der Werbung für das Produkt richtet.[406] Erhält der Verbraucher keine diesen Voraussetzungen entsprechende Leistung, kann er regelmäßig die Auflösung des Vertrags (Art.1124 CC) oder Schadensersatz wegen Nichterfüllung (Art.1101, 1106, 1107 CC) nach den Regeln des Allgemeinen Schuldrechts fordern.[407] Festzuhalten ist danach, daß der Verbraucher im Ergebnis nach Art.8 Abs.1 Satz 2 LGDCU Vertragsauflösung oder Schadensersatz wegen Nachteilen verlangen kann, die auf dem Fehlen in der Werbung "zugesicherter" Eigenschaften beruhen, selbst wenn diese nicht Inhalt des zugrundeliegenden Kaufvertrages geworden sind.

3. Die Kaufgewährleistungsansprüche

Die kaufrechtlichen Gewährleistungsrechte in Spanien sind grundsätzlich gemäß § 1486 Abs.1 CC Wandelung des Kaufvertrages ("acción redhibitoria") oder Minderung des Kaufpreises ("acción quanti minoris").[408] Bei einem arglistigem Verkäufer hat der Käufer gem. Art.1486 Abs.2 CC zusätzlich zur Wandelung einen Schadensersatzanspruch. Dagegen hat der Käufer einer fehlerhaften Sache aus den besonderen kaufrechtlichen Gewährleistungsvorschriften, die sich am Stückkauf orientieren, grundsätzlich keinen Nacherfüllungsanspruch; d.h. er kann aus ihnen anstelle der Wandelung oder Minderung nicht die Reparatur des Kaufgegenstandes (Nachbesserung) oder die Ersatzlieferung (Nachlieferung) fordern.[409]

---

[406] Gómez Calero, Los Derechos de los Consumidores y Usuarios, S.79; Bredow, S.21 (Rn.31). So auch Nebe, Werbung in Spanien, S.39.

[407] Corral García, AC 2000, LVIII, 1399 (1403); Fuchs, Verbraucherschutz in Spanien, S.120. So wohl auch Bredow, S.20 (Rn.30) und S.21 (Rn.31).

[408] Die spanischen Sachmängelrechte der Wandelung und Minderung lehnen sich inhaltlich und auch begrifflich an die, auf die römischen Ädilen zurückgehenden, Gewährleistungsrechte der "actio redhibitoria" und "actio quanti minoris" an.

[409] Hernández Martí, Kaufvertragsrecht in Spanien, S.977 (1021; Rn.118); Valcárcel Schnüll, Verkäuferhaftung, S.79. Nachbesserung kann der Verkäufer aber aus Art.1124 Abs.2 S.1 CC verlangen. Bei Qualitätsfehlern der Kaufsache, die im spanischen Recht ein Fall der Nichterfüllung sind, kann der Käufer nur die Mangelbeseitigung nach Maßgabe des Art.1124 Abs.2 Satz 1 CC und beim Handelskauf nach Art.336 CCom verlangen. Morales Moreno, in: ADC 1999 II 1, 265 (279), spricht Gattungskäufern einen Ersatzlieferungsanspruch zu.

a) Wandelung oder Minderung, Art.1486 Abs.1 CC

Der Käufer kann gemäß Art.1486 Abs.1 CC bei Vorliegen eines Mangels unter Erstattung der ihm entstandenen Kosten (Aufwendungen) vom Vertrag zurücktreten, d.h. Wandelung fordern ("acción redhibitoria"), oder eine anteilige Minderung des Kaufpreises nach Maßgabe eines Sachverständigengutachten ("juicio de peritos") verlangen ("acción quanti minoris").

aa) Wahlrecht des Käufers

Dem Käufer einer mangelhaften Sache steht das Wahlrecht zwischen den beiden im spanischen Recht scharf voneinander abgegrenzten Gewährleistungsrechten der Wandelung und Minderung zu, das bereits durch die einseitige Mitteilung an den Verkäufer endgültig ausgeübt wird.[410] Ein Wechsel von der Minderung zur Wandelung ist nach Erlöschen des Wahlrechts grundsätzlich nicht möglich. Nach der Rechtsprechung ist eine Ausnahme in analoger Anwendung des Art. 1124 Abs.2 Satz 2 CC geboten, wenn erst nach der Mitteilung an den Verkäufer deutlich wird, daß die Minderung an einer gänzlich wertlosen Kaufsache nicht mehr sinnvoll durchgeführt werden kann.[411]

bb) Wandelung

Durch den Rücktritt vom Kaufvertrag entsteht ein gesetzliches Rückabwicklungsverhältnis, in dessem Zuge sich die Vertragsparteien die jeweils wechselseitig empfangenen Leistungen zurückzugeben haben. Der Käufer muß den erhaltenen Kaufgegenstand und der Verkäufer den gezahlten Kaufpreis zurückleisten.[412] Im Rahmen der Wandelung erhält der Käufer neben den Vertragskosten auch die Aufwendungen ersetzt, die die Mangelhaftigkeit der Sache nach sich zieht, wie z.B. Transport- und Reparaturkosten.[413]

---

[410] Valcárcel Schnüll, Verkäuferhaftung, S.67.

[411] STS 10.2.1956, RJA Nr.698; 4.2.1959, RJA Nr.453.

[412] Hernández Martí, Kaufvertragsrecht in Spanien, S.977 (1022; Rn.119).

[413] Albácar López, Art.1485/1486, Rn.I; Albaladejo-García Cantero, S.349; Fuchs, Verbraucherschutz in Spanien, S.59. Enger Bercovitz, ADC 1969, 777 (789); Díez-Picazo/Gullón, S.365; Valcárcel Schnüll, Verkäuferhaftung, S.71, die nur die Vertragskosten im eigentlichen Sinne für ersetzbar halten.

cc) Minderung

Die Berechnung der Minderung erfolgt nach der sogenannten relativen bzw. proportionalen Methode. Entscheidet sich der Käufer für die Aufrechterhaltung des Kaufvertrages, kann er die proportionale Herabsetzung des Kaufpreises verlangen.[414] Nach Art.1486 Abs.1 Satz 1 CC richtet sich die Minderung des Kaufpreises nach einem Sachverständigengutachten, durch welches das Verhältnis zwischen dem wirklichen Wert der Kaufsache zum Zeitpunkt des Kaufvertragsabschlusses und dem hypothetischen Wert der Kaufsache im unversehrten Zustand festgelegt wird.[415] Ein absoluter Preisabzug, d.h. ein Abzug des Minderwertes vom Kaufpreis (sog. absolute Methode) ist nicht gewollt.[416]

b) Schadensersatzanspruch, Art.1486 Abs.2 CC

Kannte der Verkäufer die verborgenen Mängel oder Fehler der Sache und hat er sie dem Käufer nicht offengelegt, stehen dem Käufer die Rechte aus Art.1486 Abs.1 CC und darüber hinaus ein Schadensersatzanspruch für sämtliche Vermögensschäden zu, wenn er die Wandelung wählt.[417] Wandelungs- und Schadensersatzanspruch schließen sich nicht gegenseitig aus.[418] Schadensersatz kann der Käufer nur verlangen, wenn er die Wandelung geltend gemacht hat. Beide Rechtsmittel fallen deshalb im spanischen Recht notwendigerweise zusammen. Als Schaden werden der entgangene Gewinn und die entstandenen Nachteile ersetzt.[419]

---

[414] Albácar López, Art.1485-1486, S.438; Badenes Gasset, Compraventa, S.661. Anderer Ansicht López López, in: Díez-Picazo y Ponce de León, Art.50, S.454.

[415] Badenes Gasset, Compraventa, S.661. García Cantero, in: Albaladejo, Art.1484 a 1490, S.350, hält es dagegen für "offensichtlich, daß sich die Herabsetzung des Kaufpreises im Verhältnis zum tatsächlich erzielten Preis und nicht zum objektiven Wert der Kaufsache" errechnet. Beide Ansichten gelangen regelmäßig zum gleichen Ergebnis, da zumeist der Kaufpreis dem hypothetischen Wert der Kaufsache im mangelfreien Zustand entspricht.

[416] Dem ist dagegen das französische Recht zugeneigt. Vgl. dazu Basedow, Die Reform des deutschen Kaufrechts, S.72 m.w.N.

[417] Lete del Río, Derecho de obligaciones, S.53, hält den Schadensersatzanspruch dagegen, unter Berufung auf STS 19.4.1928, auch unabhängig von der Wandelung für anwendbar.

[418] Piske, Kaufvertrag in Spanien, S.95.

[419] Hernández Martí, Kaufvertragsrecht in Spanien, S.977 (1023, Rn.123); Valcárcel Schnüll, Verkäuferhaftung, S.69.

aa) Teile des Schrifttums: Verschärfung der Schadensersatzhaftung

Teilweise[420] wird die Schadensersatzhaftung aus Art.1486 Abs.2 CC dadurch verschärft, daß der Verschuldensmaßstab des Verkäufers, in Anlehnung an die vom Käufer zur Feststellung verborgener Mängel nach Art.1484 1.HS CC geforderte Sorgfalt, erweitert wird. Danach ist der Verkäufer nicht nur zum Schadensersatz verpflichtet, wenn er die Fehlerhaftigkeit der Sache positiv kannte, sondern bereits, wenn er den Fehler wegen seiner beruflichen Sachkunde hätte erkennen müssen. Um zu vermeiden, daß sich der Verkäufer, der auch Hersteller der Ware ist, wegen der komplizierten Produktionsabläufe allzu häufig durch einen Entlastungsbeweis der verschärften Haftung entzieht, nimmt Morales Moreno[421] noch weitergehender einen Fall der Nichterfüllung an und greift deshalb auf allgemeines Leistungsstörungsrecht zurück.

bb) Kein Ersatz der Mangelfolgeschäden

Wegen Mangelfolgeschäden an den (übrigen) Rechtsgütern des Käufers haftet der Verkäufer nicht aus dem kaufrechtlichen Schadensersatzanspruch des Art.1486 Abs.2 CC, da dieser nur auf das negative Interesse geht[422] und ein Schadensersatzanspruch aus positiver Vertragsverletzung dem spanischen Recht fremd ist.[423] Für Mangelfolgeschäden hat der Verkäufer nur nach den Vorschriften des allgemeinen Schuldrechts einzustehen.

c) Gewährleistung bei Untergang der Kaufsache aufgrund des Mangels, Art.1487 und Art.1488 CC

Geht der Kaufgegenstand aufgrund eines verborgenen Mangels, den der Verkäufer kannte, beim Käufer unter, trägt der Verkäufer nach 1487 Satz 1 CC den Verlust und dem Käufer stehen die Rechte aus Art.1486 Abs.2 CC uneingeschränkt zu. Während der Verkäufer den Kaufpreis und die Vertragskosten erstatten muß, sowie zu Schadensersatz verpflichtet ist, hat der Käufer nur die nach dem Untergang übriggebliebene Kaufsache zurückzugeben.[424]

---

[420] Abaladejo-García Cantero, S.351; Díez-Picazo/Gullón, S.307; Lacruz Berdejo, S.69; Morales Moreno, ADC 1982 II, 591 (645 f.).

[421] Morales Moreno, ADC 1982 II, 591 (671).

[422] Brüggemann, S.111; Schwartze, Europ. Sachmängelgewährleistung, S.325.

[423] Brüggemann, S.111; Piske, Kaufvertrag in Spanien, S.95.

[424] Badenes Gasset, Compraventa, S.708; Valcárcel Schnüll, Verkäuferhaftung, S.70.

Hatte der Verkäufer keine positive Kenntnis vom verborgenen Mangel, so ist er nach Art.1487 Satz 2 CC neben den Rechtsfolgen der Wandelung nicht zum Schadensersatz verpflichtet.

Ist der Kaufgegenstand zum Zeitpunkt des Vertragsschlusses mit einem verborgenen Mangel behaftet und geht er durch Zufall oder Verschulden des Käufers unter, muß der Verkäufer den Kaufpreis gemäß Art.1488 Abs.1 CC nur unter Abzug des Wertes, den die Sache zum Zeitpunkt des Verlustes hatte, zurückerstatten. Wenn der Verkäufer hinsichtlich des Mangels in bösem Glauben war, ist er dem Käufer nach Art.1488 Abs.2 CC zum Schadens- und Zinsersatz verpflichtet.

Die Vorschrift des Art.1488 CC zieht als Haftungsgrundlage Umstände heran, die außerhalb des Einflußbereichs des Verkäufers liegen und fällt somit aus dem Rahmen der übrigen Gewährleistungsregeln heraus.[425] Sinn und Zweck der Regelung ist, daß der Verkäufer sich nicht aufgrund von Zufallsereignissen der Gewährleistungshaftung entziehen kann.[426]

4. Gerichtlicher Verkauf, Art.1489 CC

Die Verbrauchsgüterkaufrichtlinie hat den Verkauf durch gerichtliche Maßnahmen aus ihrem Anwendungsbereich herausgenommen.[427] Findet der Verkauf auf gerichtlichem Wege statt, sind Ansprüche des Käufers auf Schadensersatz im spanischen Recht durch Art.1489 1.HS CC ausgeschlossen. Die übrigen Gewährleistungsansprüche bleiben dem Käufer aber erhalten (Art.1489 2.HS CC), während im französischen Recht jegliche Gewährleistungsansprüche ausgeschlossen sind. Hauptanwendungsfall ist die gerichtliche Versteigerung, in deren Zuge sowohl der Verkäufer als auch der Richter in der Regel keine Kenntnis von der Mangelhaftigkeit der Kaufsache haben und die verschuldensunabhängige Schadensersatzhaftung unangemessen wäre. Um die Umgehung der Schadensersatzhaftung durch bösgläubige Verkäufer zu verhindern, ist Art.1489 CC nur anwendbar, wenn der Verkauf ausschließlich durch gerichtliche Versteigerung erfolgen kann.[428]

---

[425] Fuchs, Verbraucherschutz in Spanien, S.61.

[426] Abaladejo-García Cantero, S.354; Fuchs, Verbraucherschutz in Spanien, S.61.

[427] Es handelt sich dann nicht um Verbrauchsgüter, Art.1 Abs.2 lit.b VbrKfRil.

[428] Lacruz Berdejo, S.70.

5. Geltendmachung der Gewährleistungsansprüche

Der Käufer kann seine Gewährleistungsrechte durch Klage (“acción“) oder mittels Einrede geltend machen.[429]

6. Gewährleistungsfrist, Art.1490 CC

Die Gewährleistungsrechte erlöschen gemäß Art. 1490 CC sechs Monate nach Übergabe der verkauften Sache.[430] Nach herrschender Ansicht handelt es sich, wie sich bereits aus dem Wortlaut ergibt, nicht um einen Fall der bloßen Verjährung (“prescripción“),[431] sondern um eine Ausschlußfrist (“caducidad“).[432] Die Frist des Art.1490 CC gilt auch bei der Einrede der Gewährleistung.[433] Im Unterschied zur Verjährung kann die Ausschlußfrist des Art.1490 CC grundsätzlich nicht durch Ablaufhemmung unterbrochen werden.[434] Begründet die Verjährung nur ein Leistungsverweigerungsrecht, erlöschen hingegen die Gewährleistungsrechte nach dem Ablauf der Ausschlußfrist des Art.1490 CC. Während bei der Verjährung eine entsprechende Einrede erforderlich ist, muß die Ausschlußwirkung im Rechtsstreit von Amts wegen beachtet werden.

Durch Vertrag kann die Frist verkürzt,[435] aber auch verlängert[436] werden.[437] Die Kaufvertragsparteien können auch eine vertragliche Garantie vereinbaren, die

---

429 Albaladejo-García Cantero, S.392.

430 Der spanische Gesetzgeber folgt damit nicht dem französischem Vorbild, das sich in Art.1648 Code Civil darauf beschränkt lediglich eine “kurze”, nicht weiter bestimmte Frist vorzusehen.

431 So aber teilweise die ältere Rechtsprechung: STS 7.6.1909; 11.6.1926; 1.7.1947; 8.11.1958. Ebenfalls Albaladejo-García Cantero, S.361.

432 STS 10.1.1946; 27.5.1957; 5.7.1957; 22.5.1965; 22.12.1971, RJA 1971, Nr.5399; 30.10.1981; 8.11.1983, RJA 1983, Nr.6065; 19.12.1984; 11.3.1987; 8.11.1993; Badenes Gasset, Compraventa, S.675. Navarro Pérez, La Compraventa en el Código Civil, S.352; Sánchez Jáuregui, S.623 (Art.1490); Piske, Kaufvertrag in Spanien, S.94.

433 Albaladejo-García Cantero, S.363.

434 Badenes Gasset, Compraventa, S.675. Eine Unterbrechung der sechsmonatigen Ausschlußfrist gestattet die Rechtsprechung nur in bestimmten Fällen, etwa wenn vom Anspruchsteller nach der Rechtsordnung vor Klageerhebung ein Verwaltungsverfahren eingeleitet werden muß (STS 22.5.1965).

435 STS 5.5.1961 unter Hinweis auf das öffentliche Interesse und die Rechtssicherheit.

436 STS 23.5.1991, RJA Nr.3784 unter Hinweis auf die Privatautonomie (insbesondere die Vertragsfreiheit).

437 Badenes Gasset, Compraventa, S.677 f.

sich von der gesetzlichen Garantie (den gesetzlichen Gewährleistungsrechten) unterscheidet.[438]

Die allgemeine 15jährige Verjährungsfrist des Art.1964 2.HS CC, die für alle persönlichen Rechte ohne spezielle Verjährungsfrist gilt, ist grundsätzlich nicht auf die Gewährleistungsrechte anwendbar.[439]

7. Gewährleistungsausschluß

Die Gewährleistungshaftung des Kaufrechts des CC ist gemäß Art.1484 2.HS CC ausgeschlossen, wenn die Fehlerhaftigkeit der Sache für den Käufer nicht verborgen ist.

8. Rechtsbehelfe des Allgemeinen Schuldrechts

Nach herrschender Rechtsprechung und vordringender Lehre sind neben der kaufrechtlichen Gewährleistung auch Ansprüche des allgemeinen Leistungsstörungsrechts anwendbar, die für den Käufer im Einzelfall günstigere Rechtsfolgen als die Kaufgewährleistung eröffnen. Die Nichterfüllung umfaßt daher im spanischen Recht grundsätzlich auch die Schlechterfüllung.[440]

a) Nachbesserung, Vertragsaufhebung und Schadensersatz, Art.1124 Abs.2 CC

Art.1124 CC ist im spanischen Schuldrecht die Auffangregelung des Nichterfüllungsrechts.[441] Erfüllt der Verkäufer den Kaufvertrag nicht, kann der Käufer nach Art.1124 Abs.2 S.1 CC Nachbesserung oder Aufhebung des Vertrages und Schadensersatz wegen Nichterfüllung zuzüglich Ersatz der Zinsen verlangen. Ist die Kaufsache für den vorgesehenen Zweck absolut unbrauchbar, liegt eine Aliud-Lieferung vor, die nicht der kaufvertraglichen Gewährleistung, sondern der Nichterfüllungshaftung des Art.1124 CC unterliegt.[442]

---

438 Badenes Gasset, Compraventa, S.677.

439 STS 13.3.1929. Lete del Río, Derecho de obligaciones, S.53, geht unter Hinweis auf STS 19.4.1928 davon aus, daß der Schadensersatzanspruch aus Art.1486 Abs.2 CC der langen 15jährigen Frist des Art. 1964 2.HS CC unterliegt. Ebenso Morales Moreno, ADC 1980, 585 (627 und 632).

440 Dazu in diesem Kapitel unter 1.2.

441 Valcárcel Schnüll, Verkäuferhaftung, S.76.

442 STS 30.11.1972, RJA 1972 Nr.4689; 23.3.1983, RJA 1983 Nr.1500; 14.12.1983, 7.1.1988; 14.11.1994, RJA 1994 Nr.8485; 10.5.1995, RJA 1995 Nr.4226; 12.6.1995, RJA 1995, 4735; Gómez de la Bárcena, Art.1124, S.451.

Im Gegensatz zum Kaufgewährleistungsrecht der 1484 ff. CC kann der Käufer einer mangelhaften Sache aus Art.1124 Abs.2 Satz 1 CC nach seiner Wahl Nachbesserung fordern.[443] Voraussetzung ist die pflichtwidrige Nichterfüllung einer Hauptpflicht aus einem gegenseitigen Vertragsverhältnis. Beim Kaufvertrag müssen die berechtigten Erwartungen des Käufers hinsichtlich der Kaufsache enttäuscht worden sein.[444] Auch wenn der Gläubiger die Erfüllung gewählt hat, kann er bei nachträglicher Unmöglichkeit nach Art.1124 Abs.2 Satz 2 CC die Vertragsauflösung fordern.

Der Schadensersatzanspruch aus Art.1124 CC erfordert nach der Rechtsprechung[445] zusätzlich eine besondere Schwere der Pflichtverletzung, die mindestens eine bewußte vorsätzliche Zuwiderhandlung voraussetzt.[446] Eine absichtliche Nichterfüllung muß hingegen nicht vorliegen.[447]

b) Schadensersatz, Art.1101 CC

Nach Art.1101 CC sind diejenigen, die sich bei der Erfüllung ihrer Verpflichtungen vorsätzlich oder fahrlässig verhalten, in Verzug sind oder dem Inhalt des Vertrages irgendwie entgegenhandeln, zum Ersatz der verursachten Schäden und Nachteile verpflichtet.

aa) Verschuldensmaßstab

Aufgrund dieser weiten, generalklauselartigen Formulierung ist Art.1101 CC der wichtigste vertragliche Schadensersatzanspruch.[448] Auch der Käufer kann aus dieser Vorschrift, neben dem kaufrechtlichen Schadensersatzanspruch aus Art.1486 Abs.2 CC, wegen jeden Verschuldens des Käufers Schadensersatz wegen Nichterfüllung verlangen.

---

443 Hernández Martí, Kaufvertragsrecht in Spanien, S.977 (1021, Rn.118); Schwartze, Europ. Sachmängelgewährleistung, S.146; Valcárcal Schnüll, Verkäuferhaftung, S.79. Für einen Nachbesserungsanspruch, aber gegen einen Erfüllungsanspruch: Badenes Gasset, Compraventa, S.707.

444 "Frustrando las legítimas expectativas de los compradores" (ständige Rechtsprechung: STS 27.10.1981, 11.10.1982, 7.3.1983, 5.6.1989; 22.4.1991; 12.6.1995, RJA 1995 Nr.4735).

445 STS 1.2.1966, 10.4. /30.10.1986, 21.3. /18.11.1994, 2.10. /7.11.1995.

446 "Una voluntad manifiesta de incumplir, constitutiva de un hecho obstativo, una actitud rebelde" (STS 4.10.1983).

447 STS 18.11.1983.

448 Albácar López-Santos Briz, Art.1101, S.83; Brüggemann, S.119 m.w.N.

bb) Haftungsumfang, Art.1106 ff. CC

Zur Bestimmung des Haftungsumfangs finden die Vorschriften der Art.1106 ff. CC des Allgemeinen Schuldrechts Anwendung, wenn der Schaden gemäß Art.1107 Abs.1 a.E. notwendige Folge der Nichterfüllung ist. Nach Art.1106 CC ist nicht nur der Wert des Verlusts (Mangelschaden), sondern auch der entgangene Gewinn zu ersetzen. Art.1107 Abs.1 CC erweitert die Haftung des gutgläubigen Schuldners auf die zum Zeitpunkt der Begründung des Schuldverhältnisses voraussehbaren Schäden. Mangelfolgeschäden bilden als Integritätsschäden an den Rechtsgütern des Käufers keine notwendige Folge der Nichterfüllung i.S.v. Art.1107 Abs.1 a.E. CC und können deshalb als lediglich „bekannterweise aus der Nichterfüllung der Verbindlichkeit“ folgende Schäden nur von dem vorsätzlich handelnden (bösgläubigen) Schuldner aus Art.1107 Abs.2 CC ersetzt verlangt werden.[449]

c) Verjährung, Art.1964 2.HS CC

Im Gegensatz zu den Gewährleistungsrechten gilt für die Ansprüche aus Art.1124 und 1101 CC die lange 15jährige Verjährungsfrist des Art.1964 2.HS CC.[450]

9. Anfechtung des Kaufvertrages wegen arglistiger Täuschung oder Irrtums

Nach Rechtsprechung und herrschender Lehre sind die Irrtumsregeln wegen arglistiger Täuschung und Eigenschaftszusicherungen nicht durch die Gewährleistungsregeln ausgeschlossen.[451]

Danach kann der Käufer, wenn der Verkäufer die Fehlerhaftigkeit der Kaufsache kannte und die Zustimmung zum Vertragsabschluß durch eine schwer-

---

[449] Hernández Martí, Kaufvertragsrecht in Spanien, S.977 (1023, Rn.123); Schwartze, Europ. Sachmängelgewährleistung, S.325.

[450] STS 15.7.1987, RJA 1987 Nr.5793; 10.3.1993, RJA 1993, 1829. STS 10.5.1995, RJA 1995 Nr.4226, für den Fall der Aliud-Lieferung.

[451] STS 19.4.1928; 6.5.1953, RJA 1953 Nr.1658; 28.3.1973; 4.2.1982, RJA 1982 Nr.179; 3.2.1986, RJA 1986, 1986 Nr.409. Vicente y Gella, La doctrina de los vicios y el cumplimiento, S.564 (571 f.); Llácer Matacás, El saneamiento por vicios ocultos, S.182 ff.; Morales Moreno, ADC 1980, 585 (674); Pasquau Liaño, AC 1990-2, 419 (422). Anderer Ansicht ist Badenes Gasset, in: Compraventa, S.655, der die allgemeinen Irrtumsregeln des Art.1266 CC durch die speziellen Gewährleistungsrechte für ausgeschlossen hält. Dies hätte aber die rechtspolitisch zweifelhafte Folge, daß der Käufer, dem der redliche Verkäufer bestimmte, tatsächlich fehlende, Eigenschaften der Kaufsache zugesichert hat, sich nicht schadlos halten kann.

wiegende Täuschung erreicht hat, die gerichtliche Nichtigerklärung des Kaufvertrages wegen arglistiger Täuschung aus Art.1300 i.V.m. 1261 Nr.1, 1265, 1269, 1270 CC fordern ("acción de nulidad"). Im Gegensatz zur Anfechtung im deutschen Recht bewirkt nicht schon die Geltendmachung gegenüber dem Anfechtungsgegner, sondern erst die ausdrückliche Feststellung des Gerichts die sog. relative Nichtigkeit ("nulidad relativa") des Vertrages.

Hat der Verkäufer nicht nachweislich vorsätzlich gehandelt, besteht aber auf Seiten des Käufers ein Irrtum über eine nach dem Kaufvertrag für die Partien wesentliche Eigenschaft der Kaufsache, kann er den Kaufvertrag nach der allgemeinen Irrtumsregel des Art.1266 Abs.1 CC anfechten.

Der Käufer kann nach der Anfechtung jeweils gemäß Art.1303 den Kaufpreis und die Zinsen gegen Rückgabe der Sache und ihrer Früchte verlangen. Eine bloß "nebensächliche" Arglist verpflichtet nur zum Ersatz der Schäden und Nachteile, die gemäß 1107 Abs.2 CC neben den Mangel- und Mangelfolgeschäden auch den entgangenen Gewinn umfassen.

Für den Fall, daß der Verkäufer Eigenschaften der Kaufsache gutgläubig (ohne Kenntnis ihres Fehlens) zugesichert hat, ist es dem Käufer nur über die allgemeinen Irrtumsvorschriften möglich, den Kaufpreis rückerstattet zu bekommen, denn der verschuldensunabhängige Wandelungsanspruch nach Art.1486 Abs.1 CC greift nicht bei Zusicherungen des Käufers ein. Außerdem setzen die allgemeinen Leistungsstörungsansprüche ein Verschulden des Verkäufers voraus.[452]

Die Anfechtungsklage muß nach Art.1201 Abs.1 innerhalb von vier Jahren erhoben werden.

10. Viehkauf, Art.1491-1499 CC

Das spanische Kaufgewährleistungsrecht beinhaltet auch Sondervorschriften über die Sachmängelhaftung für verborgene Mängel beim Viehkauf. Wie im deutschen Kaufrecht schränken diese Vorschriften die Gewährleistungsrechte des Käufers aus gewohnheitsrechtlichen Gründen ein. Die Regelungen erstrecken sich auf alle Tierarten.[453] Gemäß Art.1493 CC ist die Gewährleistung für verborgene Mängel der auf Messen[454] oder in öffentlicher Versteigerung verkauften Tiere ausge-

---

[452] Valcárcel Schnüll, Verkäuferhaftung, S.83.

[453] Albácar López, § 1491, S.456.

[454] Hierzu Art.83 CCom.

schlossen. Für die übrigen Tiere unterliegt die Kaufgewährleistung gemäß Art.1496 Abs.1 CC grundsätzlich einer kürzeren 40tägigen Verfallsfrist ("caducidad"), wenn nicht das örtliche Gewohnheitsrecht eine noch kürzere oder längere Frist oder sogar eine echte Verjährungsfrist ("prescripción") vorsieht, die durch eine außergerichtliche Reklamation des Käufers unterbrochen werden kann.[455] Diese kurze Frist verfolgt den Zweck, den reibungslosen Ablauf von Tiermärkten sicherzustellen.[456] Für den Fall, daß das Tier innerhalb von drei Tagen nach dem Kauf stirbt, ist der Verkäufer nach Art.1497 Abs.1 CC verantwortlich, wenn die den Tod verursachende Krankheit bereits vor dem Kauf vorlag. Leidet das Tier an einer ansteckenden Krankheit, ist der Kaufvertrag nach Art.1494 Abs.1 CC absolut, d.h. unheilbar, nichtig.[457] Nach dem Wortlaut des Absatzes 2 derselben Vorschrift, ist auch der Kaufvertrag über Tiere nichtig, die für den vertraglich vorgesehenen Gebrauch untauglich sind. Nach herrschender Ansicht ist der Kaufvertrag in diesem Fall nicht absolut nichtig, sondern lediglich wegen eines auf falschen Angaben des Verkäufers beruhenden Einigungsmangels nach den allgemeinen Irrtumsvorschriften anfechtbar.[458]

IV. Sondervorschriften zur Sachmängelhaftung

1. Der Handelskauf

Der spanische Handelskauf (sog. compraventa mercantil) ist in den Art.325-345 CCom geregelt und trifft dort Sonderregeln hinsichtlich der Sachmängelgewährleistung.[459]

---

[455] SAP Barcelona 18.1.1995, AC 1995 Nr.827; SAP Huesca 27.7.1992, AC 1992 Nr.1001; Albácar López, § 1496, S.467.

[456] Lete del Río, Derecho de obligaciones, S.54.

[457] STS 9.4.1984, RJA 1984, 1943; Lete del Río, Derecho de obligaciones, S.53; Puig Brutau, S.383 f. Dies ist eine Ausprägung des römisch-rechtlichen Grundsatzes "impossibilium nulla est obligatio", der auch in § 306 BGB a.F. seinen Niederschlag gefunden hatte.

[458] Albácar López, Art.1494, S.464; Badenes Gasset, Compraventa, S.691; Puig Brutau, S.384.

[459] Nach Art.345 CCom bleibt der Verkäufer des Handelskaufs, mangels gegenteiliger Vereinbarung, dem Käufer zur Gewährleistung für Sach- und Rechtsmängel verpflichtet.

a) Regelungsinhalte

Beim Handelskauf gilt eine viertägige Frist des Käufers ab Übergabe der mangelhaften Kaufsache zur Geltendmachung der Kaufgewährleistungsrechte nach Art.336 Abs.2 CCom. Die Gewährleistungsrechte verwirken bei vorbehaltloser Annahme der fehlerhaften Kaufsache nach deren Untersuchung gem. Art.336 Abs.1 CCom sowie nach Ablauf einer viertägigen Frist bei verpackten Waren nach Art. 336 Abs.2 CCom. Für verborgene Mängel[460] gilt gemäß Art.342 CCom eine 30tägige Ausschlußfrist[461], die auch auf Schadensersatzansprüche aus Art.1101 CC Anwendung findet.[462] Des weiteren besteht im Handelskauf eine weite Haftung auch für Qualitäts- und Quantitätsmängel.[463] Einen Schadensersatzanspruch kann der Käufer auch ohne positive Kenntnis des Verkäufers von der Mangelhaftigkeit des Gegenstandes geltend machen. Wahlweise kann er daneben Erfüllung, d.h. Nachbesserung oder Nachlieferung gemäß Art.336 Abs.3 CCom verlangen. Ein Minderungsanspruch ist nicht geregelt.

Die Preisgefahr geht beim Handelskauf nach Art.331 ff. CCom grundsätzlich erst mit der Übergabe bzw. Zurverfügungstellung und hinreichender Individualisierung der Kaufsache in Fällen des Gattungskaufs auf den Käufer über.

b) Ergänzende Anwendung des Código Civils

Die Regelung des CCom ist fragmentarisch: D.h., trifft der CCom keine ausdrückliche Regelung, gelten nach Art. 50 CCom die allgemeinen Regeln des CC. Im Anwendungsbereich des Handelsrechts behält der CC subsidiäre Geltung (Art.2 CCom). Die Gewährleistungsrechte des Käufers im Handelskauf entsprechen daher im übrigen denen beim Zivilkauf.[464]

---

460 Art.342 CCom spricht von "vicios internos", womit versteckte Mängel gemeint sind, die der CC "vicios ocultos" nennt.

461 Jiménez Sánchez, S.375.

462 STS 23.3.1982, RJA 1982, 1500.

463 STS 23.3.1982, RJA 1982, Nr.1500; 23.9.1982; 22.12.1982; 15.10.1982; 15.10.1987; 3.11.1988; 6.4.1989, RJA 1989, Nr.2994. STS 22.12.1991 und 14.5.1992 wenden Art.1101, 1124 CC bei Aliud-Lieferungen und bei gänzlicher Untauglichkeit der Kaufsache zu dem vorgesehenen Zweck, ohne Verwendung des Terminus des aliuds, an. So auch STS 23.9.1982. Gegen die Anwendung der allgemeinen Regeln der Art.1101, 1124 CC beim Handelskauf dagegen STS 12.3.1982, RJA 1982, Nr.1372.

464 Hernández Martí, Kaufvertragsrecht in Spanien, S.977 (1022, Rn.119 f.).

c) Anwendungsbereich

Der handelsrechtliche Charakter eines Kaufvertrages bestimmt sich nach den Art.325, 326 CCom. Art.325 CCom trifft eine positive Abgrenzung. Als Gegenstück regelt Art.326 CCom einen zusätzlichen Ausschlußtatbestand und eine Negativabgrenzung des Handelskaufs.

Nach der Definition des Art.325 CCom sind solche Kaufverträge handelsrechtlich, die dem Wiederverkauf beweglicher Ware in ursprünglicher oder veränderter Form mit Gewinnerzielungsabsicht dienen.[465] Damit knüpft das spanische Handelsrecht nicht subjektiv an die Kaufmannseigenschaft der Beteiligten,[466] sondern objektiv an die beabsichtigte Handelstätigkeit (sog. compra de especulación) an.[467] Entscheidend ist dabei auf die Absicht des Käufers abzustellen.[468] Die Formulierung des Art.325 CCom ist jedoch nicht geglückt. Die Auslegung des Art.325 CCom bildet daher ein gewichtiges Problem des spanischen Handelsrechts. Ein Zustand der durch Art.326 CCom weder gelöst noch gemildert wird, sondern sich eher noch verkompliziert.[469] Zunächst schließt Art.326 Nr.1 CCom Verbraucherkäufe, d.h. Käufe die dem Eigenverbrauch oder dem Verbrauch desjenigen dienen, in dessen Auftrag gehandelt wird, von den Handelskäufen aus. Art.326 Nr.4 CCom bestimmt darüber hinaus, daß Weiterverkäufe eines Nichtkaufmanns bezüglich der Reste, der durch den Verbraucherkauf erworbenen Gegenstände, nicht der Anwendung des spanischen Handelsrechts unterfallen. Eine Folge, die sich im Umkehrschluß bereits aus Art.325 CCom ergibt, da solche Käufe nicht mit der doppelten Absicht der Weiterveräußerung und Gewinnerzielung ausgeführt werden. Nach dem Wortlaut der Vorschriften sind daher Verbraucherkäufe vom Anwendungsbereich des Handelsrechts ausgeschlossen.

---

[465] So auch u.a. STS 30.5.1979, RJA Nr.1951 und STS 20.11.1984, RJA Nr.5617.

[466] Dies regelt ausdrücklich Art.2 Abs.1 CCom: "...sean o no comerciantes los que los ejecuten, ...".

[467] STS 21.12.1981, RJA Nr.5280; 20.11.1984, RJA Nr.5617.

[468] Blanco Giraldo/Roldan Montaud, S.546; Jiménez Sanchez, S.366; Uría, S.578.

[469] So Jiménez Sánchez- Seco Caro, S.281 f. Vicent Chulía, S.88, spricht von einer "verfluchten Verwirrung" hinsichtlich der Auslegung der Art.325, 326 CCom.

aa) Sog. Merkantilisten: Handelsrechtlicher Charakter von Verbraucherkäufen

Nach einer Ansicht im handelsrechtlichen Schrifttum, den sog. Merkantilisten,[470] sind Ausnahmen vom strengen Wortlaut der Art.325 und Art.326 Nr.1 CCom geboten, wenn Verbraucher Kaufverträge mit Kaufleuten abschließen (sog. compraventa mixta). Die auf Garrigues[471] zurückgehende sog. Theorie des handelsrechtlichen Weiterverkaufs geht davon aus, daß jeder Weiterverkauf, auch wenn er für den Ge- oder Verbrauch des Käufers erfolgt, handelsrechtlicher Art ist.[472] Danach fallen auch Verbraucherkäufe in den Anwendungsbereich des CCom. Zur Begründung wird angeführt, daß anderenfalls die Verkäufe an Verbraucher durch der Öffentlichkeit zugängliche Lager und Läden aus dem Bereich des Handelsrechts ausgeschlossen würden, die typischerweise und gemäß Art.85 CC zur Tätigkeit der Händler gehören. Auch ergebe sich aus Art.326 Nr.4 CCom im Umkehrschluß, daß Weiterverkäufe der Kaufleute handelsrechtlicher Art sind, da nur von Nichtkaufleuten vorgenommene Verkäufe aus dem Anwendungsbereich der handelsrechtlichen Vorschriften herausgenommen werden.[473]

bb) Herrschende Meinung: Keine Anwendung von Handelsrecht auf Verbraucherkäufe

Die herrschende Meinung in Literatur[474] und Rechtsprechung[475] ist dieser Ansicht mit gewichtiger Begründung entgegengetreten. Die Anwendung des Handels-

---

470 Broseta Pont, Manual de Derecho mercantil, S.400 ff.; Uría, S.578.

471 Garrigues, Curso de Derecho mercantil, primera edición, Madrid 1940, II, Tomo I, S.131 f.

472 Antonio Polo, RDP 1945, 285 (297 ff.); Polo Sanchez, La Protección, S.80 f.; ders., Estudios, S.856 f.; zuletzt Uría, S.578 f. Es ist in diesem Zusammenhang darauf hinzuweisen, daß das allgemeine Verbraucherschutzgesetz (LGDCU) in handelsrechtlichen Gesetzessammlungen geführt und Gegenstand der handelsrechtlichen Lehre ist.

473 Uría, S.578 f.

474 Badenes Gasset, Compraventa, S.23 f.; Bercovitz/Bercovitz-Rodrigo Bercovitz Rodríguez-Cano, Estudios jurídicos sobre protección de los consumidores, S.81; Jiménez Sanchez-Seco Caro, S.283; Rojo Fernandez-Rio, S.262 f.; Vicent Chuliá, S.87. Gegen eine Heranziehung des CCom auf das Verbrauchervertragsrecht auch Fischer, Verbraucherschutz im spanischen Vertragsrecht, S.53. Hernández Martí, Kaufvertragsrecht in Spanien, S.977 (983, Rn.6) und wohl auch Fuchs, Verbraucherschutz in Spanien, S.63, halten die Frage der Anwendung des Handelsrechts auf den Verbraucherkauf gar für geklärt. Anderer Ansicht ist Fischer, Verbraucherschutz im spanischen Vertragsrecht, S.47.

475 STS 27.1.1945; 1.7.1947; 7.6.1969, RJA Nr.3285; 14.10.1970; 15.10.1979; STS 19.6.1989, RJA Nr.3778; STS 7.11.1988, RJA Nr.8421; STS 20.10.1990, RJA Nr.8028.

rechts auf den Verbraucherkauf verstößt de lege lata gegen den Wortlaut der Art.325, 326 CCom.[476] Insbesondere ist festzustellen, daß Art.326 CCom neben Art.325 CCom keine eigenständige, sondern ausschließlich klarstellende Bedeutung zukommt. Eine Ausdehnung des Handelsrechts auf den Verbraucherkauf de lege ferenda ist auch nicht wünschenswert, da die Abgrenzung den im Handelsverkehr unerfahrenen Verbraucher vor der Anwendung des strengen, auf Rechtssicherheit und Schnelligkeit ausgerichteten Handelsrechts zu Recht verhindern soll.[477] Der Kauf ist damit nur dann handelsrechtlicher Natur, wenn er zum Zwecke des Wiederverkaufs erfolgt, d.h. der Käufer darf nicht seine eigenen Konsumbedürfnisse befriedigen, sondern muß ein Mittler zwischen dem Produzenten und dem Konsumenten sein.[478]

Der Verbraucherkauf fällt somit auch nach der Auslegung der Art.325, 326 CCom aus dem Anwendungsbereich der handelsrechtlichen Sondervorschriften zur Sachmängelgewährleistung heraus.

2. Das Allgemeine Verbraucherschutzgesetz: Ley 26/1984, de 19 de julio, General para la Defensa de los Consumidores y Usuarios (LGDCU)

a) Verfassungsrechtliche Grundlagen, Art.51 CE

Die spanische Verfassung beinhaltet in Art.51 CE eine ausdrückliche Garantie des Konsumentenschutzes.[479] In Art.51 Nr.1 CE wird der Schutz des Verbrauchers von Gütern ("consumidor") und der Nutzer von Dienstleistungen ("usuario") als Aufgabe der öffentlichen Gewalten festgelegt, die die Sicherheit, Gesundheit und die legitimen wirtschaftlichen Interessen durch effektive Verfahren zu schützen haben. Die öffentlichen Gewalten müssen nach Art. 51 Nr.2 CE die Information und Bildung der Verbraucher und Nutzer sowie deren Verbände fördern und sie, in den sie betreffenden Angelegenheiten anhören.

---

[476] Jiménez Sanchez-Seco Caro, S.283; Vicent Chuliá, S.86.

[477] So im Ergebnis Jiménez Sánchez-Seco Caro, S.283; Vicent Chuliá, S.87. Fischer, Verbraucherschutz im spanischen Vertragsrecht, S.50, geht davon aus, daß die Anwendung handelsrechtlicher Normen nicht zwangsläufig zu einem geringeren Schutzniveau des Verbrauchers führt.

[478] So zu Recht STS 27.1.1945; 21.12.1981; 20.11.1984.

[479] Jiménez Sánchez, S.44.

Art. 51 CE ist Bestandteil des ersten Titels der spanischen Verfassung, der die Grundrechte und -pflichten ("derechos y deberes fundamentales") zum Gegenstand hat. Die spanische Verfassung erhebt den Verbraucherschutz damit zu einem allgemeinen und zentralen Leitprinzip des spanischen Rechts[480] und der Sozial- und Wirtschaftspolitik[481] der öffentlichen Gewalten. Zur Durchsetzung dieser Verbraucherrechte, in Ausführung des Gesetzgebungsauftrags aus Art.51 Nr.3 CE,[482] sowie aus Anlaß des schwerwiegenden Speiseölskandals aus dem

---

480 Der Verbraucherschutz muß nach Art.1 Abs.4 CC als "allgemeines Prinzip" ("principio general") bei der Auslegung des CC beachtet werden. Dazu Fischer, Verbraucherschutz im spanischen Vertragsrecht, S.36 m.w.N.

481 Überschrift des 3.Kapitels nach dem 1.Titel ("de los principios rectores de la política social y económica").

482 Auf Art.51 Abs.3 CE nimmt Art.1 Abs.1 LGDCU ausdrücklich Bezug. Gómez Calero, Los Derechos de los Consumidores y Usuarios, S.27 f.; Jiménez Sánchez, S.44; Prada Alonso, Protección del Consumidor y Responsabilidad Civil, S.40; Reyes López-Reyes López, Derecho de Consumo, S.36; Santos Briz, La Responsabilidad Civil, S.744. Dazu ausführlich Fuchs, Verbraucherschutz in Spanien, S.103 ff.
Nach der Rechtsprechung des spanischen Verfassungsgerichts (STC 15/1989, de 26 de enero) findet Art.1 Abs.1 LGDCU, wie einige andere Vorschriften der LGDCU, keine unmittelbare Anwendung in den sieben Autonomen Regionen ("Comunidades Autónomas"), denen die volle, der Verfassung und den Autonomiesatzungen gemäße, Gesetzgebungszuständigkeit im Bereich des Verbraucherschutzes zufällt ("Estatuto del Consumidor" País Vasco (Ley 10/1981, de 18 de diciembre), "Estatuto Gallego del Consumidor y Usuario" (Ley 12/1984, de 28 de diciembre), "Estatuto de los Consumidores y Usuarios" de Andalucía (Ley 5/1985, de 8 de julio), "Estatuto de los Consumidores y Usuarios" de la Comunidad Valenciana (Ley 2/1987, de 9 de abril) und "Estatuto del Consumidor" de Cataluña (Ley 3 /1993, de 5 de marzo); Navarra (Ley 13/1982, de 10 de agosto)). Ansonsten gelten die durch die LGDCU vorgebenen Grundsätze auch in diesen Autonomen Regionen. Bercovitz/Salas-Salas Hernández, Comentarios LGDCU, Art.39 y 40, S.1033. Zehn weitere Autonome Regionen sind zur Fortentwicklung des Verbraucherschutzes durch eigene Verwaltungsvorschriften in Form autonomer Satzungen ("estatutos de autonomía", Art.143-158 CE) berechtigt. (Asturien, Kantabrien, La Rioja, Region Murcia, Aragón, Castilla-La Mancha, Extremadura, Balearen, Madrid, Castilla-León). Die LGDCU findet dort als grundlegendes Gesetz uneingeschränkt Anwendung. Gómez Calero, Los derechos de los Consumidores y Usuarios, S.29 (Fn.37); Reyes López-Reyes López, Derecho de Consumo, S.41. In den Autonomen Regionen, die von ihrer Gesetzgebungskompetenz keinen Gebrauch gemacht haben, gilt die LGDU direkt (Art.149 Abs.3 CE). Reyes López-Fernández Gimano, Derecho de Consumo, S.58.

Jahre 1981,[483] wurde die Ley 26/1984, de 19 de julio, General para la Defensa de los Consumidores y Usuarios (LGDCU) geschaffen. Damit hat Spanien noch vor dem Beitritt zur Europäischen Gemeinschaft am 1.1.1986 ein nationales Verbraucherschutzrecht normiert.[484]

b) LGDCU als Rahmengesetz

Es handelt sich bei der LGDCU, wie sich aus ihrem Namen bereits ergibt, um ein Rahmengesetz ("ley general"), dessen weitere Ausgestaltung zukünftigen inhaltlich konkreteren Rechtsakten überlassen wird.[485] Der spanische Gesetzgeber hat aber davon abgesehen, sämtliche verbraucherschutzrechtliche Spezialmaterien in die LGDCU einzufügen, sondern hat weitere Sondergesetze erlassen.[486]

c) Verhältnis zum Handelsrecht

In der offiziellen Begründung ("Exposición de Motivos")[487] der LGDCU wird der Verbraucherschutz als ein der handelsrechtlichen Gesetzgebung naher oder konnexer Gegenstand bezeichnet. Der Verbraucherschutz wird dadurch zwar nicht ausdrücklich mittels Gesetz dem Handelsrecht zugeordnet. Wegen des unmittelbaren Einflusses der LGDCU auf das Handelsrecht, wird sie vom Schrifttum aber im handelsrechtlichen Zusammenhang behandelt.[488]

---

[483] Zu dem bekannten Fall, in dem vermutlich vergälltes Rapsöl als unverpacktes Olivenöl verkauft wurde, Fuchs, Verbraucherschutz in Spanien, S.105 f.

[484] Fischer, Verbraucherschutz im spanischen Vertragsrecht, S.21.

[485] Gómez Calero, Los Derechos de los Consumidores y Usuarios, S.29; Jiménez Sánchez, S.339.

[486] Paradigmatisch: Ley 26/1991, de 21 de noviembre, sobre Contratos Celebrados fuera de los Establecimientos Mercantiles (spanisches Haustürwiderrufsgesetz); Ley 7/1995, de 23 de marzo, de Crédito al Consumo (spanisches Verbraucherkreditgesetz). Die Ley 7/1998, de 13 de abril, sobre Condiciones Generales de la Contratación (spanisches AGBG) wurde allerdings in weiten Teilen in die LGDCU übernommen, da in Art.10 a.F. LGDCU bereits eine Regelung hinsichtlich Allgemeiner Geschäftsbedingungen enthalten war. Noch vor Verabschiedung der EG-Fernabsatzrichtlinie haben Regelungen zum Fernabsatz in den Art.38 ff. (Capitulo II: Ventas a distancia) der Ley 7/1996, de 15 de enero, de Ordenación del Comercio Minorista (spanisches Einzelhandelsgesetz) Eingang gefunden.

[487] Diese ist Bestandteil der LGDCU (BOE núm. 176, de 24 de julio) und ist deren Vorschriften als Präambel vorangestellt.

[488] Jiménez Sánchez, S.44.

d) Anwendungsbereich

Der Regelungsbereich des Allgemeinen Verbraucherschutzgesetzes ist auf Verbraucher und Nutzer beschränkt. Die LGDCU sieht als Verbraucher und Nutzer gemäß Art.1 Abs.2 grundsätzlich diejenigen natürlichen oder juristischen Personen an, die als Endabnehmer bewegliche oder unbewegliche Waren, Produkte, Dienste, Tätigkeiten oder Funktionen erwerben, nutzen oder nutznießen, gleich ob diejenigen die sie herstellen, beschaffen, liefern oder versenden, öffentlicher, privater, individueller oder kollektiver Provenienz sind. Endabnehmer ist dabei derjenige, der die Ware ohne die Absicht erwirbt, sie erneut in den Markt einzuführen und somit die Erwerbskette abbricht.[489] Ein Erwerb für den persönlichen Bedarf ist dabei nicht zwingend erforderlich. Der Letzterwerber kann die Güter auch an Dritte verschenken.[490] Erforderlich ist lediglich, daß der Verbraucher (und der Dritte) nicht mit dem erworbenen Gut am Markt wirtschaftlich tätig wird.[491] In negativer Abgrenzung stellt Art.1 Abs.3 LGDCU zusätzlich klar, daß als Verbraucher oder Nutzer nicht diejenigen gelten, die ohne Endabnehmer zu sein, Waren oder Dienstleistungen mit der Absicht erwerben, lagern, nutzen oder verbrauchen, um sie Produktionsprozessen, der Verarbeitung oder der Vermarktung zuzuführen oder an Dritte zu leisten, also die Güter wieder in den Markt geben. Erwirbt der Käufer die Sache für seine berufliche Tätigkeit ("actividad profesional"), ist er kein Verbraucher i.S.d. LGDCU.[492] Da der spanische Begriff "profesional" weit

[489] Bercovitz/Bercovitz-Alberto Bercovitz Rodríguez-Cano, Estudios jurídicos sobre protección de los consumidores, S.123; ders., in: Bercovitz/Salas, Comentarios LGDCU, Art.1, S.29 f.; Fischer, Verbraucherschutz im spanischen Vertragsrecht, S.64; Fuchs, Verbraucherschutz in Spanien, S.110.

[490] Bercovitz/Bercovitz-Alberto Bercovitz Rodríguez-Cano, Estudios jurídicos sobre protección de los consumidores, S.124; ders., in: Bercovitz/Salas, Comentarios LGDCU, Art.1, S.30; Fischer, Verbraucherschutz im spanischen Vertragsrecht, S.64; Fuchs, Verbraucherschutz in Spanien, S.110; Goméz Calero, Los Derechos de los Consumidores y Usuarios, S.44. Cavanillas Múgica, S.166, beschränkt die Definition des Verbrauchers auf die Befriedigung eigener elementarer Bedürfnisse ("...satisfacer sus necesidades vitales.").

[491] Bercovitz/Bercovitz-Alberto Bercovitz Rodríguez-Cano, Estudios jurídicos sobre protección de los consumidores, S.124; ders., in: Bercovitz/Salas, Comentarios LGDCU, Art.1, S.30; Goméz Calero, Los Derechos de los Consumidores y Usuarios, S.44.

[492] Cavanillas Múgica, S.167.

zu verstehen ist, ist auch der gewerbliche Endabnehmer vom Verbraucherschutz der LGDCU ausgeschlossen.[493]

Die LGDCU eröffnet somit einen, durch eine für die LGDCU typische Vielzahl von Rechtsbegriffen, konkret bestimmten,[494] gleichzeitig recht weiten Anwendungsbereich der Verbraucherschutzvorschriften.

e) Regelungsinhalt: Garantien, Allgemeine Geschäftsbedingungen, und Kundendienst

Die LGDCU enthält in ihrem 3.Kapitel, das unter der Überschrift "Schutz der wirtschaftlichen und sozialen Interessen" steht, Regeln zu Allgemeinen Geschäftsbedingungen, Garantien und Kundendienst. Die Vorschriften der LGDCU treten nach Art.7 LGDCU ergänzend zu den zivil- und handelsrechtlichen Normen hinzu, wobei im Einzelfall das für den Verbraucher günstigere Recht zur Anwendung kommt.[495]

aa) Garantien, Art.11 LGDCU

Die LGDCU trifft eigene Haftungsregelungen wegen fehlerhafter Waren und Dienstleistungen. Vertragliche Ansprüche aufgrund eines Kaufvertrages können sich daher neben den gesetzlichen Gewährleistungsrechten der Art.1486 CC[496] aus Art.11 LGDCU ergeben, der dem Verbraucher einen unabdingbaren Mindestbestand an Gewährleistungsrechtsbehelfen sichert.

(1) Allgemeines Programm vertraglicher Haftungsregeln, Art.11 Abs.1 LGDCU

Art.11 Abs.1 LGDCU legt zunächst das allgemeine Programm der vertraglichen Haftungsregeln der LGDCU fest,[497] indem er bestimmt, daß die vertragliche

---

[493] Bercovitz/Bercovitz-Alberto Bercovitz Rodríguez-Cano, Estudios jurídicos sobre protección de los consumidores, S.128. Im Ergebnis auch Odenbach, in: Löber/Peuster, S.197 (200).

[494] Bercovitz/Bercovitz-Alberto Bercovitz Rodríguez-Cano, Estudios jurídicos sobre protección de los consumidores, S.120; Fuchs, Verbraucherschutz in Spanien, S.111.

[495] STS 18.3.1995. Gómez Calero, Los Derechos de los Consumidores y Usuarios, S.75 f.

[496] Die parallele Anwendbarkeit der abdingbaren gesetzlichen Gewährleistungsrechte der Art.1486 ff. CC ergibt sich aus Art.7 LGDCU. STS 17.6.1994; 22.7.1994; 18.3.1995. De León Arce/García García-Avilés García, Derechos de los Consumidores y Usuarios, S.591 f.; Fenoy Picón, Falta de conformidad e incumplimiento en la compraventa, S.363.

[497] Bercovitz/Salas-García Cantero, Comentarios LGDCU, Art.11, S.368; Gómez Calero, Los Derechos de los Consumidores y Usuarios, S.103 f.; Reyes López-Reyes López, Derecho de

Vereinbarung der Prüfung, Reklamation, Garantie und des eventuellen Verzichts oder der Rückgabe dem Verbraucher ermöglichen müssen, (1) sich der Natur, Beschaffenheit, Bedingungen und Tauglichkeit oder Zwecks des Produktes oder der Dienstleistung zu versichern, (2) in Fällen des Irrtums, der Mangelhaftigkeit oder der Wertverschlechterung wirksam reklamieren und (3) Qualitätsgarantien oder Dienstleistungspflichten wirksam geltend machen zu können, sowie (4) wenn die Leistung nicht erbracht wurde, eine angemessene Rückerstattung des Marktpreises der Ware oder Dienstleistung zu erhalten. AGB-Klauseln, mit denen dem Käufer eine grundsätzliche Untersuchungs- und Rügeobliegenheit auferlegt wird, müssen daher bei Kaufverträgen mit einem Verbraucher nach Art.11 Abs.1 LGDCU diesen in die Lage versetzen, sich über Natur, Eigenschaften, Zustand, Verwendbarkeit und Verwendungszweck des Produkts informieren zu können.

(2) Zustandekommen der Garantie, Art.11 Abs.2 LGDCU

Art.11 Abs.2 LGDCU verpflichtet den Hersteller oder Lieferanten ("suministrador") langlebiger Güter ("bienes de naturaleza duradera") zur Übergabe ("entrega") einer schriftlichen Garantieerklärung,[498] die als Mindestinhalt ausdrücklich (1) den Gegenstand der Garantie, (2) den Garantierenden, (3) den Anspruchsberechtigten, (4) die Rechte des Anspruchsberechtigten und (5) die Garantiefrist regeln muß. Zumeist geben Hersteller oder Lieferant selbst die erforderliche Garantieerklärung ab. Die Garantie kann aber grundsätzlich auch von jedem anderen abgegeben werden. Hersteller und Lieferant sind nur zur Übergabe der Garantieerklärung verpflichtet.[499] Mittels Annahme der Garantieerklärung durch den Verbraucher entsteht ein Garantievertrag. Von der Herstellergarantie unberührt bleiben die vertraglichen Ansprüche gegen den Lieferanten.[500]

(3) Beschränkung der Garantieregeln auf langlebige Güter, Art.11 Abs.2 LGDCU

Die Garantieregeln des Art.11 Abs.2 LGDCU beschränken sich auf langlebige Güter. Als langlebige Güter gelten Waren und Leistungen, die über einen längeren

---

Consumo, S.327.

[498] Vicent Chulía, S.62.

[499] Gómez Calero, Derechos de los Consumidores y Usuarios, S.105.

[500] Bercovitz/Bercovitz-Rodrigo Bercovitz Rodríguez-Cano, Estudios jurídicos sobre protección de los consumidores, S.217; Fuchs, Verbraucherschutz in Spanien, S.138.

Zeitraum genutzt werden.[501] Erfaßt werden, wegen der im Grundsatz einheitlichen Formulierung, langlebige Güter,[502] gleichgültig ob sie neu oder gebraucht, beweglich oder unbeweglich sind.[503] Von Art.11 Abs.2 LGDCU ausgeschlossen sind nur solche Güter, die unmittelbar verbraucht werden.[504] Mit Annex II zur königlichen Verordnung 287/1991 vom 8.März[505] wurde ein Katalog von Produkten (Güter und Dienstleistungen) entwickelt, auf die Art.11 Abs.2 LGDCU Anwendung findet. Langlebige Güter im Sinne der LGDCU sind nach dieser Verordnung:

"Instrumente und Materialien der Optik, Fotografie, des Uhrmacherhandwerks und der Musik.
Werkzeug, Stahlwaren, Besteck und andere gewöhnliche Fertigwaren aus Metall.

Möbel, Haushaltsartikel, Hausgeräte und Zubehör.
Elektrische, elektrotechnische und elektronische Geräte.
Kraftfahrzeuge, Krafträder, Fahrräder, deren Ersatzteile und Zubehör.
Spielzeuge, Freizeit- und Sportartikel.
Wohnungen."

Die vorstehende Legaldefinition hat aber nicht die Zweifel und Auslegungsfragen, die hinsichtlich der ursprünglichen Struktur des Art.11 LGDCU bestanden,

---

[501] Duque Domínguez, La protección, EC, 1984, nº 3, S. 51 (77); Fuchs, Verbraucherschutz in Spanien, S.136.

[502] Bercovitz/Salas-García Cantero, Comentarios LGDCU, Art.11, S.357; Duque Domínguez, La protección, EC, 1984, nº 3, S. 51 (77).

[503] Bercovitz/Bercovitz-Rodrigo Bercovitz Rodríguez-Cano, Estudios jurídicos sobre protección de los consumidores, S.217; Reyes López-Reyes López, Derecho de Consumo, S.330; Vicent Chulía, S.62; Fuchs, Verbraucherschutz in Spanien, S.136. Duque Domínguez, La protección, EC, 1984, nº 3, S. 51 (77), mißt der Bestimmung der "langlebigen Güter" nur unwesentliche Bedeutung zu. Ebenso Rubio Garrido, ADC 1990, 867 (893), da die Rechtsfolgen der Garantien sich auf fast alle Güter anwenden ließen. Dieser Ansicht kann nicht zugestimmt werden, da der Bestimmung der "langlebigen Güter" wegen der Bezugnahme in Art.11 Abs.2 und 5 LGDCU hinsichtlich der Anwendung der Verbraucherrechte aus Art.11 LGDCU entscheidende Bedeutung zukommt. So auch Bercovitz/Salas-García Cantero, Comentarios LGDCU, Art.11, S.375 (Fn.51).

[504] Bercovitz/Salas-García Cantero, Comentarios LGDCU, Art.11, S.77; De León Arce/García García-Avilés García, Derechos de los Consumidores y Usuarios, S.599; Fuchs, Verbraucherschutz in Spanien, S.136.

[505] Real Decreto 287/1991, de 8 de marzo (BOE número 61, del 12), Anexo II.

ausräumen können.[506] Klar erscheint nur, daß als langlebige Güter alle diejenigen anzusehen sind, die über einen längeren Zeitraum genutzt werden, während dessen der Verbraucher oder Nutzer die Nutzbarkeit der Güter im Hinblick auf die Vertragszwecke aufrechterhält.[507]

(4) Nicht personengebundene Garantie

Die Garantie nach Art.11 LGDCU ist nicht personengebunden, sondern steht dem jeweiligen Erwerber der Ware zu.[508]

(5) Vorliegen eines anfänglichen Mangels, Art.11 Abs.3 LGDCU

Der Begriff des anfänglichen Mangels ("vicios o defectos originarios") entspricht insoweit der Fehlerdefinition des Art.1484 CC, nach der der Mangel im Zeitpunkt des Vertragsschlusses oder vorher vorhanden oder wenigstens im Kern angelegt gewesen sein muß.[509] Für Mängel, die während der Geltungsdauer der Garantie auftreten, gilt grundsätzlich die Vermutung, daß diese Mängel bereits anfänglich bestanden.[510] Es muß sich aber nach der LGDCU weder um einen verborgenen, noch um einen schweren Fehler handeln. Daraus folgt, daß der Verbraucher die Rechte aus der Garantie bei jedem Fehler geltend machen kann, ohne daß es darauf ankommt, ob der Mangel sichtbar oder ein versteckter Mangel aufgrund besonderer Sachkunde des Käufers leicht erkennbar war, das Verbrauchsgut aufgrund des Mangels für den vertraglich vorbestimmten Gebrauch ungeeignet

---

506 Bercovitz/Salas-García Cantero, Comentarios LGDCU, Art.11, S.358.

507 Bercovitz/Salas-García Cantero, Comentarios LGDCU, Art.11, S.377; Duque Domínguez, La protección, EC, 1984, n° 3, S. 51 (76 ff.).

508 Bercovitz/Bercovitz-Rodrigo Bercovitz Rodríguez-Cano, Estudios jurídicos sobre protección de los consumidores, S.218; De León Arce/García García-Avilés García, Derechos de los Consumidores y Usuarios, S.596; Duque Domínguez, La proteción, EC, 1984, n° 3,, S.51 (78); Fuchs, Verbraucherschutz in Spanien, S.137.

509 Fuchs, Verbraucherschutz in Spanien, S.138.

510 Bercovitz/Bercovitz-Rodrigo Bercovitz Rodríguez-Cano, Estudios jurídicos sobre protección de los consumidores, S.219; Bercovitz/Salas-García Cantero, Comentarios LGDCU, Art.11, S.383; Duque Domínguez, La protección, EC, 1984, n° 3, S. 51 (78); Parra Lucan, ADC 1988, 523 (531); Reyes López-Reyes López, Derecho de Consumo, S.330.

oder der Gebrauch der Sache durch den Fehler derart eingeschränkt ist, daß der Käufer bei Kenntnis der Fehlerhaftigkeit den Vertrag nicht abgeschlossen hätte.[511]

(6) Mindestrechtsbehelfe aus der Garantie, Art.11 Abs.3 LGDCU

Während der Gültigkeit der Garantie eröffnet Art.11 Abs.3 LGDCU dem Verbraucher, als unveränderbaren und nicht abdingbaren Mindestinhalt ("derecho como mínimo") der Garantie, neben den Gewährleistungsrechten der Art.1486 ff. CC, weitergehende Rechtsbehelfe. Das spanische Recht unterscheidet nicht wie die deutsche Rechtsordnung zwischen unselbständiger und selbständiger Garantie. In der deutschen Terminologie handelte es sich hier wohl um eine selbständige Garantie, da dem Verbraucher über das Kaufgewährleistungsrecht des CC hinausgehende Rechtsbehelfe eingeräumt werden.[512]

(a) Nachbesserung, Art.11 Abs.3 lit.a LGDCU

Eine Garantie des Verkäufers oder Herstellers muß dem Käufer gemäß Art.11 Abs.3 lit.a LGDCU das Recht gänzlich kostenloser Reparatur anfänglicher Mängel ("vicios o defectos originarios") der Kaufsache gewähren. Der Begriff des anfänglichen Mangels entspricht der Fehlerdefinition des Art.1484 CC, nach der der Mangel im Zeitpunkt des Vertragsschlusses (oder vorher) vorhanden oder wenigstens im Kern angelegt gewesen sein muß.[513] Allerdings muß es sich nach der LGDCU nicht um einen verborgenen oder schweren Mangel handeln.

(b) Ersatzlieferung und Wandelung, Art.11 Abs.3 lit.b LGDCU

Führt die Nachbesserung nicht zur Abhilfe und weist der Kaufgegenstand nicht die optimalen Eigenschaften zur Erfüllung der vorgesehenen Verwendung auf ("la reparación efectuada no fuera satisfactoria y el objeto no revestiese las condiciones óptimas para cumplir el uso a que estuviese destinado"), kann der Käufer nach Art.11 Abs.3 lit.b LGDCU die gekaufte Sache gegen einen vertragsgemäßen

---

[511] Audiencia Provincial Santa Cruz de Tenerife, (Sección primera), Sentencia 5 noviembre 2001, R° Apelación 432/2001, Sentencia n° 814/2001, AC 2002, n° 15. Prada Alonso, Protección del Consumidor y Responsabilidad Civil, S.94 f.; Rubio Garrido, ADC 1990, 867 (894).

[512] De León Arce/García García-Avilés García, Derechos de los Consumidores y Usuarios, S.626; Piske, Kaufvertrag in Spanien, S.64.

[513] In diesem Kapitel, A., III., 1., a), cc).

Gegenstand tauschen[514] ("tendrá derecho a la sustitución") oder den Kaufpreis[515] zurückverlangen ("devolución del precio pagado"). Ein Minderungsrecht ist im Mindestschutzbestand der Garantie aus Art.11 Abs.3 LGDCU dagegen nicht enthalten.[516]

(c) Hierarchisierung der Rechtsbehelfe

Die LGDCU sieht mithin eine, im Schrifttum teilweise kritisierte[517], Stufung der Rechtsbehelfe des Verbraucher- Käufers langlebiger Güter vor.[518] Ersatzlieferung und Kaufpreisrückzahlung sind nur subsidiär nach der Nachbesserung, d.h. auf zweiter Stufe, anwendbar. Dem Käufer steht mithin kein freies Wahlrecht hinsichtlich der im Mindestumfang gewährleisteten Rechte zu.[519] Er muß erst die Nachbesserung der Kaufsache verlangen, bevor er nach deren Scheitern zwischen Ersatzlieferung und Wandelung wählen darf.[520]

(d) Keine Herstellerdurchgriffshaftung (sog. acción directa)

Entgegen vereinzelter Stimmen im deutschen Schrifttum[521] ist die Durchgriffshaftung des Käufers gegen den Hersteller nach dem Vorbild der von der französischen Rechtsprechung anerkannten "action directe"[522] im spanischen Zivilrecht

---

[514] Der Verbraucher muß, um die Ersatzlieferung zu erhalten, das mangelhafte Gut mit dessen Zubehör zurückgeben. De León Arce/García García-Avilés García, Derechos de los Consumidores y Usuarios, S.616.

[515] Die Rückzahlung des Kaufpreises nach Art.11 Abs.3 lit.b LGDCU meint die Auflösung des Kaufvertrags gemäß Art.1124 CC unter Rückgabe des bereits gezahlten Betrags bzw. der übergebenen Kaufsache. Reyes López-Reyes López, Derecho de Consumo, S.335. Art.11 Abs.1 LGDCU räumt dagegen eine angemessene Rückerstattung des Marktpreises ein.

[516] Gómez Calero, Derechos de los Consumidores y Usuarios, S.106.

[517] Nach Duque, in: La protección, EC, 1984, nº 3, S. 51 (75), berücksichtigt diese Regelung sehr stark die Interessen des Garantierenden, anstatt dem Verbraucher ein Wahlrecht zwischen Nachbesserung und Wandelung einzuräumen.

[518] Gómez Calero, Los Derechos de los Consumidores y Usuarios, S.105 f.

[519] Gómez Calero, Los Derechos de los Consumidores y Usuarios, S.105.

[520] Gómez Calero, Los Derechos de los Consumidores y Usuarios, S.106.

[521] Ernst/Gsell, ZIP 2000, 1410 (1423, Fn.105); Lehmann, JZ 2000, 280 (291, Fn.116).

[522] Cour de cassation, chambre civil 3, 7.7.1989 und 7.3.1990.

kein etabliertes Rechtsinstitut. Teilweise[523] wird für möglich gehalten, daß in Spanien in näherer Zukunft, jedenfalls im Rahmen des Verbraucherschutzes aus Art.27 LGDCU, eine Entwicklung in Richtung der Anerkennung eines direkten gewährleistungsrechtlichen Anspruchs des Endabnehmers gegen den Hersteller eintreten könnte.

Im spanischen Recht ist eine Durchgriffshaftung (sog. acción directa) des Käufers gegen den Hersteller aufgrund eines eigenen Anspruchs aus dem Kaufvertrag mit dem Verkäufer im Código Civil nicht ausdrücklich geregelt. De lege lata kann der Käufer wegen Mängeln oder Fehlern der Kaufsache, die aus der Fabrikation des Herstellers herrühren, in strenger Anwendung des Wortlauts der Vorschriften des Código Civils daher nur Gewährleistungsansprüche gegen seinen eigenen unmittelbaren Verkäufer geltend machen. Grundsätzlich haftet der Hersteller jedoch unstreitig im Wege der außervertraglichen Produkthaftung nach den Regeln des Deliktsrechts der Art.1902, 1903 Abs.4 und 1909 CC sowie gegenüber Verbrauchern nach den speziellen Regeln der Art.25 ff. der LGDCU für Schäden, die durch das mangelhafte Produkt verursacht werden.

Im spanischen Schrifttum wird zum Teil[524] die Ansicht vertreten, daß bereits nach der geltenden Rechtslage auch den Folgeerwerbern in der Vertrags-

---

[523] Schulz, action directe, S.213; Pasquau Liaño, S.180. Dazu neigt wohl auch das Grünbuch, S.40 f. Dort heißt es auf S.40: "In Spanien galt bis zum Inkrafttreten des spanischen Verbraucherschutzgesetzes die ausschließliche Regelung, derzufolge der Käufer nur Rückgriffsansprüche gegen seinen Verkäufer geltend machen konnte. Demgegenüber enthält das spanische Verbraucherschutzgesetz Bestimmungen deren genaue Tragweite sich sehr schwer ermessen läßt."

[524] Die Anerkennung einer vertraglichen "acción directa" hat in Spanien zuerst Santos Briz, in: Responsabilidad del fabricante, S.497 ff. (546 ff.), vertreten. Ders., in: La Responsabilidad Civil, S.753 ff., hält die Herleitung einer unmittelbaren vertraglichen Haftung des Herstellers gegenüber dem Endverbraucher bei einem mehrgliedrigen Warenabsatz wegen der Relativität des Schuldverhältnisses (Art.1257 Abs.1 CC) aus einer automatischen Abtretung der Rechte des Ersterwerbers gegen den Hersteller, einem faktischen Vertragsverhältnis zwischen Endabnehmer und Fabrikanten, einem Vertrag zugunsten Dritter oder aus einer analogen Anwendung von gesetzlich geregelten Direktansprüchen, für möglich. Für eine Durchgriffshaftung gegen den Hersteller im Wege der Analogie auch Pasquau Liaño, S.180 ff. Eine Durchgriffshaftung gegen den Hersteller vertreten weiterhin Puig Brutau, in: Diccionario de Acciones, S.292 f. und Herrera Catena, in: Ámbito de la responsabilidad extracontractual, S.65 f. Zuletzt hat sich Navarro Pérez, in: La Compraventa en el Código Civil, S.346 f., dafür ausgesprochen, daß durch Art.27 Abs.1 lit.a LGDCU die "acción directa" in das spanische Recht Eingang gefunden habe.

kette ein vertragliches Durchgriffsrecht gegen den Produzenten mangelhafter Verbrauchsgüter, jedenfalls unter analoger Anwendung der im Código Civil geregelten Direktansprüche,[525] zusteht. Es käme sonst zu dem "absurden Ergebnis"[526], daß der Verbraucher als Letzterwerber aus dem Kaufvertrag gegen den Hersteller vorgehen kann, wenn er das defekte Gut von diesem selbst erworben hat, aber nicht beim Erwerb von einem Zwischenverkäufer, der lediglich in dem einheitlichen Geschehensablauf des Gütervertriebs tätig werde.[527] Schließlich sei der Letzterwerber auf ökonomischer Ebene der eigentliche Gegenüber des Herstellers.[528] Die Verträge in der Vertragskette zwischen Hersteller und Letzterwerber seien lediglich unselbständige Glieder des Gütervertriebsweges zwischen Hersteller und Verbraucher.[529] Sie verlören daher ihre wirtschaftliche Selbständigkeit, behielten aber juristische Eigenständigkeit.[530] Werden die gesetzlichen Gewährleistungsrechte in der Vertragskette über die Zwischenhändler bis zum Hersteller geltend gemacht, erweist sich die kurze sechsmonatige Ausschlußfrist des Art.1490 CC schließlich als unzureichend.[531] Des weiteren gestatte Art.27 Abs.1 lit.a Ley General para la Defensa de los Consumidores y Usuarios (LGDCU) ausdrücklich die Direkthaftung des Herstellers gegenüber Verbrauchern.[532] Dies beruht auf der Annahme, daß die Art.25 ff. LGDCU sowohl eine

---

[525] Art.1512 CC, der den Gläubiger des Verkäufers die Ausübung des Vorkaufsrechts gegenüber dem Käufer nur nach dem Versuch der Befriedigung aus den Gütern des Verkäufers gestattet; Art.1552 CC, der den Vermieter unter bestimmten Umständen zum Durchgriff auf den Untermieter wegen Zahlung des im Untermietverhältnisses vereinbarten Mietzinses berechtigt; Art. 1597 CC regelt einen Anspruch der Arbeiter bzw. Materiallieferanten gegen den Eigentümer des im Rahmen eines Werkvertrages erstellten Werks. Santos Briz, La Responsabilidad Civil, S.754 (Fn.600).

[526] Pasquau Liaño, S.181.

[527] Pasquau Liaño, S.181; Santos Briz, La Responsabilidad Civil, S.753.

[528] Pasquau Liaño, S.181; Santos Briz, La Responsabilidad Civil, S.708 und 710. So auch Rojo Fernandez-Rio, Responsabilidad del fabricante, S.144, der jedoch im Ergebnis die Anerkennung einer "acción directa" im spanischen Recht ablehnt.

[529] Pasquau Liaño, S.182; Santos Briz, La Responsabilidad Civil, S.708, 753 und 769. Rojo Fernandez-Rio, Responsabilidad del fabricante, S.144, mit gegenteiligem Ergebnis.

[530] Pasquau Liaño, S.182, unter Berufung auf Puig Brutau, Diccionario de Acciones, S.292.

[531] So freilich zu Recht Santos Briz, La Responsabilidad Civil, S.720.

[532] Pasquau Liaño, S.182. Nunmehr auch Navarro Pérez, in: La Compraventa en el Código Civil, S.346 f.

außervertragliche als auch eine vertragliche Haftungsordnung bilden.[533] Die "acción directa" werde außerdem durch die in Art.11 Nr.2 LGDCU vorgesehene Garantie gestärkt, die der Hersteller oder Lieferant langlebiger Güter leisten muß.

Der Haftungsdurchgriff gegen den Hersteller, der nicht Vertragspartei ist, ist jedoch (im Gegensatz zur französischen Rechtsprechung) nach der in Spanien, insbesondere in der Rechtsprechung, herrschenden und vorzugswürdigen Meinung, mit dem Grundsatz der Relativität des Schuldverhältnisses ("eficacia relativa de los contratos") nicht vereinbar. Vertragliche Ansprüche bestehen nach Art.1257 S.1 1.HS CC nur zwischen den Parteien des Kaufvertrages.[534] Ein Forderungsrecht des Verbrauchers direkt gegen den Hersteller könnte sich theoretisch aus einem Vertrag zugunsten Dritter ergeben. In der Praxis sind dazu erforderliche Vereinbarungen zwischen Herstellern und Händlern aber gänzlich unüblich. Die im Código Civil vorgesehenen Direktansprüche sind außerdem nicht verallgemeinerbare Sondertatbestände.[535] Deshalb ist eine restriktive Auslegung der ausdrücklich geregelten Durchgriffsfälle geboten.[536] Die Konstruktionen zur Herleitung einer "acción directa" des Verbrauchers gegen den nicht am Kaufvertrag beteiligten Hersteller bleibt daher stets eine Fiktion[537] und überdehnt das

---

533 Rodrigo Bercovitz Rodríguez-Cano, in: Bercovitz/Salas, Comentarios LGDCU, Art.27, S.703; Santos Briz, La Responsabilidad Civil, S.745. Dagegen: Avilés García, in: De León Arce/García García, Derechos de los Consumidores y Usuarios, S.612 f. Reyes López, in: Reyes López, Derecho de Consumo, S.349 ff., geht davon aus, daß die Art.25 ff. LGDCU auch die vertragliche Haftung betreffen, allerdings ohne aus ihnen einen direkten vertraglichen Gewährleistungsanspruch des Verbrauchers gegen den Hersteller wegen Mängeln an der Kaufsache herzuleiten. Zutreffend geht Reyes López, a.a.O., S.354, davon aus, daß Hersteller, Importeure und Lieferanten nur dann einem solchen Anspruch ausgesetzt sind, wenn sie direkt mit dem Verbraucher einen Vertrag schließen.

534 STS 25.11.1967 wonach der Hersteller einer fehlerhaft konstruierten Erntemaschine nur beim Regreß des Zwischenhändlers haftet; STS 14.11.1984 stellt fest, daß der durch ein giftiges Insektizid beim Endabnehmer entstandene Mangelfolgeschaden wegen fehlender Vertragsbeziehung vom Hersteller nicht aus Art.1101 CC zu ersetzen ist. Albácar López, Art.1485/1486, Rn.1; Albaladejo-García Cantero, S.346; Morales Moreno, ADC 1999 II 1, 265 (284); Prada Alonso, Protección del Consumidor y Responsabilidad Civil, S.84; Rojo Fernandez-Rio, Responsabilidad del fabricante, S.152. Im Grundsatz sieht dies auch Pasquau Liaño, S.108.

535 Rojo Fernandez-Rio, Responsabilidad del fabricante, S.152.

536 Rodrigo Bercovitz Rodríguez-Cano, Vorwort, in: Pasquau Liaño, S.7.

537 Rojo Fernandez-Rio, Responsabilidad del fabricante, S.152.

geltende Recht.[538] Letztlich erkennen auch die Vertreter der Ansicht in der Literatur, nach der eine Durchgriffshaftung des Verbrauchers gegen den Hersteller möglich sein soll, an, daß die Verträge der Vertragskette zwischen Hersteller und Verbraucher rechtlich selbständig bleiben.[539] Daraus folgt konsequenterweise aber auch, daß die Verträge uneingeschränkt ihre relative Wirkung ausschließlich zwischen den Vertragsparteien entfalten. Weitergehende Rechte und Pflichten ergeben sich aus den Verträgen nicht. An dieser Erkenntnis und an dem Umstand, daß der spanische Gesetzgeber im Código Civil keine Gewährleistungshaftung des Herstellers gegenüber Folgeerwerbern in der Vertragskette vorgesehen hat, ändern auch ökonomische Gesichtspunkte und Zweckerwägungen nichts.[540] Eine Durchgriffshaftung des Herstellers ergibt sich auch nicht aus dem Allgemeinen Verbraucherschutzgesetz (LGDCU). Der Wortlaut scheint zunächst für eine Durchgriffshaftung zu sprechen. Art.27 Nr.1 LGDCU lautet: "Mit generellem Charakter und unbeschadet der für den Verbraucher und Nutzer günstigeren Bestimmungen oder vertraglicher Vereinbarungen, gelten hinsichtlich der Haftung folgende Kriterien:...". Darauf folgend führt Art.27 Nr.1 lit.a LGDCU näher aus, daß Hersteller, Importeur, Verkäufer oder Lieferant von Produkten oder Dienstleistungen an Verbraucher und Nutzer für deren Herkunft, Identität und Geeignetheit, in Übereinstimmung mit ihrer Natur und ihrem Zweck und mit den einschlägigen Vorschriften haften. Art.27 LGDCU betrifft aber systematisch nur

---

538 Prada Alonso, Protección del Consumidor y Responsabilidad Civil, S.85. Dies gilt auch für die Annahme eines faktischen Vertragsverhältnisses zwischen Hersteller und Verbraucher. Diese Konstruktion kann auch im Massengüterverkehr nicht das Erfordernis des Vertragsschlusses zwischen den Parteien (insbesondere ein Angebot des Herstellers) ersetzen und stellt daher eine unbillige Einschränkung der Privatautonomie dar. Eine Abtretung der Gewährleistungsrechte des Vertragspartners des Herstellers (Ersterwerber) gegen diesen an den Verbraucher ist ebenfalls nur bei einer entsprechenden Erklärung des Ersterwerbers oder bei gesetzlich angeordnetem Forderungsübergang möglich, und wird in der Praxis regelmäßig vertraglich ausgeschlossen sein.

539 Pasquau Liaño, S.182.

540 Die Gewährleistungsansprüche in der Vertragskette gereichen wegen der kurzen Ausschlußfristen meist nicht zu einer Haftung des Produzenten (Prada Alonso, Protección del Consumidor y Responsabilidad Civil, S.84). Gimeno Martín, in: Diario de Sesiones del Congreso, núm.115, de 12 de abril de 1984, S.5269, wies in der Parlamentsdebatte über die LGDCU darauf hin, daß das Thema der Ausschlußfristen bewußt nicht angetastet werden sollte, um es einer konkreten Regelung durch das allgemeine Zivilrecht zu überlassen.

die außervertragliche verschuldensabhängige Produkthaftung des Herstellers.[541] Die Ansprüche des Verbrauchers aufgrund der Mangelhaftigkeit der Kaufsache selbst, finden ihre Regelung in Art.11 LGDCU. Billigte man dem Verbraucher oder Nutzer zusätzlich einen Schadensersatz wegen Fehler an der Ware aus Art.27 Nr.1 lit.a LGDCU zu, käme es zu Überschneidungen mit den speziellen Gewährleistungsrechten der Verbraucher aus Art.11 LGDCU.[542] Art.27 Nr.1 LGDCU enthält lediglich eine nähere Bestimmung der Anspruchsgegner der allgemeinen (Produzenten-) Haftungsregel nach Art.26 LGDCU,[543] die dadurch von dem Prinzip der reinen Verschuldenshaftung des CC teilweise abweicht. Nach Art.26 LGDCU haften Produzenten, Importeure, Lieferanten oder diejenigen, die Waren und Dienstleistungen bereitstellen, für Schäden und Nachteile der Verbraucher oder Nutzer durch Handlungen und Unterlassungen. Der spanische Gesetzgeber hat durch die Formulierung des Art.27 Nr.1 lit.a LGDCU eine bedauernswerte Verwirrung hervorgerufen, indem er bestimmte Eigenschaften des Kaufgegenstandes bzw. der Dienstleistungen aufzählt, obwohl in Art.26 LGDCU lediglich von "Handlungen und Unterlassungen" die Rede ist.[544] Eine Veränderung gegenüber Art.26 LGDCU kann jedoch aus Art.27 Nr.1 lit.a LGDCU nicht entnommen werden.[545] Schäden an dem Produkt oder der Dienstleistung selbst werden durch die Vorschriften der Art.25 ff. LGDCU des Kapitels VIII über Garantien und

541 Fuchs, Verbraucherschutz in Spanien, S.135. Dagegen hat STS 20.10.1990 die Passivlegitimation des Verkäufers, der Vertragshändler des garantiegebenden Herstellers ist, gemäß Art.27 Abs.1 lit.a , Abs.2 LGDCU bejaht, und den Verkäufer wegen eines mangelhaften Motors eines verkauften Kraftfahrzeugs zur kostenlosen Reparatur nach Art.11 Abs.3 lit.a LGDCU verurteilt. Der Entscheidung sind STS 23.5.1991, 25.6.1996 gefolgt. Die Entscheidung ist wegen der mangelnden Verantwortlichkeit des Verkäufers zu Recht kritisiert worden. Díaz Alabart, in: Piñar Mañas, Comentarios LOCM, Art.12, S.119, und Avilés García, in: De León Arce/García García, Derechos de los Consumidores y Usuarios, S.622, 626 f.

542 Fuchs, Verbraucherschutz in Spanien, S.142; Sequeira Martín, RCDI 1986, 1443 (1455). Im Ergebnis auch Rodrigo Bercovitz Rodríguez-Cano, in: Bercovitz/Salas, Comentarios LGDCU, Art.27, S.703, der zwar davon ausgeht, daß Art.27 Nr.1 LGDCU auch die vertragliche Haftung wegen Fehlens vereinbarter Eigenschaften umfasse, diese aber an die spezielle gesetzliche Regelung eines jeden Vertrages, etwa an Art.8 und 11 LGDCU anzupassen sei. Parra Lucán, in: ADC 1988, 523 (548 f.), und Rubio Garrido, ADC 1990, 867 (912 f.), halten die Rechtsbehelfe aus Art.11 und 25 ff. LGDCU für nebeneinander anwendbar.

543 Fischer/Fischer, S.227.

544 Fuchs, Verbraucherschutz in Spanien, S.145.

545 Fuchs, Verbraucherschutz in Spanien, S.145; Sequeira Martín, RCDI 1986, 1443 (1460).

Haftung ("Garantías y responsabilidades") nicht ersetzt.[546] Kapitel VIII beschränkt sich auf die Regelung der außervertraglichen Produkthaftung.[547] Aus Art.27 Nr.1 lit.a LGDCU ergibt sich keine Ausdehnung des Anwendungsbereichs auf die vertragliche Gewährleistungshaftung. Darüber hinaus spricht auch die Entstehungsgeschichte der LGDCU gegen eine Herleitung einer "acción directa" aus ihren Vorschriften: Der alternative Entwurf[548] für die LGDCU der damals oppositionellen politischen Partei PSOE ("Partido Socialista Obrero Español") sah in Art.39 ausdrücklich eine "acción directa" des Verbrauchers nach seiner Wahl gegen eines der solidarisch haftenden Glieder der Vertragskette bis hin zum Hersteller vor. Dieser Vorschlag hat in der endgültigen Fassung der Richtlinie keine Aufnahme gefunden.

Der Käufer ist daher auch im spanischen Recht de lege lata darauf angewiesen vertragliche Gewährleistungsansprüche gegen seinen direkten Vertragspartner geltend zu machen.

(e) Garantiefrist

Obwohl Art.11 Abs.2 lit.e LGDCU vorschreibt, daß die Garantie eine Frist beinhalten muß, nennt Art.11 LGDCU keine Mindestdauer der Garantie. Dies stellte eine erhebliche Gesetzeslücke dar, die geeignet war, den Verbraucherschutz zu unterlaufen. Eine Regelung traf zunächst die königliche Verordnung über Haushaltsgeräte[549], wonach die Garantie mindestens drei Monate gültig sein mußte. Für die Rechte aus Art.11 LGDCU wurde schließlich ergänzend die sechsmonatige Ausschlußfrist des Art.1490 CC ab der Übergabe des Verbrauchsguts angewendet, wenn die Parteien keine längere Frist vereinbart hatten.[550] Seit Inkrafttreten des Einzelhandelsgesetzes[551] im Jahre 1996 gilt die sechsmonatige Frist kraft ausdrücklicher gesetzlicher Regelung.

546 So auch Fuchs, Verbraucherschutz in Spanien, S.142.

547 So ausdrücklich Cavanillas Múgica, S.131.

548 Abgedruckt in: Bercovitz/Salas-García Cantero, Comentarios LGDCU, Art.11, S.366 f.

549 Real decreto 58/1988, de 29 de enero, sobre Protección del Consumidor en Materia de Aparatos de Uso Doméstico.

550 Prada Alonso, Protección del Consumidor y Responsabilidad Civil, S.95.

551 Art.12 Abs.2, Ley 7/1996, de 15 de enero, de Ordenación del Comercio Minorista.

bb) Allgemeine Geschäftsbedingungen

Das Allgemeine Verbraucherschutzgesetz beinhaltet in den Art.10 und 10bis[552] LGDCU Vorschriften zur Regelung des Rechts der Allgemeinen Geschäftsbedingungen (AGB) und der Klauseln in Verbraucherverträgen.[553] Die Regelungen stimmen nach Umsetzung der Klauselrichtlinie mit denen des deutschen AGBG weitgehend überein.

Dem Verwender von AGB ist es nach den im Zuge der Umsetzung der Klauselrichtlinie neu eingefügten Zusatzbestimmungen ("Disposiciónes Adicionales") zu Art.10bis LGDCU betreffend mißbräuchliche Klauseln ("cláusulas abusivas") verwehrt, die Gewährleistungsansprüche des Verbrauchers wegen verborgener Mängel zu dessen Nachteil durch vorformulierte Vertragsbedingungen auf Nachbesserung oder Ersatzlieferung zu beschränken, ohne daß deren Unentgeltlichkeit gewahrt ist und der Verbraucher bei unmöglicher oder fehlgeschlagener Abhilfe weiterhin die gesetzlichen Gewährleistungsrechte geltend machen kann ("1ª.Cláusulas abusivas", II, Nr.9 Satz 2 LGDCU).[554] Die in ihrem Maßstab ohnehin unveränderbaren Garantierechte nach Art.11 Abs.3 LGDCU werden von dem Klauselverbot nicht betroffen, da es sich im Wortlaut nur auf die gesetzlichen Gewährleistungsregeln bei verborgenen Mängeln ("normas legales sobre vicios ocultos") bezieht, die in den dispositiven Vorschriften der Art.1486 ff. CC normiert sind.[555]

Nr.19 der Zusatzbestimmungen zur LGDCU verbietet ergänzend, daß die Garantie dem Verbraucher die Beweislast in den Fällen, in denen sie den anderen Vertragsteil treffen muß, zu seinem Nachteil auferlegt. Umstände die in den Verantwortungsbereich des Garantierenden fallen, sind daher von diesem zu

---

[552] Eingefügt durch die Ley 7/1998, de 13 de abril, sobre Condiciones Generales de la Contratación in Umsetzung der EG-Richtlinie über Mißbräuchliche Klauseln in Verbraucherverträgen 1993/13/EG.

[553] Nach Art.2 Nr.1 lit.b LGDCU n.F. hat der Verbraucher ein Recht auf den Schutz seiner legitimen wirtschaftlichen und sozialen Interessen, insbesondere hinsichtlich der vertraglichen Einbeziehung mißbräuchlicher Klauseln.

[554] Im deutschen Recht verbietet § 11 Nr.10 lit.b AGBG a.F. für Mängel an neu hergestellter Ware die Beschränkung der Gewährleistung auf Nachbesserung und Ersatzlieferung bei deren Fehlschlagen.

[555] Bercovitz Rodríguez-Cano-Quicios Molina, Comentarios a la Ley de Condiciones Generales de Contratación, S.998 (Rn.15).

beweisen. Der Verbraucher darf nicht mit dem Verzicht oder der Einschränkung seiner Rechte belastet werden (Nr.14 der Zusatzbestimmungen zur LGDCU).

cc) Kundendienst

Die LGDCU beinhaltet des weiteren Vorschriften zum Kundendienst nach Kaufvertragsabschluß ("servicio postventa"). Im einzelnen schreibt Art.11 Abs.4 LGDCU vor, daß die Preise der für die Reparatur verwendeten Ersatzteile nicht erhöht, sondern nur der marktübliche Preis verlangt werden darf. Die Preise sind in der Rechnung differenziert aufzuführen und müssen in einer öffentlich zugänglichen Preisliste verzeichnet sein. Die Regelung des Abs.4 findet ebenso wie die allgemeine Regel des Abs.1 auf alle Güterarten Anwendung.[556]

Erwirbt der Verbraucher langlebige Güter, so hat er nach Art.11 Abs.5 LGDCU innerhalb bestimmter Frist das Recht auf einen angemessenen technischen Kundendienst und auf vorgehaltene Ersatzteile. Daraus folgt die Verpflichtung der Hersteller oder Lieferanten zur Bereitstellung von Ersatzteilen und zur Organisation eines entsprechenden technischen Kundendienstes durch spezialisiertes Personal, um Inspektionen oder erforderliche Reparaturen innerhalb dieses Zeitraums durchführen zu können.[557] Der zeitliche Rahmen ist durch die natürliche Lebensdauer der Ware begrenzt.[558] Diese Vorschriften legen lediglich den Rahmen der erforderlichen Kundendienstleistungen fest, die der Präzisierung durch entsprechende Durchführungsbestimmungen bedürfen.[559] Die königliche Verordnung über Haushaltsgeräte[560] bestimmt etwa, daß Ersatzteile für einen Zeitraum von sieben Jahren (bei Geräten mit einem Preis unter 10.000 Peseten (~ € 60,10) für fünf Jahre) nach Einstellung der Produktion oder des Imports vorgehalten werden müssen.

---

556 Bercovitz/Salas-García Cantero, Comentarios LGDCU, Art.11, S.390; Gómez Calero, Los Derechos de los Consumidores y Usuarios, S.108.

557 Gómez Calero, Los Derechos de los Consumidores y Usuarios, S.107. Avilés García, in: De León Arce/García García, Derechos de los Consumidores y Usuarios, S.621, begrenzt die Verpflichtung zum Kundendienst nur auf solche langlebigen Güter der Verordnung 287/1991, die eine gewisse technische Komplexität aufweisen, und deshalb einer fachkundigen Wartung bedürfen.

558 Fuchs, Verbraucherschutz in Spanien, S.139.

559 EG-Kommission, Grünbuch, S.66.

560 Real Decreto 58/1988, de 29 de enero, sobre Protección del Consumidor en Materia de Aparatos de Uso Doméstico.

f) Unabdingbarkeit

Die vorherige Abbedingung der durch die LGDCU Verbrauchern und Nutzern bei Erwerb und Nutzung zuerkannten Rechte ist nichtig (Art.2 Abs. 3 LGDCU). Es handelt sich dabei um eine Spezialvorschrift, die Art.6 Abs.2 CC verdrängt, demzufolge die Abbedingung gesetzlicher Rechte grundsätzlich wirksam ist, soweit sie nicht den Interessen oder der öffentlichen Ordnung zuwiderläuft oder Dritte benachteiligt.[561]

Art.2 Abs.3 Satz 1 LGDCU erklärt nicht jede Abbedingung von Rechten durch Verbraucher für nichtig, sondern nur diejenige, die vor Entstehung der Rechte bei dem Verbraucher durch Nutzung der Dienste oder Erwerb der Güter erfolgt.[562] Dies trifft aber ohne weiteres für die Rechte aus Art.11 LGDCU zu, die dem Verbraucher mit dem Erwerb der Kaufsache zustehen. Der zugrundeliegende Rechtsgedanke findet sich bereits in Art.991 i.V.m. Art.657 CC und beruht auf der Annahme, daß niemand auf Rechte verzichten kann, die er noch nicht erworben hat.[563]

3. Das Einzelhandelsgesetz: Ley 7/1996, de 15 de enero, de Ordenación del Comercio Minorista (LOCM)

a) Ergänzung von Art.11 LGDCU durch Art.12 LOCM

Das spanische Einzelhandelsgesetz Ley 7/1996, de 15 de enero, de Ordenación del Comercio Minorista (LOCM) schließt in Art.12 die Lücken, die Art.11 LGDCU bei der Verpflichtung zur Garantiegewährung und zur Einrichtung eines nachkaufvertraglichen Services offenläßt.[564]

b) Anwendungsbereich

Die Vorschriften der LOCM erstrecken sich nach Art.1 Abs.2 auf mit Gewinnerzielungsabsicht durchgeführte berufliche Tätigkeiten, die dem Angebot des

---

[561] Reyes López-Reyes López, Derecho de Consumo, S.51.

[562] Gómez Calero, Los Derechos de los Consumidores y Usuarios, S.49; Martinez de Aguirre y Aldaz, in: Bercovitz/Salas, Comentarios LGDCU, Art.2, S.71.

[563] STS 23.10.1990, 5.3.1991, 14.5.1992, 1.4.1993; Gómez Calero, Los Derechos de los Consumidores y Usuarios, S.50.

[564] De León Arce/García García-Avilés García, Derechos de los Consumidores y Usuarios, S.595; Jiménez Sanchez-Seco Caro, S.296 (306).

Verkaufes von jeder Art von Produkten an den Letztverbraucher dienen, ganz gleich, ob dies unter Nutzung eines Ladengeschäftes geschieht.

c) Mängelhaftung des Verkäufers gemäß CC, Ccom und LGDCU, Art.12 Abs.1 LOCM

Art.12 Abs.1 LOCM stellt zunächst klar, daß der Verkäufer für die Qualität der verkauften Produkte nach der Maßgabe des CC, CCom und der LGDCU verantwortlich ist.

d) Garantiefrist für langlebige Güter, Art.12 Abs.2 LOCM

Die Garantiefrist für langlebige Güter beträgt nach Art.12 Abs.2 LOCM, der Art.11 Abs.2 lit.e LGDCU ergänzt, mindestens sechs Monate ab Annahme des betreffenden Produkts, es sei denn, daß dies dessen Natur nicht erlaubt und vorbehaltlich der gesetzlichen Vorschriften oder Spezialregeln für bestimmte Güter oder Dienste.[565] Danach darf die Frist einer Garantie nicht kürzer sein, als die der gesetzlichen Gewährleistung gemäß Art.1490 CC. Die sechsmonatige Frist tritt an die Stelle einer möglicherweise vorgesehenen kürzeren Frist.[566]

e) Ausgestaltung des technischen Kundendienstes, Art.12 Abs.3 LOCM

Art.11 Abs.5 LGDCU verpflichtet Hersteller und Lieferanten langlebiger Güter zu einem angemessenen technischen Kundendienst, läßt aber offen, wie dieser ausgestaltet sein soll.[567] Nach Art.12 Abs.3 Satz 1 LOCM leistet der Hersteller oder der Importeur den Käufern langlebiger Güter in jedem Fall Garantie für einen angemessenen technischen Kundendienst innerhalb einer Frist von minde-

---

[565] Art.16, Real Decreto 1457/1986, de 18 de enero, que regula la actividad industrial y la prestación de servicios en los talleres de reparación de vihiculos automóviles, de sus equipos y componentes, der für jegliche Reparaturen an Kraftfahrzeugen eine Frist von drei Monaten oder 2000 Kilometer Laufleistung vorsieht, mit Ausnahme von Industriefahrzeugen, für die eine Frist von nur 15 Tagen gilt. Art.6, Real Decreto 58/1988, de 29 de enero, sobre Protección del Consumidor en el Servicio de Reparación de Aparatos de Uso Doméstico, der für Reparaturen an Haushaltsgeräten eine Frist von drei Monaten setzt.

[566] De León Arce/García García-Avilés García, Derechos de los Consumidores y Usuarios, S.603.

[567] Das Fehlen einer konkreten Frist für den Zeitraum des Kundendienstes in Art.11 Abs.5 LGDCU wurde vom spanischen Schrifttum stark kritisiert. De León Arce/García García-Avilés García, Derechos de los Consumidores y Usuarios, S.621.

stens fünf Jahren ab der Fertigstellung des Produkts. Damit der Käufer dieses Recht auch wahrnehmen kann, stellt der Verkäufer bei der Übergabe der Kaufsache auf Rechnung des Herstellers, Importeurs oder im eigenen Namen eine Garantieurkunde aus und verschafft dem Käufer die geeigneten Anweisungen für die richtige Benutzung und Einrichtung des Artikels, als auch für die Formulierung zulässiger Beanstandungen (Art.12 Abs.3 Satz 2 LOCM).

f) Wiedererlangung der Reparaturware, Art.12 Abs.4 LOCM

Die Klage oder das Recht des Verbrauchers zur Wiedererlangung ("recuperación") der zum Zwecke der Reparatur an den Händler gegebenen Ware verjährt gemäß Art.12 Abs.4 LOCM in drei Jahren ab dem Zeitpunkt der Übergabe.

B. Das vormalige deutsche Kaufgewährleistungsrecht

I. Grundlagen

1. Allgemeines

Die Darstellung des vormaligen deutschen Kaufgewährleistungsrechts dient einer überblicksartigen Gegenüberstellung zur spanischen Rechtslage.

Im deutschen Kaufvertragsrecht galten schon bisher bei Leistungsstörungen grundsätzlich die Vorschriften des Allgemeinen Schuldrechts, die im Falle der Schlechtleistung allerdings durch die überwiegend verschuldensunabhängigen Sachmängelvorschriften der §§ 459 ff. BGB a.F. und bei der Nichtleistung zusätzlich durch die Rechtsmängelhaftung der §§ 440 ff. a.F. und die Gefahrtragungsregeln der §§ 446, 447 BGB a.F. als legis specialis zu Lasten des Verkäufers ergänzt oder abgeändert wurden. Die Gewährleistungsvorschriften des BGB orientierten sich an dem Kaufvertrag über bewegliche Speziessachen (sog. Stückkauf) und sahen daneben Sondervorschriften für den Gattungs-, Grundstücks- und Schiffs(bauwerks)kauf sowie für den Kauf von Rechten und den Viehkauf vor.[568]

---

[568] Schlechtriem, Schuldrecht BT, Rn.4.

2. Abgrenzung zum bisherigen Allgemeinen Teil des Schuldrechts

In dem Schnittbereich zwischen Kauf- und allgemeinem Leistungsstörungsrecht (Unmöglichkeit, Verzug, positive Forderungsverletzung und culpa in contrahendo) war bislang vieles umstritten, weshalb diese Materie wohl zu den kompliziertesten Bereichen des Bürgerlichen Rechts gehörte.[569] Nach herrschender Ansicht[570] waren die Vorschriften des allgemeinen Leistungsstörungsrecht beim Stückkauf nach Gefahrübergang (§ 446 BGB a.F.) schon nach ihrem Tatbestand nicht neben den Sonderregelungen der §§ 459 ff. BGB a.F. anwendbar. Auch bei Lieferung einer mangelhaften Sache trat (Schlecht-)Erfüllung ein. Beim Gattungskauf ist der Verkäufer hingegen zur mangelfreien Leistung verpflichtet.[571] Mit Lieferung einer mangelhaften Sache trat keine Konkretisierung der Gattungsschuld i.S.d. § 243 Abs.2 BGB ein, da der Verkäufer nicht das seinerseits zur Erfüllung Erforderliche getan hatte. Die Gattungsschuld bestand auch weiter, wenn der Käufer die Sache als Vertragserfüllung angenommen hatte. Die Vorschriften des Allgemeinen Schuldrechts blieben daher solange anwendbar, bis sich der Käufer für die Wandelung oder Minderung entschieden und dadurch die Konkretisierung selbst herbeigeführt hatte. Allerdings war in diesem Fall die kurze sechsmonatige Verjährungsfrist des § 477 BGB a.F. anwendbar.[572]

3. Abgrenzung zu den Irrtumsvorschriften des Allgemeinen Teils des BGB

Die Vorschriften über Willensmängel, die möglicherweise zur Anfechtung der Willenserklärungen eines Kaufvertrages mit der Begründung führen könnten, es läge wegen eines Sachmangels ein Irrtum über eine verkehrswesentliche Eigenschaft der Kaufsache nach § 119 Abs.2 BGB vor, waren schon bisher wegen der unterschiedlichen Rechtsfolgen von den Sachmängelgewährleistungsvorschriften

---

569 Dauner-Lieb, JZ 2001, 8 (11); Medicus, Bürgerliches Recht., Rn.317.

570 Sog. Gewährleistungstheorie: Larenz, II/1, § 41 II e, Fikentscher, S.452., Staudinger-Honsell, Vorbem zu §§ 459 ff., Rn.10. Anders die sog. Erfüllungstheorie, deren Anhänger davon ausgehen, daß der Verkäufer auch beim Stückkauf zur sachmängelfreien Lieferung verpflichtet ist: Soergel-Huber, Vor §§ 145 ff., Rn.169 ff. m.w.N.; Rust, Das kaufrechtliche Gewährleistungsrecht, S.191; Ernst, in: AcP 199 (1999), 360 (363).

571 Unstreitig. Staudinger-Honsell, Vorbem zu §§ 459 ff, Rn.7.

572 Fikentscher, S.452; Palandt-Putzo, 61. Aufl., § 480, Rn.2. Für Konkretisierung durch die Annahme der mangelhaften Sache: BGH, NJW 1967, 33; 1982, 873; Palandt-Heinrichs, § 243, Rn.6.

der §§ 459 ff. BGB a.F. abzugrenzen.[573] Durch eine Anfechtung wäre es dem Käufer möglich gewesen, die kurze Verjährungsfrist des § 477 BGB a.F. zu umgehen, den gezahlten Kaufpreis gegen Rückgabe der Kaufsache nach den Regeln Ungerechtfertigter Bereicherung (§ 812 ff. BGB) vom Verkäufer heraus zu verlangen[574] und außerdem den Vertrauensschaden ersetzt zu erhalten (§ 122 BGB). Nach allgemeiner Ansicht trat deshalb die Anfechtung der Kaufvertragsparteien, jedenfalls nach Gefahrübergang, zwingend hinter den spezielleren Sachmängelgewährleistungsrechten zurück.[575]

Der Käufer kann den Vertrag aber grundsätzlich neben den Gewährleistungsrechten wegen arglistiger Täuschung nach § 123 BGB anfechten.[576] Er ist nach der Anfechtung jedoch von der Geltendmachung der Sachmängelgewährleistungsansprüche ausgeschlossen.[577]

4. Werklieferungsverträge, § 651 Abs.1 Satz 1 BGB a.F.

Kaufgewährleistungsrecht war auch bisher schon nach deutschem Recht auf sog. Werklieferungsverträge anzuwenden. Das waren ausschließlich solche Verträge, bei denen sich der Werkunternehmer verpflichtete, eine vertretbare Sache aus einem von ihm zu beschaffenden Stoff herzustellen (§ 651 Abs.1 Satz 1 BGB a.F.). Nach § 91 BGB sind vertretbare Sachen im Sinne des BGB bewegliche Sachen, die im Verkehr nach Zahl, Maß und Gewicht bestimmt zu werden pflegen. Vertretbare Sachen liegen daher nur dann vor, wenn sie mit anderen

---

573 Aufgrund der angeglichenen allgemeinen und besonderen Verjährungsvorschriften der §§ 195, 438 BGB hat sich diese Problematik etwas entschärft, besteht jedoch weiterhin fort, da sich der Käufer bei einer Anfechtung gem. §§ 119 Abs.2, 142 Abs.1 BGB ganz vom Vertrag lösen. Dazu Lorenz/Riehm, Lehrbuch zum neuen Schuldrecht, S.310.

574 Darauf weist auch Grunewald, Regelungsgehalt und System des deutschen Kaufrechts, in: Grundmann/ Medicus/Rolland (Hrsg.), Europäisches Kaufgewährleistungsrecht, S.3 (9), hin.

575 Grunewald, Regelungsgehalt und System des deutschen Kaufrechts, in: Grundmann/ Medicus/Rolland (Hrsg.), Europäisches Kaufgewährleistungsrecht, S.3 (9); MüchKomm-Westermann, vor § 459, Rn.83 ff.; Palandt-Putzo, 61. Aufl., Vorbem v § 459, Rn.9; Soergel-Huber, vor § 459, Rn.187. Vor Gefahrübergang ist die Rechtslage umstritten: Dazu Reinicke/Tiedtke, Kaufrecht, Rn.594 ff.

576 RGZ 104, 3; Palandt-Putzo, 61. Aufl., Vorbem v § 459, Rn.8; Reinicke/Tiedtke, Kaufrecht, Rn.601. Zur aktuellen Rechtslage: Lorenz/Riehm, Lehrbuch zum neuen Schuldrecht, S.573.

577 Palandt-Putzo, 61. Aufl., Vorbem v § 459, Rn.8.

Sachen gleicher Art austauschbar, d.h. standardisiert, sind.[578] Im Bereich der Gewährleistung kam der Abgrenzung zu nicht vertretbaren Sachen, für die gerade nicht die Sachmängelgewährleistungsvorschriften des Kaufrechts galten, sondern Werkvertragsrecht Anwendung findet (§ 651 Abs.1 S.2 BGB a.F.), besondere Bedeutung zu, da der Erwerber nach Werkvertragsrecht gemäß § 633 Abs.2 Satz 1 BGB a.F. bei Vorliegen eines Mangels zunächst nur Nachbesserung, d.h. Erfüllung, verlangen konnte. Erst nach erfolgloser Geltendmachung des Nacherfüllungsanspruchs, regelmäßig nach Fristsetzung mit Ablehnungsandrohung, durfte er gemäß § 634 Abs.1 BGB a.F. Wandelung oder Minderung fordern.

II. Rechtsmängelhaftung

Das BGB unterscheidete schon bisher hinsichtlich der Kaufgewährleistung zwischen Sach- und Rechtsmängeln, allerdings nicht nur begrifflich (§§ 433 Abs.1 S.2, 434, 435 BGB), sondern auch in den Rechtsfolgen. Dabei geriet die Abgrenzung beider Mängel nicht eindeutig. Die Unterscheidung der Anwendungsbereiche der Rechts- oder Sachmängelgewährleistung war daher Gegenstand einer umfangreichen Rechtsprechung[579] und unterschiedlichster Ansätze im Schrifttum[580].[581] Die Kaufsache (Gegenstand oder Recht gemäß § 437 BGB a.F.) weist nach deutschem Recht einen Rechtsmangel auf, wenn der Verkäufer dem Käufer nicht gemäß § 435 BGB (§ 434 BGB a.F.) das lastenfreie Vollrecht (Eigentum) verschafft. Die Rechtsmängelhaftung war damit ein Unterfall der Nichterfüllung wegen anfänglicher subjektiver Unmöglichkeit oder des Verzugs.[582] § 440 Abs.1 BGB a.F. erklärte daher die Vorschriften der §§ 320-327 BGB a.F. des Allgemeinen Schuldrechts für anwendbar. Nach ganz herrschender Meinung handelte es sich bei § 440 Abs.1 BGB a.F. um eine Rechtsgrundverweisung.[583] Die Rechtsfolgen des allgemeinen Leistungsstörungsrechts griffen somit bereits unter den

---

578 Huber, ZHR 161 (1997), 160 (182); Medicus, Bürgerliches Recht, Rn.347.

579 Aufstellungen bei Palandt-Putzo, 61. Aufl., § 434, Rn.6 f.; Soergel-Huber, § 434, Rn.30 ff.

580 Nachweise bei Grunewald, Regelungsgehalt und System des deutschen Kaufrechts, in: Grundmann/ Medicus/Rolland (Hrsg.), Europäisches Kaufgewährleistungsrecht, S.3.

581 Zur Abgrenzung zwischen Sach- und Rechtsmängeln Martis, MDR 2000, 485 (486).

582 Dazu Fikentscher, S.420.

583 Schlechtriem, Schuldrecht BT, Rn.59; Soergel-Huber, § 440, Rn.1

Voraussetzungen der §§ 440 Abs.1, 434 BGB a.F. ein. Deshalb haftete der Verkäufer bei Vorliegen eines Rechtsmangels ohne Verschulden auf Schadensersatz wegen Nichterfüllung. Beschränkt wurde der Schadensersatzanspruch für den Verkauf beweglicher Sachen und Rechte insbesondere durch das sog. Eviktionsprinzip, das in § 440 Abs.2 BGB a.F. eine nicht abschließende Regelung gefunden hatte. Danach ist erforderlich, daß der Käufer in seiner Nutzungsmöglichkeit hinsichtlich der Sache durch ihre Herausgabe an einen zum Besitz berechtigten Dritten tatsächlich gestört wird. Auf diesem Wege wurde sichergestellt, daß der zum Schadensersatz berechtigte Käufer nicht auch im Genuß der Sache blieb. Kannte der Käufer bei Abschluß des Kaufvertrags den Rechtsmangel, haftete ihm der Verkäufer nicht (§ 439 Abs.1 BGB a.F.).

Für die Ansprüche aus Rechtsmängelgewährleistung galt die lange allgemeine Verjährungsfrist von 30 Jahren (§ 195 BGB a.F.). Dabei handelte es sich um den in der Rechtsanwendung im Ergebnis wohl bedeutsamsten Unterschied zur Gewährleistungshaftung für Sachmängel innerhalb der kurzen Frist nach § 477 BGB.

III. Sachmängelhaftung

1. Zivilkauf

a) Fehlerbegriff

Der Verkäufer haftete dem Käufer nach § 459 Abs.1 Satz 1 BGB a.F. dafür, daß die Kaufsache zum Zeitpunkt des Gefahrübergangs keine Fehler aufwies, die den Wert oder die Tauglichkeit zu dem gewöhnlichen oder dem nach dem Vertrage vorausgesetzten Gebrauch aufheben oder mindern. Lediglich unerhebliche Minderungen waren unbeachtlich (§ 459 Abs.1 Satz 2 BGB a.F.).

Wie der Begriff des Fehlers auszulegen war, ist sehr umstritten gewesen. Eine rein objektive Theorie nahm einen Fehler im Sinne von § 459 BGB a.F. nur an, wenn die Sache zu dem in ihrer Gattung gewöhnlichen Gebrauch nicht tauglich war. Nach der vorzugswürdigen und bereits vor der Schuldrechtsreform herrschenden sog. subjektiv-objektiven Theorie[584] war hingegen vorrangig der

---

[584] RGZ 135, 339 (342); 161, 330 (334); BGHZ 16, 54 (55); 90, 198 (202); BGH, NJW-RR 1995, 364; Fikentscher, S.435; MünchKomm-Westermann, § 459, Rn.8; Palandt-Putzo,

Vertragsinhalt bei der Bestimmung des Fehlers entscheidend. Nur wenn die Vertragsparteien den Gebrauchszweck der Sache nicht gesondert festgelegt hatten, war der Fehler nach den Parteivorstellungen im Rahmen gattungsmäßig gewöhnlichen Gebrauchs zu bestimmen.[585]

Der Zeitpunkt zur Beurteilung der Mangelhaftigkeit der Kaufsache war gemäß § 459 Abs.1 BGB a.F. der Gefahrübergang. Mit dem Gefahrübergang trug der Käufer die Beweislast hinsichtlich des Vorliegens des Sachmangels und der Existenz des Mangels bei Gefahrübergang.[586]

Aliud-Lieferung[587] und Quantitätsmängel[588], d.h. wenn eine andere statt der gekauften Sache oder eine falsche Menge der gekauften Sache geliefert wird, waren Fälle der Nichterfüllung und bildeten keinen Sachmangel. Es fanden insoweit die Regeln des Allgemeinen Schuldrechts Anwendung (§§ 320 ff. BGB a.F.).

Gemäß § 459 Abs.2 BGB a.F. haftete der Verkäufer auch dafür, daß die Kaufsache im Zeitpunkt des Gefahrübergangs die zugesicherten Eigenschaften besaß.

Die Gewährleistung beim Zivilkauf ist im Gegensatz zum spanischen Recht schon bisher nicht auf verborgene Mängel beschränkt gewesen; unerheblich war daher bereits vor der Schuldrechtsreform, ob der Mangel oder das Fehlen der zugesicherten Eigenschaft offenkundig bzw. entdeckbar oder verborgen war[589].

---

61. Aufl., § 459, Rn.8; Soergel-Huber, vor § 459, Rn.39 (43); Staudinger-Honsell, § 459, Rn.10 ff.

[585] Palandt-Putzo, 61. Aufl., § 459, Rn.8.

[586] BGH, NJW 1989, 2532 (2533); Palandt-Putzo, 61. Aufl., § 459, Rn.50 ff. Mit der Übernahme der sog. Erfüllungstheorie durch die Schuldrechtsreform, hat die zeitliche Anknüpfung an den Gefahrübergang nunmehr an Bedeutung verloren: Lorenz/Riehm, Lehrbuch zum neuen Schuldrecht, Rn.497.

[587] Erman-Grunewald, Vor § 459, Rn.49 ff.; Palandt-Putzo, 61. Aufl., § 459, Rn.3; Soergel-Huber, Vor § 459, Rn.106 ff.; Staudinger-Honsell, § 459, Rn.44. Zur schwierigen Abgrenzung zwischen aliud und peius mit Beispielen aus der deutschen Rechtsprechung Ranieri, Europäisches Obligationenrecht, S.90.

[588] Palandt-Putzo, 61. Aufl., § 459, Rn.3; Staudinger-Honsell, § 459, Rn.42 f.; Nach Huber, in: Soergel, § 459, Rn.50 ff. und Grunewald, in: Erman, Vor § 459, Rn.56 ff., stellt die Zuviellieferung keinen Sachmangel dar; die Zuweniglieferung im Rahmen des Stückkaufs sei hingegen ein Sachmangel i.S.v. § 459 BGB.

[589] Fikentscher, S.442; Palandt-Putzo, 61. Aufl., § 477, Rn.3.

Der Verkäufer hatte gemäß § 460 Satz 1 BGB a.F. den Mangel nur dann nicht zu vertreten, d.h. er haftete nicht aus Gewährleistungsrecht, wenn der Käufer beim Abschluß des Vertrags positive Kenntnis vom Mangel hatte (nunmehr § 442 Abs.1 Satz 1 BGB). Ist der Käufer infolge grober Fahrlässigkeit in Unkenntnis des Mangels geblieben, haftete der Verkäufer nach § 460 Satz 2 BGB a.F. nur, wenn er das Fehlen des Mangels zugesichert oder den Fehler arglistig verschwiegen hatte (ähnlich nach der Schuldrechtsreform: § 442 Abs.1 Satz 2 BGB). Dem Käufer fällt aber nicht schon grobe Fahrlässigkeit zur Last, wenn er die Kaufsache nach der Übergabe nicht untersucht. Eine Untersuchungs- und Rügeobliegenheit trifft den Käufer auch heute nur nach § 377 HGB beim Warenkauf unter Kaufleuten. Nur dort ist die Entdeckbarkeit, nicht aber die Kenntnis[590] des Mangels bei der Gewährleistung von Bedeutung.[591] Den Käufer traf auch nach § 460 BGB a.F. weder eine Pflicht noch eine Obliegenheit zur Untersuchung der Kaufsache.[592]

b) Die Kaufgewährleistungsansprüche

aa) Wandelung und Minderung, § 462 BGB a.F.

Bei Mängeln der Kaufsache konnte der Käufer nach § 462 BGB a.F. grundsätzlich wahlweise den Kaufpreis mindern oder den Kaufgegenstand wandeln.

Die Minderung des Kaufpreises folgte auch nach deutschem Recht gemäß § 472 BGB a.F. der sog. relativen Methode zur Feststellung des geminderten Kaufpreises.[593] Danach war der Kaufpreis in dem Verhältnis herabzusetzen, in dem der Wert der Sache bei Kaufvertragsabschluß zu ihrem hypothetischen Wert im mangelfreien Zustand steht.

---

590 Grunewald, Regelungsgehalt und System des deutschen Kaufrechts, in: Grundmann/ Medicus/Rolland (Hrsg.), Europäisches Kaufgewährleistungsrecht, S.3 (7).

591 Fikentscher, S.442.

592 Palandt-Putzo, 61. Aufl., § 460, Rn.2.

593 Palandt-Putzo, 61. Aufl., § 472, Rn.7; Soergel-Huber, § 472, Rn.2; Staudinger-Honsell, § 472, Rn.4.

bb) Schadensersatz

(1) Schadensersatz bei Fehlen einer zugesicherten Eigenschaft, § 463 Satz 1 BGB a.F.

Fehlten der Kaufsache vom Verkäufer zugesicherte Eigenschaften, konnte der Käufer wahlweise anstelle der Rechte auf Wandelung und Minderung einen Schadensersatzanspruch wegen Nichterfüllung gemäß § 463 Satz 1 BGB a.F. geltend machen. Zugesichert war eine Eigenschaft der Kaufsache, wenn der Verkäufer dem Käufer zu erkennen gab, daß er für den Bestand der betreffenden Eigenschaft und alle Folgen ihres Fehlens einstehen wollte.[594] Eigenschaften konnten auch konkludent zugesichert werden.[595] In diesen Fällen konnte es sich als durchaus schwierig erweisen, durch Auslegung des Parteiwillens festzustellen, ob der Verkäufer tatsächlich eine vertraglich bindende Zusicherung abgeben wollte oder seine Ware lediglich unverbindlich angepriesen hatte, etwa durch Angaben in der Werbung.[596] Folge war eine nicht unerhebliche Rechtsunsicherheit (vgl. nunmehr § 434 Abs.1 Satz 3 BGB).[597]

(2) Schadensersatz wegen arglistigen Verschweigens eines Fehlers, § 463 Satz 2 BGB a.F.

Als Ausnahme von dem Grundsatz der verschuldensunabhängigen Gewährleistungshaftung haftete der Verkäufer dem Käufer, wenn er den Fehler arglistig verschwiegen hatte, nach § 463 Satz 2 BGB a.F. auf Schadensersatz wegen Nichterfüllung.

---

594 BGH, NJW 1996, 1465 (1466); Palandt-Putzo, 61. Aufl., § 459, Rn.15; Soergel-Huber, § 459, Rn.139. Kritisch Hofer, in AcP 201 (2001), 275 (278), die betont, daß es dem Gesetzgeber darum gegangen sei, daß jede ernstlich gemeinte Angabe von Eigenschaften eine Schadensersatz-haftung des Verkäufers begründen sollte.

595 BGH, NJW 1996, 836, std. Rspr.; Palandt-Putzo, 61. Aufl., § 459, Rn.17.

596 In Werbeunterlagen werden Waren nach deutschem Recht regelmäßig lediglich unverbindlich angepriesen. Reinicke/Tiedtke, Kaufrecht, Rn.308.

597 Zur umfangreichen Kasuistik: Palandt-Putzo, 61. Aufl., § 459, Rn.22 ff.

cc) Verhältnis zwischen Wandelung und Schadensersatz

Nach dem deutschen Kaufrecht vor der Schuldrechtsreform 2002 schlossen sich der Anspruch auf Schadensersatz und Wandelung regelmäßig gegenseitig aus.[598] Der Käufer konnte jedoch im Rahmen des Schadensersatzes grundsätzlich zwischen sog. großem oder kleinem Schadensersatz wählen.[599] Beim sog. großen Schadensersatz gibt der Käufer den Kaufgegenstand zurück, erhält den Kaufpreis erstattet und bekommt Wertersatz für den gesamten durch die Nichterfüllung des Vertrages entstandenen Schaden.[600] Damit erhielt der Käufer de facto bereits die Rechtsfolge, die sich aus einer Verbindung von Rücktritt und Schadensersatz ergibt.[601] Dagegen zahlt der Käufer beim sog. kleinen Schadensersatzanspruch den Kaufpreis, behält die mangelhafte Sache und erhält die Wertdifferenz zwischen fehlerfreier und mangelhafter Sache.[602]

dd) Nachlieferung beim Gattungskauf, § 480 Abs.1 Satz 1 BGB a.F.

Beim Kauf einer nur der Gattung nach bestimmten Sache, hatte der Käufer einen weiteren Gewährleistungsanspruch. Der Käufer einer Gattungssache konnte nach § 480 Abs.1 Satz 1 BGB a.F. statt Wandelung oder Minderung, Nachlieferung, d.h. Lieferung einer mangelfreien statt der mangelhaften Sache, verlangen.[603] Auf den Nachlieferungsanspruch wurden nach § 480 Abs.1 Satz 2 BGB a.F. überwiegend die Wandelungsvorschriften analog angewendet. Allerdings hatte der Verkäufer keinen Anspruch auf Nachbesserung.[604] Ein Nachbesserungsanspruch bestand nur, wenn er von den Parteien des Kaufvertrages gesondert, statt Wande-

---

598 Rücktritt und Schadensersatz auf das sog. negative Interesse waren bei Begleit- oder Mangelfolgeschäden schon bisher möglich. Das BGB schwieg sich dazu aber aus. Brüggemeier/Reich, BB 2001, 213 (217).

599 Palandt-Putzo, 61. Aufl., § 463, Rn.18.

600 BGHZ 29, 148; Palandt-Putzo, 61. Aufl., § 463, Rn.19.

601 Kohler, JZ 2001, 325 (336).

602 BGHZ 108, 156; Palandt-Putzo, 61. Aufl., § 463, Rn.18.

603 Dazu korrespondierte grundsätzlich kein Nacherfüllungsrecht des Verkäufers. Etwas anderes galt bei einer wirksamen Einbeziehung von AGB, die ein Nacherfüllungsrecht des Verkäufers vorsahen. Ulmer/Brandner/Hensen-Hensen, § 11 Nr.10 b, Rn.32; Wolf/Horn/Lindacher-Wolf, § 11 Nr.10 b, Rn.18; Bitter/Meidt, in: ZIP 2001, 2114 (2115).

604 Grunewald, Regelungsgehalt und System des deutschen Kaufrechts, in: Grundmann/ Medicus/Rolland (Hrsg.), Europäisches Kaufgewährleistungsrecht, S.3 (7).

lung und Minderung,[605] vereinbart wurde, was häufig durch die Verwendung von AGB geschah.[606] In diesem Fall galt § 476a BGB a.F., der nachträglich in das BGB eingefügt wurde, um dieser Entwicklung zu genügen.[607] § 476a BGB a.F. schrieb in Satz 1 schon nach alter Rechtslage ausdrücklich vor, daß der zur Nachbesserung verpflichtete Verkäufer auch die zum Zwecke der Nachbesserung erforderlichen Aufwendungen, insbesondere Transport-, Wege-, Arbeits- und Materialkosten tragen mußte (vgl. jetzt § 439 Abs.2 BGB). Von dieser Verpflichtung konnte sich der Verkäufer neu hergestellter Sachen gemäß § 11 Nr.10 lit.c AGBG a.F. (nunmehr § 309 Nr.8 lit. cc BGB) auch nicht durch die Verwendung von AGB freizeichnen. Anderes galt für die, neben den gesetzlichen Gewährleistungsrechten von dem Hersteller oder Verkäufer eingeräumte sog. selbständige Garantie.[608]

Auch beim Gattungskauf konnte der Käufer freilich gemäß § 480 Abs.2 BGB a.F., wenn der Sache eine zugesicherte Eigenschaft fehlte oder der Verkäufer einen Fehler arglistig verschwiegen hatte, statt der Wandelung, Minderung oder statt der Nachlieferung Schadensersatz wegen Nichterfüllung verlangen.

c) Begleit- oder Mangelfolgeschäden

Schäden die über den, den Mangel bildenden Nachteil an der Kaufsache selbst hinausgehen, sog. Begleit- oder Mangelfolgeschäden, wurden durch die Gewährleistungsansprüche des BGB nicht ausreichend abgedeckt. Der Käufer konnte diese Schäden nach herrschender Meinung nur im Falle einer zusätzlichen schuldhaften Verhaltenspflichtverletzung aus positiver Vertragsverletzung (pVV) erlangen, die insoweit neben den Gewährleistungsansprüchen aus §§ 459 ff. BGB a.F. anwendbar blieb. Der Ersatz des Mangelfolgeschadens setzte Verschulden voraus. Für den eigentlichen Mangel-, d.h. Nichterfüllungsschaden, waren die Schadensersatzansprüche aus den §§ 462, 480 BGB a.F. abschließende Sonderregeln.

---

605 Staudinger-Honsell, § 476a, Rn.3. Huber, in: Soergel, § 476a, Rn.8, wollte die Nachbesserung auch neben Wandelung und Minderung zulassen, wenn Wandelung und Minderung gemäß der vertraglichen Vereinbarung nur nach fehlgeschlagener Nachbesserung geltend gemacht werden konnten.

606 Palandt-Putzo, 61. Aufl., § 462, Rn.4 f.

607 Staudinger-Honsell, § 476a BGB, Rn.1.

608 Palandt-Heinrichs, 61. Aufl., AGBG 11, Rn.61.

d) Gewährleistungsfrist und Garantien

Die strengen, regelmäßig verschuldensunabhängigen Gewährleistungsansprüche verjährten bei beweglichen Sachen gemäß § 477 Abs.1 Satz 1 BGB a.F. in der kurzen Frist von sechs Monaten von der Ablieferung an. Es handelte sich dabei um eine echte Einrede i.S.v. § 222 BGB a.F. und nicht um eine Ausschlußfrist[609] wie im spanischen Recht. Deshalb konnte die Verjährungsfrist durch Prozeßhandlungen nach § 477 Abs.2, 3 i.V.m. §§ 202-217 BGB a.F. grundsätzlich gehemmt oder unterbrochen werden. Hatte der Verkäufer den Mangel jedoch arglistig verschwiegen (§ 477 Abs.1 BGB a.F.), galt die regelmäßige 30jährige Verjährungsfrist des § 195 BGB a.F.[610] Die kurze Verjährungsfrist sollte ein gerechter Ausgleich für die strenge verschuldensunabhängige Sachmängelgewährleistung des Käufers sein.[611] Sehr umstritten war, ob auf Mangelfolgeschäden die kurze Verjährungsfrist des § 477 BGB a.F. anwendbar sein sollte.[612]

Die Verjährungsfrist konnte nach § 477 Abs.1 Satz 2 BGB a.F., in Ausnahme vom allgemeinen Prinzip aus § 225 Satz 1 BGB a.F., durch Vertrag verlängert werden (sog. unselbständige Garantie oder Haltbarkeitsgarantie). Beim Gebrauchsgüterkauf erfolgten häufig Garantieversprechen[613], die zumeist als sog. unselbständige Garantie lediglich darauf gerichtet waren, die kurze Frist des § 477 BGB a.F. aufrechtzuerhalten oder marginal zu verlängern. Dies war der Fall, wenn die gesetzlich garantierte Sachmängelgewährleistung sachlich nicht er-

---

609 Palandt-Putzo, 61. Aufl., § 477, Rn.1.

610 Palandt-Putzo, 61. Aufl., § 477, Rn.9.

611 Fikentscher, S.449. Der Verkäufer sollte zügig Rechtssicherheit erfahren, und von den Beweisschwierigkeiten hinsichtlich der Mangelentstehung entlastet werden. Die sechsmonatige Frist erwies sich für Käufer jedoch meist als zu kurz, da die Gewährleistungsrechte bis zu ihrer Geltendmachung häufig verjährt waren.

612 So BGH, NJW 1980, 1950 (1951); Tonner, VuR 2001, 87 (91). Fikentscher, S.453, trat hingegen für eine "reine pVV-Lösung" durch Anwendung der 30jährigen Verjährungsfrist des § 195 BGB ein.

613 In der Regel lag eine Haltbarkeitsgarantie des Verkäufers vor. Ein Garantievertrag mit dem Hersteller konnte dadurch zustandekommen, daß der Hersteller ein Angebot auf Abschluß eines Garantievertrages (in einer Garantiekarte oder einem Garantieschein) abgab, das der Händler weiterleitete, und der Käufer schließlich annahm, wobei auf den Zugang der Annahmeerklärung nach § 151 BGB verzichtet wurde. BGHZ 78, 369 (373); 104, 82 (85); Palandt-Heinrichs, § 151, Rn.4; Reinicke/Tiedtke, Kaufrecht, Rn.756.

weitert werden sollte.[614] Es konnte sich bei solchen Erklärungen aber auch um eine Eigenschaftszusicherung i.S.v. § 459 Abs.2 BGB a.F. handeln. Umfassendere vertragliche Verlängerungen der Verjährungsfrist in AGB waren selten und mußten gemessen an § 9 AGBG (jetzt § 307 BGB) maßvoll sein.[615] Die Vereinbarung einer Frist von bis zu zwei Jahren wurde für möglich gehalten.[616] Nur selten konnte hingegen dem Gewährleistungsversprechen des Garantierenden der Wille zur Übernahme einer von der Kaufgewährleitung selbständigen Garantie erblickt werden, für die die 30jährige Frist des § 195 BGB galt.[617]

Nach § 225 Satz 2 BGB a.F. (nunmehr § 202 BGB) war grundsätzlich auch eine Verkürzung der Verjährungsfrist (z.B. auch durch AGB) möglich. Für Verträge über neu hergestellte Sachen galt freilich das Klauselverbot des § 11 Nr.10 lit. f AGBG a.F. (vgl. jetzt § 309 Nr.8 lit. ff BGB).

e) Gewährleistungsausschluß

Kannte der Käufer bei Vertragsabschluß die Mangelhaftigkeit der Kaufsache oder kannte er sie wegen grober Fahrlässigkeit nicht, waren Sachmängelgewährleistungsansprüche schon nach bisherigem Recht ausgeschlossen (§ 460 BGB a.F.). Damit griff dieser Ausschluß weiter als der der Rechtsmängelhaftung (§ 439 BGB a.F.), welcher grobe Fahrlässigkeit nicht ausreichen ließ.[618] Nahm der Käufer die Kaufsache an, obwohl er den bestehenden Mangel kannte, mußte er die Gewährleistungsrechte bei der Annahme vorbehalten, um sie nicht zu verlieren (§ 464 BGB a.F.).

Grundsätzlich kann gemäß § 476 BGB auch durch Vertrag die Gewährleistungsverpflichtung des Verkäufers wegen Sachmängeln erlassen oder eingeschränkt werden, wenn er nicht den Mangel arglistig verschwiegen hat.

Nach § 11 Nr. 10 lit.e AGBG war es aber dem Verwender von AGB untersagt, dem Käufer für die Rüge nicht offensichtlicher Mängel an neu hergestellten

---

[614] Fikentscher, S.450.

[615] Grunewald, Regelungsgehalt und System des deutschen Kaufrechts, in: Grundmann/Medicus/Rolland (Hrsg.), Europäisches Kaufgewährleistungsrecht, S.3 (8); Palandt-Putzo, 61. Aufl., § 477, Rn.18.

[616] BGHZ 110, 88 (92 ff.); Grunewald, Regelungsgehalt und System des deutschen Kaufrechts, in: Grundmann/Medicus/Rolland (Hrsg.), Europäisches Kaufgewährleistungsrecht, S.3 (8); Ulmer/Brandner/Hensen, AGBG Anhang §§ 9-11, Rn.298.

[617] Palandt-Putzo, 61. Aufl., § 477, Rn.20.

[618] Palandt-Putzo, 61. Aufl., § 439, Rn.4.

Sachen eine Ausschlußfrist zu setzen, die kürzer als die Verjährungsfrist des gesetzlichen Gewährleistungsanspruchs sein sollte. Beim bürgerlich-rechtlichen Kauf konnte dem nichtkaufmännischen Käufer damit auch unter Verwendung vorformulierter Vertragsbedingungen für nicht offensichtliche Mängel keine Rügeobliegenheit mit einer Frist unter sechs Monaten ab der Lieferung auferlegt werden. Für die Berechnung dieser Ausschlußfrist waren auch Verlängerungen durch Hemmung oder Unterbrechung der Verjährung einzubeziehen.[619] Die Ausschlußfrist hatte dann neben der Verjährungsfrist nur insoweit eigenständige Bedeutung, als daß sie von Amts wegen, die Verjährung hingegen nur nach Einrede, zu berücksichtigen war. Lagen offensichtliche Mängel vor, war § 11 Nr.10 lit.e AGBG nicht anwendbar. Offensichtlich ist ein Mangel, wenn er so offen zutage tritt, daß er auch dem nicht fachkundigen Durchschnittskunden ohne besondere Aufmerksamkeit auffällt.[620] Nicht offensichtlich sind auch Mängel, die bloß erkennbar i.S.v. § 377 HGB oder sichtbar sind.[621]

Der Verwender von AGB konnte nach § 11 Nr.11 AGBG beim Verkauf neu hergestellter Sachen auch nicht seine Schadensersatzhaftung wegen zugesicherter Eigenschaften aus §§ 463, 480 Abs.2 BGB ausschließen.

Bei gebrauchten Sachen war dagegen nach herrschender Auffassung grundsätzlich jegliche Gewährleistung, d.h. auch der Nachbesserungsanspruch, sowohl für verborgene als auch für offensichtliche Mängel abdingbar.[622]

f) Pfandverkauf, § 461 BGB a.F.

Wurde die Sache aufgrund eines Pfandrechts in öffentlicher Versteigerung unter der Bezeichnung als Pfand verkauft, so hatte der Verkäufer einen Mangel der verkauften Sache gemäß § 461 BGB a.F. (vgl. jetzt § 445 BGB) nicht zu vertreten. § 461 BGB a.F. bildete damit eine Ausnahme zu § 459 Abs.1 Satz 1 BGB a.F., auch wenn begrifflich ein Mangel vorlag, da bei öffentlichen Versteigerun-

---

619 Palandt-Heinrichs, 61. Aufl., AGBG 11, Rn.67.

620 Palandt-Heinrichs, 61. Aufl., AGBG 11, Rn.66; Ulmer/Brandner/Hensen, AGBG 11, Rn.71.

621 Palandt-Heinrichs, 61. Aufl., AGBG 11, Rn.66.

622 BGH, NJW 1970, 29; WM 1983, 363; Palandt-Putzo, 61. Aufl., Vorbem v § 459, Rn.27; Palandt-Heinrichs, 61. Aufl., AGBG 11, Rn.72. Anderer Meinung war Peters, der den Käufer gebrauchter bzw. nicht neu hergestellter Sachen durch den formularmäßigen gänzlichen Gewährleistungsausschluß in AGB unangemessen benachteiligt sah und diesem jedenfalls ein Minderungsrecht zubilligen wollte, in: JZ 1991, 385 (389).

gen dem Verkäufer die Haftung nicht zugemutet werden konnte.[623] Dagegen galt der Haftungsausschluß nach § 461 BGB a.F. nicht für zugesicherte Eigenschaften (§§ 459 Abs.2, 463 Satz 1 BGB a.F.) und bei arglistigem Verschweigen des Mangels (§ 463 Satz 2 BGB a.F.) durch den Verkäufer.[624] Eine dem § 461 BGB a.F. entsprechende Regelung galt schon bisher gemäß § 806 ZPO, wenn der Gläubiger einer Geldforderung in eine Sache vollstreckt hatte und sie versteigern läßt.

g) Viehkauf, §§ 481-492 BGB a.F.

Für den Viehkauf galten einige, den Verkäufer begünstigende Besonderheiten hinsichtlich der Mängelgewährleistung, die wegen örtlicher oder aus deutschrechtlicher Tradition in das Bürgerliche Gesetzbuch übernommen wurden.[625] Die Viehkaufsregeln waren jedoch nur auf bestimmte Arten und Gattungen, für Pferde, Esel, Maulesel, Maultiere, Rindvieh, Schafe und Schweine anwendbar. Für andere Tiere blieb es bei den allgemeinen Gewährleistungsregeln der §§ 459 ff. BGB a.F. Im Rahmen des Viehmängelrechts hatte der Verkäufer nach § 482 BGB a.F. nur bestimmte Fehler (Hauptmängel), innerhalb besonderer Gewährfristen in der sich der Mangel gezeigt haben mußte,[626] zu vertreten.[627] Es handelte sich dabei um außerordentlich kurze Ausschlußfristen, die keine Hemmung oder Unterbrechung erlaubten.[628] Dem Käufer oblag gemäß § 485 BGB a.F. die Mängelanzeige, deren Nichtbeachtung zum Rechtsverlust führte. Im übrigen konnte der Viehkäufer nur Wandelung, aber keine Minderung verlangen (§ 487 Abs.1 BGB a.F.). Parallel zur Ausschlußfrist lief gemäß § 490 BGB a.F. eine spezielle noch kürzere lediglich sechswöchige Verjährungsfrist. Durch diese Sonderregeln sollte Berücksichtigung finden, daß jedes Tier kleinere Mängel aufweisen kann,

---

[623] Putzo, in: Palandt, 61. Aufl., § 461, Rn.1.

[624] Putzo, in: Palandt, 61. Aufl., § 461, Rn.1.

[625] Fikentscher, S.452.

[626] Palandt-Putzo, 61. Aufl., § 482, Rn.4.

[627] Mängel und Gewährleistungsfristen bestimmten sich bisher nach der kaiserlichen Verordnung betreffend die Hauptmängel und Gewährfristen beim Viehhandel vom 27.3.1899, RGBl 219.

[628] Palandt-Putzo, 61. Aufl., § 482, Rn.4.

und nur schwer ermittelbar ist, ob Hauptmängel vor oder nach dem Gefahrübergang entstanden sind.[629]

2. Handelskauf, §§ 373-382 HGB a.F.

Für Handelskäufe treffen die §§ 373 ff. HGB Sonderregelungen hinsichtlich der Gewährleistung, die zusätzlich zum BGB gelten.[630] Die §§ 377, 378 HGB a.F. schränkten das Gewährleistungsrecht des bürgerlichen Kaufrechts - unter Geltung der kurzen Verjährungsfrist des § 477 BGB a.F. - schon bisher erheblich ein. § 377 HGB stellt für den Käufer eine Obliegenheit zur Untersuchung der Ware und Rüge von Sachmängeln auf. Der Käufer hat die Ware unverzüglich nach der Ablieferung durch den Verkäufer, soweit dies nach ordnungsgemäßem Geschäftsgange tunlich ist, zu untersuchen und wenn sich ein Mangel zeigt, dem Verkäufer unverzüglich Anzeige zu machen (§ 377 Abs.1 HGB). Zeigt sich später ein solcher Mangel, so muß die Anzeige nach § 377 Abs.3 1.HS HGB unverzüglich nach der Entdeckung erfolgen. Bei Unterlassen der rechtzeitigen Rüge gilt die Ware als genehmigt (§ 377 Abs.2 HGB). Der Käufer verliert dadurch seine Gewährleistungsrechte. § 378 HGB a.F. erweiterte den Anwendungsbereich der Regel auf genehmigungsfähige Aliud-Lieferungen und Mengenabweichungen (jetzt geschieht dies bereits durch § 434 Abs.3 BGB). Nach herrschender Ansicht[631] fand beim handelsrechtlichen Gattungskauf das allgemeine Kaufgewährleistungsrecht der §§ 459 ff. BGB a.F. auch auf genehmigungsfähige Abweichungen Anwendung, da § 378 HGB a.F. die schwierige Unterscheidung zwischen Mangel- und Falschlieferung im Interesse des Handelsverkehrs beseitigte. Die §§ 377, 378 HGB a.F. setzten aber freilich bereits ein beiderseitiges Handelsgeschäft voraus. Danach müssen beide Parteien des Kaufvertrages gemäß § 343 HGB Kaufleute sein, für die das Geschäft Teil ihres Handelsgewerbes ist. Daher griffen auch die §§ 377, 378 HGB a.F. nicht beim Verbraucherkauf ein. Von einer

---

629 Medicus, SchuldR II, BT, Rn.76.

630 Baumbach/Hopt, Überbl. v. § 373, Rn.11.

631 RGZ 86, 90 (93); BGHZ 115, 286 (294); Baumbach/Hopt, § 378 HGB, Rn.5. Anderer Ansicht: Knöpfle, NJW 1989, 871 (875). Kritisch auch Bitter/Meidt, ZIP 2001, 2114 (2115), da die Anwendung von Gewährleistungsrecht -insbesondere des Wandelungsrechts- auf die Lieferung eines genehmigungsfähigen aliuds im Gegensatz zum UN-Kaufrecht steht, wonach die Auflösung des Vertrages eine wesentliche Vertragsverletzung voraussetzt (Art.49 CISG).

Ansicht im Schrifttum[632] wurde der erweiterte Fehlerbegriff des Handelsrechts trotzdem auch auf den bürgerlich-rechtlichen Gattungskauf angewendet.

C. Rechtsvergleichung

Das spanische Allgemeine Verbraucherschutzgesetz (LGDCU) sieht, ergänzt durch das Einzelhandelsgesetz (LOCM), für den Verbraucherkauf langlebiger Güter zusätzlich zum Kaufgewährleistungsrecht des Código Civils die Verpflichtung des Herstellers oder Lieferanten zur Gewährung einer schriftlichen Garantie vor, die einen die Lebensdauer des Produkts begleitenden Service sicherstellt. Die sich aus der Garantie ergebenden Rechtsbehelfe kann der Käufer aber nur gestaffelt wahrnehmen. Danach kann der Verbraucher zunächst nur die Reparatur der Kaufsache verlangen. Erst, wenn der Nachbesserungsversuch fehlschlägt, kann er auch die Ersatzlieferung fordern.

Die Gewährleistungsrechte des spanischen CC, die sich wie die §§ 459 ff. BGB a.F. am Stückkauf orientieren, sind eng mit den Ansprüchen des Allgemeinen Schuldrechts verzahnt und ergänzen sich notwendigerweise gegenseitig. Die Rechtsprechung grenzt Fälle der Nichterfüllung und der Schlechtleistung nicht deutlich voneinander ab, sondern faßt Mangellieferungen zum Teil unter den Begriff des aliuds. Neben Wandelung und Minderung kann der Käufer aus allgemeinem Leistungsstörungsrecht wahlweise auch Nachbesserung verlangen. Ersatzlieferung kann nur der Verbraucher-Käufer langlebiger Güter bei entsprechender Garantie fordern, wenn die Nachbesserung mißlungen ist oder ein sonstiger Käufer bei entsprechender vertraglicher Vereinbarung. Im deutschen Recht wurden Schlechtleistung und Nichterfüllung bisher streng voneinander getrennt, wodurch sich komplexe Abgrenzungsprobleme hinsichtlich der Ein-

---

[632] Fikentscher, Rn.711; Larenz, II/1, § 41, III.; Medicus, Bürgerliches Recht., Rn.338; Staudinger-Honsell, § 459, Rn.21. Huber, in: Soergel, vor § 459, Rn.102, wollte die Aliud-Lieferung ohne Rücksicht auf die Genehmigungsfähigkeit als Sachmangel behandeln. Hopt, in: Baumbach/Hopt, § 378 HGB, Rn.5, hielt die §§ 459 ff. BGB a.F. nur bei Falschlieferung innerhalb der Gattung für anwendbar. Gegen die Anwendung der §§ 459 ff. BGB a.F. beim bürgerlich-rechtlichen Gattungskauf haben sich u.a. ausgesprochen: BGHZ 115, 286 (296); Palandt-Putzo, 61. Aufl., § 459, Rn.3; MünchKomm-Westermann, § 459, Rn.23.

ordnung des aliuds und der Mengenabweichung ergaben. Einen Anspruch auf Ersatzlieferung hatte nur der Käufer einer mangelhaften Gattungssache (§ 480 Abs.1 Satz 1 BGB a.F.). Dagegen war ein Nachbesserungsanspruch gesetzlich überhaupt nicht vorgesehen und konnte deshalb nur bei einer entsprechenden Parteivereinbarung verlangt werden. Ein virulentes Problem stellte das Fehlen einer Nachbesserungspflicht des Verkäufers lediglich für den Stückkauf dar, denn beim Gattungskauf war der Verkäufer nur zur Lieferung einer anderen Sache aus der Gattung verpflichtet.[633] Wandelung und Schadensersatz waren nach deutschem Recht grundsätzlich miteinander unvereinbar, während der Schadensersatzanspruch aus Gewährleistung im spanischen Recht zwingend an die Wandelung gebunden ist. Bestehen Rechte Dritter an der Kaufsache bei deren Übergabe durch den Verkäufer, handelt es sich nach spanischem Recht, anders als bisher im deutschen Recht, nicht um einen Rechtsmangel - mit von der Sachmängelhaftung unterschiedlichen Rechtsfolgen -, sondern um einen Sachmangel, der dem Käufer die Rechtsbehelfe der Sachmängelgewährleistung eröffnet.

Das spanische Allgemeine Verbraucherschutzgesetz räumt dem Verbraucher regelmäßig einen Schadensersatzanspruch wegen Nichterfüllung ein, wenn die Kaufsache nicht dem Inhalt der Werbung entspricht (Art.8 Abs.1 Satz 2 LGDCU). Der Schutz des Verbrauchers vor irreführender Werbung nach deutschem Recht blieb dagegen bisher dahinter zurück. Werbeangaben waren in der Regel keine Zusicherungen im Sinne einer Garantieübernahme nach §§ 459 Abs.2, 463 BGB a.F.[634] Das deutsche Wettbewerbsrecht sieht als Rechtsfolge irreführender Werbung in § 13a UWG lediglich ein Rücktrittsrecht vor, wenn der Vertragspartner durch die Irreführung zur Abnahme bestimmt worden ist. Die Literatur[635] fordert vehement § 13a UWG durch einen Schadensersatzanspruch zu ergänzen, um die entstandene Lücke zu schließen.

---

633 Medicus, Bürgerliches Recht, Rn.319.

634 BGH NJW 1996, 1962 (1963) m.w.N. Im Gebrauchtwagenhandel nimmt die Rechtsprechung jedoch teilweise eine Zusicherung an (Bezeichnung des Kfz als "fahrbereit" bedeutet etwa die sofortige, gefahrlose Benutzung im Straßenverkehr, BGH NJW 1993, 1854).

635 Dürrschmidt, S.160 ff.; Lehmann/Dürrschmidt, GRUR 1997, 549 (558). Jeweils im Anschluß an den Richtlinienvorschlag des Europäischen Parlaments und des Rates über den Verbrauchsgüterkauf und -garantien vom 18.6.1996, der in Art.5 Abs.1 Alt.2 vorsah, daß vom Hersteller eingeräumte Garantien nicht nur zu den in der Werbung angegebenen Bedingungen Bindungskraft haben (so nämlich auch die VbrKfRil), sondern die von Garantien Begünstigten auch in eine entsprechende günstigere Lage versetzt werden müssen.

Im Ergebnis besteht im spanischen Recht demzufolge eine, im Vergleich zum deutschen Kaufrecht vor der Schuldrechtsreform 2002, detailliertere und zum Teil umfassendere gesetzliche Sachmängelhaftung.[636]

Die Regelung des Gefahrübergangs nach spanischen Recht folgt grundsätzlich dem römisch-rechtlichen Modell "res perit emptori", nach dem die Gefahr mit Kaufvertragsabschluß auf den Käufer übergeht, dem ab diesem Zeitpunkt die Nutzungen zustehen ("periculum eius esse debet cuius periculum est")[637] und unterscheidet sich damit elementar von dem deutschen Ansatz "res perit venditori", der die Gefahr bis zur Übergabe der Sache an den Käufer beim Verkäufer beläßt.

Nach spanischem und altem deutschen Kaufrecht beträgt die Frist des Käufers zur Wahrnehmung der ihm zur Verfügung stehenden Gewährleistungsrechte grundsätzlich sechs Monate. Bei der spanischen Frist handelt es sich jedoch nicht um eine schlichte Verjährungsfrist, nach deren Ablauf der Verkäufer seine Leistung verweigern kann, sondern um eine Ausschlußfrist, die nicht durch Rechtshandlungen gehemmt oder unterbrochen werden kann und an deren Ende das Erlöschen der Gewährleistungsrechte steht.

Beide Rechtsordnungen beinhalteten bisher Sondervorschriften über den Viehkauf, die traditionsgemäß schwerwiegende Einschränkungen der Gewährleistungsrechte vorsehen. Insbesondere sind die Gewährleistungsfristen beim Kauf nach diesen Vorschriften erheblich verkürzt.

Während die Veräußerung fertig hergestellter Güter nach spanischem und deutschem Recht übereinstimmend durch das Kaufrecht geregelt wird, grenzten der spanische Código Civil und das deutsche Bürgerliche Gesetzbuch nach bisher geltendem Recht, Kaufrecht und Werkvertragsrecht hinsichtlich der Veräußerung (noch) herzustellender Güter in unterschiedlicher Weise voneinander ab. Das spanische Recht unterwirft alle Veräußerungsverträge über vom Unternehmer hergestellte Werke generell dem Werkvertragsrecht. Das gilt auch, wenn der Unternehmer das Werk aus selbst beschafftem Material herstellt (Art.1588 CC). Die herrschende Meinung wendet mangels ausdrücklicher Gewährleistungsregeln im Werkvertragsrecht des CC sowohl die Vorschriften des Kaufrechts analog als auch ergänzend die Regelungen des Allgemeinen Schuldrechts an. Das deutsche

---

636 So auch Fuchs, Verbraucherschutz in Spanien, S.55.

637 Oliva Blázquez, La Transmisión del Riesgo en la Compraventa Internacional de Mercaderías, S.28 (Fn.38).

Werkvertragsrecht geht dagegen davon aus, daß grundsätzlich der Besteller des Werks das Material zur Werkerstellung beschafft. Verpflichtete sich hingegen der Unternehmer das Werk aus einem von ihm zu beschaffenden Stoff herzustellen, lag ein Werklieferungsvertrag vor (weiter ist nunmehr § 651 BGB gefaßt), der nur bei der Herstellung nicht vertretbarer Sachen zur Anwendung des Werkvertragsrechts führt. Werden vertretbare Sachen hergestellt, finden grundsätzlich die Gefahrtragungsregeln und Gewährleistungsrechte des Kaufrechts Anwendung. Diese Differenzierung ist dem spanischen Recht, das im Ergebnis grundsätzlich die Gewährleistungsregeln des Kaufrechts anwendet, unbekannt.

Nach der vorzugswürdigen herrschenden Ansicht im spanischem Recht verstößt die Annahme einer Direkthaftung des Herstellers ("accion directa") einer mangelhaften Kaufsache gegenüber den Folgekäufern aus dem Kaufvertrag de lege lata gegen den Grundsatz der Relativität des Schuldverhältnisses, da der Código Civil keine Vorschrift enthält, die einen Gewährleistungsdurchgriff auf den Produzenten erlaubt. Die "acción directa" findet aber auch keine gesetzliche Grundlage in Art.27 Nr.1 lit.a LGDCU, der lediglich die Anspruchsgegner der außervertraglichen Produzentenhaftung aus Art.26 LGDCU näher bestimmt. Dies entspricht auch der geltenden Gesetzeslage in Deutschland, die einen vertraglichen Haftungsdurchgriff nicht gestattet. Eine Direkthaftung des Herstellers erfordert nach spanischem und deutschem Recht eine entsprechende vertragliche Vereinbarung, die in der Praxis freilich selten zustande kommt.

Aufgrund der unklaren und mißglückten Formulierung der Art.325, 326 CCom, ist die Anwendung handelsrechtlicher Spezialvorschriften des Kaufvertrages auf den Verbraucherkauf bis heute nicht abschließend geklärt. Die Vorschriften des Handelskaufs in den §§ 377, 378 HGB a.F. sind dagegen ausdrücklich nur bei beidseitigen Handelskäufen anwendbar.

Nach der spanischen und deutschen Zivilrechtsordnung hat das Kaufvertragsrecht wegen seiner besonderen praktischen Relevanz eine herausgehobene Bedeutung und besitzt als Ursprung des Schuldrechts Modellfunktion für alle anderen Schuldvertragsarten. Besonders ausgeprägt ist dieser Umstand im spanischen Zivilrecht. Ist doch der Kaufvertrag der am gründlichsten im Código Civil geregelte Schuldvertrag. Deshalb werden die Regeln des Kaufvertragsrechts durch Verweisung, Auslegung oder Analogie auf alle anderen gegenseitigen Schuldverträge (etwa den Werkvertrag) angewendet.[638]

---

[638] Lete del Río, Derecho de obligaciones, S.27.

4. Kapitel

Reformbedarf des spanischen und deutschen Rechts aufgrund der Verbrauchsgüterkaufrichtlinie

Nachdem die Verbrauchsgüterkaufrichtlinie dargestellt, die im überwiegendem Teil zwingende Verbindlichkeit ihrer Umsetzung konstatiert und das bislang in Spanien und Deutschland geltende Recht ihr gegenüber gestellt wurde, bleibt zu erörtern, inwieweit die Richtlinie in beiden Mitgliedstaaten der EG durch den Erlaß neuer nationaler Rechtsvorschriften umzusetzen ist. Neue Rechtsvorschriften sind freilich entbehrlich, wenn die geltende nationale Regelung bereits dem verbindlichen Inhalt der Richtlinie entspricht.[639] Mithin muß die Richtlinie über den Verbrauchsgüterkauf insoweit von den nationalen Gesetzgebern übernommen werden, als die geltende nationale Rechtslage von den verbindlichen Vorgaben der Richtlinie abweicht.

A. Reformbedarf des spanischen Kaufgewährleistungsrechts

I. Anwendungsbereich

1. Verbraucher- und Unternehmerbegriff

a) Verbraucherbegriff

aa) Código Civil

Dem CC ist der Begriff des Verbrauchers fremd, es wendet sich ohne weitere Differenzierung an natürliche (Art.29 ff. CC) und juristische Personen (Art.35 ff. CC) des Privatrechts.[640]

---

639 Heß, Umsetzung von EG-Richtlinien im Privatrecht, S.101.

640 Fischer, Verbraucherschutz im spanischen Vertragsrecht, S.21.

bb) Allgemeines Verbraucherschutzgesetz (LGDCU)

Dagegen ist der Verbraucherbegriff Gegenstand einer ausführlichen Definition des Art.1 des Allgemeinen Verbraucherschutzgesetzes (LGDCU). Die Definition des Verbrauchers nach Art.1 Abs.2 LGDCU stimmt aber nicht ganz mit der des Art.1 Abs.2 VbrKfRil überein, da die Vorschrift der LGDCU auch juristische Personen des Privatrechts umfaßt. Der Verbraucherbegriff im spanischen Recht reicht insoweit über den der Richtlinie hinaus und gewährleistet einen umfassenderen Verbraucherschutz.[641] Da sich die Richtlinie mit der Aufstellung eines (zwar zwingenden) Mindestmaßstabs des Verbraucherschutzes für bestimmte Aspekte der von ihnen abgeschlossenen Kaufverträge begnügt und nach Art.8 Abs.2 VbrKfRil den Mitgliedstaaten bei der Umsetzung ausdrücklich erlaubt strengere Bestimmungen zugunsten der Verbraucher vorzusehen, ist eine Änderung des Verbraucherbegriffs in Art.1 Abs.2 LGDCU durch eine wörtliche Übernahme der Richtliniendefinition diesbezüglich nicht zwingend erforderlich.

Andererseits muß es sich bei dem Verbraucher nach spanischem Recht um einen "Letzterwerber" handeln, der die Erwerbskette abbricht. Die Letzterwerbereigenschaft setzt auch das spanische Einzelhandelsgesetz (LOCM) in Art.1 Abs.2 voraus. Eine solche Einschränkung des Verbraucherbegriffs kennt die Richtlinie nicht. Die VbrKfRil begrenzt ihren Anwendungsbereich auf private Käufe des Verbrauchers. Das Erfordernis der Letzterwerbereigenschaft greift aber inhaltlich nicht über die Anforderungen der VbrKfRil hinaus.[642] In Übereinstimmung mit der Richtlinie schließt Art.1 Abs.3 LGDCU, der die Eigenschaft als Letzterwerber konkret ausdifferenziert, mittels seiner negativen Abgrenzung im Ergebnis lediglich Rechtsgeschäfte von der Verbrauchereigenschaft aus, die in selbständiger oder unselbständiger beruflicher oder gewerblicher Tätigkeit abgeschlossen werden. Die LGDCU will gerade keine privaten Verbrauchergeschäfte ausgrenzen.[643] Dieses Ziel erreicht die VbrKfRil im Gegensatz zum LGDCU mit einer positiven, abstrakten Formulierung. Auch insoweit ist eine Änderung des Verbraucherbegriffs aufgrund der VbrKfRil nicht zwingend erforderlich. Eine Anpassung an die europäische Vorgabe ist aber zur Vermeidung von Mißverständnissen in der Praxis erstrebenswert.

---

641 So auch Tejedor Muñoz, RDC, Cláusulas abusivas-II, 2001, 7 (15, Fn.14).

642 Anderer Ansicht (im Hinblick auf die Klauselrichtlinie 1993/13/CE): Tejedor Muñoz, RDC Cláusulas abusivas-II, 2001, 7 (15, Fn.14).

643 Bercovitz/Bercovitz-Alberto Bercovitz Rodríguez-Cano, S.126.

b) Unternehmerbegriff

aa) Allgemeines Verbraucherschutzgesetz (LGDCU)

Die LGDCU verzichtet, wie alle vorigen spanischen Gesetzgebungsakte, auf die ausdrückliche Definition des Unternehmers bzw. Verkäufers als Gegenbegriff zum Verbraucher.[644] Die VbrKfRil beinhaltet hingegen eine sog. zweiseitige Definition des Verbrauchergeschäfts.[645] "Verkäufer" ist nach Art.1 Abs.2 lit.c VbrKfRil jede natürliche oder juristische Person, die aufgrund eines Vertrags im Rahmen ihrer beruflichen[646] Tätigkeit Verbrauchsgüter verkauft. Wen die LGDCU als Gegenüber des Verbrauchers ansieht, kann sich durch Auslegung des Wortlauts der Art.1 Abs.2 und 3 LGDCU über den Verbraucher ergeben. In Art.1 Abs.2 LGDCU ist die Rede von denjenigen, die die erworbenen Güter in öffentlich-rechtlicher oder privatrechtlicher Rechtsnatur "herstellen, beschaffen, liefern oder versenden". Außerdem grenzen Art.1 Abs.2 und 3 LGDCU den Verbraucher von denjenigen ab, die ohne Letzterwerber zu sein, Waren oder Dienstleistungen mit der Absicht erwerben, lagern, nutzen oder verbrauchen, um sie Produktionsprozessen, der Verarbeitung oder der Vermarktung zuzuführen oder an Dritte zu leisten. Das Schrifttum geht davon aus, daß es sich bei dem Vertragspartner des Verbrauchers deshalb um einen Unternehmer handelt,[647] der als dominierender Geschäftspartner nicht des Schutzes der LGDCU bedarf. Unternehmer ist danach, wer aus beruflichen oder gewerblichen Gründen Erwerbsgeschäfte tätigt.[648] Die Auslegung der Literatur entspricht Art.1 Abs.2 lit.c VbrKfRil. Da es sich bei der Einrichtung des Verkäufer- bzw. Unternehmerbegriffs aber um eine zwingende Vorgabe der VbrKfRil handelt und eine gemeinschaftsrechtskonforme Auslegung einen nationalen Umsetzungsakt nicht erübrigt, ist Spanien gehalten, den Unternehmerbegriff jedenfalls in Bezug auf den Verbrauchsgüterkauf ausdrücklich zu normieren. Im übrigen stimmt der personelle Anwendungsbereich der LGDCU mit dem der VbrKfRil überein, insbesondere

---

[644] Darauf weist auch Uriarte y de Bofarull, Consumer Legislation in Spain, S.16 (Rn.44), hin.

[645] Welser/Jud, S.24 m.w.N.

[646] So die spanische Fassung des Art.1 Abs.2 lit.c VbrKfRil.

[647] Cavanillas Múgia, S.168 f.; Bercovitz/Bercovitz-Alberto Bercovitz Rodríguez-Cano, S.127; ders., in: Bercovitz/Salas, Comentarios LGDCU, S.35; Fuchs, Verbraucherschutz in Spanien, S.110; Vicent Chulía, S.33.

[648] Bercovitz/Bercovitz-Alberto Bercovitz Rodríguez-Cano, S.128.

schließen sowohl LGDCU als auch die Richtlinie, Kaufverträge zwischen Verbrauchern und zwischen Unternehmern von der Anwendung des jeweils inhaltlich geregelten Verbraucherschutzes aus.

Sollen die erworbenen Güter sowohl dem privaten als auch wirtschaftlichen Zwecken dienen, ist in Übereinstimmung mit der Richtlinie hinsichtlich der Anwendung der LGDCU darauf abzustellen, welchem Gebrauch das erworbene Gut hauptsächlich ("principalmente") dienen soll.[649]

Da sich die Verbraucherbegriff der VbrKfRil und der LGDCU also in den wesentlichen Teilen decken, könnte die Umsetzung der Richtlinie unter Einfügung des Unternehmerbegriffs jedenfalls unter Zugrundelegung der Bestimmungen des LGDCU erfolgen.

bb) Einzelhandelsgesetz (LOCM)

Im Gegensatz zur LGDCU definiert das spanische Einzelhandelsgesetz (LOCM) den Vertragspartner des Verbrauchers als Einzelhandel ("comercio minorista") und hat damit zu einiger Verwirrung beigetragen[650]. Dagegen verzichtet die LOCM auf eine Bestimmung des Verbraucherbegriffs. Um einen Einzelhandel handelt es sich bei einer "mit Gewinnerzielungsabsicht ausgeübten beruflichen Tätigkeit" (Art.1 Abs.2 LOCM). Der Umfang "beruflicher Tätigkeit" ist weit auszulegen, da die spanische Formulierung ("actividad profesional") auch gewerbliche Tätigkeiten umfaßt. Damit werden im Umkehrschluß jedenfalls alle privaten Tätigkeiten von dem Begriff des Einzelhandels ausgeschlossen. Diese Definition stimmt inhaltlich mit dem Verkäuferbegriff in Art.1 Abs.2 lit.c VbrKfRil überein und kann jedenfalls als Grundlage der Umsetzung des Verkäuferbegriffs dienen.

cc) Ergebnis

Der Verkäuferbegriff aus Art.1 Abs.2 lit.c VbrKfRil muß vom spanischen Gesetzgeber in nationales Recht umgesetzt werden. Dabei können die Wertungen der LGDCU und LOCM herangezogen werden.

---

649 Bercovitz/Bercovitz-Alberto Bercovitz Rodríguez-Cano, S.128.

650 Jiménez Sánchez-Rafael Illescas Ortiz, Derecho mercantil, Tomo 1, S.94.

2. Verbrauchsgüterbegriff

Das spanische Recht, insbesondere die LGDCU, beinhaltet keine ausdrückliche Bestimmung des Verbrauchsgüterbegriffs. Verbrauchsgüter sind nach der Richtlinie alle beweglichen körperlichen Gegenstände. Das spanische Recht versteht unter beweglichen Gegenständen gemäß Art.335 CC grundsätzlich alle Gegenstände, die der Aneignung unterliegen bzw. von einem zu einem anderen Punkt transportiert werden können. Nach dieser Definition müssen - der Richtlinie entsprechend - Flüssigkeiten und Gase räumlich begrenzt sein, um angeeignet oder transportiert werden zu können. Aber auch Strom wird - abweichend von der Richtlinie - als bewegliche Sache behandelt.[651]

Die Definition der beweglichen Sache in der Richtlinie stimmt mithin mit der des spanischen Rechts, mit Ausnahme der Ausklammerung des elektrischen Stroms, überein. Das Absehen von der Ausnahme des Stroms eröffnet einen größeren Verbraucherschutz und ist deshalb nicht gemeinschaftsrechtswidrig. Dem spanischen Recht unbekannt ist auch die Einschränkung des Verbraucherschutzes für gebrauchte Güter, die in öffentlicher Versteigerung verkauft werden, bei denen der Verbraucher die Möglichkeit hat, dem Verkauf persönlich beizuwohnen (Art.1 Abs.3 VbrKfRil). Der Käufer einer gerichtlich versteigerten Sache ist nach Art.1489 CC von Schadensersatzansprüchen ausgeschlossen. Von einer Umsetzung dieser Ausnahme vom Verbrauchsgüterbegriff kann Spanien im Anbetracht der als Option gehaltenen Richtlinienvorgabe absehen. Eine Übernahme des vollständigen Gewährleistungsausschlusses für Verbraucher, die Güter aufgrund gerichtlicher Maßnahmen erwerben, ist wegen der VbrKfRil nicht erforderlich.

Die LGDCU erfaßt aber auch den Erwerb von unbeweglichen Gütern (Art.1 Abs.2 LGDCU), während die Richtlinie sich gerade nur auf bewegliche Gegenstände beschränkt. Ähnlich bezieht auch Annex II der königlichen Verordnung 287/1991 vom 8.März den Erwerb von Wohnungen im weiteren Sinne in ihren Katalog der langlebigen Güter aus Art.11 Abs.2 und 5 LGDCU, hinsichtlich Garantien und Kundendienst, ein. Damit reicht der Verbraucherschutz der LGDCU insoweit ganz erheblich über den sachlichen Anwendungsbereich der Richtlinie hinaus. Dies gewährleistet einen höheren Verbraucherschutz und ist

---

[651] Albácar López-José Luis Albácar López y José A. Torres Lana, Art.335, S.19: "...en la medida en que puedan ser apropiables..."; Albaladejo- Jaime Santos Briz, Art.335, S.37; Sierra Gil de la Cuesta- Francisco Marín Castán, Art.335, S.20.

daher jedenfalls nicht gemeinschaftsrechtswidrig. Im übrigen stimmen die in dem Katalog des Annex II der königlichen Verordnung 287/1991 vom 8.März aufgezählten Waren mit dem Verbrauchsgüterbegriff des Art.1 Abs.2 lit.b VbrKfRil überein.[652] Allerdings vermag der Katalog, trotz der teilweise generalklauselartigen Formulierungen (z.B. “Haushaltsartikel”, “elektrische, elektrotechnische und elektronische Artikel”),[653] nicht den gesamten Anwendungsbereich der Richtlinie zu erfassen. Viehkäufe haben etwa keine Aufnahme in die Aufzählung der langlebigen Güter gefunden. Auch die Fälle des Verbraucherkaufs von Wasserflaschen und Propangasbehältern, die in Spanien eine große Bedeutung haben, werden vom Anwendungsbereich der Richtlinie, im Gegensatz zur LGDU, die auf langlebige Güter beschränkt ist, erfaßt.[654] Insoweit muß der spanische Gesetzgeber den Verbraucherschutz über langlebige Güter hinaus ausdehnen, um Richtlinienkonformität zu erreichen. Allerdings handelt es sich bei den Gütergruppen des Annex II, wie sich aus den Gründen der Verordnung ergibt, nur um eine erste Abgrenzung (“primera delimitación”) der unter den Begriff der langlebigen Güter zu fassenden Waren, die einer künftigen Anpassung offen steht. Bei der Umsetzung der Bestimmung des Anwendungsbereichs der VbrKfRil empfiehlt es sich aus Gründen der Rechtssicherheit und Rechtsklarheit auf einen Güterkatalog zu verzichten[655] und auf die Formulierung “bewegliche körperliche Gegenstände” nach Art.1 Abs.2 lit.b VbrKfRil zurückzugreifen. Freilich steht es dem spanischen Gesetzgeber frei, weiterhin auch unbewegliche Gegenstände in den umfassenden

---

[652] De León Arce/García García-Avilés García, Derechos de los Consumidores y Usuarios, S.637.

[653] Art.2 der königlichen Verordnung 287/1991 vom 8.März läßt darauf schließen, daß von dem Katalog des Annex II alle Güter erfaßt werden, die eine gewisse Ähnlichkeit zu den dort genannten Gütergruppen aufweisen. De León Arce/García García-Avilés García, Derechos de los Consumidores y Usuarios, S.596.

[654] Die überwiegende Zahl der privaten Haushalte in Spanien ist noch heute auf die Lieferung von Propangasbehältern als Energiequelle im Haushalt angewiesen. Aufgrund der in weiten Teilen des Landes geringen Grundwasservorräte und deren teilweise mindere Qualität, muß der Verbraucher in weiten Teilen Spaniens auch auf abgefülltes Quellwasser zurückgreifen. Die Lieferung mangelhaft verpackter Mineralwasserflaschen war freilich bereits Gegenstand höchstrichterlicher Rechtsprechung: STS 23.9.1982, RJA 1982, 4922.

[655] Avilés García, in: De León Arce/García García, Derechos de los Consumidores y Usuarios, S.597, kritisiert den Güterkatalog als ein “Durcheinander” und stellt zutreffend fest, daß sich die königliche Verodnung 287/1991 “unter keinem Gesichtspunkt als rechtstechnisches Vorbild eignet”.

Verbraucherschutz des LGDCU und zukünftig der VbrKfRil einzubeziehen. Auf bestimmte, bisher von der LGDCU nicht erfaßte, verbrauchbare Güter sind die Verbraucherschutzvorgaben der VbrKfRil dagegen zwingend zu erweitern.

3. Werkverträge

Das spanische Recht unterscheidet nicht zwischen Werk- und Werklieferungsverträgen. Werkverträge über die Lieferung herzustellender beweglicher Güter nach spanischem Recht werden von der Richtlinie daher vollständig erfaßt. Werkvertragsrecht findet nach spanischem Recht aber erst Anwendung, wenn der Werkunternehmer ("contratista") sich auch zur Lieferung des Materials verpflichtet. Die Gewährleistung des spanischen Werkvertragsrechts richtet sich jedoch auch in diesem Fall nach den Vorschriften des Kaufvertragsrechts, sowie des Allgemeinen Schuldrechts und wird, wenn es bei dieser Abgrenzung bleibt, durch deren richtlinienkonforme Gestaltung ausreichend an die VbrKfRil angepaßt. Hinsichtlich ihrer Anwendung unterscheidet die Richtlinie aber nicht danach, ob der Verkäufer oder Verbraucher das Material zur Herstellung des Werks liefert.[656] Das spanische Recht trifft hingegen eine engere Abgrenzung des Kaufrechts zum Werkvertragsrecht. Diese Abweichung ist an sich nicht gemeinschaftsrechtswidrig, da nach spanischem Recht im Ergebnis jeweils Kaufgewährleistungsrecht angewendet wird. Der spanische Gesetzgeber wird aber eine ausdrückliche Regelung aufzunehmen haben, durch die klargestellt wird, daß bei allen Werkverträgen mit Verbrauchern über die Herstellung oder Erzeugung beweglicher Güter Verbraucherkaufrecht Anwendung findet.

II. Vertragsmäßigkeit

1. Fehlerbegriff

Die Richtlinie verpflichtet den Verkäufer zur Lieferung vertragsgemäßer Ware (Art.2 Abs.1 VbrKfRil). Sie stellt damit die Vereinbarung der Parteien über die Eigenschaften der Kaufsache in den Mittelpunkt der an die Beschaffenheit der

---

[656] Ehmann/Rust, JZ 1999, 853 (854); Welser/Jud, S.30 f. Art.1 Abs.4 des Gemeinsamen Standpunktes schloß noch solche Verträge über die Lieferung herzustellender oder zu erzeugender Verbrauchsgüter aus, bei denen der Verbraucher einen wesentlichen Teil der für die Herstellung oder Erzeugung notwendigen Stoffe selbst zur Verfügung stellt.

Sache zu stellenden Anforderungen. Der Begriff der Vertragswidrigkeit in der Verbrauchsgüterkaufrichtlinie entspricht überwiegend dem in Spanien vordringenden subjektiv-objektiven Fehlerbegriff. Da die wohl herrschende Ansicht aber noch auf einem objektiven Fehlerbegriff beharrt, sollte eine klärende Vorschrift im Sinne der Richtlinie in das spanische Recht übernommen werden. Vor allem die objektiven Kriterien des Vermutungskatalogs des Art.2 Abs.2 VbrKfRil finden sich zum großen Teil bereits im spanischen Recht wieder. Insbesondere bezieht Art.8 Abs.1 Satz 2 LGDCU Angaben in der Werbung ("publicidad") des Verkäufers oder Herstellers in den Erfüllungsanspruch des Verbrauchers ein.[657] Den Begriff der "Werbung" definiert Art.2 Spiegelstrich 1 der Ley 34/1988, de 11 de noviembre, General de Publicidad[658] als "jede Form der Kommunikation, die von einer natürlichen oder juristischen, öffentlich-rechtlichen oder privaten Person in Ausübung einer gewerblichen, ...oder beruflichen Tätigkeit, mit dem Zweck den Vertragsschluß über eine bewegliche... Sache... direkt oder mittelbar zu fördern." Das sind gerade solche Erklärungen, die auch der Gemeinschaftsgesetzgeber mit dem Begriff "öffentliche Äußerungen" des Art.2 Abs.2 lit.d VbrKfRil erfassen wollte. Damit wird die Werbung bereits nach geltendem Recht als Maßstab der Vertragsmäßigkeit entsprechend Art.2 Abs.2 lit.d VbrKfRil berücksichtigt. Im spanischen Recht fehlt aber eine Vorschrift zu einem "Kauf nach Probe", den die Richtlinie nunmehr als Vermutungstatbestand der Vertragmäßigkeit vorsieht. Geregelt wird nur der "Kauf auf Probe", bei dem der Kaufvertrag nach Art.1453 CC aufschiebend bedingt ist. Der spanische Fehlerbegriff beim Verbrauchsgüterkauf ist deshalb entsprechend der Richtlinie um eine Vorschrift betreffend der Beschaffenheitsvereinbarung durch Vorlage eines Musters zu erweitern. Aus Gründen der Rechtsklarheit und um sicherzustellen, daß der Fehlerbegriff einheitlich im Sinne der Richtlinie ausgelegt wird, sollten Art.2 Abs.1 und 2 VbrKfRil umfassend und annähernd in der durch die Richtlinie vorgegebenen Formulierung in das spanische Recht übernommen werden. Auf diese Weise könnten vor allem die bislang bestehenden Diskrepanzen zum Wiener UN-Kaufrecht beseitigt werden.

Für den Bereich des Verbrauchsgüterkaufs muß der spanische Gesetzgeber jedenfalls auf die Beschränkung der Sachmängelhaftung auf verborgene Mängel (Art.1484 CC) verzichten, da die Richtlinie auch offenbare Vertragswidrigkeiten

[657] Ganz herrschende Meinung. Morales Moreno, ADC 1999 II 1, 265 (274).

[658] BOE, número 274, de 15 de noviembre.

umfaßt. Nicht verborgene oder offenbare Mängel lösen gemäß Art.11 Abs.3 LGDCU schon nach der geltenden Rechtslage die Mindestrechtsbehelfe selbständiger Garantien aus. Dies entspricht der Richtlinienvorgabe in ausreichender Weise.

Qualitätsmängel, die nach spanischem Recht dem allgemeinen Leistungsstörungsrecht unterfallen, sind für den Verbrauchsgüterkauf den Gewährleistungsrechten der Richtlinie zu unterstellen, damit dem Verbraucher sämtliche Rechtsbehelfe der Richtlinie gewährt werden. Als Vorbild kann insoweit Art.11 Abs.1 LGDCU dienen, der den Fehlerbegriff selbständiger Garantien auch auf Qualitätsmängel erstreckt.

2. Quantitätsmängel und Aliud-Lieferung

Nach geltender Rechtslage richten sich Quantitätsmängel und Aliud-Lieferungen, die neben Andersl ieferungen auch Waren erfassen, die zu dem, von den Kaufvertragsparteien vereinbarten Zweck absolut unbrauchbar sind, als Unterfälle der Nichterfüllung nach den Regeln des Allgemeinen Schuldrechts (Art.1124 Abs.2 und Art.1101 CC). Für die Ansprüche des allgemeinen Schuldrechts gilt dabei eine 15jährige Verjährungsfrist (Art.1964 2.HS CC). Die lange Verjährungsfrist ist mit den Mindestschutzanforderungen der Richtlinie vereinbar (Art.8 Abs.2 VbrKfRil) und erfordert keine zwingende Überarbeitung des geltenden Rechts. Nach der VbrKfRil darf die Frist aber für den Verbrauchsgüterkauf nicht durch Änderungsgesetz unter zwei Jahre (bzw. nicht unter einem Jahr für gebrauchte Güter) verkürzt werden.

Gemäß Art.1124 Abs.2 CC kann der Verbraucher den ursprünglichen Erfüllungsanspruch geltend machen oder die Auflösung des Vertrages verlangen. Dem Verbraucher steht damit ein Nacherfüllungsanspruch auf Nachbesserung oder Nachlieferung zur Seite. Insofern besteht im wesentlichen Übereinstimmung mit den Gewährleistungsrechtsbehelfen der Nachbesserung und Ersatzlieferung der Richtlinie. Außerdem kann der Verbraucher sowohl nach Art.1124 Abs.2 CC als auch nach Art.3 Abs.2 VbrKfRil die Auflösung des Vertrages erreichen. Als Voraussetzung muß nach spanischem Recht eine Hauptpflicht des Vertrages pflichtwidrig nicht erfüllt worden sein. Erforderlich ist dazu, daß der Schuldner (Verkäufer) seine vertraglichen Pflichten zurechenbar in schwerer Weise verletzt hat. Dies ist gegeben, wenn der Verkäufer der Erfüllung bewußt, d.h. vorsätzlich, entgegengewirkt hat. Die Richtlinie gewährt die Ansprüche auf Nachbesserung und Ersatzlieferung in umfassenderer Weise und setzt insbesondere keine vorsätzliche Nichterfüllung des Verkäufers voraus. Der Tatbestand des spanischen Rechts für Aliud-Lieferungen und Quantitätsmängel muß deshalb für den Verbrauchsgüterkauf zukünftig alle Fälle der Nichterfüllung erfassen. Ob ohne das Verschuldenserfordernis der durch Art.1124 Abs.2 CC zusätzlich gewährte Schadensersatzanspruch angemessen ist, ist zu bezweifeln. Die Entscheidung diesbezüglich bleibt nach der Richtlinie aber letztlich dem spanischen Gesetzgeber überlassen. Nachbesserung und Ersatzlieferung sind nach Maßgabe der Richtlinie außerdem in angemessener Frist und ohne erhebliche Unannehmlichkeiten für den Verbraucher vorzunehmen. Diese Vorgaben müssen in das spanische Verbraucherrecht Aufnahme finden. Des weiteren ist in das spanische Recht für Mengenfehler und Falschlieferungen beim Verbrauchsgüterkauf ein Recht auf angemessene Minderung des Kaufpreises (Art.3 Abs.2 VbrKfRil) einzufügen.

3. Rechtsmängel

Die Richtlinie zum Verbrauchsgüterkauf verpflichtet Spanien nicht zur Angleichung der Rechtsmängelgewährleistung an ihr Haftungsregime für Sachmängel. Jedoch werden Rechtsmängel, die die Belastung der Kaufsache mit Rechten Dritter betreffen, nach spanischem Recht als Sachmängel behandelt. Dem Verbraucher, der ein mit Rechten Dritter belastetes Verbrauchsgut erwirbt, stehen daher schon nach geltendem Recht die Rechtsbehelfe der Sachmängelgewährleistung nach Art.1484 ff. CC zur Verfügung. Eine Umsetzung der Verbraucherkaufrichtlinie in den spanischen CC würde insoweit automatisch, ohne daß es eines weiteren Umsetzungsaktes bedarf, eine Harmonisierung von Sachmängeln und Mängeln, die auf der Belastung der Kaufsache mit Rechten Dritter beruhen, bewirken. Erfolgt die Umsetzung außerhalb des CC in einem Spezialgesetz, das die Richtlinie wortgleich abbildet, werden von der zu schaffenden Regelung nur Sachmängel nach dem Verständnis der Richtlinie (und des UN-Kaufrechts) erfaßt, wenn das Spezialgesetz nicht ausdrücklich auch Rechtsmängel in den Anwendungsbereich mit einbezieht. Die VbrKfRil läßt dies ebenfalls zu.

4. Einschränkung der Vertragswidrigkeit

Keine Vertragswidrigkeit liegt nach Art.2 Abs.3 VbrKfRil vor, wenn der Verbraucher beim Vertragsabschluß die Vertragswidrigkeit kennt oder vernünftigerweise nicht in Unkenntnis sein konnte. Der Haftungsausschluß stimmt teilweise mit dem spanischen Mangelbegriff des Art.1484 CC überein, der von vornherein auf verborgene Mängel begrenzt ist.[659] Die Richtlinie erfaßt aber auch offenbare Vertragswidrigkeiten, wenn der Verbraucher sie nicht positiv kannte oder ihm keine grobe Fahrlässigkeit hinsichtlich seiner Unkenntnis vorzuwerfen ist. Verbrauchsgüter mit offenbaren Vertragswidrigkeiten muß der Verbraucher dann im übrigen, im Gegensatz zur spanischen Auslegung des verborgenen Mangels, nach der Richtlinie auch nicht sofort zurückweisen, wenn er eine besondere Sachkenntnis in Bezug auf die von ihm erworbene Ware hat. Die Beschränkung der Gewährleistung auf verborgene Mängel ist daher enger als Art.2 Abs.3 VbrKfRil. Das spanische Recht kann aus diesem Grund nicht an der Figur des verborgenen Mangels festhalten. Deswegen sollte der spanische Gesetzgeber einen Art.2 Abs.3 VbrKfRil entsprechenden Haftungsausschluß aufnehmen.

5. Mangel aufgrund unsachgemäßer Montage oder Montageanleitung

a) Unsachgemäße Montage

Die Sachmängelgewährleistung des spanischen Werkvertragsrechts richtet sich im Ergebnis fast einheitlich nach den Vorschriften des Kaufrechts. Mit der Anpassung des Kaufgewährleistungsrechts an die Verbrauchsgüterkaufrichtlinie werden somit auch die Fälle der unsachgemäßen Montage des Verbrauchsgutes durch den Verkäufer (Art.2 Abs.5 VbrKfRil) der Richtlinie angepaßt. Eine entsprechende klarstellende Vorschrift im spanischen Recht ist aber aus Gründen der Rechtssicherheit und Rechtsklarheit wünschenswert.

b) Unsachgemäße Montageanleitung

Führt eine unsachgemäße Montageanleitung des Verkäufers zu Schäden an der erworbenen Sache und stellt die Anleitung wenigstens eine Nebenpflicht des Vertrages dar, können diese nach spanischem Zivilrecht bei Verschulden des Verkäufers nur zu einem Schadensersatzanspruch wegen Nichterfüllung nach den Grundsätzen der Art.1101 und 1107 CC führen. Nach der Richtlinienvorgabe stellt die Übergabe von unsachgemäßen Montageanleitungen eine Vertragswidrigkeit dar und löst alle Rechtsbehelfe der Richtlinie aus. Die Richtlinienvorgabe muß deshalb wenigstens für den Verbrauchsgüterkauf in das spanische Zivilrecht übernommen werden.

---

[659] Sanz Valentín, AC (LV) 1999, 1073 (1082).

III. Rechtsbehelfssystem

1. Gewährleistungsschuldner

Art.3 Abs.1 VbrKfRil läßt nur den Verkäufer aus den Mängeln der Kaufsache gegenüber dem Verbraucher haften.[660] Die ausschließliche Einstandspflicht des Verkäufers wegen Sachmängeln gilt auch nach dem geltenden spanischen Recht. Nach Art.1486 CC und Art.12 Abs.1 LOCM, der auf die Vorschriften des CC, CCom und LGDCU Bezug nimmt, haftet der Verkäufer aus den Gewährleistungsgründen. Die Erwähnung des CC in Art.12 Abs.1 LOCM ist eigentlich überflüssig, da der CC als allgemeine zivilrechtliche Regelung stets ergänzend anzuwenden ist. Sinnvoll ist indes, daß mit Art.12 Abs.1 LOCM ausdrücklich klargestellt wird, daß die Kaufgewährleistungsansprüche der Art.1484 ff. CC und die Ansprüche der Art.1101, 1124 CC neben den Verbraucherschutzvorschriften der Art.11 LGDCU und Art.12 LOCM für die Haftung des Verkäufers anwendbar sind.[661] Gänzlich verfehlt ist, im Hinblick auf die Verkäuferhaftung, die Verweisung auf den CCom, da die LOCM bestimmte Käufe zwischen Unternehmern und Verbrauchern regelt (Art.1 Abs.1 LOCM), Verbraucherkäufe aber grundsätzlich dem CC und nicht dem CCom unterfallen (Art.326 Abs.1 CCom).[662]

Das spanische Produkthaftungsgesetz, Ley 22/1994, de 6 de julio, de responsabilidad civil por los daños causados por productos defectuosos (LRCP), sieht eine Haftung des Herstellers, Importeurs und Lieferanten (Art.1, 4 und Disp. adic.) nur bei Schäden außerhalb des mangelhaften Produktes vor (Art.10 LRCP).

2. Rechtsbehelfe

a) Rechtsbehelfe des CC

Nach Art.3 Abs.3 VbrKfRil gewährt die Richtlinie dem Verbraucher gegenüber dem Verkäufer Rechte auf Nachbesserung oder Ersatzlieferung sowie nachrangig auf Wandelung und Minderung.

---

[660] Ebenfalls Erwägungsgrund 9.

[661] De León Arce/García García-Avilés García, Derechos de los Consumidores y Usuarios, S.595. Marín López, in: Manubens Florensa/Marín López/Arimany Lamoglia/ Cases Pallarés/Tornos Mas, Ordenación del Comercio Minorista, S.111 f.

[662] De León Arce/García García-Avilés García, Derechos de los Consumidores y Usuarios, S.595.

aa) Kaufgewährleistungsrecht der Art.1484 ff. CC: Wandelung und Minderung

Nachbesserung und Ersatzlieferung finden im spanischen Kaufgewährleistungsrecht der Art.1484 ff. CC keine Regelung.[663] Im spanischen, an dem Erwerb von Speziessachen orientierten Kaufgewährleistungsrecht, bilden Wandelung und Minderung die speziellen Rechtsbehelfe.

bb) Allgemeines Leistungsstörungsrecht der Art.1101, 1124 CC: Nachbesserung, Vertragsauflösung und Schadensersatz

Der Käufer kann aber, da das allgemeine Leistungsstörungsrecht regelmäßig neben der Kaufmängelgewährleistung anwendbar ist, nach Art.1124 Abs.2 Satz 1 CC wahlweise Vertragsauflösung oder Nachbesserung verlangen. Wenn die Kaufsache für ihren vorgesehenen Zweck absolut unbrauchbar ist, liegt nach bisheriger Rechtslage eine Aliud-Lieferung vor, die allein dem allgemeinen Leistungsstörungsanspruch des Art.1124 CC unterliegt. Wegen des weiten Anwendungsbereichs der Auffangvorschrift des Art.1124 CC und nicht zuletzt auch wegen der langen 15jährigen Verjährungsfrist des Art.1964 CC, ist die Rechtsprechung zunehmend dazu übergegangen, ganz grundsätzlich bei jeglichen Qualitätsmängeln und solchen Mängeln an der Kaufsache, die die Kaufsache für den vorgesehenen Gebrauch unbrauchbar machen, statt Wandelung (Art.1486 Abs.1 CC) Vertragsauflösung wegen Nichterfüllung gemäß Art.1124 CC zu gewähren.[664]

cc) Ergebnis

Zukünftig muß der spanische Gesetzgeber dem Verbraucher-Käufer jeglicher mangelhafter Verbrauchsgüter neben Vertragsauflösung, Minderung und Nachbesserung auch einen Anspruch auf Ersatzlieferung einräumen, der bisher nur für Fälle des Handelskaufs in Art.336 Abs.3 CCom und nach Art.11 Abs.3 lit.b LGDCU vorgesehen ist. Der Minderungsanspruch muß darüber hinaus aufgrund der Richtlinienvorgabe, entgegen der bisher herrschenden Meinung, auch auf Qualitätsmängel Anwendung finden.

---

[663] Nach Morales Moreno, ADC 1999 II 1, 265 (279), steht dem Gattungskäufer ein Ersatzlieferungsanspruch zu.

[664] Rubio Garrido, ADC 1990, 867 (902). Dazu weitere Nachweise im 3. Kapitel, A., III., 1., a), bb).

b) Rechtsbehelfe der LGDCU

Ergänzend zu den schuldrechtlichen Vorschriften des CC treten für Verbraucher-Käufer, denen von Herstellern oder Lieferanten kommerzielle Garantien für langlebige Güter eingeräumt wurden, die Mindestrechtsbehelfe des Art.11 Abs.3 lit.a und b LGDCU (Art.7 LGDCU) hinzu.

aa) Nachbesserung und Schadensersatz, Art.11 Abs.3 lit.a LGDCU

Bereits neben der Reparatur kann der Verbraucher Ersatz der erlittenen Schäden verlangen (Art.11 Abs.3 lit.a LGDCU). Der Schadensersatzanspruch richtet sich nach Maßgabe des Art.1101 CC.[665] Von der VbrKfRil wird der Schadensersatzanspruch nicht berührt und kann daher in der bestehenden Form beibehalten werden.

bb) Ersatzlieferungsanspruch, Art.11 Abs.3 lit.b LGDCU

Neben einem Anspruch auf Nachbesserung gewährt das Allgemeine Verbraucherschutzgesetz Verbrauchern auch subsidiär einen Ersatzlieferungsanspruch. Der spanische Gesetzgeber muß den Ersatzlieferungsanspruch de lege ferenda auf alle Verbrauchsgüterkäufe ausweiten und neben dem Nachbesserungsanspruch zur Wahl des Verbrauchers stellen, um der Richtlinienvorgabe in Art.3 Abs.3 VbrKfRil gerecht zu werden.

cc) Vertragsauflösung, Art.11 Abs.3 lit.b LGDCU

Auf die (ebenfalls subsidiäre) Vertragsauflösung unter Rückerstattung des Kaufpreises[666] nach Art.11 Abs.3 lit.b LGDCU, findet die allgemeine Vorschrift des

---

[665] Bercovitz/Salas-García Cantero, Comentarios LGDCU, Art.11, S.384; De León Arce/García García-Avilés García, Derechos de los Consumidores y Usuarios, S.611. Schadensersatz kann der Verbraucher auch neben der Ersatzlieferung verlangen. De León Arce/García García-Avilés García, Derechos de los Consumidores y Usuarios, S.617.

[666] Dagegen ist in Art.11 Abs.1 LGDCU, wenn die Leistung nicht erbracht wurde, von einer angemessenen Rückerstattung des Marktpreises der Ware die Rede. Damit ist der Marktpreis der mangelfreien Ware, die der Verbraucher erwerben wollte, gemeint. Die frustrierte Erwartung des Verbrauchers eine mangelfreie Ware zu erhalten, ist jedoch bereits durch den parallel möglichen Schadensersatz wegen Nichterfüllung (Art.1101, 1124 CC) abgedeckt. Die Regelung des Art.11 Abs.1 LGDCU kann sowohl zu ungerechten Ergebnissen auf Seiten des Verbrauchers, als auch auf Seiten des Unternehmers führen. De León Arce/García García-Avilés García, Derechos de los Consumidores y Usuarios, S.616.

Art.1124 CC Anwendung.[667] Beruht die Vertragswidrigkeit der Kaufsache auf ihrer fehlenden Übereinstimmung mit den in der Werbung versprochenen Eigenschaften (Art.8 Abs.1 Satz 2 LGDCU), kann der Verbraucher nach geltender Rechtslage sofort Vertragsauflösung und Schadensersatz nach den Regeln des Allgemeinen Schuldrechts (Art.1101, 1124 CC) geltend machen.

dd) Ergebnis

Entscheidet sich der spanische Gesetzgeber für eine Umsetzung der VbrKfRil (auch) in die LGDCU, so müssen die von der VbrKfRil vorgegebenen Gewährleistungsrechte auf primäre Ersatzlieferung und Minderung bei Qualitätsmängeln in die LGDCU übernommen werden.

3. Kosten der Abhilfe

Die Kostentragungspflicht des Verkäufers für die Herstellung des vertragsgemäßen Zustands gemäß Art.3 Abs.4 VbrKfRil, die insbesondere Versand-, Arbeits- und Materialkosten umfaßt, entspricht der im spanischen Kaufrecht herrschenden Ansicht[668]. Bisher schreibt nur das Allgemeine Verbraucherschutzgesetz die kostenfreie Nachbesserung aufgrund von dem Verbraucher eingeräumten Garantien für langlebige Güter (Art.11 Nr.3 lit.a LGDCU)[669] und die kostenlose Nachbesserung oder Ersatzlieferung für den Fall der Verwendung entsprechender vorformulierter Vertragsbedingungen gegenüber Verbrauchern (Art.10bis Disp.adic.1ª.II.9ª LGDCU) ausdrücklich vor. Der spanische Gesetzgeber muß

---

[667] De León Arce/García García-Avilés García, Derechos de los Consumidores y Usuarios, S.611.

[668] Albácar López, Art.1485/1486, Rn.I; Albaladejo-García Cantero, S.349; Fuchs, Verbraucherschutz in Spanien, S.59. Enger Bercovitz, ADC 1969, 777 (789); Díez-Picazo/Gullón, S.365; Valcárcel Schnüll, Verkäuferhaftung, S.71, die nur die Vertragskosten im eigentlichen Sinne für ersetzbar halten.

[669] Der Umfang der zu ersetzenden Kosten wird im Lichte dessen beurteilt, was der Verbraucher objektiv nach Treu und Glauben erwarten kann. Versandkosten, die dadurch entstehen, daß der Käufer sich weigert eine mangelhafte bewegliche, leicht transportierbare Sache beim Garantiegeber selbst abzuliefern, sind nicht erfaßt. (De León Arce/García García-Avilés García, Derechos de los Consumidores y Usuarios, S.611). Nach der Richtlinie hat der Verkäufer alle zur Herstellung der Vertragsmäßigkeit "notwendigen" Kosten zu tragen. Kann der Verbraucher ohne besondere Schwierigkeiten und Kosten das mangelhafte Verbrauchsgut an seinem Heimat- oder Aufenthaltsort an den Verkäufer zur Abhilfe übergeben, muß der Verkäufer auch hiernach trotzdem entstehende Versandkosten nicht tragen.

daher eine Vorschrift übernehmen, die die Kostenfrage nunmehr für alle Gewährleistungsrechtsbehelfe der Verbraucher-Käufer ausdrücklich regelt. Die Umsetzung einer EU-Richtlinie erfordert regelmäßig verbindliche nationale Außenrechtssätze.

4. Hierarchisierung des Rechtsbehelfssystems

Der Verbraucher, der eine mangelhafte Sache als Erfüllung eines Verbrauchsgüterkaufs erhält, kann gemäß Art.3 Abs.3 VbrKfRil zwischen Nachbesserung oder Ersatzlieferung frei wählen, hingegen stehen ihm Wandelungs- und Minderungsrechte erst zur Verfügung, wenn die Nacherfüllung unmöglich oder unverhältnismäßig ist, der Verkäufer nicht in angemessener Frist oder nicht ohne erhebliche Unannehmlichkeiten Abhilfe geschaffen hat (Art.3 Abs.5 i.V.m. Art.3 Abs.3 VbrKfRil).

a) Hierarchisierung der Rechtsbehelfe nach dem Código Civil

aa) Dispositivität der Gewährleistungsregeln der Art.1484 ff. CC

Grundsätzlich kann der Käufer nach spanischem Kaufgewährleistungsrecht des CC bei Lieferung einer fehlerhaften Kaufsache sofort mit den speziellen Rechtsbehelfen der Wandelung und Minderung reagieren. Eine Stufung der Rechtsbehelfe kann nach spanischem Recht, da die Gewährleistungsregeln insoweit dispositiv sind (Art.1485 Abs.2 CC),[670] durch die vertragliche Bestimmung der vorrangigen Anwendung der Nachbesserung oder Ersatzlieferung geschehen. Das spanische Allgemeine Verbraucherschutzgesetz schreibt für die Verwendung entsprechender vorformulierter Vertragsklauseln in Art.10bis Disp.adic.1ª.II.9ª LGDCU vor, daß der Verbraucher, wenn Nachbesserung und Ersatzlieferung unmöglich oder unbefriedigend ("insatisfactorias") sind, auf die gesetzlichen Gewährleistungsrechte zurückgreifen können muß.

---

[670] Die Dispositivität der gesetzlichen Gewährleistungsrechte der Art.1486 Abs.1 CC ergibt sich auch im Umkehrschluß aus Art.10bis Disp.adic.1ª.II.9ª LGDCU, der die Ersetzung der Wandelung und Minderung durch Ersatzlieferung und Nachbesserung mittels AGB unter besondere Voraussetzungen stellt. Bercovitz Rodríguez-Cano-Quicios Molina, Comentarios a la Ley de Condiciones Generales de Contratación, Art.10bis Disp.adic.1ª.II.9ª LGDCU, S.1003 (Rn.25).

bb) Keine Verpflichtung zur Nachfristsetzung nach allgemeinem Leistungsstörungsrecht, Art.1124 CC

Da nach der herrschenden Meinung im spanischem Recht die Rechtsbehelfe des allgemeinen Schuldrechts neben den speziellen Gewährleistungsansprüchen Anwendung finden, kann der Käufer einer fehlerhaften Sache nach Art.1124 Abs.2 Satz 1 CC auch Nachbesserung verlangen. Die Setzung einer Nachfrist durch den Käufer erfordert Art.3 VbrKfRil im Gegensatz zu Art.47 Abs.2 CISG nicht. Eine Verpflichtung zur Nachfristsetzung ergibt sich auch nicht aus Art.1124 Abs.3 CC, der lediglich auf das Erfordernis gerechtfertigter Gründe ("causas justificadas") hinweist, damit der Richter dem Schuldner eine angemessene Frist zur Erfüllung einräumen kann.[671] Die Vorschrift wird restriktiv ausgelegt, da grundsätzlich ein Fall der Nichterfüllung vorliegt.[672]

cc) Ergebnis

Eine zwingende hierarchische Vorrangstellung der Ansprüche des Allgemeinen Schuldrechts vor denen des besonderen Kaufgewährleistungsrechts ist nach geltendem Recht nicht vorgesehen. Im Interesse eines höheren Verbraucherschutzniveaus kann bei der Umsetzung der VbrKfRil von der Abstufung der Rechtsbehelfe des Verbrauchers abgesehen werden. Jedoch sollte die Hierarchisierung der Richtlinie aus Gründen eines angemessenen Interessenausgleichs zwischen Verbrauchern und Verkäufern in das spanische Recht eingefügt werden.

b) Hierarchisierung der Rechtsbehelfe in der LGDCU

Eine Stufung sieht das Allgemeine Verbraucherschutzgesetz nach geltender Rechtslage für die Rechtsbehelfe vor, die sich aus Verbrauchern gewährten Garantien für langlebige Güter ergeben.[673]

---

[671] STS 29.4.1988; 11.4.1995; 17.5.1995. Diéz-Picazo y Ponce de León-López López, Art.47, S.426; Gómez de la Bárcena, José Maria, in: Jaime de Castro García/ José María Gómez de la Bárcena/ Antonio Sánchez Jáuregui/ Jaime Santos Briz/ Antonio de la Esperanza Martínez-Radío/ Francisco Hernandez Gil/ José María Paz Rubio (Ed.); Código Civil, Comentarios y jurisprudencia, Concordancias y referencias legales actualizadas, Art.1124, S.451.

[672] Fenoy Picón, Falta de conformidad e incumplimiento, S.96.

[673] Fenoy Picón, Falta de conformidad e incumplimiento, S.355.

aa) Vorrang der Nachbesserung, Art.11 Abs.3 lit.a LGDCU

Danach kann der Verbraucher aus der Garantie zuerst lediglich die Nachbesserung der mangelhaften Kaufsache verlangen (Art.11 Abs.3 lit.a LGDCU). Lieferant oder Hersteller sind nur bei Erfolglosigkeit der Nachbesserung zur Ersatzlieferung eines Gegenstandes mit identischen Eigenschaften oder zur Rückerstattung des Kaufpreises verpflichtet (Art.11 Abs.3 lit.b LGDCU).[674]

bb) Einmaliger Nachbesserungsversuch, Art.11 Abs.3 lit.b LGDCU

Wieviele Nachbesserungsversuche der Verbraucher gestatten muß, regelt Art.11 Abs.3 lit.b LGDCU nicht ausdrücklich. Aus dem Grundsatz von Treu und Glauben schließt die Lehre, daß dem Verbraucher kein zweiter Nachbesserungsversuch auferlegt werden kann, denn aus den Umständen ergebe sich dann bereits, daß die Reparatur nicht zufriedenstellend durchgeführt wurde, was den Verbraucher berechtigt, sofort die Rechte aus Art.11 Abs.3 lit.b LGDCU auszuüben.[675] Verzögert sich die Reparatur der Sache beträchtlich, kann der Verbraucher ebenfalls zur Ersatzlieferung oder Vertragsauflösung übergehen (Art.11 Abs.3 lit.b LGDCU).[676] Danach läßt das spanische Recht unabhängig von der Art des Gutes und seines Verwendungszwecks nur einen Nachbesserungsversuch zu. Damit trifft es eine insgesamt strengere Lösung als die VbrKfRil, die nach der jeweiligen Art des Gutes und dessen vorgesehener Verwendung differenziert und im Einzelfall, bei technisch komplizierteren Gütern grundsätzlich auch mehrere Nachbesserungsversuche erlaubt, wenn dem Verbraucher dadurch keine erheblichen Unannehmlichkeiten entstehen und der Verkäufer die zweite Nachbesserung in angemessener Frist erbringt. Aus dem Mindestschutzgedanken der VbrKfRil (Art.8 Abs.2 VbrKfRil) ergibt sich, daß der spanische Gesetzgeber, die bisher herrschende strenge Auffassung beibehalten kann, da die Begrenzung auf nur einen Nachbesserungsversuch für den Verbraucher günstiger ist.

---

[674] Darauf weist auch Schwartze hin, in: Europ. Sachmängelgewährleistung, S.162.

[675] Bercovitz/Salas-García Cantero, Comentarios LGDCU, Art.11, S.385; De León Arce/García García-Avilés García, Derechos de los Consumidores y Usuarios, S.612. Parra Lucán, in: ADC 1988, 523 (540), führt aus, daß anderenfalls das Recht des Verbrauchers Ersatzlieferung (Art.11 Abs.3 lit.b LGDCU) zu fordern leer liefe.

[676] Bercovitz/Salas-García Cantero, Comentarios LGDCU, Art.11, S.385; De León Arce/García García-Avilés García, Derechos de los Consumidores y Usuarios, S.612.

cc) Abdingbare Subsidiarität der Ersatzlieferung zur Nachbesserung, Art.11 Abs.3 lit.b LGDCU

Nach Art.11 Abs.3 lit.b LGDCU ist nicht nur die Wandelung, sondern auch die Ersatzlieferung subsidiär zur Nachbesserung.[677] Das Allgemeine Verbraucherschutzgesetz stellt damit auch die Nacherfüllungsansprüche der Nachbesserung und Ersatzlieferung zueinander in ein Stufenverhältnis.[678] Dieser Umstand widerspricht der Richtlinie, derzufolge der Verbraucher zwischen den Nacherfüllungsansprüchen frei wählen kann, und weicht damit zum Nachteil des Verbrauchers von der Richtlinienvorgabe ab. Als Vorbild zur Umsetzung des Rechtsbehelfssystems der Richtlinie eignet sich die Stufung des Art.11 Abs.3 lit.a, b LGDCU daher grundsätzlich nicht. Art.11 Abs.3 LGDCU beinhaltet allerdings keine strenge, absolute Hierarchie, sondern gestattet Ausnahmen. So ist eine vorherige Reparatur nicht zwingend erforderlich, wenn der Verkäufer, wie es gängige Handelspraxis ist, die Ersatzlieferung anbietet und der Käufer ein Interesse daran hat, in kürzester Zeit eine neue oder nicht reparierte Kaufsache zu erhalten.[679] Weist die Kaufsache einen schweren Mangel auf, der sich nur unter Schwierigkeiten reparieren läßt, kann der Verbraucher nach den allgemeinen Regeln des Art.1124 CC sofort Ersatzlieferung oder die Auflösung des Vertrages verlangen.[680] Gewährt der Garantiegeber im Garantiefall anfänglich die Ersatzlieferung, weil ihm die Reparatur der Kaufsache unmöglich erscheint, kann er dem Verbraucher, was in der Praxis freilich selten vorkommt, nicht die Rückzahlung des Kaufpreises aufzwingen, ohne vorher einen Reparaturversuch zu unterneh-

[677] De León Arce/García García-Avilés García, Derechos de los Consumidores y Usuarios, S.607; Parra Lucán, ADC 1988, 523 (538 f.). Dies., in: ADC 1988, 523 (540), kritisiert, daß dem Verbraucher nicht zu seinen Gunsten Nachbesserung und Ersatzlieferung in Art.11 Abs.3 LGDCU zur freien Wahl gestellt wurden.

[678] Bercovitz Rodríguez-Cano-Quicios Molina, Comentarios a la Ley de Condiciones Generales de Contratación, Art.10bis Disp.adic.1ª.II.9ª LGDCU, S.1004 (Rn.28).

[679] De León Arce/García García-Avilés García, Derechos de los Consumidores y Usuarios, S.607, 615. In Spanien ist es bisher gängige Praxis, daß sich Verkäufer in ihren Garantieklauseln ein Wahlrecht zwischen Reparatur und Ersatzlieferung vorbehalten. Parra Lucán, ADC 1988, 523 (539). Das ist auch nach Art.10bis Disp.adic.1ª. II.Nr.9 Satz 2 LGDCU zulässig.

[680] De León Arce/García García-Avilés García, Derechos de los Consumidores y Usuarios, S.607; Rubio Garrido, ADC 1990, 867 (905).

men. Dem Verbraucher würde sonst die Kaufsache vorenthalten, was Art.11 LGDCU gerade verhindern will.[681]

dd) Ergebnis

Der spanische Gesetzgeber kann es bei der geltenden Hierarchisierung des Art.11 Nr.3 lit.a, b LGDCU belassen, da sie sich nur auf die Rechtsbehelfe bezieht, die aus den selbständig neben dem gesetzlichen Kaufgewährleistungsrecht der Art.1484 CC stehenden Garantien[682] folgen. Die Richtlinie harmonisiert die kommerziellen Garantien insoweit nicht. Dagegen verpflichtet die Richtlinie den spanischen Gesetzgeber, die Hierarchisierung der gesetzlichen Gewährleistungsrechte der Verbraucher bei Verbrauchsgüterkäufen an ihrem Modell auszurichten und nur zugunsten der Verbraucher von dieser Vorgabe abzuweichen (Art.8 Abs.2 VbrKfRil).

5. Entwicklung des Rechtsbehelfssystems des Código Civil und die Verbrauchsgüterkaufrichtlinie

Die spanische Zivilrechtsordnung hat sich bereits von der Ausrichtung des Gesetzgebers des CC am Spezieskauf[683] und die für diesen geschaffenen speziellen, letztlich auf dem römischen Recht basierenden[684] Gewährleistungsrecht entfernt.

---

[681] De León Arce/García García-Avilés García, Derechos de los Consumidores y Usuarios, S.607; Parra Lucán, ADC 1988, 523 (539).

[682] Nach Art.7 LGDCU, der das Kapitel III LGDCU eröffnet, zu dem auch Art.11 LGDCU gehört, bestimmt, daß zugunsten des Verbrauchers neben der LGDCU auch die zivil- und handelsrechtlichen Vorschriften anzuwenden sind. STS 17.6.1994; 22.7.1994; 18.3.1995. De León Arce/García García-Avilés García, Derechos de los Consumidores y Usuarios, S.591 f.; Fenoy Picón, Falta de conformidad e incumplimiento, S.363. Für die parallele Anwendbarkeit des Gewährleistungsrechts der Art.1484 CC neben Art.11 LGDCU spricht auch Art.10bis Disp.adic.1ª.II.9ª LGDCU. De León Arce/García García-Avilés García, Derechos de los Consumidores y Usuarios, S.600.

[683] Bercovitz y Rodríguez-Cano, CCJC, n.º 5, 1984, 1593 (1598); Morales Moreno, ADC 1980, 585 (592); Pasquau Liaño, AC 1990-2, 419 (421); Rubio Garrido, ADC 1990, 867 (891). Ortí Vallejo, in: La protección del Comprador, S.425, schließt wegen der Kürze der Ausschlußfrist des Art.1490 CC auf eine Ausrichtung der Art.1484 ff. CC am Spezieskauf.

[684] Zum römisch-rechtlichen Ursprung des Kaufgewährleistungsrechts Morales Moreno, ADC 1980, 585 (592).

a) Stand der Rechtsprechung: Annäherung des Sachmängelgewährleistungsrechts an das Modell der Nichterfüllungshaftung

Eine Unterscheidung nach Gattungs- und Spezieskauf hinsichtlich der Rechtsfolgen bei der Lieferung einer nicht vertragsgemäßen Sache nimmt das Tribunal Supremo entgegen einiger Stimmen in der Literatur[685] nicht vor und wendet unterschiedslos die Rechtsbehelfe des Allgemeinen Schuldrechts neben den Kaufgewährleistungsrechten an. Damit hat sich die Rechtsprechung vorsichtig einem weiter gefächerten, einheitlichen Rechtsbehelfssystem angenähert, das sich, wie bereits das zur nationalen spanischen Rechtsordnung gehörende UN-Kaufrecht, an einem allgemeinen Begriff der Vertragswidrigkeit im weitestem Sinne (als Fall der Nichterfüllung) orientiert.

b) Fortsetzung der Entwicklung aufgrund der Verbrauchsgüterkaufrichtlinie: Einheitliches Leistungsstörungsrecht nach dem Modell des UN-Kaufrechts

Die VbrKfRil greift das einheitliche, auf der Vertragswidrigkeit der Erfüllung basierende Rechtsbehelfssystem des UN-Kaufrechts auf, begrenzt es aber ihrem Zweck entsprechend auf das Kaufgewährleistungsrecht. Die bestehende Disparität zwischen gesetzlichem Modell der Art.1484 ff. CC und der Rechtsanwendung durch das Tribunal Supremo macht es dagegen erforderlich, die Regelung des Schuldrechts des CC über das Kaufrecht hinaus allgemein an die aktuelle Entwicklung anzupassen.[686] Eine Differenzierung der anzuwendenden Gewähr-

---

[685] Bercovitz y Rodríguez-Cano, in: ADC 1969, 777 (778), geht davon aus, daß Gattungs- und Spezieskauf "keine einheitliche Behandlung erlauben". Morales Moreno, in: ADC 1980, 585 (592), bezeichnet die Unterscheidung zwischen Gattungs- und Spezieskauf hinsichtlich der Rechtsfolgen einer Schlechtlieferung als "zwingend". Ebenso Ortí Vallejo, La protección del Comprador, S.25; Llácer Matacás, El saneaminto por vicios ocultos, S.157; Pasquau Liaño, AC 1990-2, 419 (421). Hinsichtlich der bisher im CC geregelten Rechtsbehelfe kann diesem Teil des Schrifttums nicht gefolgt werden. Dagegen ist nach der Einfügung der VbrKfRil in das spanische Recht zu berücksichtigen, daß beim Spezieskauf ein bisher im CC nicht enthaltendes Ersatzlieferungsrecht grundsätzlich unmöglich ist, da zumeist kein passendes Ersatzstück vorhanden ist. Insoweit kann auf eine Unterscheidung zwischen Gattungs- und Spezieskauf nicht verzichtet werden.

[686] Für anpassungsbedürftig hält auch Morales Moreno, in: Fenoy Picón, Falta de conformidad e incumplimiento en la compraventa, Prólogo, S.xxiii, das gesetzliche Modell des CC, da dieser ein allgemeines System der Nichterfüllung aufgrund der besseren Gliederung für geeigneter ansieht, einen angemessenen Interessenausgleich zwischen den Vertragsparteien herzustellen. Ebenfalls für einen Angleichungsbedarf Avilés García, in: De León Arce/García García,

leistungsrechtsbehelfe nach Gattungs- und Spezieskäufen, wonach auf Fälle des Gattungskaufs die Regeln des Allgemeinen Schuldrechts (Art.1101, 1124 CC)[687] und auf Spezieskäufe, wegen der kurzen Ausschlußfrist (Art.1490 CC), die ädilizischen Gewährleistungsrechte (Art.1484 ff. CC) anzuwenden sind, wäre dann tatsächlich grundsätzlich entbehrlich. Die Differenzierung zwischen Gattungs- und Speziesschuld (und Gattungs- und Spezieskauf) findet schon de lege lata keine Grundlage in den Art.1484 ff. CC[688] und wird daher von der Rechtsprechung konsequent nicht berücksichtigt. Der CC gibt dem Rechtsanwender außerdem keine klare Abgrenzung zwischen den allgemeinen Regeln und den Gewährleistungsrechten an die Hand.[689] Wegen des ansteigenden Handels mit Massengütern wird die am Spezieskauf orientierte gesetzliche Gewährleistungshaftung den Anforderungen des Handelsverkehrs nicht mehr gerecht.[690] Die

---

Derechos de los Consumidores y Usuarios, S.588.

687 Bercovitz y Rodríguez-Cano, in: ADC 1969, 777 (832), wendet die Nichterfüllungsregeln nur auf den Gattungskauf an, wenn der Verkäufer wußte, daß die zum Kauf angebotene Sache an einem Mangel leidet ("entrega dolosa de una cosa con vicios ocultos"), ganz gleich, ob es sich um einen verdeckten oder offenbaren Mangel handelt, da die Kaufgewährleistungsrechte in diesem Fall ausgeschlossen sind. Eine Anwendung dieser Regel auf den Handelskauf hält Bercovitz bisweilen für ausgeschlossen, rät aber zu einer entsprechenden Ausweitung des Grundsatzes de lege ferenda. Dagegen nimmt Ortí Vallejo, in: La protección del Comprador, S.361 f., an, daß der Handelskauf in Art.336 Abs.3 CCom gerade, im Gegensatz zum CC, den Gattungskauf regelt und der Käufer auch (wie nach Art.1124 CC) Erfüllung, Vertragsauflösung und Schadensersatz verlangen kann. Ortí, a.a.O., S.424 ff., hält die 15jährige Frist des Art.1964 CC, zu Recht, nicht für alle Fälle angemessen.

688 Das Kaufgewährleistungsrecht des CC enthält nicht, wie etwa das BGB, das auch bisher am Spezieskauf ausgerichtet ist, spezielle Regeln für den Gattungskauf (§§ 480, 491 BGB a.F.). Fenoy Picón, Falta de conformidad e incumplimiento en la compraventa, S.11 f.; Rubio Garrido, Contrato de compraventa y transmisión de la propriedad, S.477 f. Das heißt freilich nicht, daß der Gattungskauf dem CC unbekannt ist (insbesondere Art.1096 Abs.2, 1182, 1452 Abs.3 CC). Zum Unterschied der Rechtsfolgen zwischen Gattungs- und Speziesschulden im spanischen Recht sehr ausführlich Fenoy Picón, Falta de conformidad e incumplimiento en la compraventa, S.23 ff.

689 Die für eine Abgrenzung zwischen Gattungs- und Speziesschuld erforderliche Konkretisierung (vgl. § 243 Abs.2 BGB) wird durch die allgemeinen schuldrechtlichen Vorschriften nicht geregelt. Vermutlich ist dieser Umstand darauf zurückzuführen, daß der Gesetzgeber schon den Gattungskauf nicht eigens gesetzlich normiert hat. Fenoy Picón, Falta de conformidad e incumplimiento en la compraventa, S.99 und 166.

690 Fenoy Picón, Falta de conformidad e incumplimiento en la compraventa, S.76.

Rechtsprechung hat die erforderliche Ausrichtung der gesetzlichen Sachmängelhaftung am Gattungskauf durch Anwendung der Regeln des Allgemeinen Schuldrechts vorweggenommen.[691] Mit der Nichtanwendung der speziellen Gewährleistungsregeln der Art.1484 ff. CC ist ein klarer Bruch der Rechtsprechung mit der gesetzlichen Regelung herbeigeführt worden.[692] Der Gesetzgeber hat der neueren Entwicklung nur in den Garantieregelungen des Allgemeinen Verbraucherschutzgesetzes Rechnung getragen. Art.11 Abs.3 LGDCU unterscheidet nicht zwischen Gattungs- und Speziesschulden und entwirft ein Rechtsbehelfssystem, das dem des Allgemeinen Schuldrechts sehr ähnlich ist.[693] Danach ist der Garantiegeber zur kostenlosen Reparatur und zum Schadensersatz verpflichtet. Ist das Ergebnis der Reparatur nicht zufriedenstellend, kann der Verbraucher Ersatzlieferung oder die Rückerstattung des Kaufpreises verlangen. Allerdings ist zu berücksichtigen, daß die Art.1484 ff. CC neben Art.11 Abs.3 LGDCU anwendbar bleiben (Art.7 LGDCU). Deshalb wird das geltende Modell des CC nur teilweise im Bereich des Verbraucherschutzes durchbrochen.

Das in Spanien seit dem 1.8.1991 geltende UN-Kaufrecht[694] unterscheidet ebenfalls nicht zwischen Gattungs- und Spezieskäufen und verbindet die Rechtsbehelfe des Allgemeinen Schuldrechts mit den besonderen Gewährleistungsregeln. Der Käufer eines internationalen Handelskaufs kann bei Lieferung vertragswidriger Ware (Art.35 CISG) Ersatzlieferung[695], Nachbesserung, Vertragsauflösung[696], Minderung und außerdem Schadensersatz fordern (Art.45 ff., 74 ff.

---

[691] Die überwiegende Zahl der Käufe in heutiger Zeit sind Gattungskäufe, und das Tribunal Supremo hatte deshalb vorrangig solche Fälle zu entscheiden (z.B. STS 1.7.1947; 19.12.1984; so der Einwand von Ortí Vallejo, in: La protección del Comprador, S.168). Das Tribunal Supremo unterscheidet allerdings nicht zwischen Gattungs- und Spezieskäufen, und hat die allgemeinen Nichterfüllungsregeln auch auf Spezieskäufe angewendet (STS 20.2.1981; 1.6.1982). Fenoy Picón, in: Falta de conformidad e incumplimiento, S.174, weist zutreffend darauf hin, daß diese Kumulation von Klagegründen problematisch ist, da die Rechtsprechung keine derart weitgehende Rechtsfortbildungsmacht besitzt, und das Vorgehen der Rechtsprechung das ihr zur Verfügung stehende Mittel der Rechtsauslegung überschreitet.

[692] Fenoy Picón, Falta de conformidad e incumplimiento en la compraventa, S.76.

[693] Fenoy Picón, Falta de conformidad e incumplimiento en la compraventa, S.76.

[694] BOE de 30 de enero de 1991.

[695] Allerdings muß eine wesentliche Vertragsverletzung vorliegen (Art.28 CISG).

[696] Erforderlich ist dazu, daß entweder eine wesentliche Vertragsverletzung des Verkäufers gegeben ist, oder der Verkäufer nicht innerhalb der ihm gesetzten Nachfrist geliefert hat (Art.49

CISG). Mit der Inkorporation eines einheitlichen Leistungsstörungsrechts nach dem Modell des UN-Kaufrechts in den CC[697] könnte der spanische Gesetzgeber die Gelegenheit nutzen, die ihm durch die Verbrauchsgüterkaufrichtlinie gegeben ist, um das Zivilgesetzbuch auf den Stand der vom Tribunal Supremo praktizierten Rechtswirklichkeit zu bringen.

IV. Beweislastumkehr

1. Beweislastregelung im Código Civil

Voraussetzung für die Geltendmachung der Rechtsbehelfe der Wandelung, Minderung und des Schadensersatzes gemäß Art.1486 CC ist nach Art.1484 CC das Vorhandensein eines Mangels vor (oder bei) Kaufvertragsabschluß. Nach spanischem Recht trägt der Käufer grundsätzlich die Beweislast hinsichtlich des Bestehens eines Sachmangels in diesem Zeitpunkt.

2. Beweislastregelung in der LGDCU, Art.11 Abs.1 LGDCU

Einen anfänglichen, bereits zum Zeitpunkt des Vertragsschlusses vorhandenen Mangel muß der Verbraucher nach Art.11 Abs.2 lit.a LGDCU auch zur Ausübung der Rechte aus kommerziellen Garantien beweisen.[698] Der Verbraucher ist in der Praxis aber meist, insbesondere bei technisch aufwendig und kompliziert konzipierten Produkten, nicht in der Lage das korrekte Funktionieren des Guts zu überprüfen.[699] Eine Beweislastumkehr zugunsten des Verbrauchers, wie nach Art.5 Abs.3 VbrKfRil zukünftig zwingend vorgeschrieben, läßt sich dem aus-

---

Abs.1 lit.a, b CISG).

[697] Dafür Fenoy Picón, in: Falta de conformidad e incumplimiento en la compraventa, S.8, 77, 177, 240 f. und 367 ff., die eine Entwicklung des spanischen Zivilrechts in Richtung auf ein einheitliches Rechtsbehelfssystem aus den speziellen Gewährleistungsrechten und den allgemeinen Nichterfüllungsregeln feststellt und begrüßt. Pantaleón, in: ADC 1991, 1019 (1050 f.), tritt ebenfalls dafür ein, daß de lege ferenda die Mängelgewährleistungsrechte, nach dem Vorbild des UN-Kaufrechts, in die allgemeinen Nichterfüllungsregeln eingebunden werden. Einzig das Minderungsrecht hält er in der bestehenden Form, d.h. nicht als Schadensersatzvorschrift, für erhaltungswürdig (a.a.O.). Ders., in: ADC 1993, 1719 (1720 ff.).

[698] Fenoy Picón, Falta de conformidad e incumplimiento, S.353.

[699] De León Arce/García García-Avilés García, Derechos de los Consumidores y Usuarios, S.609.

drücklichen Wortlaut der LGDCU nicht entnehmen.[700] Die herrschende Meinung[701] wendet trotzdem die Vermutung an, daß Mängel, die in der Geltungsfrist der Garantie auftreten, anfänglich sind. Der Garantiegeber kann sich durch Gegenbeweis von seiner Garantieverpflichtung befreien.[702] Da die Garantie nach Art.12 Abs.2 LOCM für langlebige Güter mindestens eine Geltungsdauer von sechs Monaten nach der Übergabe aufweisen muß, gilt die Vermutung mindestens für diesen Zeitraum und reicht bei vom Garantiegeber gewährten längeren Garantiefristen sogar darüber hinaus. Allerdings genügt die Begrenzung auf kommerzielle Garantien für langlebige Güter den Vorgaben der Richtlinie hinsichtlich des Anwendungsbereichs nicht. Die sechsmonatige Vermutung der Vertragswidrigkeit der Kaufsache bei Lieferung gemäß Art.5 Abs.3 VbrKfRil soll einen Mindestmaßstab des Verbraucherschutzes in Bezug auf die Verkäuferhaftung aus gesetzlichen Garantien (Kaufgewährleistungshaftung) schaffen. Zwar schreibt Art.11 Abs.2 LGDCU bei langlebigen Gütern zwingend die Gewährung einer Garantie vor, diese tritt jedoch nicht an die Stelle der gesetzlichen Gewährleistungsrechte, sondern ergänzt diese lediglich in Form einer selbständigen Garantie. Die Richtlinie reicht außerdem nicht so weit, eine Vermutungsregelung für kommerzielle

---

[700] Gegen die Annahme einer Beweislastumkehr für den Nachweis anfänglicher Mängel aus Art.11 LGDCU ist daher Rubio Garrido, in: ADC 1990, 867 (898 f.). Nach Avilés García, in: De León Arce/García García, Derechos de los Consumidores y Usuarios, S.610, ergibt sich aus der Formulierung des Art.11 Abs.1 LGDCU, daß der Verbraucher Qualitätsgarantien wirksam geltend machen können soll („...pueda hacer efectivas las garantías de calidad..."), die Grundlage für eine Beweislastumkehr. Doch auch, wenn man eine derart weitgehende Auslegung des Wortlauts von Art.11 Abs.1 LGDCU zuläßt, stellt eine Beweislastumkehr ohne zeitliche Grenzen eine unverhältnismäßige Belastung des Verkäufers dar, und ist daher abzulehnen.

[701] STS 23.5.1991. Bercovitz/Bercovitz-Rodrigo Bercovitz Rodríguez-Cano, Estudios jurídicos sobre protección de los consumidores, S.219; Bercovitz/Salas-García Cantero, Comentarios LGDCU, Art.11, S.383; De León Arce/García García-Avilés García, Derechos de los Consumidores y Usuarios, S.608; Duque Domínguez, La protección, EC, 1984, nº 3, S. 51 (78); Fenoy Picón, Falta de conformidad e incumplimiento, S.354; Parra Lucán, ADC 1988, 523 (531); Reyes López-Reyes López, Derecho de Consumo, S.330. Rodrigo Bercovitz Rodríguez-Cano, in: CCJC, nº 26, 1991, 603 ff.; CCJC, nº 33, 1993, 863 ff., hat sich im Anschluß an die Entscheidung STS 23.5.1991 gegen die Annahme einer Beweislastumkehr zugunsten des Verbrauchers ausgesprochen, da diese im Gesetz keine Grundlage finde.

[702] STS 23.5.1991. De León Arce/García García-Avilés García, Derechos de los Consumidores y Usuarios, S.609.

Garantien vorzuschreiben. Ohnehin würde eine bloß richtlinienkonforme Auslegung des nationalen Rechts nicht zur Umsetzung der Richtlinie ausreichen.

3. Ergebnis

In das spanische Recht muß daher, in Bezug auf Verbraucherkäufe, zwingend die Vermutung des Art.5 Abs.3 VbrKfRil Eingang finden, nach der angenommen wird, daß das Verbrauchsgut bereits im Zeitpunkt der Lieferung vertragswidrig war, wenn die Vertragswidrigkeit innerhalb von sechs Monaten nach der Lieferung offenbar wird. Dem Gesetzgeber steht aber frei, die Einschränkung zu übernehmen, wonach die Vermutung nicht eingreift, wenn sie mit der Art des Gutes oder der Art der Vertragswidrigkeit unvereinbar ist.

V. Gewährleistungsfrist

1. Gewährleistungsfrist des Código Civil

Die Kaufgewährleistungsrechte der Art.1484 ff. CC unterliegen der kurzen sechsmonatigen Frist des Art.1490 CC, die nach herrschender Ansicht eine Ausschlußfrist ist. Die Richtlinie nimmt keine Stellung zum Verhältnis von Ausschluß- und Verjährungspflichten. Ausschlußfristen unterscheiden sich von Verjährungsfristen im wesentlichen dadurch, daß sie nicht gehemmt oder unterbrochen werden können und Ansprüche nach ihrem Ablauf nicht lediglich undurchsetzbar werden, sondern ganz erlöschen. Die Richtlinie stellt den Mitgliedstaaten frei, ob die Frist durch Vergleichsverhandlungen zwischen den Parteien gehemmt oder unterbrochen werden können. Der spanische Gesetzgeber ist mithin nicht gezwungen für den Verbrauchsgüterkauf eine Verjährungsfrist einzuführen. Der Gesetzgeber kann es bei dem Modell der Ausschlußfrist des Art.1490 CC belassen. Zwingend ist aber für den Verbrauchsgüterkauf eine nach der Lieferung beginnende mindestens zweijährige Ausschlußfrist vorzusehen (Art.5 Abs.1 S.1 VbrKfRil), innerhalb derer die Vertragswidrigkeit offenbar werden muß, damit der Verbraucher seine Gewährleistungsrechte behält. Da es sich um eine Mindestschutzfrist handelt, kann der spanische Gesetzgeber auch eine längere Ausschlußfrist einführen. Zu beachten ist, daß die Richtlinie die lange Zweijahresfrist nur für die Verbraucherrechtsbehelfe der Ersatzlieferung, Nachbesserung, Minderung und Vertragsauflösung zwingend vorschreibt. Schadensersatzansprüche können theoretisch weiterhin der kurzen sechsmonatigen Frist unterliegen

(Art.1486 Abs.2 CC). Dies könnte im spanischen Gewährleistungsrecht zu Friktionen führen, bleibt aber letztlich dem Gesetzgeber überlassen. Die Richtlinie harmonisiert des weiteren die Gewährleistung des Verbrauchers wegen Viehmängeln. Die speziellen sehr kurzen Verfalls- oder Verjährungsfristen der spanischen Viehmängelgewährleistung sind daher, soweit sie gegenüber Verbrauchern gelten, gemeinschaftsrechtswidrig und müssen aufgehoben werden. Die sich aus einem Verbraucherkauf gebrauchter Güter ergebenden Gewährleistungsrechte können einer kürzeren einjährigen Frist unterstellt werden (Art.7 Abs.1 S.2 VbrKfRil). Entgegen der bisherigen Rechtsprechung[703] ist eine Verkürzung der zwingenden Gewährleistungsfristen der Richtlinie nicht möglich.

2. Entwicklung der Rechtsprechung

Die sechsmonatige Gewährleistungsfrist des Art.1490 CC wurde schon bisher als in vielen Fällen zu kurz kritisiert[704] und hat die Rechtsprechung dazu veranlaßt, die Ansprüche des Allgemeinen Schuldrechts neben den Gewährleistungsrechten des Art.1486 CC anzuwenden. Danach kann der Käufer einer mangelhaften Sache schon bisher wegen Nichterfüllung Schadensersatz (Art.1101 CC) oder Auflösung des Kaufvertrags (Art.1124 CC) in der 15jährigen Verjährungsfrist des Art.1964 CC verlangen.[705]

VI. Rügeobliegenheit

Nach der Richtlinie kann für den Verbrauchsgüterkauf eine zweimonatige Rügeobliegenheit des Verbrauchers, gerechnet ab der Feststellung der Vertragswidrigkeit, in das spanische Recht eingefügt werden. Veränderungen der geltenden Rechtslage sind nicht zwingend vorzusehen, wenn der Verbraucher nach der geltenden nationalen Rechtslage nicht einer strengeren Rügeobliegenheit unterliegt.

---

703 Insbesondere STS 23.5.1991.

704 De León Arce/García García-Avilés García, Derechos de los Consumidores y Usuarios, S.605; Fenoy Picón, Falta de conformidad e incumplimiento, S.75.

705 De León Arce/García García-Avilés García, Derechos de los Consumidores y Usuarios, S.605, m.w.N.

1. Auswirkungen auf den Código Civil

Den Käufer trifft nach Art.1484 2.HS CC grundsätzlich keine Obliegenheit zur Mängeluntersuchung der Kaufsache. Besitzt der Käufer besondere Sachkunde hinsichtlich der von ihm erworbenen Waren, so muß er bei offenbaren Fehlern die Kaufsache zurückweisen und bei verdeckten Mängeln seine Gewährleistungsrechte in der gesetzlichen Ausschlußfrist von sechs Monaten ausüben. Bleibt es bei der bestehenden Rechtslage, sind Käufer nicht zu einer Mängeluntersuchung verpflichtet,[706] müssen aber Waren hinsichtlich derer sie besonders sachkundig sind und die offenbare Fehler haben, zurückweisen, um ihre gesetzlichen Gewährleistungsrechte der Art.1484 ff. CC ausüben zu können. Danach muß auch der professionelle Käufer, der für private Zwecke einkauft, Ware mit offenbaren Mängeln sofort zurückweisen, wenn er nicht seine Rechte aus Art.1484 ff. CC verlieren will. Nach der Richtlinie darf aber auch für sachkundige Verbraucher hinsichtlich offensichtlicher Mängel höchstens eine zweimonatige Rügefrist gelten. Für Verbrauchsgüterkäufe muß der spanische Gesetzgeber künftig, jedenfalls im Hinblick auf die Rechtsbehelfe der Wandelung und der Minderung, eine mindestens zweimonatige Rügefrist vorsehen.

2. Auswirkungen auf die LGDCU

Die Rechtsbehelfe der Nachbesserung und Ersatzlieferung aus Art.11 LGDCU unterliegen dagegen nicht der Beschränkung des Art.1484 2.HS CC. Dies gilt auch für das Recht auf Vertragsauflösung gemäß Art.11 Abs.3 lit.b LGDCU, da auf dieses Recht Art.1124 CC anzuwenden ist. Außerdem ergibt sich dies aus der Verbraucherdefinition des Art.1 Abs.3 LGDCU. Danach unterfällt der Unternehmer, der eine Ware für persönliche Zwecke erwirbt, dem Verbraucherbegriff auch dann, wenn er sachverständig hinsichtlich der konkreten Ware ist.[707]

Wird bei Kaufverträgen mit einem Verbraucher durch Allgemeine Geschäftsbedingungen die Pflicht des Käufers vereinbart, die Ware bei Übergabe auf Qualitäts- oder Quantitätsfehler zu untersuchen, muß die Klausel nach Art.11 Abs.1 LGDCU diesen in die Lage versetzen, sich über Natur, Eigenschaften, Zustand, Verwendbarkeit und Verwendungszweck des Produktes informieren zu können. Art.11 Abs.1 LGDCU ist insoweit zugunsten der Verbraucher um eine mindestens zweimonatige Rügefrist ab der Feststellung des Mangels durch den

---

706 Díez-Picazo y Ponce de León-Miquel Gonzáles, Art.43, S.392.

707 Reyes López-Fernández Gimano, Derecho de Consumo, S.104.

Verbraucher zu ergänzen. Der Gesetzgeber kann freilich auch eine längere Frist vorsehen.

VII. Letztverkäuferregreß

1. Verpflichtung zur Einräumung eines Letztverkäuferregresses

Das spanische Recht muß dem Letztverkäufer, der dem Verbraucher wegen Mängeln der Ware haftet, die auf ein Verhalten des Herstellers oder Zwischenpersonen beruhen, einen Regreßanspruch gegen eines dieser Glieder der Vertriebskette einräumen. Die Regelung der Verjährung des Rückgriffsanspruchs ist den Mitgliedstaaten überlassen. Um den zu schaffenden Rückgriffsanspruch nicht für den Fall leerlaufen zu lassen, daß der Verbraucher die Gewährleistungsfrist ausschöpft, sollte der spanische Gesetzgeber die Frist zur Ausübung des Rückgriffs an die Gewährleistungsfrist der Richtlinie anpassen, aber länger als die Frist des Verbrauchers gestalten bzw. eine entsprechende Ablaufhemmung vorsehen oder wenigstens die kurze Frist erst bei Inanspruchnahme des Letztverkäufers durch den Verbraucher in Gang setzen. Die kurze viertägige handelsrechtliche Frist des Art.336 Abs.2 CCom oder die 30tägige Ausschlußfrist des § 342 CCom für versteckte Mängel ("vicios internos") zur Geltendmachung der Gewährleistungsrechte stehen einem Rückgriff des Letztverkäufers möglicherweise ebenfalls entgegen. Die Bestimmung der Modalitäten des Rückgriffs bleibt nach Art.4 VbrKfRil dem Gesetzgeber überlassen. Ein Mindestschutzgehalt zugunsten des Letztverkäufers sieht die VbrKfRil außerdem nicht vor. Art.8 Abs.2 VbrKfRil dient nur dazu, dem Verbraucher ein möglichst hohes Schutzniveau zu gewährleisten. Andererseits sind die Mitgliedstaaten zur Einrichtung eines Rückgriffs für den Letztverkäufer verpflichtet, der indirekt auch dem Verbraucher dient, der in der Regel einen solventen Anspruchsgegner gewinnt. Entscheidend ist, daß der Rückgriff des Letztverkäufers durch das nationale Recht nicht nahezu gänzlich ausgeschlossen sein darf. Um dies zu vermeiden, muß der spanische Gesetzgeber jedenfalls die sehr kurze Frist des § 336 Abs.2 CCom an die 30tägige Frist des § 342 CCom annähern. Sinnvoll ist in diesem Zusammenhang eine Orientierung an der flexiblen Rügeregelung des UN-Kaufrechts, das in Art.43, 44 CISG eine Mängelanzeige der Käufer in angemessener Frist ("plazo razonable") ausreichen läßt, womit den jeweiligen Umständen im Einzelfall sachgerecht Rechnung getragen wird.

2. *Keine Verpflichtung zur Einführung einer Herstellerdurchgriffshaftung*

Die VbrKfRil verpflichtet den spanischen Gesetzgeber im übrigen nicht zur Einführung einer Direkthaftung des Herstellers gegenüber Verbrauchern aus Gewährleistungsrecht. In der spanischen Literatur hat es Versuche gegeben, den Haftungsdurchgriff des Verbrauchers gegen den Hersteller durch die Konstruktion einer "acción directa" für das spanische Recht herzuleiten. Dieser Ansatz wird von der geltenden Gesetzeslage nicht gedeckt. Auf europäischer Ebene hat sich der Vorschlag der zwingenden Einführung einer Herstellerdurchgriffshaftung, wie sie noch im Grünbuch zur Verbrauchsgüterkaufrichtlinie vorgesehen war, vorerst nicht durchgesetzt und ist nicht Bestandteil der Regelungen des endgültigen Richtlinientextes geworden. Dem spanischen Gesetzgeber bleibt es nunmehr überlassen, de lege ferenda, in überobligatorischer Umsetzung der VbrKfRil und im Vorgriff auf eine möglicherweise erforderliche zukünftige europäische Harmonisierung der Durchgriffsrechte (Erwägungsgrund 23, Satz 2), jedenfalls für den Bereich der Verbrauchsgüterkäufe, eine vertragliche Durchgriffshaftung des Herstellers gegenüber Verbraucher ausdrücklich gesetzlich zu verankern.[708] Insbesondere sollte in diesem Zusammenhang der gesetzestechnische Mangel der LGDCU in deren Kapitel VIII behoben werden, der bis heute verschleiert, ob die Art.25 ff. LGDCU auf außervertragliche und vertragliche Schuldverhältnisse Anwendung finden.[709] Aus der Systematik des Gesetzes, im Zusammenhang mit Art.11 LGDCU, ergibt sich bisher eine Beschränkung der Vorschriften auf außervertragliche Schuldverhältnisse. Eine Direkthaftung des Herstellers kann daher in der vorliegenden gesetzlichen Konstellation aus Art.27 Abs.1 lit.a LGDCU nicht hergeleitet werden. Die weite Formulierung der Überschrift des Kapitels "Garantien und Verantwortlichkeiten" ("garantías y responsabilidades") ist de lege ferenda entsprechend zu konkretisieren, um den Anwendungsbereich für die Zukunft zu klären. Aus dogmatischen Gesichtspunkten sollte ein künftiger Herstellerdurchgriffsanspruch, sofern er rechtspolitisch gewollt ist, in einer eigenen gesetzlichen Regelung, möglicherweise im Rahmen der Art.11 ff. LGDCU oder einem Verbrauchsgüterkaufgesetz, geschaffen werden. Gleichzeitig sollte die Überschrift des Kapitels VIII in "Außervertragliche Verantwortlichkeiten" ("responsabilidades extracontractuales") klarstellend umformuliert werden.

---

[708] Morales Moreno, ADC 1999 II 1, 265 (285).

[709] Auf die Problematik weist auch Reyes López-Fernández Gimeno, Derecho de Consumo, S.54, hin.

VIII. Garantie

Die verbraucherschützenden Vorgaben der Richtlinie hinsichtlich selbständiger Garantien (Art.6 VbrKfRil) sind zwingend in das spanische Recht umzusetzen. Dies betrifft die vom Kaufvertrag unabhängigen Haftungsvereinbarungen von Herstellern oder Händlern mit Verbrauchern. Das Allgemeine Verbraucherschutzgesetz (LGDCU) beinhaltet bereits weitreichende Verbraucherschutzvorschriften betreffend selbständiger Garantien in Art.11 des Kapitels III unter dem Titel "Schutz der wirtschaftlichen Interessen der Verbraucher und Nutzer". Die dort verankerten Anforderungen gehen teilweise über das von der Richtlinie geforderte Maß hinaus, bleiben aber auch zum Teil nicht unwesentlich hinter den Anforderungen der Richtlinie zurück. Ergänzt werden die Bestimmungen des Art.11 LGDCU durch Art.12 LOCM, dessen Bestimmungen unter der amtlichen Überschrift "Garantie und Kundendienst" ("Garantía y servicio postventa") stehen.

1. Bindungswirkung der Garantie

Die Richtlinie schreibt vor, daß der Garantierende an seine Garantieerklärung und einschlägige Werbung gebunden sein muß (Art.6 Abs.1 VbrKfRil). Von Art.11 LGDCU wird die Verbindlichkeit der vertraglichen Garantie stillschweigend vorausgesetzt. Das spanische Recht verpflichtet den Hersteller und den Lieferanten langlebiger Güter sogar zur Eingehung einer Garantie (Art.11 Abs.2 LGDCU). Außerdem erweitert das in Art.8 Nr.1 Satz 2 LGDCU verankerte Prinzip der Wahrhaftigkeit von Werbeaussagen die einforderbaren vertraglichen Verpflichtungen um die lediglich in der Werbung enthaltenen Aussagen. Dies geht noch über die Anforderungen der Richtlinie hinaus. Eine klarstellende Vorschrift hinsichtlich der Verbindlichkeit selbständiger Garantien wäre aber aus Gründen der Rechtsklarheit wünschenswert.

2. Transparenz der Garantie

Die LGDCU beinhaltet keine Regelung, die vorsieht, daß eine Garantie in ihrem Inhalt dem Verbraucher darlegen muß, daß die gesetzlichen Gewährleistungsrechte der Art.1484 ff. CC von der Garantie nicht betroffen werden. Dies setzt Art.11 Abs.1 LGDCU wiederum stillschweigend voraus, da die Vorschriften des Allgemeinen Verbraucherschutzgesetzes lediglich zusätzlich neben die Vorschriften des CC treten. Der Verbraucher wird daher bislang nicht ausreichend davor geschützt, daß Garantiegeber Hinweise auf die gesetzlichen Kaufgewährleistungsrechte vermeiden und den Verbraucher bewußt in dem Glauben lassen, die kommerziellen Garantien seien ihr einziger gesetzlicher Schutz bei Mängeln der Kaufsache.[710] Das spanische Verbraucherschutzrecht muß um eine entsprechende ausdrückliche Klarstellung ergänzt werden (Art.6 Abs.2 Spiegelstrich 1 VbrKfRil), die den Garantiegeber dazu verpflichtet, auf den Bestand der gesetzlichen Gewährleistungsrechte hinzuweisen.

Schon bisher schrieb das spanische Verbraucherrecht vor, daß die Garantie dem Verbraucher ermöglichen muß, sich der Natur, Beschaffenheit, Bedingungen und Tauglichkeit oder Zweck des Produktes zu versichern und die Qualitätsgarantien wirksam geltend machen zu können (Art.11 Abs.1 LGDCU). Das Gebot der Transparenz der Richtlinie erfordert aber die deutliche Herausstellung, daß die Garantie dabei die wesentlichen, zur Inanspruchnahme der Garantie erforderlichen Angaben enthalten muß, die in einfachen und klaren Formulierungen abzufassen sind. Während die LGDCU die Angabe des Garantierenden (was wohl auch dessen Anschrift umfaßt) und der Garantiefrist nur für die schriftlich abzufassende Garantie des Herstellers oder Lieferanten bei langlebigen Gütern vorschreibt und auf das Erfordernis der Bestimmung des Geltungsbereichs des Garantieschutzes ganz verzichtet, sind nach der Richtlinie diese Bestandteile für alle Garantien jeder garantierenden Person zwingend einzuhalten (Art.6 Abs.2 Spiegelstrich 2 VbrKfRil). Der Garantiebestimmungen der LGDCU müssen deshalb entsprechend erweitert werden.

3. Verbraucherrechte aus der Garantie

Der Verbraucher muß gemäß Art.6 Abs.3 VbrKfRil jede Garantie schriftlich oder auf einem dauerhaften Datenträger abgespeichert verlangen können. Nach geltendem Recht sind Hersteller oder Lieferanten schon bisher dazu verpflichtet Garantien für langlebige Güter (Art.11 Abs.2-5 LGDCU) schriftlich an den Verbraucher auszugeben. Die Richtlinie läßt es ausreichen, wenn dem Verbraucher auf Nachfrage eine schriftliche Ausfertigung oder technisch abgespeicherte Version der Garantie zur Verfügung gestellt und ihm zugänglich gemacht wird. Dieser Grundsatz ist vom spanischen Gesetzgeber mit Geltung für alle Gütergruppen umzusetzen.

---

[710] Reyes López-Reyes López, Derecho de Consumo, S.332.

4. Gültigkeit der Garantie

Sowohl die Richtlinie, als auch bisher schon die LGDCU, sehen keine Sanktionen bei Verstoß gegen die Garantieanforderungen vor. Nach Art.6 Abs.5 VbrKfRil haben Verstöße des Garantiegebers gegen den von der Richtlinie geforderten Mindestgehalt der Garantie keine Auswirkung auf die Gültigkeit der Garantie. Der Verbraucher darf die Garantie weiterhin geltend machen und ihre Einhaltung verlangen. Nach bisher geltendem spanischen Recht hat das Fehlen der in Art.11 Abs.2 LGDCU aufgezählten Mindestanforderungen der Garantie für langlebige Güter in keinem Fall den Verlust der Garantie zur Folge.[711] Diese Regel ist nunmehr in positives Recht umzusetzen und auf alle Verbrauchsgüter auszudehnen.

5. Auswirkungen auf die Mindestgarantiefrist, Art.11 Abs.3 LGDCU i.V.m. Art.12 Abs.2 LOCM

Art.11 Abs.3 LGDCU i.V.m. Art.12 Abs.2 LOCM schreibt im Gegensatz zur Richtlinie eine Mindestgarantiefrist von sechs Monaten ab Übergabe der Sache für langlebige Güter, bei denen Mängel möglicherweise erst zum Ende der gesetzlichen Gewährleistungsfrist (Art.1490 CC) auftreten können, vor. Ziel dieser Regelung war ein Gleichlauf der Fristen gesetzlicher und kommerzieller Garantien, um Verbraucher vor der Verschleierung ihrer gesetzlichen Gewährleistungsrechte durch Unternehmer zu schützen. Nach dem Inhalt der Richtlinie ist die Mindestfrist der kommerziellen Garantien für langlebige Güter nicht notwendig anzupassen. Denkbar ist auch eine Aufhebung sämtlicher bestehender Mindestgarantiefristen. Rechtspolitisch erscheint dieser Weg indes kaum durchsetzbar. Im Interesse eines möglichst effektiven und umfassenden Verbraucherschutzes könnte es Sinn machen, die in Art.12 Abs.2 LOCM geregelte Frist im Hinblick auf die von der Richtlinie für gesetzliche Garantien gegenüber dem Verkäufer vorgeschriebene Frist von zwei Jahren zu verlängern. Der Verbraucher-Käufer langlebiger Güter wäre durch kommerzielle Garantien anderenfalls nur noch während eines kürzeren Zeitraums geschützt als durch seine gesetzlichen Gewährleistungsrechte. Schon bisher gilt eine um die Hälfte kürzere Frist nach den königlichen Verordnungen 1457/1986 vom 18.Januar, die eine dreimonatige Garantiefrist oder eine Laufleistung von höchstens 2000 Kilometern für Kraftfahrzeuge vorschreibt, wobei Industriefahrzeuge sogar nur einer 15tägigen Frist unterliegen, sowie 58/1988 vom 29.Januar, die ebenfalls eine nur dreimonatige

---

[711] Reyes López-Reyes López, Derecho de Consumo, S.331.

Garantiefrist für Haushaltsgeräte vorschreibt. Diese Fristen sind nicht durch Art.12 Abs.2 LOCM verdrängt worden, sondern sind als speziellere Vorschriften auf die entsprechenden Güter anzuwenden.[712] Der Zweck des Art.12 Abs.2 LOCM in seinem ursprünglichem Sinn, den Verbraucher durch gleichlange Fristen gesetzlicher und kommerzieller Garantien vor einer Irreführung über seine Gewährleistungsrechte zu schützen, erscheint ohne eine Anpassung an die Richtlinie nicht mehr im gleichen Maße gewährleistet, wie ursprünglich vom Gesetzgeber beabsichtigt. Besonders augenscheinlich wird dies nach der Umsetzung der VbrKfRil für Kraftfahrzeuge und Haushaltsgeräte, für die die gesetzliche Garantiefrist grundsätzlich um das achtfache länger sein wird als die Mindestfrist für kommerzielle Garantien. Dies gilt jedenfalls für die Ansprüche des Verbrauchers gegen den Verkäufer. Mit einer Anpassung der Mindestfristen kommerzieller Garantien einher ginge auch eine Verschärfung der Haftung von Garantiegebern, die nicht gleichzeitig auch Verkäufer der Verbrauchsgüter sind (Hersteller, Importeure etc.). Die betreffenden Garantiegeber werden in der Praxis versuchen, ihre Garantieleistungen "herunterzuschrauben" oder ganz auf Garantieerklärungen zu verzichten. Das ist aber nach spanischem Recht, jedenfalls für langlebige Güter de lege lata nicht möglich, da Art.11 Abs.2 LGDCU Unternehmer bzw. Lieferanten zur Leistung kommerzieller Garantien unter Gewährung der in Art.11 Abs.3 LGDCU vorgesehenen Mindestrechtsbehelfe verpflichten. Durch die Angleichung der Mindestfristen kommerzieller Garantien an die, durch die VbrKfRil vorgegebenen Fristen, wäre mithin im spanischen Recht nahezu eine Ausdehnung der Gewährleistungshaftung der VbrKfRil auf den Hersteller zu erreichen. Ob der spanische Gesetzgeber diesen Schritt wagen sollte, ist eine rechtspolitische Frage. Jedenfalls empfiehlt es sich, die Sonderregelungen der königlichen Verordnungen hinsichtlich der Garantiefristen für Kraftfahrzeuge und Haushaltsgeräte aufzuheben, um zu verhindern, daß zukünftig drei verschiedene Fristen für gesetzliche Gewährleistungsrechte im Verbrauchsgüterkauf (zwei Jahre), kommerzielle Garantien im allgemeinen (sechs Monate) und kommerzielle Garantien für Kraftfahrzeuge und Haushaltsgeräte (drei Monate) gelten.

---

[712] De León Arce/García García-Avilés García, Derechos de los Consumidores y Usuarios, S.602.

6. Überführung der Art.12 Abs.2, 3 LOCM in Art.11 Abs.3, 5 LGDCU

Entscheidet sich der spanische Gesetzgeber für eine Angleichung der Garantiefrist an die Gewährleistungsfrist des Art.5 Abs.1 VbrKfRil, so sollte der gesamte Art.12 LOCM in Art.11 LGDCU überführt werden, zu dessen Ergänzung er geschaffen wurde. Insbesondere sollte die zeitliche Bestimmung der Garantiefrist (Art.12 Abs.2 LOCM) in Art.11 Abs.3 LGDCU, der auf die Garantiefrist Bezug nimmt, eingefügt werden. Ebenso wäre anzuraten, die Festlegung des Zeitraumes, innerhalb dessen der Verbraucher Recht auf die Bereithaltung von Ersatzteilen hat (Art.12 Abs.3 LOCM), in Art.11 Abs.5 LGDCU zu regeln.[713] Damit ließe sich zukünftig die bisher vorhandene, über verschiedene Gesetze verstreute Regelung des Verbraucherschutzes bei selbständigen Garantien vermeiden.[714]

7. Auswirkungen auf die Mindestrechtsbehelfe, Art.11 Abs.3 LGDCU

Nach Umsetzung der Verbrauchsgüterkaufrichtlinie in das spanische Recht wären die besonderen Mindestrechtsbehelfe, welche für Garantien langlebiger Güter in Art.11 Abs.3 LGDCU vorgesehenen sind, nahezu entwertet, da diese hinter dem Schutz der, durch die Richtlinie vorgegebenen, gesetzlichen Gewährleistungsrechte zurückbleiben. Die Mindestrechte der Garantie nach Art.11 Abs.3 lit.a LGDCU sind zunächst nur auf eine Nachbesserung ausgerichtet und schreiben nicht auch sofort wahlweise eine Ersatzlieferung für den Verbraucher vor. Ein Ersatz der mangelhaften Sache ist erst nach unzufriedenstellender Nachbesserung vorgesehen. Der Verbraucher stünde damit nach Umsetzung der VbrKfRil in das spanische Recht im Rahmen der gesetzlichen Gewährleistung besser als nach den Vorschriften für kommerzielle Garantien in Art.11 LGDCU. Die Vorschriften des Art.11 Abs.3 LGDCU liefen faktisch leer. Schon bisher steht dem Verbraucher nach dem Wortlaut der Mindestvorgaben für kommerzielle Garantien in Art.11 Abs.3 lit.b LGDCU kein Minderungsrecht zu. Diese Lücke wird dadurch ge-

---

713 Verbraucherschutzvorschriften über den Kundendienst, die noch im Grünbuch zur Verbrauchsgüterkaufrichtlinie vorgesehen waren, sind schon im ersten Richtlinienvorschlag nicht mehr berücksichtigt worden, und haben keinen Eingang in den endgültigen Richtlinientext gefunden. Eine Veränderung der entsprechenden spanischen Vorschriften ist daher aufgrund der Richtlinie nicht zwingend erforderlich.

714 Avilés García, in: De León Arce/García García, Derechos de los Consumidores y Usuarios, S.586 f., bezeichnet den bisherigen Zustand zutreffend als "bedauerliche und ärgerliche Wanderung zwischen verschiedenen gesetzlichen Vorschriften" und hofft diesbezüglich auf "bessere Zeiten".

schlossen, daß der Verbraucher Minderung nach dem parallel anwendbaren Art.1486 Abs.1 CC verlangen darf (Art.7 LGDCU). Eine weitere Aushöhlung der Mindestrechte für kommerzielle Garantien kann nur durch eine Angleichung an die durch die Richtlinie eingeführte gesetzlichen Gewährleistung verhindert werden. Festzuhalten ist indes, daß dies durch die Richtlinie nicht zwingend geboten ist.

XI. Zwingende Gewährleistungsregeln

Der spanische Gesetzgeber wird durch Art.7 VbrKfRil verpflichtet, die Gewährleistungsrechte des Verbrauchers beim Verbrauchsgüterkauf als zwingendes nationales Recht umzusetzen. Die Verbrauchergewährleistungsrechte der Richtlinie dürfen nicht durch Individualvereinbarung oder AGB abbedungen werden können. Die Vorschriften des spanischen Allgemeinen Verbraucherschutzgesetzes, insbesondere die obligatorischen Mindestrechtsbehelfe aus kommerziellen Garantien für langlebige Güter nach Art.11 Abs.3 LGDCU, sind ebenfalls nach Art.2 Abs.3 LGDCU nicht im voraus abdingbar.[715] Eine solche Abbedingung ist (absolut) nichtig.[716] Dies stellt die wichtigste Neuerung der LGDCU gegenüber den dipositiv ausgestalteten Regeln (Art.1485 Abs.2 CC) der gesetzlichen Gewährleistungsrechte der Wandelung und Minderung wegen verborgener Mängel (Art.1486 Abs.1 CC) dar. Dadurch sollten die Rechte des Verbrauchers an die Anforderungen des modernen Wirtschaftsverkehrs angepaßt werden.[717] Durch die Richtlinie veranlaßt, sind die gesetzlichen Gewährleistungsrechte des Verbrauchers in das System zwingender Rechte miteinzubeziehen.

Wegen der besonderen Bedeutung des zwingenden Charakters der durch die VbrKfRil vorgeschriebenen Gewährleistungsrechte, sollte die Umsetzung des

---

[715] Fenoy Picón, Falta de conformidad e incumplimiento en la compraventa, S.347 und 354. Rodrigo Bercovitz-Rodríguez Cano, in: Bercovitz/Bercovitz, Estudios jurídicos sobre la protección de los consumidores, S.217, und Parra Lucán, in: ADC 1988, 523 (536), schließen die zwingende Natur der Garantie aus dem Wortlaut des Art.11 LGDCU.

[716] Martinez de Aguirre y Aldaz, in: Bercovitz/Salas, Comentarios LGDCU, Art.2, S.70 ff.; Morales Moreno, ADC 1999 II 1, 265 (275 f.).

[717] De León Arce/García García- Avilés García, Derechos de los Consumidores y Usuarios, S.590; Parra Lucán, ADC 1988, 523 f.

Art.7 VbrKfRil durch eine eigenständige Vorschrift geschehen.[718] Wird die Richtlinie durch Einfügung in die LGDCU umgesetzt, erstreckt sich der Schutz des Art.2 Abs.3 LGDCU automatisch auch auf die eingefügten Gewährleistungsrechte. Dem Umsetzungserfordernis wäre damit inhaltlich genüge getan. Erfolgt die Umsetzung hingegen in einem anderen, möglicherweise neu geschaffenen Spezialgesetz, muß der zwingende Charakter der Verbraucherrechte dort ausdrücklich festgestellt werden.

X. Internationales Privatrecht

Spanien ist zur Umsetzung der kollisionsrechtlichen Regelung des Art.7 Abs.2 VbrKfRil verpflichtet. Danach muß der spanische Gesetzgeber dafür sorgen, daß die dem Verbraucher durch die Richtlinie eingeräumten Rechte nicht durch Vereinbarung des Rechts eines Nicht-Mitgliedstaates der EU ausgeschlossen werden dürfen, wenn der Vertrag einen engen Zusammenhang zu dem Gebiet der EU-Mitgliedstaaten aufweist.

Das spanische internationale Privatrecht ("Derecho internacional privado") ist in den Art.8-12 CC geregelt. In diesen Vorschriften haben die Kollisionsregeln der neueren EG-Verbraucherschutzrichtlinien zur Sicherung des hohen Verbraucherschutzniveaus innerhalb der EU gegen Vereinbarung von Drittstaatenrecht bisher keine Aufnahme gefunden. Die speziellen international-privatrechtlichen Vorgaben der EG-Vorschriften sind auch nicht in das allgemeine Verbraucherschutzgesetz (LGDCU) oder in die aufgrund der Richtlinien erlassenen Spezialgesetze[719] umgesetzt worden. Der spanische Gesetzgeber hat sich bei

---

[718] Martinez de Aguirre y Aldaz, in: Bercovitz/Salas, Comentarios LGDCU, Art.2, S.71, weist zu Recht darauf hin, daß Art.2 Abs.3 LGDCU einen eigenständigen Artikel bilden sollte.

[719] Ley 7/1998, de 13 de abril, sobre Condiciones Generales de la Contratación (Klauselrichtlinie 1993/13/EWG, AblEG Nr.L 95, S.29) und Ley 42/1998, de 15 de deciembre, sobre Derechos de Aprovechamiento por Turno de Bienes Inmuebles de Uso Turístico y Normas Tributarias (Teilzeit-Wohnrechte-Richtlinie 1994/47/EG, AblEG Nr.L 280, S.83). Die Ley 7/1998, de 13 de abril, sobre Condiciones Generales de la Contratación beinhaltet in Art.3 eine Bestimmung des räumlichen Anwendungsbereichs des Gesetzes. Art.3 Satz 2 der Ley 7/1998 erklärt das Gesetz nur für anwendbar, wenn der betreffende Vertrag zwar einer ausländischen Rechtsordnung unterworfen wurde, sich der an die Vertragsbedingungen Gebundene bei der Abgabe seiner Willenserklärung aber auf spanischem Territorium befand und dort seinen

der Umsetzung der sog. Klauselrichtlinie darauf beschränkt, in Art.10bis Abs.3 LGDCU i.V.m. der ersten Zusatzbestimmung ("Disposición Adicional Primera") V. 28. auf Art.5 des Übereinkommens vom 19. Juni 1980 über das auf vertragliche Schuldverhältnisse anzuwendende Recht (EVÜ, "Convenio sobre la Ley aplicable a los obligaciones contractuales, hecho en Roma el 19 de junio de 1980") zu verweisen. Daher ist der spanische Gesetzgeber de lege ferenda gezwungen eine entsprechende Kollisionsregelung für den weiteren Anwendungsbereich der VbrKfRil zu schaffen.

B. Reformbedarf des deutschen Kaufgewährleistungsrechts

I. Anwendungsbereich

1. Verbraucher- und Unternehmerbegriff, §§ 13, 14 BGB

Mit Gesetz vom 27.6.2000[720] hat der deutsche Gesetzgeber die §§ 13 und 14 betreffend den "Verbraucher" und den "Unternehmer" in das BGB übernommen. Auf diesem Wege haben die Zentralbegriffe des Verbraucherrechts[721] Eingang in das deutsche Zivilgesetzbuch gefunden.

a) Verbraucherbegriff

Nach § 13 BGB ist der Verbraucher jede natürliche Person, die ein Rechtsgeschäft zu einem Zweck abschließt, der weder ihrer[722] gewerblichen noch ihrer selb-

---

gewöhnlichen Wohnsitz hat. Nach Art.3 Satz 3 bleiben internationale Übereinkommen, also auch Art.5 EVÜ unberührt. Art.5 EVÜ genügt aber dem weiteren Verbraucherschutz der EG-Verbraucherschutzrichtlinien nicht.

720 Gesetz über Fernabsatzverträge und andere Fragen des Verbraucherrechts sowie zur Umstellung von Vorschriften auf den Euro v. 27.6.2000, BGBl I, S.897 (mit Berichtigungen, S.1139). Das Gesetz ist überwiegend am 30.6.2000 in Kraft getreten und setzt die EG-Fernabsatzrichtlinie 1997/7/EG in deutsches Recht um.

721 Palandt-Heinrichs, § 13, Rn.1.

722 Der deutsche Gesetzgeber hat insoweit den Wortlaut der Richtlinie übernommen, der wegen der Bezugnahme auf das Possessivpronomen "ihre" kritisiert worden ist, da diese Formulierung bei strenger wörtlicher Auslegung zu dem Irrtum führen könnte, daß nur solche Personen als

ständigen beruflichen Tätigkeit zugerechnet werden kann. Es muß sich daher um ein zu privaten Zwecken vorgenommenes Rechtsgeschäft handeln.[723] Darin stimmt § 13 BGB mit der Richtlinie überein. Allerdings schließt § 13 BGB in seinem Wortlaut, im Gegensatz zum Recht der Europäischen Union, das jede berufliche Tätigkeit als unvereinbar mit dem Verbraucherbegriff erklärt (Art.1 Abs.2 lit.a VbrKfRil), nur Rechtsgeschäfte, die in selbständiger beruflicher Tätigkeit abgeschlossen werden, vom Anwendungsbereich des Verbraucherschutzes aus.[724] § 13 BGB bezieht anders als die Richtlinie auch solche Käufer in den Verbraucherschutz ein, die Rechtsgeschäfte in unselbständiger Tätigkeit abschließen. Ein Arbeitnehmer, der Gegenstände für die Ausübung seiner beruflichen Tätigkeit (möglicherweise auch von seinem Arbeitgeber) erwirbt, gilt daher als Verbraucher i.S.v. § 13 BGB.[725] Die Regelung des § 13 BGB ist insofern weiter als die Vorgabe der Richtlinie.[726] Diese Entscheidung des Gesetzgebers erscheint sachgerecht, da der abhängige Arbeitnehmer diese Verträge mit privaten Mitteln erfüllt und insoweit schutzwürdiger als ein selbständiger Unternehmer ist. Die Abweichung des deutschen Rechts von der europäischen Richtlinienvorgabe verstößt nicht gegen Gemeinschaftsrecht, da die VbrKfRil, wie alle anderen EG-Verbraucherschutzrichtlinien, lediglich einen Mindestschutzstandard aufstellt und einen strengeren nationalen Verbraucherschutz erlaubt (Art.8 Abs.2 VbrKfRil).[727] Der Verbraucherbegriff der VbrKfRil ist mithin bereits Teil des deutschen BGB geworden und erfordert keine weitere Umsetzung.[728]

b) Unternehmerbegriff

Als Unternehmer definiert § 14 Abs.1 BGB eine natürliche oder juristische Person oder eine rechtsfähige Personengesellschaft, die bei Abschluß eines Rechts-

---

Verbraucher anzusehen seien, die an sich gewerblich oder beruflich tätig sind. So Flume, ZIP 2000, 1427; Repgen, Kein Abschied von der Privatautonomie, S.30 f.

[723] Entscheidend ist nicht der innere Wille des Handelnden, sondern der durch Auslegung unter Berücksichtigung der Begleitumstände zu ermittelnde Inhalt des Rechtsgeschäfts. Palandt-Heinrichs, § 13, Rn.3.

[724] Palandt-Heinrichs, § 13, Rn.3.

[725] Palandt-Heinrichs, § 13, Rn.3, weist auf den Kauf von Arbeitskleidung oder den Kauf eines Pkw für die Fahrt zur Arbeit hin.

[726] So auch Jorden/Lehmann, in: JZ 2001, 952 (Fn.5).

[727] Allgemein Bülow/Artz, NJW 2000, 2049 (2050) m.w.N.; Palandt-Heinrichs, § 13, Rn.3.

[728] Ähnlich Repgen, Kein Abschied von der Privatautonomie, S.103.

geschäfts in Ausübung ihrer gewerblichen oder selbständigen beruflichen Tätigkeit[729] handelt. Soweit § 14 Abs.1 BGB nicht an den Begriff des Verkäufers, sondern an den weiteren Begriff des Unternehmers anknüpft, steht die Vorschrift nicht in Widerspruch zu Art.1 Abs.2 lit.c VbrKfRil, da sie freilich auch die Tätigkeit des Unternehmers als Verkäufer umfaßt. Mit der Richtlinie vereinbar ist auch die, in Übereinstimmung mit der Verbraucherdefinition des § 13 BGB vorgenommene Beschränkung der Verkäufereigenschaft des Unternehmers auf die in selbständiger beruflicher Tätigkeit abgeschlossenen Rechtsgeschäfte. Sie schafft ein höheres Verbraucherschutzniveau. Schließt ein Arbeitnehmer in Ausführung seiner unselbständigen beruflichen Tätigkeit, ohne als Vertreter einer juristischen Person oder einer rechtsfähigen Personengesellschaft aufzutreten (was freilich selten der Fall sein wird), einen Kaufvertrag mit einem Verbraucher ab, gilt er nicht als Unternehmer.[730] Auf die Absicht einer Gewinnerzielung kommt es bei § 14 BGB, im Gegensatz zum spanischen Einzelhandelsgesetz, nicht an.[731]

Wird ein Gegenstand sowohl zu privaten als auch zu beruflichen Zwecken erworben, ist für die Einordnung des Rechtsgeschäfts auf die in ex-ante Sicht überwiegende Benutzung abzustellen. Die Beweislast trägt insoweit der Käufer, der sich auf den Verbraucherschutz beruft.[732]

2. Verbrauchsgüterbegriff

In Übereinstimmung mit der Richtlinie definiert § 90 BGB Sachen als körperliche Gegenstände. Nach dem Verständnis des BGB muß es sich um räumlich, durch Behältnisse oder sonstige künstliche Hilfsmittel abgrenzbare Gegenstände handeln.[733] Nach der Verkehrsanschauung stellt elektrische Energie keine Sache

---

729 So die deutsche Fassung des Art.1 Abs.2 lit.c VbrKfRil.

730 Der Verkäuferbegriff der VbrKfRil ist insofern weiter als der eines verkaufenden Unternehmers gemäß § 14 BGB, da er auch die unselbständige Berufstätigkeit erfaßt. So auch Jorden/Lehmann, in: JZ 2001, 952 (Fn.5).

731 Zu § 14 BGB: Palandt-Heinrichs, § 14, Rn.2.

732 Palandt-Heinrichs, § 13, Rn.3 m.w.N.

733 Palandt-Heinrichs, § 90, Rn.1. Aus diesem Grund ist eine ausdrückliche Umsetzung der Ausnahme von Art.1 Abs.2 lit.b Spiegelstrich 2 VbrKfRil für Wasser und Gas in loser Form nicht zwingend erforderlich, aber gleichwohl aus Klarstellungsgründen wünschenswert. So auch Repgen, Kein Abschied von der Privatautonomie, S.45.

dar,[734] wird allerdings entsprechend dem Kauf beweglicher Sachen behandelt.[735] Die Richtlinie schließt hingegen Kaufverträge über elektrischen Strom aus ihrem Anwendungsbereich aus. Der Sachbegriff aus § 90 BGB umfaßt außerdem auch unbewegliche Sachen. Abgesehen von diesen, wegen des Mindestschutzprinzips nicht gemeinschaftswidrigen Abweichungen, stimmt die Sachdefinition der Richtlinie mit der des deutschen Rechts überein.[736] Die bestehenden Vorschriften können unverändert beibehalten werden. Bei der Umsetzung der Richtlinie kann auf die Einbeziehung der Ausnahmevorschrift des Art.1 Abs.3 VbrKfRil bezüglich der Versteigerung gebrauchter Sachen bei möglicher Anwesenheit des Verbrauchers verzichtet werden. Denn das deutsche Recht sah bisher bei Pfandveräußerungen gemäß § 461 BGB a.F. einen allgemeinen Haftungsausschluß bei Mängeln an Sachen vor, die aufgrund eines Pfandrechts in öffentlicher Versteigerung veräußert werden. Jedoch galt der Haftungsausschluß nicht, wenn der Verkäufer eine Eigenschaft zugesichert oder einen Mangel arglistig verschwiegen hat. Die Richtlinie schließt darüber hinaus alle Verkäufe aufgrund von Zwangsvollstreckungsmaßnahmen und anderen gerichtlichen Maßnahmen von der Anwendung aus (Art.1 Abs.2 lit.b, Spiegelstrich 1). Insoweit stimmt die Richtlinie mit § 806 ZPO überein, der bei Versteigerungsverkäufen aufgrund einer Zwangsvollstreckung wegen einer Geldforderung in eine Sache grundsätzlich die Gewährleistungsregeln für nicht anwendbar erklärt. Der deutsche Gesetzgeber kann danach § 461 BGB a.F. auf Versteigerungen gebrauchter Sachen beschränken, bei denen der Verbraucher anwesend sein kann (Art.1 Abs.3 VbrKfRil).

3. Werkverträge

Zu klären bleibt, inwieweit Werkverträge des deutschen Rechts von der Richtlinie erfaßt werden und eine Anpassung an deren Vorgaben erforderlich ist. Die Richtlinie begnügt sich in Art.1 Abs.4 mit der Aussage, daß Verträge über die Lieferung herzustellender oder zu erzeugender Verbrauchsgüter den Kaufverträgen im Sinne der Richtlinie gleichstehen. Fraglich ist, ob im deutschen Recht lediglich Werklieferungsverträge mit Verbraucher-Bestellern nach § 651 BGB a.F.[737] oder

---

[734] RGZ 86, 14; Palandt-Heinrichs, § 90, Rn.2.

[735] Palandt-Putzo, 61. Aufl., § 433, Rn.4.

[736] So Lehmann, JZ 2000, 280 (282).

[737] Ernst, ZRP 2001, 1 (2); ders., Zum Fortgang der Schuldrechtsreform, in: Ernst/Zimmermann (Hrsg.), Zivilrechtswissenschaft und Schuldrechtsreform, S.559 (562, Fn.12); Ernst/Gsell, ZIP

darüber hinaus auch reine Werkverträge mit Verbrauchern über bewegliche Sachen nach den §§ 631 ff. BGB a.F.[738] in den Anwendungsbereich der Richtlinie fallen. Auf Werklieferungsverträge war schon bisher grundsätzlich Kaufgewährleistungsrecht anwendbar, wenn der Werkunternehmer eine vertretbare Sache aus einem von ihm zu beschaffenden Stoff herstellt (§ 651 Abs.1 Satz 1 BGB a.F.). Die Richtlinie unterscheidet nicht danach, ob die herzustellende oder zu erzeugende Sache mit Stoffen des Verkäufers geschaffen oder eine vertretbare oder unvertretbare Sache hergestellt wird. Damit greift die VbrKfRil über die alte deutsche Regelung des Werklieferungsvertrages hinaus auch auf das Werkvertragsrecht aus. Eine Beschränkung der Richtlinie auf Werklieferungsverträge läßt sich ihrem Wortlaut nicht entnehmen. Insbesondere beschränkt die Richtlinienvorschrift ihre Anwendung nicht auf Verträge bei denen der Unternehmer die zur Herstellung erforderlichen Stoffe besorgt, wie es in § 651 Abs.1 BGB a.F. vorgesehen war. Die Richtlinie weicht insoweit auch vom Wortlaut des UN-Kaufrechts ab, das in Art.3 Abs.1 CISG ausdrücklich solche Verträge von seinem Anwendungsbereich

---

2000, 1410 f.; Hänlein, DB 1999, 1641; Huber, Kaufrecht-Made in Europe!, FS Henrich, S.297; Mansel, Die Reform des Verjährungsrechts, in: Ernst/Zimmermann (Hrsg.), Zivilrechtswissenschaft und Schuldrechtsreform, S.333 (340, Fn.35); Matthiessen/Lindner, NJ 1999, 617 (618); Micklitz, EuZW 1999, 485 (486); Nietzer/Stein, ZvglRWiss 99 (2000), 41 (42); Schlechtriem, GS Lüderitz, S.675 (681); ders., Das geplante Gewährleistungsrecht im Licht der Kaufrechtsrichtlinie, in: Ernst/Zimmermann, Zivilrechtswissenschaft und Schuldrechtsreform, S.205 (211); Schurr, ZfRV 1999, 222 (224); Staudenmayer, NJW 1999, 2343 (2349); ders., EG-Richtlinie 1999/44/EG zur Vereinheitlichung des Kaufgewährleistungsrechts, in: Grundmann/Medicus/Rolland (Hrsg.), Europäisches Kaufgewährleistungsrecht, S.27 (32).

[738] Ehmann/Rust, JZ 1999, 853 (856); Lehr/Wendel, EWS 1999, 321 (322); Repgen, Kein Abschied von der Privatautonomie, S.47; Rieger, VuR 1999, 287; Schmidt-Räntsch, ZIP 2000, 1639; Amtenbrink/Schneider, VuR 1999, 293 (296); Thode, ZfBR 2000, 363 (365); Weis, Einführung in den Diskussionsentwurf, in: Ernst/Zimmermann (Hrsg.), Zivilrechtswissenschaft und Schuldrechtsreform, S.25 (26); Weisner, JuS 2001, 759 (760); Westermann, Vorschlag für die Einpassung der Kaufgewährleistungs-Richtlinie in das deutsche Recht, in: Grundmann/Medicus/Rolland, Europäisches Kaufgewährleistungsrecht, S.251 (259). So auch die Allgemeine Begründung des Diskussionsentwurfs eines Schuldrechtsmodernisierungsgesetzes des Bundesjustizministeriums, A.II.1.a), der alle Werkverträge über neue hergestellte oder zu erzeugende bewegliche körperliche Gegenstände dem Kaufrecht unterstellt. Roth, in: JZ 2001, 543 (544, 546), hält Änderungen des geltenden Werkvertragsrechts über den Verbraucher betreffende Werklieferungsverträge hinaus, wegen Fernwirkungen der Richtlinie auf das Werkvertragsrecht im übrigen, für notwendig. Dies folge schon allein aus der häufig unsicheren Abgrenzung zwischen Kauf- und Werkvertragsrecht.

ausklammert, bei denen "der Besteller einen wesentlichen Teil der für die Herstellung oder Erzeugung notwendigen Stoffe selbst zur Verfügung zu stellen hat" und deshalb nur den Werklieferungsvertrag umfaßt.[739]

Für die Einbeziehung von Werkverträgen spricht schließlich, daß die Richtlinie bei der Definition der Vertragswidrigkeit auch Montageverpflichtungen des Verkäufers im Rahmen des Kaufvertrages (Art.2 Abs.5 VbrKfRil) heranzieht.[740]

Es werden aber freilich nicht alle Werkverträge des deutschen Rechts von der Richtlinie harmonisiert, sondern nur solche, die die Herstellung oder Erzeugung (beweglicher) Verbrauchsgüter betreffen.[741]

Umfaßt die Richtlinie also auch reine Verbraucher-Werkverträge, so hat dies zur Folge, daß etwa auch bestimmte Bauverträge, bei denen das geleistete Werk nicht wesentlicher Bestandteil des Gebäudes oder Grundstücks geworden ist, von der Richtlinie geregelt werden.[742] Das wird jedenfalls für die Fälle gelten müssen, bei denen die Lieferung der Baumaterialien oder des Bauwerks im Fordergrund steht und nicht die Werkleistung selbst.[743]

Das deutsche Recht muß im Ergebnis die bisherige Abgrenzung des Werk- und Kaufvertragsrechts mittels des Werklieferungsvertrages hinsichtlich der Gewährleistungsansprüche des Verbrauchers aufgeben. Die Richtlinie verlangt insoweit ein einheitliches Gewährleistungsrecht für Kauf- und Werkverträge. Dabei ist zu beachten, daß der primäre Nachbesserungsanspruch gemäß § 633 Abs.2 S.1 BGB a.F. der Rechtsbehelfskonzeption der Richtlinie, die die Nacherfüllungsansprüche der Nachbesserung und Ersatzlieferung als vorrangig anwendbare Gewährleistungsrechte vorsieht, bereits näher steht, als die Ansprüche der §§ 459 ff. BGB a.F.

Die bisherige Konstruktion des Werklieferungsvertrages war im Ergebnis, bezogen auf den Verbrauchsgüterkauf, an das Gemeinschaftsrecht anzupassen.

---

[739] Staudinger-Magnus, Art.3 CISG, Rn.13.

[740] Amtenbrink/Schneider, VuR 1999, 293 (296).

[741] Faber, JBl 1999, 413 (415). Für das österreichische Recht stellen dies Welser/Jud, S.31, fest.

[742] Thode, ZfBR 2000, 363 (365).

[743] Für das UN-Kaufrecht: Staudinger-Magnus, Art.3, Rn.28 m.w.N.

II. Vertragsmäßigkeit

1. Fehlerbegriff

Die Richtlinie verpflichtet den Verkäufer zur Lieferung eines vertragsgemäßen Verbrauchsgutes. Das deutsche Recht mußte daher die Lieferung einer fehlerfreien Sache, die nach der sog. Gewährleistungstheorie bisher im BGB nur mit sekundären Gewährleistungsansprüchen sanktioniert wurde, zur primären Vertragspflicht erheben und die sog. Erfüllungstheorie, die schon nach geltender Rechtslage die Lieferung einer mangelfreien Sache als Erfüllungspflicht des Verkäufers ansieht, in Gesetzesform gießen.

a) Fehlerkriterien

Das Konzept der Vertragsmäßigkeit der Verbrauchsgüterkaufrichtlinie entspricht im übrigen weitestgehend dem in der deutschen Rechtsprechung und Lehre schon bisher herrschenden subjektiven, um objektive Elemente angereicherten Fehlerbegriff (sog. subjektiv-objektiver Fehlerbegriff) nach § 459 Abs.1 BGB a.F.[744] Die Eigenschaften einer Probe oder des Musters bei einem Kauf nach Probe oder nach Muster gemäß § 494 BGB a.F. waren im Zweifel nicht lediglich als Beschaffenheitsvereinbarungen anzusehen, sondern galten sogar als zugesichert.[745] Insoweit genügte der Fehlerbegriff des deutschen Kaufrechts der Richtlinie. Bei der Bestimmung des Fehlers eines Verbrauchsgutes ist nach Art.2 Abs.2 lit.d VbrKfRil auch auf konkrete öffentliche Aussagen des Verkäufers oder Herstellers abzustellen. Dem bürgerlichen Gesetzbuch war die Werbung als Bezugspunkt schlechthin unbekannt geblieben.[746] Nach der Rechtsprechung[747] stellten Werbeangaben in der Regel auch keine Zusicherung im Sinne der Übernahme einer vertraglichen Garantie gemäß §§ 459 Abs.2, 463 BGB a.F. dar. Konkrete Aussagen des Verkäufers oder Herstellers dienten aber nach Rechtsprechung[748] und

---

744 Ehmann/Rust, JZ 1999, 853 (856); Lehmann, JZ 2000, 280 (282); Magnus, Der Regreßanspruch des Letztverkäufers, S.429 (436); Reich, NJW 1999, 2397 (2399); Repgen, Kein Abschied von der Privatautonomie, S.52 f.; Schmidt-Räntsch, ZIP 1998, 849 (850 f.).

745 Schwartze, Europ. Sachmängelgewährleistung, S.101.

746 Dazu auch Lehmann/Dürrschmidt, GRUR 1997, 549 (552) m.w.N.

747 BGH, NJW 1996, 1962 (1963) m.w.N.

748 BGHZ 132, 55 (58); BGH, NJW 1997, 2590 f.

Lehre[749] zur Bestimmung der vom Käufer berechtigterweise zu erwartenden Sacheigenschaften. Danach konnten Werbeaussagen schon bisher einen Sachmangel begründen, wenn die Angaben hinreichend spezifisch waren und die Kaufsache eine erhebliche Abweichung von der Angabe aufwies.[750] Der Gesetzgeber sollte daher konkretisierte öffentliche Aussagen, jedenfalls für den Verbrauchsgüterkauf, aus Klarstellungsgründen auch zum ausdrücklichen Bestandteil des gesetzlichen Fehlerbegriffs von § 459 Abs.1 BGB a.F. erheben.[751]

b) Wegfall der Abgrenzung des Fehlers zu zugesicherten Eigenschaften

Die Unterscheidung zwischen Fehlern und zugesicherten Eigenschaften des alten deutschen Kaufgewährleistungsrechts wird von der Richtlinie für Verbrauchsgüterkäufe nicht vorgesehen. Der deutsche Gesetzgeber sollte daher bei der Umsetzung der Verbrauchsgüterkaufrichtlinie jedenfalls für die Regelung der Sachmängelgewährleistung bei Kaufverträgen des Verbrauchers auf die Differenzierung zwischen Fehler und zugesicherter Eigenschaften verzichten[752] und allein auf das Kriterium der Vertragswidrigkeit abstellen.[753]

Um den Anforderungen der Richtlinie aus Art.2 Abs.2 lit.a VbrKfRil zu genügen, wonach die Vertragsmäßigkeit der Verbrauchsgüter vermutet wird, wenn sie mit der Beschreibung des Verkäufers übereinstimmen und die Eigenschaften eines vorgelegten Musters oder einer vorgelegten Probe besitzen, mußte der Gesetzgeber bei der Aufgabe der Kategorie zugesicherter Eigenschaften eine entsprechende selbständige Regelung aufnehmen.

---

[749] Gass, FS Rolland, S.129 (136); Ehmann/Rust, JZ 1999, 853 (856); Flessner, Die Einpassung der Kaufgewährleistungs-Richtlinie in das deutsche Recht, in: Grundmann/Medicus/Rolland (Hrsg.), Europäisches Kaufgewährleistungsrecht, S.233 (237); Schmidt-Räntsch, ZIP 1998, 849 (851).

[750] BGH, NJW 1997, 2590, nahm einen Sachmangel an, wenn der tatsächliche Kraftstoffverbrauch eines Neuwagens erheblich, mindestens über 10 %, über dem angegebenen Verbrauch liegt.

[751] So auch Flessner, Die Einpassung der Kaufgewährleistungsrichtlinie ins deutsche Recht, in: Grundmann/Medicus/Rolland (Hrsg.), Europäisches Kaufgewährleistungsrecht, S.233 (239).

[752] Anderer Ansicht Jorden/Lehmann, in: JZ 2001, 952 (957). Zu einer gänzlichen Beseitigung des Rechtsgedankens aus § 463 BGB a.F. zwingt die VbrKfRil freilich nicht. Zutreffend Westermann, in: Kaufrecht im Wandel, in: Schulze/Schulte-Nölke (Hrsg.), Die Schuldrechtsreform vor dem Hintergrund des Gemeinschaftsrechts, S.109 (121).

[753] Lehr/Wendel, EWS 1999, 321 (322); Reich, NJW 1999, 2397 (2399); Wolf, RIW 1997, 899.

c) Wegfall der Abgrenzung zu unerheblichen Fehlern

Im Regelungsbereich der Richtlinie konnte das deutsche Kaufgewährleistungsrecht auch die allgemeine Haftungseinschränkung des § 459 Abs.1 Satz 2 BGB a.F. für unerhebliche Fehler nicht beibehalten, da es anderenfalls zu einer unangemessenen Verkürzung des Mängelbegriffs und damit der Sachmängelhaftung zu Ungunsten des Verbrauchers käme. Das alte deutsche Kaufrecht nahm bei unerheblichen Fehlern schon keinen Sachmangel an, da der Verkäufer anderenfalls sofort Wandelung oder Minderung verlangen konnte. Die Richtlinie schließt dagegen nicht bereits das Vorhandensein eines Sachmangels, sondern lediglich den Rechtsbehelf der Vertragsauflösung bei geringfügiger Vertragswidrigkeit aus (Art.3 Abs.6 VbrKfRil). Im übrigen muß dem Verbraucher bei jeder Vertragswidrigkeit der im Vergleich zu den alternativen Abhilfemöglichkeiten zumutbare Rechtsbehelf zur Verfügung stehen (Art.3 Abs.3 VbrKfRil).

d) Ergebnis

Insgesamt erscheint die Übernahme des Art.2 Abs.2 VbrKfRil in das deutsche Recht - möglichst für das gesamte Kaufrecht - naheliegend, insbesondere, da somit die Angleichung an das internationale UN-Kaufrecht erreicht wird.[754] Dies ginge zwar zu Lasten der Kürze des bisherigen Tatbestandes in § 459 Abs.1 BGB a.F.,[755] ist aber der Rechtsklarheit, Rechtssicherheit und Rechtseinheit zuträglich.

2. Quantitätsmängel und Aliud-Lieferung

Nach der bisherigen Rechtslage wurden Quantitätsmängel (jedenfalls bei einem, in Zeiten der Massenproduktion, für Verbraucher besonders häufigen und damit bedeutsamen Gattungskauf) und Aliud-Lieferungen von der herrschenden Auffassung als ein Fall der Nichterfüllung behandelt, auf den die allgemeinen Leistungsstörungsregeln der §§ 320 ff. BGB a.F. anzuwenden waren. Die Richtlinie unterstellt Mengenabweichungen und Aliud-Lieferungen hingegen im Rahmen des Verbrauchsgüterkaufs ihren Gewährleistungsregeln.

---

[754] Kircher, in: ZRP 1997, 290 (292), sieht den Katalog zur Festlegung der Vertragsmäßigkeit in Art.2 Abs.2 des Vorschlags für die VbrKfRil, KOM (95), 520 endg., dagegen, wegen der "einseitigen, über das Ziel hinausschießenden Begünstigung des Verbrauchers insgesamt als verfehlt" an.

[755] So die Kritik bei Flessner, Die Einpassung der Kaufgewährleistungsrichtlinie ins deutsche Recht, in: Grundmann/Medicus Rolland (Hrsg.), Europäisches Kaufgewährleistungsrecht, S.239, der nur die Übernahme von Art.2 Abs.2 lit.d VbrKfRil für alle Kaufverträge befürwortet.

a) Gewährleistungsfrist

Während dem Verbraucher nach altem deutschen Recht die lange 30jährige Verjährungsfrist (§ 195 BGB a.F.) zur Seite stand, schreibt die Richtlinie lediglich mindestens eine zweijährige (bei gebrauchten Gütern: einjährige) Frist vor. Die lange Frist des vormaligen nationalen Rechts ist wegen des Mindestschutzgebots (Art.8 Abs.2 VbrKfRil) mit der Richtlinie vereinbar und warf daher keinen zwingenden Änderungsbedarf auf.[756] Anders liegt es, wenn man Zuweniglieferungen beim Stückkauf als Sachmangel ansah. In diesem Fall war die kurze Frist des § 477 BGB a.F. ohnehin wegen der Richtlinienvorgabe auf zwei Jahre (bzw. bei gebrauchten Gütern auf ein Jahr) zu verlängern.

b) Gewährleistungsrechte

Der primäre Erfüllungsanspruch aus § 433 Abs.1 BGB i.V.m. dem Kaufvertrag bleibt bei Anwendung des allgemeinen Leistungsstörungsrechts nach altem deutschem Recht erhalten. Der Verbraucher konnte bei der Falschlieferung die Verschaffung der vereinbarten Sache und bei der Zuweniglieferung Nachlieferung verlangen. Dies entspricht den Rechten, die der Verbraucher aus den Ansprüchen auf Nachbesserung und Ersatzlieferung nach der Richtlinie herleiten kann, da die Nachbesserung nach bisherigem deutschen Recht auch den Fall der Nachlieferung bei Quantitätsmängeln umfaßte. Die vormalige deutsche Rechtslage war insofern richtlinienkonform.

Zusätzlich hatte der Verbraucher nach deutschem Recht ein Leistungsverweigerungsrecht (§ 320 BGB), das über den Mindestschutz der Richtlinie hinaus einen größeren Verbraucherschutz gewährleistet und deshalb ebenfalls mit der Richtlinie vereinbar war.

Nach deutschem allgemeinen Leistungsstörungsrecht konnte der Gläubiger bei der Lieferung eines aliuds oder bei Mengenfehlern nach § 326 BGB a.F. vom Vertrag zurücktreten, wenn der Verkäufer mit der geschuldeten Hauptleistungspflicht in Verzug war, er dem Verkäufer eine Nachfrist mit Ablehnungsandrohung gesetzt hatte und diese Frist fruchtlos abgelaufen war. Das deutsche Recht war

---

[756] So auch Faber, Aliud- und Minderlieferung, S.85 (96); Roth, Der nationale Transformationsakt: Vom Punktuellen zum Systematischen, in: Grundmann/Medicus/Rolland, Europäisches Kaufgewährleistungsrecht, S.113 (137).

daher in entsprechender Weise an die Richtlinie anzupassen.[757] Das Rücktrittsrecht aus § 326 BGB a.F. wurde durch Erklärung gegenüber dem Schuldner (Verkäufer) ausgeübt (§ 349 BGB).[758] Es handelte sich dabei um eine einseitige empfangsbedürftige Willenserklärung, die die gesetzlich vorgeschriebenen Formalien wegen ihrer Warnfunktion genau einhalten mußte.[759] Fristsetzung und Ablehnungsandrohung mußten zwingend in derselben Erklärung enthalten sein. Die Fristsetzung mußte den Schuldner auffordern, die Leistung zu bewirken und eine angemessene Frist beinhalten.[760] Sie war nur bei einer ernstlichen und endgültigen Erfüllungsverweigerung des Schuldners entbehrlich.[761] Schließlich mußte die Ablehnungsandrohung klar und unmißverständlich zum Ausdruck bringen, daß der Gläubiger nach Fristablauf die Annahme der Leistung ablehnen wird.[762] Der Richtlinie zufolge kann der Verbraucher bereits dann die Vertragsauflösung verlangen, wenn Nachbesserung oder Ersatzlieferung nicht "innerhalb angemessener Frist" erfolgen (Art.3 Abs.5 Spiegelstrich 2 VbrKfRil). Eine Nachfristsetzung durch eine Willenserklärung des Verbrauchers ist nicht erforderlich.[763] Der Verbraucher kann die Frist aber durch eine Aufforderung beginnen lassen.[764] Das Rücktrittsrecht aus § 326 BGB a.F. war insoweit an engere Voraussetzungen geknüpft als das Recht zur Vertragsauflösung nach Art.3 Abs.5 VbrKfRil. Ergän-

---

757 Ernst, Zum Fortgang der Schuldrechtsreform, in: Ernst/Zimmermann, Zivilrechtswissenschaft und Schuldrechtsreform, S.559 (590); Ernst/Gsell, ZIP 2000, 1410 (1411), sind dagegen der Ansicht, daß § 326 BGB a.F. im Hinblick auf die Verbrauchsgüterkaufrichtlinie gar nicht geändert werden mußte.

758 BGH, NJW 1999, 3115 (3116); Palandt-Heinrichs, 61. Aufl., § 325, Rn.24. Faber, in: Aliud- und Minderlieferung, S.85 (97). Bei § 326 BGB a.F. führte der Fristablauf (sofern Fristsetzung und Ablehnungsandrohung erfolgt waren) ipso facto zur Vertragsaufhebung.

759 Palandt-Heinrichs, 61. Aufl., § 326, Rn.14 m.w.N.

760 Palandt-Heinrichs, 61. Aufl., § 326, Rn.15 m.w.N.

761 Ganz herrschende Meinung. BGHZ 2, 312; 49, 60; BGH, NJW 1992, 971; Palandt-Heinrichs, 61. Aufl., § 326, Rn.20.

762 BGH, NJW 1983, 1732; Palandt-Heinrichs, 61. Aufl., § 326, Rn.18.

763 Micklitz, EuZW 1999, 485 (488); Reich, NJW 1999, 2397 (2402); Rieger, VuR 1999, 287 (291).

764 Dies war allerdings mit dem Wortlaut des Art.3 Abs.5 VbrKfRil vereinbar, wonach der Verbraucher die Vertragsauflösung "verlangen" muß. Micklitz, EuZW 1999, 485 (488). Nach Rieger, in: VuR 1999, 287 (291), beginnt die Frist grundsätzlich mit dem Nachbesserungsverlangen des Verbrauchers.

zend zur Frist grenzt die Richtlinie die primären Rechtsbehelfe zur Vertragsauflösung auch mit einer inhaltlichen Komponente ab: Der Verbraucher kann die Lösung vom Vertrag auch verlangen, "wenn der Verkäufer nicht ohne erhebliche Unannehmlichkeiten für den Verbraucher Abhilfe geschaffen hat" (Art.3 Abs.5 Spiegelstrich 3 VbrKfRil). Das Recht zur Vertragsauflösung nach § 326 BGB a.F. beschränkte sich dagegen ausschließlich auf eine zeitliche Voraussetzung.[765] Die Wege zum Rücktritt werden dadurch im Verhältnis zur Richtlinie im Ergebnis zu sehr beschnitten. Mithin mußte die deutsche Rechtsordnung in Zukunft auch bei erheblichen Unannehmlichkeiten der Abhilfe die Vertragsaufhebung gestatten und war entsprechend zu ergänzen. Des weiteren war der deutsche Gesetzgeber durch die Richtlinie gezwungen für den Fall der Falschlieferung und des Mengenfehlers beim Verbrauchsgüterkauf einen Anspruch auf eine angemessene Kaufpreisminderung einzuführen.

c) Auswirkungen auf die Viehmängelhaftung

Die Richtlinie erfaßt als "Verbrauchsgüterkauf"auch Kaufverträge über Vieh. Die Beschränkung der Gewährleistung beim Viehkauf durch Verbraucher von Unternehmern auf bestimmte Hauptmängel bei bestimmten Viehgruppen (§§ 481 f. BGB a.F.), war mit der weit gefaßten Verpflichtung des Verkäufers zur Lieferung einer mangelfreien Sache gemäß Art.2 Abs.1 VbrKfRil nicht vereinbar. Der deutsche Gesetzgeber mußte daher beim Verbrauchsgüterkauf von Vieh auf die genannten Einschränkungen des Mangelbegriffs verzichten.

3. Rechtsmängel

Die Rechtsmängelhaftung ist von der Richtlinie nicht zwingend geregelt. Daher mußte die Haftung des Verkäufers wegen Rechtsmängeln, die im deutschen Recht nach den Regeln des allgemeinen Schuldrechts erfolgte, nicht notwendig dem Sachmängelgewährleistungsmodell der Verbrauchsgüterkaufrichtlinie angepaßt werden. Etwas anderes ergibt sich auch nicht aus der zwingenden zweijährigen Gewährleistungsfrist der Richtlinie, da die Rechtsmängelgewährleistungsansprüche ohnehin der langen 30jährigen Frist des § 195 BGB a.F. unterlagen.[766] Die

---

[765] Faber, Aliud- und Minderlieferung, S.85 (97).

[766] Huber, in: Schwartze, Diskussionsbericht, in: Grundmann/Medicus/Rolland (Hrsg.), Europäisches Kaufgewährleistungsrecht, S.335 (350), hält es sogar für erforderlich, es bei der für die Rechtsmängelhaftung bestehenden Sonderregelung zu belassen, weil die zweijährige Frist

deutsche Rechtslage bezüglich der Rechtsmängelgewährleistung genügte mithin den Anforderungen der Richtlinie.

4. Einschränkung der Vertragswidrigkeit

Nach der Richtlinie liegt keine Vertragswidrigkeit vor, wenn der Verbraucher die Vertragswidrigkeit kannte oder sie ihm vernünftigerweise nicht unbekannt geblieben sein konnte. Der Umfang des Gewährleistungsausschlusses entspricht damit dem Ausschluß des § 460 BGB a.F. für Fälle der positiven Kenntnis und der grob fahrlässigen Unkenntnis des Käufers von der Mangelhaftigkeit der Kaufsache. Ein weiterer Umsetzungsbedarf bestand nicht.[767]

5. Mangel aufgrund unsachgemäßer Montage oder Montageanleitung

a) Mangel aufgrund unsachgemäßer Montage

Montiert der Verkäufer die Kaufsache, lag nach deutschem Recht grundsätzlich ein Werkvertrag vor. Diese Art der Werkverträge wird von der Richtlinie harmonisiert und war deshalb vom Gesetzgeber für Verbrauchsgüterkäufe an die Sachmängelhaftung der Richtlinie anzupassen.

b) Mangel aufgrund unsachgemäßer Montageanleitung

Legt der Verkäufer eine ungenügende Montageanleitung vor, aufgrund derer die Kaufsache vom Käufer selbst beschädigt wird, entstanden nach geltender Rechtslage in der Regel Ansprüche aus positiver Vertragsverletzung (pVV) gegen den Verkäufer wegen schuldhafter Nebenpflichtverletzung,[768] da der Verkäufer verpflichtet ist, dem Käufer nur sachgemäße (richtige und verwendbare) Montageanweisungen zu überlassen. Der Schadensersatzanspruch aus positiver Vertragsverletzung beruhte dabei nach bisheriger Ansicht nicht auf einem Sachmangel und

---

der VbrKfRil viel zu kurz sei.

767 So auch Ernst/Gsell, ZIP 2000, 1410 (1416). Anderer Ansicht ist Honsell, in: JZ 2001, 278 (279), der schon einfache fahrlässige Unkenntnis für den Ausschluß der Vertragswidrigkeit ausreichen läßt.

768 Dauner-Lieb, JZ 2001, 8 (13); Honsell, in: JZ 2001, 278 (279); Schlechtriem, GS Lüderitz, S.675 (684); ders., Das geplante Gewährleistungsrecht im Licht der Kaufrechtsrichtlinie, in: Ernst/Zimmermann (Hrsg.), Zivilrechtswissenschaft und Schuldrechtsreform, S.205 (217); Westermann, Kaufrecht im Wandel, in: Schulze/Schulte-Nölke (Hrsg.), Die Schuldrechtsreform vor dem Hintergrund des Gemeinschaftsrechts, S.109 (117).

verjährte aus diesem Grund erst nach dreißig Jahren (§ 195 BGB a.F.).[769] Hinsichtlich der langen Verjährungsfrist genügte das geltende Recht sicherlich den Vorgaben der Richtlinie. Dem Verbraucher muß jedoch in Zukunft ein Anspruch auf verschuldensunabhängige Sachmängelgewährleistung zustehen, die alle vier Rechtsbehelfe der Richtlinie umfaßt. Deshalb war der deutsche Gesetzgeber gezwungen, die Leistung sachgemäßer Montageanleitungen für den Verbrauchsgüterkauf als eine primäre Leistungspflicht einzurichten. Verstöße gegen diese Pflicht bilden dann einen Sachmangel, der die Rechtsbehelfe der Nacherfüllung, Vertragsaufhebung oder Minderung eröffnet. Die VbrKfRil verdrängte aber letztlich das Institut der pVV nicht, da sie die Schadensersatzhaftung nicht regelt. Mangelfolgeschäden konnten, da die VbrKfRil nichts anderes vorschreibt, weiterhin als Unterfall der pVV behandelt werden.

III. Rechtsbehelfssystem

1. Gewährleistungsschuldner

Schon bisher richtete das deutsche Recht in den §§ 459 ff. BGB a.F. die Kaufgewährleistung an der Haftung des Verkäufers aus. Dies entsprach der Vorgabe in Art.3 Abs.1 VbrKfRil und erforderte keine zwingende weitere Anpassung des deutschen Rechts. Wenn der europäische Gesetzgeber sich in der Zukunft entschließt, eine gewährleistungsrechtliche Direkthaftung des Herstellers gegenüber dem Verbraucher europaweit einzuführen (Erwägungsgrund 23, Satz 2), wäre der deutsche Gesetzgeber indes de lege ferenda gezwungen, den Hersteller neben dem Verkäufer als Gewährleistungsschuldner zu behandeln.

2. Rechtsbehelfe

Die Richtlinie gibt dem Verbraucher ein breites Spektrum an Rechtsbehelfen an die Hand: Er kann grundsätzlich Nachbesserung, Ersatzlieferung, Vertragsaufhebung und Minderung des Kaufpreises verlangen. Die Gewährleistungsansprüche des Käufers waren nach vormaliger deutscher Rechtslage grundsätzlich nur auf Wandelung und Minderung beschränkt.[770] Dem Käufer stand nach deutschem

---

[769] BGHZ 47, 312 (319).

[770] Die Schuldrechtskommission, in: Abschlußbericht, S.25, hat die Beschränkung der Gewährleistungsrechte auf Wandelung und Minderung als nicht im Interesse der

Recht de lege lata nur im Fall des Gattungskaufs ein Nachlieferungsanspruch zu (§ 480 Abs.1 BGB a.F.). In der Vertragspraxis behielten sich Verkäufer durch AGB dagegen regelmäßig die Nachlieferung vor. De lege ferenda war der Nachlieferungsanspruch aufgrund der Richtlinie auch auf den Stückkauf des Verbrauchers auszudehnen, da der Verkäufer nach Art.2 Abs.1 VbrKfRil ganz allgemein zur Leistung vertragsgemäßer Güter verpflichtet ist. Ganz gleich, ob es sich um einen Stück- oder Gattungskauf handelt, kann der Verbraucher alle Rechtsbehelfe der Richtlinie geltend machen. Die Unterscheidung zwischen Gattungs- und Stückkauf war im deutschen Recht jedenfalls insoweit aufzugeben. Für Gattungs- und Stückkäufe war im übrigen ein Nachbesserungsanspruch in das Gesetz aufzunehmen. Insoweit war die von der Vertragspraxis bereits vollzogene und vom Gesetzgeber flankierte[771] Entwicklung in den Gesetzestext des BGB zu übertragen.

Der Umfang der Kostentragungspflicht im Rahmen des Rechtsbehelfssystems des Art.3 Abs.2 VbrKfRil stimmte mit § 476a BGB a.F., der allerdings nur die Aufwendungen bei individuell oder durch AGB vereinbarter Nachbesserung und analog bei der Nachlieferung (§ 480 BGB)[772] regelte, überein. Die Vorschrift des § 476a BGB a.F. war für den Verbrauchsgüterkauf entsprechend auf alle Formen der Herstellung des vertragsmäßigen Zustandes mit den zukünftig einzuführenden gesetzlichen Rechtsbehelfen der Nachbesserung und Ersatzlieferung zu erweitern. Des weiteren mußte § 476a BGB a.F. im Bereich des Verbrauchsgüterkaufs einen Aufwendungsersatzanspruch auch eröffnen, wenn die Nachbesserung nicht nur statt der Wandelung und Minderung vereinbart ist, sondern auch, wenn die Nachbesserung gesetzlich vorrangig vor Wandelung und Minderung Anwendung finden soll, die wiederum nur bei Fehlschlagen der Nachbesserung eingreifen.[773] Dafür mußte wenigstens die Wendung "an Stelle" aus dem Wortlaut des § 476a BGB a.F. gestrichen werden.

3. Hierarchisierung des Rechtsbehelfssystems

Die grundsätzliche Stufung der Rechtsbehelfe nach der der Verbraucher primär nur Nachbesserung oder Ersatzlieferung und erst bei deren Erfolglosigkeit Min-

---

Vertragsparteien liegend und volkswirtschaftlich nicht sinnvoll kritisiert.

771 § 476a BGB a.F. und § 11 Nr.10 lit.b AGBG a.F.

772 BGH, NJW 1991, 1604 (1607); Staudinger-Honsell, § 476a, Rn.6.

773 So bereits nach bisher geltendem Recht: Huber, in: Soergel, § 476a, Rn.8.

derung oder Wandelung verlangen kann, war der Systematik des deutschen BGB bisher fremd. Im Falle der Schlechtleistung waren (Nach-)Erfüllungsansprüche regelmäßig durch die speziellen Gewährleistungsrechte der Wandelung und Minderung ausgeschlossen. Der Käufer konnte bei Leistung einer mangelhaften Kaufsache ohne Einschränkungen sofort die Minderung des Kaufpreises, Wandelung des gesamten Vertrages oder alternativ bei Arglist des Verkäufers oder bei Fehlens einer vom Verkäufer zugesicherten Eigenschaft an der Kaufsache, Schadensersatz wegen Nichterfüllung verlangen. Häufig wurde aber durch Allgemeine Geschäftsbedingungen, unter Abbedingung des dispositiven Gewährleistungsrechts, die vorrangige Anwendung von Nachbesserung oder Ersatzlieferung bestimmt.[774] Nach § 11 Nr.10 lit.b AGBG a.F. mußte der Verkäufer neu hergestellter Sachen bei Fehlschlagen der Nachbesserung oder Ersatzlieferung dem Käufer in den AGB ausdrücklich das Recht vorbehalten den Kaufpreis herabsetzen oder nach seiner Wahl den Kaufvertrag rückgängig machen zu können. In diesem Fall waren die Rechtsmittel des Verbrauchers auf zwei Ebenen hierarchisiert: Der Käufer konnte zunächst nur Nachbesserung oder Ersatzlieferung fordern und erst nach deren Fehlschlagen standen ihm die gesetzlichen Gewährleistungsrechte der Wandelung oder Minderung zur Verfügung. Die Stufung der Rechtsbehelfe war nach der VbrKfRil auf die Gewährleistung aller Verbrauchsgüterkaufverträge auszudehnen. Wann ein Fehlschlagen i.S.d. § 11 Nr.10 lit.b AGBG a.F. gegeben war, stellte das Gesetz nicht ausdrücklich fest. Ob ein Fehlschlagen vorlag, mußte durch Auslegung ermittelt werden. Nach Rechtsprechung und Lehre war die Nachbesserung bzw. Ersatzlieferung fehlgeschlagen, wenn sie unmöglich ist[775], vergeblich versucht[776] oder unzumutbar verzögert wurde[777]. Die Verzögerung galt als unzumutbar, wenn der Verwender von AGB trotz Aufforderung nicht in angemessener Frist nacherfüllt hat.[778] Welche Frist als angemessen angesehen wurde, war im Einzelfall unter Abwägung der beiderseitigen

---

[774] Lehr/Wendel, EWS 1999, 321 (324).

[775] BGH, NJW 1994, 1004 (1005); Palandt- Heinrichs, 61. Aufl., AGBG 11, Rn.57.

[776] BGH, NJW 1994, 1004 (1005); Palandt- Heinrichs, 61. Aufl., AGBG 11, Rn.57.

[777] BGHZ 93, 29 (62); BGH, NJW 1994, 1004 (1005); Palandt-Heinrichs, 61. Aufl., AGBG 11, Rn.57.

[778] Palandt-Heinrichs, 61. Aufl., AGBG 11, Rn.57. Eine Aufforderung ohne Fristsetzung oder mit zu kurzer Frist setzte automatisch eine angemessene Frist in Gang. Ulmer/Brander/Hensen-Hensen, AGBG 11 Nr.10 b, Rn.44 und 47.

Interessen zu entscheiden.[779] Wieviele Nachbesserungsversuche der Verwender der AGB letztlich hatte, wurde von der Art des Mangels und der Abwägung der beiderseitigen Interessen abhängig gemacht.[780] In der Regel wurden zwei Nachbesserungsversuche für zumutbar gehalten.[781] Bei aufwendigen, technisch komplizierten Geräten mußte der Kunde unter Umständen noch mehr Nachbesserungsversuche gestatten.[782] Nach der VbrKfRil kann der Verbraucher ebenfalls keine Nacherfüllung verlangen, wenn diese unmöglich ist (Art.3 Abs.2 VbrKfRil). Die Richtlinie überläßt dem deutschen Gesetzgeber, ob er zugunsten des Verkäufers auch bei Unzumutbarkeit der Abhilfe ein Nachbesserungsverlangen ausschließt (Art.3 Abs.2 i.V.m. Art.8 Abs.2 VbrKfRil). Die Nacherfüllung muß in angemessener Frist und ohne erhebliche Unannehmlichkeiten für den Verbraucher erfolgen (Art.3 Abs.3 Satz 3 VbrKfRil). Hat der Verkäufer nacherfüllt, jedoch nicht in angemessener Frist oder mit erheblichen Unannehmlichkeiten, kann der Verbraucher nicht zusätzlich mindern oder wandeln.[783] Eine Aufforderung des Verbrauchers ist nicht erforderlich, um eine angemessene Frist in Gang zu setzen. Außerdem erfolgt zur Bestimmung einer angemessenen Frist aus Verbraucherschutzgründen keine Interessenabwägung, sondern es ist lediglich auf die Art des Verbrauchsguts und den Zweck seiner Verwendung abzustellen. Auf diese beiden Faktoren ist zukünftig auch für die Beantwortung der Frage, wieviele Nachbesserungsversuche dem Verkäufer zustehen, zurückzugreifen. In der Regel, d.h. bei technisch einfach konstruierten Waren, kann der Verkäufer nur einmal der mangelhaften Lieferung abhelfen. Bei technisch anspruchsvoller aufgebauten Gütern sind, je nach der konkreten Verwendungsabsicht des Verbrauchers und der Dauer der Abhilfe, mehrere Versuche möglich. Die Richtlinie ist insoweit strenger als die Auslegung der Rechtsprechung von § 11 Nr.10 lit.b AGBG a.F.

Die Stufung der Rechtsmittel nach der VbrKfRil bedeutet eine Verkürzung der Verbraucherrechte und tritt im Interesse des Verbraucherschutzes nach der

---

[779] LG Köln, NJW-RR 1993, 437 (438); Palandt-Heinrichs, 61. Aufl., AGBG 11, Rn.57. Regelmäßig sollte eine Frist von sieben bis vierzehn Tagen angemessen sein. Ulmer/Brander/Hensen-Hensen, AGBG 11 Nr.10 b, Rn.50.

[780] BGH, NJW 1987, 2520; OLG Karlsruhe, DAR 1977, 323; Palandt-Heinrichs, 61. Aufl., AGBG 11, Rn.57a.

[781] OLG Nürnberg, DAR 1980, 345; OLG Frankfurt am Main, DB 1981, 637; OLG Köln, NJW 1987, 2520; Palandt-Heinrichs, 61. Aufl., AGBG 11, Rn.57a.

[782] Palandt-Heinrichs, 61. Aufl., AGBG 11, Rn.57a.

[783] 2.Kapitel, A., IV., 4., c), dd).

Mindestschutzklausel der Richtlinie (Art.8 Abs.2 VbrKfRil) hinter der Schaffung eines freien Wahlrechts des Verbrauchers zurück. Der deutsche Gesetzgeber konnte daher auf eine Umsetzung der Rechtsbehelfshierarchie verzichten.[784] Gleichwohl ist die Umsetzung aus Gründen eines gerechten Interessenausgleichs zwischen Verbraucher und Verkäufer im modernen Wirtschaftsleben zu empfehlen,[785] da der Rahmen der Nacherfüllung für den Verkäufer nach dem Modell der Richtlinie eng begrenzt ist.

IV. Beweislastumkehr

Eine Umkehr der Beweislast hinsichtlich der Vertragswidrigkeit zugunsten des Verbrauchers, die nach Art.5 Abs.3 VbrKfRil innerhalb von sechs Monaten nach Offenbarwerden der Vertragswidrigkeit eingreift, fand im deutschen Gewährleistungsrecht keine Entsprechung. Die Beweislast für das Vorliegen eines Sachmangels bei Gefahrübertragung trug grundsätzlich der Käufer.[786] Eine Umkehrung der Beweislast war analog § 282 BGB a.F. nur im Bereich der pVV[787], cic[788] sowie bei der Produkthaftung[789] anerkannt. Mittels eines Anscheinsbeweises konnten die Gerichte bisher nur nach der Lage des Einzelfalles zugunsten des Käufers die Anfänglichkeit eines Mangels annehmen.[790] Daraus ergab sich allerdings kein allgemein gültiger Rechtsgrundsatz aus dem sich eine entsprechende Vermutungs-

---

784 Ebenso Jorden/Lehmann, in: JZ 2001, 952 (957).

785 Gsell, in: JZ 2001, 65 (67); Honsell, in: JZ 2001, 278; Jorden/Lehmann, in: JZ 2001, 952 (957).

786 MünchKomm-Westermann, § 459, Rn.30. Die Anforderungen an den Nachweis waren allerdings regelmäßig gering.

787 BGHZ 64, 46 (51): Beweislastverteilung für das Verschulden nach Gefahren- und Verantwortungsbereichen. Grundsätzlich auch BGH, NJW 1978, 2197 (2198); 1980, 2186 (2187).

788 BGHZ 66, 51 (53).

789 BGHZ 51, 86 (91); 116, 104 (109); BGH, NJW 1991, 1948 (1949): Beweislastumkehr bei Herrühren eines schadensursächlichen Produktionsfehlers aus dem Organisations- und Gefahrenbereich des Herstellers.

790 Gass, FS Rolland, S.129 (135); Schmidt-Räntsch, ZEuP 1999, 294 (296). Tonner, in: BB 1999, 1769 (1774), bemerkt, daß die Gerichte bisweilen großzügig einen entsprechenden Anscheinsbeweis zuließen. Das ändert indes nichts an der Notwendigkeit der Umsetzung.

regel zugunsten des Käufers schließen ließ.[791] Art.5 Abs.3 VbrKfRil mußte daher als zwingender Richtlinieninhalt unbedingt in das deutsche Recht umgesetzt werden.[792]

V. Gewährleistungsfrist

1. Auswirkungen auf das Verjährungsregime des § 477 BGB a.F.

Die Sachmängelgewährleistungsrechte (Ansprüche auf Wandelung, Minderung und Schadensersatz wegen zugesicherter Eigenschaften) verjährten bisher nach deutschem Recht in sechs Monaten von der Ablieferung an. Hinsichtlich der Wandelung und Minderung sowie der für den Verbrauchsgüterkauf als vorrangige Rechtsbehelfe einzufügenden Nachbesserung und Ersatzlieferung, mußte eine mindestens zweijährige Gewährleistungspflicht in das deutsche Recht aufgenommen werden. Dabei konnte es sich freilich auch um eine Verjährungsfrist handeln. Die Übernahme einer zusätzlichen oder ersetzenden Ausschlußfrist, innerhalb derer die Vertragswidrigkeit offenbar werden muß, war zugunsten des Verbrauchers nicht erforderlich. Die sechsmonatige Verjährungsfrist des § 477 BGB a.F. konnte für den Geltungsbereich der Richtlinie jedenfalls nicht beibehalten bzw. übernommen werden; sie war insoweit gemeinschaftswidrig. Die Richtlinie verpflichtet aber nicht zu einer längeren Verjährungsfrist für Schadensersatzansprüche. Für den Verbraucherkauf gebrauchter Güter muß die Verjährungsfrist wenigstens ein Jahr betragen. Die nach § 225 Satz 2 BGB a.F. mögliche Verkürzung der Verjährungsfrist darf nicht für den Verbrauchsgüterkauf gelten, sonst verstieße die Vorschrift gegen zwingendes Gemeinschaftsrecht. § 225 Satz 2 BGB a.F. war daher inhaltlich einzuschränken. Das Verbot des § 11 Nr.10 lit.f AGBG a.F. für fristverkürzende Vertragsklauseln griff, da es auf die Lieferung neu hergestellter Sachen beschränkt war, zu kurz. Zum einen darf eine Verkürzung der durch die Richtlinie vorgegebenen Frist nach der Richtlinie nicht individualvertraglich vereinbart werden, zum anderen ist auch für gebrauchte Güter keine kürzere Frist als ein Jahr möglich.

---

791 Repgen, Kein Abschied von der Privatautonomie, S.61; Tonner, in: BB 1999, 1769 (1774).

792 Repgen, Kein Abschied von der Privatautonomie, S.61. Anderer Ansicht: Tonner, BB 1999, 1769 (1774), der angesichts der großzügig verfahrenden Rechtsprechung davon ausgeht, daß es in diesem Punkt keiner Umsetzung des deutschen Gesetzgebers bedürfe.

2. Auswirkungen auf die Viehmängelgewährleistung

Die Ausschluß- und Verjährungsfrist des deutschen Viehkaufrechts verstieß gegen die zwingende zweijährige Gewährleistungsfrist für Verbraucherkäufe (Art.5 Abs.1 VbrKfRil).[793] Das spezielle Viehgewährleistungsrecht des BGB konnte mithin für den Bereich der Verbraucherkäufe nicht beibehalten werden.

VI. Rügeobliegenheit

Art.5 Abs.2 VbrKfRil stellt den Mitgliedstaaten frei, dem Verbraucher im Rahmen des Verbrauchsgüterkaufs eine Obliegenheit zur Mängelrüge innerhalb der ersten zwei Monate nach Feststellung der Vertragswidrigkeit durch nationales Recht zukünftig aufzuerlegen oder eine entsprechende Regelung beizubehalten. Außerhalb des Anwendungsbereichs der handelsrechtlichen Rügeobliegenheit der §§ 377, 378 HGB a.F. ist einerseits dem Schuldrecht des BGB die Verpflichtung oder Obliegenheit des Käufers bzw. Werkbestellers zur Mängelrüge fremd.[794] Die §§ 377, 378 HGB beinhalten andererseits - über die Vorgabe der VbrKfRil hinaus - sogar eine Untersuchungsobliegenheit.[795]

Eine wirksame Mängelrüge ist nach deutschem Recht grundsätzlich keine Voraussetzung der Sachmängelgewährleistung.[796] Kennt der Käufer aber die Mangelhaftigkeit der Ware und nimmt sie ohne Vorbehalt an, ist er schon bisher von der Gewährleistung ausgeschlossen (§ 464 BGB a.F.). Dieser Gewährleistungsausschluß ist nur durch eine Mängelanzeige abwendbar. Dem Ausschluß stehen aber die in der Richtlinie zwingend vorgeschriebenen Gewährleistungsrechte entgegen, die der Verbraucher-Käufer nicht bereits durch vorbehaltlose Annahme verlieren darf. § 464 BGB a.F. ist mithin im Bereich des Verbrauchsgüterkaufs gemeinschaftswidrig, wenn dem Verbraucher nicht mindestens eine zweimonatige Frist zur Anzeige seit der Kenntnis des Mangels eingeräumt wird (Art.5 Abs.2 VbrKfRil). Die Vertragsparteien konnten individualvertraglich oder durch AGB eine Frist zur Mängelanzeige vereinbaren. Wird in einem Vertrag

---

793 Schmidt-Räntsch, ZIP 1998, 849 (852).

794 Anders im schweizerischen Obligationenrecht Art.201, 204 ZGB (Mängelrüge des Käufers); Art.367, 370 ZGB (Mängelrüge des Werkbestellers).

795 Rieger, VuR 1999, 287 (290); Weisner, JuS 2001, 759 (762).

796 Palandt-Putzo, 61. Aufl., § 462, Rn.11.

über die Lieferung einer neu herzustellenden Sache durch die Verwendung von AGB eine Ausschlußfrist für die Anzeige nicht offensichtlicher Mängel vereinbart, durfte diese nicht kürzer als die sechsmonatige Verjährungsfrist der §§ 477, 638 BGB a.F. sein. Anderenfalls war die betreffende Bestimmung unwirksam (§ 11 Nr.10 lit.e AGBG a.F.). Die Richtlinie stellt dem deutschen Gesetzgeber frei, eine gesetzliche Rügeobliegenheit für den Verbraucher-Käufer zu übernehmen. Dabei ist allerdings zu beachten, daß die Rügefrist des Verbrauchers mindestens zwei Monate ab Feststellung der Vertragswidrigkeit durch den Verbraucher betragen muß. Offenkundige Mängel, die jedem nicht fachkundigen Durchschnittskunden ohne besondere Aufmerksamkeit auffallen,[797] erlaubten schon bisher die Vereinbarung einer Anzeigefrist durch AGB, die die gesetzliche Verjährungsfrist unterschreitet. Die Richtlinie unterscheidet nicht nach offensichtlichen und nicht offensichtlichen Fehlern. Auch für offenkundige Mängel gilt daher gegenüber dem Verbraucher mindestens eine zweimonatige Frist ab Feststellung der Vertragswidrigkeit. § 11 Nr.10 lit.e AGBG a.F. hätte bei Verbrauchsgüterkäufen insoweit gegen Gemeinschaftsrecht verstoßen, wenn die Rügeobliegenheit deutsches Gesetz geworden wäre.

VII. Letztverkäuferregreß

1. Umsetzungsbedarf in das deutsche Recht

Art.4 VbrKfRil verpflichtet nicht zur Einfügung einer gewährleistungsrechtlichen Durchgriffshaftung des Herstellers gegenüber dem Verbraucher in das deutsche Recht.[798] Der deutsche Gesetzgeber mußte aber dem Letztverkäufer, der dem Verbraucher wegen Mängeln an der Kaufsache, die auf den Hersteller oder vor ihm in der Vertragskette stehende Verkäufer zurückzuführen sind, einen Regreßanspruch gegen einen seiner Vormänner ermöglichen. Die europarechtliche Vorgabe des Art.4 VbrKfRil wird im deutschen Schrifttum teilweise[799] hinsicht-

---

[797] Palandt-Heinrichs, 61. Aufl., AGBG 11, Rn.66; Ulmer/Brandner/Hensen, AGBG 11, Rn.71.

[798] Gleichwohl wird die Einfügung einer solchen "action directe" französischen Vorbilds durch eine entsprechende Vorschrift in das BGB von Schulz, action directe, S.287, gefordert.

[799] Staudenmayer, EG-Richtlinie 1999/44/EG zur Vereinheitlichung des Kaufgewährleistungsrechts, in: Grundmann/Medicus/Rolland, Europäisches Kaufgewährleistungsrecht, S.27 (42); ders., in: NJW 1999, 2393 (2396).

lich ihrer Auswirkungen auf das deutsche Zivilrecht als "relativ harmlos" angesehen. Einige[800] gehen sogar davon aus, daß sich der Inhalt von Art.4 VbrKfRil bereits aus dem geltenden deutschen Recht herleiten ließe. Richtig ist aber vielmehr, daß Art.4 VbrKfRil von erheblicher Auswirkung auf das Handelsrecht ist und zu einer umfangreichen Annäherung der verbraucher- und handelsrechtlichen Vorschriften führt.[801]

2. Gewährleistungsfallen

Zu beachten ist in diesem Zusammenhang, daß die Richtlinie keine Regelung der Verjährung des Regreßanspruchs des Letztverkäufers gegen seine Vorleute beinhaltet. Die Einführung des Regresses für den Letztverkäufer wäre allerdings in den Fällen entwertet, in denen der Verbraucher die Gewährleistungsfrist nach Art.5 Abs.1 VbrKfRil ausschöpft, da für den Kauf des Verbrauchers dann eine Verjährungsfrist von zwei Jahren gilt, während für den Handelskauf eine Frist von sechs Monaten beibehalten und durch die Genehmigungsfiktion der §§ 377, 378 HGB a.F. noch verschärft wird.[802]

---

800 Von Westphalen, DB 1999, 2553 (2557), nimmt an, daß der Verkäufer die Mangelbeseitigungsaufwendungen nach den Grundsätzen der Geschäftsbesorgung gemäß §§ 675, 670 BGB vom Hersteller verlangen kann. Ein entsprechendes Geschäftsbesorgungsvertragsverhältnis i.S.v. § 675 BGB a.F. betreffend die Nacherfüllung zwischen dem Letztverkäufer und dem Hersteller und zwischen dem Letztverkäufer und den Zwischenhändlern, bzw. den Zwischenhändlern untereinander, wird tatsächlich nur in den seltensten Fällen vorliegen. Der Letztverkäufer bessert die mangelhafte Kaufsache außerdem regelmäßig im eigenem Interesse nach, da er Schuldner des Nachbesserungsanspruchs des Verbrauchers gemäß Art.3 Abs.3 VbrKfRil ist. Anderer Ansicht ist von Westphalen, a.a.O. Im Anschluß an von Westphalen, a.a.O., Medicus, Verbraucherrecht und Verbrauchsgüterkauf in einem kodifikatorischen System, in: Grundmann/Medicus/Rolland (Hrsg.), Europäisches Kaufgewährleistungsrecht, S.219 (229), der allerdings die aus der Verjährung folgenden Rückgriffshemmnisse noch nicht umgesetzt sieht.

801 So Magnus, Der Regreßanspruch des Letztverkäufers, S.429 (440), der davon ausgeht, daß Art.4 VbrKfRil einer Auffassung zuträglich ist, die die Berechtigung für ein selbständiges Handelsrecht eher bezweifelt.

802 Medicus, Dogmatische Verwerfungen im geltenden deutschen Schuldrecht, in: Schulze/Schulte-Nölke (Hrsg.), Die Schuldrechtsreform vor dem Hintergrund des Gemeinschaftsrechts, S.33 (36); Reich, NJW 1999, 2397 (2400).

a) Verjährung

Bei versteckten Mängeln ist gemäß § 377 Abs.3 HGB ausreichend, daß der Verbraucher dem Letztverkäufer den Mangel unverzüglich mitteilt und dieser den Mangel seinem Verkäufer anzeigt. Eine versäumte Untersuchung bewirkt danach noch keinen Wegfall der Gewährleistungsrechte, sondern der Mangel kann zügig nach seiner Entdeckung während der Gewährleistungsfrist angezeigt werden. Damit das Rechtsmittel des Letztverkäuferregresses bei der Integration in das deutsche Recht nicht durch eine kurze Verjährungsfrist im Kaufvertragsverhältnis zu den Vorleuten eingeschränkt wird, war die lange zivilrechtliche Frist notwendig auch auf den Handelskauf zu erstrecken und so zu gestalten, daß sie länger als die Frist des Verbrauchers läuft.[803] Denkbar war indes auch, die Fristen zur Ausübung des Regresses erst beginnen zu lassen, wenn der Letztverkäufer von dem Verbraucher mit Rechtsbehelfen der Richtlinie in Anspruch genommen wurde. Der deutsche Gesetzgeber hat in den §§ 478, 479 BGB letztlich eine Kombination beider Systeme gewählt.

b) Unterlassene Mängelrüge

Die handelsrechtliche Rügepflicht der §§ 377, 378 HGB a.F., die eine "unverzügliche" Mängelrüge entdeckbarer Mängel erfordert und bei einer versäumten Rügefrist alle Gewährleistungsrechte des Käufers ausschließt, unterläuft grundsätzlich die Regelung des Letztverkäuferregresses aus Art.4 VbrKfRil. Versäumt der Käufer die Rüge eines entdeckbaren Mangels, kann er, auch wenn er den Mangel nicht zu vertreten hat, keinen Rückgriff auf seine Vorleute nehmen. Regelmäßig ist dies im Interesse der zügigen Abwicklung von Kaufverträgen im Handelsverkehr zu befürworten. Den Ausschluß seiner Gewährleistungsrechte kann der Käufer schließlich durch eine ordnungsgemäße und rechtzeitige Rüge erkennbarer Mängel selbst abwenden.[804] Bleibt es für entdeckbare Mängel bei dem Erfordernis einer "unverzüglichen" Rügeobliegenheit, besteht allerdings grundsätzlich die Gefahr, daß in der Praxis Letztverkäufer, nicht zuletzt auch

---

[803] Magnus, Der Regreßanspruch des Letztverkäufers, S.429 (435); Reich, NJW 1999, 2397 (2401). Roth, Der nationale Transformationsakt: Vom Punktuellen zum Systematischen, in: Grundmann/Medicus/Rolland, Europäisches Kaufgewährleistungsrecht, S.113 (120), ist der Ansicht, daß der gemeinschaftsrechtliche "effet utile" des Art.4 VbrKfRil einen Gleichlauf des Regreßanspruchs mit der Haftung gegenüber dem Endverbraucher verlangt.

[804] Magnus, Der Regreßanspruch des Letztverkäufers, S.429 (435), der die mögliche Gewährleistungslücke daher zu Recht nur bei entdeckbaren Mängeln für hinnehmbar hält.

wegen des durch die VbrKfRil verschärften "Gewährleistungsdrucks" gegenüber dem Verbraucher, wegen unterlassener oder verspäteter Rüge der Rückgriff abgeschnitten wird. Um den Rückgriff in einer erheblichen Anzahl der Handelskäufe wegen der Kürze der Frist nicht von vornherein nahezu vollständig auszuschließen, sollte die Rügefrist insoweit ausgedehnt werden. Es empfiehlt sich auch nach deutschem Recht eine Ausrichtung am UN-Kaufrecht, das die deutsche Regelung gewissermaßen "fortentwickelt" hat und eine "angemessene Frist" zur Rüge ausreichen läßt.

c) Freizeichnungsklauseln

Schließlich konnte der Letztverkäufer dadurch in eine Haftungsfalle geraten, daß er die Gewährleistungsrechte des Verbrauchers durch AGB nur nach dem engen Maßstab der Kontrollvorschrift des § 11 Nr.10 AGBG a.F. beschränken konnte, die Beschränkung seiner eigenen Gewährleistungsrechte hingegen der Generalklausel des § 9 Abs.1 AGBG a.F. unterlagen. Der Letztverkäuferregreß wird durch die Anwendung von Freizeichnungsklauseln in AGB im Vertragsverhältnis des Letztverkäufers mit dem Hersteller oder anderen Händlern jedoch nicht ausgeschlossen. Der Verstoß gegen § 11 AGBG a.F. war ein Indiz für die Unwirksamkeit der Klausel auch im Verkauf zwischen Unternehmern.[805] Die Schutzwirkung des § 11 Nr.10 AGBG a.F. bezüglich der Gewährleistung neu hergestellter Güter kam daher dem Letztverkäufer trotz des Anwendungsausschlusses unter Kaufleuten gemäß § 24 Satz 1 Nr.1 AGBG a.F. durch den Begriff der "unangemessenen Benachteiligung" i.S.v. § 9 Abs.1 AGBG i.V.m. § 24 Satz 2 AGBG a.F. zugute,[806] sofern sich nicht aus den Bedürfnissen des Handelsverkehrs etwas anderes ergab.

VIII. Garantie

Bislang beinhaltete das deutsche Schuldrecht keine speziellen verbraucherschützenden Anforderungen an die vertragliche Gewährung selbständiger Garantien.[807]

---

[805] BGH, NJW 1996, 389 (390); Palandt-Heinrichs, 61. Aufl., AGBG 9, Rn.34.

[806] Reich, NJW 1999, 2397 (2400); von Sachsen Gessaphe, RIW 2001, 721 (728).

[807] So auch Weisner, JuS 2001, 759 (763).

1. Bindungswirkung der Garantien
Der rechtsverbindliche Charakter der Angaben selbständiger Garantien gemäß Art.6 Abs.1 VbrKfRil ergab sich nach deutschem Recht bereits aus der Bindungskraft vertraglicher Vereinbarungen (§ 305 BGB a.F.).[808]

2. Transparenz der Garantien und Verbraucherrechte
Die bestehende Rechtslage mußte darüber hinaus für die Fälle des Verbraucherkaufs im Sinne der Anforderungen der Richtlinie hinsichtlich des Inhalts und der Form von Verbrauchergarantien entsprechend Art.6 VbrKfRil verschärft werden. Außerdem war eine Vorschrift aufzunehmen, die klarstellt, daß die gesetzlichen Gewährleistungsrechte von der Garantie nicht betroffen werden.

3. Garantiefristen
Auch zukünftig können Garantiegeber Garantiefristen gewähren, die kürzer als die Fristen der gesetzlichen Gewährleistung sind. Gleichzeitig muß der Garantiegeber aber ausdrücklich darauf hinweisen, daß dem Verbraucher neben der Garantie auch gesetzliche Gewährleistungsrechte zustehen, die von der Garantie nicht berührt werden (Art.6 Abs.2 Spiegelstriche 1 und 2 VbrKfRil).

4. Gültigkeit der Garantien
Das deutsche Recht muß Verstöße gegen Richtlinienvorgaben nicht gesondert sanktionieren. Eine Haftung des Garantiegebers konnte in diesen Fällen unter dem Gesichtspunkt des Verschuldens bei Vertragsverhandlungen (culpa in contrahendo, cic) in Frage kommen. Ein Verstoß gegen die Anforderungen der Richtlinie hinsichtlich der Gewährung von Garantien an Verbraucher darf die Garantie selbst nicht unwirksam werden lassen, da der Verbraucher sonst grundlos schlechter gestellt wäre.

IX. Zwingende Gewährleistungsregeln

Die Gewährleistungsrechte des BGB sind grundsätzlich abdingbar.[809] Bisher schützte nur das AGBG a.F. vor einer Verkürzung der Gewährleistung durch

---

808 Im Ergebnis auch Staudenmayer, NJW 1999, 2393 (2396).

809 Palandt-Putzo, 61. Aufl., Vorbm. vor § 459, Rn.26.

AGB in § 11 Nr.10 AGBG a.F. Der dortige Schutz des Käufers galt nur für Beschränkungen seiner Gewährleitungsrechte durch AGB bei der Lieferung neu hergestellter Sachen. Nunmehr mußte bei der Implementierung der Gewährleistungsvorschriften der Verbrauchsgüterkaufrichtlinie in das deutsche Recht die zwingende Verbindlichkeit sämtlicher Richtlinienvorgaben zugunsten des Verbrauchers klargestellt werden. Dies galt auch für den Erwerb gebrauchter Verbrauchsgüter und gegenüber Einschränkungen durch Individualvertrag. Eine entsprechende Vorschrift war in Gesetzesform zu gießen. Mittels dieser Vorschrift wird § 11 Nr.10 AGBG a.F. für den Verbrauchsgüterkauf überflüssig. Diese Veränderung führt zu einer teilweisen Verlagerung der Steuerungsfunktion der §§ 9 ff. AGBG a.F. in das materielle Kaufrecht.[810]

X. Internationales Privatrecht

Der kollisionsrechtliche Schutz des Verbrauchers vor Abbedingung der durch die Verbrauchsgüterkaufrichtlinie gewährten Rechte durch Vereinbarung der Anwendung des Rechts eines Nicht-Mitgliedstaates der EU in Verträgen, die einen engen Zusammenhang mit dem Gebiet der Mitgliedstaaten aufweisen, war in das deutsche Recht aufzunehmen (Art.7 Abs.2 VbrKfRil). Mit dem durch Art.2 Abs.2 Nr.1 des Gesetzes über Fernabsatzverträge[811] neu eingefügten Art.29a EGBGB existiert im deutschen Recht bereits eine Regelung über den "Verbraucherschutz für besondere Gebiete". Nach Art.29a Abs.1 EGBGB wird angeordnet, daß hinsichtlich eines Vertrages, der aufgrund einer Rechtswahl nicht dem Recht eines Mitgliedstaats der EU unterliegt, aber einen engen Zusammenhang mit dem Gebiet eines EU-Mitgliedstaats aufweist, gleichwohl das Recht des betreffenden EU-Staates, das die Verbraucherschutzvorschriften umsetzt, anzuwenden ist. Art.29a Abs.1 EGBGB entspricht damit den Anforderungen des Art.7 Abs.2 VbrKfRil. Der Begriff des "engen Zusammenhangs" wird in Art.29a Abs.2 EGBGB näher definiert. Art.29a Abs.4 EGBGB zählt unter Nr.1-3 die mittels dieser Vorschrift

---

810 Repgen, Kein Abschied von der Privatautonomie, S.104.

811 Gesetz über Fernabsatzverträge v. 27.6.2000, BGBl 897 (berichtigt BGBl 1139).

umgesetzten Verbraucherschutzrichtlinien[812] enumerativ auf und ließ sich durch ein Änderungsgesetz um die Verbrauchsgüterkaufrichtlinie als Nr.4 erweitern.[813]

C. Von der VbrKfRil nicht geregelte Bereiche

Von der Harmonisierung durch die Verbrauchsgüterkaufrichtlinie sind aufgrund des engen Anwendungsbereichs der Richtlinie die nationalen Bestimmungen über den Gefahrübergang,[814] das gesamte Schadensersatzrecht, die Rechtsmängelhaftung sowie die Frage des Regresses des Verbrauchers gegen den Hersteller aufgrund des gesetzlichen Gewährleistungsrechts ganz ausgenommen. Ein Änderungsbedarf des spanischen und deutschen Rechts aufgrund der VbrKfRil ist deshalb für diese Bereiche grundsätzlich nicht angezeigt.

D. Rechtsvergleichender Überblick über den Reformbedarf des spanischen und vormaligen deutschen Rechts aufgrund der Verbrauchsgüterkaufrichtlinie

Die VbrKfRil wirft sowohl in Spanien wie in Deutschland (nach der Rechtslage vor der Schuldrechtsreform 2002) einen umfangreichen Änderungsbedarf in Schlüsselbereichen der nationalen Kaufgewährleistungsrechte auf, denn die VbrKfRil hebt sich, wie das Wiener UN-Kaufrecht, deutlich von den, in Einzelheiten der Kaufgewährleistung weitaus differenzierteren nationalen Rechtsordnungen ab.[815] Vor allem müssen die spanische und deutsche Rechtsordnung

---

812 Klauselrichtlinie 1993/13/EWG, ABlEG Nr.L 95, S.29; Teilzeit-Wohnrechte-Richtlinie 1994/47/EG, ABlEG Nr.L 280, S.83; Fernabsatzrichtlinie 1997/7/EG, ABlEG Nr.L 144, S.19.

813 Kropholler, Internationales Privatrecht, § 52, V.6., S.464. Palandt-Heldrich, EGBGB 29a (IPR), Rn.2, weist bereits darauf hin, daß die entsprechende "Anfügung der EG-Richtlinie über den Verbrauchsgüterkauf" geplant ist.

814 Erwägungsgrund 14.

815 Zum UN-Kaufrecht: Schlechtriem-Schwenzer, Art.35, Rn.4.

die, durch die Richtlinie den Verbrauchern hinsichtlich des Verbrauchsgüterkaufs eingeräumten Gewährleistungsrechte als zwingende Regeln umsetzen.

Bedeutende Veränderungen im spanischen und deutschen Gewährleistungsrecht erfordert die auf zwei Jahre verlängerte Frist zur Geltendmachung der Verbraucherrechtsbehelfe der Richtlinie. Das spanische Recht kann sich mit einer Verlängerung der Ausschlußfrist des Art.1490 CC begnügen. Die nach § 477 BGB a.F. geregelte Verjährungsfrist konnte das deutsche Recht unter entsprechender Verlängerung ebenfalls beibehalten. Von der zusätzlichen Einführung einer Ausschlußfrist kann zugunsten des Verbraucherschutzes abgesehen werden. Dem spanischen und deutschen Gesetzgeber ist dabei freigestellt, die Möglichkeit einer vertraglichen Verkürzung der Gewährleistungsfrist auf ein Jahr für den Verbraucherkauf gebrauchter Güter in das nationale Recht zu übernehmen. Die Umsetzung der Ausnahme für gebrauchte Güter ist zu empfehlen, da auf diese Weise eine sachgerechte Abwägung der Interessen von Käufern und Verkäufern beim Gebrauchtwarenkauf Eingang in das Gesetz findet und zusätzlicher Rechtsfrieden gewonnen wird.

Weitreichende Übereinstimmung besteht zwischen der sich im Umkehrschluß aus Art.2 Abs.2 VbrKfRil ergebenden Bestimmung der Vertragswidrigkeit und dem in Deutschland von der herrschenden Meinung schon bisher vertretenen sog. subjektiv-objektiven Fehlerbegriff. In Spanien wird die Fehlerhaftigkeit der Kaufsache von der noch herrschenden Ansicht nach lediglich objektiven Maßstäben bestimmt, während eine im Vordringen befindliche Ansicht den Vertrag in den Mittelpunkt der Definition des Mangels stellt. Jedenfalls für den Bereich des Verbrauchsgüterkaufs ist der spanische Gesetzgeber durch die Richtlinie gezwungen, einen subjektiven, um objektive Faktoren angereicherten Fehlerbegriff in Gesetzesform zu fassen.

Die bisherigen Unterscheidungen des deutschen Kaufrechts zwischen der lediglich vertraglich vereinbarten und der sogar zugesicherten Eigenschaft der Kaufsache in §§ 459 Abs.2 und 462 Abs.1 BGB a.F. sowie zwischen peius und aliud (Schlecht- und Falschlieferung), haben keine Aufnahme in die Richtlinie gefunden.[816] Der deutsche Gesetzgeber mußte bei der Umsetzung der Richtlinie auf diese Unterscheidungen grundsätzlich verzichten. Die Differenzierung zwischen verdeckten und offenbaren Mängeln, wie sie im französischen und spa-

[816] Zum UN-Kaufrecht: Schlechtriem-Schwenzer, Art.35, Rn.4.

nischen Recht vorzufinden ist,[817] ist ebenfalls nicht in die Definition der Vertragsmäßigkeit der Ware aufgenommen worden.[818] Für Verbrauchsgüterkäufe kann die Einschränkung des Mangelbegriffs auf verdeckte Mängel daher nicht beibehalten werden. Ebenfalls unterscheidet die Richtlinie nicht, wie das deutsche Recht bisher und ein Teil des spanischen Schrifttums, zwischen Stück- und Gattungskauf. Hinsichtlich des Nachlieferungsanspruchs aus § 480 Abs.1 BGB a.F., der bislang dem Gattungskauf vorbehalten ist, durfte das deutsche Recht nicht weiter an der Unterscheidung festhalten. Aufgrund Art.3 Abs.2 VbrKfRil war der Nachlieferungsanspruch auch auf den Stückkauf zu erweitern. Für beide Arten des Kaufs mußte ein Nachbesserungsanspruch für Verbrauchsgüterkäufe gesetzlich geregelt werden. Das spanische Recht ist, jedenfalls für Verbrauchsgüterkäufe, zwingend um einen Ersatzlieferungsanspruch zu ergänzen, der neben dem Nachbesserungsanspruch aus Art.1124 Abs.2 Satz 1 CC zur freien Wahl des Verbrauchers steht. Die nach Art.11 Nr.3 LGDCU für Garantien langlebiger Güter vorgesehene nachrangige Anwendbarkeit des Ersatzlieferungsanspruchs nach Fehlschlagen der Nachbesserung kann nicht übernommen werden, da sie zum Nachteil des Verbrauchers vom Stufenmodell der Richtlinienrechtsbehelfe abweicht. Spanien und Deutschland können bei der Umsetzung der Verbrauchsgüterkaufrichtlinie zugunsten des Verbrauchers auch ganz auf eine Stufung der Rechtsbehelfe verzichten. Angesichts des durch die Hierarchisierung der Gewährleistungsrechte gewonnenen sachgerechten Ausgleichs der Interessen des Verkäufers an kostengünstiger und angemessener Abhilfe und des Verbrauchers an der zügigen und ohne besondere Unannehmlichkeiten einhergehenden Herstellung des vertragsgemäßen Zustands, sollte aber die Aufnahme des Stufensystems in die allgemeinen nationalen Kaufgewährleistungsregelungen ernsthaft erwogen werden. In Deutschland ist dies im Wege der Schuldrechtsreform letztlich auch geschehen.

Die Verbrauchsgüterkaufrichtlinie beschränkt sich nicht auf die Harmonisierung des Gewährleistungsrechts, sondern greift, indem es auch Aliud-Lieferungen und Mengenfehler umfaßt, in das allgemeine Leistungsstörungsrecht der Mitgliedstaaten ein. In den Fällen des aliuds und der Mengenabweichung gilt, als wesentlicher Unterschied zur Sachmängelgewährleistung beim Kauf, in Spanien de lege lata die 15jährige Verjährungsfrist des Art.1964 2.HS CC, die nach deut-

---

[817] Art.1641, 1642 Code Civil; Art.1484 CC.

[818] Zum UN-Kaufrecht: Schlechtriem, Art.35, Rn.4.

schem Recht durch die 30-Jahresfrist des § 195 BGB a.F. um das Doppelte übertroffen wurde. Werden die nationalen Rechtsbehelfe und Fristen hinsichtlich Falschlieferung und Mengenfehler an die Rechtsbehelfe und die Zweijahresfrist der Richtlinie angeglichen, entstehen erhebliche Friktionen zum sonstigen allgemeinen Leistungsstörungsrecht der Mitgliedstaaten. Dieser Umstand spricht dafür, eine umfassende Reform des allgemeinen Leistungsstörungsrechts mit der Umsetzung der VbrKfRil zu verbinden.[819] Zwingend ist dieser Schluß freilich nicht, dennoch ist in Deutschland durch die "Schuldrechtsmodernisierung" im Jahre 2002 eine derartige Gesamtreform vorgenommen worden.

Das spanische und deutsche Kaufrecht müssen die speziellen Gewährleistungsvorschriften für Viehkäufe aufgeben, soweit sie auf Verbraucher angewendet werden, da die Einschränkungen der Gewährleistungsrechte, insbesondere die kurzen Ausschlußfristen, durch die nationalen Viehkaufsregeln nicht mit den Vorgaben der Verbrauchsgüterkaufrichtlinie vereinbar sind.

Die Richtlinie verpflichtet Spanien und Deutschland dem Letztverkäufer einen Regreßanspruch gegen (jedenfalls) einen seiner Vormänner in der Handelskette einzuräumen. Einen effektiven Rechtsbehelf erhält der Letztverkäufer aber nur dann, wenn die handelsrechtliche Verjährungsfrist des Regreßanspruchs des Letztverkäufers der Frist der Richtlinie für die Verbraucherrechtsbehelfe angeglichen wird. Die Folge wäre, daß die Richtlinie indirekt auf die nationalen Regelungen des Handelsrechts ausgreift. Denkbar wäre auch, den Beginn der Verjährung des Regreßanspruchs an die Geltendmachung der Gewährleistungsansprüche des Verbrauchers gegen den Letztverkäufer zu knüpfen.

Hinsichtlich Verbraucherverträgen war der deutsche Werklieferungsvertrag (§ 651 BGB a.F.) der Richtlinie anzupassen, da das Kaufgewährleistungsrecht der Richtlinie auch auf bestimmte Formen des Werkvertrages Anwendung finden muß. Das spanische Recht wird durch die Richtlinie schließlich aufgefordert, eine ausdrückliche Gleichstellung von Kauf- und Werkverträgen mit Verbrauchern über herzustellende oder zu erzeugende Verbrauchsgüter hinsichtlich der durch die Richtlinie harmonisierten Gewährleistungsrechte einführen.

---

[819] Für das deutsche Recht weist Faber, in: Aliud- und Minderlieferung, S.85 (100), auf die mögliche Anknüpfung an die Ergebnisse der Schuldrechtskommission hin. Ernst, in: ZRP 2001, 1 (2), ist dagegen der Ansicht, daß die Richtlinie nicht nach einer Reform des allgemeinen Leistungstörungsrechts verlange. In dieser Pauschalität ist dies sicher nicht zutreffend.

Hingegen sind die Mitgliedstaaten nicht gezwungen, die nationalen Kaufrechtsregeln betreffend der Rechtsmängelhaftung der Richtlinie anzupassen. Außerdem verzichtet die Richtlinie ausdrücklich darauf, die Vorschriften über den Gefahrübergang und den Schadensersatz bei Mängeln in der Europäischen Union zu harmonisieren und überläßt die - im Interesse der Rechtssicherheit für die Verbraucher im Gemeinsamen Markt - erstrebenswerte Angleichung der Regelungen den nationalen Rechtsordnungen. Als Modell kann den Mitgliedstaaten insoweit aber das UN-Kaufrecht (Art.66-70 CISG) dienen.

Bei der Beweislastumkehr nach Art.5 Abs.3 VbrKfRil handelt es sich um eine verbraucherschutzrechtliche Besonderheit, die bisher weder im spanischen oder deutschen, noch im UN-Kaufrecht zu finden war, nunmehr aber zwingend von den Mitgliedstaaten umgesetzt werden muß.

Zusammenfassend kann festgestellt werden, daß der Änderungsbedarf im deutschen und spanischen Recht ähnlich umfangreich ist. Aufgrund der unterschiedlichen Ausgangslage, d.h. der divergierenden Ausgestaltung der Kaufgewährleistungsrechte de lege lata, sind aber de lege ferenda teilweise andere Bereiche der nationalen Kaufgewährleistung einer Änderung zuzuführen.

5. Kapitel

Umsetzung der Verbrauchsgüterkaufrichtlinie in Spanien

A. Keine fristgerechte Umsetzung der Verbrauchsgüterkaufrichtlinie zum 1.1.2002 (Art.11 VbrKfRil)

Bis zum Ende der Umsetzungsfrist am 1.1.2002 lag ein Entwurf eines Gesetzes zur Umsetzung der Verbrauchsgüterkaufrichtlinie in spanisches Recht nicht vor.[820] Erst mit Datum vom 31.10.2002 hat die spanische Regierung einen Gesetzentwurf zur Umsetzung der Richtlinie in den Kongress eingebracht.[821] Damit verstieß Spanien gegen die gemeinschaftsrechtliche Verpflichtung aus Art.249 Abs.3 EGV i.V.m. Art.11 VbrKfRil die Verbrauchsgüterkaufrichtlinie bis zum 1.1.2002 in nationales Recht umzusetzen. Verbraucher, die ab dem 1.1.2002 in Spanien nicht vertragsgemäße Ware i.S.d. Art.2 Abs.2 VbrKfRil kauften, können daher von der spanischen Regierung bis zur ordnungsgemäßen Umsetzung der VbrKfRil Ersatz der durch die Nichtumsetzung der VbrKfRil ihnen entstandenen Schäden nach den Grundsätzen der EuGH-Rechtsprechung "Brasserie du Pêcheur"[822] und "Francovich"[823] verlangen, da die unterlassene Umsetzung eine Verletzung der primärrechtlichen Verpflichtung zur Richtlinienumsetzung aus Art.249 Abs.3 EGV und der jeweils betroffenen sekundärrechtlichen Verbraucherschutzvorschrift der VbrKfRil darstellt.[824]

---

820 Die mangelnde Umsetzung der Verbrauchsgüterkaufrichtlinie konstatieren auch García Rubio/Lete, in: Communication from the commission on european contract law, S.6 (7).

821 BOCG Serie A: Proyectos de Ley, Núm.117-1, VII Legislatura, 31 de octubre de 2002. Im Internet abrufbar unter: http://www.congreso.es.

822 EuGH, Verb. Rs. C-46/93 und C-48/93, Brasserie du Pêcheur/Factortame (Brasserie du Pêcheur/Bundesrepublik Deutschland und The Queen/Secretary of State of Transport ex parte: Factortame Limited u.a.), (Tz.17, 34 Satz 2, 46).

823 EuGH, Verb. Rs. C-6/90 und C-9/90 (Andrea Francovich u.a. gegen Italienische Republik), Urteil v. 19.11.1991, Slg. 1991, I-5357 (Tz. 37).

824 Dazu ausführlich im 2. Kapitel.

Trotz dieser Umstände hat eine öffentliche, breit ausgetragene Diskussion über Art, Umfang und Inhalte der Umsetzung der VbrKfRil in Spanien bisher noch nicht stattgefunden. Das rechtswissenschaftliche Schrifttum hat sich mit der Umsetzung der VbrKfRil nur ganz vereinzelt beschäftigt.[825]

B. Regierungsentwurf eines Gesetzes über Garantien im Verbrauchsgüterkauf

Am 31.10.2002 hat die spanische Regierung einen Entwurf eines Gesetzes über Garantien im Verbrauchsgüterkauf (Garantías en la venta de bienes de consumo, GVBC) in den Kongress eingebracht.[826] Vorgesehen ist also, die Verbrauchsgüterkaufrichtlinie in Spanien im Wege eines weiteren Sondergesetzes in das spanische Recht einzufügen. Allerdings beinhaltet der Regierungsentwurf in seiner zweiten Schlußbestimmung ("Disp. final segunda") eine Verpflichtung der Regierung innerhalb von drei Jahren nach Inkrafttreten[827] des entsprechenden Gesetzes das Allgemeine Verbraucherschutzgesetz 26/1984 und die weiteren Normen zur Umsetzung von Verbraucherschutzrichtlinien in ein einziges Gesetz zurückzuführen. Dadurch soll das entstandene Gefüge der Vorschriften aufgeklärt und diese miteinander in Abstimmung gebracht werden:[828] Im Bereich des Verbraucherschutzes besteht in Spanien, im Gegensatz zum bisherigen System von Einzelgesetzen ohne übergeordnetes Programmgesetz in der Bundesrepublik Deutschland, ein allgemeines Verbraucherschutzgesetz (Ley 26/1984, General para la defensa de los consumidores y usuarios, LGDCU), das allerdings noch durch Einzelgesetze, wie das Einzelhandelsgesetz (Ley 7/1996 de Ordenación del

---

[825] Lete Achirica, AC 1999, LXVII, 1365 ff.; Sanz Valentín, AC 1999, 1073 (1093); Carrasco Perera/Cordero Lobato/Martínez Espín, Transposición de la Directiva comunitaria sobre venta y garantías de los bienes de consumo, Estudios sobre Consumo, 2000, S.125 (139 ff.); Avilés García, AC 2000, XLIX, 1179 ff.; Ortí Vallejo, Aranzadi Civil, 2001, Nº 9, S.15 ff.; ders., Los defectos de la cosa en la compraventa civil y mercantil, 2002.

[826] BOCG, VII Legislatura, Serie A. Núm. 117-1, página 1.

[827] Nach der vierten Schlußbestimmung (BOCG, VII Legislatura, Serie A. Núm. 117-1, página 5) soll das Gesetz zwei Monate nach seiner Veröffentlichung im Boletín Oficial de Estado (BOE) in Kraft treten.

[828] BOCG, VII Legislatura, Serie A. Núm. 117-1, página 5.

Comercio Minorista, LOCM) und entsprechende Rechtsverordnungen[829], ergänzt ist. Die LGDCU enthält in Art.8 und Art.11 bereits verbraucherschützende Vorschriften, die die Bestimmung der Vertragsmäßigkeit und die Rechtsmittel bei der Lieferung vertragswidriger Waren betreffen. Erwägenswert ist daher eine Umsetzung ("transposición") in der LGDCU. Über eine schlichte Richtlinienumsetzung hinaus könnte aber auch, ähnlich wie in Deutschland geschehen, die Umsetzung der Verbrauchsgüterkaufrichtlinie zum Anlaß genommen werden, das Leistungsstörungsrecht, insbesondere das Kaufgewährleistungsrecht, des Código Civils (CC) an dem Regelungsmodell des UN-Kaufrechts, das auch die VbrKfRil entscheidend geprägt hat, auszurichten und auf einen aktuellen internationalen Stand zu bringen. Damit könnte die spanische Zivilrechtskodifikation auf ein in näherer Zukunft zu erwartendes Europäisches Zivilgesetzbuch vorbereitet werden.

Die VbrKfRil soll also nach dem Willen des Gesetzgebers zunächst durch ein Spezialgesetz für den Verbrauchsgüterkauf umgesetzt werden. In absehbarer Zukunft stellt sich für den spanischen Gesetzgeber aber erneut die Frage, ob die beabsichtigte Spezialregelung zum Verbrauchsgüterkauf mittels inhaltlicher Erweiterung der LGDCU selbst, oder aber - was der Gesetzgeber offenbar noch außer Betracht zu lassen scheint - durch eine allgemeine und verbraucherspezifische Ergänzung der Art.1445 ff. CC unter gleichzeitiger Abstimmung mit den speziellen handelsrechtlichen Kaufgewährleistungsregeln des Código de Comercio (CCom), dem allgemeinen Verbraucherschutzgesetz (LGDCU), dem Einzelhandelsgesetz (LOCM) und den ergänzenden Rechtsverordnungen in das spanische Zivilrecht umgesetzt werden.

Zunächst ist der Regierungsentwurf über Garantien im Verbrauchsgüterkauf zu untersuchen (Garantías en la venta de bienes de consumo, GVBC).

I. Regelungsinhalt

1. Allgemeine Prinzipien, Art. 1 GVBC

In den Mittelpunkt der Umsetzung der VbrKfRil stellt der spanische Gesetzgeber die Verpflichtung des Verkäufers, eine dem Kaufvertrag gemäße Ware zu erbringen (Art.1 Abs.1 GVBC). Dies entspricht Art.2 Abs.1 VbrKfRil. Das Er-

---

[829] 3. Kapitel.

fordernis der Vertragsmäßigkeit hat der spanische Gesetzgeber gleich an den Beginn des Gesetzes gestellt. Die Ausgestaltung des Begriffes der Vertragsmäßigkeit erfolgt in Art.3 GVBC.

Das Gesetz über Garantien bei dem Verkauf von Verbrauchsgütern (GVBC) beschränkt sich auf die Legaldefinition der "Verkäufer" und "Verbrauchsgüter". In Übereinstimmung mit der spanischen Fassung der Richtlinie (Art.1 Abs.2 lit.c) sind "Verkäufer" nach der GVBC natürliche oder juristische Personen, die Verbrauchsgüter im Rahmen ihrer beruflichen Tätigkeit ("actividad profesional") verkaufen; erfaßt werden aufgrund des weiten Wortsinns des spanischen Begriffs "profesional" auch gewerblich tätige Verkäufer.[830] "Verbrauchsgüter" werden als bewegliche körperliche Gegenstände definiert, die für den privaten Verbrauch bestimmt sind (Art.1 Abs.2 S.2 GVBC). Anders als die Richtlinie in Art.2 Abs.2 knüpft die spanische Umsetzungsvorschrift zur Unterscheidung von Verbrauchsgüterkäufen von anderen zivilrechtlichen Kaufverträgen nicht allein auf die Tätigkeit des Verkäufers und Verbrauchers ab, in deren Ausübung sie das Verbrauchsgut erwerben, sondern verlangen, daß das Verbrauchsgut selbst nach seiner Zweckbestimmung dem privaten Konsum zugeführt werden soll. Dies ist auch der Grund, weshalb der spanische Gesetzgeber in der GVBC auf die Definition des "Verbrauchers" verzichtet. Der Umsetzung der Richtlinie widerspricht diese Entscheidung des Gesetzgebers nicht, da in richtlinienkonformer Auslegung jedenfalls ausreicht, daß die Ware auch zum privaten Verbrauch bestimmt ist. Zur Feststellung der Person des Verbrauchers (Art.2 Abs.2 lit.a VbrKfRil), dessen Legaldefinition das Umsetzungsgesetz schuldig bleibt, kann der Rechtsanwender in Spanien ergänzend auf die Definition in Art.1 Abs.2 LGDCU zurückgreifen. Die Legaldefinition des "Herstellers" (Art.2 Abs.2 lit.d VbrKfRil) findet sich in Art.10 Abs.3 GVBC).

Im Wege einer Aufhebungsbestimmung ("Disposición derogatoria") am Ende des Umsetzungsgesetzes gießt der spanische Gesetzgeber den Grundsatz "lex specialis derogat legi generali", d.h. den Spezialitätsgrundsatz des Umsetzungsgesetzes gegenüber bestehenden gleich- oder niederrangigen Vorschriften in Gesetzesform. Der Gesetzgeber hat erkannt, daß das Umsetzungsgesetz Überschneidungen mit der Mängelhaftung der Art.1484 ff. CC und der Regelung

---

830 So zu Art.1 Abs.3 LGDCU: Bercovitz/Bercovitz-Alberto Bercovitz Rodríguez-Cano, Estudios jurídicos sobre protección de los consumidores, S.128; im Ergebnis auch Odenbach, in: Löber/Peuster, S.197 (200).

kommerzieller Garantien in Art.11 LGDCU sowie Art.12 LOCM zur Folge hat. Nach seinem Willen sollen die Gewährleistungsvorschriften bezüglich versteckter Mängel des Código Civils unberührt bleiben, aber nur auf zivilrechtliche Käufe anwendbar sein, die nicht in den Anwendungsbereich der Richtlinie fallen.[831] Im Bereich der Verbrauchsgüterkäufe ersetzen die speziellen Rechtsbehelfe des Umsetzungsgesetzes, Reparatur, Ersatzlieferung, Preisminderung und Vertragsauflösung diejenigen der Gewährleistung für versteckte Mängel, Wandelung ("acción redhibitoria") und Minderung ("acción quanti minoris"). Davon ausgenommen sind - wie bei der Verbrauchsgüterkaufrichtlinie - Schadensersatzansprüche des Verbraucher-Käufers.[832] Dagegen bleibt das Einzelhandelsgesetz (LOCM) in Bezug auf kommerzielle Garantien neben dem Umsetzungsgesetz der VbrKfRil (GVBC) anwendbar, soweit dieses selbst keine Regelung enthält.[833]

Die durch das Gesetz dem Verbraucher eingeräumten Rechte haben - in Umsetzung von Art.7 Abs.1 VbrKfRil - zwingenden Charakter.[834] Nach Art.4 Abs.2 GVBC ist eine vor Vertragsschluß erfolgte Abbedingung der Rechte des Verbrauchers aus der GVBC nichtig. Ebenso ist eine Umgehung ("fraude de ley") der GVBC in Übereinstimmung mit Art.6 CC nichtig.

Wie die Verbrauchsgüterkaufrichtlinie unterscheidet auch ihr spanisches Umsetzungsgesetz zwischen gesetzlichen und kommerziellen Garantien.[835] Im Bereich der gesetzlichen Garantien werden dem Verbraucher wahlweise verschiedene Gewährleistungsrechte für den Fall eingeräumt, daß die erworbene Sache nicht vertragsgemäß ist: Er kann statt der Reparatur die Lieferung einer Ersatzsache verlangen, wenn dies nicht unmöglich oder unverhältnismäßig ist. Sind weder die Reparatur noch die Ersatzlieferung möglich oder verlaufen sie erfolglos, kann der Verbraucher Minderung des Kaufpreises oder Vertragsauflösung verlangen.[836] Für die Geltendmachung seiner Rechte gilt eine zweijährige Frist beginnend ab dem Kauf, die bei gebrauchten Ware durch Vereinbarung auf eine Frist nicht unter einem Jahr verkürzt werden kann. Die Ausübung seiner

---

[831] Exposición de motivos, BOCG, VII Legislatura, Serie A. Núm. 117-1, página 2.

[832] Exposición de motivos, BOCG, VII Legislatura, Serie A. Núm. 117-1, página 2.

[833] Exposición de motivos, BOCG, VII Legislatura, Serie A. Núm. 117-1, página 2.

[834] Exposición de motivos, BOCG, VII Legislatura, Serie A. Núm. 117-1, página 1.

[835] Exposición de motivos, BOCG, VII Legislatura, Serie A. Núm. 117-1, página 1 f.

[836] Exposición de motivos, BOCG, VII Legislatura, Serie A. Núm. 117-1, página 2.

Rechte durch entsprechende Klage unterliegt einer Frist von drei Jahren ab dem Kauf.

Von dem Verkäufer oder Hersteller eingeräumte kommerzielle Garantien müssen den Verbraucher nach Auffassung des spanischen Gesetzgebers in eine - über die durch das Umsetzungsgesetz konzidierten Rechte hinausgehende - günstigere Rechtslage versetzen.[837] Ein einem einheitlichen Schriftstück muß der Garantierende in klarer Sprache die wesentlichen Elemente der Garantie, die für ihre Anwendung erforderlich sind, nennen. Die Werbung, die sich auf die Garantie bezieht, wird Bestandteil der Garantie.[838]

2. Anwendungsbereich, Art.2 GVBC

In ordnungsgemäßer Umsetzung des Art.2 Abs.2 Spiegelstriche 1-3 VbrKfRil findet das Umsetzungsgesetz GVBC nicht auf gerichtliche Verkäufe, Käufe von Wasser oder Gas, das nicht in einem begrenzten Volumen oder einer bestimmten Menge abgefüllt ist, und auf Strom Anwendung (Art.2 S.1 GVBC). Die GVBC gilt aber gemäß Art.2 S.2 GVBC für Verträge über die Lieferung herzustellender oder zu erzeugender körperlicher beweglicher Gegenstände. Der Gesetzgeber hätte hier der Einfachheit wegen auf die gesetzliche Definition des "Verbrauchsgutes" in Art.1 Abs.2 S.2 GVBC Bezug nehmen können.

Gebrauch gemacht wurde von dem spanischen Gesetzgeber in Art.2 S.2 GVBC auch von der Option des Art.2 Abs.3 VbrKfRil, nach der von der Richtlinienanwendung gebrauchte Güter ausgenommen werden können, die in öffentlicher Versteigerung verkauft werden, bei der der Verbraucher persönlich anwesend sein kann.

3. Vertragsmäßigkeit der Güter, Art.3 GVBC

Die Bestimmung der Vertragsmäßigkeit der Verbrauchsgüter hat der spanische Gesetzgeber inhalts- und hinsichtlich der einzelnen Kriterien fast wortgleich aus Art.3 Abs.2 VbrKfRil entnommen. Bis zu einem entsprechenden Gegenbeweis wird nach Art.3 Abs.1 GVBC vermutet, daß das Verbrauchsgut vertragsgemäß ist, wenn alle aufgezählten Vertragsmäßigkeitskriterien erfüllt sind, und nicht ein

---

[837] Exposición de motivos, BOCG, VII Legislatura, Serie A. Núm. 117-1, página 2.

[838] Exposición de motivos, BOCG, VII Legislatura, Serie A. Núm. 117-1, página 2.

Kriterium wegen der Umstände des Falles nicht anwendbar ist.[839] Dies entspricht dem Regelungsinhalt des Art.3 Abs.2 VbrKfRil und erleichtert durch die ergänzenden Ausführungen die Verständlichkeit des Gesetzes für den regelmäßig rechtsunkundigen Verbraucher. Die einzelnen Vertragsmäßigkeitskriterien in Art.3 Abs.1 lit.a-d GVBC stimmen mit denen des Art.2 Abs.2 lit.a-d VbrKfRil fast wortgleich überein. Systematisch nicht nachzuvollziehen ist, daß Art.3 Abs.1 lit.b und c GVBC im Gegensatz zu Art.2 Abs.2 lit.b und c VbrKfRil in der Reihenfolge so vertauscht sind, daß die Voraussetzung der Eignung des Verbrauchsgutes zu dem gewöhnlichen Gebrauch vor der Eignung zum vertraglich vereinbarten Gebrauch steht. An Art.3 Abs.1 lit.d GVBC, der die Übereinstimmung der Qualität und Leistung des Verbrauchsgutes, die der Verbraucher unter Bezugnahme der Beschaffenheit des Gutes und öffentlicher Äußerungen des Verkäufers, Herstellers oder dessen Vertreters vernünftigerweise erwarteten kann, ist die Ausnahmevorschrift für die Verpflichtung des Verkäufers durch öffentliche Äußerungen des Art.2 Abs.4 VbrKfRil als Satz 2 angehängt.

Nach Art.8 Abs.1 LGDCU kann der Verbraucher gegenüber seinem Vertragspartner schon bisher die Einhaltung der in Werbeangaben geäußerten Versprechungen über das Produkt und Garantien verlangen. Diese Vorschrift wird durch die erste Schlußbestimmung ("Disp. final primera") der GVBC gesetzlich modifiziert. Diese ordnet an, daß das "Prinzip der Vertragsmäßigkeit" der GVBC von der Regelung des Art.8 Abs.1 LGDCU unberührt bleibt. Die Zurechnung der Werbung bei Verbrauchergeschäften erhält also mit Art.3 Abs.1 lit.d GVBC eine ausdifferenzierte Sonderregelung für den Verbrauchsgüterkauf. Mit dieser Gesetzgebung werden zwei parallele Verbraucherschutznormen geschaffen, die wenigstens im Rahmen des Erfüllungsanspruchs des Art.8 LGDCU zusammengefasst werden sollten, falls der spanische Gesetzgeber den Schritt scheut die Vertragsmäßigkeit als allgemeines "Prinzip" in das Kaufrecht des CC zu überführen.

Die Vertragswidrigkeit, die aus einer unsachgemäßen Montage des Verbrauchsgutes folgt, ist nach Art.3 Abs.2 GVBC - entsprechend Art.2 Abs.5 VbrKfRil - der Vertragswidrigkeit des Gutes gleichgestellt, wenn die Montage Bestandteil des Kaufvertrages über das Verbrauchsgut war und von dem Verkäufer oder unter dessen Verantwortung vorgenommen wurde. Das gleiche gilt auch

---

[839] Zur Bestimmung der Vertragswidrigkeit nach Art.3 Abs.1 GVBC: Castilla Barea, AC 2002 (Número 17, Diciembre 2002) und AC 2003 (Número 18, Enero 2003).

dann, wenn der Verbraucher das Verbrauchsgut mangelhaft zusammensetzt und dies auf einen Fehler der Montageanleitung zurückzuführen ist.

Art.3 GVBC läßt eine § 434 Abs.3 BGB entsprechende Regelung vermissen, daß auch Mengenfehler und Aliudlieferungen einen Mangel im Sinne der VbrKfRil darstellen. Eine Klarstellung in Art.3 GVBC ist zur ordnungsgemäßen Umsetzung des Art.2 VbrKfRil erforderlich. Dies ergibt sich nicht direkt aus dem Wortlaut des Art.2 VbrKfRil, sondern nach Auslegung des Art.2 VbrKfRil unter Bezugnahme auf Art.35 Abs.1 CISG.[840]

Der Verkäufer ist gemäß Art.3 Abs.3 GVBC in Übereinstimmung mit Art.2 Abs.3 VbrKfRil für Vertragswidrigkeiten nicht verantwortlich, die der Verbraucher bei Vertragsschluß kannte oder über die er vernünftigerweise nicht in Unkenntnis gewesen sein konnte oder die ihren Ursprung in Materialien haben, die der Verbraucher geliefert hat. Die Richtlinie geht zwar bei der Kenntnis oder grob fahrlässiger Unkenntnis des Verbrauchers erst gar nicht vom Vorliegen einer Vertragswidrigkeit aus, der spanische Gesetzgeber setzt die Norm aber dennoch ordnungsgemäß um, da die wesentliche Rechtsfolge der Norm, also die Befreiung des Verkäufers von der Haftung wegen Vertragswidrigkeiten, übereinstimmt und hinreichend klar[841] gehalten ist.

4. Verantwortlichkeit des Verkäufers und Verbraucherrechte, Art.4 GVBC

Der Verkäufer haftet dem Verbraucher für jede Vertragswidrigkeit, die im Zeitpunkt der Übergabe des Verbrauchsgutes besteht (Art.4 Abs.1 S.1 GVBC). Das entspricht Art.3 Abs.1 der VbrKfRil. In korrekter Umsetzung von Art.3 Abs.2 VbrKfRil, aber unter die Lesbarkeit der Vorschrift förderndem Verzicht auf entsprechende Verweise auf die folgenden Normen, gewährt Art.4 Abs.1 S.2 GVBC dem Verbraucher gegen den haftenden Verkäufer das Recht zur Reparatur des Verbrauchsgutes, zur Ersatzlieferung, zur Minderung des Kaufpreises "und" zur Vertragsauflösung. In richtlinienkonformer Auslegung ist das "und" indes als "oder" zu lesen, da der Verbraucher die Rechtsbehelfe nicht nebeneinander verlangen kann.

---

[840] 2. Kapitel, A., III., 3., a), aa).

[841] Grundlegend EuGH, Verb. Rs. C-46/93 und C-48/93, Brasserie du Pêcheur/Factortame (Brasserie du Pêcheur/Bundesrepublik Deutschland und The Queen/Secretary of State of Transport ex parte: Factortame Limited u.a.), (Tz.56).

In Art.4 Abs.2 GVBC findet sich auch die Anordnung des zwingenden Charakters der Verbraucherschutzvorschriften der GVBC entsprechend Art.7 Abs.1 VbrKfRil. Nicht zwingend ausgestaltet sind daher die Rückgriffsrechte des Verkäufers gegen den Hersteller aus Art.10 Abs.2 GVBC.

5. Reparatur und Ersatzlieferung, Art.5 GVBC

Nach Art.5 Abs.1 GVBC hat der Verbraucher bei einer Vertragswidrigkeit das Wahlrecht zwischen Reparatur und Ersatzlieferung, mit der Ausnahme für den Fall, daß einer der beiden Rechtsbehelfe unmöglich oder unverhältnismäßig ist. Wann die Unverhältnismäßigkeit der Nachbesserung oder Ersatzlieferung vorliegt beschreibt Art.5 Abs.2 GVBC, der wörtlich mit der spanischen Fassung des Art.3 Abs.3 Satz 2 VbrKfRil übereinstimmt, für den Fall, daß die jeweilige Art der Gewährleistung mit unverhältnismäßigen Kosten verbunden ist, unter Berücksichtigung des Wertes, den das Gut ohne die Vertragswidrigkeit hätte, der Bedeutung der Vertragswidrigkeit, und ob sich die alternative Gewährleistungsform ohne erhebliche Unannehmlichkeiten für den Verbraucher realisieren läßt.

Über die Umsetzung des Wortlautes der Richtlinie hinaus bestimmt Art.5 Abs.1 Satz 2 GVBC ausdrücklich, daß sich Verbraucher und Verkäufer an die vom Verbraucher gegenüber dem Verkäufer getroffene Wahl des Rechtsbehelfs gebunden halten müssen. Das gilt nicht, wenn Reparatur oder Ersatzlieferung nach Art.6 GVBC nicht die Vertragsgemäßheit des Gutes herbeiführen können. Ist die Ware nach der Reparatur und Übergabe weiterhin vertragswidrig, so kann der Käufer die Ersatzlieferung des Gutes fordern, sofern diese nicht nach Art.5 Abs.2 GVBC unverhältnismäßig ist (Art.6 lit.e GVBC). Umgekehrt gilt das gleiche, wenn Ersatzlieferung nicht erfolgreich ist (Art.6 lit.f GVBC). In beiden Fällen kann der Käufer auch die Herabsetzung des Kaufpreises oder die Vertragsauflösung nach Maßgabe der Art.7 und 8 GVBC verlangen (Art.6 lit.e, f GVBC).

6. Regeln für die Reparatur und Ersatzlieferung, Art.6 GVBC

Die Durchführung der Reparatur und Ersatzlieferung regelt im Einzelnen Art.6 GVBC. Beide Rechtsbehelfe sind in Umsetzung von Art.3 Abs.2 und 3 iVm. Abs.4 VbrKfRil kostenlos, wovon insbesondere die mit ihnen verbundenen Versand-, Arbeits- und Marterialkosten erfaßt werden (Art.6 lit.a GVBC). Nach Art.6 lit.b GVBC haben Reparatur und Ersatzlieferung entsprechend Art.3 Abs.3 Satz 3 VbrKfRil innerhalb angemessener Frist und ohne erhebliche Unannehmlichkeiten für den Verbraucher zu erfolgen. Dabei sind die Art des Gutes und der

Zweck, den das Gut für den Verbraucher hat, zu berücksichtigen. Die Ersatzlieferung kann der Verbraucher nach Art.6 lit.g GVBC für nicht vertretbare und gebrauchte Güter von vornherein nicht verlangen. Für gebrauchte Güter ergibt sich dies aus Erwägungsgrund 16 der VbrKfRil.

Während die Reparatur die Gewährleistungsfristen[842] hemmt (lit.c), unterbricht die Ersatzlieferung diese Fristen, wodurch mit der Lieferung des Ersatzgutes eine neue Frist zu laufen beginnt (lit.d). Damit wird zum einen eine Regelung getroffen, die über die einfache Richtlinienumsetzung hinaus eine erhellende gesetzliche Klarstellung bringt, die Zweifelsfragen hinsichtlich der Frist der Nacherfüllung, insbesondere der Ersatzlieferung, vermeidet. Zum anderen wird den Interessen des Verbrauchers und des Verkäufers angemessen Rechnung getragen. Wird eine Ware (lediglich) nachgebessert, ist es auch aus Sicht des Verbrauchers sachgerecht die Gewährleistung für dieselbe Ware nur "auszusetzen". Der Verkäufer muss dies hinnehmen, hat er doch die Vertragswidrigkeit zu vertreten. Schließlich ist dem Verbraucher die Ware in der Zeit der Reparatur entzogen. Dagegen kann die Lieferung einer Ersatzware "neue" Vertragswidrigkeiten mit sich bringen, die die Gewährleistung des Verkäufers auslösen. Daher muss die Gewährleistungsfrist erneut beginnen.

Die Fristhemmung beginnt, wenn der Verbraucher das Gut dem Verkäufer zur Verfügung stellt, und endet mit der Übergabe des reparierten Gutes an den Verbraucher. Findet die Übergabe in den ersten sechs Monaten der Zweijahresfrist des Art.9 Abs.1 GVBC statt, hemmt dies die Zweijahresfrist bis zum Ablauf von zwei Monaten ab der Übergabe des reparierten Gutes (Art.6 lit.c GVBC).

7. Minderung und Vertragsauflösung, Art.7 GVBC

Kann der Verbraucher Reparatur oder Ersatzlieferung nicht verlangen, oder erfolgen diese nicht in angemessener Frist oder nicht ohne erhebliche Unannehmlichkeiten für den Verbraucher, kann dieser gemäß Art.7 Satz 1 GVBC eine Herabsetzung des Kaufpreises oder die Auflösung des Vertrages fordern.

Ein Anspruch auf Vertragsauflösung steht dem Verbraucher nicht zu, wenn die Vertragswidrigkeit geringfügig ist (Art.7 Satz 2 GVBC, entspricht Art.3 Abs.6 VbrKfRil).

[842] Zu den Fristen Art.9 GVBC.

8. Kriterien der Minderung, Art.8 GVBC

Während die VbrKfRil keine Aussagen über die Ausgestaltung des Minderungsrechts trifft, legt Art.8 GVBC für den Bereich des Verbrauchsgüterkaufs die Kriterien der Minderung fest. Danach muß die Minderung des Kaufpreises proportional zur Differenz zwischen dem Wert, den das Gut bei der Übergabe in vertragsgemäßem Zustand gehabt hätte und dem Wert, den das übergebene Gut bei der Übergabe tatsächlich hatte. Dies entspricht inhaltlich der sog. relativen bzw. proportionalen Methode der Berechnung des Minderungsbetrags bei verborgenen Mängeln im Zivilkauf nach Art.1486 Abs.1 Satz 1 CC ("acción quanti minoris").

9. Fristen, Art.9 GVBC

Der Verkäufer haftet für Vertragswidrigkeiten, die in einer Frist von zwei Jahren nach der Übergabe zutage treten (Art.9 Abs.1 Satz 1 GVBC). Vorbehaltlich eines Gegenbeweises gilt die Übergabe vorgenommen im Zeitpunkt der Ausstellung der Rechnung oder des Einkaufsbons oder des Lieferscheins, wenn die Lieferung später erfolgte (Art.9 Abs.2 GVBC).

Für gebrauchte Güter können Verkäufer und Verbraucher eine kürzere Frist vereinbaren, die allerdings nicht kürzer als ein Jahr nach Übergabe sein darf (Art.9 Abs.1 Satz 2 GVBC). Damit wurde in Spanien von der entsprechenden Umsetzungsoption des Art.7 Abs.1 Satz 2 und 3 VbrKfRil Gebrauch gemacht.

Der Anspruch des Verbrauchers auf Erfüllung seiner Rechte aus den Art. 1 bis 8 GVBC verjährt[843] drei Jahre nach der Übergabe (Art.9 Abs.3 GVBC). Der spanische Gesetzgeber hat also zur Umsetzung von Art.5 Abs.1 VbrKfRil ein doppeltes Fristensystem gewählt: Zum einen gilt eine zweijährige Ausschlußfrist für die Haftung des Verkäufers (Art.9 Abs.1 GVBC). Zum anderen unterliegen die Rechte des Verbrauchers einer dreijährigen Verjährungsfrist (Art.9 Abs.3 GVBC). Art.5 Abs.1 VbrKfRil regelt zwar sowohl Ausschluß- als auch Verjährungsfristen, trifft aber letztlich keine Aussage über das Verhältnis von Ausschluß- und Verjährungsfristen zueinander. Spanien ist durch die VbrKfRil nicht gezwungen eine Verjährungsfrist einzuführen. Art.5 Abs.1 Satz 2 VbrKfRil, der eine Mindestverjährungsfrist von 2 Jahren bei Verbrauchsgüterkäufen vorschreibt, betrifft den Fall, daß bereits kürzere Verjährungsfristen nach nationalem Recht bestanden.

---

[843] Art.9 Abs.3 GVBC spricht ausdrücklich von "Verjährung" ("...prescribirá...") und nicht von "Erlöschen", wie Art.1490 CC ("...extinguirán...").

Eine verlängerte Ausschlußfrist, rechtsdogmatisch vergleichbar der des Art.1490 CC, hätte daher zur Umsetzung des Art.5 Abs.1 VbrKfRil ausgereicht.

Die Ausschluß- und Verjährungsfristen gemäß Art.9 GVBC werden durch die Reparatur gehemmt (Art.6 lit.e GVBC) und durch die Ersatzlieferung unterbrochen (Art.6 lit.f GVBC). Rein dogmatisch betrachtet können Ausschlußfristen nicht gehemmt oder unterbrochen werden. Die VbrKfRil stellt den Mitgliedstaaten jedoch frei, im Falle der Nachbesserung oder Ersatzlieferung (und selbst bei Verhandlungen der Vertragspartner über eine gütliche Einigung) eine Hemmung oder Unterbrechung der Verjährungs- und Ausschlußfristen vorzusehen.[844]

10. Beweislastumkehr, Art.9 Abs.2 GVBC

Die Beweislastumkehr zugunsten des Verbrauchers aus Art.5 Abs.3 VbrKfRil hat der spanische Gesetzgeber in Art.9 Abs.2 GVBC umgesetzt. Danach wird, vorbehaltlich des Gegenbeweises, vermutet, daß Vertragswidrigkeiten, die in einem Zeitraum von sechs Monaten nach der Übergabe zutage treten, bereits bestanden als die Ware übergeben wurde, wenn die Vermutung nicht mit der Art des Gutes oder der Art der Vertragswidrigkeit unvereinbar ist.

11. Durchgriffshaftung des Herstellers und Haftungsrückgriff, Art.10 GVBC

a) Durchgriffshaftung des Herstellers, Art.10 Abs.1 bis 3 GVBC

Der Verbraucher kann nach Art.10 Abs.1 GVBC wegen der Vertragswidrigkeit des Verbrauchsgutes Ersatzlieferung oder Nachbesserung direkt vom Hersteller verlangen, wenn es ihm unmöglich oder unzumutbar ist, sich gegen den Verkäufer zu richten.

Mit dieser Vorschrift schafft Spanien eine (subsidiäre) Durchgriffshaftung des Herstellers vertragswidriger Ware gegenüber Verbraucher-Käufern. Eine entsprechende Haftungsregelung des Herstellers gegenüber dem Verbraucher sieht die VbrKfRil dagegen nicht vor. Der Durchgriffsanspruch ist in seiner Zielrichtung allerdings auf Nacherfüllung durch Reparatur oder Ersatzlieferung und auf den Fall beschränkt, daß es dem Verbraucher unmöglich oder unzumutbar ist, sich an den Verkäufer zu wenden.

---

[844] Erwägungsgrund 18 VbrKfRil.

Grundsätzlich und unbeschadet dessen, daß die Verantwortlichkeit des Herstellers endet, haftet der Hersteller gemäß Art.10 Abs.2 GVBC in den gleichen Fristen und unter den gleichen Bedingungen, die nach der GVBC für den Verkäufer gelten, für die Vertragswidrigkeit, wenn diese Herkunft, Identität oder Tauglichkeit des Verbrauchsgutes betrifft. Dabei zu berücksichtigen sind die Art und die Zweckbestimmung des Gutes und die Verbrauchsgüterkaufregeln der GVBC.

Hersteller im Sinne des Gesetzes sind nach Art.10 Abs.4 GVBC der Produzent des Verbrauchsgutes, der Importeur, der das Gut in das Gebiet der EU einführt oder jede andere Person, die sich als Hersteller geriert, indem er seinen Namen, seine Marke oder ein anderes Unterscheidungsmerkmal auf dem Verbrauchsgut anbringt.[845]

b) Haftungsrückgriff, Art.10 Abs.4 GVBC

Die VbrKfRil verpflichtet den nationalen Gesetzgeber nur dazu einen wirksamen Rückgriff für den Letztverkäufer vorzusehen. Den oder die Haftenden sowie das Vorgehen und die Modalitäten des Rückgriffs stellt sie den Mitgliedstaaten ausdrücklich frei (Art.4 Satz 2 VbrKfRil). Jeder der dem Verbraucher gegenüber gehaftet hat, kann in Spanien zukünftig innerhalb einer Frist von einem Jahr auf den für die Vertragswidrigkeit Verantwortlichen Rückgriff nehmen (Art.10 Abs.4 Satz 1 GVBC). Diese Frist beginnt erst mit dem Abschluß der Gewährleistung (Art.10 Abs.4 Satz 2 GVBC).[846] Spanien trägt damit dem Umstand Rechnung, daß sich ein Haftungsdurchgriff in der Art einer "acción directa" nicht schon aus Art.27 Abs.1 lit.a LGDCU ergibt.

Der Verkäufer eines Verbrauchsgutes, das einen Herstellungsmangel hat, kann, wenn er dem Verbraucher gegenüber nacherfüllt, den Kaufpreis gemindert oder den Kaufvertrag gar gewandelt hat, den entsprechenden Rechtsbehelf auch dem Hersteller gegenüber geltend machen. Dafür steht ihm eine Frist von einem Jahr zur Verfügung, die erst nach Erfüllung der Gewährleistungsansprüche zu laufen beginnt. Dabei handelt es sich um eine besondere Rückgriffsfrist, die unabhängig von der sechsmonatigen Ausschlußfrist des Art.1490 CC des allgemeinen Zivilkaufs, und vor allem auch der kurzen Fristen der Art.336 Abs.2,

---

[845] Die Bestimmung des "Herstellers" stimmt mit der Legaldefinition des Art.1 Abs.2 lit.d VbrKfRil überein.

[846] "Dicho plazo se computa a partir del momento en que *se completó el saneamiento.*" (Hervorhebung durch den Autor).

342 CCom, läuft. Der gegenüber dem Verbraucher haftende Verkäufer wird auf diese Weise vor einer Gewährleistungsfalle geschützt. Der Verkäufer kann, auch wenn er das mangelhafte Verbrauchsgut nicht unmittelbar von dem Hersteller erworben hat, direkt gegen den Hersteller vorgehen, ohne daß der Mangel des Verbrauchsgutes erst in der Vertragskette von Zwischenhändler zu Zwischenhändler "zurückbelastet" wird. Jedoch ist der Letztverkäufer nicht hinreichend geschützt, wenn nicht der Hersteller, sondern ein Zwischenhändler für den Mangel des Verbrauchsgutes verantwortlich ist. Da die GVBC hier eine Lücke aufweist, ist auf diese Fälle das allgemeine Kaufgewährleistungsrecht anzuwenden. Wegen der kurzen Fristen der Art.336 Abs.2, 342 CCom droht dem Letztverkäufer dann eine Gewährleistungsfalle. Der Letztverkäuferrückgriff der spanischen GVBC muß daher dringend entsprechend ergänzt werden.

12. Selbständige Garantie (sog. garantía comercial), Art.11 GVBC

Unter Betonung der Selbständigkeit kommerzieller Garantien, schreibt der spanische Gesetzgeber in Übereinstimmung mit Art.6 Abs.1 VbrKfRil vor, daß diese den Garantierenden unter den in dem Garantieurkunde und der einschlägigen Werbung angegebenen Bedingungen binden (Art.11 Abs.1 GVBC). Diese Regel war zwingend ausdrücklich in das spanische Recht umzusetzen. Als sicher nicht ganz zufällig anzusehen ist, daß die Garantieregelung der GVBC sich in deren Art.11 findet, ebenso wie die Garantievorschrift der LGDCU, die selbst teilweise über die Anforderungen des Art.6 VbrKfRil hinausgeht, aber auch in nicht unerheblichem Maße hinter diesen zurückbleibt, da sie vor allem auf langlebige Güter beschränkt ist (Art.11 Abs.2 LGDCU).

Kommerzielle Garantien müssen schriftlich oder auf einem dauerhaften Datenträger zur unmittelbaren Verfügung des Verbrauchers stehen und ihm entsprechend der verwendeten Kommunikationsmittel zugänglich sein (At.11 Abs.2 Satz 1 GVBC). Damit geht das spanische Recht über die Richtlinienvorgabe des Art.6 Abs.3 VbrKfRil hinaus, die lediglich festlegt, daß die entsprechenden Voraussetzungen auf Verlangen des Verbrauchers erfüllt werden müssen. Die Garantien müssen jedenfalls in Spanisch ("Castellano") verfaßt sein (At.11 Abs.2 Satz 1 GVBC). Ausdrücklich hat die Garantie das von der Garantie erfaßte Verbrauchsgut, Namen und Anschrift des Garantierenden, die Rechte des Verbrauchers, die Geltungsdauer der Garantie und ihren räumlichen Geltungsbereich der Garantie zu bestimmen (Art.11 Abs.2 Satz 2 lit.a, b, d). Das spanische Umsetzungsgesetz hatte außerdem klarzustellen, daß die gesetzlichen Gewährleistungsrechte des Art.4 ff. GVBC nicht von der selbständigen Garantie betroffen werden und die Garantie selbst hierauf hinweisen muß (Art.11 Abs.2 Satz 2 lit.c GVBC aufgrund Art.6 Abs.2 Spiegelstrich 1 GVBC).

Der Anspruch des Verbrauchers, die Erfüllung der Garantie zu verlangen, endet sechs Monate nach dem Ende der Garantiefrist (Art.11 Abs.3 GVBC). Diese Frist stimmt mit der schon bisher geltenden Garantiefrist des Art.11 Abs.3 LGDCU i.V.m. Art.12 Abs.2 LOCM überein. Einen Gleichlauf der Gültigkeitsfrist der kommerziellen Garantie mit der gesetzlichen zweijährigen Garantiefrist hat der Gesetzgeber damit nicht durchgesetzt. Allerdings finden die noch kürzeren Fristen der königlichen Verordnung 1457/1986 vom 18.Januar, die eine dreimonatige Garantiefrist oder eine Laufleistung von 2000 Kilometern für Kraftfahrzeuge vorschreibt, sowie die königliche Verordnung 58/1988 vom 29.Januar, die eine dreimonatige Garantiefrist für Haushaltsgeräte vorsieht, keine Anwendung auf die Verbrauchsgüterkaufgarantie nach Art.11 GVBC (aufgrund der "Disp. derogativa. Derogación normativa.").

Unabhängig davon, ob der Verkäufer im Einzelfall eine kommerzielle Garantie gewährt hat oder nicht, muß er den Verbraucher stets über seine Rechte aus der GVBC informieren (Art.11 Abs.4 Satz 1GVBC). Gewährt der Verkäufer eine kommerzielle Garantie, so muß die Information über die Verbraucherrechte aus der GVBC in einer Garantieurkunde enthalten sein (Art.11 Abs.4 Satz 2 VbrKfRil).

Nicht ausdrücklich in Art.11 GVBC übernommen wurde die Regel des Art.6 Abs.5 VbrKfRil, die klarstellt, daß Garantien, die die Mindestanforderungen der VbrKfRil nicht erfüllen, gültig bleiben. Art.11 GVBC ist insofern richtlinienkonform auszulegen.

13. Unterlassungsklage, Art.12 GVBC

Der spanische Regierungsentwurf der GVBC enthält in Art.12 eine zivilprozessuale Regelung zur Umsetzung des Katalogs der Richtlinie 1998/27/EG[847] bezüglich der Unterlassungsklagen zum Schutz der Verbraucherinteressen und setzt damit Art.10 VbrKfRil um, der die Richtlinie 1998/27/EG selbst um die VbrKfRil erweitert.

---

[847] Richtlinie 1998/27/EG des Europäischen Parlaments und des Rates vom 19.Mai 1998 über Unterlassungsklagen zum Schutz der Verbraucherinteressen, AblEG Nr.L 166, S.51.

14. Internationales Privatrecht, Art.13 GVBC

Durch Art.13 GVBC wird Art.7 Abs.2 VbrKfRil umgesetzt. Danach können die Verbraucherrechte der GVBC nicht durch die Vereinbarung eines anderen Rechts ausgeschlossen werden, wenn der Vertrag in einem engen Zusammenhang zu dem Gebiet der EU-Mitgliedstaaten steht.

15. Inkrafttreten

Die GVBC tritt nach der vierten Abschlußbestimmung ("Disp. final cuarta") zwei Monate nach seiner Verkündung im Gesetzblatt "Boletín Oficial del Estado" in Kraft. Um Verbraucherschutzlücken des spanischen Rechts seit Ablauf der Umsetzungsfrist der VbrKfRil am 1.1.2002 zu vermeiden, müssen die Vorschriften der GVBC, die der Umsetzung der VbrKfRil dienen, auch auf Verbrauchsgüter angewandt werden, die zwischen dem 1.1.2002 und dem Inkrafttreten der GVBC an Verbraucher verkauft wurden.

16. Übergangsregelung

Die in Art.11 GVBC vorgesehene Regelung kommerzieller Garantien findet nach der Übergangsregelung ("Disp. tránsitoria única") der GVBC nicht auf Waren Anwendung, die vor Inkrafttreten der GVBC in Verkehr gebracht wurden. Diese unterliegen den bis zum Inkrafttreten der GVBC geltenden Vorschriften.

II. Zusammenfassung

Bei der Umsetzung der VbrKfRil beschränkt sich der spanische Gesetzgeber, von nebensächlichen gesetzessystematischen Abweichungen abgesehen, auf eine 1:1-Einfügung der Richtlinie in das nationale Recht, die überwiegend sogar in einer wörtlichen Übereinstimmung der Vorschriften sichtbar wird. Insbesondere die Definition der Vertragsmäßigkeit der Verbrauchsgüter im Wege einer gesetzlichen Vermutungsregelung wurde aus Art.2 VbrKfRil übernommen. Die spanischen Umsetzungsvorschriften wurden teilweise um die Verständlichkeit unterstützende Klarstellungen erweitert: Art.3 Abs.1 GVBC stellt etwa klar, daß die Kriterien der Vertragsmäßigkeit kumulativ gelten. Während sich die VbrKfRil über die Ausgestaltung der Minderung in Schweigen hüllt, stellt Art.8 GVBC entsprechend Art.1486 Abs.1 Satz 1 CC klar, daß auch für den Verbrauchsgüterkauf die sog. relative Berechnungsmethode gilt.

In Umsetzung von Art.5 Abs.1 VbrKfRil wird in Spanien ein doppeltes Fristensystem geschaffen: Es gilt eine zweijährige Ausschlußfrist für die Haftung des Verkäufers nach Art.9 Abs.1 GVBC und eine dreijährige Verjährungsfrist für die Verbraucherrechte gemäß Art.9 Abs.3 GVBC. Die Reparatur hemmt die Fristen gemäß Art.6 lit.c GVBC, während die Ersatzlieferung die Fristen gemäß unterbricht. Art.6 lit.d GVBC stellt insoweit klar, daß die Fristen nach der Lieferung des Ersatzgutes neu beginnen[848].

Ganz zu Recht hat Spanien auf die Umsetzung einer Rügeobliegenheit zu Lasten des Verbrauchers beim Verbrauchsgüterkauf verzichtet. Da Art.1484 CC, der dem professionellen Käufer, der für private Zwecke einkauft, vorschreibt, Ware mit offenbaren Mängel sofort zurückzuweisen, keine Anwendung auf den Verbrauchsgüterkauf findet (GVBC, in: "Disp. adicional única: Incompatibilidad de acciones" und "Disp. derogatoria: Derogación normativa."), ist eine Ergänzung des Art.1484 CC um eine Zweimonatsfrist nach Art.5 Abs.2 VbrKfRil nicht erforderlich.

Der Verbraucher kann nach Art.10 Abs.1 GVBC einen subsidiären Haftungsdurchgriff der Nacherfüllung gegen den Hersteller geltend machen, wenn es ihm unmöglich oder unzumutbar ist, dies vom Verkäufer zu verlangen. Hiernach haftet der Hersteller nach Maßgabe der für den Verkäufer geltenden Regeln. Damit geht Spanien erheblich über die Vorgaben der VbrKfRil hinaus.

Jeder der dem Verbraucher gegenüber gehaftet hat, kann in Spanien zukünftig innerhalb einer Frist von einem Jahr auf den für die Vertragswidrigkeit tatsächlich Verantwortlichen Rückgriff nehmen (Art.10 Abs.4 Satz 1 GVBC). Diese Frist beginnt erst mit dem Abschluß der Gewährleistung (Art.10 Abs.4 Satz 2 GVBC).

Der Anspruch des Verbrauchers, die Erfüllung einer selbständigen (kommerziellen) Garantie zu verlangen, endet sechs Monate nach dem Ende der Garantiefrist (Art.11 Abs.3 GVBC). Diese Frist stimmt mit der schon bisher geltenden Garantiefrist des Art.11 Abs.3 LGDCU i.V.m. Art.12 Abs.2 LOCM überein. Einen Gleichlauf der Gültigkeitsfrist der kommerziellen Garantie mit der gesetzlichen zweijährigen Garantiefrist hat der spanische Gesetzgeber damit nicht durchgesetzt.

---

848 "...abriéndose unos nuevos desde la entrega del segundo bien...".

In der zweiten Schlußbestimmung ("Disp. final segunda") der GVBC ist jedoch eine Verpflichtung der Regierung enthalten, innerhalb von drei Jahren nach Inkrafttreten der GVBC, das Allgemeine Verbraucherschutzgesetz 26/1984 und die weiteren Normen zur Umsetzung von Verbraucherschutzrichtlinien in ein einziges Gesetz zurückzuführen. Daher ist im Folgenden auf die möglichen Alternativen für eine endgültige Umsetzung der VbrKfRil in Spanien einzugehen.

III. Stellungnahme

Im spanischen Schrifttum[849] wurde ebenfalls erwogen die VbrKfRil in ein neues Spezialgesetz zum Verbraucherschutz umzusetzen. Letztlich führt dieser Umsetzungsweg jedoch zu einer weiteren Zersplitterung der kaufrechtlichen Verbraucherschutzregelungen, die schon jetzt aus dem allgemeinen Verbraucherschutzgesetz (LGDCU), dem Einzelhandelsgesetz (LOCM) und diese Gesetze ausgestaltende Rechtsverordnungen bestehen. Darüber hinaus würden die Kaufrechtsregeln insgesamt, neben den Vorschriften zum Zivilkauf im Código Civil, dem nationalen Handelskauf im Código de Comercio, dem internationalen UN-Kaufrecht und den Verbraucherregeln in Art.8, 11 LGDCU und Art.12 LOCM auf ein sechstes Gesetz verstreut.[850] Dies würde unnötig zu weniger Rechtseinheit und Rechtsklarheit führen. Außerdem bestünden Überschneidungen zwischen Art.8 und Art.11 LGDCU und den Umsetzungsvorschriften zu Art.2 und Art.3 VbrKfRil, über die Bestimmungen der Vertragsmäßigkeit von Verbrauchsgütern und Rechte des Verbrauchers, und Art.6 VbrKfRil über selbständige Garantien, denen der spanische Gesetzgeber nur durch Ausschlußregelungen Herr werden kann. Der Gesetzgeber sollte daher zur Umsetzung der VbrKfRil - auch für eine Übergangszeit - kein zusätzliches verbraucherschutzrechtliches Spezialgesetz zum Verbrauchsgüterkauf schaffen, sondern die bestehende spanische Rechtslage so modifizieren, daß der bereits in Spanien erreichte gesetzliche Stand des Ver-

---

[849] Sanz Valentín, in: AC 1999 (LV), Rn.1073 (1093).

[850] Sanz Valentín, in: AC 1999 (LV), Rn.1073 (1093), geht dagegen nur von drei parallel bestehenden Gesetzen aus, dem Código Civil, dem Código de Comercio und der VbrKfRil. Er betont aber ebenfalls die zu befürchtende stärkere Zersplitterung des Privatrechts und weist ergänzend auf die Anwendung der VbrKfRil hin. Von nur drei verschiedenen Kaufrechten gehen auch García Rubio/Lete, in: Communication from the commission on european contract law, S.6 (7.1.), aus.

braucherschutzes fortentwickelt werden kann. Sachgerecht ist dies nur durch eine Umsetzung der VbrKfRil in die LGDCU und/oder den Código Civil zu erreichen.

C. Modelle zur endgültigen Umsetzung der Verbrauchsgüterkaufrichtlinie in Spanien

I. Umsetzung im allgemeinen Verbraucherschutzgesetz (Ley 26/1984, General para la Defensa de los Consumidores y Usuarios) und dem Einzelhandelsgesetz (Ley 7/1996, de Ordenación del Comercio Minorista)

Die Verbrauchsgüterkaufrichtlinie kann durch ein Spezialgesetz über den Verbraucherkauf endgültig in das spanische Recht eingefügt werden.[851] Im spanischen Recht bestehen bereits Vorschriften über Garantien bei Verbraucherverträgen in Art.11 Abs.2 LGDCU, die sich von den Anforderungen der VbrKfRil insbesondere durch deren Mindestschutzcharakter (Art.8 Abs.2 VbrKfRil) unterscheiden. Während das spanische Verbraucherschutzgesetz bezüglich der Kaufverträge über langlebige Güter das zwingende Erfordernis einer Garantie vorschreibt, beschränkt sich die VbrKfRil darauf in Art.6 VbrKfRil formelle und materielle Mindestanforderungen an freiwillig gewährte Garantien aufzustellen, die lediglich flankierend zu dem ansonsten zwingenden Gewährleistungssystem der Richtlinie (Art.7 Abs.1 Satz 1 VbrKfRil) hinzutreten.

Die Übernahme der Richtlinie in die LGDCU hätte den Vorteil, daß das spanische Recht auf der Basis der bereits bestehenden Regeln, im Hinblick auf den zeitlichen Rückstand Spaniens bei der Umsetzung, relativ zügig und mit verhältnismäßig geringem Reformaufwand auf einen richtlinienkonformen Stand gebracht werden kann. Die für den Verbrauchsgüterkauf aufgenommenen Regeln könnten auf diese Weise in der Praxis erprobt werden und bei einem überzeugenden Ergebnis Vorbildfunktion für das gesamte Gewährleistungsrecht entfalten.

---

[851] Die Notwendigkeit der Rückführung des Umsetzungsgesetzes in ein einziges Verbraucherschutzgesetz ergibt sich aus dessen Disp. final segunda GVBC. Sanz Valentín, AC 1999 (LV), Rn.1073 (1093).

1. Verbraucherbegriff

Der in Art.1 Abs.2 LGDCU enthaltene weite Verbraucherbegriff kann zur ordnungsgemäßen Umsetzung der VbrKfRil beibehalten werden. Folge des Verzichts auf eine wörtliche Umsetzung der Verbraucherdefinition aus der VbrKfRil ist die Übernahme der strengen Gewährleistungsregeln der Richtlinie auf Personenkreise, die sich möglicherweise nicht in einer typischen gegenüber dem gewerblich handelnden Verkäufer unterlegenen Position befinden, die dem europäischen Gesetzgeber ursprünglich vorschwebte. Insbesondere können auch juristische Personen vom Schutzbereich des Gesetzes umfaßt sein, wenn sie "Letzterwerber" ("destinatario final") i.S.v. Art.1 Abs.2 LGDCU sind. Diese Schutzbereichserweiterung zugunsten der Verbraucher kann hingenommen werden, da die Richtlinie lediglich einen Mindestschutz der Verbraucher leisten soll (Art.8 Abs.2 VbrKfRil).[852] Außerdem wird dadurch die Ausbildung verschiedener Verbraucherbegriffe innerhalb der LGDCU vermieden. Darin liegt sicher ein erstrebenswerter Gewinn an Rechtsklarheit und Rechtssicherheit. Allerdings gibt die Formulierung von Art.1 Abs.2 LGDCU bisher zu Mißverständnissen Anlaß, die bis zur Annahme des Ausschlusses privater Verbrauchergeschäfte führen könnten. Derartige schwerwiegende Ergebnisse sollten durch eine Orientierung des Verbraucherbegriffs an Art.1 Abs.2 VbrKfRil beseitigt werden.[853]

2. Verkäuferbegriff

Bisher hat das spanische Schrifttum die Bestimmung der Person des Verkäufers durch einen Gegenschluß aus der Regelung des Verbraucherbegriffs in Art.1 Abs.2, 3 LGDCU entnommen und kam damit zu einem mit Art.1 Abs.2 lit.c VbrKfRil übereinstimmenden Ergebnis.[854] Ergänzend wurde dabei die Definition des Einzelhandels in Art.1 Abs.2 LOCM herangezogen.[855] Zur Umsetzung der Regelung des Art.1 Abs.2 lit.c VbrKfRil muß der spanische Gesetzgeber jedoch den Begriff des Verkäufers i.S.d. Richtlinie ausdrücklich in das Umsetzungsgesetz übernehmen.

---

[852] Ebenso Carrasco Perera/Cordero Lobato/Martínez Espín, Transposición de la Directiva comunitaria sobre venta y garantías de los bienes de consumo, Estudios sobre Consumo, 2000, S.125 (127).

[853] 4. Kapitel, A., I., 1., a), bb).

[854] 4. Kapitel, A., I., 1., b), aa).

[855] 4. Kapitel, A., I., 1., b), bb).

3. Gewährleistungsschuldner

Bei einer Umsetzung der VbrKfRil in Art.11 LGDCU, der bisher ausschließlich freiwillige Garantien von Herstellern oder Lieferanten regelt, müßte nunmehr der Verkäufer als einziger Gewährleistungsschuldner der Richtlinienrechte herausgestellt werden.

4. Verbrauchsgüterbegriff

Der sachliche Anwendungsbereich des allgemeinen spanischen Verbraucherschutzgesetzes erstreckt sich im Gegensatz zur Richtlinie auch auf unbewegliche Gegenstände (Art.1 Abs.2 LGDCU). Näher wird der sachliche Anwendungsbereich der LGDCU bisher durch einen Güterkatalog in Annex II der königlichen Verordnung 287/1991 vom 8.März[856] bestimmt. Gegen eine Erstreckung des Verbraucherschutzes der Richtlinie auch auf unbewegliche Sachen bestehen grundsätzlich keine Bedenken. Der Katalog umfaßt aber nicht den gesamten zwingenden Anwendungsbereich der Richtlinie hinsichtlich beweglicher körperlicher Gegenstände. Denkbar wäre es daher, den Katalog zu erweitern. Ein ausführlicher Güterkatalog dürfte sich jedoch wegen der vielfältigen Erscheinungsformen beweglicher körperlicher Gegenstände als zu starr erweisen und sollte daher durch eine der Richtlinie entsprechenden Generalklausel ersetzt werden.[857]

5. Vertragsmäßigkeit

Art.11 Abs.3 LGDCU stellt, in Anlehnung an Art.1484 CC, als Anknüpfungspunkt für die Garantierechte auf das Vorliegen eines anfänglichen Mangels ("vicio originario") ab.[858] Allerdings muß nach Art.11 Abs.3 LGDCU kein verborgener und schwerer Mangel vorliegen. Das allgemeine Verbraucherschutzgesetz genügt insofern dem Begriff der Vertragsmäßigkeit der Richtlinie (Art.2 Abs.1 VbrKfRil).[859] Insbesondere werden die Angaben in der Werbung des Verkäufers oder Herstellers im allgemeinen Verbraucherschutzgesetz in den Erfüllungsanspruch des Verbrauchers einbezogen (Art.8 Abs.1 Satz 2 LGDCU) und der Fehlerbegriff auf reine Qualitätsmängel erstreckt.[860] Dennoch ist eine Übernahme

---

856 BOE núm. 61, S.8270.

857 4. Kapitel, A., I., 2.

858 3. Kapitel, A., IV., 2., e), aa), (5).

859 4. Kapitel, A., II., 1.

860 Ebenda.

des Katalogs aus Art.2 Abs.2 VbrKfRil und der Primärverpflichtung des Verkäufers zur Lieferung vertragsgemäßer Ware gemäß Art.2 Abs.1 VbrKfRil[861] zu erwägen, um die Richtlinienkonformität der LGDCU sicherzustellen.[862] Auf diesem Wege sollte Art.8 Abs.1 Satz 2 LGDCU in Art.11 LGDCU überführt werden, um die Bestimmung des Mangels in einer einzigen Norm zu konzentrieren. Ausdrücklich müssen in Art.11 LGDCU auch Mängel aufgrund unsachgemäßer Montage oder unsachgemäßer Montageanleitungen aufgenommen werden (Art.2 Abs.5 VbrKfRil).

6. Einschränkung der Vertragswidrigkeit

Der spanische Gesetzgeber sollte die Haftung des Verkäufers für Vertragswidrigkeiten ausschließen, die der Verkäufer bereits bei Vertragsabschluß positiv kannte oder über die er vernünftigerweise nicht in Unkenntnis sein konnte und die auf dem vom Verbraucher gelieferten Stoff beruhen.[863] Der Verbraucher ist dann nicht schutzwürdig.

7. Rechtsbehelfe

Die Rechtsbehelfe des Art.11 Abs.3 lit.a und b LGDCU stellen bisher nur Mindestrechtsbehelfe bei selbständigen Garantien für langlebige Güter dar. Mit der Einfügung der VbrKfRil in Art.11 LGDCU müssen die Rechtsbehelfe aus Abs.3 lit.a und b LGDCU, ergänzt um einen primären Ersatzlieferungs- und einen Minderungsanspruch, auf die Mängelgewährleistung bei Verbrauchsgüterkäufen erstreckt werden.[864] Dem spanischen Gesetzgeber steht es frei, neben den gesetzlichen Gewährleistungsrechten der Richtlinie, weiterhin Mindestrechtsbehelfe für selbständige Garantien vorzusehen. Damit wäre ein besonders hoher Verbraucher-

---

[861] Reine Qualitätsmängel gelten schon bisher nach spanischem Recht als Fälle der Nichterfüllung. 3. Kapitel, A., III., 1., a).

[862] Carrasco Perera/Cordero Lobato/Martínez Espín, Transposición de la Directiva comunitaria sobre venta y garantías de los bienes de consumo, Estudios sobre Consumo, 2000, S.125 (142 f.), in Art.11 Abs.1 und 2 lit.a-d ihres Alternativentwurfs zur Umsetzung der VbrKfRil in der LGDCU.

[863] So auch Carrasco Perera/Cordero Lobato/Martínez Espín, Transposición de la Directiva comunitaria sobre venta y garantías de los bienes de consumo, Estudios sobre Consumo, 2000, S.125 (143), in Art.11 Abs.4 ihres Alternativentwurfs zur Umsetzung der VbrKfRil in der LGDCU.

[864] 4. Kapitel, A., III., 2., b), dd).

schutzstandard bei Garantien, die eine längere Frist als die gesetzlichen Gewährleistungsfristen aufweisen, verbunden. Ergänzend muß der spanische Gesetzgeber klarstellen, daß die Wiederherstellung des vertragsgemäßen Zustands der Kaufsache für den Verbraucher kostenfrei ist (Art.3 Abs.4 VbrKfRil).[865]

8. Rechtsbehelfssystem

Die Richtlinie verpflichtet den spanischen Gesetzgeber nicht, die in Art.3 Abs.3 und 5 VbrKfRil vorgesehenen Rechtsbehelfe mit Wirkung für selbständige Garantien zu übernehmen.[866] Ebenso kann sich der spanische Gesetzgeber entscheiden, von einer Stufung der gesetzlichen Gewährleistungsrechte ganz abzusehen. Damit würde er sich allerdings vom Stufungsmodell des Art.11 Abs.3 lit.b LGDCU für selbständige Garantien entfernen.[867] Außerdem bietet die Stufung der Rechtsbehelfe nach der VbrKfRil regelmäßig eine angemessene Berücksichtigung der Interessen beider Kaufvertragsparteien. Wird die Stufung der Rechtsbehelfe nach dem Modell des Art.11 Abs.3 LGDCU beibehalten, so muß der bisher zur Nachbesserung nachrangige Ersatzlieferungsanspruch allerdings neben dem Nachbesserungsanspruch zur Wahl des Verbrauchers gestellt werden (Art.3 Abs.2 VbrKfRil).

9. Beweislastumkehr

Schon bisher wird von der herrschenden Meinung in Spanien bezüglich der Garantien für langlebige Güter gemäß Art.11 LGDCU zugunsten des Verbrauchers vermutet, daß der Mangel, der innerhalb der Frist von sechs Monaten (Art.12 Abs.2 LOCM) auftritt, anfänglich ist.[868] Zur Umsetzung der Richtlinie in die LGDCU muß der Gesetzgeber nunmehr ausdrücklich eine dem Art.5 Abs.3 VbrKfRil entsprechende Vermutungsregelung für alle Verbrauchsgüterkaufverträge vorsehen.

---

[865] 4. Kapitel, I., 3.3. Carrasco Perera/Cordero Lobato/Martínez Espín, Transposición de la Directiva comunitaria sobre venta y garantías de los bienes de consumo, Estudios sobre Consumo, 2000, S.125 (143), in Art.11 Abs.6 lit.a ihres Alternativentwurfs zur Umsetzung der VbrKfRil in der LGDCU.

[866] 4. Kapitel, A., III., 4., b), dd).

[867] Dazu 4. Kapitel, A., III., d), bb).

[868] 4. Kapitel, A., IV., 2.

10. Keine Rügeobliegenheit und Rügefrist

Eine Rügeobliegenheit des Verbrauchers ist dem spanischen allgemeinen Verbraucherschutzgesetz fremd. Eine Art.1484 2.HS CC entsprechende Beschränkung der Käuferrechte ist in Art.11 Abs.3 LGDCU nicht enthalten.[869] Der Verbraucher kann allerdings neben seinen Rechten aus einer selbständigen Garantie (Nachbesserung, Ersatzlieferung und Vertragsauflösung) gemäß Art.11 Abs.3 LGDCU das gesetzliche Minderungsrecht aus Art.1486 Abs.1 CC ausüben (Art.7 LGDCU). Das Minderungsrecht steht dem Verbraucher freilich nur unter den Voraussetzungen des Art.1484 CC zu. Aus diesem Grund muß der spanische Gesetzgeber jedenfalls klarstellen, daß für die Ausübung des Minderungsrechts bei Verbrauchsgüterkäufen auch bei besonderer Sachkunde des Käufers (Art.1484 1.HS CC) wenigstens eine zweimonatige Frist zur Anzeige des Mangels gilt.[870] Vorzugswürdig ist indes auch im spanischen Recht ein gänzlicher Verzicht auf eine Verbraucherrüge. Die Nachteile für den Verbraucher, der regelmäßig selbst an einer zügigen Mängelbehebung interessiert ist, wären zwar gering. Es hält sich aber auch der Nutzen einer Verbraucherrüge für den Verkäufer in Grenzen. Der Verkäufer dürfte ausreichend durch den Haftungsausschluß gegenüber Verbrauchern, die die Vertragswidrigkeit im Zeitpunkt des Vertragsschlusses kannten oder vernünftiger Weise nicht in Unkenntnis darüber sein konnten (Art.2 Abs.3 VbrKfRil), geschützt sein.[871] Die Einführung einer Verbraucherrüge wird wohl letztlich zu einer grundsätzlich unerwünschten zusätzlichen Belastung der Gerichte führen.

11. Gewährleistungsfristen

Des weiteren muß der spanische Gesetzgeber die Gewährleistungsfrist für Verbrauchsgüter auf zwei Jahre erhöhen. Bei einer auf Verbrauchsgüterkäufe beschränkten Umsetzung der Richtlinienvorgaben in die LGDCU entstünde jedoch die widersprüchliche Rechtslage, daß die Rechtsbehelfe des Verbrauchers wegen Mängeln an beweglichen Sachen nach der Umsetzung von Art.5 Abs.1 VbrKfRil erst nach zwei Jahren ab der Lieferung, bei Grundstücken nach Art.1490 CC

---

[869] 4. Kapitel, A., VI., 2.

[870] Dazu 4. Kapitel, A., VI., 1.

[871] 2. Kapitel, A., VII.

schon in sechs Monaten nach der Übergabe, verfristen.[872] Diesem rechtspolitisch fragwürdigen Ergebnis kann bei einer auf die LGDCU beschränkten Umsetzung der Richtlinie nur mittels einer Erstreckung der Gewährleistung auf unbewegliche Güter, wie bisher schon für selbständige Garantien langlebiger Güter nach dem Katalog des Annex II der königlichen Verordnung 287/1991 vom 8.März vorgesehen, begegnet werden. Systematisch überzeugender erscheint dagegen ein Abgleich der Fristen im Código Civil durch eine einheitliche zweijährige Frist für Sachmängel.

12. Letztverkäuferrückgriff

Durch Art.4 VbrKfRil ist der spanische Gesetzgeber gezwungen dem Letztverkäufer, der dem Verbraucher wegen Mängeln an der verkauften Ware haftet, die auf ein Verhalten des Herstellers oder einer Zwischenperson beruhen, einen wirksamen Rückgriffsanspruch gegen eines dieser Glieder der Handelskette einzuräumen. Bei der Regelung der Verjährung des Rückgriffsanspruchs ist dafür Sorge zu tragen, daß der Anspruch des Letztverkäufers erst nach dem Gewährleistungsanspruch des Verbrauchers verfristet und ihm ein ausreichender Zeitraum zur Geltendmachung seiner Ansprüche bleibt. Es empfiehlt sich daher die Anpassung der Gewährleistungsansprüche des Letztverkäufers an die zweijährige Gewährleistungsfrist des Verbrauchers (Art.5 Abs.1 VbrKfRil), verbunden mit einer Ablaufhemmung hinsichtlich der Rückgriffsansprüche, wenn der Letztverkäufer die Ansprüche des Verbrauchers erfüllt hat. Die Ablaufhemmung könnte in Anlehnung an § 479 Abs.2 BGB zwei Monate betragen.[873] Um den Rückgriff in der Lieferkette bis zu dem für den Mangel verantwortlichen Glied zu ermöglichen, sollte für die Glieder in der Lieferkette eine längere Ablaufhemmung gelten. Ähnlich dem deutschen Recht wäre eine fünfjährige Höchstfrist, die mit der Ablieferung der Ware durch den Lieferanten bei dem Letztverkäufer beginnt, zu erwägen (§ 479 Abs.2 Satz 2 BGB).[874]

Dem Letztverkäuferrückgriff droht allerdings nicht nur wegen der Verjährung, sondern auch wegen der handelsrichtlichen Ausschlußfristen der Art. 336 Abs.2, 342 CCom eine sog. Gewährleistungsfalle. Die Richtlinie verpflichtet

---

[872] Carrasco Perera/Cordero Lobato/Martínez Espín, Transposición de la Directiva comunitaria sobre venta y garantías de los bienes de consumo, Estudios sobre Consumo, 2000, S.125.

[873] Zu § 479 Abs.2 BGB im 6. Kapitel, C., XII., 7., l).

[874] Zu § 479 Abs.2 Satz 2 BGB im 6. Kapitel, C., XII., 7., l), bb), (2).

Spanien zwar nicht, auch bei der Versäumung der Rüge, einen Rückgriffsanspruch vorzusehen.[875] Dennoch empfiehlt sich insbesondere eine Anpassung der sehr kurzen viertägigen Fristen des Art. 336 Abs.2 CCom an die flexiblere Rügeregelung der Art.43, 44 CISG, die durch die Formulierung einer "angemessenen Frist" die berechtigten Rückgriffsinteressen des jeweiligen Unternehmers in der Lieferkette besser berücksichtigt.[876]

13. Herstellerdurchgriffshaftung

Die Richtlinie gibt den nationalen Gesetzgebern nicht auf, eine direkte Durchgriffshaftung des Herstellers wegen Mängeln an der Kaufsache, die er selbst zu vertreten hat, gegenüber dem Verbraucher zu schaffen. Eine Durchgriffshaftung ergibt sich auch nicht schon bisher aus den Art.25 ff. LGDCU, die nur auf außervertragliche Schuldverhältnisse Anwendung finden. Um dahingehende Mißverständnisse in Zukunft zu vermeiden, sollte die irreführende Überschrift des entsprechenden Kapitels VIII der LGDCU in "Außervertragliche Verantwortlichkeiten" ("Responsabilidades Extracontractuales") umgeändert werden.[877] Sollte sich in Spanien der rechtspolitische Wille durchsetzen, dem Verbraucher einen gewährleistungsrechtlichen Durchgriffsanspruch gegen den Hersteller einzuräumen, so muß dies in einer gesonderten Vorschrift ausdrücklich erfolgen.

Carrasco Perrera/Cordero Lobato/Martínez Espín[878] haben vorgeschlagen, den Hersteller bzw. Importeur neben dem Verkäufer solidarisch für den Mangel an der Kaufsache haften zu lassen, für den er selbst verantwortlich ist. Damit soll das Verbraucherschutzniveau angehoben und die Verbraucher nicht mit dem Insolvenzrisiko des Letztverkäufers belastet werden. Dieser Ansatz gewährt freilich einen hohen Grad des Verbraucherschutzes und besitzt daher einen großen Reiz aus der Sicht des schwächeren Verbrauchers gegenüber dem Hersteller, der eine gewisse professionelle Überlegenheit beim Vertrieb der (mangelhaften) Ware besitzt und mit besonderer Absatzenergie agiert.[879] Letztlich bleibt es aber eine

---

[875] 2. Kapitel, A., VII.

[876] 4. Kapitel, A., VII., 1.

[877] 4. Kapitel, A., VII, 2.

[878] Carrasco Perera/Cordero Lobato/Martínez Espín, Transposición de la Directiva comunitaria sobre venta y garantías de los bienes de consumo, Estudios sobre Consumo, 2000, S.125 (130 f.), in Art.11bis Abs.1 ihres Alternativentwurfs zur Umsetzung der VbrKfRil in der LGDCU.

[879] Zu den ausschlaggebenden Elementen des Verbraucherschutzes instruktiv: Reichert-Facilides, Einführung in die Thematik "Internationales Verbraucherschutzrecht", in: Schnyder/

rechtspolitische Entscheidung, ob dem Verbraucher neben den gesetzlichen Gewährleistungsansprüchen auch eine Rückgriffshaftung gegen den Hersteller eingeräumt wird.

14. Selbständige Garantien (sog. garantias comerciales)

Bisher verpflichtet Art.11 Abs.2 LGDCU den Hersteller oder Lieferanten langlebiger Güter zur Leistung einer schriftlichen Garantieerklärung, die nach Art.12 Abs.2 LOCM mindestens sechs Monate ab der Übergabe der mangelhaften Ware gelten muß. Das spanische Recht geht damit über die Vorgaben der Richtlinie aus Art.6 VbrKfRil hinaus, die sich auf besondere formelle und inhaltliche Anforderungen an freiwillig gewährte Garantien beschränkt. Carrasco Perrera/Cordero Lobato/Martínez Espín[880] wollen diese Regelung als sog. Wartungsgarantie ("garantia de mantenamiento") ergänzend zu den Rechtsbehelfen der Richtlinie beibehalten. In der Tat erscheint es auf dem ersten Blick nicht sachgerecht, den in Art.11 LGDCU erreichten Verbraucherschutzbestand aufzugeben oder auf das von der Richtlinie mindestens vorgegebene Maß zu reduzieren. Nach Carrasco Perrera/Cordero Lobato/Martínez Espín soll der Hersteller oder Lieferant daher bei langlebigen Gütern zur Bestellung einer Wartungsgarantie verpflichtet sein, nach der diese die Kaufsache wegen aller Mängel der Kaufsachen nachbessern müssen.[881] Umfaßt werden sollen sogar normale Abnutzungserscheinungen ("desgaste ordinario"), allerdings keine Mängel die durch Zufall ("caso fortuito"), höhere Gewalt ("fuerza mayor") oder vertragswidrigen Gebrauch ("mal uso") entstehen.[882] Dadurch wäre eine wesentlich strengere Haftung als nach dem von der Richtlinie vorgegebenen Gewährleistungsrecht gegeben. Diese Regelung würde gemäß Annex II der königlichen Verordnung 287/1991 vom 8.März auch

---

Heiss/Rudisch, Internationales Verbraucherschutzrecht, S.1 (7).

[880] Carrasco Perera/Cordero Lobato/Martínez Espín, Transposición de la Directiva comunitaria sobre venta y garantías de los bienes de consumo, Estudios sobre Consumo, 2000, S.125.

[881] Carrasco Perera/Cordero Lobato/Martínez Espín, Transposición de la Directiva comunitaria sobre venta y garantías de los bienes de consumo, Estudios sobre Consumo, 2000, S.125 (144), in Art.12 Abs.2, Abs.3 lit.e ihres Alternativentwurfs zur Umsetzung der VbrKfRil in der LGDCU.

[882] Carrasco Perera/Cordero Lobato/Martínez Espín, Transposición de la Directiva comunitaria sobre venta y garantías de los bienes de consumo, Estudios sobre Consumo, 2000, S.125 (136).

für unbewegliche langlebige Güter gelten.[883] Für bestimmte Güter, insbesondere solche, die besonders intensiv genutzt werden, dürfte sich eine sechsmonatige Frist als zu lang erweisen. Jedenfalls in derartigen Fällen muß daher eine Verkürzung der Frist wenigstens durch Individualvertrag oder AGB möglich sein.[884] Entscheidet sich der Gesetzgeber für die grundsätzliche Beibehaltung der Sechsmonatsfrist, dann sollte er die Regelung des Art.12 Abs.2 LOCM jedoch in Art.11 Abs.2 LGDCU aufgehen lassen, um den zersplitterten Rechtszustand zu beenden. Vorzugswürdig dürfte es allerdings sein im spanischen Recht einen einheitlichen Fehlerbegriff auf der Grundlage der Verbrauchsgüterkaufrichtlinie zu etablieren und auf einzelne Abweichungen auch für selbständige Garantien zu verzichten. Der Rechtseinheit und -klarheit des spanischen Rechts dürfte darüber hinaus zuträglich sein, die sechsmonatige Frist für selbständige Garantien mit einer einheitlichen zweijährigen gesetzlichen Gewährleistungsfrist für Sachmängel abzustimmen.[885] Der spanische Einzelhandel gewährt nämlich bereits überwiegend einjährige Garantiefristen.[886]

Daneben muß im spanischen Recht die Verbindlichkeit einer angebotenen selbständigen (kommerziellen) Garantie, zu den in der Garantieerklärung und der einschlägigen Werbung angegebenen Bedingungen, ausdrücklich klargestellt werden (Art.6 Abs.1 VbrKfRil).[887] Die Garantie sollte entsprechend Art.11 Abs.2 LGDCU von vornherein schriftlich auszustellen sein, und hinreichend deutlich

---

[883] Ziel von Carrasco Perera/Cordero Lobato/Martínez Espín, Transposición de la Directiva comunitaria sobre venta y garantías de los bienes de consumo, Estudios sobre Consumo, 2000, S.125 (136), ist die Besserstellung des Verbrauchers, die freilich nach Art.8 Abs.2 VbrKfRil zulässig ist. Die Regelung gebe die berechtigte Erwartung des Käufers langlebiger Güter wieder, daß er während eines angemessenen Zeitraums keine Investitionen in das Gut tätigen muß.

[884] Carrasco Perera/Cordero Lobato/Martínez Espín, Transposición de la Directiva comunitaria sobre venta y garantías de los bienes de consumo, Estudios sobre Consumo, 2000, S.125 (136) führen zu Recht aus, daß die Regierung in Ansehung einzelner langlebiger Güter auch eine kürzere Frist vorschreiben könnte.

[885] 4. Kapitel, A., VII., 5. García Rubio/Lete, in: Communication from the commission on european contract law, S.7 (7.3.), sehen einen Konflikt zwischen der Sechsmonatsfrist des Art.12 Abs.2 LOCM und der Frist von zwei Jahren gemäß Art.5 Abs.1 VbrKfRil.

[886] García Rubio/Lete, in: Communication from the commission on european contract law, S.7 (7.3.).

[887] Carrasco Perera/Cordero Lobato/Martínez Espín, Transposición de la Directiva comunitaria sobre venta y garantías de los bienes de consumo, Estudios sobre Consumo, 2000, S.125 (137), in Art.12 Abs.2 Satz 1 ihres Alternativentwurfs zur Umsetzung der VbrKfRil in der LGDCU.

darlegen, daß die Garantie die gesetzlichen Gewährleistungsrechte unberührt läßt.[888]

15. Kundendienst

Bisher enthält Art.11 Abs.5 LGDCU eine fragmentarische Bestimmung über den Kundendienst von Herstellern bzw. Importeuren für langlebige Güter. Die Regelung wird von Art.12 Abs.3 LOCM ergänzt, die eine fünfjährige Frist gerechnet ab dem Herstellungszeitpunkt der defekten Ware zur Vorhaltung eines angemessenen technischen Kundendienstes und von Ersatzteilen vorschreibt. Mit diesen beiden Vorschriften erreicht Spanien ein hohes Verbraucherschutzniveau im Kundendienst, das erhalten werden sollte. Jedoch ist zu empfehlen die Frist aus Art.12 Abs.3 LOCM in Art.11 Abs.5 LGDCU zu überführen.[889]

16. Aufhebung von Art.12 Abs.2, 3 LOCM

Nach bestehender Rechtslage werden die Garantie- und Kundendienstvorschriften der Art.11 Abs.2, 5 LGDCU durch die nachträglich geschaffenen Fristen des Einzelhandelsgesetzes in Art.12 Abs.2, 3 LOCM ergänzt. Art.12 Abs.2, 3 LOCM sollten aufgehoben und ihre Fristen in die Art.11 Abs.2, 5 der LGDCU aufgenommen werden, um das systematisch verwirrende Nebeneinander der sich ergänzenden Regelungen zu beseitigen.

17. Internationales Privatrecht

Die Kollisionsregelung gemäß Art.7 Abs.2 VbrKfRil, wonach die dem Verbraucher durch die Richtlinie eingeräumten Rechte nicht durch Vereinbarung des Rechts eines Nicht-EG-Mitgliedstaates ausgeschlossen werden dürfen, wenn der Vertrag einen engen Zusammenhang mit dem Gebiet der EG-Mitgliedstaaten aufweist, ist zwingend in nationales Recht zu überführen. Bisher fehlt in den

---

[888] So auch Carrasco Perera/Cordero Lobato/Martínez Espín, Transposición de la Directiva comunitaria sobre venta y garantías de los bienes de consumo, Estudios sobre Consumo, 2000, S.125 (137), in Art.12 Abs.3 ihres Alternativentwurfs zur Umsetzung der VbrKfRil in der LGDCU.

[889] Carrasco Perera/Cordero Lobato/Martínez Espín, Transposición de la Directiva comunitaria sobre venta y garantías de los bienes de consumo, Estudios sobre Consumo, 2000, S.125 (137).

Art.8-12 CC bzw. in den spanischen Umsetzungsgesetzen vorangegangener Verbraucherschutzrichtlinien eine entsprechende Kollisionsnorm.[890]

Carrasco Perrera/Cordero Lobato/Martínez Espín[891] haben sich gegen die Umsetzung von Art.7 Abs.2 VbrKfRil in das spanische Recht ausgesprochen. Sie führen an, daß die Inhaltskontrolle des Umsetzungsgesetzes zur EG-Klauselrichtlinie[892], der Ley 7/1998, de 13 de abril, Sobre Condiciones Generales de la Contratación, die Vereinbarung eines Rechts mit einem geringerem Verbraucherschutzstandard verhindere. Ein Gesetz zur Umsetzung der Verbrauchsgüterkaufrichtlinie brauche nicht den Schutz der Ley 7/1998 zu wiederholen. Ungeachtet des Umstands, daß dieses Gesetz sich zweifellos nur auf vorformulierte Vertragsbestimmungen beschränkt (Art.1 Abs.1, Ley 7/1998), also nicht bei individuell ausgehandelten Verträgen, die ein Drittrecht vorsehen, eingreift, genügt dieser Ansatz nicht den Anforderungen einer umfänglichen Umsetzung der Verbrauchsgüterkaufrichtlinie. Die Verbrauchsgüterkaufrichtlinie umfaßt spezielle Verbraucherschutzrechte, die letztendlich auf die Vorarbeiten der Klauselrichtlinie zurückgehen, aber in ihr keine Berücksichtigung gefunden haben, und auch in der Ley 7/1998 nicht enthalten sind. Des weiteren berufen sich Carrasco Perrera/ Cordero Lobato/Martínez Espín[893] auf Art.10bis Abs.3 LGDCU, der auf Art.5 EVÜ weiterverweist. Damit sei ein individueller Umsetzungsakt für Art.7 Abs.2 VbrKfRil überflüssig. Dem ist entgegenzuhalten, daß insbesondere Art.5 Abs.2 EVÜ dem Verbraucherschutz, aufgrund der engen Anknüpfung an bestimmte Lebenssachverhalte, nur eingeschränkte Bedeutung beimißt und dem umfassenderen Anwendungsbereich von Art.7 Abs.2 VbrKfRil nicht vollumfänglich Rechnung trägt. Daher muß der spanische Gesetzgeber Art.7 Abs.2 VbrKfRil gesondert in das spanische Recht umsetzen.[894]

---

[890] So auch Carrasco Perera/Cordero Lobato/Martínez Espín, Transposición de la Directiva comunitaria sobre venta y garantías de los bienes de consumo, Estudios sobre Consumo, 2000, S.125 (139).

[891] Carrasco Perera/Cordero Lobato/Martínez Espín, Transposición de la Directiva comunitaria sobre venta y garantías de los bienes de consumo, Estudios sobre Consumo, 2000, S.125 (138 f.).

[892] 1993/13/EWG, AblEG Nr.L 95, S.29.

[893] Carrasco Perera/Cordero Lobato/Martínez Espín, Transposición de la Directiva comunitaria sobre venta y garantías de los bienes de consumo, Estudios sobre Consumo, 2000, S.125 (139).

[894] 4. Kapitel, A., X.

II. Umsetzung in den Art.1445 ff. Código Civil

Vermehrt wird im Schrifttum[895] gefordert die Umsetzung der Verbrauchsgüterkaufrichtlinie auf den Código Civil und das allgemeine Leistungsstörungsrecht zu erstrecken. Auf diesem Wege kann insbesondere ein einheitliches Recht der Leistungsstörungen für alle Arten zivilrechtlicher Kaufverträge geschaffen werden.[896] Einen entsprechenden Gesetzesvorschlag haben Carrasco Perera/Cordero Lobato/Martínez Espín[897] vorgelegt.

Die Umsetzung der Verbrauchsgüterkaufrichtlinie im Código Civil macht eine Abstimmung mit den speziellen handelsrechtlichen Kaufgewährleistungsregeln des Código de Comercio, dem Verbraucherschutzgesetz (Ley 26/1984, General para la defensa de los consumidores y usuarios), dem Einzelhandelsgesetz (Ley 7/1996 de Ordenación del Comercio Minorista) und den ergänzenden Rechtsverordnungen erforderlich.

1. Änderungen im Código Civil

a) Gefahrübergang

Im spanischen Recht geht die Sachgefahr nach der Regelung des Art.1452 CC beim Kaufvertrag grundsätzlich bereits mit Kaufvertragsabschluß auf den Käufer über. Der Bestimmung des genauen Zeitpunktes des Vertragsschlusses kommt damit entscheidende Bedeutung zu. Dies führt zu Problemen, wenn der Vertragsschluß zwischen Abwesenden nachgewiesen werden soll.[898] Nicht zuletzt führt

---

[895] Carrasco Perera/Cordero Lobato/Martínez Espín, Transposición de la Directiva comunitaria sobre venta y garantías de los bienes de consumo, primera parte, S.22; dies., Transposición de la Directiva comunitaria sobre venta y garantías de los bienes de consumo, segunda parte, in: Estudios sobre consumo, S.125; Gacía Rubio/Lete, Communication from the commission on european contract law, S.6 (7.1.); Ortí Vallejo, Aranzadi Civil, 2001, Nº 9, 15 (47); ders., in: Los defectos de la cosa en la compraventa civil y mercantil, 2002, S.52 ff.

[896] Sanz Valentín, AC 1999 (LV), Rn.1073 (1093). Carrasco Perera/Cordero Lobato/Martínez Espín, Transposición de la Directiva comunitaria sobre venta y garantías de los bienes de consumo, Estudios sobre Consumo, 2000, S.125.

[897] Carrasco Perera/Cordero Lobato/Martínez Espín, Transposición de la Directiva comunitaria sobre venta y garantías de los bienes de consumo, Estudios sobre Consumo, 2000, S.125 (139 ff.).

[898] Oliva Blázquez, La Transmisión del Riesgo en la Compraventa Internacional de Mercaderías, S.29 m.w.N.

diese römisch-rechtliche Lösung ("periculum est emptoris") letztlich zu ungerechten Ergebnissen, wenn die Kaufsache nach Kaufvertragsabschluß im Machtbereich des Verkäufers verbleibt, auf den der Käufer in der Regel keinen Einfluß hat und die Sache durch Zufall untergeht.[899] Dies gilt insbesondere bei den von Verbrauchern in der Mehrzahl getätigten Gattungskäufen, in denen das Kaufobjekt noch nicht hinreichend individualisiert worden ist. Das spanische Recht hat diesem Umstand hinreichend berücksichtigt, indem es den Gefahrübergang bei Gattungssachen nicht an den Vertragsabschluß, sondern an die Spezifizierung der Gattungssachen bindet (Art.1452 Abs.3 CC).[900] Schwierig ist jedoch die Bestimmung des Gefahrübergangs bei Kaufverträgen, nach denen die Ware zum Verbraucher transportiert werden muß. Während sich die Verbrauchsgüterkaufrichtlinie über die Gefahrregelung ausschweigt, hält das UN-Kaufrecht eine in der Praxis erprobte Regelung des Gefahrübergangs bereit, die dem spanischen Gesetzgeber als Vorbild zur Lösung der bestehenden Probleme dienen kann.[901]

b) Vertragsmäßigkeit

Das bisherige spanische Kaufrecht stellt in Art.1484 1.HS CC bei der Bestimmung des Fehlers auf den vorbestimmten Gebrauch des Kaufgegenstandes ab. Dabei wird überwiegend nicht der zwischen den Parteien vorgesehene konkrete, sondern der artgemäße Verwendungszweck, also ausschließlich objektive Kriterien, für ausschlaggebend gehalten. Die VbrKfRil normiert dagegen mit der "Vertragsmäßigkeit" einen subjektiven Fehlerbegriff, der um die objektive Komponente der Eignung der Kaufsache für den gewöhnlichen Gebrauch erweitert ist. In Bezug auf dieses ergänzende objektive Kriterium kann auf die bisher herrschende Ansicht zurückgegriffen werden, um das Kriterium gemäß Art.2 Abs.2 lit.c VbrKfRil durch Beschränkung auf artgemäße Verwendungen zu präzisieren.[902] Mit der Umsetzung der VbrKfRil sollte der Fehlerbegriff des spanischen

---

899 Oliva Blázquez, La Transmisión del Riesgo en la Compraventa Internacional de Mercaderías, S.29 m.w.N.

900 Oliva Blázquez, La Transmisión del Riesgo en la Compraventa Internacional de Mercaderías, S.30 (Fn.41).

901 Oliva Blázquez, La Transmisión del Riesgo en la Compraventa Internacional de Mercaderías, S.265 m.w.N., der die spanischen Juristen eindringlich zur Berücksichtigung des UN-Kaufrechts als neuem "ius commune" für die Entwicklung des innerstaatlichen Rechts mahnt.

902 Vgl. Schwartze, Europ. Sachmängelgewährleistung, S.94, der eine Präzisierung des Kriteriums aus Gründen der Rechtssicherheit für sinnvoll hält.

Rechts hinreichend klar subjektiv formuliert werden, um die bislang herrschende objektive Sicht abzulösen. Der subjektive Begriff der Vertragsmäßigkeit wird der modernen Produktvielfalt eher gerecht, als eine rein objektive Beurteilung der Sacheigenschaften, und erlaubt die Berücksichtigung der berechtigten Käufererwartungen.[903] Außerdem deckt die Beschränkung des Fehlerbegriffs des Art.1484 CC auf verdeckte[904], schwere[905] Mängel bisher nur einen kleinen Ausschnitt möglicher Mängel der Kaufsache ab.[906] Schließlich umfaßt der Begriff der Vertragswidrigkeit auch Mengenfehler und Aliud-Lieferungen, deren Anwendungsbereich die Rechtsprechung zur Anwendung der allgemeinen Regeln (Art.1101, 1124 CC) erheblich ausgeweitet hat, um der kurzen Frist des Art.1490 CC zu entkommen.[907] Damit hat sich die Rechtsprechung bereits de facto dem Modell einer Nichterfüllungshaftung angenähert.[908] Daher sollte der Código Civil zukünftig für das gesamte Kaufrecht auf das Kriterium der Vertragsmäßigkeit abstellen.[909] Vor dem Hintergrund der bisherigen Rechtsprechung erscheint es im übrigen nicht nur sachgerecht, sondern auch konsequent, wenn der spanische Gesetzgeber die kaufrechtliche Mängelhaftung in Zukunft in ein einheitliches Leistungsstörungsrecht nach dem Modell des UN-Kaufrechts einbindet.[910]

---

903 Fuchs, Verbraucherschutz in Spanien, S.36; Morales Moreno, ADC 1980, 585 (649) für den subjektiven Fehlerbegriff. Ähnlich auch Carrasco Perera/Cordero Lobato/Martínez Espín, in: Transposición de la Directiva comunitaria sobre venta y garantías de los bienes de consumo, Estudios sobre Consumo, 2000, S.125 (127).

904 Kritisch Ortí Vallejo, Los defectos de la cosa en la compraventa civil y mercantil, S.23.

905 Wegen Art.3 Abs.6 VbrKfRil bietet sich zukünftig ein allgemeiner Ausschluß geringfügiger Vertragswidrigkeiten von der Vertragsauflösung an. Carrasco Perera/Cordero Lobato/Martínez Espín, in: Transposición de la Directiva comunitaria sobre venta y garantías de los bienes de consumo, Estudios sobre Consumo, 2000, S.125 (130).

906 Carrasco Perera/Cordero Lobato/Martínez Espín, in: Transposición de la Directiva comunitaria sobre venta y garantías de los bienes de consumo, Estudios sobre Consumo, 2000, S.125 (127).

907 3. Kapitel, A., III., 1., a), bb) und 4. Kapitel, A., III., 2., a), bb).

908 4. Kapitel, A., III., 5., a).

909 Carrasco Perera/Cordero Lobato/Martínez Espín, in: Transposición de la Directiva comunitaria sobre venta y garantías de los bienes de consumo, Estudios sobre Consumo, 2000, S.125 (127); García Rubio/Lete, Communication from the commission on european contract law, S.7 (7.4.).

910 4. Kapitel, A., III., 5., b).

c) Einschränkung der Vertragswidrigkeit

Der spanische Gesetzgeber sollte einen Art.2 Abs.3 VbrKfRil entsprechenden Haftungsausschluß in das allgemeine Kaufrecht des Código Civil übernehmen.[911] Danach ist der Käufer von den Rechten wegen eines Mangels an der Kaufsache ausgeschlossen, wenn er den Mangel bei Vertragsabschluß gekannt hat.[912]

d) Rechtsbehelfe

Zukünftig müssen die speziellen kaufrechtlichen Rechtsbehelfe der Wandelung und Minderung des Art.1486 CC auf alle Mängelarten Anwendung finden. Bei der Minderung sollte für den Zeitpunkt der Berechnung des Minderungsbetrags, nach dem Modell des UN-Kaufrechts, auf den leichter nachvollziehbaren Wert bei der Übergabe der Kaufsache und nicht auf den, in der Praxis schwer bestimmbaren Wert bei Vertragsabschluß abgestellt werden.[913] Damit werden Schwierigkeiten vermieden, denen sich etwa das deutsche Kaufrecht ausgesetzt sieht.[914]

Bei jeder Vertragswidrigkeit sollten den Käufern vorrangig Nachbesserung und Ersatzlieferung als Rechtsbehelfe zur Wahl stehen. Erwägenswert wäre es Art.1124 Abs.2 CC als zentralen Rechtsbehelf für sämtliche Leistungsstörungen um einen Ersatzlieferungsanspruch zu erweitern und durch einen gesetzlichen Verweis in den Kaufgewährleistungsvorschriften (Art.1484 ff. CC) für anwendbar zu erklären. Auf diese Weise würden bisher bestehende Abgrenzungsfragen des

---

911 4. Kapitel, A., II., 4. Carrasco Perera/Cordero Lobato/Martínez Espín, in: Transposición de la Directiva comunitaria sobre venta y garantías de los bienes de consumo, Estudios sobre Consumo, 2000, S.125 (128).

912 Carrasco Perera/Cordero Lobato/Martínez Espín, in: Transposición de la Directiva comunitaria sobre venta y garantías de los bienes de consumo, Estudios sobre Consumo, 2000, S.125 (128), wollen dagegen für den Zeitpunkt der Kenntnis des Mangels auf die Übergabe der Kaufsache abstellen. Vorzuziehen ist jedoch der Zeitpunkt des Vertragsabschlusses, da die Vertragsparteien bei Abschluß des Vertrages die Kriterien der Vertragsmäßigkeit der Kaufsache vereinbaren. Auf den Zeitpunkt des Vertragsschlusses kommt es außerdem nach bisherigem spanischen Recht für die Bestimmung der Mangelhaftigkeit der Kaufsache an (Art.1486 CC). Im übrigen stimmt die Zugrundelegung der Kenntnis des Käufers vom Mangel bei Vertragsschluß mit Art.2 Abs.3 VbrKfRil überein, wonach in diesem Fall schon keine Vertragswidrigkeit vorliegt.

913 Zutreffend Carrasco Perera/Cordero Lobato/Martínez Espín, in: Transposición de la Directiva comunitaria sobre venta y garantías de los bienes de consumo, Estudios sobre Consumo, 2000, S.125 (129).

914 6. Kapitel, C., VII., 4., b), ee).

speziellen Kaufgewährleistungsrechts zu den Vorschriften des Allgemeinen Schuldrechts sachgerecht gelöst.

e) Rechtsbehelfssystem

Die Hierarchie der Rechtsbehelfe aus Art.3 Abs.3 und 5 VbrKfRil eignet sich auch für die allgemeine kaufrechtliche Mängelhaftung, da sie einen angemessenen Interessenausgleich zwischen den Kaufvertragsparteien gewährleistet.[915] Der spanische Gesetzgeber sollte daher der Richtlinienvorgabe für das gesamte Kaufrecht folgen und Minderung und Wandelung nur als sekundäre Mängelrechte einrichten. Es empfiehlt sich die Stufung der Rechtsbehelfe durch eine besondere Vorschrift im spanischen Recht zu verankern, um die Rechtsanwendung zu erleichtern. Ein solches Vorgehen sollte insbesondere gewählt werden, wenn Art.1124 Abs.2 CC zur zentralen Rechtsbehelfsvorschrift eines einheitlichen Leistungsstörungsrechts ausgebildet wird, da in dieser Vorschrift bisher neben einem Ersatzlieferungsanspruch auch ein Vertragsauflösungs- und ein Schadensersatzanspruch vorgesehen ist. Die Ansprüche auf Vertragsauflösung und Schadensersatz sollten lediglich als hinter den Nacherfüllungsansprüchen nachrangig anwendbar vorgesehen werden, damit sie nicht das ausgewogene Rechtsbehelfssystem der Richtlinie unterlaufen.

f) Beweislastumkehr

Für Verbrauchsgüterkäufe ist in den Código Civil eine sechsmonatige Beweislastumkehr bezüglich der Mangelhaftigkeit der Kaufsache, ab der Lieferung an den Verbraucher, einzufügen (Art.5 Abs.3 VbrKfRil). Diese Regelung sollte auf Verbrauchsgüterkäufe begrenzt werden, um Verkäufer außerhalb von Verbrauchsgüterkäufen nicht über Gebühr mit der besonderen verbraucherschützenden Regelung zu belasten.

---

[915] 4. Kapitel, A., III., 4., a), cc). Im Grundsatz auch Carrasco Perera/Cordero Lobato/Martínez Espín, in: Transposición de la Directiva comunitaria sobre venta y garantías de los bienes de consumo, Estudios sobre Consumo, 2000, S.125 (128), die allerdings die Auffassung vertreten, daß der Käufer immer auch sofort den Kaufpreis mindern können muß. Aus Verbraucherschutzgesichtspunkten erscheint eine solche Regelung erstrebenswert. Die entsprechende Vorschrift verstieße auch nicht gegen Art.3 Abs.5 VbrKfRil (Art.8 Abs.2 VbrKfRil). Andererseits wäre kein angemessener Interessenausgleich zwischen den Kaufvertragsparteien mehr gewährleistet, da dem berechtigen Interesse des Verkäufers an einer Nacherfüllung im Rahmen des für den Verbraucher zumutbaren, nicht mehr Rechnung getragen würde.

g) Keine Rügeobliegenheit und Rügefrist

Da eine Käuferrüge, außerhalb des Handelskaufs, auch im spanischen Recht nur von zweifelhafter Bedeutung für den Verkäufer ist, sollte bei einer Umsetzung der VbrKfRil auf eine solche Vorschrift verzichtet werden. Deshalb ist dem spanischen Gesetzgeber zu empfehlen Art.1484 2.HS CC nicht weiter beizubehalten, da die Vorschrift ohne eine mindestens zweimonatige Frist ohnehin gegen Art.5 Abs.2 VbrKfRil verstößt.[916]

h) Garantien

Das Kaufrecht des spanischen Código Civil kennt keine gesetzliche Garantie, wie § 459 Satz 2 BGB. Anders als in den spezifischen Verbraucherschutzvorschriften der LGDCU, ist der Begriff der Garantie im von der Richtlinie verwendeten Sinn im Código Civil bisher nicht gebräuchlich. Die spanische Lehre bedient sich hinsichtlich der Vorschriften des Código Civil grundsätzlich des Begriffs der "Garantie", um die Kreditmittel zu bezeichnen, die dem Gläubiger neben dem Vermögen des Schuldners erlauben, seine Forderung zu sichern. Es wird insoweit von "realen oder personalen Garantien" gesprochen. Der in der spanischen juristischen Literatur verwendete Begriff der "Garantie" liegt also weit von dem in der VbrKfRil mit der "Garantie" gemeinten Sinngehalt entfernt. Im allgemeinen spanischen Sprachgebrauch wird der Begriff der Garantien allerdings auch für die Beschreibung der Qualitätsbeschaffenheit oder des Ansehens bestimmter Produkte verwendet. Im letzteren Sinn verstanden, bildet die Garantie eine einseitige Erklärung des Herstellers, mit der Beschaffenheit und Eigenschaften bestimmter Güter oder Dienste zugesichert werden.[917] Dieser Sinngehalt der Garantie hat im spanischen Recht bisher nur in Art.11 LGDCU Eingang gefunden.[918] Es liegt daher für den spanischen Gesetzgeber nahe, die besonderen Anforderungen an Garantien aus Art.6 VbrKfRil in Art.11 LGDCU umzusetzen.[919] Im Zuge der

---

[916] 4. Kapitel, A., VI., 1.

[917] Sanz Valentín, AC 1999 (LV), Rn.1073 (1075, Fn.7).

[918] Kritisiert wird im spanischen Schrifttum indes zu Recht, daß die selbständige Garantie aus Art.11 LGDCU bisher die Sachmängelgewährleistung außerhalb des vertraglichen Synallagmas verlagert. Ortí Vallejo, Los defectos de la cosa en la compraventa civil y mercantil, S. 16.

[919] In diesem Kapitel B., III., 2.

Umsetzung von Art.6 VbrKfRil sollten Art.12 LOCM und die ergänzenden Rechtsverordnungen in Art.11 LGDCU aufgehen.[920]

j) Viehkauf

Die Vorschriften zum Viehkauf, die in Spanien in den Zeiten der Entstehung des Código Civil, als die spanische Gesellschaft noch eine vorwiegend agrarische Prägung aufwies, eine große Bedeutung hatten,[921] entsprechen nicht mehr den Anforderungen des modernen Wirtschaftsverkehrs und widersprechen den zwingenden Anforderungen der VbrKfRil. Im Zuge der Umsetzung der VbrKfRil sollten daher diese Vorschriften aus dem Código Civil gestrichen werden.[922]

k) Gerichtliche Verkäufe

Nach Art.1989 1.HS CC sind bei gerichtlichen Verkäufen lediglich Ansprüche des Verkäufers auf Schadensersatz ausgeschlossen. Dagegen läßt die Richtlinie zu, daß die Mitgliedstaaten Kaufverträge aus Zwangsvollstreckungs- oder anderen gerichtlichen Maßnahmen ganz aus dem Anwendungsbereich der zu schaffenden Umsetzungsvorschriften ausnehmen (Art.1 Abs.2 lit.b Spiegelstrich 1). Carrasco Perera/ Cordero Lobato/ Martínez Espín[923] schlagen dennoch vor, die Regelung des Art.1489 CC für das gesamte Kaufgewährleistungsrecht beizubehalten. Das ist wegen des Mindestschutzcharakters der Richtlinie nicht zu beanstanden (Art.8 Abs.2 VbrKfRil).

---

[920] In diesem Kapitel B., III., 2.

[921] Albácar López, § 1491, S.456.

[922] Carrasco Perera/Cordero Lobato/Martínez Espín, in: Transposición de la Directiva comunitaria sobre venta y garantías de los bienes de consumo, Estudios sobre Consumo, 2000, S.125 (126), sehen den Viehkauf ("compraventa de animales") zwar vom Anwendungsbereich der Richtlinie umfaßt, behalten aber in ihrem Gesetzesvorschlag (Art.1496-1499 CC ihres Entwurfs) für die Umsetzung der VbrKfRil im Código Civil an speziellen Viehkaufsregeln fest. Die entsprechenden Viehkaufsregeln sind jedoch nur insoweit mit der Richtlinie vereinbar, als sie den Verbrauchern einen der Richtlinie entsprechenden oder strengeren Verbraucherschutz gewähren. Gegen die Richtlinie verstoßen daher etwa Regeln, die auch Kaufverträge von Verbrauchern über Vieh mit ansteckenden Krankheiten für nichtig erklären (Art.1494 Abs.1 CC und Art.1499 CC des Entwurfs von Carrasco Perera/Cordero Lobato/Martínez Espín).

[923] Carrasco Perera/Cordero Lobato/Martínez Espín, Transposición de la Directiva comunitaria sobre venta y garantías de los bienes de consumo, Estudios sobre Consumo, 2000, S.125 (126).

l) Auswirkungen auf das Werkvertragsrecht

Bereits nach geltender Rechtslage wird in Spanien auf Werkverträge das kaufrechtliche Sachmängelgewährleistungsrecht angewendet. Nach der Richtlinie sind nunmehr Verträge über die Lieferung herzustellender oder zu erzeugender Verbrauchsgüter Kaufverträgen i.S.d. Richtlinie gleichgestellt (Art.1 Abs.4 VbrKfRil). Dogmatisch konsequent und sachgerecht ist daher aus Sicht des spanischen Rechts, die Vorgabe der Richtlinie auf die Lieferung sämtlicher herzustellender oder zu erzeugender Sachen auszuweiten und alle derartigen Werkverträge im Código Civil ausdrücklich dem Kaufrecht zu unterstellen.[924]

m) Gewährleistungsfristen

Die Fristen der gesetzlichen Gewährleistung sind auf die Umsetzung der zweijährigen Frist der Richtlinie für Verbrauchsgüterkäufe abzustimmen, um systematische Brüche zu vermeiden. Es empfiehlt sich daher, die Gewährleistungsfristen des spanischen Kaufrechts grundsätzlich einheitlich auf zwei Jahre zu verlängern. Dabei kann es der spanische Gesetzgeber bei einer Ausschlußfrist wie in Art.1490 CC belassen.[925] Für gebrauchte Verbrauchsgüter sollte von der Option des Art.7 Abs.1 Satz 2 VbrKfRil Gebrauch gemacht werden und die Verkürzung der Gewährleistungsfrist auf ein Jahr möglich sein.

n) Letztverkäuferrückgriff

Der nach Art.4 VbrKfRil auch in das spanische Recht umzusetzende Letztverkäuferrückgriffsanspruch sollte in den Código Civil als spezielle Verbrauchsgüterkauf-Vorschrift, wie die Regelung der Beweislastumkehr, eingefügt werden.

o) Zwingende Gewährleistungsregeln

Entscheidet sich der spanische Gesetzgeber für eine Umsetzung der Verbrauchsgüterkaufrichtlinie in den Código Civil, so sind die verbraucherschützenden Inhalte der Richtlinie für Verbrauchsgüterkäufe als zwingendes Recht auszugestalten (Art.7 Abs.1 VbrKfRil). Eine Beschränkung auf Verbrauchsgüterkäufe

---

924 4. Kapitel, I., 1., c). Ebenso Carrasco Perera/Cordero Lobato/Martínez Espín, Transposición de la Directiva comunitaria sobre venta y garantías de los bienes de consumo, Estudios sobre Consumo, 2000, S.125 (127).

925 Carrasco Perera/Cordero Lobato/Martínez Espín, Transposición de la Directiva comunitaria sobre venta y garantías de los bienes de consumo, Estudios sobre Consumo, 2000, S.125 (134 f.), schlagen ein paralleles System von Ausschluß- und Verjährungsfrist vor.

ist sachgerecht, um den Grundsatz der Privatautonomie nicht mehr als notwendig einzugrenzen.

2. Änderungen im Código de Comercio

a) Reform der Abgrenzung zwischen Zivil- und Handelskauf, Art.325, 326 CCom

Aus Gründen der dogmatischen Klarheit ist es auch dringend erforderlich die Art.325, 326 CCom einer grundlegenden Reform zu unterwerfen.[926] Ziel muß dabei sein, die Abgrenzung zwischen Zivil- und Handelskauf durch eine klare und eindeutige Formulierung zu vereinfachen. Insbesondere sollte sichergestellt werden, daß der Verbraucherkauf aus dem Anwendungsbereich des Handelsrechts ausgeschlossen ist, um den Verbraucher vor der 30tägigen Ausschlußfrist zu schützen. Insbesondere die viertägige Frist zur Anzeige von Schäden an verpackter Ware zeigt deutlich die Unangemessenheit der Regeln für den Verbraucherkauf.

b) Reform der handelsrechtlichen Ausschlußfristen, Art.336 Abs.2, 342 CCom

Im Interesse eines effektiven Letztverkäuferrückgriffs sollten die handelsrichtlichen Ausschlußfristen der Art.336 Abs.2, 342 CCom an die flexiblere Rügeregelung des UN-Kaufrechts (Art.43, 44 CISG) angepaßt werden.[927] Die in Art.336 Abs.3 CCom aufgezählten Rechtsbehelfe bei Vorliegen eines Mangels sind darüber hinaus bereits an der allgemeinen Nichterfüllungshaftung aus Art.1124 CC ausgerichtet.[928]

---

[926] Ähnlich auch Jiménez Sanchez-Seco Caro, S.283.

[927] In diesem Kapitel B., I., 2., m).

[928] Ortí Vallejo, Los defectos de la cosa en la compraventa civil y mercantil, S.21.

C. Ergebnis

Ein Gesetz zur fristgerechten Umsetzung der Verbrauchsgüterkaufrichtlinie zum 1.1.2002 ist in Spanien nicht zustande gekommen. Die spanische Regierung hat erst am 30.10.2002 ein Spezialgesetz zur Umsetzung der Vorgaben der Verbrauchsgüterkaufrichtlinie in das spanische Recht vorgelegt. Im spanischen Schrifttum wird dagegen zunehmend gefordert, die Verbrauchsgüterkaufrichtlinie zu nutzen, um den Código Civil einer Reform zu unterziehen und das gesamte Kaufrecht am Modell der Richtlinie auszurichten.[929] Für die erste Alternative spricht die verhältnismäßig kurzfristig mögliche Umsetzung der Richtlinie, die ohnehin verspätet erfolgt. Außerdem könnten die speziell verbraucherschützenden Regelungen in einer vom Código Civil isolierten Regelung gewissermaßen einem "Praxistest" unterzogen werden, der es erlaubt zu einem späteren Zeitpunkt, wenn sich die Vorschriften in ihrer Anwendung auf Verbraucher bewährt haben, die neue Gesetzeslage auch auf alle übrigen Kaufverträge auszudehnen. Andererseits kann der spanische Gesetzgeber die, durch die Verspätung "gewonnene" Zeit, sinnvoll dafür nutzen, eine Modernisierung des Código Civil in Ruhe und mit Besonnenheit vorzubereiten. Eine zukünftige Ausrichtung des Código Civil am UN-Kaufrecht und damit auch an der Verbrauchsgüterkaufrichtlinie würde die spanische Zivilrechtskodifikation auf die Anforderungen des modernen Güterhandels einstellen und wäre geeignet den Código Civil der Rechtspraxis der Rechtsprechung anzupassen, die den Anwendungsbereich der speziellen kaufrechtlichen Gewährleistungsansprüche (Art.1484, 1486 CC) durch eine weite Auslegung des Aliud-Begriffs zugunsten des Allgemeinen Schuldrechts (Art.1101, 1124 CC) zunehmend einschränkt. Auf diese Weise könnte der Código Civil auf den Stand der aktuellen internationalen Rechtsvereinheitlichungsprojekte der Lando- und UNIDROIT-Prinzipien gebracht werden, die sich im wesentlichen auch am UN-Kaufrecht orientieren.

Nicht zu vermeiden ist auch bei einer Umsetzung der Verbrauchsgüterkaufrichtlinie in den Código Civil, die Aufstellung spezieller Regeln zum Verbrauchsgüterkauf im spanischen Recht. Das betrifft -wie im deutschen Recht- die besonderen verbraucherschutzrechtlichen Vorschriften des zwingenden Charakters der Gewährleistungsregeln, der Beweislastumkehr und in der Folge freilich auch den Letztverkäuferregreß.

---

[929] Zuletzt Ortí Vallejo, Los defectos de la cosa en la compraventa civil y mercantil, S.19.

Im Hinblick auf ein in nicht allzu ferner Zukunft zu erwartendes Europäisches Zivilgesetzbuch erscheint die Beschäftigung des spanischen Gesetzgebers mit der Anpassung des Código Civil an das UN-Kaufrecht durchaus lohnenswert, um die Bedeutung und zentrale Position des Código Civil im spanischen Zivilrecht im Rahmen der weiteren europäischen Entwicklung sicherzustellen.

6. Kapitel

Umsetzung der Verbrauchsgüterkaufrichtlinie in Deutschland

A. Rechtspolitische Diskussion um eine sog. große oder kleine Lösung

Die Umsetzung der VbrKfRil in das deutsche Zivilrecht war grundsätzlich auf verschiedene Arten denkbar, die sich im systematischen Standort und im Umfang teilweise erheblich unterschieden. Angesichts der Umsetzung der VbrKfRil in Spanien im Wege eines Spezialgesetzes zum Verbrauchsgüterkauf (sog. kleine Lösung), lohnt sich ein Blick auf die Entwicklung der rechtspolitischen Diskussion in Deutschland zu werfen, die zu einer umfassenden Reform des gesamten Schuldrechts, einschließlich des allgemeinen Leistungsstörungsrechts, geführt hat (sog. große Lösung). Entscheidend für das Gelingen der sog. großen Schuldrechtsreform ist jedoch, ob es dem Gesetzgeber gelungen ist, die gemeinschaftsrechtliche Pflicht einer ordnungsgemäßen Umsetzung der VbrKfRil mit der "Kür" einer weitgehend widerspruchsfreien Neuordnung des Schuldrechts zu verbinden.

Die im Reformprozeß in Deutschland diskutierten Erwägungen betreffend der Umsetzung der VbrKfRil sind dabei keineswegs nur "vergangene Schlachten", auf die es sich zurückzublicken kaum mehr lohnen würde. Es geht um die Frage der Ausrichtung des über hundertjährigen deutschen Schuldrechts am Vorbild der Verbrauchsgüterkaufrichtlinie und damit auch an dem einheitlichen, internationalen UN-Kaufrecht. Die Entscheidung über die umfassende Modernisierung des Schuldrechts Deutschlands, eines wichtigen Mitgliedstaates der EU, wird der europäischen Rechtsvereinheitlichung im Bereich des Schuldrechts längerfristig einen Schub verleihen. Dem deutschen Schuldrecht kommt daher innerhalb der EU eine gewisse Vorbildwirkung zu, die der Weiterentwicklung in Richtung auf ein Europäisches Zivilgesetzbuch der EU zuträglich ist. Nicht zuletzt, da insbesondere in Spanien, einem weiteren wichtigen Mitgliedstaat der EU, sich eben dieselbe Problematik stellt, ob eine Ausrichtung des Schuldrechts am bewährten UN-Kaufrecht vorgenommen werden sollte, ist ein rechtsvergleichender Blick auf den Reformweg in Deutschland durchaus hilfreich.

I. Das Gesetzes zur Modernisierung des Schuldrechts: Sog. große Lösung

Das Gesetz zur Modernisierung des Schuldrechts nutzt die Verpflichtung zur Umsetzung der VbrKfRil für eine sog. große Lösung.[930] Das Gesetzes zur Modernisierung des Schuldrechts verfolgt im Anschluß an den Abschlußbericht der Schuldrechtskommission aus dem Jahre 1992 und dem daran anknüpfenden Diskussionsentwurf des Bundesjustizministeriums vom August 2000 und dem entsprechenden Regierungsentwurf eine umfassende Reform des Schuldrechts im BGB. Neben der Reform des gesamten Kaufrechts und des allgemeinen Leistungsstörungsrechts, ist danach auch eine Änderung des Verjährungsrechts vorgesehen. Das Bundesjustizministerium verbindet mit diesem Ansatz - ganz zu Recht - die Hoffnung, daß das BGB mit einem auf diese Weise verjüngten Gesicht, als Regelungsmodell wesentliche Bedeutung bei der weiteren Entwicklung des Europäischen Zivilrechts erhält.[931]

---

930 Das Bundesministerium der Justiz sieht eine mittelbare Verpflichtung durch die VbrKfRil zur Reform des gesamten Kaufrechts, des Allgemeinen Leistungsstörungsrechts, sowie des Verjährungsrechts. Regierungsentwurf eines Gesetzes zur Modernisierung des Schuldrechts, S.169, BT-Drucks. 14/6040, S.79. Tragender Gedanke des Regierungsentwurfs ist, wie der Titel des Gesetzes andeutet, eine über die Umsetzung der VbrKfRil hinausgehende, umfassende Modernisierung des Schuldrechts des BGB. So auch Bundesjustizministerin Däubler-Gmelin, in: NJW 2001, 2281.

931 So der parlamentarische Staatssekretär bei der Bundesministerin der Justiz Pick, Der Entwurf des Schuldrechtsmodernisierungsgesetzes, in: Schulze/Schulte-Nölke (Hrsg.), Die Schuldrechtsreform vor dem Hintergrund des Gemeinschaftsrechts, S.25 (28). Kritisch dagegen Safferling, Re-Kodifikation des BGB- ein Anachronismus?, in: Helms/Neumann/Caspers/Sailer/Schmidt-Kessel (Hrsg.), Das neue Schuldrecht, Jb.J.ZivRWiss., S.133 (165), der diese nationale Sichtweise für einen Anachronismus im Prozeß der Europäisierung hält.

II. Teile des Schrifttums: Sog. kleine Lösung

In Teilen des Schrifttums[932], in Wirtschaftsverbänden[933] und von seiten einiger Landesregierungen[934] wurde vehement gegen den Entwurf eines Gesetzes zur Modernisierung des Schuldrechts und für eine sog. kleine Lösung der Umsetzung der VbrKfRil plädiert. Unter Federführung der Professoren Altmeppen und Wilhelm aus Passau wurde am 30. April 2001[935] von 18 Hochschullehrern, vor Einbringung des Regierungsentwurfs in das Kabinett, eine gemeinsame Erklärung zur Schuldrechtsreform an die Bundesregierung versandt.[936] Dieser Gemeinsamen Erklärung hatten sich von 550 befragten Hochschullehrern 258 angeschlossen[937]. In dieser Initiative forderten die Zivilrechtslehrer, die zum 1.1.2002 erforderliche Umsetzung der Verbrauchsgüterkaufrichtlinie von der Schuldrechtsreform zu trennen. Es bestünde kein Sachzwang zu einer "überraschenden" Umsetzung eines Gesetzes zur Modernisierung des Schuldrechts. Vielmehr müsse Zeit zur gründli-

---

932 Altmeppen, DB 2001, 1131, 1399 und 1821; Dauner-Lieb, in: JZ 2001, 8 ff.; Ernst/Gsell, in: ZIP 2000, 1410; dies., in: ZIP 2001, 1389; Ernst, EU-Richtlinie zum Verbrauchsgüterkauf-Optionen für die Umsetzung, in: Grundmann/Medicus/Rolland (Hrsg.), Europäisches Kaufgewährleistungsrecht, 325 ff.; ders., in: ZRP 2001, 1; ders., in: WM 2001, 728; ders., Zum Fortgang der Schuldrechtsreform, in: Ernst/Zimmermann (Hrsg.), Zivilrechtswissenschaft und Schuldrechtsreform, 559 (561 f.); ders., in: Neues Vertragsrecht für die deutsche Wirtschaft?, Wider eine unzulänglich vorbereitete und inhaltlich folgenschwere Reform, FAZ v. 19.5.2001, S.8; Knütel, in: NJW 2001, 2519, spricht von einem Gesetz zur "Ruinierung des Schuldrechts"; Krebs, in: DB, Beilage Nr.14/2000, S.23; Wilhelm, in: JZ 2001, 861 (862 ff.); Wilhelm/Deeg, JZ 2001, 233, zum Diskussionsentwurf. Kritisch gegenüber einer eilig durchgeführten sog. großen Lösung auch Roth, in: JZ 2001, 475 (490).

933 Bundesverband der deutschen Industrie e.V. (BDI), Stellungnahme zum Entwurf eines Gesetzes zur Modernisierung des Schuldrechts, S.2; FAZ v. 2.7.2001, S.13; FAZ v. 10.11.2001, S.12.

934 Insbesondere der thüringische Justizminister Birkmann (CDU) forderte in einer Stellungsnahme zum Diskussionsentwurf, in: FAZ, v. 8.3.2001, S.6, das deutsche Recht nur in dem durch die Verbrauchsgüterkaufrichtlinie erforderlichen Umfang anzupassen und eine isolierte Rechtsreform durchzusetzen.

935 Aufruf zur Gemeinsamen Erklärung vom 12.4.2001.

936 Im Internet abrufbar unter http://www.rws-verlag.de/presse/01intern6.htm. Zu der Initiative auch Palandt-Heinrichs, 61. Aufl., Einl v § 241, Rn.32.

937 Stand: 6.8.2001.

chen Prüfung und Diskussion der Schuldrechtsänderungen gewonnen werden.[938] Denn der Regierungsentwurf wurde für nicht verabschiedungsreif gehalten.[939] Mit Schreiben vom 6.8.2001 hatten Altmeppen und Wilhelm die Aktion für beendet erklärt, da keine Aussicht mehr auf ein Eingreifen in das Gesetzgebungsverfahren gesehen wurde.[940]

Im Zusammenhang mit der Initiative der Hochschulprofessoren wurden im Schrifttum Entwürfe für eine sog. kleine Lösung[941] vorgelegt. Die Bundesländer Sachsen und Thüringen hatten am 27.6.2001 einen auf diesen Arbeiten basierenden Gesetzentwurf in den Bundesrat eingebracht.[942]

Nach Gesetz zur Modernisierung des Schuldrechts findet die Reform des deutschen Rechts Aufnahme in das BGB (sog. integrative Lösung).[943] Ein zusätzliches verbraucherschützendes Gesetz zur Umsetzung der VbrKfRil (sog. additive Lösung) wurde dagegen von einigen Vertretern einer sog. kleinen Lösung ge-

---

938 Dauner-Lieb, in: Stellungnahme zum Schuldrechtsmodernisierungsgesetzentwurf, S.2, bezweifelte, daß die Befassung von Justiz und Praxis mit dem neuen Recht "durch ein Selbstudium in den Weihnachtsferien 2001 (im Hintergrund das Weihnachtsoratorium, auf dem Teller der Stollen)" gelingen könne. Die "beunruhigende Hastigkeit" und den "ganz unangemessenen Zeitdruck" des Gesetzgebungsverfahrens beklagt auch Altmeppen, in: DB 2001, 1131.

939 Dauner-Lieb, in: Stellungnahme zum Schuldrechtsmodernisierungsgesetzentwurf, S.2.

940 Das Schreiben ist im Internet abrufbar unter http://www.uni-passau.de/altmeppen oder http://www.uni-passau.de/wilhelm.

941 Ernst/Gsell, ZIP 2000, 1462; Kirchner/Richter, Vorschlag für ein Gesetz zur Änderung des Kaufrechts und des Fernabsatzgesetzes, Juni 2001. Dauner-Lieb, in: Stellungnahme zum Schuldrechtsmodernierungsgesetzentwurf, S.2, hatte vorgeschlagen, eine schlichte Richtlinienumsetzung mit einer praxisbezogenen Überarbeitung des Verjährungsrechts zu kombinieren.

942 Der Freistaat Sachsen, in: BR-Drucks. 338/2/01, hatte im Gesetzesverfahren mit Datum vom 13.7.2001 beantragt, von der großen Schuldrechtsreform Abstand zu nehmen und eine sog. kleine Lösung zu verfolgen.

943 Regierungsentwurf eines Gesetzes zur Modernisierung des Schuldrechts, S.170, BT-Drucks. 14/6040, S.79.

fordert.[944] Diese Forderung hatte sich im Schrifttum jedoch zu keinem Zeitpunkt durchsetzen können.

Mit dem Schuldrechtsmodernisierungsgesetz ist schließlich die Entscheidung gegen die Schaffung eines Verbrauchergesetzbuches[945] nach dem Vorbild des französischen "code de la consommation"[946], in dem die bisherigen Einzelgesetze zur Richtlinienumsetzung in einer Kodifikation hätten zusammengefaßt werden können oder ein Verbrauchsgüterkaufgesetz außerhalb des BGB gefallen.[947]

III. Rechtspolitische Diskussion

Die Verbrauchsgüterkaufrichtlinie und die Frage der Notwendigkeit einer Schuldrechtsmodernisierung waren Gegenstand von drei Symposien in Halle, Regensburg und Münster. Die unter dem Thema "Europäisches Kaufgewährleistungsrecht und die Notwendigkeit einer deutschen Schuldrechtsreform" stehende Konferenz in Halle fand am 20. und 21.Januar 2000 statt. Als Diskussionsgrundlage dienten zu diesem Zeitpunkt neben den bestehenden europäischen Kaufgewährleistungsregelungen, das UN-Kaufrecht, die UNIDROIT-Prinzipien, die Lando-Prinzipien, die Verbrauchsgüterkaufrichtlinie selbst sowie der Abschlußbericht der Schuldrechtskommission.[948] Im Gesetzgebungsverfahren sind

---

944 Eine sog. additive Lösung zieht Schurr, in: ZfRV 1999, 222 (224), in Erwägung. Lorenz, in: JZ 2001, 472 (475), schlägt ein Verbraucherschutzgesetz als Übergangslösung bis zum Inkrafttreten der großen Schuldrechtsreform vor. Die Umsetzung der VbrKfRil notfalls in einem Sondergesetz oder in einem neuen Untertitel des BGB hält Rainieri, in: Stellungnahme zum Regierungsentwurf eines Gesetzes zur Modernisierung des Schuldrechts vor dem Rechtsausschuß des Deutschen Bundestags, S.2, für "vollkommen ausreichend".

945 Eingehende Erörterung bei Roth, Die Schuldrechtsmodernisierung im Kontext des Europarechts, in: Ernst/Zimmermann, Zivilrechtswissenschaft und Schuldrechtsreform, S.255; ders., in: JZ 2001, 475 (484 ff.).

946 Gesetz vom 26.7.1993.

947 Die Entscheidung begrüßt Westermann, Kaufrecht im Wandel, in: Schulze/Schulte-Nölke (Hrsg.), Die Schuldrechtsreform vor dem Hintergrund des Gemeinschaftsrechts, S.109 (110). Auch Roth, in: JZ 2001, 475 (487), lehnt im Ergebnis ein Verbraucherschutzgesetz ab.

948 Die Beiträge der Konferenz in: Grundmann/Medicus/Rolland (Hrsg.), Europäisches Kaufgewährleistungsrecht.

trotz des breit angelegten internationalen Ansatzes der rechtspolitischen Diskussion dennoch Zweifel an der Modernität des Schuldrechtsmodernisierungsgesetzes geäußert worden.[949] Außerdem ist in Anbetracht der Mitteilung der EG-Kommission zum europäischen Vertragsrecht vom 11.7.2001, die die Rechtsvereinheitlichung auf europäischer Ebene vorantreiben soll, die Ansicht vertreten worden, das Gesetz zur Modernisierung des Schuldrechts sei voreilig und komme zur Unzeit.[950] Dem kann jedoch nicht beigepflichtet werden, da sich das Schuldrechtsmodernisierungsgesetz in weiten Teilen an den Abschlußbericht der Schuldrechtskommission anlehnt, der wie die VrbKfRil, auf dem Leistungsstörungsrecht des UN-Kaufrechts aufbaut.[951] Die neueren Vereinheitlichungsmodelle der UNIDROIT- und Lando-Prinzipien fußen ebenfalls auf dem Wiener Kaufrecht.[952] Daher steht das Schuldrechtsmodernisierungsgesetz aufgrund seiner Orientierung am UN-Kaufrecht auch in Übereinstimmung mit den aktuellen Rechtsvereinheitlichungsmodellen der UNIDROIT- und Lando- Prinzipien.[953]

---

[949] Marcus Lutter, FAZ v. 9.12.2000, S.22, bezweifelt, daß sich das von der Schuldrechtskommission und schließlich dem Diskussionsentwurf vorgeschlagene Leistungsstörungsrecht noch auf der Höhe der Zeit befindet und bemängelt, daß der aktuelle Entwurf hinter der internationalen Rechtsentwicklung zurückbliebe und bereits bei seinem Erscheinen veraltet sei. Ebenso Dauner-Lieb, in: Stellungnahme zum Schuldrechtsmodernisierungsgesetzentwurf, S.2. Ernst, in: Neues Vertragsrecht für die deutsche Wirtschaft?, Wider eine unzulänglich vorbereitete und inhaltlich folgenschwere Reform, FAZ v. 19.5.2001, S.8, geht davon aus, daß das BGB an Attraktivität im internationalen Handelsverkehr verlöre und schlägt eine Verwendung des UN-Kaufrechts im internationalen Warenverkehr vor. Für "provinziell und veraltet" hält auch Zimmermann, in: JZ 2001, 190, den Diskussionsentwurf.

[950] Ernst/Gsell, ZIP 2001, 1389 (1390). Ähnlich auch Knütel, NJW 2001, 2519 (2521).

[951] Mit diesem Hinweis bereits Magnus, in: ZEuP 1993, 79 (81). Auch Hänlein, DB 1999, 1641 (1646); Matthiessen/Lindner, NJ 1999, 617 (622).

[952] Drobnig, Der Stand der Überlegungen: Die UNIDROIT Principles of International Commercial Contracts, in: Grundmann/Medicus/Rolland (Hrsg.), Europäisches Kaufgewährleistungsrecht, S. 49 (51); Lando, International Trends: Requirements concerning the quality of movable goods and remedies for defects under the Principles of European Contract Law, in: Grundmann/Medicus/Rolland (Hrsg.), Europäisches Kaufgewährleistungsrecht, S.61 ff. Magnus, Der Tatbestand der Pflichtverletzung, in: Schulze/Schulte-Nölke (Hrsg.), Die Schuldrechtsreform vor dem Hintergrund des Gemeinschaftsrechts, S.67 (69); Schlechtriem, IHR 2001, 12 (13); ders., in: FAZ v. 23.12.2000, S.23.

[953] Magnus, Der Tatbestand der Pflichtverletzung, in: Schulze/Schulte-Nölke (Hrsg.), Die Schuldrechtsreform vor dem Hintergrund des Gemeinschaftsrechts, S.67 (69); Gruber, Die Nacherfüllung im neuen deutschen Kaufrecht, in: Helms/Neumann/Caspers/Sailer/Schmidt-

Den Symposien "Schuldrechtsmodernisierung 2001" in Regensburg am 17. und 18. November 2000[954] und "Die Schuldrechtsreform vor dem Hintergrund des Gemeinschaftsrechts" in Münster im Januar 2001[955] stand der Diskussionsentwurf eines Gesetzes zur Modernisierung des Schuldrechts zur Verfügung. Nach nahezu einhelliger Ansicht[956] wurde dem Diskussionsentwurf ein gründlicher Überarbeitungsbedarf attestiert. Im Mittelpunkt der Kritik stand der Zeitdruck unter dem das Gesetzgebungsverfahren vorangetrieben wurde und der eine breite Diskussion des einschneidenden Reformvorhabens nahezu verhindert habe.[957]

Eine Sondertagung der Zivilrechtslehrervereinigung befaßte sich am 30. und 31.März 2001 mit der konsolidierten Fassung des Diskussionsentwurfs[958] und hat nochmals Änderungen an dem Gesetzentwurf gefordert, die zu weiten Teilen im Regierungsentwurf berücksichtigt wurden.

IV. Stellungnahme

Eine Beschränkung der Schuldrechtsreform auf die Umsetzung der Vorgaben der VbrKfRil hätte, auch wenn der Zeitplan der Umsetzung der Schuldrechtsreform denkbar knapp ausgefallen war, einen günstigen Augenblick zur Verwirklichung der Reformvorschläge des Abschlußberichts der Schuldrechtskommission von 1992 ungenutzt verstreichen und eine umfassende Reform des Schuldrechts in

Kessel (Hrsg.), Das neue Schuldrecht, Jb.J.ZivRWiss., S.187 (201).

954 Die Beiträge des Symposiums in: Zimmermann/Ernst (Hrsg.), Zivilrechtswissenschaft und Schuldrechtsreform. Tagungsberichte von Gsell/Rüfner, in: NJW 2001, 424 und Jakobs, in: JZ 2001, 27.

955 Die Beiträge des Symposiums in: Schulze/Schulte-Nölke (Hrsg.), Die Schuldrechtsreform vor dem Hintergrund des Gemeinschaftsrechts. Tagungsberichte von Artz, in: NJW 2001, 1703, und Palm, in: ZRP 2001, 431.

956 Wetzel, ZRP 2001, 117. Dauner-Lieb, JZ 2001, 8 (12). Zu der auf der Tagung an dem Diskussionsentwurf geäußerten Kritik auch die FAZ, v. 20.11.2000, S.33.

957 Dauner-Lieb, JZ 2001, 8 (12); Wetzel, ZRP 2001, 117; Meldung in der FAZ v. 20.11.2000, S.33.

958 Die Beiträge der Sondertagung in: JZ 2001, Sonderheft 10 v. 18. Mai 2001, S.473 ff.

weite Ferne rücken lassen.[959] Schließlich sind die Vorschläge der Schuldrechtskommission von 1992 nicht zuletzt auch deswegen nicht zu Gesetzentwürfen umgesetzt worden, da die EU-Kommission noch im Jahr 1993 mit ihrem Grünbuch über Verbrauchsgütergarantien und Kundendienst[960] die Entwicklung der Verbrauchsgüterkaufrichtlinie angestoßen hatte, die erst noch abgewartet werden sollte.[961] Außerdem stellt das Gesetz zur Modernisierung des Schuldrechts einen begrüßenswerten Ansatz zur Heranführung des BGB an die Rechtsvereinheitlichungsprojekte auf internationaler und europäischer Ebene, insbesondere an ein in nicht allzu ferner Zukunft zu erwartendes europäisches Zivilgesetzbuch,[962] dar.[963] Insofern wäre, gerade auch im Hinblick auf den schon lange bestehenden Abschlußbericht der Schuldrechtskommission von 1992, eine Beschränkung des deutschen Gesetzgebers auf eine sog. kleine Lösung tatsächlich ein Rückschritt.[964]

---

959 Zutreffend Canaris, der als Mitglied der vom Bundesministerium der Justiz ins Leben gerufenen Kommission Leistungsstörungsrecht, der Gemeinsamen Erklärung von Altmeppen, Wilhelm u.a. mit Schreiben vom 23.4.2001 entgegen getreten ist. Ders., in: JZ 2001, 499 (513). Ähnlich Schulze/Schulte-Nölke, Schuldrechtsreform und Gemeinschaftsrecht, in: Schulze/Schulte-Nölke (Hrsg.), Die Schuldrechtsreform vor dem Hintergrund des Gemeinschaftsrecht, S.3 (9); Heldrich, NJW 2001, 2521 (2522). Hänlein, in: DB 2001, 852 (854), ist der Ansicht, daß die Vorteile der Reform ihre Nachteile, die auf der großen Geschwindigkeit ihrer Verwirklichung beruhen, überwiegen. Um das Dilemma zwischen günstiger rechtspolitischer Lage und dem bedenklich kurzen Zeitplan für die Schuldrechtsreform zu lösen, schlägt Lorenz, in: JZ 2001, 472 (473), vor, das Reformprojekt zügig als Gesetz zu verabschieden, das Inkrafttreten aber etwa bis zum 1.1.2004 hinauszuschieben und zwischenzeitlich eine nur bis dahin geltende sog. kleine Lösung durch Einführung eines "Verbrauchsgesetzes" einzuführen. Für Übergangsregeln zur Anwendung der neuen Regeln trat insbesondere auch der BDI, in: FAZ v. 10.11.2001, S.12, ein.

960 Zum Grünbuch 2. Kapitel, A., I.

961 Däubler-Gmelin, NJW 2001, 2281 (2283).

962 Safferling, Re-Kodifizierung des BGB- ein Anachronismus?, in: Helms/Neumann/Caspers/Sailer/Schmidt-Kessel (Hrsg.), Das neue Schuldrecht, Jb.J.ZivRWiss., S.133 (162), hält die Entwicklung eines Europäischen Zivilgesetzbuchs für nicht aufzuhalten, da die weitere Harmonisierung des Zivilrechts im zusammenwachsenden Europa außer Frage stehe.

963 Staudenmayer, EuZW 2001, 485. Deutschland gehört bisher zu den Ländern, die am weitesten vom weltweiten Standard des UN-Kaufrechts entfernt sind. Herber, in: IHR 2001, 1 (3).

964 Ähnlich Schulze/Schulte-Nölke, Schuldrechtsreform und Gemeinschaftsrecht, in: Schulze/Schulte-Nölke (Hrsg.), Die Schuldrechtsreform vorm dem Hintergrund des Gemeinschaftsrechts, S.3 (9); Heldrich, in: NJW 2001, 2521 (2523), hält den Entwurf eines

Das bisherige BGB-Schuldrecht wäre sonst möglicherweise schon bald durch ein einheitliches europäisches Zivilgesetzbuch überholt.[965]

B. Das Gesetz zur Modernisierung des Schuldrechts

I. Entwicklung des Gesetzes zur Modernisierung des Schuldrechts

1. Diskussionsentwurf

Das Bundesjustizministerium hat im August 2000 einen Diskussionsentwurf (DE) zu einem Schuldrechtsmodernisierungsgesetz mit Stand vom 4. August 2000 veröffentlicht.[966] Der Diskussionsentwurf nimmt die über neun Jahre rechtspolitisch kaum beachteten Vorschläge und Argumentationslinien des Abschlußberichts der Schuldrechtskommission von 1992 (KE)[967] wieder auf[968] und gibt diese teilweise wortgetreu wieder. Außerdem sieht der Diskussionsentwurf ergänzende Änderungen vor, die u.a. durch die VbrKfRil notwendig geworden sind. Der Abschlußbericht der Schuldrechtskommission wurde, insbesondere im Leistungsstörungsrecht, an das UN-Kaufrecht angelehnt und ist auf dem 60.Deutschen Juristentag 1994 in Münster überwiegend begrüßt worden.[969] Das Bundesjustiz-

---

Gesetzes zur Modernisierung des Schuldrechts gar für eine "eindrucksvolle wissenschaftliche Leistung".

[965] Willingmann/Hirse, VuR 2001, 99 (107).

[966] Diskussionsentwurf eines Gesetzes zur Modernisierung des Schuldrechts, Referat I B 2, Bundesministerium der Justiz, Stand: 4.8.2000.

[967] Der Abschlußbericht der Schuldrechtskommission geht auf Gutachten aus dem Jahre 1981 und 1983 zurück, die vom Bundesministerium der Justiz in Auftrag gegeben wurden. Dazu gehören die Gutachten von Huber, Leistungsstörungen, S.647 ff., und Kaufvertrag, S.913 ff. Zum Abschlußbericht der Schuldrechtskommission: Haas, NJW 1992, 2389; Medicus, NJW 1992, 2384; Rabe, NJW 1992, 2395; Rolland, NJW 1992, 2376.

[968] Der damalige Bundesjustizminister Kinkel, in: Schuldrechtskommission, Abschlußbericht, Vorwort, hoffte bis zur Vorlage des Diskussionsentwurfs im August 2000 vergeblich, daß der Abschlußbericht eine breite Diskussion in Wissenschaft, Politik und Öffentlichkeit auslöst, die in absehbarer Zeit zu einem Gesetzentwurf führen sollte.

[969] So die meist positiven Beschlüsse des 60.Deutschen Juristentags, in: ZIP 1994, 1573.

ministerium hat sich die günstige rechtspolitische Lage, in Anbetracht der bis zum 1.1.2002 notwendigen Umsetzung der VbrKfRil, zur Wiederbelebung des Gedankens einer umfassenden Schuldrechtsreform zu Nutze gemacht.[970] Der Diskussionsentwurf wurde allerdings bereits vor seinem Erscheinen bemängelt[971] und ist auch nach seiner Veröffentlichung äußerst scharf kritisiert worden.[972]

2. Konsolidierte Fassung des Diskussionsentwurfs

In der Zeit vom 17.1.2001 bis zum 3.3.2001 wurde von einer, vom Bundesjustizministerium eingesetzten Kommission eine "Konsolidierte Fassung des Diskussionsentwurfs (DEKF)"[973] erarbeitet, die am 6.3.2001 veröffentlicht wurde. Am 22. März 2001 folgte eine Weiterentwicklung der Verjährungsregeln der Konsolidierten Fassung des Diskussionsentwurfs.

3. Regierungsentwurf und dessen Verabschiedung

Das Bundeskabinett hat schließlich am 9. Mai 2001 einem Gesetzentwurf zur Modernisierung des Schuldrechts zugestimmt.[974] Der damit beschlossene Regierungsentwurf (RE)[975] unterscheidet sich in Einzelheiten noch einmal von der Konsolidierten Fassung des Diskussionsentwurfs. Insbesondere fand die konsolidierte Fassung des Verjährungsrechts vom 22. März 2001 Aufnahme in den Regierungsentwurf.

---

970 Auf die Bedeutung der rechtspolitischen Konstellation zum Zustandekommen von Gesetzen weisen Schulze/Schulte-Nölke, Schuldrechtsreform und Gemeinschaftsrecht, in: Schulze/Schulte-Nölke (Hrsg.), Die Schuldrechtsreform vor dem Hintergrund des Gemeinschaftsrechts, S.3 (8), zu Recht hin.

971 Flume, ZIP 2000, 1427 (1430) spricht von einem zu erwartenden „Richtliniengesetz zur Zerstörung des Kaufrechts des BGB".

972 Dazu Dauner-Lieb, JZ 2001, 8 (12).

973 Konsolidierte Fassung des Diskussionsentwurfs eines Gesetzes zur Modernisierung des Schuldrechts auf der Grundlage des Diskussionsentwurfs eines Gesetzes zur Modernisierung des Schuldrechts, der hierzu vorliegenden Stellungnahmen und der Ergebnisse der Beratungen der Arbeitsgemeinschaften zu den einzelnen Komplexen und der Kommission "Leistungsstörungsrecht", BMJ, Referat I B 2, 6. März 2001. Im Internet abrufbar unter http://www.uni-koeln.de/jur-fak/Ibrah/Publ_pdf/schuldrechtsreform_kf.pdf.

974 Bundesministerium der Justiz, Mitteilungen vom 9. Mai 2001 unter dem Titel "Schuldrecht wird aktuell und modern". Im Internet abrufbar unter http://www.rws-verlag.de/presse/01bmjschu.htm. Auch die Nachricht in der FAZ v. 10.5.2001, S.4.

975 BT-Drucks. 14/6040. Im Internet abrufbar unter http://www.bmj.bund.de.

Bereits am 18.5.2001 haben die Regierungsfraktionen SPD und Bündnis 90/Die Grünen den Entwurf eines Gesetzes zur Modernisierung des Schuldrechts[976] in den Bundestag zur Ersten Beratung eingebracht. Der Entwurf ist mit dem Regierungsentwurf inhaltlich identisch und bezweckte eine zügigere Befassung des Bundestags, da Gesetzesvorlagen der Bundesregierung gemäß Art.76 Abs.2 GG zunächst dem Bundesrat zuzuleiten sind. Am 25.6.2001 wurde der Entwurf eines Gesetzes zur Modernisierung des Schuldrechts als Regierungsentwurf schließlich dem Bundesrat zur Stellungnahme zugeleitet.[977] Der Rechtsausschuß des Bundestags hat sich am 2.7.2001 und 4.7.2001 mit dem Regierungsentwurf befaßt. Mit Datum vom 13.7.2001 hat der Bundesrat zum Entwurf Stellung genommen[978] und in 150 Punkten Verbesserungsvorschläge unterbreitet, ohne allerdings grundsätzliche Zweifel an dem Vorhaben einer umfassenden Schuldrechtsreform anzubringen. Die Bundesregierung hat daraufhin in ihrer Gegenstellungnahme ihre Absicht bekundet, den Regierungsentwurf in rund hundert Punkten nach den Vorschlägen des Bundesrats nachzubessern.[979] Eine Beschlußempfehlung für den Bundestag mit einer Neufassung des Regierungsentwurfs eines Gesetzes zur Modernisierung des Schuldrechts (BE) hat der Rechtsausschuß am 25.9.2001 vorgelegt. Am 11.10.2001 hat sich der Bundestag in Zweiter und Dritter Lesung mit dem Regierungsentwurf befaßt und ihn mit den Stimmen der Koalition von SPD und Bündnis 90/Die Grünen und der PDS in der Fassung der Beschlußempfehlung des Rechtsausschusses verabschiedet.[980] Der Bundesrat hat das nicht zustimmungsbedürftige Schuldrechtsmodernisierungsgesetz am 9.11.2001 in der vom Bundestag verabschiedeten Form gebilligt.[981] Das

---

[976] BT-Drucks. 14/6040.

[977] BR-Drucks. 338/01.

[978] BR-Drucks. 338/01 (Beschluß).

[979] Inhaltsgleich zu BR-Drucksache 338/01 (Beschluß) vom 13.7.2001 und BT-Drucksache 14/6857 vom 31.8.2001 mit Gegenäußerung der Bundesregierung (Anlage 3). Meldung in der FAZ v. 8.9.2001, S.15. Zur Gegenäußerung der Bundesregierung auch Kastner, in: NJW 2001, XIV. Der, um die Stellungnahme des Bundesrats und die Gegenäußerung der Bundesregierung erweiterte, ursprüngliche Regierungsentwurf wurde am 10.10.2001 für erledigt erklärt (BT-Drucks. 14/7100).

[980] FAZ v. 12.10.2001, S.19.

[981] BR-Drucks. 819/01 (Beschluß). FAZ v. 10.11.2001, S.12. Versuche der unionsgeführten Länder Baden-Württemberg, Bayern, Hamburg, Hessen, Saarland, Sachsen und Thüringen den Vermittlungsausschuß anzurufen und Änderungen des Gesetzes zu erwirken, fanden im

Gesetz zur Modernisierung des Schuldrechts wurde am 29.11.2001 im Bundesgesetzblatt verkündet[982] und trat am 1.1.2002 in Kraft.

II. Überblick über das Gesetz zur Modernisierung des Schuldrechts

1. Regelungsanlaß

Durch das Schuldrechtsmodernisierungsgesetz werden vier EG-Richtlinien ganz oder teilweise durch Verwirklichung der Vorschläge der Schuldrechtskommission von 1992 unter gleichzeitiger Rückführung der Sondergesetze zum Verbraucherschutz in das BGB umgesetzt.[983] Bei den umzusetzenden EG-Richtlinien handelt es sich, neben der Verbrauchsgüterkaufrichtlinie, um die Richtlinie zur Bekämpfung des Zahlungsverzuges im Geschäftsverkehr (Zahlungsverzugsrichtlinie)[984], die Artikel 10, 11 und 18 der Richtlinie über den elektronischen Handel (e-commerce-Richtlinie)[985] sowie die Richtlinie über Unterlassungsklagen zum Schutz der Verbraucherinteressen[986].

Das Gesetz zur Modernisierung des Schuldrechts beschränkt sich nicht auf eine schlichte Richtlinienumsetzung. Es greift grundlegend in das allgemeine und besondere Leistungsstörungsrecht sowie in das Verjährungsrecht ein. Dabei übernimmt es im wesentlichen die Vorschläge des Abschlußberichts, der durch das Bundesministerium der Justiz eingesetzten Schuldrechtsreformkommission. In dem Gesetz zur Modernisierung des Schuldrechts wird dies damit begründet, daß mit der Umsetzung der Verbrauchsgüterkaufrichtlinie auch die Frage der Modernisierung des Schuldrechts entsprechend den Vorschlägen der Schuldrechts-

---

Bundesrat keine Mehrheit. Pressemitteilung des Bundesrats v. 9.11.2001, im Internet abrufbar unter http://www.bundesrat.de/pr/pr255_01.html.

982 BGBl. I Nr. 61/2001 v. 29.11.2001, S. 3138 ff.

983 Diskussionsentwurf eines Gesetzes zur Modernisierung des Schuldrechts, S.1.

984 Richtlinie 2000/35/EG des Europäischen Parlaments und des Rates vom 29.6.2000 (ABlEG Nr. L 200, S.35).

985 Richtlinie 2000/31/EG des Europäischen Parlaments und des Rates vom 8.6.2000 (ABlEG Nr. L 178, S.1).

986 Richtlinie 1998/27/EG des Europäischen Parlaments und des Rates vom 19.5.1998 (ABlEG Nr. L 166, S.51).

kommission zwingend auf die Tagesordnung trete.[987] Die Umsetzungsvorgaben der Richtlinie seien eng mit weiteren von ihr nicht unmittelbar erfaßten Bereichen des Schuld- und Verjährungsrechts verwoben: Die Verbrauchsgüterkaufrichtlinie gebe daher Veranlassung, das deutsche Schuld- und Verjährungsrecht umfassend zu modernisieren.[988]

Den Erwägungen des Bundesjustizministeriums ist insoweit beizupflichten: Durch die Einfügung der Inhalte der VbrKfRil in das BGB erscheint das allgemeine Kaufgewährleistungsrecht und sein Verhältnis zum Allgemeinen Schuldrecht sowie zum Verjährungsrecht des Allgemeinen Teils des BGB in einem anderen Licht. Deshalb ist eine neue materiell-rechtliche Abgleichung der verschiedenen Rechtsmaterien des BGB, die zweifellos in Wechselwirkung zueinander stehen, erforderlich geworden.[989]

Tatsächlich geht die VbrKfRil im erheblichen Maße mit den, durch mehrere Gutachten wohlvorbereiteten Reformvorschlägen des Abschlußberichts der Schuldrechtskommission konform, da sowohl die VbrKfRil als auch der Abschlußbericht der Schuldrechtskommission wesentliche Bezüge zum UN-Kaufrecht aufweisen, so daß sich eine Verbindung des europäischen Ansatzes der VbrKfRil mit dem nationalen Reformansatz der Schuldrechtskommission auf der Basis des UN-Kaufrechts geradezu aufdrängt. Dieser Weg ist auch im Schrifttum vielfach vorgeschlagen worden und verdient jedenfalls nicht von vornherein Kritik.[990]

2. Regelungsinhalt

Das Gesetz zur Modernisierung des Schuldrechts schlägt in bestimmten Fragen, zumeist durch zwingende Anforderungen der VbrKfRil bedingt, von dem Schuldrechtskommissionsentwurf sich unterscheidende Lösungen vor.[991] Derartige

---

[987] Regierungsentwurf eines Gesetzes zur Modernisierung des Schuldrechts, S.169, BT-Drucks. 14/6040, S.79.

[988] Regierungsentwurf eines Gesetzes zur Modernisierung des Schuldrechts, S.170, BT-Drucks. 14/6040, S.79.

[989] Ähnlich auch Schulze/Schulte-Nölke, Schuldrechtsreform und Gemeinschaftsrecht, in: Schulze/Schulte-Nölke (Hrsg.), Die Schuldrechtsreform vor dem Hintergrund des Gemeinschaftsrechts, S.3 (9).

[990] So zu Recht Zimmermann, JZ 2001, 171 (179). Im Ergebnis auch Wetzel, ZRP 2001, 117.

[991] Die Abweichungen, insbesondere im Verjährungsrecht, bemängelt Dauner-Lieb, in: Stellungnahme zum Schuldrechtsmodernsierungsgesetzentwurf, S.2.

Abweichungen finden sich im Verjährungs-, Rücktritts-, Leistungsstörungs- und Werkvertragsrecht.

a) Verjährungsrecht
Im Verjährungsrecht wird das Modell der Regelverjährung beibehalten. Es wurde aber eine einheitliche Grundverjährung von drei Jahren für alle vertraglichen und gesetzlichen Ansprüche, außer aus Delikt und Unterlassung, eingeführt (§ 195 Abs.1 BGB). Im Kaufgewährleistungsrecht gilt weiterhin eine besondere Verjährungsregel, die nunmehr zwei Jahre beträgt (§ 438 Abs.1 Nr.3 BGB).

b) Leistungsstörungsrecht im weiteren Sinne

aa) Kaufgewährleistungsrecht
Das Kaufgewährleistungsrecht geht im allgemeinen Leistungsstörungsrecht auf. Ein besonderes Gewährleistungsrecht für Kaufverträge gibt es nicht mehr. Statt dessen sind in den §§ 434 ff. BGB Modifikationen des allgemeinen Leistungsstörungsrechts enthalten, die das allgemeine Kaufrecht an den Vorgaben der VbrKfRil ausrichten. Wegen der VbrKfRil entstanden im Kaufrecht in den §§ 474 ff. BGB Sondervorschriften zum Verbrauchsgüterkauf. Die Regeln zum Viehkauf (§§ 481-492 BGB a.F.) wurden endgültig aus dem BGB entfernt.

Der Sachmängelbegriff ist in dem Schuldrechtsmodernisierungsentwurf neu gefaßt worden. Die bisherige Unterscheidung zwischen Sach- und Rechtsmängeln wird nicht mehr beibehalten. Fortan soll für alle Mängel das kaufrechtliche Sachmängelrecht Anwendung finden.

bb) Werkvertragsrecht
Werkverträge mit Verbrauchern über neue bewegliche, körperliche Gegenstände werden dem Werkvertragsrecht entnommen und nunmehr wegen der bindenden Anweisungen der VbrKfRil dem Kaufrecht zugeordnet.

c) Rekodifikation
Eine bedeutende Besonderheit des Gesetzes zur Modernisierung des Schuldrechts ist die Aufhebung aller vertragsrechtlicher Sondergesetze außerhalb des BGB und deren Integration in das BGB bzw. EGBGB. In das Bürgerliche Gesetzbuch werden damit insbesondere das Haustürwiderrufs-, Verbraucherkredit- und das

Fernabsatzgesetz übertragen.[992] Aber auch das AGB-Gesetz findet Eingang in das BGB.[993]

d) Amtliche Überschriften für das BGB

Der Regierungsentwurf für ein Schuldrechtsmodernisierungsgesetz sieht des weiteren vor, daß das BGB erstmals amtliche Überschriften erhält.[994]

C. Kaufgewährleistungsrecht nach dem Gesetz zur Modernisierung des Schuldrechts

Das Schuldrechtsmodernisierungsgesetz sieht umfangreiche gesetzessystematische und materiell-rechtliche Änderungen des Kaufrechts vor. Nach dem Schuldrechtsmodernisierungsgesetz werden nicht nur die gesetzlichen Bestimmungen im Hinblick auf das Gewährleistungsrecht der Verbrauchsgüterkäufe geändert, sondern fast das gesamte allgemeine Kaufgewährleistungsrecht des BGB an die Systematik der Verbrauchsgüterkaufrichtlinie angepaßt.[995] Der Anwendungs-

---

992 Des weiteren sind das Teilzeit-Wohnrechtegesetz, Diskontsatz-Überleitungs-Gesetz, die Lombardsatz-Überleitungs-Verordnung und die Basiszinssatz-Bezugsgrößenverordnung in das BGB eingefügt worden.

993 Der Verfahrensteil des AGBG ist als Unterlassungsklagengesetz erhalten geblieben und übersichtlicher gefaßt worden.

994 Dazu Rüfner, ZRP 2001, 12 ff.

995 Honsell, JZ 2001, 278 (280); ders., in: FAZ v. 2.7.2001, kritisiert, daß das Recht der europäischen Richtlinien "zu punktuell" sei und darum weder in Stil noch Inhalt in das BGB passe. Hoffmann, in: ZRP 2001, 347, stellt dagegen zutreffend fest, daß eine gewisse Angleichung des allgemeinen und besonderen Schuldrechts des BGB an die VbrKfRil erforderlich ist. Dies gilt schon deshalb, weil das Verbrauchsgüterkaufrecht einen Fremdkörper im bestehenden Kaufrecht darstellten würde, in dem ein weiterer Fehlerbegriff, zum Teil andere Rechtsbehelfe und eine abweichende Gewährleistungsfrist gilt. Einige Sondervorschriften für den Verbrauchsgüterkauf lassen sich bei der Umsetzung der VbrKfRil in das BGB indes nicht vermeiden, da ihnen besondere Verbraucherschutzgesichtspunkte zugrunde liegen, die im allgemeinen Kaufrecht unangemessen wären, so etwa die Beweislastumkehr, die besonderen Anforderungen an Verbrauchergarantien und der Letztverkäuferregreß. Ähnlich Schmidt-Räntsch, in: ZEuP 1999, 284 (298).

bereich der meisten Regeln, die der Umsetzung der Vorgaben der Verbrauchsgüterkaufrichtlinie dienen, ist daher, im Gegensatz zur Richtlinie selbst, nicht auf Verbrauchsgüterkäufe begrenzt.[996] Spezielle Regeln für Verbrauchsgüterkaufverträge sind nur in den Vorschriften des Untertitels 3 unter der Überschrift "Verbrauchsgüterkauf" in den §§ 474-479 BGB vorgesehen.

Das kaufvertragsrechtliche Gewährleistungsrecht wird insgesamt in das allgemeine Leistungsstörungsrecht eingebunden[997] und steht diesem nicht mehr als lex specialis gegenüber.

I. Vertragsmäßigkeit

In Übereinstimmung mit dem Abschlußbericht der Schuldrechtskommission[998], dem Diskussionsentwurf[999] und dem Regierungsentwurf, stellt das Gesetz zur Modernisierung des Schuldrechts die sach- und rechtsmangelfreie Lieferung der Kaufsache in den Mittelpunkt der Leistungspflicht des Verkäufers (§ 433 Abs.1 S.2 BGB).[1000] Das Gesetz entscheidet damit den beim Spezieskauf im Schrifttum herrschenden Streit zwischen der sog. Erfüllungstheorie, nach der für den Verkäufer aus der Pflicht zur Gewährleistung die Pflicht zur Lieferung einer mangelfreien Sache folgt,[1001] und der sog. Gewährleistungstheorie, die keine Pflicht des Verkäufers zur Lieferung einer mangelfreien Sache kennt,[1002] zugunsten der

---

996 Kritisch gegenüber einer Einarbeitung der VbrKfRil in das "allgemeine Kaufrecht" der §§ 433 ff. BGB wegen der "gravierenden volkswirtschaftlichen Konsequenzen": Schurr, in: ZfRV 1999, 222 (223).

997 Honsell, JZ 2001, 278 (280); Haas, BB 2001, 1313; Weisner, JuS 2001, 759 (763).

998 Vgl. den wortgleichen § 434 BGB-KE, der im Gegensatz zum Schuldrechtsmodernisierungsgesetz in einem eigenen Paragraphen neben den Hauptpflichten beim Kaufvertrag (§ 433 BGB-KE) seine Regelung findet.

999 § 433 Abs.1 Satz 2 BGB-DE.

1000 Schon nach bisher geltender Rechtslage gehört die Sachmängelfreiheit zu den Leistungspflichten des Unternehmers im Werkvertragsrecht. Der deutsche Gesetzgeber hat mit der Einführung der Pflicht des Verkäufers zur Lieferung einer mangelfreien Sache einen "Paradigmenwechsel" im Kaufrecht herbeigeführt. So zu Recht Altmeppen, DB 2001, 1131.

1001 Grunewald,in: Erman, § 459, Rn.12, 16; Huber, in: Soergel, vor § 459, Rn.169.

1002 Amtenbrink/Schneider, in: VuR 1996, 367 (372); Honsell, in: Staudinger, vor § 459, Rn.15; Larenz, II/I, § 41, II e; Putzo, in: Palandt, 61. Aufl., Vorbem v § 459, Rn.5.

Erfüllungstheorie.[1003] Der Käufer erhält damit einen einheitlichen Anspruch auf Vertragserfüllung. Der Verkäufer kann seine Pflicht zur Erfüllung des Vertrages durch Nichterfüllung, Schlechterfüllung oder Falschlieferung verletzen.[1004] Der Sachmangel stellt mithin ex lege einen Fall der Nichterfüllung dar. Das Kaufgewährleistungsrecht wird damit systematisch in das allgemeine Leistungsstörungsrecht eingefügt.[1005] Das Schuldrechtsmodernisierungsgesetz setzt auf diese Weise ein wesentliches systematisches Ziel der Schuldrechtsreform - das Leistungsstörungsrecht des BGB zu vereinheitlichen - um.[1006] Art.2 Abs.1 VbrKfRil spricht zwar davon, daß der Verkäufer verpflichtet ist, dem Verbraucher dem Vertrag gemäße Güter zu liefern. Die VbrKfRil gibt den EG-Mitgliedstaaten damit aber nicht vor, die Lieferung vertragsgemäßer bzw. sachmängelfreier Güter dogmatisch als eine Pflicht des Verkäufers auszugestalten.[1007] Die VbrKfRil beschränkt

---

1003 Die Verpflichtung zur Lieferung einer mangelfreien Sache für Spezies- und Gattungskauf sah bereits § 434 BGB-KE des Abschlußberichts der Schuldrechtskommission vor, der dem Gutachten von Huber, Leistungsstörungen, S.866, folgte. Dies ist begrüßt worden von Rust, in: Das kaufrechtliche Gewährleistungsrecht, S.55. Bezogen auf den Diskussionsentwurf eines Gesetzes zur Modernisierung des Schuldrechts ist dies auch von Anders, in: ZIP 2001, 184 (185); Magnus, Der Tatbestand der Pflichtverletzung, in: Schulze/Schulte-Nölke (Hrsg.), Die Schuldrechtsreform vor dem Hintergrund des Gemeinschaftsrechts, S.67 (71); Westermann, Kaufrecht im Wandel, in: Schulze/Schulte-Nölke (Hrsg.), Die Schuldrechtsreform vor dem Hintergrund des Gemeinschaftsrechts, S.109 (123), und Zimmer, Das geplante Kaufrecht, in: Ernst/Zimmermann (Hrsg.), Zivilrechtswissenschaft und Schuldrechtsreform, S.191 (196 f.), befürwortet worden. Auch der Vorschlag für eine sog. kleine Lösung zur Umsetzung der VbrKfRil in das BGB von Ernst/Gsell, ZIP 2000, 1462 erhebt die Lieferung einer vertragsgemäßen Sache zu einer Leistungspflicht des Verkäufers (§ 459 Abs.1 BGB des Entwurfs). Kirchner/Richter, Vorschlag für ein Gesetz zur Änderung des Kaufrechts und des Fernabsatzgesetzes, S.10, belassen es hingegen bei der bisherigen sekundären Haftung wegen Sachmängeln.

1004 Weisner, in: JuS 2001, 759 (761).

1005 Jorden/Lehmann, in: JZ 2001, 952 (953).

1006 Regierungsentwurf eines Gesetzes zur Modernisierung des Schuldrechts, S.486 ff., BT-Drucks. 14/6040, S.208 ff.

1007 Darauf weist zutreffend Westermann, Kaufrecht im Wandel, in: Schulze/Schulte-Nölke (Hrsg.), Die Schuldrechtsreform vor dem Hintergrund des Gemeinschaftsrechts, S.109 (111), hin. Ebenso Jorden/Lehmann, in: JZ 2001, 952. Dagegen ist Zimmer, Das geplante Kaufrecht, in: Ernst/Zimmermann (Hrsg.), Zivilrechtswissenschaft und Schuldrechtsreform, S,191 (197), der Ansicht, daß auch nach Art.2 Abs.1 VbrKfRil, sowie nach Art.35 Abs.1 CISG, eine Pflicht zur Verschaffung der Kaufsache frei von Sachmängeln besteht. Das UN-Kaufrecht, an dem sich

sich darauf, die Mindestrechte des Verbrauchers bei vertragswidriger Lieferung von Verbrauchsgütern zwingend festzulegen.[1008] Das Schuldrechtsmodernisierungsgesetz stimmt aber mit dem UN-Kaufrecht überein, das den Verkäufer in Art.35 Abs.1, 42 Abs.1 CISG auch zur mangelfreien Leistung verpflichtet.[1009]

1. Sachmängelbegriff

Das Schuldrechtsmodernisierungsgesetz führt in § 434 Abs.1 BGB, in Anlehnung an die VbrKfRil, zunächst Fälle auf, in denen eine Sache frei von Sachmängeln ist.

a) Keine Übernahme der Vermutungsregel aus Art.2 Abs.2 VbrKfRil

Im Gegensatz zu Art.2 Abs.2 VbrKfRil wird die Vertragsmäßigkeit in den aufgezählten Fällen nicht bloß vermutet,[1010] sondern als bestehend angenommen. Das Vorliegen eines Sachmangels ergibt sich aus einem Umkehrschluß aus § 434 Abs.1 BGB. Darauf weisen § 434 Abs.2, 3 BGB ("Ein Sachmangel ist auch gegeben, wenn..." bzw. "Einem Sachmangel steht es gleich, wenn...") hin. Die Mitgliedstaaten sind auch nicht verpflichtet, die Vermutungskonstruktion in das nationale Recht zu übernehmen. Vielmehr bezweckt die Vermutungsregel der VbrKfRil sicherzustellen, daß die nationalen Gesetzgeber die in der Vermutungsregelung des Art.2 Abs.2 VbrKfRil genannten Kriterien bei der Beurteilung der Vertragsmäßigkeit der Ware, unabhängig davon, ob die objektiven Voraussetzungen nach der jeweiligen nationalen Rechtslage als vertraglich vereinbart anzusehen sind, berücksichtigen.[1011] Dieses Ziel kann durch die Vermutungskonstruktion der Richtlinie erreicht werden, die dem deutschen Recht allerdings bisher unbekannt ist. Die vom Schuldrechtsmodernisierungsgesetz verfolgte

---

auch die VbrKfRil orientiert, trennt jedoch streng zwischen der eigentlichen Lieferpflicht in Art.31 CISG und der vertragsgemäßen Abwicklung in Art.35 Abs.1 CISG. Schwartze, Europ. Sachmängelgewährleistung, S.45. Unabhängig von Ausmaß und Art der Abweichung von der vertragsmäßigen Beschaffenheit ist i.S.v. Art.31 CISG geliefert, wenn die Anforderungen von Art.31 CISG erfüllt sind. Schlechtriem, Intern. UN-Kaufrecht, Rn.123.

[1008] Jorden/Lehmann, JZ 2001, 952.

[1009] Magnus, Der Tatbestand der Pflichtverletzung, in: Schulze/Schulte-Nölke (Hrsg.), Die Schuldrechtsreform vor dem Hintergrund des Gemeinschaftsrechts, S.67 (71).

[1010] Regierungsentwurf eines Gesetzes zur Modernisierung des Schuldrechts, S.496, BT-Drucks. 14/6040, S.212.

[1011] Jorden, Verbrauchergarantien, S.84; Jorden/Lehmann, JZ 2001, 952 (953).

Lösung, die objektiven Kriterien des subjektiv-objektiven Mängelbegriffs subsidiär zur vertraglichen Vereinbarung ausdrücklich kraft Gesetzes vorauszusetzen, setzt Art.2 Abs.2 VbrKfRil ebenso zutreffend um.[1012]

b) Subjektiv-objektiver Sachmängelbegriff

Das Schuldrechtsmodernisierungsgesetz behält in § 434 Abs.1 BGB den subjektiv-objektiven Sachmängelbegriff des bisherigen Rechts bei.[1013]

aa) Subjektive Kriterien

(1) Vertragliche Beschaffenheit, § 434 Abs.1 Satz 1 BGB

In erster Linie stellt das Gesetz zur Modernisierung des Schuldrechts auf den Inhalt der vertraglichen Vereinbarung zur Beurteilung der Vertragsgemäßheit der Kaufsache ab. Die Sache ist daher insbesondere frei von Sachmängeln, wenn sie die vertragliche Beschaffenheit hat (§ 434 Abs.1 Satz 1 BGB[1014]).

Allein diese primär subjektive Ausrichtung des Sachmängelbegriffs bringt die Störung des Äquivalenzverhältnisses des Kaufvertrags zwischen den Kaufvertragsparteien durch die Lieferung einer mit Mängeln behafteten Kaufsache treffend zum Ausdruck und stimmt darüber hinaus mit Art.2 Abs.1 VbrKfRil und Art.35 Abs.1 CISG überein.[1015]

Nach Art.2 Abs.2 lit.a VbrKfRil wird die Vertragsmäßigkeit der Verbrauchsgüter auch vermutet, wenn sie mit der vom Verkäufer gegebenen Beschreibung übereinstimmen und die Eigenschaften der vom Verkäufer vorgelegten

---

[1012] Jorden/Lehmann, JZ 2001, 952 (953). Anderer Ansicht ist Pfeiffer, ZGS 2002, 94 (95), der in der Hierarchie der Sachmangelkriterien nach neuem deutschen Schuldrecht eine nicht korrekte Umsetzung der VbrKfRil sieht. Die Mangelkriterien des Art.2 Abs.2 VbrKfRil gelten zwar kumulativ, aber vorrangig ist auch nach der Richtlinie auf die Beschaffenheitsvereinbarung der Vertragsparteien abzustellen. Erst wenn eine Vereinbarung der nicht einmal konkludent geschlossen wurde, sind die objektiven Mangelfaktoren heranzuziehen. Vgl. 2. Kapitel, A., III., 1.

[1013] Regierungsentwurf eines Gesetzes zur Modernisierung des Schuldrechts, S.496, BT-Drucks. 14/6040, S.212; Jorden/Lehmann, JZ 2001, 952 (953).

[1014] § 435 BGB-KE.

[1015] Jorden/Lehmann, JZ 2001, 952 (953).

Proben oder Muster aufweisen. Nach dem Schuldrechtsmodernisierungsgesetz[1016] wird diese Richtlinienvorgabe durch § 434 Abs.1 Satz 1 BGB umgesetzt. Beschreibt der Verkäufer bei Vertragsabschluß die Eigenschaften der verkauften Sache, so würden die Erklärungen des Verkäufers, wenn der Käufer vor diesem Hintergrund seine Kaufentscheidung trifft, ohne weiteres Inhalt des Vertrags und damit zum Inhalt einer Beschaffenheitsvereinbarung i.S.v. § 434 Abs.1 Satz 1 BGB. Das gleiche gelte, wenn der Verkäufer vor Vertragsabschluß ein Muster oder eine Probe nicht nur zu Werbezwecken vorgelegt hat.[1017] Die Beschreibung des Verkäufers nach Art.2 Abs.2 lit.a VbrKfRil umfaßt aber auch einseitige Willenserklärungen des Verkäufers, die nicht nachweislich zu einer Vereinbarung i.S.v. Art.2 Abs.1 VbrKfRil geführt haben. § 434 Abs.1 Satz 1 BGB erfaßt diese Fallgestaltung nicht und setzt damit Art.2 Abs.2 lit.a VbrKfRil nur unzureichend um.[1018] Der Verbraucher ist allerdings geschützt, wenn der Verkäufer eine Garantie gemäß § 443 BGB über das Vorhandensein einer bestimmten Eigenschaft übernommen hat.

(2) Eignung für die nach dem Vertrag vorausgesetzte Verwendung, § 434 Abs.1 Satz 2 Nr.1 BGB

"Soweit" die Beschaffenheit nicht vertraglich besonders vereinbart ist, ist die Sache frei von Sachmängeln, wenn sie sich für die nach dem Vertrag vorausgesetzte Verwendung eignet (§ 434 Abs.1 Satz 2 Nr.1 BGB). Ob es sich um eine vertragliche Vereinbarung handelt, oder ob Vorstellungen der Parteien im Vorbereitungsstadium des Vertrages ausreichen, läßt der Regierungsentwurf bewußt offen.[1019] Jedenfalls soll eine konkludente Parteivereinbarung nach der Formulierung des Gesetzes genügen.[1020] Dies dient der Umsetzung von Art.2 Abs.2 lit.b VbrKfRil, der neben Art.2 Abs.1 VbrKfRil keine wesentliche Bedeutung beansprucht. Das erkennt auch der Gesetzgeber, der zu Recht darauf hinweist, daß

[1016] Regierungsentwurf eines Gesetzes zur Modernisierung des Schuldrechts, S.496, BT-Drucks. 14/6040, S.212.

[1017] Regierungsentwurf eines Gesetzes zur Modernisierung des Schuldrechts, S.496, BT-Drucks. 14/6040, S.212.

[1018] Auch Hoffmann, ZRP 2001, 347 (348).

[1019] Regierungsentwurf eines Gesetzes zur Modernisierung des Schuldrechts, S.489, BT-Drucks. 14/6040, S.209.

[1020] Regierungsentwurf eines Gesetzes zur Modernisierung des Schuldrechts, S.489, BT-Drucks. 14/6040, S.209.

in den Fällen der nach dem Vertrag vorausgesetzten Verwendung häufig eine "vereinbarte Beschaffenheit" der Kaufsache nach § 434 Abs.1 BGB anzunehmen sein wird. "Für eventuell verbleibende Fallkonstellationen, in denen von einer vertraglich vereinbarten Beschaffenheit nicht ausgegangen werden kann, die Parteien aber dennoch eine bestimmte Verwendung der Kaufsache bei Vertragsabschluß vorausgesetzt haben," soll auf § 434 Abs.1 Satz 2 Nr.1 BGB zurückgegriffen werden können.[1021] In der Praxis wird die Bedeutung von § 434 Abs.1 Satz 2 Nr.1 BGB daher eher gering sein.

bb) Objektive Kriterien

Liegt keine Vereinbarung über die Beschaffenheit der verkauften Sache vor ("sonst"[1022], § 434 Abs.1 Satz 2 Nr.1 a.E. BGB), ist die Kaufsache vertragsgemäß, wenn sie sich für die gewöhnliche Verwendung eignet "und" eine Beschaffenheit aufweist, die bei Sachen der gleichen Art üblich ist "und" die der Käufer nach der Art der Sache erwarten kann (§ 434 Abs.1 Satz 2 Nr.2 BGB).

(1) Eignung für die gewöhnliche Verwendung, § 434 Abs.1 Nr.2 Alt.1 BGB

Nach § 434 Abs.1 Nr.2 Alt.1 BGB ist die Sache grundsätzlich frei von Sachmängeln, wenn sie sich für die gewöhnliche Verwendung eignet. Mit dieser Regelung setzt der Regierungsentwurf Art.2 Abs.2 lit.c VbrKfRil ordnungsgemäß um, wonach die Vertragsmäßigkeit der Kaufsache anzunehmen ist, wenn sie sich für die Zwecke eignet, für die Güter der gleichen Art gewöhnlich gebraucht werden. Eignet sich die Kaufsache zwar für die gewöhnliche Verwendung, weist sie aber nicht die gewöhnlich zu erwartenden Beschaffenheitsmerkmale auf (§ 434 Abs.1 Satz 2 Nr.2 Alt.2 BGB, Art.2 Abs.2 lit.d VbrKfRil), so ist sie dennoch mangelhaft.[1023]

1021 Regierungsentwurf eines Gesetzes zur Modernisierung des Schuldrechts, S.489, BT-Drucks. 14/6040, S.209.

1022 Jorden/Lehmann, in: JZ 2001, 952 (956), halten das "sonst" in § 434 Abs.1 Satz 2 Nr.1 a.E. BGB für irritierend, da es die vom Gesetzgeber angestrebte Subsidiarität der objektiven Kriterien des Sachmängelbegriffs nur unzureichend zum Ausdruck bringe.

1023 Fährt der Gebrauchtwagen, klappert und stinkt er aber mehr als für das Herstellungsjahr der Modellreihe üblich, ist das Fahrzeug mangelhaft. Ehmann/Sutschet, Modernisiertes Schuldrecht, S.194.

(2) Beschaffenheit, die bei Sachen der gleichen Art üblich ist und die der Käufer nach der Art der Sache erwarten kann, § 434 Abs.1 Satz 2 Nr.2 Alt.2 BGB

Die Kaufsache ist außerdem gemäß § 434 Abs.1 Satz 2 Nr.2 Alt.2 BGB vertragsgemäß, wenn die Kaufsache eine Beschaffenheit aufweist, die bei Sachen der gleichen Art üblich ist und die der Käufer nach der Art der Sache erwarten kann. Danach soll der Verkäufer zukünftig nicht schon für eine Beschaffenheit haften, die bei Sachen der gleichen Art üblich sind, wie dies bisher nach § 459 Abs.1 BGB a.F. der Fall war,[1024] sondern es ist weiterhin erforderlich, daß der Käufer diese Beschaffenheit nach der Art der Sache erwarten kann. Damit wird den Umständen des Einzelfalls, insbesondere beim Verkauf von Einzelstücken (etwa auch Gebrauchtwaren),[1025] Rechnung getragen. Das Schuldrechtsmodernisierungsgesetz verwendet in § 434 Abs.1 Satz 2 Nr.2 Alt.2 BGB zweimal den Begriff der "Art", während die Richtlinie davon spricht, daß die Vertragsmäßigkeit der Verbrauchsgüter vermutet wird, wenn sie auch eine Qualität aufweisen, die bei Gütern der gleichen Art üblich ist und die der Verbraucher "vernünftigerweise" erwarten kann. Der Begriff der "Art" ist daher bei seiner ersten Verwendung im Sinne der Zugehörigkeit der Kaufsache zu einer bestimmten Gütergruppe oder Güterklasse enger auszulegen als bei seiner zweiten Verwendung, die sich auf die gesamte Beschaffenheit der Kaufsache bezieht, um Richtlinienkonformität zu erreichen.[1026] Eine Verwendung des Begriffs "vernünftigerweise" hilft kaum weiter, da er noch weniger als der Begriff der "Art" die entscheidende Bedeutung der Beschaffenheit der Sache für dieses Kriterium verdeutlicht.[1027]

[1024] Dazu näher Palandt-Putzo, 61. Aufl., § 459, Rn.10.

[1025] Jorden/Lehmann, JZ 2001, 952 (954).

[1026] Jorden/Lehmann, JZ 2001, 952 (954 f.), die allerdings vorschlagen, die zweite Verwendung des Begriffs der "Art" durch "Beschaffenheit" zu ersetzen und im übrigen in § 434 BGB statt des Begriffs der "Beschaffenheit" den Begriff "Eigenschaften" einzuführen.

[1027] Kritisch gegenüber der "wortreichen Bestimmung des § 434 Abs.1 Satz 2 Nr.2 BGB" auch Boerner, in: ZIP 2001, 2264 (2266), der die Übernahme der Käufererwartung für verzichtbar hält. Im Bereich der Verbrauchsgüterkäufe verstieße dies allerdings gegen die zwingende Vorgabe des Art.2 Abs.2 lit.d VbrKfRil.

(3) Eigenschaften, die der Verkäufer nach den öffentlichen Äußerungen des Verkäufers, Herstellers oder seines Gehilfen insbesondere in der Werbung oder bei der Kennzeichnung über bestimmte Eigenschaften des Sache erwarten kann, § 434 Abs.1 Satz 3 BGB

Die Beschaffenheit nach Satz 2 Nr.2 Alt.2 umfaßt "auch" Eigenschaften die der Käufer nach den öffentlichen Äußerungen des Verkäufers, des Herstellers i.S.d. Definition in § 4 Abs.1 und 2 des Produkthaftungsgesetzes oder seines Gehilfen insbesondere in der Werbung oder bei der Kennzeichnung über bestimmte Eigenschaften der Sache erwarten kann (§ 434 Abs.1 Satz 3 BGB). Es muß dabei immer um produktbezogene Äußerungen handeln.[1028] Mit § 434 Abs.1 Satz 3 BGB wird Art.2 Abs.2 lit.d VbrKfRil umgesetzt. Abweichend von der Richtlinie verwendet das Schuldrechtsmoderniserungsgesetz bewußt den Begriff des Gehilfen statt des "Vertreters" des Herstellers.[1029] Der Gehilfe muß nicht notwendig Erfüllungsgehilfe i.S.v. § 278 BGB sein, wonach Erfüllungsgehilfe ist, wer nach den tatsächlichen Gegebenheiten des Falles mit dem Willen des Schuldners bei der diesem obliegenden Verbindlichkeit als Hilfsperson auftritt, da der Käufer zu dem vom Verkäufer unterscheidlichen Hersteller meist nicht in einem Sonderverhältnis steht.[1030] Auch eine Bindung des Gehilfen an Weisungen des Schuldners ist im Gegensatz zu § 831 BGB nicht erforderlich.[1031] Damit wird zu Recht klargestellt, daß eine Stellvertretung i.S.d. §§ 164 ff. BGB vom Richtliniengeber nicht gemeint ist.[1032] Im übrigen bringt der Gehilfenbegriff zutreffend zum Ausdruck, daß die Hilfsperson zwar geschäftlich selbständig sein kann, aber wenigstens generell mit dem Willen des Herstellers bei öffentlichen Äußerungen tätig werden muß.[1033]

1028 Weiler, WM 2002, 1784 (1788).

1029 Regierungsentwurf eines Gesetzes zur Modernisierung des Schuldrechts, S.501, BT-Drucks. 14/6040, S.214.

1030 Palandt-Heinrichs, 62.Aufl., § 434, Rn.36; Oetker/Maultzsch, Vertragliche Schuldverhältnisse, S.43; von Westphalen, in: Henssler/von Westphalen, Praxis der Schuldrechtsreform, 2. Aufl., § 434, Rn.37; Weiler, WM 2002, 1784 (1789).

1031 BGHZ 62, 119 (124); BGH, NJW 1996, 451; Palandt-Heinrichs, 62. Aufl., § 278, Rn.7.

1032 Regierungsentwurf eines Gesetzes zur Modernisierung des Schuldrechts, S.501, BT-Drucks. 14/6040, S.214; Jorden/Lehmann, JZ 2001, 952 (954); Schmidt-Räntsch, Das neue Schuldrecht, Rn.725.

1033 Regierungsentwurf eines Gesetzes zur Modernisierung des Schuldrechts, S.501, BT-Drucks. 14/6040, S.214. Anderer Ansicht sind Jorden/Lehmann, in: JZ 2001, 952 (954), die die Verwendung des Begriffs des "Herstellervertreters" aus dem Richtlinienvorschlag der

Das ist sachgerecht, da die Gleichstellung der Hilfspersonen mit dem Hersteller darauf beruht, daß die Hilfspersonen den Hersteller wirtschaftlich repräsentieren und ihre Äußerungen daher wie Äußerungen des Herstellers behandelt werden sollen.[1034]

Es ist erwogen worden, die Mängelhaftung des Verkäufers auch auf öffentliche Äußerungen der Zwischenverkäufer in der Vertragskette auszudehnen.[1035] Diese Forderung wird damit begründet, daß es gerechtfertigt und begründet sei, die Äußerungen aller Glieder der Absatzkette einzubeziehen, die - bei Identität oder Teilidentität des Nachfrageobjekts - vom Erwerb der Kaufsache durch den Käufer vom Verkäufer profitieren und daher ein Interesse daran haben, den Verkauf durch öffentliche Äußerungen zu fördern oder zu erleichtern.[1036] Im Ergebnis führt dieser Ansatz zu einem lückenlosen Käuferschutz, der selbst von der VbrKfRil nicht gefordert wird und die Haftung des Verkäufers unverhältnismäßig - und auf nahezu unüberschaubare Kreise - ausdehnt. Die Forderung, den Verkäufer für alle öffentlichen Äußerungen innerhalb der gesamten Absatzkette haften zu lassen, ist daher abzulehnen.

(4) Haftungsausschluß für die Haftung des Verkäufers wegen öffentlicher Äußerungen über die Kaufsache, § 434 Abs.1 Satz 3 a.E. BGB

Auf die in öffentlichen Äußerungen angegebenen Eigenschaften kann sich der Käufer nicht berufen, wenn der Verkäufer die Äußerung nicht kannte "oder" kennen mußte oder sie die Kaufentscheidung nicht beeinflussen konnte (§ 434 Abs.1 Satz 3 a.E. BGB). Diese Regelung ist durch den Rechtsausschuß des Bundestags an den Wortlaut des Art.2 Abs.4 Spiegelstrich 1 VbrKfRil angepaßt worden, indem das "oder" durch ein "und" ersetzt wurde. Nur der Verkäufer, der die Werbeaussage weder kannte noch kennen mußte, soll sich entlasten können.[1037]

Kommission v. 31.3.1998, in: AblEG Nr.C 148 v. 14.5.1998, S.12 ff., fordern.

1034 Insoweit zutreffend Jorden, Verbrauchergarantien, S.169; Jorden/Lehmann, JZ 2001, 952 (956).

1035 Jorden/Lehmann, in: JZ 2001, 952 (956).

1036 Jorden/Lehmann, in: JZ 2001, 952 (956).

1037 Beschlußempfehlung des Rechtsausschusses des Deutschen Bundestags, S.231; BT-Drucks. 14/7052, S.196.

Der Regierungsentwurf[1038] verzichtete im Gegensatz zum Diskussionsentwurf (§ 434 Abs.1 Satz 3 a.E. BGB-DE) auf die Umsetzung des Vorbehalts für die im Zeitpunkt des Vertragsschlusses berichtigte Äußerung (Art.2 Abs.4 Spiegelstrich 2 VbrKfRil).[1039] Nach der Richtlinie ist dem deutschen Gesetzgeber freigestellt, auf den Vorbehalt der Richtlinie zu verzichten, da ein Verzicht auf die Umsetzung in diesem Fall zugunsten des Verbrauchers wirkt (Art.8 Abs.2 VbrKfRil). Auf die Stellungnahme des Bundesrates hin,[1040] hat der Rechtsausschuß des Bundestages empfohlen, die Ausnahme der Berichtigung der Äußerung im Zeitpunkt des Vertragsabschlusses wieder in den Entwurfstext aufzunehmen.[1041] Die insoweit erfolgte Rückbesinnung auf Art.2 Abs.4 VbrKfRil ist zu begrüßen. Es ist sachgerecht, dem Verkäufer, der zukünftig für jegliche öffentliche Äußerung verschuldensunabhängig aus den §§ 434 ff. BGB haftet, die Möglichkeit zu geben, fehlerhafte Werbeaussagen zu korrigieren. Auf diese Weise erreicht der Gesetzgeber eine den Interessen beider Vertragsparteien entsprechende und ausgewogenere Regelung.[1042] Schließlich kann der Verkäufer durch eine Richtigstellung seiner Werbebotschaften Mängel, die auf falschen Werbeinhalten beruhen, vermeiden.[1043] Allerdings muß die Berichtigung der Werbung auch mittels öffentlicher Äußerung geschehen, um ähnlich wirksam zu sein.[1044] Der Rechtsausschuß trägt dieser Erwägung dadurch Rechnung, daß die gesetzliche Regelung in § 434 Abs.1 Nr.2 Satz 2 BGB verlangt, daß die Äußerung im Zeitpunkt des Vertragsschlusses "in gleichwertiger Weise" berichtigt sein muß.[1045]

1038 So bereits die konsolidierte Fassung des Diskussionsentwurfs.

1039 Der BDI bemängelt die Streichung der betreffenden Regelung und sieht die Anbieterseite "stark beeinträchtigt", in: FAZ v. 2.7.2001, S.17.

1040 BR-Drucks. 338/01 (Beschluß), Nr.86, S.47 f. Bereits Brüggemeier/Reich, in: BB 2001, 213 (219). Ebenso Jorden/Lehmann, in: JZ 2001, 952 (956).

1041 Beschlußempfehlung des Rechtsausschusses des Deutschen Bundestags, S.231; BT-Drucks. 14/7052, S.196.

1042 Zutreffend die Stellungnahme des Bundesrats, in: BR-Drucks. 338/01 (Beschluß), Nr.86, S.48.

1043 Stellungnahme des Bundesrats, in: BR-Drucks. 338/01 (Beschluß), Nr.86, S.48.

1044 So auch der Bundesrat in seiner Stellungnahme, in: BR-Drucks. 338/01 (Beschluß), Nr.86, S.48, der auf einen klarstellenden Hinweis im Gesetzestext verzichtete. In Bezugnahme auf die Stellungnahme des Bundesrats Schmidt-Räntsch, Das neue Schuldrecht, Rn.728.

1045 Beschlußempfehlung des Rechtsausschusses des Deutschen Bundestags, S.231; BT-Drucks. 14/7052, S.196.

Dabei handelt es sich um eine sinnvolle Ergänzung der gesetzlichen Regelung, die der Rechtsklarheit zuträglich ist.

Damit wird der Ausnahmetatbestand von Art.2 Abs.4 VbrKfRil nunmehr ordnungsgemäß umgesetzt.

cc) Unsachgemäße Montage und mangelhafte Montageanleitung, § 434 Abs.2 BGB

(1) Unsachgemäße Montage

Ein Sachmangel liegt nach § 434 Abs.2 Satz 1 BGB ferner vor, wenn eine vereinbarte Montage durch den Verkäufer oder dessen Erfüllungsgehilfen[1046] unsachgemäß durchgeführt worden ist. Mit dieser Vorschrift wird die gemeinschaftsrechtliche Vorgabe des Art.2 Abs.5 Satz 1 VbrKfRil in das deutsche Recht übertragen.

(2) Mangelhafte Montageanleitung

Ist die Kaufsache zur Montage bestimmt, liegt ein Sachmangel gemäß § 434 Abs.2 Satz 2 BGB auch vor, wenn die Montageanleitung mangelhaft ist. Dies gilt nicht, wenn der Käufer die Sache trotzdem fehlerfrei montiert hat (§ 434 Abs.2 Satz 2 a.E. BGB). Das Schuldrechtsmodernisierungsgesetz setzt durch diese Vorschrift die sog. IKEA-Klausel des Art.2 Abs.5 Satz 2 VbrKfRil ordnungsgemäß um. Der Rechtsausschuß hat in seiner Beschlußempfehlung zutreffend festgestellt, daß es, wenn die Regelung auf alle Kaufverträge ausgedehnt wird, nicht entscheidend darauf ankommen kann, daß die Montage gerade durch den Käufer durchgeführt wurde.[1047] Im Verhältnis eines Händlers zum Hersteller muß ein Sachmangel auch ausscheiden, wenn die Sache nicht vom Händler als Käufer,

---

[1046] § 434 Abs.2 BGB ist eine eigenständige Zurechnungsnorm für das Handeln des Dritten bei der Montage. § 278 BGB ist nicht unmittelbar anwendbar, da es nicht um die Zurechnung des Verschuldens des Handelnden geht. Ehmann/Sutschet, Modernisiertes Schuldrecht, S. 199 (Fn.17); Kropholler, Studienkommentar, BGB, § 434, Rn.9. Offenbar anderer Ansicht von Westphalen, in: Henssler/von Westphalen, Praxis der Schuldrechtsreform, 2. Aufl., § 434, Rn.48.

[1047] Beschlußempfehlung des Rechtsausschusses des Deutschen Bundestags, S.231; BT-Drucks. 14/7052, S.196.

sondern vom Verbraucher ordnungsgemäß montiert wurde.[1048] Der Rechtsausschuß hat den Einschub "durch den Käufer" in § 434 Abs.2 BGB zu Recht nicht beibehalten.

In der Praxis und letztlich von der Rechtsprechung zu klären bleibt die Frage, wie im Einzelfall die Nachbesserung einer mangelhaften Montageanleitung gestaltet sein muß.[1049] Regelmäßig wird man es mit einer korrigierten Fassung der Montageanleitung bewenden lassen können. Kann der Käufer die Ware mit Hilfe der berichtigten Anleitung nicht mehr ordnungsgemäß montieren, muß der Verkäufer durch eigenes Personal nachbessern. Der Käufer kann nach seiner Wahl auch Ersatzlieferung verlangen.

dd) Haftung des Verkäufers wegen zugesicherter Eigenschaften

Die Tatbestände der Haftung des Verkäufers wegen zugesicherter Eigenschaften gemäß §§ 459 Abs.2, 462 BGB a.F. sind nach der Schuldrechtsreform nicht mehr im BGB enthalten. Der Gesetzgeber verzichtet damit auf die "zugesicherte Eigenschaft" als Haftungskategorie des Kaufgewährleistungsrechts. Das heißt aber keineswegs, daß die Fälle der zugesicherten Eigenschaft nicht mehr im BGB geregelt sind. Die Zusicherung von Eigenschaften ist Gegenstand der Frage nach dem Vertretenmüssen des Verkäufers im Rahmen von § 276 BGB geworden. § 276 Abs.1 Satz 1 BGB bestimmt allgemein, daß ein Schuldner auch für die Übernahme einer Garantie haftet. Die Fälle zugesicherter Eigenschaften können damit nunmehr eine Übernahme einer Garantie für die Beschaffenheit einer Sache darstellen (§§ 442 Abs.1 Satz 2, 444 a.E. BGB).[1050]

[1048] Zutreffend Beschlußempfehlung des Rechtsausschusses des Deutschen Bundestags, S.231; BT-Drucks. 14/7052, S.196.

[1049] Auf die Problematik weisen Dauner-Lieb, in: JZ 2001, 13 (Fn.42), und Westermann, Kaufrecht im Wandel, in: Schulze/Schulte-Nölke (Hrsg.), Die Schuldrechtsreform vor dem Hintergrund des Gemeinschaftsrechts, S.109 (119), hin.

[1050] Die Bundesregierung hat in ihrer Gegenäußerung, in: BT-Drucks. 14/6857, S.61, zur Stellungnahme des Bundesrats zum Regierungsentwurf eines Gesetzes zur Modernisierung des Schuldrechts gefordert, in §§ 442 Abs.1 Satz 2, 444 BGB statt von der Übernahme einer Garantie für das Vorhandensein einer Eigenschaft von der Zusicherung einer Eigenschaft zu sprechen, um eine Abgrenzung zu den Beschaffenheits- und Haltbarkeitsgarantien gemäß § 443 BGB zu erreichen. § 276 Abs.1 Satz 1 BGB sollte zu diesem Zweck neben dem Begriff der Garantie auch die Zusicherung von Eigenschaften erwähnen. Der Rechtsausschuß des Deutschen Bundestags hat in seiner Beschlußempfehlung, S.10, und BT-Drucks. 14/7052, S.12, von der Übernahme dieses Vorschlags zu Recht abgesehen. Anliegen des Regierungsentwurfs eines

Als besondere Voraussetzung des Schadensersatzes wegen eines Mangels der Kaufsache spielen sowohl das Kriterium der Übernahme einer Garantie für das Vorhandensein einer Eigenschaft als auch die Arglist keine Rolle mehr.

ee) Unerhebliche Mängel

Als Sachmängel werden von § 434 BGB zukünftig, anders als nach § 459 Abs.1 BGB a.F., auch unerhebliche Mängel erfaßt. Das entspricht Art.2 Abs.1, 2 VbrKfRil, der auf eine Differenzierung zwischen erheblichen und unerheblichen Sachmängeln verzichtet und nur eine Beschränkung für unerhebliche Mängel auf der Rechtsfolgenseite beim Anspruch auf Vertragsauflösung vorsieht (Art.3 Abs.6 VbrKfRil).[1051]

ff) Aliud- und Zuweniglieferungen

Dem Sachmangel wird nach § 434 Abs.3 BGB die Lieferung einer anderen oder einer zu geringen Menge gleichgestellt. Dieser Schritt wird dadurch möglich, daß der Gesetzgeber den bisherigen Fehlerbegriff aufgegeben hat.[1052] Die Gleichstellung von Aliud- und Zuweniglieferungen entspricht der Vorgabe aus Art.2 Abs.1 VbrKfRil. Im Hinblick auf die Verlängerung der Verjährungsfrist bei Sachmängeln gemäß § 438 Abs.1 Nr.3 BGB erscheint die Gleichbehandlung von Aliud- und Zuweniglieferungen auch sachgerecht. Außerdem erübrigt die Gleichstellung von Sachmangel und Aliud- und Zuweniglieferungen die bisher äußerst strittige Frage der rechtlichen Behandlung von Aliud- und Zuwenigliefer-

---

Gesetzes zur Modernisierung des Schuldrechts, S.299, BT-Drucks. 14/6040, S. 131, war es gerade, auf den Begriff der zugesicherten Eigenschaften zu verzichten und durch den einheitlichen Begriff der Garantieübernahme zu ersetzen. Inhaltlich bedeutet die Zusicherung einer Eigenschaft schließlich nichts anderes als die Übernahme einer Garantie für das Vorhandensein einer Eigenschaft verbunden mit dem Versprechen, für die Folgen des Fehlens der Eigenschaft einzustehen (so zutreffend der Regierungsentwurf eines Gesetzes zur Modernisierung des Schuldrechts, S.299, BT-Drucks. 14/6040, S.131). Das Verwenden beider Begriffe in § 276 Abs.1 Satz 1 BGB ist daher überflüssig. Außerdem ist nach der ausdrücklichen Unterscheidung zwischen Beschaffenheits- und Haltbarkeitsgarantien in § 443 BGB und der Verwendung des Begriffs der Garantien für die Beschaffenheit einer Sache nach § 442 Abs.1 Satz 2 und § 444 BGB eine weitere Differenzierung nicht erforderlich und nicht zweckmäßig.

[1051] Regierungsentwurf eines Gesetzes zur Modernisierung des Schuldrechts, S.506 f., BT-Drucks. 14/6040, S.216 f.; Jorden/Lehmann, JZ 2001, 952 (957).

[1052] Regierungsentwurf eines Gesetzes zur Modernisierung des Schuldrechts, S.493 f., BT-Drucks. 14/6040, S.211.

ungen.[1053] Im Bereich des Handelskaufs wurde darüber hinaus die Vorschrift des § 378 HGB a.F. hinfällig, bei der sich die Problematik in Bezug auf die Abgrenzung zwischen genehmigungsfähigem oder nicht genehmigungsfähigem aliud stellte. Auf die Genehmigungsfähigkeit des aliuds oder eines Mengenfehlers, wie im Bereich des Handelskaufs nach dem bisherigen § 378 HGB a.F., soll es nicht ankommen.[1054]

Nach dem Wortlaut des Diskussionsentwurfes sollte die Gleichstellung von Aliud- und Mankolieferung nicht gelten, wenn die Lieferung nicht als Erfüllung in Betracht kommt.[1055] Diese Einschränkung war in der konsolidierten Fassung und im Regierungsentwurf zu Recht nicht mehr enthalten, da sie zu erneuten Abgrenzungsschwierigkeiten geführt hätte, die mit der Schuldrechtsmodernisierung gerade vermieden werden sollten.

Zuviellieferungen werden vom Wortlaut des § 434 Abs.3 BGB nicht erfaßt.[1056] Es gilt daher das allgemeine Schuldrecht: Der Käufer kann bei einer ihn belastenden Zuviellieferung eine Pflichtverletzung i.S.v. § 280 Abs.1 S.1 BGB geltend machen, für die das Vertretenmüssen des Verkäufers nach § 280 Abs.1 Satz 2 BGB vermutet wird. Der Verkäufer kann keinesfalls den Kaufpreis für die zuviel gelieferte Ware verlangen.[1057] Das zuviel Gelieferte kann der Käufer nach Fristsetzung und Erklärung des Rücktritts gemäß § 323 Abs.1 BGB aussondern und dem Verkäufer zur Verfügung stellen.[1058] Der Verkäufer der zuviel Ware liefert, kann das zuviel Gelieferte nach Maßgabe des § 812 Abs. 1 S.1 Alt. 1 BGB

[1053] Regierungsentwurf eines Gesetzes zur Modernisierung des Schuldrechts, S.505, BT-Drucks. 14/6040, S.216; Jorden/Lehmann, JZ 2001, 952 (957). Grigoleit/Riehm, ZGS 2002, 115 ff., wollen § 434 Abs.3 BGB auf §§ 437 ff. BGB teleologisch reduzieren, mit der Folge, dass die Zuwenig-Lieferung im Allgemeine Leistungsstörungsrecht (§§ 323 Abs.5 S.1, 281 Abs.1 S.2 BGB) nicht als Schlechtleistung zu behandeln wäre.

[1054] Regierungsentwurf eines Gesetzes zur Modernisierung des Schuldrechts, S.506, BT-Drucks. 14/6040, S.216. So auch Oetker/Maultzsch, Vertragliche Schuldverhältnisse, S.75.

[1055] Wortgleich § 435 Abs.2 BGB-KE.

[1056] Palandt-Putzo, 62.Aufl., § 434, Rn.53; von Westphalen, in: Henssler/von Westphalen, Praxis der Schuldrechtsreform, 2.Aufl., § 434, Rn.3.

[1057] Das gilt auch, wenn der Käufer die Ware behält und den Verkäufer auf die Mehrlieferung nicht aufmerksam macht. Palandt-Putzo, 62.Aufl., § 434, Rn.53.

[1058] Von Westphalen, in: Henssler/von Westphalen, Praxis der Schuldrechtsreform, 2.Aufl., § 434, Rn.3, will den Rücktritt hier auch ohne Fristsetzung zulassen.

im Wege der Leistungskondiktion zurückfordern.[1059] Ein Anspruch auf die Bezahlung des zuviel Gelieferten ergibt sich nur, wenn die Rückgabe des Geleisteten nicht möglich ist, und zwar als Wertersatz aus § 818 Abs.2 BGB.[1060] Problematisch ist, ob die deutsche Umsetzung der VbrKfRil[1061] in den Fällen genügt, in denen sich die Zuviellieferung als für den Käufer belastend erweist. Nach dem Willen des Richtliniengebers müssen dem Verbraucher in diesen Fällen die Rechtsbehelfe des Art.3 VbrKfRil zur Verfügung stehen, d.h. auch die Nacherfüllung, die auch bei Zuviellieferungen Abhilfe schaffen kann.[1062] Zuviellieferungen bilden auch nach UN-Kaufrecht eine vertragswidrige Beschaffenheit der Kaufsache i.S.v. Art.35 CISG, die der Käufer (nach entsprechender Rüge) gemäß Art.52 Abs.2 CISG zurückweisen kann. Eine derartige ausdrückliche Regelung der den Käufer belastenden Zuviellieferung fehlt im deutschen Recht. Es erweist sich daher als lückenhaft und ist vorerst durch eine Analogie auszufüllen, da der deutsche Gesetzgeber die Problematik offensichtlich nicht gesehen hat. § 434 Abs.3 BGB bedarf zukünftig einer Erweiterung auch auf Zuviellieferungen.[1063]

Ist ein Stückkauf vereinbart und wird ein sog. Identitätsaliud geliefert, scheide eine Ersatzlieferung nach der Gesetzesbegründung grundsätzlich aus.[1064]

[1059] Lettl, JuS 2002, 866 (870); Lorenz/Riehm, Lehrbuch zum neuen Schuldrecht, Rn.496; Palandt-Putzo, 62.Aufl., § 434, Rn.53.

[1060] Den Kaufpreis für die zuviel gelieferte Ware kann der Verkäufer keinesfalls verlangen. Palandt-Putzo, 62.Aufl., § 434, Rn.53.

[1061] Die VbrKfRil erfaßt auch den Fall der Zuviellieferung. Vgl. 2.Kapitel, A., III., 3., a), aa).

[1062] Pfeiffer, ZGS 2002, 138 (139).

[1063] Pfeiffer, ZGS 2002, 138 (140). Zustimmend von Westphalen, in: Henssler/von Westphalen, Praxis der Schuldrechtsreform, 2.Aufl., § 434, Rn.54..

[1064] Regierungsentwurf eines Gesetzes zur Modernisierung des Schuldrechts, S.505, BT-Drucks. 14/6040, S.216. So auch Lorenz, JuS 2003, 36 (37); Schmidt-Räntsch, Das neue Schuldrecht, Rn.735. Anderer Ansicht offenbar Haas, in: Haas/Medicus/Rolland/Schäfer/Wendtland, Das neue Schuldrecht, S.195 (Rn.124), der davon ausgeht, daß ein Nacherfüllungsanspruch als Modifikation des ursprünglichen Erfüllungsanspruches möglich ist. Zutreffend ist, daß bei Stückkäufen über vertretbare Sachen, die der Käufer aus einer Gattung auswählt, die Ersatzlieferung regelmäßig nicht von vornherein ausgeschlossen ist, jedenfalls sofern die als Ersatz gelieferte Sache der vertretbaren Sache wirtschaftlich entspricht und das Leistungsinteresse des Käufers zufriedenstellt. LG Ellwangen, Urteil v. 13.12.2002 - 3 O 219/02, NJW 2003, 517; Bitter/Meidt, ZIP 2001, 2114 (2119); Palandt-Putzo, 62. Aufl., § 439, Rn.15. Anderer Ansicht Lorenz/Riehm, Lehrbuch zum neuen Schuldrecht, Rn.505, die davon ausgehen, daß der Verkäufer insoweit wegen § 275 Abs.1 BGB von seiner Nacherfüllungspflicht befreit

In diesem Fall bleibe es bei dem ursprünglichen Erfüllungsanspruch auf Lieferung der gekauften Speziessache.[1065] Ob die Lieferung eines Identitätsaliuds beim Stückkauf danach gemäß § 434 Abs.3 BGB einem Sachmangel gleichgestellt ist, wird im Schrifttum unterschiedlich beantwortet. Nach einer Ansicht sei § 434 Abs.3 BGB teleologisch in der Weise zu reduzieren, daß das Identitätsaliud beim Stückkauf nicht einem Sachmangel gleichzustellen ist.[1066] Der ursprüngliche Erfüllungsanspruch unterliege der regelmäßigen dreijährigen Verjährung (§ 195 BGB), deren Beginn nach § 199 Abs.1 BGB von der Kenntnis oder der zu vertretenden Unkenntnis abhängt und jeweils zum Jahresende eintritt. Vorzugswürdig ist indes, auch das Identitätsaliud beim Stückkauf dem Sachmangel gleichzustellen.[1067] Das entspricht auch der Vorgabe des Art.2 VbrKfRil und Art.35 Abs.1 CISG, wonach die Falschlieferung (auch beim Stückkauf) jeweils der Schlechterfüllung gleichgesetzt ist.[1068] Dem Käufer müssen gemäß Art.3 VbrKfRil die sekundären Gewährleistungsrechte des Rücktritts oder der Minderung möglich sein. Einen Hinweis einer Beschränkung des § 434 Abs.3 BGB auf Gattungskäufe - die zweifellos mit geringem Aufwand hätte geschaffen werden können -, läßt der Gesetzeswortlaut im übrigen vermissen. Die Gesetzesbegründung steht dem nicht entgegen, konstatiert sie doch letztlich nur, daß der Nacherfüllungsanspruch beim

---

werde. Dem Käufer steht tatsächlich kein Anspruch auf Ersatzlieferung einer anderen gleichen Sache zu, weil er diese nicht gekauft hat. Palandt-Putzo, 62. Aufl., § 439, Rn.15.

1065 Regierungsentwurf eines Gesetzes zur Modernisierung des Schuldrechts, S.505, BT-Drucks. 14/6040, S.216. So auch Kropholler, Studienkommentar, BGB, § 434, Rn.11.

1066 Kropholler, Studienkommentar, BGB, § 434, Rn.11; Lettl, JuS 2002, 866 (871); Putzo, in: Palandt, 62. Aufl., § 439, Rn.15. Ehmann/Sutschet, Modernisiertes Schuldrecht, S.221, gehen von Nichterfüllung aus, wenn die gelieferte von der gekauften Sache erheblich abweiche. § 378 HGB a.F. müsse gewissermaßen in § 434 Abs.3 BGB "hineingelesen" werden. Ähnlich Medicus, Bürgerl. Recht, 19. Aufl., Rn.288. Anderer Ansicht Musielak, NJW 2003, 89 (92). An einer dem § 378 HGB a.F. entsprechenden Einschränkung fehlt es in § 434 Abs.3 BGB; selbst im Handelsgesetzbuch wird nunmehr auf die Differenzierung der Erheblichkeit der Abweichungen verzichtet. § 378 HGB a.F. ist gerade wegen der vom Gesetzgeber gewollten Vereinfachung gestrichen worden.

1067 Brors, JR 2002, 133 (134); Dauner-Lieb/Arnold, JuS 2002, 1175 (1176); Lorenz, JuS 2003, 36 (40); Musielak, NJW 2003, 89 (92). Büdenbender, in: Dauner-Lieb/Heidel/Lepa/Ring, Anwaltkommentar, Schuldrecht, § 434, Rn.20 und Das Neue Schuldrecht, Lehrbuch, S.238, stellt wie auch Lorenz, JuS 2003, 36 (37 f.), ergänzend auf den für den Käufer erkennbaren Erfüllungswillen des Verkäufers ab.

1068 Vgl. 2.Kapitel, A., III., 3., a), aa).

Identitätsaliud inhaltlich mit dem ursprünglichen Erfüllungsanspruch übereinstimmt.[1069] Ist das Identitätsaliud beim Stückkauf dem Sachmangel gleichzustellen, so unterliegt es auch der zweijährigen, objektiven Mangelverjährung gemäß § 438 Abs.1 Nr.3 BGB, die nach § 438 Abs.2 BGB mit der Ablieferung der Sache beim Käufer beginnt.

Wird beim Stückkauf ein sog. Qualifikationsaliud geliefert, bei dem sich die Kaufvertragsparteien über den Kaufgegenstand einig sind, aber diesen einheitlich falsch bezeichnen,[1070] ist eine Ersatzlieferung möglich.[1071] Das Qualifikationsaliud beim Stückkauf und jede Aliud-Lieferung beim Gattungskauf stehen nach § 434 Abs.3 BGB einem Sachmangel gleich. Es gilt grundsätzlich eine zweijährige Verjährungsfrist (§ 438 Abs.1 Nr.3 BGB).

gg) Keine Differenzierung zwischen Sach- und Rechtsmängeln, § 435 BGB

Das Schuldrechtsmodernisierungsgesetz gibt die Differenzierung zwischen Sach- und Rechtsmängeln auf.[1072] Dies ist eine Folge der Verschmelzung des Kaufgewährleistungsrechts mit dem allgemeinen Leistungsstörungsrecht. Zukünftig soll sich das Kaufrecht des BGB am Sachkauf ausrichten.[1073] Das Schuldrechtsmodernisierungsgesetz behält zwar den Begriff des Rechtsmangels mit dem Inhalt des vormaligen § 434 BGB a.F. bei. Da der Verkäufer zur rechts- und sachmängelfreien Lieferung verpflichtet ist, finden aber die Vorschriften wegen Mängeln an der Kaufsache nach den §§ 437 bis 441 BGB auch auf Rechtsmängel Anwendung.[1074] Aus diesem Grund verringert sich die Bedeutung der Unterscheidung zwischen Sach- und Rechtsmängeln. Die vom Regierungsentwurf beabsichtigte Vereinheitlichung des Gewährleistungsrechtssystems für Rechts- und Sachmängel stand dem deutschen Gesetzgeber frei, da die VbrKfRil Rechtsmängel gar nicht umfaßt.

1069 Lorenz, JuS 2003, 36 (38); Musielak, NJW 2003, 89 (92).

1070 Etwa der "Haakjöringsköd"-Fall, RGZ 99, 147.

1071 Regierungsentwurf eines Gesetzes zur Modernisierung des Schuldrechts, S.505, BT-Drucks. 14/6040, S.216; Schmidt-Räntsch, Das neue Schuldrecht, Rn.735.

1072 Auch im Werkvertragsrecht gemäß § 633 BGB.

1073 Regierungsentwurf eines Gesetzes zur Modernisierung des Schuldrechts, S.470, BT-Drucks. 14/6040, S.202.

1074 Regierungsentwurf eines Gesetzes zur Modernisierung des Schuldrechts, S.472, BT-Drucks. 14/6040, S.202.

Nach der Streichung des § 442 BGB a.F., der dem Käufer die Beweislast für das Vorliegen eines Rechtsmangels auferlegte, wenn der Verkäufer den vom Käufer geltend gemachten Rechtsmangel bestreitet, gilt auch für die Rechtsmängelhaftung die allgemeine Regel des § 363 BGB.[1075]

Auch bei der Verjährung gelten zukünftig einheitliche Regeln für Rechts- und Sachmängel.[1076]

c) *Zeitpunkt der Beurteilung der Vertragswidrigkeit*

Gemäß § 434 Abs.1 Satz 1 BGB ist weiterhin der Gefahrübergang der entscheidende Zeitpunkt zur Beurteilung der Vertragswidrigkeit.

d) *Beweislast*

Nach den allgemeinen Vorschriften des Kaufgewährleistungsrechts trägt der Käufer wie bisher die Beweislast dafür, daß die Kaufsache bereits im Zeitpunkt des Kaufvertragsabschlusses vertragswidrig war.

e) *Behebbarkeit des Sachmangels oder sog. qualitative Unmöglichkeit*

Liegt gemäß § 434 BGB ein Sachmangel vor, ist danach zu unterscheiden, ob der Mangel durch Nacherfüllung (§§ 437 Nr.1, 439 BGB) beseitigt werden kann. Stellt sich heraus, daß der Mangel nicht behebbar ist, so ist die Pflicht des Verkäufers subjektiv oder objektiv unmöglich (sog. qualitative Unmöglichkeit).[1077] In dem Fall der sog. qualitativen Unmöglichkeit wird der Verkäufer von seiner Pflicht zur Lieferung einer mangelfreien Sache nach § 434 Abs.1 Satz 2 BGB frei (§ 275 Abs.1 BGB).[1078] Der Käufer kann dann nur Schadensersatz statt der Leistung, d.h. der Verpflichtung zur Übergabe und Übereignung der Kaufsache gemäß § 434 Abs.1 Satz 1 BGB, nach Maßgabe von § 275 Abs.4 BGB[1079] i.V.m.

[1075] Regierungsentwurf eines Gesetzes zur Modernisierung des Schuldrechts, S.472, BT-Drucks. 14/6040, S.203.

[1076] Regierungsentwurf eines Gesetzes zur Modernisierung des Schuldrechts, S.530, BT-Drucks. 14/6040, S.226.

[1077] Zutreffend Lorenz, in: JZ 2001, 742 (743).

[1078] Lorenz, in: JZ 2001, 742 (743), stellt zu Recht fest, daß die neue Kategorie der sog. qualitativen Unmöglichkeit logische Folge der gesetzlichen Verankerung der sog. Erfüllungstheorie in § 434 Abs.1 Satz 2 BGB ist.

[1079] § 275 Abs.3 BGB-RE.

§§ 280, 283 bis 285, 311a und 326 BGB verlangen, die ihrerseits auf § 275 BGB in § 283 Satz 1 i.V.m. §§ 281 Satz 3, 311a Abs.1, 326 Abs.5[1080] BGB verweisen.

II. Gefahrübergang

Eine Änderungen der bestehenden Regelungen des BGB über den Gefahrübergang beim Kauf ist durch die VbrKfRil nicht geboten.[1081] Gleichwohl hat das Gesetz zur Modernisierung des Schuldrechts hinsichtlich des Versendungskaufs eine verbraucherschutzrelevante Neuregelung in das BGB eingeführt.

1. Gefahr- und Lastenübergang, § 446 BGB[1082]

§ 446 BGB regelt an Stelle des § 446 BGB a.F. den "Gefahr- und Lastenübergang"[1083]. Danach geht die Gefahr des zufälligen Untergangs und der zufälligen Verschlechterung auch zukünftig - wie bisher nach dem bewährten § 446 BGB - mit der Übergabe der verkauften Sache über (§ 446 Satz 1 BGB). Ab der Übergabe gebühren dem Käufer die Nutzungen und trägt er die Lasten der Sache (§ 446 Satz 2 BGB).[1084] Der neue § 446 Satz 3 BGB stellt klar, daß der Übergabe der Annahmeverzug des Käufers gleichsteht.[1085] Diese Folge ergab sich bisher schon aus § 324 Abs.2 BGB a.F.

§ 446 Abs.2 BGB a.F. entfiel ersatzlos.[1086] Der Käufer trägt danach auch beim Grundstückskauf die Gefahr ab Übergabe des Grundstücks; auf die - in der Praxis seltene - Eintragung vor Übergabe kommt es nicht mehr an.

1080 § 326 Abs.1 Satz 3 BGB-RE.

1081 Erwägungsgrund 14 VbrKfRil.

1082 § 445 BGB-RE.

1083 So die amtliche Überschrift des § 446 BGB (bzw. § 445 BGB-RE).

1084 Das entspricht § 446 Abs.1 Satz 2 BGB a.F.

1085 § 446 Satz 3 BGB-KE; § 444 Satz 3 BGB-DE; § 445 Satz 3 BGB-RE.

1086 Schuldrechtskommission, Abschlußbericht, S.234; Diskussionsentwurf, S.50 f.; Regierungsentwurf, S.55 f., BT-Drucks. 14/6040, S.20 f.

2. Gefahrübergang beim Versendungskauf, § 447 BGB[1087]

Das Schuldrechtsmodernisierungsgesetz behält die bisherige Regelung über den Gefahrübergang beim Versendungskauf in § 447 BGB bei. Allerdings findet der vorgezogene Gefahrübergang beim Versendungskauf in § 447 BGB auf Verbrauchsgüterkäufe keine Anwendung (§ 474 Abs.2 BGB).[1088]

Die Gefahr beim Versendungskauf geht deshalb nach § 447 BGB, außer beim Verbrauchsgüterkauf, wie nach § 447 BGB a.F., schon bei der Aushändigung der Sache an die Transportperson auf den Käufer über. Die Sache "reist" also auf Gefahr des Käufers.

Die Schuldrechtskommission empfahl dagegen die Streichung der Regelung des Versendungskaufs in § 447 BGB a.F.[1089] Diesem Vorschlag schloß sich auch der Diskussionsentwurf an.[1090] Die Entscheidung der Schuldrechtskommission beruhte auf Zweifeln, die an der Zeitgemäßheit der Regelung der Transportgefahr in § 447 BGB a.F. geäußert wurden.[1091] Die Schuldrechtskommission kam zu dem Ergebnis, daß § 447 BGB a.F. nicht den Grundsatz ausreichend berücksichtige, daß das Risiko des zufälligen Untergangs oder der zufälligen Verschlechterung der Ware von derjenigen Vertragspartei zu tragen sei, die eher als die andere in der Lage ist, das Risiko abzuwenden oder zu verringern oder Vorsorge gegen die Schadensfolgen eines Untergangs oder einer Verschlechterung der Ware zu treffen (sog. Beherrschbarkeitsprinzip).[1092] Bei einem Versendungskauf sei dies typischerweise der Verkäufer, da dieser über die Art und den Weg der Beförderung entscheiden, den Beförderer auswählen, über die Ware disponieren kann und besser als der Käufer in der Lage ist, das Beförderungsrisiko durch einen den Umständen angemessenen Versicherungsschutz abzu-

---

1087 § 446 BGB-RE.

1088 Im Ergebnis auch Kirchner/Richter, Vorschlag für ein Gesetz zur Änderung des Kaufrechts und des Fernabsatzgesetzes, S.2, die die Ausnahmeregelung als Abs.3 in § 447 BGB einfügen wollen. Dagegen für die Beibehaltung des § 447 BGB in bestehender Form tritt Reinhardt, in: Die Gefahrtragung beim Kauf, S.186, ein.

1089 Schuldrechtskommission, Abschlußbericht, S.234. Gegen die Abschaffung des § 447 BGB Reinhardt, in: Die Gefahrtragung beim Kauf, S.19, 186.

1090 Diskussionsentwurf eines Gesetzes zur Modernisierung des Schuldrechts, S.440.

1091 Hager, Gefahrtragung beim Kauf, S.105 ff.; Huber, Kaufrecht, S.919.

1092 Schuldrechtskommission, Abschlußbericht, S.234. Ebenso der Diskussionsentwurf, S.441.

decken.[1093] Meist sind zufällige Gefahrenlagen vom Verkäufer jedoch tatsächlich gar nicht besser beherrschbar und ein drohender Schaden nicht leichter abwendbar als vom Käufer, da die Ware, auch in Zeiten moderner Kommunikationsmittel, während des Transports regelmäßig von beiden weit entfernt ist.[1094] Ein vollkommener Verzicht auf eine Regelung des Transportrisikos beim Versendungskauf läßt sich allein mit dem Beherrschbarkeitsprinzip nicht rechtfertigen.

a) Angemessenheit von § 447 BGB beim Handelskauf

Im Handelsverkehr stellen Warenschulden im Zweifel Schickschulden dar, für die bisher § 447 BGB a.F. galt.[1095] Der Versendungskauf besitzt daher gerade für den Handelskauf Bedeutung und verlangt nach einer gesetzlichen Regelung der Gefahrtragung. Die Schuldrechtskommission sah es lediglich als erforderlich an, für den Handelskauf eine dem § 447 BGB a.F. entsprechende Reglung beizubehalten und riet, den § 447 BGB a.F. in das Handelsgesetzbuch zu übernehmen.[1096] Einen Entwurf der entsprechenden Vorschrift hatte die Schuldrechtskommission allerdings nicht vorgelegt. Eine Übertragung des § 447 BGB a.F. in das Handelsrecht führt jedoch keine befriedigende Lösung der Problematik der Gefahrtragung beim Versendungskauf herbei, sondern verlagert die bestehenden Zweifelsfragen nur in das Handelsgesetzbuch und sorgt für neue Diskrepanzen zwischen BGB und HGB.[1097] Aufgrund des engeren Anwendungsbereichs der Vorschriften des HGB wären auch Unterschiede zur Regelung des Versendungskaufs in Art.67 CISG vorprogrammiert.[1098] Der Diskussionsentwurf sah eine ersatzlose Auf-

---

1093 Schuldrechtskommission, Abschlußbericht, S.234 f. Ebenso der Diskussionsentwurf, S.441. Huber, in: Kaufrecht, S.920, schlug dagegen vor, § 447 BGB im Grundsatz beizubehalten, den Verkäufer aber gleichzeitig zu verpflichten, für eine Transportversicherung zu sorgen, die nach den Umständen angemessen erscheint.

1094 Reinhardt, in: Die Gefahrtragung beim Kauf, S.60.

1095 Palandt-Heinrichs, § 269, Rn.12.

1096 Schuldrechtskommission, Abschlußbericht, S.234.

1097 Reinhardt, Die Gefahrtragung beim Kauf, S.42.

1098 Das Handelsgesetzbuch knüpft an die Kaufmannseigenschaft, d.h. einen Gewerbetreibenden, an (§§ 1 ff. HGB). Dagegen schließt Art.2 lit.a CISG nur den Kauf "von Ware für den persönlichen Gebrauch oder den Gebrauch in der Familie oder im Haushalt, es sei denn, daß der Verkäufer vor oder bei dem Vertragsschluß weder wußte noch wissen mußte, daß die Ware für einen solchen Gebrauch gekauft wurde" aus. Reinhardt, Die Gefahrtragung beim Kauf, S.42 f.

hebung des § 447 BGB a.F. vor, mit Hinweis darauf, daß es unter Kaufleuten Fälle geben kann, in denen es nicht sachgerecht ist, dem Käufer das Beförderungsrisiko aufzubürden. Es handele sich um Ausnahmefälle, in denen die Parteien entsprechende Vereinbarungen treffen könnten.[1099] Diese Ansicht widerspricht dem häufigen Handelsbrauch (§ 346 HGB), nach dem Warenschulden im Handelsverkehr im Zweifel Schickschulden sind.[1100] Daher ist es grundsätzlich sachgerecht, dem Käufer im Handelsverkehr die Gefahrtragung zuzuweisen.[1101]

b) Keine Angemessenheit von § 447 BGB beim Verbraucherkauf

Die VbrKfRil zwingt, wie Eingangs betont, den Gesetzgeber nicht Verbrauchsgüterkäufe aus dem Anwendungsbereich des vorverlegten Gefahrübergangs beim Versendungskauf herauszunehmen.[1102] Übernimmt der Verkäufer bei Geschäften des Alltagsverkehrs gegenüber Verbrauchern die Anlieferung der Ware, liegt nach den Umständen, insbesondere der Natur des Schuldverhältnisses, in der Regel ohnehin eine Bringschuld vor, auf die § 447 BGB a.F. nicht anwendbar ist. Umstritten ist dagegen, ob § 447 BGB a.F. auf den für Verbraucher relevanten Versandhandelskauf Anwendung findet.[1103]

Huber[1104] hat bereits vor der Schuldrechtsreform die Ansicht vertreten, daß die Anwendung des § 447 BGB a.F. beim Verbraucherkauf unangemessen ist, da

---

1099 Diskussionsentwurf eines Gesetzes zur Modernisierung des Schuldrechts, S.442.

1100 Palandt-Putzo, § 447, Rn.5a.

1101 Schmidt-Räntsch, Das neue Schuldrecht, Rn.924. Kritisch zur Abschaffung der Gefahrtragungsregelung beim Versendungskauf gemäß § 447 BGB durch den Diskussionsentwurf auch Westermann, Kaufrecht im Wandel, in: Schulze/Schulte-Nölke (Hrsg.), Die Schuldrechtsreform vor dem Hintergrund des Gemeinschaftsrechts, S.109 (121).

1102 Erwägungsgrund 14. Gleichwohl anderer Ansicht ist Kainer, in: AnwBl 2001, 380 (384).

1103 § 447 BGB hält Huber, in: Kaufrecht, S.920, für anwendbar. Von der Anwendung des § 446 BGB, wegen des Vorliegens einer Bringschuld, gehen aus LG Schwerin, NJW-RR 2000, 868, da beim Versandhandel eine Abholung durch den Käufer regelmäßig von vornherein ausgeschlossen ist, und der Käufer auf die Art und Weise der Ausführung der Lieferung zu keinem Zeitpunkt Einfluß hat. Die Lieferung sei im Massenversandhandel Bestandteil der dem Verkäufer selbst obliegenden Leistungspflicht. So auch Medicus, AcP 188 (1988), S.168 (177); Reinhardt, in: Die Gefahrtragung beim Kauf, S.185. Häufig liegt nach den AGB des Versenders ein Kauf auf Probe vor; mit der Versendung erfolgt dann kein Gefahrübergang (§ 495 Abs.1 BGB). Palandt-Putzo, § 447, Rn.4; Reinhardt, in: Die Gefahrtragung beim Kauf, S.174 f.

1104 Huber, Kaufrecht, S.920. Gegen die Notwendigkeit einer verbraucherschutzrechtlichen Einschränkung des § 447 BGB Reinhardt, in: Die Gefahrtragung beim Kauf, S.186.

der Käufer sonst den Kaufpreis leisten und sich darüber hinaus um die Versicherung der Ware kümmern müßte. Aus diesem Grund schlägt er eine ähnliche gesetzliche Lösung wie die des § 474 Abs.2 BGB vor. Im Zweifel soll der Verkäufer die Gefahr bis zur Ablieferung an den Käufer tragen, wenn der Kaufvertrag nicht im Rahmen eines Gewerbebetriebs, einer selbständig ausgeübten beruflichen Tätigkeit oder eines sonstigen Unternehmens des Käufers abgeschlossen wurde.[1105] Schließlich entspricht es der Verkehrsauffassung, daß die Ware beim Kauf eines Verbrauchers auf Gefahr des Verkäufers transportiert wird.[1106] Nach dem Abschlußbericht der Schuldrechtskommission und dem Diskussionsentwurf käme es außerdem in der Praxis kaum vor, daß ein Verkäufer auf Bezahlung der unterwegs verlorenen oder beschädigten Ware beharrt und dem Käufer gemäß § 281 BGB a.F. lediglich die Ansprüche gegen den Versicherer oder im Wege der sog. Drittschadensliquidation gegen den Beförderer abtritt.[1107] Die gesetzliche Klarstellung des Ausschlusses der Anwendung des vorgezogenen Gefahrübergangs im Fall des Versendungskaufs bei Verbrauchsgüterkäufen (§ 474 Abs.2 BGB) ist, insbesondere wegen der ungeklärten Rechtslage hinsichtlich der Anwendung des § 447 BGB a.F. auf den Versandhandel, letztlich zu begrüßen.

c) Ergebnis

Die Regelungen der §§ 446, 447 BGB entsprechen weitestgehend den bisherigen §§ 446, 447 BGB a.F. Damit genügt das Schuldrechtsmodernisierungsgesetz den Bedürfnissen des Handelsverkehrs und wahrt zugleich die vorhandene Rechtseinheit mit den Art.67, 69 CISG,[1108] die auf die ursprünglichen §§ 446, 447 BGB a.F. zurückgehen. Der Verbraucher ist gemäß § 474 Abs.2 BGB sachgerecht von der Anwendung des § 447 BGB ausgenommen.

[1105] Huber, Kaufrecht, S.921.

[1106] Schuldrechtskommission, Abschlußbericht, S.235; Diskussionsentwurf eines Gesetzes zur Modernisierung des Schuldrechts, S.441 f.; Schmidt-Räntsch, Das neue Schuldrecht, Rn.922.

[1107] Schuldrechtskommission, Abschlußbericht, S.235. Diskussionsentwurf eines Gesetzes zur Modernisierung des Schuldrechts, S.441 f. Die Schuldrechtskommission und der Diskussionsentwurf verzichten daher auf eine eigenständige gesetzliche Regelung.

[1108] Reinhardt, Die Gefahrtragung beim Kauf, S.41. Auch nach Huber, Kaufrecht, S.920, sollte ein Divergenz zum einheitlichen Kaufrecht nach Möglichkeit vermieden werden.

III. Rechtsbehelfssystem

Verletzt der Verkäufer seine Vertragspflicht, dem Käufer die Kaufsache frei von Rechts- oder Sachmängeln zu verschaffen (§§ 433 Abs.1, 434, 435 BGB), so greift das allgemeine Leistungsstörungsrecht der §§ 280 ff. BGB ein. Die kaufrechtliche (und die werkvertragliche) Gewährleistung ist in das allgemeine Leistungsstörungsrecht eingefügt. Der Tatbestand der Pflichtverletzung nach § 280 BGB erfaßt als einheitlicher Tatbestand der Pflichtverletzung im gesamten Leistungsstörungsrecht alle Erscheinungsformen der Leistungsstörung, Unmöglichkeit[1109], Verzug und Schlechterfüllung, in denen der Schuldner jeweils hinter den Anforderungen des Schuldverhältnisses zurückbleibt.[1110]

Ergänzend zu den allgemeinen Regeln stehen dem Käufer die Gewährleistungsrechtsbehelfe der zentralen Aufzählung des § 437 BGB offen. Die Wandelung (§ 462 BGB a.F.) wurde als spezieller Gewährleistungsrechtsbehelf des Kaufrechts aufgegeben. Statt dessen kann der Käufer nach den allgemeinen Regeln vom Kaufvertrag zurücktreten (§§ 437 Nr.2, 440, 323, 326 Abs.1 Satz 3 BGB). Das Minderungsrecht bleibt dem Käufer dagegen als besonderer Gewährleistungsrechtsbehelf erhalten (§§ 437 Nr.2, 441 BGB). Minderung und Rücktritt sind im Schuldrechtsmodernisierungsgesetz nicht mehr, wie nach bisher geltendem Recht, als Ansprüche, sondern als Gestaltungsrechte konzipiert[1111]. Damit ist die Minderung dem Modell des allgemeinen Rücktrittsrechts der §§ 346 ff. BGB und des Anfechtungsrechts angenähert, die schon bisher als Gestaltungsrechte ausgestaltet sind. Die Rechtsbehelfe der Minderung und des Rücktritts werden durch eine entsprechende Erklärung ausgeübt. Beide Rechtsbehelfe sind damit auch ohne das bisher nach § 465 BGB a.F. vorausgesetzte Einverständnis des Verkäufers wirksam bewirkt. Theoretische Konstruktionen zum Zustandekommen

---

1109 Nachdem der vom Diskussionsentwurf vorgesehene Verzicht auf die Kategorie der Unmöglichkeit auf Kritik gestoßen war, regelte bereits die konsolidierte Fassung des Diskussionsentwurfs wieder den Fall der Unmöglichkeit. Kritisch zum Diskussionsentwurf insbesondere Huber, Das geplante Recht der Leistungsstörungen, in: Ernst/Zimmermann (Hrsg.), Zivilrechtswissenschaft und Schuldrechtsreform, S.31 (45 ff.), der in seinem Gutachten, Leistungsstörungen, S.700, die "Unmöglichkeit" als eigene Kategorie der Leistungsstörung noch für entbehrlich hielt.

1110 Regierungsentwurf eines Gesetzes zur Modernisierung des Schuldrechts, S.305, BT-Drucks. 14/6040, S.134.

1111 Diskussionsentwurf eines Gesetzes zur Modernisierung des Schuldrechts, S.205.

von Wandelung und Minderung, wie die sog. Theorie des richterlichen Gestaltungsakts oder die sog. Vertrags- oder Herstellungstheorien,[1112] besitzen nach dem Schuldrechtsmodernisierungsgesetz keine Bedeutung mehr.[1113] Insoweit ist die Anwendung des BGB nunmehr erheblich erleichtert. Von der Richtlinie ist dies nicht gefordert. Die Neuerung verstößt aber auch nicht gegen ihre Vorgaben, sondern dient dem Verbraucherschutz (Art.8 Abs.2 VbrKfRil).[1114]

1. Aufgabe der Unterscheidung zwischen Gattungs- und Stückkauf nach dem Schuldrechtsmodernisierungsgesetz

Nach dem Schuldrechtsmodernisierungsgesetz ist beabsichtigt, die Unterscheidung zwischen Gattungs- und Stückkauf hinsichtlich der anwendbaren Rechtsbehelfe im BGB aufzugeben.[1115] Mit der Einführung des generellen Vorrangs der Nacherfüllung bei der Sachmängelgewährleistung (§ 439 Abs.1 BGB) wird die Unterscheidung zwischen Gattungs- und Speziesschulden beim Kaufvertrag tatsächlich grundsätzlich entbehrlich.[1116] Der Regierungsentwurf ist nicht mehr, wie das Kaufgewährleistungsrecht des BGB bisher am Spezieskauf ausgerichtet. Eine eigenständige Regelung der Gewährleistungsrechte des Gattungskaufs ist nicht vorgesehen. Das Rechtsbehelfssystem soll nach dem Willen des Gesetzgebers einheitlich auf Gattungs- und Stückkäufe anwendbar sein. Der Regierungsentwurf vollzieht damit, wie das UN-Kaufrecht, die Entwicklung nach, daß die gattungsmäßige Bestimmung der Kaufsache heute die Regel und der Spezieskauf die Ausnahme bildet[1117].

[1112] Dazu Palandt-Putzo, 61. Aufl., § 465, Rn.3 ff.

[1113] Schmidt-Räntsch, Das neue Schuldrecht, Rn.767.

[1114] Jorden/Lehmann, JZ 2001, 952 (959).

[1115] Regierungsentwurf eines Gesetzes zur Modernisierung des Schuldrechts, S.540, BT-Drucks. 14/6040, S.230.

[1116] Regierungsentwurf eines Gesetzes zur Modernisierung des Schuldrechts, S.540, BT-Drucks. 14/6040, S.230. Ebenso Schulze/Schulte-Nölke, Schuldrechtsreform und Gemeinschaftsrecht, in: Schulze/Schulte-Nölke (Hrsg.), Die Schuldrechtsreform vor dem Hintergrund des Gemeinschaftsrechts, S.3 (13). Dagegen differenziert der Regierungsentwurf, S.505, BT-Drucks. 14/6040, S.216, bei der Aliud-Lieferung zu Recht zwischen Gattungs- und Stückschuld.

[1117] Huber, ZHR 161 (1997), 160 (183).

2. Weiterhin notwendige Unterscheidung zwischen Gattungs- und Spezieskauf

Die Nacherfüllungsansprüche des Käufers sind jedoch nicht einheitlich auf Fälle des Gattungs- und Stückkaufs anwendbar. Beim Stückkauf ist eine Ersatzlieferung (§ 439 Abs.1 2.Alt. BGB) regelmäßig von vornherein ausgeschlossen,[1118] da sich die Stückschuld auf einen bestimmten Gegenstand bezieht. Von dem Vorliegen einer Gattungs- oder Speziesschuld hängt daher nicht unwesentlich ab, ob der Käufer Schadensersatz statt der Leistung verlangen kann.[1119] Beim Spezieskauf kann dies schon der Fall sein, wenn der Mangel nicht durch Nacherfüllung behoben werden kann. Der Mangel ist aber durch Ersatzlieferung behebbar, wenn der Käufer - wie in dem in der Praxis häufigen Kauf im Selbstbedienungsladen - eine vertretbare Kaufsache aus einer Gattung ausgewählt hat.[1120]

Das Schuldrechtsmodernisierungsgesetz orientiert sich in der Systematik des gesetzlichen Gewährleistungsrechts am Gattungskauf und verzichtet auf eine Unterscheidung der Voraussetzungen und Rechtsfolgen der Gewährleistung beim Gattungs- oder Spezieskauf. Im Ergebnis ist die Unterscheidung zwischen Gattungs- und Stückkauf materiell-rechtlich auch weiterhin nicht vollkommen entbehrlich.[1121] Das Schuldrechtsmodernisierungsgesetz läßt einen entsprechenden Hinweis vermissen.[1122]

[1118] Dauner-Lieb, Stellungnahme zum Schuldrechtsmodernisierungsgesetzentwurf, S.9; Lorenz, JZ 2001, 742 (743); Gruber, Die Nacherfüllung im neuen deutschen Kaufrecht, in: Helms/Neumann/Caspers/Sailer/Schmidt-Kessel (Hrsg.), Das neue Schuldrecht, Jb.J.ZivRWiss., S.187 (188, Fn.1).

[1119] Lorenz, JZ 2001, 742 (743).

[1120] Bitter/Meidt, ZIP 2001, 2114 (2119). Oetker/Mautzsch, Vertragliche Schuldverhältnisse, S.83, stellen darauf ab, ob der Stückkauf funktionell mit einem Gattungskauf vergleichbar ist. Eine funktionelle Vergleichbarkeit sei gegeben, wenn der Vertragsgegenstand ersetzbar ist.

[1121] Gruber, Die Nacherfüllung im neuen deutschen Kaufrecht, in: Helms/Neumann/Caspers/Sailer/Schmidt-Kessel (Hrsg.), Das neue Schuldrecht, Jb.J.ZivRWiss., S.187 (191, Fn.10); Wieser, NJW 2001, 121 (123).

[1122] Nach Dauner-Lieb, in: Stellungnahme zum Schuldrechtsmodernisierungsgesetzentwurf, S.9, läßt sich das zwangsläufige Ergebnis, daß beim Stückkauf die Ersatzlieferung regelmäßig ausgeschlossen ist, nur auf Umwegen entnehmen. Dies habe mit einem "klaren und verständlichen Gesetz, wie es das Bundesjustizministerium anstrebe, nichts zu tun".

IV. Rechtsbehelfe

Das Gewährleistungsrechtsbehelfssystem des Kaufrechts wird durch das Schuldrechtsmodernisierungsgesetz umfassend neu gestaltet. Besondere gewährleistungsrechtliche Rechtsbehelfe gibt es danach nicht mehr. Die Rechtsbehelfe des Käufers wegen Mängeln der Kaufsache, die nunmehr einen Unterfall der Nichterfüllung der Leistungspflicht darstellen, ergeben sich aus dem allgemeinen Leistungsstörungsrecht, das durch die Regeln der §§ 439-441 BGB, in einzelnen Punkten wegen der Besonderheiten des Kaufrechts modifiziert wird. Gesetzestechnisch und inhaltlich wird die Gewährleistung des Kaufvertragsrechts damit dem UN-Kaufrecht angeglichen, dem das bisher geltende deutsche Werkvertragsrecht[1123] des BGB am nächsten steht.[1124]

Die "Ansprüche und Rechte des Käufers bei Mängeln" werden in § 437 BGB aufgezählt.[1125] § 437 BGB bildet eine Rechtsgrundverweisung auf die Vorschriften des allgemeinen Leistungsstörungsrechts und die modifizierenden Kaufrechtsnormen der §§ 439-441 BGB. Unter den Voraussetzungen des § 439 BGB kann der Käufer Nacherfüllung verlangen (§ 437 Nr.1 BGB), nach §§ 440, 323, 326 Abs.5 BGB[1126] vom Vertrag zurücktreten (§ 437 Nr.2 Alt.1 BGB) oder gemäß §§ 440, 441 BGB den Kaufpreis mindern (§ 437 Nr.2 Alt.2 BGB) und nach §§ 440, 280, 281, 283, 311a BGB Schadensersatz oder gemäß § 284 BGB Ersatz vergeblicher Aufwendungen verlangen (§ 437 Nr.3 BGB).

1123 Roth, JZ 2001, 543 (546) und Haas, BB 2001, 1313 (1315), sind der Auffassung, daß das Kaufvertragsrecht dem Werkvertragsrecht angeglichen wird. Dagegen gehen Seiler, Das geplante Werkvertragsrecht I, in: Ernst/Zimmermann, Zivilrechtswissenschaft und Schuldrechtsreform, S.263; Krebs, in: DB, Beilage Nr.14/2000, S.23, davon aus, daß das Werkvertragsrecht dem Kaufvertragsrecht angepaßt wird. Erstere Auffassung scheint im Hinblick auf die inhaltliche Ausgestaltung der Gewährleistungsrechte, insbesondere der Nachbesserung, zuzutreffen. Gesetzestechnisch sind beide Systeme einander näher gekommen. Das Werkgewährleistungsrecht ist im Regierungsentwurf parallel zum Kaufgewährleistungsrecht nach dem Modell der VbrKfRil strukturiert. § 634 BGB regelt die Rechte und Ansprüche des Bestellers bei Mängeln in Übereinstimmung mit § 437 BGB.

1124 Zur Ähnlichkeit des CISG zum bisherigen deutschen Werkvertragsrecht Huber, ZHR 161 (1997), 160 (183 f.).

1125 Eine ganz ähnliche Regelung enthält § 634 BGB für das Werkvertragsrecht.

1126 § 326 Abs.1 Satz 3 BGB-RE.

Die einzelnen Rechtsbehelfe sind allerdings nur einschlägig, "soweit im Folgenden nichts anderes bestimmt ist" (§ 437 BGB). Die Gewährleistungsrechtsbehelfe stehen danach unter dem Vorbehalt der speziellen gewährleistungsrechtlichen Modifizierungen in den §§ 438 ff. BGB.

Mußte die Nachbesserung im Gattungs- und Spezieskauf und die Ersatzlieferung im Spezieskauf bisher vertraglich vereinbart werden, erhält der Käufer bei Gattungs- und Spezieskäufen nunmehr einen gesetzlichen Anspruch auf beide Rechte. Bislang hatte nur der Gattungskäufer einen gesetzlichen Anspruch auf Nachlieferung einer mangelfreien Sache gemäß § 480 Abs.1 Satz 1 BGB a.F.

Die Gewährleistungsrechte des Käufers sind unter den Voraussetzungen des § 442 BGB ausgeschlossen.

V. Hierarchisierung der Rechtsbehelfe

1. Grundsätzlicher Vorrang der Nacherfüllung

Die Rechte des Käufers bei der Lieferung einer mangelhaften Sache (Nachbesserung, Ersatzlieferung, Rücktritt, Minderung und Schadensersatz) stehen dem Käufer, wie sich aus § 437 BGB schließen ließe, nicht alle parallel zur Verfügung.[1127] Der Käufer kann zukünftig grundsätzlich primär nur Nacherfüllung, d.h. Nachbesserung und Ersatzlieferung (§§ 437 Nr.1, 439 BGB) verlangen, wenn ihm eine mangelhafte Sache geliefert wird. In der Regel ist die Geltendmachung der übrigen Rechtsbehelfe, Rücktritt, Minderung und Schadensersatz von einer Fristsetzung zur Nacherfüllung und dem erfolglosen Ablauf dieser Frist abhängig (§§ 323 Abs.1, 441 Abs.1, 281 Abs.1 Satz 1 BGB).[1128] Nur ausnahmsweise kann der Käufer Rücktritt, Minderung und Schadensersatz unmittelbar fordern (§§ 440, 441 BGB).

Der Diskussionsentwurf hatte noch vorgesehen, daß der Käufer einer mangelhaften Sache sofort Schadensersatz statt der Leistung verlangen kann. Ein Schadensersatzanspruch des Käufers ohne Fristsetzung hätte jedoch das be-

---

[1127] Davon geht aber Günter Baumann, in: FAZ v. 27.6.2001, S.14, aus. Wiederholt in: FAZ v. 2.7.2001, S.17. Der BDI nimmt an, daß die VbrKfRil einen Käufer zunächst an seinem Vertrag festhalten wolle, wenn etwas schief geht, räumten die geplanten Regelungen dem Kunden mehr Wahlrechte ein, wenn er das Geschäft rückgängig machen wolle", in: FAZ v. 2.7.2001, S.17.

[1128] So auch im Werkvertragsrecht gemäß §§ 323 Abs.1, 636, 281 Abs.1 Satz 1 BGB.

absichtigte Primat der Nacherfüllung ausgehöhlt und das Interesse des Verkäufers an einer Nachbesserung oder Ersatzlieferung nicht ausreichend berücksichtigt. Das neue gesetzliche Kaufgewährleistungsrecht ist somit vorrangig auf Naturalerfüllung ausgerichtet.[1129]

2. Mittelbares "Recht zur zweiten Andienung" und Nacherfüllungspflicht

Die Nacherfüllung hat nach der Gestaltung des Kaufgewährleistungsrechts im Schuldrechtsmodernisierungsgesetz gegenüber den übrigen Gewährleistungsrechten grundsätzlich Vorrang. Dem Verkäufer wird durch die Verpflichtung des Käufers zur Fristsetzung für die Nacherfüllung (§ 323 Abs.1 BGB), ähnlich der VbrKfRil, ein mittelbares "Recht zur zweiten Andienung" eingeräumt.[1130] Gleichzeitig ist der Verkäufer bei einem Nacherfüllungsverlangen des Käufers wegen eines Mangels auch zur Nachbesserung oder Ersatzlieferung verpflichtet.[1131] Das Fristsetzungserfordernis wird durch ein Leistungsverweigerungsrecht des Verkäufers bei unverhältnismäßigen Kosten einer bestimmten Art der Nacherfüllung[1132] (§ 439 Abs.3 BGB) ergänzt, das die Grenze der Nacherfüllungspflicht des Verkäufers bildet[1133]. Die durch das Schuldrechtsmodernisierungsgesetz eingeführte Hierarchisierung des Rechtsbehelfssystems setzt Art.3 Abs.3, 5 VbrKfRil um.[1134]

3. Fristsetzung zur Nacherfüllung

Der Käufer einer mangelhaften Sache hat nach dem Schuldrechtsmoderniserungsgesetz grundsätzlich keinen Anspruch auf sofortigen Rücktritt, Minderung oder

---

[1129] Zutreffend Schulze/Schulte-Nölke, Schuldrechtsreform und Gemeinschaftsrecht, in: Schulze/Schulte-Nölke (Hrsg.), Die Schuldrechtsreform vor dem Hintergrund des Gemeinschaftsrechts, S.3 (14).

[1130] Boerner, ZIP 2001, 2264 (2269). Ähnlich Lorenz, in: JZ 2001, 742 (743). Das deutsche Kaufrecht erhält damit eine "zweistufige Hierarchie der Käuferrechte". Schulze/Schulte-Nölke, Schuldrechtsreform und Gemeinschaftsrecht, in: Schulze/Schulte-Nölke (Hrsg.), Die Schuldrechtsreform vor dem Hintergrund des Gemeinschaftsrechts, S.3 (14).

[1131] Bitter/Meidt, in: ZIP 2001, 2114 (2115).

[1132] Zutreffend stellt Pfeiffer, ZGS 2002, 217 (218), fest, daß jeweils nur eine Art der Nacherfüllung i.S.v. Art.3 Abs.3 VbrKfRil "unverhältnismäßig" sein kann.

[1133] Bitter/Meidt, in: ZIP 2001, 2114 (2116).

[1134] Jorden/Lehmann, JZ 2001, 952 (957); Schulze/Schulte-Nölke, Schuldrechtsreform und Gemeinschaftsrecht, in: Schulze/Schulte-Nölke (Hrsg.), Die Schuldrechtsreform vor dem Hintergrund des Gemeinschaftsrechts, S.3 (14).

Schadensersatz. Zuerst muß der Käufer Nachbesserung oder Ersatzlieferung forden. Rücktritt, Minderung und Schadensersatz kann der Käufer nur in zweiter Linie geltend machen, wenn sein Nacherfüllungsverlangen erfolglos geblieben ist. Das Erfordernis der Setzung einer Frist zur Nacherfüllung läßt der Wortlaut der Richtlinie nicht erkennen. Die VbrKfRil setzt eine entsprechende angemessene Frist selbst in Gang. Aus Gründen der Rechtssicherheit ist aber das Erfordernis der Fristsetzung vorzugswürdig, da sonst die Frage des Fristbeginns und des Fristendes zu Unklarheiten zwischen den Parteien führt.[1135]

Mit der Schaffung einer Obliegenheit des Käufers zur Nachfristsetzung findet der in der VbrKfRil vorgesehene Vorrang der Nacherfüllungsansprüche Eingang in das Gewährleistungsrecht des BGB. Bevor der Käufer Rücktritt oder Schadensersatz verlangen kann, muß er dem Verkäufer in der Regel eine Frist zur Nacherfüllung gesetzt haben und diese ergebnislos abgelaufen sein (§§ 323 Abs.1, 281 Abs.1 Satz 1 BGB). Auch vor der Minderung muß der Käufer eine ergebnislos abgelaufene Frist gesetzt haben, da des Minderungsrecht gemäß § 441 Abs.1 Satz 1 BGB "statt" des Rücktritts geltend gemacht wird. Diese Auslegung legt die bisherige Fassung von § 635 BGB a.F. des Werkvertragsrechts nahe, demzufolge Schadensersatz wegen Nichterfüllung "statt" Wandelung oder Minderung geltend gemacht werden konnte. Nach der herrschenden Meinung[1136] war

---

[1135] Jud, Die Rangordnung der Rechtsbehelfe, in: Helms/Neumann/Caspers/Sailer/Schmidt-Kessel (Hrsg.), Das neue Schuldrecht, Jb.J.ZivRWiss., S.205 (215). Das UN-Kaufrecht sieht dagegen nur die Möglichkeit für den Käufer vor, gegenüber dem Verkäufer eine Nachfrist zur Erfüllung zu setzen (Art.47 Abs.1, 49 Abs.1 lit.b CISG). Die Fristsetzung nach Art.47 Abs.1 CISG verfolgt aber auch das Ziel, Rechtssicherheit für den Fristsetzenden hinsichtlich der Ungewißheit über die ausstehende Erfüllung und mögliche Rechtsbehelfe zu schaffen. So eröffnet eine erfolglos abgelaufene Nachfrist dem Käufer den Weg zur Vertragsaufhebung nach Art.49 Abs.1 lit.b CISG. Schlechtriem, Intern. UN- KaufR, Rn.181. Für das Erfordernis der Nachfristsetzung auch Schmidt-Räntsch, Das neue Schuldrecht, Rn.775 f. Anderer Ansicht Ernst/Gsell, in: ZIP 2000, 1410 (1418) und Ernst, in: ZRP 2001, 1 (9), da der Nachfrist-Mechanismus der Art.47, 49 CISG, auch wenn er zweckmäßig wäre, wegen der Richtlinie eine unbillige Belastung des Käufers darstelle. Dem ist entgegenzuhalten, daß auch die Richtlinie die Wahrung des Vorrangs der Nacherfüllungsansprüche durch deren Geltendmachung durch den Käufer verlangt. Ist mit dem Nacherfüllungsverlangen zunächst noch keine Fristsetzung verbunden, so soll bei der Bestimmung der Angemessenheit der Frist die vorige Aufforderung zur Nacherfüllung berücksichtigt werden. Schmidt-Räntsch, Das neue Schuldrecht, Rn.775.

[1136] RGZ 56, 81; BGHZ 337 (339); 27, 215 (218); 59, 328 (329). Palandt-Sprau, 61. Aufl., § 635, Rn.2 m.w.N. Kritisch dagegen Peters, in: JZ 1977, 458 (459 ff., 463).

diese Formulierung dahingehend zu deuten, daß sämtliche Voraussetzungen der Wandelung oder Minderung, insbesondere die Fristsetzung mit Ablehnungsandrohung gemäß § 634 Abs.1 Satz 1 BGB a.F., auch beim Schadensersatz gegeben sein mußten. Mithin ist nach neuem Recht die Fristsetzung zur Nacherfüllung auch für die Ausübung des Minderungsrechts erforderlich.

Der Diskussionsentwurf hatte in § 323 Abs.1 Satz 2 BGB-DE noch vorgesehen, daß die Setzung einer angemessenen Frist bei fehlender Fristsetzung fingiert wird. Auf diese Regelung verzichteten bereits sowohl die konsolidierte Fassung des Diskussionsentwurfs als auch der Regierungsentwurf ganz zu Recht. Eine solche Regelung hätte im Ergebnis dazu geführt, daß der vom Gesetzgeber gewollte Vorrang der Nacherfüllung nahezu ausgehöhlt würde.[1137]

4. Ausnahmen von der Fristsetzung zur Nacherfüllung

Verweigert der Verkäufer beide Arten der Nacherfüllung gemäß § 439 Abs.3 BGB oder ist die dem Käufer zustehende Art der Nacherfüllung fehlgeschlagen oder dem Verkäufer unzumutbar, bedarf das Verlangen des Käufers nach Rücktritt oder Schadensersatz keiner Fristsetzung (§ 440 Satz 1 BGB[1138]). § 440 BGB legt damit die Grenzen des Nacherfüllungsrechts des Verkäufers fest.[1139] Damit soll Art.3 Abs.5 VbrKfRil für das gesamte Kaufrecht umgesetzt werden. Einer Fristsetzung bedarf es außerdem nicht, wenn dem Verkäufer die Lieferung einer mangelfreien Sache (regelmäßig beim Stückkauf) unmöglich ist (§§ 437 Nr.2, 326 Abs.5[1140], 323 BGB).[1141] Das gleiche gilt gemäß § 441 Abs.1 Satz 1 BGB für das

---

[1137] Dauner-Lieb/Arnold/Dötsch/Kitz, Anmerkungen und Fragen zur konsolidierten Fassung des Diskussionsentwurfs eines Schuldrechtsmodernisierungsgesetzes, S.83, gehen davon aus, daß der Richtlinienanforderung insoweit durch § 271 Abs.1 BGB ausreichend Rechnung getragen ist. Diese Vorschrift trifft jedoch nur eine ganz allgemeine Regelung hinsichtlich der Fälligkeit und Erfüllbarkeit der Schuld. Darüber, ob der Käufer bei einem Mangel, dem der Verkäufer nicht in angemessener Frist abgeholfen hat, sofort Minderung oder die Auflösung des Vertrags verlangen kann, ist in § 271 Abs.1 BGB nichts gesagt.

[1138] Vgl. § 636 BGB für das Werkvertragsrecht.

[1139] Bitter/Meidt, in: ZIP 2001, 2114 (2116).

[1140] § 326 Abs.1 Satz 3 BGB-RE.

[1141] In § 440 BGB fehlt ein Verweis auf § 326 Abs.5 BGB (§ 326 Abs.1 Satz 3 BGB-RE). Da das allgemeine Rücktrittsrecht unmittelbar anzuwendendes Recht ist, sind die Verweise in § 440 BGB lediglich deklaratorischer Natur. Der fehlende Verweis auf § 326 Abs.5 BGB ist daher unschädlich. Das gilt auch für das Minderungsrecht auf das nach § 441 Abs.1 BGB das Rücktrittsrecht analoge Anwendung findet. Ähnlich Lorenz, in: JZ 2001, 742 (743, Fn.13).

Minderungsrecht. Die Befreiungen von dem Erfordernis der Fristsetzung bei der Minderung entsprechen denen des Rücktritts.[1142] § 440 Satz 1 BGB findet daher auf das Minderungsrecht analoge Anwendung.

a) Unmöglichkeit der Nacherfüllung: Qualitative Unmöglichkeit

Der Käufer muß keine Frist zur Nacherfüllung setzen, wenn die Nacherfüllung unmöglich ist. Diese neue Form der Unmöglichkeit ist eine Folge der Verpflichtung des Verkäufers zur Lieferung einer rechts- und sachmängelfreien Kaufsache (§ 433 Abs.1 Satz 2 BGB). In diesem Fall wird der Verkäufer von seiner Pflicht zur Lieferung einer mangelfreien Sache nach § 434 Abs.1 Satz 2 BGB gemäß § 275 Abs.1 BGB frei. Der Käufer kann dann seine Rechte aus § 437 Nr.2, 3 BGB geltend machen. Ihm ist gestattet gemäß § 326 Abs.5[1143] BGB vom Kaufvertrag ohne Fristsetzung zurücktreten, statt dessen gemäß § 441 BGB den Kaufpreis zu mindern oder gemäß §§ 281, 311 a Abs.2 BGB ohne Fristsetzung Schadensersatz statt der Leistung zu verlangen. Die Fristsetzung soll aber nur dann entbehrlich sein, wenn beide Arten der Nacherfüllung unmöglich sind.[1144] Damit wird Art.3 Abs.5 Spiegelstrich 1 VbrKfRil umgesetzt.

b) Fehlschlagen der Nacherfüllung

Eine Nachbesserung gilt gemäß § 440 Satz 2 BGB in der Regel nach dem erfolglosen zweiten Versuch als fehlgeschlagen, wenn sich nicht insbesondere aus der Art der Sache oder des Mangels oder dem Verhalten des Verkäufers etwas anderes ergibt.[1145] Der Gesetzgeber hat damit eine Richtgröße von zwei Nacherfüllungsversuchen eingeführt, die nach den Umständen auch über- oder unterschrit-

---

1142 Regierungsentwurf eines Gesetzes zur Modernisierung des Schuldrechts, S.550, BT-Drucks. 14/6040, S.235.

1143 § 326 Abs.1 Satz 3 BGB-RE.

1144 Regierungsentwurf eines Gesetzes zur Modernisierung des Schuldrechts, S.548, BT-Drucks. 14/6040, S.234.

1145 Kritisch Jud, Die Rangordnung der Gewährleistungsrechtsbehelfe, in: Helms/Neumann/Caspers/Sailer/Schmidt-Kessel (Hrsg.), Das neue Schuldrecht, Jb.J.ZivRWiss., S.205 (218), die davon ausgeht, daß die Richtlinie es grundsätzlich verbiete, dem Käufer mehr als einen Nachbesserungsversuch zuzumuten. Eine pauschale Begrenzung der Nachbesserungsversuche läßt sich der Richtlinie jedoch nicht entnehmen. Dazu 2.Kapitel, A., IV., 4., c), dd), (3). Bei technisch komplizierten Gütern muß dem Verkäufer auch ein zweiter Nacherfüllungsversuch gestattet werden, wenn er diesen in angemessener Frist erbringen kann (§ 323 Abs.1 BGB).

ten werden kann.[1146] "Nach der Art der Sache" ist bei technisch einfach konstruierter Ware davon auszugehen, daß dem Verkäufer nur ein Nacherfüllungsversuch zusteht. Einen zweiten und möglicherweise auch weitere Nacherfüllungsversuche hat der Käufer bei technisch aufwendigeren Waren hinzunehmen. Diese Nacherfüllungsversuche stehen allerdings unter dem Vorbehalt der Nacherfüllung in angemessener Frist (§ 323 Abs.1 BGB).[1147]

Der Begriff des "Fehlschlagens" ist aus § 11 Nr.10 AGBG a.F. entnommen und soll in der, von der bisherigen Rechtsprechung und herrschenden Lehre entwickelten Auslegung des Begriffs verstanden werden.[1148] Ein Fehlschlagen wird danach insbesondere angenommen bei objektiver oder subjektiver Unmöglichkeit, Unzulänglichkeit, unberechtigter Verweigerung, ungebührlicher Verzögerung und bei einem mißlungenen Versuch der Nacherfüllung.[1149] Wegen des bereits in dieser Weise eingeführten Begriffs übernimmt der Regierungsentwurf das "Fehlschlagen" der Nacherfüllung zur Umschreibung des Falles, in dem es einer Nachfristsetzung nicht bedarf. Dadurch sollen die Fälle des Art.3 Abs.5 Spiegelstrich 2 VbrKfRil erfaßt werden, in denen der Verkäufer nicht innerhalb angemessener Frist Abhilfe geschaffen hat, da in diesen Sachverhalten nicht davon gesprochen werden könne, daß der Verkäufer Abhilfe geschaffen hat.[1150]

1146 Schmidt-Räntsch, Das neue Schuldrecht, Rn.879. Dies entspricht auch der bisherigen Rechtsprechung. 4. Kapitel, B., III., 3., c).

1147 Bitter/Meidt, in: ZIP 2001, 2114 (2117).

1148 Regierungsentwurf eines Gesetzes zur Modernisierung des Schuldrechts, S.547, BT-Drucks. 14/6040, S.233; Schmidt-Räntsch, Das neue Schuldrecht, Rn.776, 872 ff.

1149 BGH, NJW 1994, 1004 (1005); BGHZ 93, 29 (62 f.); Ulmer/Brandner/Hensen-Hensen, § 11 Nr.10 b, Rn.35; Regierungsentwurf eines Gesetzes zur Modernisierung des Schuldrechts, S.547, BT-Drucks. 14/6040, S.233. Von Hensen, in: Ulmer/Brandner/Hensen, § 11 Nr.10 b, Rn.45, m.w.N., werden auch die Fälle, in denen eine Nachbesserung wegen Unzumutbarkeit für den Käufer nicht in Betracht kommt, unter den Begriff des "Fehlschlagens" gefaßt. Der Regierungsentwurf eines Gesetzes zur Modernisierung des Schuldrechts, S.547, BT-Drucks. 14/6040, S.233, hält diese weite Auslegung nicht für zweifelsfrei und führt daher die "Zumutbarkeit" ausdrücklich im Gesetzestext als Kriterium auf.

1150 Regierungsentwurf eines Gesetzes zur Modernisierung des Schuldrechts, S.547, BT-Drucks. 14/6040, S.233; Schmidt-Räntsch, Das neue Schuldrecht, Rn.873. Bitter/Meidt, in: ZIP 2001, 2114 (2117), gehen davon aus, daß der Begriff des "Fehlschlagens" im Verhältnis zum bisherigen § 11 Nr.10 lit.b AGBG einschränkend auszulegen ist, da nunmehr die Nacherfüllungsversuche des Verkäufers zeitlich begrenzt werden können.

c) Unzumutbarkeit der Nacherfüllung

Einer Fristsetzung zur Nacherfüllung bedarf es außerdem nicht, wenn die dem Käufer zustehende Art der Nacherfüllung dem Verkäufer unzumutbar ist. Diese Regelung dient der Umsetzung von Art.3 Abs.5 Spiegelstrich 3 VbrKfRil, der eine Nachfristsetzung für den Fall für entbehrlich erklärt, in dem eine Abhilfe mit erheblichen Unannehmlichkeiten für den Verbraucher verbunden ist.[1151] Nach dem Schuldrechtsmodernisierungsgesetz soll in dem Merkmal der Zumutbarkeit in § 440 BGB auch die nähere Konkretisierung aus Art.3 Abs.3 Satz 3 VbrKfRil zusammengefaßt werden, demzufolge für die Beurteilung der "erheblichen Unannehmlichkeit" auf die Art der Sache und den Zweck abzustellen ist.[1152] Aus der Formulierung des Gesetzestextes ergibt sich jedoch nicht eindeutig, ob eine "erhebliche Unannehmlichkeit" der bereits erfolgten Nacherfüllung ausreicht[1153], oder ob ein Rücktrittsrecht nur besteht, wenn der Käufer die Nacherfüllung wegen Unzumutbarkeit abgelehnt hat[1154]. Die letztere Ansicht ist vor dem Hintergrund der vorzunehmenden einschränkenden Auslegung von Art.3 Abs.5 Spiegelstrich 3 VbrKfRil[1155] vorzugswürdig und daher auch richtlinienkonform.[1156] Eventuelle Unannehmlichkeiten können aber einen Schadensersatzanspruch gemäß §§ 437 Nr.3, 280 Abs.1 BGB auslösen, der freilich ein Vertretenmüssen voraussetzt.

Ist die Voraussetzung des § 439 Abs.3 Satz 1 BGB gegeben, beschränkt sich der Anspruch des Käufers auf die andere Art der Nacherfüllung, die der Verkäufer aus den gleichen Gründen verweigern kann (§ 439 Abs.3 Satz 3 BGB).

d) Ergebnis

Das Schuldrechtsmodernisierungsgesetz setzt mit § 440 Satz 1 BGB Art.3 Abs.5 VbrKfRil inhaltlich ordnungsgemäß um. Die zwingende Richtlinienvorgabe, daß

[1151] Regierungsentwurf eines Gesetzes zur Modernisierung des Schuldrechts, S.547, BT-Drucks. 14/6040, S.233.

[1152] Regierungsentwurf eines Gesetzes zur Modernisierung des Schuldrechts, S.547 f., BT-Drucks. 14/6040, S.233 f.; Schmidt-Räntsch, Das neue Schuldrecht, Rn.874.

[1153] Roth, Die Schuldrechtsmodernisierung im Kontext des Europarechts, in: Ernst/Zimmermann, Zivilrechtswissenschaft und Schuldrechtsreform, S.225 (242 ff.).

[1154] BT-Drucks. 14/6040, S.223; Oetker/Maultzsch, Vertragliche Schuldverhältnisse, S.94; Tonner/Crellwitz/Echtermeyer, Kauf- und Werkvertragsrecht, in: Micklitz/Pfeiffer/Tonner/Willingmann, Schuldrechtsreform und Verbraucherschutz, S.293 (324).

[1155] 2.Kapitel, A., IV., 4., c), dd).

[1156] Anderer Ansicht Pfeiffer, ZGS 2002, 390 ff.

ein Verbraucher die sekundären Rechtsbehelfe ausüben können muß, wenn die Nacherfüllung nicht "in angemessener Frist" und "ohne erhebliche Unannehmlichkeiten" erfolgt ist, ergibt sich nach der neuen Gesetzeslage jedoch erst durch richtlinienkonforme Auslegung. Es ist daher zweifelhaft, ob die Umsetzung durch die generalklauselartigen Begriffe des "Fehlschlagens" und der "Unzumutbarkeit" insoweit den gemeinschaftsrechtlichen Anforderungen an eine hinreichend klare und eindeutige Umsetzung genügen.[1157] Dem Gesetzgeber ist daher zu empfehlen, die Ausnahmen vom Fristsetzungserfordernis aus Art.3 Abs.5 VbrKfRil in § 440 Satz 1 zu übernehmen.[1158]

5. Rechtsverkürzende Wirkung des Vorrangs der Nacherfüllung

Das Schuldrechtsmodernisierungsgesetz sieht vor, daß der Käufer einer mangelhaften Sache zukünftig erst nach erfolgloser Fristsetzung zur Nacherfüllung Rücktritt, Minderung und Schadensersatz statt der Leistung verlangen kann. Durch den Vorrang der Nacherfüllung wird das Recht des Käufers, wegen Mängeln der Kaufsache Schadensersatz zu erhalten, erheblich eingeschränkt.[1159] Kann der Verkäufer den Fehler im Rahmen der Nacherfüllung beseitigen, hat der Käufer grundsätzlich keine Möglichkeit mehr, wegen des Fehlens einer zugesicherten Eigenschaft oder wegen des arglistigen Verschweigens eines Mangels Schadensersatz zu verlangen (§ 463 Satz 1 und 2 BGB a.F.).[1160] Trotz der Erweiterung der Schadensersatzhaftung auf Vorsatz und jede Fahrlässigkeit gemäß § 276 Abs.1 Satz 1 BGB, bedeutet der generelle Vorrang der Nacherfüllung eine Zurück-

---

1157 EuGH, Urteil v. 10.5.2001, Rs. C-144/99 (Kommission der EG/ Königreich der Niederlande), in: EuZW 2001, 437 f.; NJW 2001, 2244 f. (Tz. 14, 17). Ähnlich Jorden/Lehmann, JZ 2001, 952 (960).

1158 Jorden/Lehmann, JZ 2001, 952 (960). Kritisch zur Regelung des § 440 Satz 1 BGB bzw. § 438 Abs.2 BGB-DE auch Ernst/Gsell, ZIP 2001, 1389 (1393); Gsell, JZ 2001, 65 (70); Hoffmann, ZRP 2001, 347 (349). Dauner-Lieb/Arnold/Dötsch/Kitz, Anmerkungen und Fragen zur konsolidierten Fassung des Diskussionsentwurfs eines Schuldrechtsmodernisierungsgesetzes, S.83, halten eine Klarstellung in § 438 BGB-DEKF für "erwägenswert".

1159 Auf die rechtsverkürzende Wirkung des Diskussionsentwurfs eines Gesetzes zur Modernisierung des Schuldrechts hinsichtlich des Schadensersatzes weist Kohler, in: JZ 2001, 325 (336), hin.

1160 Der Käufer kann nur Ersatz des Verzögerungsschadens gemäß §§ 280 Abs.2, 286 BGB erlangen. Lorenz, in: JZ 2001, 742 (743).

drängung des Schadensersatzanspruchs des Käufers.[1161] Der Schadensersatz stellt nunmehr neben Rücktritt und Minderung einen sekundären Rechtsbehelf der Sachmängelgewährleistung dar.[1162] Damit geht der deutsche Gesetzgeber über die Vorgaben der Richtlinie hinaus, da diese die Regelung von Schadensersatzansprüchen nicht umfaßt.

6. *Internationale Modellregelungen: Keine Verpflichtung zur Nachfristsetzung*

Dagegen setzt das Schadensersatzverlangen statt der Leistung nach UN-Kaufrecht, den UNIDROIT- und den Lando-Prinzipien keine erfolglose Nachfristsetzung voraus. Dem Schuldner steht frei, eine Nacherfüllung vorzunehmen, für die der Gläubiger eine Nachfrist setzen kann; dazu ist er allerdings nicht verpflichtet.[1163] Mithin weicht das Schuldrechtsmodernisierungsgesetz insofern erheblich von den internationalen Rechtsvereinheitlichungsmodellen ab. Der theoretische Unterschied wird in der Rechtspraxis allerdings nur selten zu unterschiedlichen Ergebnissen führen.[1164] Außerdem bewirkt der Vorrang der Nacherfüllung nach dem Schuldrechtsmodernisierungsgesetz in der Regel einen angemessenen Ausgleich zwischen dem Interesse des Käufers an der Lieferung einer mangelfreien Kaufsache und dem Interesse des Verkäufers an einer Nacherfüllung, um die Minderung, Vertragsauflösung oder den Schadensersatz zu vermeiden und den Kaufpreis behalten zu dürfen. Die Abweichungen von der internationalen Rechtsentwicklung erscheinen vor diesem Hintergrund zwar unnötig, aber insgesamt hinnehmbar.

7. *Auswirkung auf den römisch-rechtlichen Grundsatz "pacta sunt servanda"*

Das Gesetz zur Modernisierung des Schuldrechts gestaltet das bisherige deutsche Kaufgewährleistungsrecht um, das noch wesentlich von den rechtlichen Grundsä-

---

1161 Lorenz, JZ 2001, 742 (743).

1162 Lorenz, JZ 2001, 742 (743).

1163 Art.47 CISG; Art.7.1.5 UNIDROIT- Prinzipien; Art.8:109, 8:106 Lando- Prinzipien. Magnus, Der Tatbestand der Pflichtverletzung, in: Schulze/Schulte-Nölke (Hrsg.), Die Schuldrechtsreform vor dem Hintergrund des Gemeinschaftsrechts, S.67 (76); Schlechtriem, Intern. UN- KaufR, Rn.182. Von einer Verpflichtung zur Nachfristsetzung nach UN- Kaufrecht geht dagegen Jud, Die Rangordnung der Rechtsbehelfe, in: Helms/Neumann/Caspers/Sailer/ Schmidt-Kessel (Hrsg.), Das neue Schuldrecht, Jb.J.ZivRWiss., S.205 (215), aus.

1164 Magnus, Der Tatbestand der Pflichtverletzung, in: Schulze/Schulte-Nölke (Hrsg.), Die Schuldrechtsreform vor dem Hintergrund des Gemeinschaftsrechts, S.67 (77).

tzen der römischen Ädilen geprägt war. Käufer mangelhafter Sachen, die meist noch sehr einfach gestaltet waren, sollten sich danach schnell vom Kaufvertrag lösen können oder lediglich einen geringeren Kaufpreis zahlen müssen. Außerdem mußte der Verkäufer, der eine Eigenschaft zusichert, für deren Fehlen Schadensersatz leisten. Diese Rechtsbehelfe werden grundsätzlich nur noch unter vorheriger Setzung einer Nachfrist zur Nacherfüllung und ihrem erfolglosen Ablauf ausgeübt werden können. Der Schadensersatzanspruch kann darüber hinaus bei einer geglückten Nacherfüllung nach der Schuldrechtsmodernisierung grundsätzlich nicht mehr gefordert werden.

a) Gefahr für den Grundsatz "pacta sunt servanda" ?

Ernst[1165] und Knütel[1166] befürchten, daß der römisch-rechtliche Grundsatz "pacta sunt servanda", d.h. die ursprüngliche Strenge des Vertragsrechts, gemildert werde und ein weicheres Regime herrsche. Denn derjenige, der einen Vertrag nicht einhält, könne in Zukunft nur unter erschwerten Bedingungen oder im verminderten Umfang haftbar gemacht werden. Vertragsverletzungen würden nicht mehr sogleich und irreversibel sanktioniert, sondern der den Vertrag Verletzende könne sich durch eine Nachbesserung der Leistung rehabilitieren.

b) Stärkung des Grundsatzes "pacta sunt servanda" ?

Dagegen sehen die ehemalige Bundesjustizministerin Däubler-Gmelin[1167] und Lorenz[1168] den Grundsatz "pacta sunt servanda" durch den Vorrang der Nacherfüllung gestärkt.

c) Stellungnahme

Die durch die Schuldrechtsmodernisierung vorrangig anwendbare Nacherfüllung läßt keinen rechtsfreien Schwebezustand entstehen. Mit dem Vorrang der Nacherfüllung trägt das Gesetz zur Modernisierung des Schuldrechts der modernen Entwicklung Rechnung, daß Gegenstand des heutigen Wirtschaftsverkehrs zumeist kompliziert aufgebaute Industriegüter sind, deren Mängel häufig durch eine

[1165] Ernst, in: Neues Vertragsrecht für die deutsche Wirtschaft?, Wider eine unzulänglich vorbereitete und inhaltlich folgenschwere Reform, FAZ v. 19.5.2001, S.8.

[1166] In: NJW 2001, 2519 (2520).

[1167] In: NJW 2001, 2281 (2286).

[1168] In: JZ 2001, 742 (743).

Nachbesserung oder Ersatzlieferung behoben werden können. Unter diesen Umständen muß sich auch der Käufer, soweit es ihm zumutbar ist, an den Vertrag gebunden fühlen und sollte sich nicht bei jedem Mangel vom Vertrag lösen können. Durch den Vorrang der Nacherfüllung werden das Interesse des Käufers an einer vollständigen mangelfreien Leistung und das Interesse des Verkäufers an einer Nachbesserung seiner Leistung zu einem angemessenen Ausgleich gebracht. Die Nacherfüllung genießt den Vorrang vor den übrigen Gewährleistungsrechten nur soweit keine Ausnahme vom Erfordernis der Fristsetzung gemäß der §§ 440, 441 BGB vorliegt.[1169] Bei Verbrauchsgüterkäufen sind die generalklauselartigen Begriffe des "Fehlschlagens" und der "Zumutbarkeit" richtlinienkonform auszulegen. Der Grundsatz "pacta sunt servanda" ist durch den Vorrang der Nacherfüllung im Schuldrechtsmodernisierungsgesetz den Anforderungen unserer Zeit angepaßt worden, und gilt insoweit weiterhin in alter Schärfe.

8. Wahlrecht des Käufers zwischen Nachbesserung und Ersatzlieferung

Dem Käufer steht grundsätzlich das Wahlrecht zwischen Nachbesserung und Ersatzlieferung zu (§ 439 Abs.1 BGB). Das Erfordernis des Wahlrechts des Verbrauchers zwischen Nachbesserung und Ersatzlieferung für Verbrauchsgüterkäufe aus Art.3 Abs.3 Satz 1 VbrKfRil erstreckt das Schuldrechtsmodernisierungsgesetz damit auf das gesamte Kaufrecht.[1170] Die Schuldrechtskommission

---

[1169] Lorenz, in: JZ 2001, 742 (743), sieht die Interessen des Käufers, sich nicht lange mit dem Verkäufer auseinander setzen zu müssen, zu Recht ausreichend durch die Regelungen über die Entbehrlichkeit der Fristsetzung in § 440 BGB geschützt.

[1170] Im Werkvertragsrecht sieht das Schuldrechtsmodernisierungsgesetz vor, daß der Unternehmer das Wahlrecht zwischen Nachbesserung und Neuherstellung hat, wenn der Besteller Nacherfüllung fordert (§ 635 Abs.1 BGB). Der Diskussionsentwurf und die konsolidierte Fassung des Diskussionsentwurfs sahen noch ein Wahlrecht des Bestellers vor (§§ 634 Abs.1 BGB-DE, 635 Abs.1 BGB-DEKF). In der Literatur ist diese Lösung kritisiert worden. Roth, in: JZ 2001, 543 (548 f.), fordert, daß das Wahlrecht zwischen beiden Rechtsbehelfen der Nacherfüllung dem Unternehmer zustehen muß, da dieser wegen seiner typischerweise größeren Sachkunde besser entscheiden könne, ob das Werk nachgebessert werden kann oder neu hergestellt werden muß. Dauner-Lieb/Arnold/Dötsch/Kitz, Anmerkungen und Fragen zur konsolidierten Fassung des Diskussionsentwurfs eines Gesetzes zur Modernisierung des Schuldrechts, S.115, verwiesen insoweit auf das Verweigerungsrecht des Unternehmers im Falle unverhältnismäßiger Kosten der vom Käufer gewählten Art der Nacherfüllung (§ 635 Abs.3 BGB-DEKF). Der Abschlußbericht der Schuldrechtskommission, S.253, sah bereits ein Wahlrecht des Unternehmers im Werkvertragsrecht vor, um dem Besteller

erteilte noch dem Verkäufer das Wahlrecht zwischen Nachbesserung und Ersatzlieferung (§ 438 Abs.1 Satz 2 BGB-KE).[1171] Der Entschluß, dem Verkäufer das Wahlrecht bezüglich der Art der Nacherfüllung zuzusprechen, wurde von der Kommission damit begründet, daß der Käufer nur ein Recht auf eine mangelfreie Kaufsache habe; wie der Verkäufer diese Pflicht erfüllt sei seine Sache.[1172] Für das Wahlrecht des Verkäufers spreche außerdem, daß dem Käufer das Risiko einer frühzeitig bindenden Entscheidung für eine bestimmte Form der Nacherfüllung erspart bleibe.[1173] Dem ist nicht beizupflichten, da dem Interesse des Käufers besser entsprochen werden kann, wenn diesem die Wahl für eine bestimmte Art der Nacherfüllung überlassen wird.[1174] Das entspricht auch grundsätzlich Art.46-52 des UN-Kaufrechts. Diese Entscheidung erscheint, im Gegensatz zum Werkvertragsrecht, bei den heute überwiegenden Kaufverträgen über lediglich gattungsmäßig bestimmte Industrieprodukte auch angemessen. Den Interessen des Verkäufers wird hinreichend durch die Beschränkung des Wahlrechts im Wege eines Leistungsverweigerungsrechtes des Verkäufers für den Fall, daß die vom Käufer gewählte Art der Nacherfüllung nur mit unverhältnismäßigen Kosten möglich ist (§ 439 Abs.3 Satz 1 BGB), Rechnung getragen.[1175] Dem Verkäufer steht außerdem das Wahlrecht gegenüber seinem Lieferanten zu. Damit kann der Verkäufer die Wahl des Käufers in der Vertragskette weiterreichen. Es ist aber möglich, daß Wahlrecht des Verkäufers - außerhalb des Verbrauchsgüterkaufs -

---

die Gefahr der falschen Wahl zu nehmen.

1171 Das Wahlrecht des Käufers findet auch Honsell, in: JZ 2001, 278 (281), in der Sache unbillig.

1172 Schuldrechtskommission, Abschlußbericht, S.212. Für ein Wahlrecht des Verkäufers auch Huber, in: Leistungsstörungen, S.876.

1173 Schuldrechtskommission, Abschlußbericht, S.212.

1174 Dauner-Lieb/Arnold/Dötsch/Kitz, Anmerkungen und Fragen zur konsolidierten Fassung des Diskussionsentwurfs eines Gesetzes zur Modernisierung des Schuldrechts, S.83. Zimmer, Das geplante Kaufrecht, in: Ernst/Zimmermann (Hrsg.), Zivilrechtswissenschaft und Schuldrechtsreform, S.191 (199), ist dagegen der Ansicht, daß das Wahlrecht des Käufers sachlich nicht zu rechtfertigen ist, und will das Wahlrecht des Käufers auf Verbrauchsgüterkäufe beschränken. Damit würden ohne zwingenden Sachgrund zwei verschiedene Wahlrechte entstehen, die das Schuldrechtsmodernisierungsgesetz mit einer angemessenen Konzeption in § 439 Abs.3 BGB vermieden hat.

1175 So auch Jorden/Lehmann, in: JZ 2001, 952 (958).

durch individuelle Vereinbarung zwischen den Kaufvertragsparteien oder AGB vorzusehen.[1176]

9. Einschränkung des Wahlrechts: Leistungsverweigerungsrecht des Verkäufers, § 439 Abs.3 Satz 1 BGB

Das Wahlrecht des Käufers zwischen Nachbesserung und Ersatzlieferung beschränkt das Gesetz zur Modernisierung des Schuldrechts, indem dem Verkäufer ein Leistungsverweigerungsrecht eingeräumt wird, wenn die vom Käufer gewählte[1177] Art der Nacherfüllung nur mit unverhältnismäßigen Kosten[1178] möglich ist (§ 439 Abs.3 Satz 1 BGB). Im Wortlaut der Vorschrift heißt es: "Der Verkäufer kann die vom Käufer gewählte Art der Nacherfüllung auch verweigern, ...". Die Wendung "auch" verweist darauf, daß der Verkäufer schon nach allgemeinen Regeln die vom Käufer gewollte Art der Nacherfüllung wegen Unmöglichkeit verweigern kann. Ist die Nacherfüllung unmöglich, ergibt sich das Leistungsverweigerungsrecht, da es sich bei der Nacherfüllung um eine primäre Leistungspflicht handelt, unmittelbar aus § 275 Abs.1, 2 BGB.[1179] Die Regelung des § 439 Abs.3 Satz 1 BGB genügt damit der Anforderung des Art.3 Abs.3 Satz 2 i.V.m. Abs.5 Spiegelstrich 1 VbrKfRil, wonach der Verbraucher Minderung oder Vertragsauflösung verlangen kann, wenn er wegen Unmöglichkeit oder Unverhältnis-

---

1176 Ernst/Gsell, ZIP 2000, 1410 (1416). Bundesnotarkammer und der DeutscherAnwaltVerein, in: Gemeinsame Stellungnahme zum Regierungsentwurf, S.9, haben vorgeschlagen eine entsprechende klarstellende Vorschrift als zweiten Satz in den § 439 Abs.1 BGB einzufügen. Eine solche Vorschrift ist jedoch neben § 475 Abs.1 Satz 1 BGB nicht erforderlich.

1177 Jorden, Verbrauchergarantien, S.616, und Jorden/Lehmann, in: JZ 2001, 952 (958), halten den Wortlaut der Vorschrift für zu eng, da der Verkäufer die unverhältnismäßig teure Form der Nacherfüllung auch bereits dann verweigern können muß, wenn der Käufer sein Wahlrecht noch gar nicht ausgeübt hat. Dies liege gerade auch im Interesse des Käufers, der rechtzeitig informiert werden muß. Dieser Ansatz ist jedoch Zweifeln ausgesetzt, da auf diese Weise das Wahlrecht des Käufers zeitlich weit vor dem Gewährleistungsverlangen des Käufers und ohne Rücksicht auf den Einzelfall ausgeschlossen und damit entwertet werden könnte.

1178 Der Diskussionsentwurf sprach an dieser Stelle von "Aufwendungen" (§ 437 Abs.3 Satz 1 BGB-DE). Wesentliche Unterschiede ergeben sich hieraus nicht. Gruber, Die Nacherfüllung im neuen deutschen Kaufrecht, in: Helms/Neumann/Caspers/Sailer/Schmidt-Kessel (Hrsg.), Das neue Schuldrecht, Jb.J.ZivRWiss., S.187 (193, Fn.14). Anderer Ansicht ist Krebs, in: Die große Schuldrechtsreform, in: DB, Beilage Nr.14/2000, S.19, der den Begriff der "Aufwendungen" für weiter als den der "Kosten", und daher für nicht vereinbar mit der Richtlinie hält.

1179 Diskussionsentwurf eines Gesetzes zur Modernisierung des Schuldrechts, S.490.

mäßigkeit keinen Anspruch auf Nachbesserung oder Ersatzlieferung hat. Die Einführung eines Leistungsverweigerungsrechts ist sachgerecht, da es im Einzelfall dem Interesse des Verkäufers an einer Erbringung einer unverhältnismäßig teuren Nacherfüllung zur Vermeidung sekundärer Rechtsbehelfe des Käufers, die den Verkäufer möglicherweise stärker belasten, Rechnung trägt und damit einen gerechten Interessenausgleich zwischen Käufer und Verkäufer erlaubt.[1180]

§ 439 Abs.3 Satz 1 BGB ist an § 633 Abs.2 Satz 3 BGB a.F. angelehnt, ersetzt allerdings das Wort "Aufwand", entsprechend Art.3 Abs.3 Satz 2 VbrKfRil, durch den Begriff "Kosten".[1181]

Der Begriff der "Unverhältnismäßigkeit" ist, insoweit übereinstimmend mit Art.3 Abs.3 Satz 2 VbrKfRil, unter Heranziehung des Wertes der Kaufsache im mangelfreien Zustand, der Bedeutung des Mangels und der Frage, ob auf die jeweils andere Form der Nacherfüllung ohne erhebliche Nachteile für den Käufer zurückgegriffen werden kann, zu bestimmen (§ 439 Abs.3 Satz 2 BGB). Nach § 439 Abs.3 Satz 2 BGB sind "insbesondere" die genannten Kriterien zu berücksichtigen. Damit geht der deutsche Gesetzgeber über die Vorgabe der Richtlinie hinaus. Hinsichtlich Verbrauchsgüterkäufen kann es dadurch zu einer richtlinienwidrigen Benachteiligung der Verbraucher kommen.[1182] Der Zusatz "insbesondere" muß daher im Interesse einer einheitlichen Regelung für alle Kaufverträge richtlinienkonform einschränkend ausgelegt werden.[1183]

§ 439 Abs.3 Satz 3 1.HS BGB stellt klar, daß sich der Anspruch des Käufers im Falle unverhältnismäßiger Kosten einer Art der Nacherfüllung auf die andere Art der Nacherfüllung beschränkt. Das Recht des Käufers auch die andere Art der Nacherfüllung zu verweigern bleibt freilich unberührt (§ 439 Abs.3 Satz 3 2.HS BGB).

1180 Jorden/Lehmann, JZ 2001, 952 (958).

1181 Regierungsentwurf eines Gesetzes zur Modernisierung des Schuldrechts, S.544, BT-Drucks. 14/6040, S.232.

1182 Zutreffend Jorden/Lehmann, in: JZ 2001, 952 (958).

1183 Jorden/Lehmann, in: JZ 2001, 952 (958). Anderer Ansicht Oetker/Maultzsch, Vertragliche Schuldverhältnisse, S.86.

VI. Primäre Rechtsbehelfe: Nacherfüllung (Nachbesserung und Ersatzlieferung)

1. Nacherfüllung

Erhält der Käufer eine mangelhafte Kaufsache, kann er sofort, unabhängig von einem Verschulden, Nacherfüllung[1184] fordern. § 439 Abs.1 BGB überläßt es der Wahl des Käufers, ob er als Nacherfüllung Beseitigung des Mangels (§ 439 Abs.1 Alt.1 BGB), d.h. Nachbesserung, oder Lieferung einer mangelfreien Sache (§ 439 Abs.1 Alt.2 BGB), also Ersatzlieferung, verlangt. Bei der Nacherfüllung handelt es sich um die, durch § 439 BGB präzisierte und modifizierte Fortsetzung des ursprünglichen Erfüllungsanspruchs. Damit entwickelt das Schuldrechtsmodernisierungsgesetz die Verpflichtung des Verkäufers zur Lieferung einer mangelfreien Sache sachgerecht fort.[1185]

Der Verkäufer trägt nach § 439 Abs.2 BGB[1186] die zum Zweck der Nacherfüllung erforderlichen Aufwendungen[1187], insbesondere Transport-, Wege-, Arbeits- und Materialkosten. Damit setzt der deutsche Gesetzgeber die Vorgabe des Art.3 Abs.4 VbrKfRil richtlinienkonform um. Der bisherige § 476a BGB a.F. ist auf die Kostenregelung der bislang individualvertraglich oder durch AGB zu vereinbarenden Nachbesserung beschränkt und schrieb den Kostenersatz nur bei einer Vereinbarung der Nachbesserung "an Stelle" der übrigen Gewährleistungsrechte vor. § 476a BGB a.F. genügte deshalb den Anforderungen der Richtlinie nicht, und wurde daher zu Recht aufgehoben. Die Regelung des § 439 Abs.2 BGB ist auch sachgerecht, da der Verkäufer die Nacherfüllungskosten tragen muß, wenn man die Nacherfüllungsansprüche des Käufers nicht entwerten will. Sonst könnte der Käufer durch die entstehenden Kosten von der Geltendmachung seiner Rechte abgehalten werden. Der Verkäufer ist hinreichend durch die Regelung des

---

[1184] Der Entwurf für eine kleine Lösung von Ernst/Gsell, ZIP 2000, 1462 (1463), spricht in § 465 von "Abhilfe". Wegen der besseren Verständlichkeit bevorzugt auch Repgen, in: Kein Abschied von der Privatautonomie, S.55 (Fn. 170), den Begriff der Abhilfe. Für den, vom Regierungsentwurf gewählten Ausdruck der "Nacherfüllung" spricht dessen klarstellende Wirkung gegenüber der bisher unklaren Rechtslage hinsichtlich der Einordnung der Sachmängel als Unterfall der Nichterfüllung.

[1185] Ähnlich Lorenz, in: JZ 2001, 742 (743).

[1186] Wortgleich § 437 Abs.2 BGB-DE.

[1187] Art.3 Abs.4 VbrKfRil spricht dagegen von "notwendigen Kosten". Die Wendung von § 439 Abs.2 BGB ist § 476 a BGB a.F. entnommen und steht nicht im Widerspruch zur VbrKfRil.

§ 439 Abs.3 BGB gegen unverhältnismäßig kostenintensive Nacherfüllungsverlangen der Käufer gesichert.[1188]

2. Nachbesserung

Nach der Übergabe, d.h. auch im Zeitraum der Nachbesserung,[1189] trägt der Käufer als Eigentümer die Sachgefahr (§ 446 Satz 1 BGB). Ein zufälliger Untergang oder eine zufällige Verschlechterung der Kaufsache bei dem Versuch der Mangelbeseitigung trifft den Käufer, wenn die Folgen nicht von einem bereits zum Zeitpunkt der Übergabe vorhandenem Fehler herrühren. Im Zeitraum der Nachbesserung erscheint dies unbillig. Diesen Gedanken kennt auch das UN-Kaufrecht. Den Fall des Gefahrübergangs bei vertragswidriger Lieferung regelt das UN-Kaufrecht in einer eigenständigen Vorschrift (Art.70 CISG) und trennt damit den Gefahrübergang von der Lieferung. Art.70 CISG beinhaltet einen Gefahrrückfall ex tunc auf den Verkäufer, wenn der Käufer Ersatzlieferung oder Vertragsauflösung wegen einer wesentlichen Vertragsverletzung verlangt.[1190] Danach kann der Käufer sogar dann noch die genannten Rechte geltend machen, wenn ihm nach Gefahrübergang die Rückgabe der Sache wegen zufälligem Untergang oder zufälliger Beschädigung unmöglich geworden ist.[1191] Den Verkäufer trifft erneut die Preisgefahr, wenn er die Kaufsache wieder zurücknehmen muß.[1192] Die herrschende Meinung[1193] geht davon aus, daß der Verkäufer auch bei der Nachbesserung die Gefahr trägt, wenn die Ware nach Gefahrübergang, aber vor der Behebung des Mangels untergeht. Mit dem Untergang der Sache ist die Nach-

1188 Jorden/Lehmann, JZ 2001, 952 (959).

1189 Reinking, DAR 2001, 8 (12).

1190 Schlechtriem-Hager, Art.70, Rn.2a; Schlechtriem, Intern. UN-KaufR, Rn.224; Staudinger-Magnus, Art.70 CISG, Rn.13.

1191 Soergel-Lüderitz, Art.70 CISG, Rn.1; Staudinger-Magnus, Art.70 CISG, Rn.1.

1192 Staudinger-Magnus, Art.70, Rn.13.

1193 Schlechtriem-Hager, Art.70, Rn.7; Soergel-Lüderitz, Art.70, Rn.3; Staudinger-Magnus, Art.70, Rn.15. Anderer Ansicht sind Herber/Czerwenka, Art.70, Rn.6, nach denen die Gefahr durch das Nachbesserungsverlangen des Käufers auf diesen übergeht, und er folglich das Risiko des Untergangs tragen muß. Der Käufer verzichte mit der Nachbesserung auf das Vertragsaufhebungsrecht, welches damit erlösche. Diese Ansicht ist aber abzulehnen, da sonst der Käufer unbillig bestraft würde, der sich anfangs mit der Nachbeserung begnügt (so zu Recht Schlechtriem-Hager, Art.70, Rn.7).

besserung praktisch gescheitert.[1194] Ist zwischen den Parteien streitig, ob der Untergang der Ware oder ihre Verschlechterung auf einen Zufall nach Gefahrübergang beruht, trägt der Verkäufer dafür die Beweislast.[1195]

Der Verkäufer ist nach dem Schuldrechtsmodernisierungsgesetz von Beginn an zur mängelfreien Leistung verpflichtet (§ 433 Abs.1 Satz 2 BGB). Übergibt er eine mit Mängeln behaftete Sache, verletzt er eine primäre Vertragspflicht und muß Nacherfüllen. Verlangt der Käufer vom Verkäufer die Mangelbeseitigung, so muß er diesem die Kaufsache dafür zwangsläufig zurückgeben. Die Sache gelangt damit für den Nacherfüllungsversuch wieder in den Einflußbereich des Verkäufers, auf den er, wie vor der Übergabe (dem ersten Erfüllungsversuch), nicht einwirken kann. Im Rahmen der eigenen Reparatur oder durch die Beauftragung eines fachkundigen und sorgfältigen Dritten hat der Verkäufer die Möglichkeit, die erforderlichen Vorkehrungen zu treffen, eventuell entsprechende Versicherungen abschließen, um die Gefahr eines zufälligen Untergangs oder einer zufälligen Verschlechterung abzudecken. Der Käufer ist daher bei der Nacherfüllung ähnlich schutzwürdig, wie vor der Übergabe. Dies muß konsequenterweise auch für den Transport der mangelhaften Sache zum Verkäufer oder einem vom Verkäufer mit der Reparatur beauftragten Dritten gelten. § 446 BGB sollte deshalb um einen Zusatz ergänzt werden, demzufolge der Verkäufer die Sachgefahr auch im Zeitraum der Nacherfüllung trägt.[1196]

3. Ersatzlieferung

Der Käufer einer mangelhaften Sache kann vom Verkäufer grundsätzlich Lieferung einer mangelfeien Ersatzsache verlangen. Beim Stückkauf ist diese Art der Nacherfüllung jedoch grundsätzlich von Beginn an ausgeschlossen.[1197] Liefert der Verkäufer zum Zweck der Nacherfüllung eine mangelfreie Sache, so kann er vom Käufer die mangelhafte Sache nach den Regeln des gesetzlichen Rücktrittsrechts

---

[1194] Schlechtriem-Hager, Art.70, Rn.7.

[1195] Herber/Czerwenka, Art.70, Rn.8; Schlechtriem-Hager, Art.70, Rn.6; Staudinger-Magnus, Art.70 CISG, Rn.18.

[1196] Reinking, in: DAR 2001, 8 (13), schlägt vor, § 444 BGB-DE (entspricht § 445 BGB-RE, § 446 BGB) dahingehend zu ergänzen, daß der Verkäufer die Gefahr des zufälligen Untergangs und der zufälligen Verschlechterung in der Zeit trägt, in der sich die Kaufsache zum Zwecke der Nacherfüllung in seinem Gewahrsam oder im Gewahrsam eines von ihm beauftragten Dritten befindet.

[1197] Lorenz, JZ 2001, 742 (743).

gemäß §§ 346, 347 BGB und dem unveränderten § 348 BGB zurück verlangen (§ 439 Abs.4 BGB[1198]). Nach § 346 Abs.1 BGB i.V.m. § 439 Abs.4 BGB hat der Käufer im Falle der Ersatzlieferung die empfangene Leistung zurückzugewähren und die gezogenen Nutzungen, einschließlich der durch den bestimmungsmäßigen Gebrauch entstandenen Abnutzung, herauszugeben. Fraglich ist jedoch, ob die Nutzungsersatzverpflichtung des Käufers, der vom Verkäufer wegen einer Vertragswidrigkeit der Kaufsache Ersatzlieferung fordert, angemessen ist.[1199] Nach der Übergabe der verkauften Sache stehen dem Käufer die Nutzungen der Sache zu (§ 446 Satz 1 BGB). Das Recht des Käufers zur Benutzung der Sache entfällt zwar - im Gegensatz zu den Rechtsfolgen beim Rücktritt - nicht nachträglich. Ein Ersatz der gezogenen Nutzungen (§ 346 Abs.1 BGB) erscheint aber, im Anbetracht dessen, daß der Käufer eine neue mangelfreie Sachen fordern kann, nicht unangemessen. Hat der Käufer Nutzungen entgegen der Regeln der ordnungsgemäßen Wirtschaft nicht gezogen, obwohl ihm dies möglich gewesen wäre, so muß er wegen des gesetzlichen Rücktrittsrechts aufgrund des Mangels aus § 440 BGB nur für diejenige Sorgfalt eintreten, die er in eigenen Angelegenheiten anzuwenden pflegt (§ 347 Abs.1 Satz 2 BGB).

VII. Sekundäre Rechtsbehelfe: Rücktritt, Minderung und Schadensersatz

1. Rücktritt, Minderung und Schadensersatz

Durch die Einfügung der Kaufgewährleistungsrechte in das allgemeine Leistungsstörungsrecht, stellt sich das Rücktrittsrecht nunmehr als normativer Anknüpfungspunkt des Minderungsrechts dar, das als einziger Rechtsbehelf des ädilizischen, speziellen Gewährleistungsrechts bestehen geblieben ist.[1200] Minderung kann der Käufer "statt" des Rücktritts verlangen (§ 441 Abs.1 BGB). Schadensersatz und Rücktritt stehen dem Käufer einer nicht vertragsgemäßen Sache[1201] bereits nach den allgemeinen Regeln zu (§§ 281, 323 BGB).

[1198] Diese Vorschrift ist fast wortgleich dem § 438 Abs.3 BGB-KE entnommen worden und entspricht § 437 Abs.4 BGB-DE.

[1199] Zweifelnd Hoffmann, ZRP 2001, 347 (349).

[1200] Ein Minderungsrecht findet sich auch in Art.3 Abs.5 VbrKfRil und Art.50 CISG.

[1201] Der Regierungsentwurf spricht von der "Leistung" (§§ 281, 323 BGB-RE).

2. Wahlrecht des Käufers

Auch auf der zweiten Gewährleistungsstufe steht dem Käufer das Wahlrecht zwischen Wandelung, Minderung und Schadensersatz zu.

3. Rücktritt, §§ 437 Nr.2 Alt.1, 440, 323, 326 Abs.5[1202] BGB

Die Wandelung ist als spezieller gewährleistungsrechtlicher Rechtsbehelf im Regierungsentwurf eines Gesetzes zur Modernisierung des Schuldrechts nicht mehr beibehalten worden. An seine Stelle ist das allgemeine Rücktrittsrecht der §§ 323 ff. BGB getreten, das den zentralen Vertragsauflösungstatbestand wegen Pflichtverletzungen bildet.[1203] Das Rücktrittsrecht ist gemäß § 437 Nr.2 Alt.1 BGB, der auf die §§ 323, 326 Abs.5 BGB des allgemeinen Rücktrittsrechts verweist, Gewährleistungsrechtsbehelf im Kaufrecht. Modifikationen erfahren die allgemeinen Regeln allerdings durch die spezielle kaufgewährleistungsrechtliche Vorschrift des § 440 BGB, die "Besondere Bestimmungen für Rücktritt und Schadensersatz" enthält.

a) Voraussetzungen des Rücktritts

Nach § 323 Abs.1 BGB kann der Gläubiger (Käufer) eines gegenseitigen Vertrages (Kaufvertrages) vom Vertrag zurücktreten, wenn der Schuldner (Verkäufer) eine fällige Leistung nicht vertragsgemäß erbringt.

aa) Kein Verzug oder Verschulden des Verkäufers erforderlich

Das Rücktrittsrecht erfordert für den Fall der Lieferung einer mangelhaften Sache, im Gegensatz zu § 326 BGB a.F., keinen Verzug und kein Verschulden des Schuldners (Verkäufers).

bb) Behebbare Mängel

(1) Erfolgloser Ablauf einer gesetzten Frist zur Nacherfüllung

Grundsätzlich, d.h. wenn ein behebbarer Mangel vorliegt, ist Voraussetzung des Rücktrittsrechts, daß der Käufer dem Verkäufer eine angemessene Frist zur Nacherfüllung gesetzt hat und diese Frist erfolglos abgelaufen ist. Mit Ablauf der

---

1202 § 326 Abs.1 Satz 3 BGB-RE.

1203 Verweise auf die §§ 346 ff. BGB finden sich etwa in §§ 281 Abs.4, 326 Abs.5, 439 Abs.4, 441 Abs.4, 635 Abs.4, 638 Abs.4 BGB.

Frist entsteht ein Rückabwicklungsverhältnis zwischen Verkäufer und Käufer. Die Vertragsparteien haben sich gemäß § 346 Abs.1 BGB die empfangenen Leistungen zurückzugewähren bzw. gemäß § 346 Abs.2, 3 BGB Wertsersatz zu leisten.

(2) Verzicht auf eine sog. qualifizierte Fristsetzung oder weiche Ablehnungsandrohung

Eine Ablehnungsandrohung ist nach der Beschlußempfehlung des Rechtsausschusses des Bundestags nicht mehr erforderlich.[1204] Der Regierungsentwurf sah noch vor, daß der Käufer mit dem Rücktrittsverlangen ausgeschlossen ist, wenn der Verkäufer trotz der Fristsetzung nicht mit dem Rücktritt rechnen mußte (§ 323 Abs.1 BGB, sog. qualifizierte Fristsetzung[1205] oder weiche Ablehnungsandrohung[1206]). Der Regierungsentwurf schaffte damit de facto einen in den Anforderungen an den Gläubiger milderen Ersatz für die Ablehnungsandrohung aus § 326 BGB a.F. Die bisher schwerwiegende Hürde der Ablehnungsandrohung als Voraussetzung des Rücktritts aus § 326 BGB a.F., an die strenge Anforderungen von Seiten der Rechtsprechung gestellt werden, wurde für den Gläubiger etwas abgesenkt.

Der Rechtsausschuß des Deutschen Bundestags hat den letzten HS in § 323 Abs.1 BGB-RE nicht beibehalten[1207], da der Regierungsentwurf, wie sich erst zweifelsfrei aus der Begründung ergibt, tatsächlich keine Form der Ablehnungsandrohung aufrechterhalten wollte.[1208] Dem Schuldner sollte lediglich die Möglichkeit gegeben werden, darzulegen, daß die konkret ausgesprochene Fristsetzung ihm keine Veranlassung gab, mit dem Rücktritt zu rechnen.[1209] Aus dem Wortlaut des § 323 Abs.1 BGB-RE ergab sich dies indes nicht. Der Zusatz des

---

1204 Palandt-Heinrichs, 61.Aufl., Einl v § 241, Rn.46.

1205 Canaris, JZ 2001, 499 (510), zur konsolidierten Fassung des Diskussionsentwurfs. Ziegler/Rieder, ZIP 2001, 1789 (1791), zum Regierungsentwurf.

1206 Dauner-Lieb/Arnold/Dötsch/Kitz, Anmerkungen und Fragen zur konsolidierten Fassung des Diskussionsentwurfs eines Schuldrechtsmodernisierungsgesetzes, S.63.

1207 Ebenso hat der Rechtsausschuß des Deutschen Bundestags die gleiche Wendung des § 281 Abs.1 Satz 2 BGB-RE zur Streichung vorgeschlagen. Beschlußempfehlung des Rechtsausschusses des Deutschen Bundestags, in: BT-Drucks. 14/7052, S.185.

1208 Regierungsentwurf eines Gesetzes zur Modernisierung des Schuldrechts, S.427, BT-Drucks. 14/6040, S.184.

1209 Beschlußempfehlung des Rechtsausschusses des Deutschen Bundestags, in: BT-Drucks. 14/7052, S.185.

§ 323 Abs.1 letzter HS BGB-RE ist auch überflüssig, da der Schuldner, der nicht zum versprochenen Zeitpunkt vertragsgemäß geleistet und dem der Gläubiger eine angemessene Frist zur Nacherfüllung gesetzt hat, damit rechnen muß, daß die Aufforderung auch Folgen hat. Diese Aufforderung ist, ähnlich einer Mahnung, ohne weiteren Zusatz ernst zu nehmen.[1210] Fälle in denen der Schuldner mit einem Rücktritt dennoch nicht zu rechnen braucht, sind kaum vorstellbar.[1211] Die Entscheidung des Rechtsausschusses ist aus Gründen der einfacheren Handhabung, der Rechtssicherheit und -klarheit zu befürworten.[1212]

(3) Ausnahmen vom Fristsetzungserfordernis

Einer Fristsetzung bedarf es neben den Fällen des § 323 Abs.2 BGB nach der besonderen kaufrechtlichen Vorschrift des § 440 Satz 1 BGB auch dann nicht, wenn der Verkäufer "beide Arten der Nacherfüllung", also Nachbesserung und Ersatzlieferung, gemäß § 439 Abs.3 BGB verweigert (Alt.1). Gleiches gilt, wenn die dem Käufer zustehende Art der Nacherfüllung fehlgeschlagen (Alt.2) oder dem Verkäufer unzumutbar ist (Alt.3).

Nach § 440 Satz 2 BGB gilt die Nachbesserung nach dem erfolglosen zweiten Versuch als fehlgeschlagen, wenn sich nicht insbesondere aus der Art der Sache oder des Mangels oder dem Verhalten des Verkäufers etwas anderes ergibt.

cc) Unbehebbare Mängel

Ist dem Verkäufer oder jedem anderen die Lieferung einer mangelfreien Sache unmöglich, liegt also ein unbehebbarer Sachmangel vor, ist der Verkäufer von der Primärpflicht zur Lieferung einer mangelfreien Sache gemäß § 275 Abs.1 BGB

[1210] So zutreffend auch die Begründung des Regierungsentwurfs, S.427 f., BT-Drucks. 14/6040, S.184; Schmidt-Räntsch, Das neue Schuldrecht, Rn.507.

[1211] Anderer Ansicht ist insoweit der Regierungsentwurf eines Gesetzes zur Modernisierung des Schuldrechts, S.428, BT-Drucks. 14/6040, S.184.

[1212] Ähnlich Schlechtriem, Entwicklung des deutschen Schuldrechts und europäische Rechtsangleichung, in: Helms/Neumann/Caspers/Sailer/Schmidt-Kessel (Hrsg.), Das neue Schuldrecht, Jb.J.ZivRWiss., S.9 (25). Canaris, in: JZ 2001, 499 (510), hielt die sog. qualifizierte Fristsetzung dagegen für den "optimalen Kompromiß zwischen den widerstreitenden Interessen von Gläubiger und Schuldner". Einen "angemessenen Ausgleich" der Gläubiger- und Schuldnerinteressen nimmt auch Gsell, Der Schadensersatz statt der Leistung nach dem neuen Schuldrecht, in: Helms/Neumann/Caspers/Sailer/Schmidt-Kessel (Hrsg.), Das neue Schuldrecht, Jb.J.ZivRWiss., S.105 (109), an.

befreit. Der Käufer kann dann ebenfalls ohne Fristsetzung vom Vertrag zurücktreten (§ 437 Nr.2 BGB i.V.m. §§ 326 Abs.5[1213], 323 BGB). Der Käufer ist, wenn der Verkäufer von der Pflicht zur Lieferung einer mangelfreien Sache frei wird, im Gegenzug nicht zur Gegenleistung verpflichtet.

b) Kein Rücktritt bei unerheblicher Pflichtverletzung, § 323 Abs.5 Satz 2 BGB[1214]

Ist die Leistung vom Schuldner nicht vertragsgemäß, d.h. mangelhaft, erbracht worden, kann der Gläubiger nach § 323 Abs.5 Satz 2 BGB nicht vom Vertrag zurücktreten, wenn die Pflichtverletzung unerheblich ist. Nach Art.3 Abs.6 VbrKfRil ist der Anspruch auf Vertragsauflösung bei einer "geringfügigen Vertragswidrigkeit" ausgeschlossen. Die enge Orientierung der VbrKfRil an dem UN-Kaufrecht läßt den Schluß zu, daß die Vertragsauflösung nach der VbrKfRil auf wesentliche Vertragsverletzungen beschränkt werden kann (Art.25, 49 Abs.1 lit.a CISG). Maßgeblich für die Feststellung einer nicht geringfügigen (wesentlichen) Vertragswidrigkeit ist, ob die berechtigten Erwartungen der anderen Partei durch den Pflichtverstoß in objektiver Sicht erheblich beeinträchtigt werden.[1215] Von der Vorgabe der Richtlinie kann nach Art.8 Abs.2 VbrKfRil zugunsten des Verbrauchers abgewichen werden. Der deutsche Gesetzgeber hat von dieser Möglichkeit in § 323 Abs.5 Satz 2 BGB unter Anknüpfung an § 459 Abs.1 Satz 2 BGB a.F. Gebrauch gemacht, indem nur unerhebliche Vertragswidrigkeiten den Anspruch auf Vertragsauflösung ausschließen.

4. Minderung, §§ 437 Nr.2 Alt.2, 440, 441 BGB

An Stelle des Rücktritts kann der Käufer auch den Kaufpreis mindern (§ 441[1216] Abs.1 BGB). Das Minderungsrecht kann, da es lediglich "statt" des Rücktrittsrechts geltend gemacht wird, nur unter den Voraussetzungen des Rücktritts in § 440 BGB i.V.m. § 323 BGB ausgeübt werden. Das Minderungsrecht knüpft an das zentrale Rücktrittsrecht des allgemeinen Leistungsstörungsrechts an. Deshalb

---

1213 § 326 Abs.1 Satz 3 BGB-RE.

1214 § 323 Abs.4 Satz 2 BGB-RE.

1215 Magnus, in: Staudinger, Art.25 CISG, Rn.9 und 11; Herber/Czerwenka, Art.25, Rn.6, 8. Schlechtriem, Intern. UN-Kaufrecht, Rn.111, stellt darauf ab, ob dem Käufer durch die Vertragswidrigkeit im wesentlichen das entgeht, was er nach dem Vertrag hätte erwarten können.

1216 Vgl. § 638 BGB für das Werkvertragsrecht.

ist auch die Kaufpreisminderung grundsätzlich an eine vorherige Setzung einer angemessenen Frist gebunden (§ 323 Abs.1 BGB analog).

Wie der Rücktritt ist auch die Minderung nunmehr als ein Gestaltungsrecht geregelt.[1217] Dies entspricht der Rechtslage nach UN-Kaufrecht.[1218] Gemäß Art.50 CISG wird die Minderung durch eine einseitige Gestaltungserklärung bewirkt.[1219] Der Rechtsbehelf der Minderung wird außerdem, im Gegensatz zur geltenden Rechtslage, auch bei Vorliegen eines Rechtsmangels einschlägig sein.[1220]

a) Minderung auch bei unerheblicher Minderung des Wertes und der Tauglichkeit, § 441 Abs.1 Satz 2 BGB

Der zukünftig geltende Grundsatz, daß der Käufer einer nicht vertragsgemäßen Sache das Minderungsrecht nur unter den Voraussetzungen des Rücktritts geltend machen kann, gilt nicht uneingeschränkt. Der Regierungsentwurf des Gesetzes zur Modernisierung des Schuldrechts sieht vor, daß der Verbraucher, wenn die Nacherfüllung fehlgeschlagen ist, wegen jedem Mangel Minderung des Kaufpreises verlangen kann.[1221] Dazu wird in § 441 Abs.1 Satz 2 BGB der Ausschlußgrund des § 323 Abs.5 Satz 2 BGB auf das Minderungsrecht für nicht anwendbar erklärt. Dies entspricht dem Vorschlag der Schuldrechtskommission[1222] und setzt die Vorgabe des Art.3 Abs.5 VbrKfRil für Verbrauchsgüterkäufe um, nach der bei einer "geringfügigen Vertragswidrigkeit" nur der Anspruch des Verbrauchers auf Vertragsauflösung ausgeschlossen ist. Nach bisheriger Rechtslage hat der Käufer dagegen nur bei nicht unerheblicher Minderung des Wertes oder der Tauglichkeit der Kaufsache einen Anspruch auf Minderung (§ 459 Abs.1 Satz 2 BGB). Damit nähert sich das deutsche Kaufgewährleistungsrecht an die Regelung des UN-Kaufrechts in Art.50 CISG an, die für die Ausübung des Minderungsrechts nicht

---

[1217] Regierungsentwurf eines Gesetzes zur Modernisierung des Schuldrechts, S.550, BT-Drucks. 14/6040, S.234.

[1218] Schlechtriem, ZSR 118 (1999), 335 (344).

[1219] Schlechtriem, Intern. UN-KaufR, Rn.204; Soergel-Lüderitz/Schüßler-Langeheine, Art.50, Rn.6; Staudinger-Magnus, Art.50 CISG, Rn.15.

[1220] Regierungsentwurf eines Gesetzes zur Modernisierung des Schuldrechts, S.550, BT-Drucks. 14/6040, S.234. So bereits die Schuldrechtskommission, in: Abschlußbericht, S.218.

[1221] Regierungsentwurf eines Gesetzes zur Modernisierung des Schuldrechts, S.551, BT-Drucks. 14/6040, S.235.

[1222] Schuldrechtskommission, Abschlußbericht (§ 440 BGB-KE), S.219.

verlangt, daß der Mangel eine wesentliche Vertragsverletzung darstellt.[1223] Die Einräumung des Minderungsrechts auch bei geringfügigen Vertragswidrigkeiten entspricht auch der ratio des Rechtsbehelfs der Minderung, da in diesem Fall das Äquivalenzverhältnis zwischen vereinbartem Preis und dem Wert der Kaufsache gestört[1224] und der Verkäufer der Mangelsache nicht schutzwürdig ist.[1225]

b) Berechnung des Minderungsbetrags

Die Berechnung des Minderungsbetrags wird von der VbrKfRil nicht vorgegeben. Nach der Richtlinie muß es sich nur um eine "angemessene" Minderung handeln (Art.3 Abs.2 und Abs.5 VbrKfRil). Dies ist eine Forderung, die dem Verständnis der Minderung nach geltendem Recht als relative Herabsetzung des Kaufpreises wegen des durch einen Mangel gestörten Äquivalenzverhältnisses allerdings nicht recht entspricht.[1226]

1223 Herber/Czerwenka, Art.50, Rn.3; Soergel-Lüderitz/Schüßler-Langeheine, Art.50, Rn.2; Staudinger-Magnus, Art.50 CISG, Rn.13.

1224 Zum Zweck des § 472 BGB Putzo, in Palandt, 61. Aufl., § 472, Rn.1.

1225 Zimmer, Das geplante Kaufrecht, in: Ernst/Zimmermann (Hrsg.), Zivilrechtswissenschaft und Schuldrechtsreform, S.191 (200), noch für § 440 Abs.3 Satz 1 BGB-DE. Dagegen will Krebs, in: DB, Beilage Nr.14/2000, S.19, das Minderungsrecht im Falle unwesentlicher Mängel auf den Verbraucherkauf beschränken und in die Vorschrift des § 474 BGB-DE einstellen, da die Regelung außerhalb des Verbraucherkaufs unangemessen sei: Bei unerheblichen Mängeln fehle es fast immer am Verschulden des Verkäufers. Vor allem werde der Rechtsfrieden empfindlich gestört, was nicht sachlich begründbar sei, da die Käuferinteressen im Falle unwesentlicher Mängel nicht ernsthaft beeinträchtigt wären. Dem ist entgegen zu halten, daß es auch zukünftig bei der Gewährleistungshaftung grundsätzlich nicht auf ein Verschulden des Verkäufers ankommt. Auch bei unwesentlichen Mängeln ist außerdem das Interesse des Käufers an einer zu seiner Kaufpreiszahlung äquivalenten Leistung des Verkäufers tangiert. Eine empfindliche Störung des Rechtsfriedens ist durch die Berücksichtigung dieser Tatsache nicht zu erwarten, da der Käufer bei ganz unerheblichen Mängeln regelmäßig selbst von der Geltendmachung des Mangels absehen wird, die Kaufpreisminderung in den übrigen Fällen relativ schnell durchführbar ist, und bei unerheblichen Mängeln nach proportionaler Berechnung auch nur recht gering ausfallen wird.

1226 So zu Recht Schlechtriem, Das geplante Gewährleistungsrecht im Licht der europäischen Richtlinie zum Verbrauchsgüterkauf, in: Ernst/Zimmermann (Hrsg.), Zivilrechtswissenschaft und Schuldrechtsreform, S.205 (221). Die Richtlinie scheint insoweit eher die - auf das "common law" zurückgehende - sog. Differenzmethode im Auge gehabt zu haben, die der Schadensberechnung nahe steht. Zu den Berechnungsmethoden im Rechtsvergleich Basedow, Kaufrechtsreform, S.72.

aa) Entwicklung des Gesetzgebungsstandes

Der Regierungsentwurf des Gesetzes zur Modernisierung des Schuldrechts sah vor, daß durch die Minderung der Kaufpreis um den Betrag herabgesetzt wird, um den der Mangel den Wert der Kaufsache, gemessen am Kaufpreis, mindert (§ 441[1227] Abs.3 Satz 1 BGB-RE).[1228] Die Bedeutung der Regelung zur Berechnung des Minderungsbetrags nach dem Regierungsentwurf, die letztlich auf dem Abschlußbericht der Schuldrechtskommission beruht,[1229] erschließt sich allerdings nicht ohne weiteres, sondern hat im Schrifttum für einige Verwirrung gesorgt[1230]. Aus diesem Grund hat der Rechtsausschuß des Bundestags empfohlen, die Regelung des § 472 BGB a.F. im wesentlichen beizubehalten.[1231] Der Rechtsausschuß schließt sich damit den vorliegenden Gesetzesvorschlägen für eine sog. kleine Lösung sowie anderen Stimmen im Schrifttum an, die es ebenfalls bei der bisherigen Regelung der Berechnung des Minderungsbetrags nach § 472 BGB belassen

---

[1227] § 440 der konsolidierten Fassung des Diskussionsentwurfs des Gesetzes zur Modernisierung des Schuldrechts. Der ursprüngliche Diskussionsentwurf sah die Vorschrift noch als § 439 BGB-KE vor.

[1228] Zimmer, Das geplante Kaufrecht, in: Ernst/Zimmermann (Hrsg.), Zivilrechtswissenschaft und Schuldrechtsreform, S.191 (200), bemängelt den Text der Vorschrift zu Recht als "unnötig unklar" formuliert.

[1229] § 440 Abs.3 BGB-KE.

[1230] Nach Dauner-Lieb/Arnold/Dötsch/Kitz, Anmerkungen und Fragen zur konsolidierten Fassung des Diskussionsentwurfs, S.85, handelt es sich um eine "kryptische Regelung", die einen "Systemwechsel" mit sich bringe. Zimmer, Das geplante Kaufrecht, in: Ernst/Zimmermann (Hrsg.), Zivilrechtswissenschaft und Schuldrechtsreform, S.191 (200), nimmt ebenfalls an, daß der Entwurf im Hinblick auf die Berechnung der Minderung einen Systemwechsel herbeiführen möchte. Ähnlich Olshausen, in: JZ 2001, 1132. Krebs, in: DB, Beilage Nr.14/2000, S.19, geht dagegen davon aus, daß der Entwurf gar kein Berechnungsverfahren beinhaltet. Der Ansicht von Heldrich, in: NJW 2001, 2521 (2523), zufolge, beläßt es der Regierungsentwurf bei einer relativen Berechnungsmethode, die aber noch verbesserungsbedürftig sei. Honsell, in: JZ 2001, 278 (281), hält an den, der "kryptischen" besonderen Begründung der Vorschrift zur Minderungsberechnung zugrundeliegenden Überlegungen des Gesetzgebers schließlich "alles" für "falsch".

[1231] Beschlußempfehlung des Rechtsausschusses des Deutschen Bundestags, S.234, und BT-Drucks. 14/7052, S.197. So auch Schmidt-Räntsch, Das neue Schuldrecht, Rn.889.

wollen.[1232] Das Gesetz zur Modernisierung des Schuldrechts ist schließlich in dieser Fassung verabschiedet worden.

bb) Relevanter Zeitpunkt der Berechnung des Minderungsbetrages

Wie nach der bisher geltenden Rechtslage gemäß § 472 BGB wäre auch nach dem Regierungsentwurf der Wert der Kaufsache im Zeitpunkt des Vertragsschlusses maßgebend gewesen (§ 441 Abs.3 Satz 2 BGB-RE). Dagegen stellt das UN-Kaufrecht für die Berechnung des Minderungsbetrages auf den Zeitpunkt der Lieferung der Kaufsache ab (Art.50 CISG).[1233] Die Lösung des UN-Kaufrechts ist vorzugswürdig, da der Wert der Kaufsache im Zeitpunkt der tatsächlichen Lieferung in der Praxis häufig einfacher feststellbar ist, als die Berechnung hypothetischer Werte der Sache im Zeitpunkt des Vertragsschlusses. Gegen die Zugrundelegung des Zeitpunktes des Vertragsschlusses zur Beurteilung des Werts der mangelhaften Sache, und weniger gegen die Methode der proportionalen Berechnung des Minderungswerts, wendet sich auch die bisher an § 472 BGB geäußerte Kritik.[1234] Der Regierungsentwurf verfolgte dagegen, wie schon die Schuldrechtskommission, einen anderen Weg zur Lösung des Problems. Nach der Beschlußempfehlung des Rechtsausschusses des Bundestags bleibt es schließlich bei den dargestellten Problemen.

cc) Beabsichtigte Beibehaltung der relativen Berechnungsmethode nach dem Regierungsentwurf

Nach der besonderen Begründung des Regierungsentwurfs sollte die Vorschrift des § 441 Abs.3 Satz 1 BGB-RE, "den bisherigen § 472 Abs.1 BGB (Berechnung

---

[1232] Ernst/Gsell, ZIP 2000, 1462 (1463); Kirchner/Richter, Vorschlag für ein Gesetz zur Änderung des Kaufrechts und des Fernabsatzgesetzes, S.21. Für eine grundsätzliche Beibehaltung der Berechnung nach § 472 BGB auch Huber, in: Leistungsstörungen, S.884; Dauner-Lieb/Arnold/Dötsch/Kitz, Anmerkungen und Fragen zur konsolidierten Fassung des Diskussionsentwurfs, S.85; Krebs, in: DB, Beilage Nr.14/2000, S.19; Schlechtriem, Das geplante Gewährleistungsrecht im Licht der europäischen Richtlinie zum Verbrauchsgüterkauf, in: Ernst/Zimmermann (Hrsg.), Zivilrechtswissenschaft und Schuldrechtsreform, S.205 (221).

[1233] Schlechtriem, Intern. UN-KaufR, Rn.204; Staudinger-Magnus, Art.50 CISG, Rn.21.

[1234] Huber, in: Soergel, § 472, Rn.8; Rust, Das kaufrechtliche Gewährleistungsrecht, S.151 f.; jeweils m.w.N. Dauner-Lieb, in: Stellungnahme zum Schuldrechtsmodernisierungsgesetzentwurf, S.11, hält zu Recht auch die Nachfolgeregelung (§ 441 Abs.3 Satz 2 BGB-RE), die ebenfalls auf den Zeitpunkt des Vertragsabschlusses abstellt, für "kaum praktikabel".

der Minderung) mit Änderungen" übernehmen.[1235] Ziel der Änderungen war eine möglichst einfache und praktikable Berechnung.[1236] Nach der Neuregelung des Regierungsentwurfs sollte dazu, im Gegensatz zum geltenden § 472 BGB, nicht mehr am sog. relativen Berechnungsmodell nach dem Verkehrswert der mangelhaften Sache festgehalten werden.[1237] Der objektive Wert sei nur schwer zu ermitteln und führe häufig zu Schwierigkeiten.[1238] Wohlgemerkt unter Beibehaltung der relativen Berechnungsweise[1239] sollte an dem zwischen den Parteien vereinbarten Kaufpreis angeknüpft werden.[1240] Richtig ist wohl, daß der Verkehrswert der mangelhaften Sache als Wertfaktor (Ist-Wert) bei der Berechnung des Minderungsbetrages nach § 441 Abs.3 Satz1 BGB-RE keine Berücksichtigung mehr finden sollte.[1241] Es wäre also nicht der Grundsatz anzuwenden gewesen, daß der Käufer die Differenz zwischen dem tatsächlichen Wert der mangelhaften Kaufsache und dem Kaufpreis gemäß § 441 Abs.3 Satz 1 BGB-RE ersetzt bekommt.[1242]

[1235] Regierungsentwurf eines Gesetzes zur Modernisierung des Schuldrechts, S.551, BT-Drucks. 14/6040, S.235.

[1236] Regierungsentwurf eines Gesetzes zur Modernisierung des Schuldrechts, S.552, BT-Drucks. 14/6040, S.235.

[1237] Regierungsentwurf eines Gesetzes zur Modernisierung des Schuldrechts, S.552, BT-Drucks. 14/6040, S.235; Diskussionsentwurf eines Gesetzes zur Modernisierung des Schuldrechts, S.452; Schuldrechtskommission, Abschlußbericht, S.219.

[1238] Regierungsentwurf eines Gesetzes zur Modernisierung des Schuldrechts, S.552, BT-Drucks. 14/6040, S.235. So bereits die Schuldrechtkommission, Abschlußbericht, S.219, und der Diskussionsentwurf eines Gesetzes zur Modernisierung des Schuldrechts, S.452. Dagegen bereite die Ermittlung des Verkehrswerts der mangelhaften Sache nach Honsell, in: JZ 2001, 278 (281), "keine besonderen Schwierigkeiten".

[1239] Dies stellt auch Schlechtriem, Das geplante Gewährleistungsrecht im Licht der europäischen Richtlinie zum Verbrauchsgüterkauf, in: Ernst/Zimmermann (Hrsg.), Zivilrechtswissenschaft und Schuldrechtsreform, S.205 (221), im Hinblick auf § 439 Abs.3 BGB-DE fest.

[1240] Regierungsentwurf eines Gesetzes zur Modernisierung des Schuldrechts, S.552, BT-Drucks. 14/6040, S.235. Bereits die Schuldrechtkommission, Abschlußbericht, S.219, und der Diskussionsentwurf eines Gesetzes zur Modernisierung des Schuldrechts, S.452.

[1241] Zimmer, Das geplante Kaufrecht, in: Ernst/Zimmermann (Hrsg.), Zivilrechtswissenschaft und Schuldrechtsreform, S.191 (200). Im Ergebnis auch Tonner, VuR 2001, 87 (91).

[1242] So aber Zimmer, Das geplante Kaufrecht, in: Ernst/Zimmermann (Hrsg.), Zivilrechtswissenschaft und Schuldrechtsreform, S.191 (201).

Die Minderung liefe dann ins Leere, wenn die mangelhafte Sache einen Wert in Höhe des Kaufpreises hat.[1243]

Nach dem Wortlaut der besonderen Begründung des Regierungsentwurfs, sowie des insofern gleichlautenden Abschlußberichts der Schuldrechtskommission und des Diskussionsberichts, wollte der Gesetzgeber die proportionale Berechnungsweise des Minderungsbetrags gerade nicht aufgeben.[1244] Eine Berechnung des geminderten Kaufpreises nach der sog. absoluten Methode, bei der einfach der Wert der mangelhaften Kaufsache oder die Wertdifferenz zwischen mangelhafter und mangelfreier Sache als Betrag des geminderten Kaufpreises herangezogen wird,[1245] war nach dem Regierungsentwurf nicht beabsichtigt.[1246] Insbesondere, da der Kaufpreis bei der absoluten Berechnung gar keine Rolle spielt.[1247] Auf die Anwendung einer absoluten Berechnungsmethode war auch aus § 441 Abs.3 Satz 3 BGB-RE, wonach der Minderungsbetrag[1248] soweit erforderlich durch Schätzung ermittelt werden sollte, nicht zwingend zu schließen. Eine entsprechende Schätzung wird außerdem schon nach der bislang geltenden Rechtslage in der Praxis von der Rechtsprechung vorgenommen.[1249] Das zu

---

1243 Zutreffend Bundesnotarkammer und DeutscherAnwaltVerein, in: Gemeinsame Stellungnahme Regierungsentwurf eines Gesetzes zur Modernisierung des Schuldrechts, S.10.

1244 Davon, daß der Gesetzgeber die proportionale Herabsetzung des Kaufpreises abschaffen will, gehen aber Canaris, in: ZRP 2001, 329 (333); Dauner-Lieb/Arnold/Dötsch/Kitz, Anmerkungen und Fragen zur konsolidierten Fassung des Diskussionsentwurfs, S.85; Gaier, in: ZRP 2001, 336 (337); Honsell, in: JZ 2001, 278 (281), und Olshausen, in: JZ 2001, 1132, aus. Ebenso Dauner-Lieb, in: Stellungnahme zum Schuldrechtsmodernisierungsgesetzentwurf, S.11. Dagegen ist Krebs, in: DB, Beilage Nr.14/2000, S.19, der Ansicht, daß es nach dem Regierungsentwurf bei der relativen Berechnungsmethode des § 472 BGB a.F. beleibt.

1245 Soergel-Huber, § 472, Rn.3.

1246 Zimmer, Das geplante Kaufrecht, in: Ernst/Zimmermann (Hrsg.), Zivilrechtswissenschaft und Schuldrechtsreform, S.191 (201). Dies nimmt aber Rust, Das kaufrechtliche Gewährleistungsrecht, S.163, in Bezug auf den insoweit wortgleichen Kommissionsentwurf (§ 440 Abs.3 Satz 1 BGB-KE) an.

1247 Honsell, JZ 2001, 278 (282). Anderer Ansicht Gaier, in: ZRP 2001, 336 (337 f.).

1248 Der Regierungsentwurf spricht von "Betrag". Aus Klarstellungsgründen ist der Begriff "Minderungsbetrag" vorzuziehen. Einen entsprechenden Vorschlag haben Bundesnotarkammer und DeutscherAnwaltVerein, in: Gemeinsame Stellungnahme zum Regierungsentwurf eines Gesetzes zur Modernisierung des Schuldrechts, S.10, vorgelegt.

1249 BGHZ 77, 320 (326): Schätzung nach § 287 Abs.2 ZPO. Regierungsentwurf eines Gesetzes zur Modernisierung des Schuldrechts, S.553, BT-Drucks. 14/6040, S.235; Schuldrechtsständige Gericht muß, wenn es den Wert der mangelhaften Kaufsache bei Vertragsabschluß nicht ermitteln kann, prima facie davon ausgehen, daß der vereinbarte Kaufpreis diesen Wert zutreffend wiedergibt.[1250] Eine Schätzung des Minderungsbetrags ist auch nach der Beschlußempfehlung des Rechtsausschusses des Bundestags vorgesehen, um der bisherigen Praxis Rechnung zu tragen (§ 441 Abs.3 Satz 2 BGB-BE).[1251] An dieser Stelle setzen auch der Regierungsentwurf für eine Modernisierung des Schuldrechts und bereits der Abschlußbericht der Schuldrechtskommission an. Mit der Aussage, daß der Minderungsbetrag in relativer Berechnungsweise unter Anknüpfung an den Kaufpreis erfolgen soll, bringt er lediglich zum Ausdruck, was schon heute gängige Praxis ist: Häufig ist der Wert der mangelhaften Sache bei Vertragsabschluß durch das Gericht nicht ergründbar, deshalb sollte in Zukunft unproblematisch nur auf den Kaufpreis als Ist-Wert abgestellt werden.[1252] Zuzugeben ist, daß diese Absicht in der Begründung des Regierungsentwurfs zu kompliziert und irreführend ausgedrückt wurde.

Da auch der Regierungsentwurf am relativen Berechnungsmodell festhielt, blieb der Vorteil eines günstigen Vertragsabschlusses der jeweiligen Kaufvertragspartei, wie nach geltendem Recht, auch in der Minderung erhalten.[1253] Der Nachteil aus einem für den Käufer ungünstigen Kaufvertrag besteht nach der relativen Berechnungsmethode fort. Dem Käufer steht es schließlich frei, vom Kaufvertrag zurückzutreten, um sich von den Folgen des Kaufvertrags zu lösen.[1254] Die sog. relative Berechnungsmethode wahrt darüber hinaus die be-

---

kommission, Abschlußbericht, S.219. Für eine Anwendung von § 287 Abs.2 ZPO ebenfalls Putzo, in: Palandt, 61. Aufl., § 472, Rn.5.

1250 Sog. Äquivalenzvermutung. Soergel-Huber, § 472, Rn.8; Rust, Das kaufrechtliche Gewährleistungsrecht, S.152.

1251 Beschlußempfehlung des Rechtsausschusses des Deutschen Bundestags, S.234, BT-Drucks. 14/7052, S.197, mit der Begründung, daß § 287 ZPO das Vorgehen in der Praxis nicht immer abdeckt.

1252 Wie hier im Ergebnis Tonner, VuR 2001, 87 (91). Zutreffend stellen Honsell, in: JZ 2001, 278 (281), und Dauner-Lieb, In: Stellungnahme zum Schuldrechtsmodernisierungsgesetzentwurf, S.11, fest, daß immer der Wert der mangelhaften Ware (Ist-Wert) festgestellt werden muß, ganz gleich, welcher Berechnungsmethode man folgt.

1253 Rechnerische Beispiele bei Soergel-Huber, § 472, Rn.2 und Staudinger-Honsell, § 472, Rn.4.

1254 Zutreffend Honsell, in: JZ 2001, 278 (282). Kritisch indes Olshausen, in: JZ 2001, 1132, der allerdings die grundsätzliche Wertung der relativen Berechnungsmethode, Vor- und Nachteile des Kaufvertrags auch in der Minderung zu erhalten, außer Acht läßt. Es handelt sich bei dieser

stehende Rechtseinheit mit dem UN-Kaufrecht, nach dem der Kaufpreis bei der Minderung, im Grundsatz wie nach dem bisherigen § 472 Abs.1 BGB, in dem Verhältnis herabsetzt, in dem der Wert der gelieferten Ware zu dem Wert der geschuldeten Ware im Zeitpunkt der Lieferung steht[1255]. Entsprechen sich Vertragspreis und der tatsächliche Wert der mangelhaften Sache, kommen allerdings sowohl die relative als auch die absolute Berechnungsmethode ohnehin zum gleichen Ergebnis.

dd) Ergebnis

Der Schwierigkeit, den Ist-Wert der Kaufsache als notwendigen Bezugspunkt der relativen Berechnung des Minderungsbetrags zu bestimmen, versuchte der Regierungsentwurf im Ergebnis in anderer Weise als das UN-Kaufrecht Herr zu werden. Stellt das UN-Kaufrecht für die Berechnung des Werts der mangelhaften Sache einfach auf den leicht nachvollziehbaren Lieferzeitpunkt ab, behält der deutsche Entwurf den hypothetischen, in der Praxis nur schwer nachvollziehbaren Zeitpunkt des Vertragsschlusses bei, erklärt aber, daß der Minderungsbetrag unter Zugrundelegung des Kaufpreises geschätzt werden darf. Damit "zäumt" der Gesetzgeber "das Pferd gewissermaßen von hinten auf" und führt die bisherige (Not-) Lösung der Praxis fort, statt eine die Verständlichkeit des Prinzips der Berechnung verbessernde und die Rechtsvereinheitlichung fördernde Reform in Anlehnung an Art.50 CISG herbeizuführen.[1256]

Folge nicht um eine ausschließliche Besonderheit des Regierungsentwurfs. Ziel der proportionalen Berechnung ist, das Äquivalenzverhältnis von Leistung und Gegenleistung, so wie es sich die Parteien beim Abschluß des Kaufvertrags vorgestellt haben, auch bei der durch den Mangel veränderten Sachlage aufrechtzuerhalten. So zu Art.50 CISG etwa Huber, in: Soergel, 12. Aufl., Art.50, Rn.2.

1255 Staudinger-Magnus, Art.50 CISG, Rn.19.

1256 Ähnlich auch Gaier, in: ZRP 2001, 336 (338, Fn.24), der zu Recht darauf hinweist, daß den Vereinfachungsbemühungen des Regierungsentwurfs der maßgebliche Zeitpunkt für die Wertberechnung der Minderung entgangen ist. Der Zeitpunkt der Lieferung, auf den Art.50 CISG abstellt, sei nach Gaier, a.a.O., möglicherweise praktikabler, aber nach seiner Auffassung nicht mehr minderungskonform. Dem ist entgegenzuhalten, daß Sinn und Zweck der Minderung gerade ein zügiger Ausgleich des durch Lieferung einer mangelhaften Sache beeinträchtigten Äquivalenzverhältnisses zwischen den Kaufvertragsparteien mittels Herabsetzung des Kaufpreises ist. Rabel, Warenkauf II, S.232; Schwartze, Europ. Sachmängelgewährleistung, S.220. Zwingende Gründe für das Abstellen auf den Zeitpunkt des Vertragsschlusses für die Berechnung des Minderungsbetrages sind hingegen nicht ersichtlich. Schließlich ist für die

c) Rückerstattung des zuviel gezahlten Kaufpreises, § 441 Abs.4 BGB

Hat der Käufer bereits den vereinbarten Kaufpreis gezahlt, hat der Verkäufer den über den geminderten Kaufpreis hinausgehenden Mehrbetrag zu erstatten (§ 441 Abs.4 Satz 1 BGB). Dazu erklärt § 441 Abs.4 Satz 2 BGB die §§ 346 Abs.1 und § 347 Abs.1 BGB für entsprechend anwendbar.

5. Schadensersatzansprüche, §§ 437 Nr.3 Alt.1, 440, 280, 281, 283, 311a BGB, und Aufwendungsersatzansprüche, §§ 437 Nr.3 Alt.2, 284 BGB, des Käufers

a) Einheitlicher Pflichtverletzungstatbestand, § 280 Abs.1 BGB

Aufgrund der vom Regierungsentwurf beabsichtigten Verankerung des Kaufgewährleistungsrechts im allgemeinen Leistungsstörungsrecht, knüpft auch die Schadensersatzhaftung des Verkäufers an die allgemeinen Regeln an. Der einheitliche Pflichtverletzungstatbestand des Leistungsstörungsrechts aus § 280 Abs.1 BGB gewährt generalklauselartig Schadensersatz bei Pflichtverletzungen. § 280 Abs.1 BGB bildet damit den zentralen Haftungstatbestand des Leistungsstörungsrechts.[1257] § 280 Abs.1 BGB stellt, neben § 311a Abs.2 BGB als Sonderregel für Fälle der anfänglichen Unmöglichkeit der Leistung, die einzige Anspruchsgrundlage für Schadensersatz im Leistungsstörungsrecht dar.

b) Internationale Rechtsvereinheitlichungsmodelle

Einen einheitlichen Haftungstatbestand im Leistungsstörungsrecht beinhalten auch das UN-Kaufrecht, sowie die UNIDROIT- und Lando-Prinzipien (Art.7.1.1 UNIDROIT-Prinzipien, Art.8:101 Lando-Prinzipien).[1258] Die VbrKfRil regelt Schadensersatzansprüche dagegen nicht und veranlaßt deshalb auch nicht die Neuregelungen des Schadensersatzrechts des Gesetzes zur Modernisierung des Schuldrechts. Gleichwohl ist die Fortentwicklung des deutschen Leistungsstörungsrechts in Ausrichtung an den Vereinheitlichungsbemühungen der genannten

---

Beurteilung der Vertragswidrigkeit nach § 434 Abs.1 Satz 1 BGB-RE der Gefahrübergang, der meist mit der Lieferung zusammenfällt, entscheidend.

1257 Zum Diskussionsentwurf Magnus, Der Tatbestand der Pflichtverletzung, in: Schulze/Schulte-Nölke (Hrsg.), Die Schuldrechtsreform vor dem Hintergrund des Gemeinschaftsrechts, S.67.

1258 Anders, ZIP 2001, 184 (186 f.); Magnus, Der Tatbestand der Pflichtverletzung, in: Schulze/Schulte-Nölke (Hrsg.), Die Schuldrechtsreform vor dem Hintergrund des Gemeinschaftsrechts, S.67 (68); Schmidt-Räntsch, Das neue Schuldrecht, Rn.316.

Regelungen, gerade auch im Hinblick auf kommende Rechtsangleichungsschritte innerhalb der EU, insbesondere durch ein in Zukunft absehbares europäisches Zivilgesetzbuch, zu befürworten.

aa) UN-Kaufrecht

Im Unterschied zum UN-Kaufrecht, das sich überwiegend des bedeutungsgleichen Begriffs der "Vertragsverletzung" bedient,[1259] greift der Regierungsentwurf über das Vertragsrecht hinaus und wählt mit dem Begriff der Pflichtverletzung einen allgemeineren Begriff. Im übrigen vermeidet der Regierungsentwurf durch den Verzicht auf die Differenzierung zwischen "wesentlichen" und anderen Vertragsverletzungen vorhersehbare Anwendungsschwierigkeiten[1260] und bedient sich statt dessen des formalen, leichter handhabbaren Kriteriums der Nachfristsetzung. Praktische Unterschiede hat dies kaum zur Folge, da die Bestimmung der Wesentlichkeit der Vertragsverletzung letztlich auch einer gewissen Formalisierung durch die Bildung von Fallgruppen bedarf.[1261]

bb) UNIDROIT- und Lando-Prinzipien

Die UNIDROIT- und Lando-Prinzipien knüpfen nicht an der Pflichtverletzung, sondern an dem Begriff der "Nichterfüllung" an (Art.7.1.1 UNIDROIT-Prinzipien, Art.8:101 Lando-Prinzipien).[1262] Dem widerspricht der Regierungsentwurf nicht, der die Nichterfüllung als Fall des allgemeineren Begriffs der Pflichtverletzung versteht.[1263] Damit wird aber auch deutlich, daß der deutsche Gesetzgeber auf die Kategorie der "Unmöglichkeit", dem bisherigen Mittelpunkt des deutschen Leistungsstörungsrechts, als Leistungshinderungsgrund nicht gänzlich verzichten kann.[1264] Zumal UNIDROIT- und Lando-Prinzipien die Unmöglichkeit ("impossi-

---

1259 So etwa in den Art.25, 45 Abs.3, 61 Abs.3, 74 CISG.

1260 Schulze/Schulte-Nölke, Schuldrechtsreform und Gemeinschaftsrecht, in: Schulze/Schulte-Nölke (Hrsg.), Die Schuldrechtsreform vor dem Hintergrund des Gemeinschaftsrechts, S.3 (10).

1261 Magnus, Der Tatbestand der Pflichtverletzung, in: Schulze/Schulte-Nölke (Hrsg.), Die Schuldrechtsreform vor dem Hintergrund des Gemeinschaftsrechts, S.67 (78).

1262 Ebenso das UN- Kaufrecht in Art.45 Abs.1, 49 Abs.1 lit.a; 61 Abs.1; 64 Abs.1 lit.a; 79 Abs.1 CISG.

1263 Regierungsentwurf eines Gesetzes zur Modernisierung des Schuldrechts, S.308, BT-Drucks. 14/6040, S.135 f.

1264 So zu Recht Schulze/Schulte-Nölke, Schuldrechtsreform und Gemeinschaftsrecht, in: Schulze/Schulte-Nölke (Hrsg.), Die Schuldrechtsreform vor dem Hintergrund des

bility") ausdrücklich als Grund der Befreiung von der primären Leistungspflicht anerkennen (Art.7.2.2 lit.a UNIDROIT- Prinzipien, Art.9:102 Abs.2 lit.a Lando-Prinzipien).[1265]

c) Begriff der Pflichtverletzung, § 280 Abs.1 Satz 1 BGB

Zukünftig ist der Käufer einer mangelhaften Sache wegen der Einflechtung des Kaufgewährleistungsrechts in das allgemeine Leistungsstörungsrecht aufgrund positiven Rechts nicht mehr auf einen Schadensersatzanspruch wegen Fehlens zugesicherter Eigenschaften oder arglistigen Verschweigens eines Mangels wie in § 463 BGB a.F. beschränkt.[1266] Ausreichend für das Bestehen eines Schadensersatzanspruchs gemäß § 280 Abs.1 BGB ist grundsätzlich eine vom Verkäufer zu vertretende Pflichtverletzung[1267]. Dabei stellt bereits die Lieferung einer mangelhaften Sache eine Pflichtverletzung dar (§ 433 Abs.1 Satz 2 BGB). Dem Käufer steht danach nunmehr ein allgemeiner Schadensersatz wegen Mängeln der Kaufsache als (sekundärer) Rechtsbehelf zur Verfügung. Durch die Einfügung des

---

Gemeinschaftsrechts, S.3 (12); Huber, Das geplante Recht der Leistungsstörungen, in: Ernst/Zimmermann (Hrsg.), Zivilrechtswissenschaft und Schuldrechtsreform, S.31 (47).

1265 Canaris, Zur Bedeutung der Kategorie der "Unmöglichkeit", in: Schulze/Schulte-Nölke (Hrsg.), Die Schuldrechtsreform vor dem Hintergrund des Gemeinschaftsrechts, S.43 (51); Remien, Nationale Schuldrechtsmodernisierung und gemeineuropäische Privatrechtswissenschaft, in: Schulze/Schulte-Nölke (Hrsg.), Die Schuldrechtsreform vor dem Hintergrund des Gemeinschaftsrechts, S.101 (103); Huber, Das geplante Recht der Leistungsstörungen, in: Ernst/Zimmermann (Hrsg.), Zivilrechtswissenschaft und Schuldrechtsreform, S.31 (47).

1266 Schulze/Schulte-Nölke, Schuldrechtsreform und Gemeinschaftsrecht, in: Schulze/Schulte-Nölke (Hrsg.), Die Schuldrechtsreform vor dem Hintergrund des Gemeinschaftsrechts, S.3 (13).

1267 Kritisch zu dem Begriff der Pflichtverletzung Schapp, in: JZ 2001, 583 (584 f.), der, um Verwechslungen zwischen Pflichtverletzung und Nichterfüllung zu vermeiden, den Begriff der "Störung des Schuldverhältnisses" bevorzugt. Die herrschende "Doktrin der Pflichtverletzung als Nichterfüllung" treibe auf die "unabsehbare Unsicherheit" zu, daß im Gegensatz zum bisher geltenden Gewährleistungsrecht des BGB der Verkäufer Schadensersatz wegen der Nichterfüllung der Verpflichtung zur Lieferung einer mangelfreien Sache schuldet. Eine begriffliche Unterscheidung zwischen Nichterfüllung der Schuld des Verkäufers und Verletzung von Verhaltenspflichten fordert auch Stoll, in: JZ 2001, 589 (593), um eine bessere Struktur und Verständlichkeit der Leistungsstörungsregeln zu erreichen. Kritik an einem einheitlichen Tatbestand der Pflichtverletzung haben auch Huber, in: ZIP 2000, 2274 ff., und Canaris, Zur Bedeutung der Kategorie der "Unmöglichkeit", in: Schulze/Schulte-Nölke (Hrsg.), Die Schuldrechtsreform vor dem Hintergrund des Gemeinschaftsrechts, S.43 (60 f.), der ebenfalls für den Begriff der Nichterfüllung eintritt, geübt.

Kaufgewährleistungsrechts in das allgemeine Leistungsstörungsrecht durch den Regierungsentwurf eines Gesetzes zur Modernisierung des Schuldrechts ist die bisher zu treffende schwierige Unterscheidung zwischen Mangel- und Mangelfolgeschäden grundsätzlich hinfällig geworden (§ 280 Abs.1 Satz 1 BGB).[1268]

Der Regierungsentwurf stellt jedoch im allgemeinen Leistungsstörungsrecht nicht ausschließlich auf den Begriff der Pflichtverletzung ab. Mit dem Begriff der Pflichtverletzung wird das komplizierte Geflecht[1269] der Kategorien der Unmöglichkeit, des Verzugs und der Schlechtleistung (cic und pVV) zusammengefaßt;[1270] beseitigt werden die Einzelkategorien jedoch nicht.[1271] Um eine neue Kategorie des Leistungsstörungsrechts handelt es sich bei dem Begriff der Pflichtverletzung daher streng genommen nicht.

Die verschiedenen Kategorien des Leistungsstörungsrechts behalten neben dem neuen Begriff der Pflichtverletzung ihre Bedeutung. Unmöglichkeit (§§ 283, 311a BGB), Verzug (§§ 281, 286 BGB) und Schlechtleistung (§ 281 BGB) stehen beim Schadensersatz klar strukturiert nebeneinander, wie sich aus der zentralen Anspruchsregelung des Schadensersatzes in § 280 Abs.2 und Abs.3 BGB selbst ergibt.[1272] Der Begriff der Unmöglichkeit steht bisher im Mittelpunkt des Lei-

---

1268 Jorden/Lehmann, JZ 2001, 952 (961); Schulze/Schulte-Nölke, Schuldrechtsreform und Gemeinschaftsrecht, in: Schulze/Schulte-Nölke (Hrsg.), Die Schuldrechtsreform vor dem Hintergrund des Gemeinschaftsrechts, S.3 (13); Wieser, NJW 2001, 121 (123).

1269 Schulze/Schulte-Nölke, Schuldrechtsreform und Gemeinschaftsrecht, in: Schulze/Schulte-Nölke (Hrsg.), Die Schuldrechtsreform vor dem Hintergrund des Gemeinschaftsrechts, S.3 (5), weisen zu Recht darauf hin, daß das "eigenartige, komplizierte Leistungsstörungsrecht mit seiner Mischung aus Gesetzes- und Richterrecht und seinen mehrfach gestuften Regelungen...das deutsche Zivilrecht in eine Außenseiter-Stellung geraten läßt".

1270 Magnus, Der Tatbestand der Pflichtverletzung, in: Schulze/Schulte-Nölke (Hrsg.), Die Schuldrechtsreform vor dem Hintergrund des Gemeinschaftsrechts, S.67 (69). Gegen die Einbeziehung der Sachmängelhaftung in den Begriff der Pflichtverletzung ist Huber, Das geplante Recht der Leistungsstörungen, in: Ernst/Zimmermann (Hrsg.), Zivilrechtswissenschaft und Schuldrechtsreforn, S.31 (98 f.), da zumindest beim Spezieskauf, wenn die Kaufsache von Anfang an mit einem unbehebbaren verborgenen Mangel behaftet ist, und beim Gattungskauf, wenn die gesamte Gattung mangelhaft ist, keine Pflichtverletzung des Verkäufers vorliege.

1271 Anderer Ansicht ist Altmeppen, DB 2001, 1131 (1132).

1272 Lorenz, in: JZ 2001, 742, nach dem die verschiedenen Kategorien sehr viel klarer als zuvor nebeneinandergestellt seien, "geradezu wie Perlen an einer Schnur". Anderer Ansicht ist Altmeppen, DB 2001, 1131 (1132), der die Modifizierungen des Schadensersatzanspruchs in den §§ 281 ff. BGB-RE für unübersichtlich und unstrukturiert hält.

stungsstörungsrechts des BGB, obwohl Verzug und Schlechterfüllung im Rechtsverkehr zunehmend größere praktische Bedeutung gewonnen haben. Die Kategorie der Unmöglichkeit sollte daher nach dem Abschlußbericht der Schuldrechtskommission[1273] und dem Diskussionsentwurf[1274] strikt beseitigt werden, was im Schrifttum[1275] vehement kritisiert wurde. Nach dem Regierungsentwurf wird die Unmöglichkeit in ihrer ursprünglichen Funktion hinsichtlich der Entscheidung über den Bestand der primären Leistungspflicht beibehalten, jedoch in allen Erscheinungsformen, mit Ausnahme des Schadensersatzes für nachträgliche (§§ 283, 280 BGB-RE) und anfängliche Unmöglichkeit (§ 311a Abs.2 BGB-RE), hinsichtlich der Rechtsfolgen einheitlich behandelt.[1276] Dagegen stellt das UN-Kaufrecht anfängliche und nachträgliche Leistungshindernisse ganz grundsätzlich gleich.[1277] Der Regierungsentwurf stimmt aber insoweit jedenfalls mit den Lando- und UNIDROIT-Prinzipien überein, die an der Unterscheidung zwischen anfänglicher und nachträglicher Unmöglichkeit (Art.4:102 Lando- Prinzipien "Initial Impossibility", Art.3.3 UNIDROIT-Prinzipien "Anfängliche Unmöglichkeit") in ihren Vorschriften festhalten. Im Hinblick auf die Vorarbeiten für ein Europäisches Zivilgesetzbuch ist die Berücksichtigung der Unterscheidung zwischen anfänglicher und nachträglicher Unmöglichkeit zu befürworten.[1278]

d) Sog. qualitative Unmöglichkeit

Die Ordnungseinheit der Unmöglichkeit gewinnt darüber hinaus im Leistungsstörungsrecht, da die Mangelfreiheit eine Leistungspflicht des Verkäufers ist,

---

1273 Schuldrechtskommission, Abschlußbericht, S.120.

1274 Diskussionsentwurf eines Gesetzes zur Modernisierung des Schuldrechts, S.309.

1275 Kritik übte insbesondere Huber, in: ZIP 2000, 2137 (2140), der davon ausgeht, daß die Unmöglichkeit schon bisher nicht der zentrale Begriff des geltenden Leistungsstörungsrechts des BGB ist. Ebenso ders., in: Das geplante Recht der Leistungsstörungen, in: Ernst/Zimmermann (Hrsg.), Zivilrechtswissenschaft und Schuldrechtsreform, S.31 (51). Gegen den absoluten Verzicht auf die Kategorie der Unmöglichkeit im Diskussionsentwurf Canaris, Zur Bedeutung der Kategorie der "Unmöglichkeit", in: Schulze/Schulte-Nölke (Hrsg.), Die Schuldrechtsreform vor dem Hintergrund des Gemeinschaftsrechts, S.43 (44 ff.).

1276 Lorenz, in: JZ 2001, 742 (Fn.7).

1277 Schlechtriem-Stoll, Art.79, Rn.18 f.; Staudinger- Magnus, Art.79 CISG, Rn.33.

1278 Staudinger-Löwisch, § 306, Rn.4. Zur berechtigten Kritik gegenüber dem Diskussionsentwurf Huber, Das geplante Leistungsstörungsrecht, in: Ernst/Zimmermann (Hrsg.), Zivilrechtswissenschaft und Schuldrechtsreform, S.31 (47 ff.).

gerade in Fällen des Spezieskaufs, als sog. qualitative Unmöglichkeit neue und größere Bedeutung.[1279] Es handelt sich dabei um Fälle, bei denen die Vertragswidrigkeit nicht durch Nachbesserung oder Ersatzlieferung behebbar ist, dem Verkäufer also die Pflicht zur Leistung einer mangelfreien Sache (§ 434 Abs.1 Satz 2 BGB) unmöglich ist. Ist dem Verkäufer die Nacherfüllung bereits bei Vertragsabschluß unmöglich, kann der Käufer gemäß § 311a Abs.2 BGB und in den Fällen nachträglicher Unmöglichkeit nach Maßgabe der §§ 283, 280 BGB, Schadensersatz verlangen.

e) Vertretenmüssen, § 276 BGB i.V.m. § 280 Abs.1 Satz 2 BGB

Der Schadensersatz wegen der Verletzung einer Pflicht aus dem Kaufvertrag setzt gemäß § 280 Abs.1 Satz 2 BGB voraus, daß der Verkäufer die Pflichtverletzung zu vertreten hat. Vom Begriff der Pflichtverletzung (§ 280 Abs.1 Satz 1 BGB) ist die Voraussetzung des Vertretenmüssens (§ 280 Abs.1 Satz 2 BGB) streng zu unterscheiden.[1280]

Nach § 276 Abs.1 Satz 1 BGB hat der Schuldner (Verkäufer) Vorsatz und jede Fahrlässigkeit zu vertreten. Hat der Verkäufer eine Gattungs- bzw. Beschaffungsschuld übernommen, muß er für das Beschaffungsrisiko nach § 276 Abs.1 Satz 1 BGB[1281] haften.[1282] Das Verschulden des Verkäufers wird im übrigen, wie nach bisherigem Recht (§§ 282, 285 BGB a.F.), vermutet.[1283] Den Verkäufer trifft nach § 280 Abs.1 Satz 2 BGB die Darlegungs- und Beweislast dafür, daß er die Pflichtverletzung nicht zu vertreten hat.[1284]

1279 Lorenz, in: JZ 2001, 742 f.

1280 Schmidt-Räntsch, Das neue Schuldrecht, Rn.318.

1281 § 279 BGB a.F. wurde durch das Schuldrechtsmodernisierungsgesetz gestrichen.

1282 Daraus ergibt sich aber keine verschuldensunabhängige Schadensersatzhaftung, da Schadensersatz im Gegensatz zu den verschuldensunabhängigen Rechtsbehelfen der Nacherfüllung, der Minderung und des Rücktritts, gerade nur bei einem besonders nachzuweisenden Vertretenmüssen hinsichtlich der Vertragswidrigkeit gefordert werden kann. Die Beschaffungsschuld bezieht sich nicht ohne weiteres auf die Qualität des zu besorgenden Gegenstandes. Dauner-Lieb/Dötsch, DB 2001, 2535 (2536).

1283 Magnus, Der Tatbestand der Pflichtverletzung, in: Schulze/Schulte-Nölke (Hrsg.), Die Schuldrechtsreform vor dem Hintergrund des Gemeinschaftsrechts, S.67 (74); Schapp, JZ 2001, 583 (588); Schmidt-Räntsch, Das neue Schuldrecht, Rn.259.

1284 Magnus, Der Tatbestand der Pflichtverletzung, in: Schulze/Schulte-Nölke (Hrsg.), Die Schuldrechtsreform vor dem Hintergrund des Gemeinschaftsrechts, S.67 (74); Schapp, JZ 2001,

Das UN-Kaufrecht[1285] sowie die UNIDROIT-[1286] und Lando-Prinzipien[1287] sehen dagegen eine reine Erfolgshaftung vor. Die unterschiedliche Regelung im Regierungsentwurf und den internationalen Rechtsvereinheitlichungsmodellen ist zu bedauern, fällt jedoch in der Praxis nicht wesentlich ins Gewicht, da die Entlastung von der objektiven Erfolgshaftung im Regelfall dem Gegenbeweis beim vermuteten Verschulden gemäß § 280 Abs.1 Satz 2 BGB entspricht.[1288]

f) Sonderregelungen des Schadensersatzes, §§ 281-283 BGB

aa) Neue Systematik des Schadensersatzes statt der Leistung

Da § 280 Abs.1 BGB in Form einer Generalklausel Schadensersatz bei Pflichtverletzungen vorsieht, müssen die Pflichten in den §§ 281 ff. BGB näher konkretisiert werden.[1289]

bb) Besondere Voraussetzungen des Schadensersatzanspruchs statt der Leistung

§ 280 BGB stellt einen einheitlichen Anspruch auf Schadensersatz wegen Verletzungen von Pflichten aus Schuldverhältnissen dar. Tatbestandsvoraussetzung von § 280 BGB ist eine Pflichtverletzung, die der Schuldner zu vertreten hat. Um

---

583 (588). Altmeppen, in: DB 2001, 1131 f., zieht diesen Schluß nicht, und hält den Regierungsentwurf daher wohl unzutreffend für unpräzise.

1285 Art.45 Abs.1 lit.b, 61 Abs.1 lit.b CISG.

1286 Art.7.4.1. UNIDROIT-Prinzipien.

1287 Art.9:501 Lando-Prinzipien.

1288 Magnus, Der Tatbestand der Pflichtverletzung, in: Schulze/Schulte-Nölke (Hrsg.), Die Schuldrechtsreform vor dem Hintergrund des Gemeinschaftsrechts, S.67 (75).

1289 Kritisch Altmeppen, Stellungnahme zum Regierungsentwurf eines Gesetzes zur Modernisierung des Schuldrechts vor dem Rechtsausschuß des Deutschen Bundestags, S.8; ders., in: DB 2001, 1131 und 1399, der der Ansicht ist, daß die Regelung des § 281 BGB dem § 280 Abs.1 BGB unstrukturiert und unübersichtlich eine Fülle von Modifizierungen hinsichtlich bestimmter Pflichtverletzungsarten und Rechtsfolgen hinzufügt. Dies mache die Schwäche der gesamten Konzeption deutlich, die drei in den Tatbeständen und Rechtsfolgen klare Leistungsstörungstatbestände, Unmöglichkeit, Verzug und pVV, ersetzt. Auch Repgen, in: Kein Abschied von der Privatautonomie, S.48, bezweifelt daher den Wert der Generalklausel des § 280 Abs.1 BGB. Stoll, in: JZ 2001, 589 (594), hält § 281 BGB-DEKF, der dem Schuldrechtsmodernisierungsgesetz bis auf Abs.3 entspricht, für ein "Monstrum", eine Vorschrift "in die zu viel hineingepackt" sei.

Schadensersatz statt der Leistung erlangen zu können, muß darüber hinaus auch eine der ergänzenden Voraussetzungen der §§ 281-283 BGB vorliegen (§ 280 Abs.3 BGB). In § 281 BGB ist eine besondere Modifikation der Voraussetzungen des "Schadensersatzes statt der Leistung wegen nicht oder nicht wie geschuldet erbrachter Leistung"[1290] enthalten. § 281 BGB regelt die Voraussetzungen für die Fälle des Verzugs und der Schlechtleistung. Bei Nebenpflichtverletzungen gilt § 282 BGB. Die Anspruchsvoraussetzungen für den Schadensersatz bei Unmöglichkeit ergänzt § 283 BGB. Eine selbständige Anspruchsgrundlage für Schadensersatz statt der Leistung sieht der Regierungsentwurf bei anfänglicher (subjektiver oder objektiver) Unmöglichkeit in § 311a Abs.2 BGB vor.

Die Regelungen des Regierungsentwurfs über den Schadensersatz wegen Pflichtverletzung sind stark kritisiert worden.[1291] Der Standardfall der Lieferung einer mangelhaften Kaufsache sei, weil die §§ 433, 437 Nr.3, 439, 276, 280, 281, 311a BGB insgesamt schwer verständlich wären und sich aus ihnen nicht die Voraussetzungen des Schadensersatzes eindeutig ergeben,[1292] kaum lösbar.[1293] Es seien die Verkäuferpflichten weder für den Spezieskauf, noch für den Gattungskauf präzisiert worden.[1294] Diese pauschalen Einwände bestätigen sich bei näherer Untersuchung nicht. Die Regelungen über den Schadensersatz sind zwar recht

---

1290 Stoll, in: JZ 2001, 589 (594), ist darin zuzustimmen, daß die Überschrift von § 281 BGB etwas schwerfällig ist. Besser könnte sie wohl heißen: "Schadensersatz statt der Leistung wegen Nicht- oder Schlechterfüllung".

1291 Insbesondere durch Altmeppen, in: Stellungnahme zum Regierungsentwurf eines Gesetzes zur Modernisierung des Schuldrechts vor dem Rechtsausschuß des Deutschen Bundestags, S.7.

1292 Ähnlich auch Schapp, in: JZ 2001, 583 (588), der beklagt, daß der Verkäufer Schadensersatz wegen Pflichtverletzung schulde, ohne daß die Tatbestände dieser Pflichtverletzung näher konkretisiert worden seien. Harke, Unmöglichkeit und Pflichtverletzung, in: Helms/Neumann/Caspers/Sailer/Schmidt-Kessel (Hrsg.), Das neue Schuldrecht, Jb.J.ZivRWiss., S.29 (58), sieht den allgemeinen Haftungs- und Rücktrittstatbestand der Pflichtverletzung durch §§ 281 ff. BGB "verwässert".

1293 Altmeppen, Stellungnahme zum Regierungsentwurf eines Gesetzes zur Modernisierung des Schuldrechts vor dem Rechtsausschuß des Deutschen Bundestags, S.7. Ders., in: DB 2001, 1131, meint zu § 281 BGB, daß es sich um eine Norm handele, die "auch nach der Überarbeitung durch die Leistungsstörungskommission kaum verständlich" sei.

1294 Altmeppen, Stellungnahme zum Regierungsentwurf eines Gesetzes zur Modernisierung des Schuldrechts vor dem Rechtsausschuß des Deutschen Bundestags, S.7 f.

kompliziert.[1295] Die genauen Voraussetzungen des Schadensersatzes ergeben sich jedoch aus den entsprechenden Vorschriften der §§ 281 ff. BGB. Eine Unterscheidung zwischen Gattungs- und Spezieskauf will der Regierungsentwurf gerade vermeiden. Was der Verkäufer zu vertreten hat, ergibt sich schließlich aus § 276 BGB.[1296]

Die Regelung des Schadensersatzes nach dem Regierungsentwurf ist schließlich differenzierter, d.h. weniger abstrakt und übersichtlicher gestaltet als im Diskussionsentwurf.[1297] Dies erleichtert die Rechtsanwendung und erhöht das Maß an Rechtssicherheit.

(1) Schadensersatz statt der Leistung wegen nicht oder nicht wie geschuldet erbrachter Leistung, § 281 BGB

Der Schadensersatz wegen mangelhafter Leistung wird in § 281 BGB besonders geregelt. Hat der Schuldner eine fällige Leistung nicht oder nicht wie geschuldet erbracht, kann der Gläubiger unter den Voraussetzungen von § 280 Abs.1 BGB "Schadensersatz statt der Leistung" verlangen. "Schadensersatz statt der Leistung" ist an die Stelle des "Schadensersatzes wegen Nichterfüllung" getreten und bezeichnet ebenfalls den Ersatz des Erfüllungsinteresses (sog. positives Interesse).

(2) Schadensersatz bei behebbaren Sachmängeln, § 281 Abs.1 BGB

(a) Fristsetzung, § 281 Abs.1 Satz 1 BGB

Voraussetzung des Schadensersatzes statt der Leistung ist, daß der Schuldner eine angemessene Frist zur Nacherfüllung gesetzt hat und diese Frist erfolglos abgelaufen ist (§ 281 Abs.1 Satz 1 BGB).[1298]

[1295] Schlechtriem, Entwicklung des deutschen Rechts und europäische Rechtsangleichung, in: Helms/Neumann/Caspers/Sailer/Schmidt-Kessel (Hrsg.), Das neue Schuldrecht, Jb.J.ZivRWiss., S.9 (20).

[1296] Canaris, DB 2001, 1815.

[1297] Der Regierungsentwurf eines Gesetzes zur Modernisierung des Schuldrechts, S.204, BT-Drucks. 14/6040, S.93, spricht daher zu Recht von einer klaren und übersichtlichen Schadensersatzregelung.

[1298] Zu begrüßen ist die straffere Textfassung von § 281 Abs.1 Satz 1 BGB durch den Rechtsausschuß des Deutschen Bundestags in seiner Beschlußempfehlung, S.211, BT-Drucks. 14/7052, S.184.

(b) Verzicht auf eine sog. qualifizierte Fristsetzung bzw. weiche Ablehnungsandrohung

Eine Ablehnungsandrohung i.S.v. § 326 BGB a.F. ist neben der Fristsetzung nicht erforderlich. An das Vorliegen einer Ablehnungsandrohung gemäß § 326 BGB a.F. sind von der Rechtsprechung hohe Anforderungen gestellt worden,[1299] die Gläubiger in der Vergangenheit häufig überfordert und in der Praxis in vielen Fällen zum Ausschluß von Schadensersatzansprüchen geführt haben.[1300] Die Aufgabe der Ablehnungsandrohung sollte nach dem Regierungsentwurf der Ausschluß des Schadensersatzanspruchs aus § 280 Abs.1 BGB übernehmen, wenn der Schuldner trotz der Fristsetzung nicht mit dem Schadensersatzverlangen statt der Leistung rechnen mußte (sog. qualifizierte Fristsetzung bzw. weiche Ablehnungsandrohung, § 281 Abs.1 Satz 2 BGB).[1301] Nach der Begründung des Regierungsentwurfs sollte allerdings keine konditionale Verknüpfung des § 281 Abs.1 Satz 1 mit Satz 2 BGB erfolgen.[1302] Der Gläubiger sollte sich mit einer klaren Fristsetzung begnügen können und keine Erklärungen hinzufügen müssen, die dem Schuldner deutlich machen, daß die Fristsetzung tatsächlich ernst gemeint ist.[1303] Wo die Grenze zwischen einer hinreichend klaren und einer unklaren Fristsetzung liegt, läßt der Regierungsentwurf aber offen. Die angestrebte Rechtssicherheit für den Gläubiger ist somit nicht erreicht worden. Auf die sog. weiche Ablehnungsandrohung hat der Rechtsausschuß des Deutschen Bundestags daher in seiner Beschlußempfehlung zum Entwurf eines Gesetzes zur Modernisierung

---

1299 Die Ablehnungsandrohung muß klar den Willen des Gläubigers erkennen lassen, daß er nach fruchtlosem Ablauf der Nachfrist die Erfüllung endgültig ablehnen werde. (BGH, NJW 1997, 36 (37)). Nur ausnahmsweise kann die Ablehnungsandrohung als sinnlose Förmelei entbehrlich sein, wenn der Schuldner die Erfüllung bereits ensthaft und endgültig verweigert hat. An einen solchen Tatbestand sind jedoch mit Rücksicht auf die weitreichenden Folgen strenge Voraussetzungen gestellt worden. Solange die Möglichkeit besteht, daß der Schuldner noch umgestimmt werden kann, mußte ein solcher Versuch unternommen werden. RGZ 102, 262 (266 f.); BGH, WM 1957, 1342 (1344). Ebenso BGH, NJW 1997, 51 (52). Palandt-Heinrichs, 61. Aufl., § 326, Rn.18, m.w.N.

1300 Regierungsentwurf eines Gesetzes zur Modernisierung des Schuldrechts, S.316, BT-Drucks. 14/6040, S.139.

1301 Die Regelung entspricht § 323 Abs.1 a.E. BGB-RE beim Rücktritt.

1302 Regierungsentwurf eines Gesetzes zur Modernisierung des Schuldrechts, S.317, BT-Drucks. 14/6040, S.139.

1303 Regierungsentwurf eines Gesetzes zur Modernisierung des Schuldrechts, S.317, BT-Drucks. 14/6040, S.139.

des Schuldrechts verzichtet.[1304] Damit folgt der Rechtsausschuß dem Abschlußbericht der Schuldrechtskommission, der bereits keine sog. weiche Ablehnungsandrohung vorsah.[1305] Nach der Auffassung des Rechtsausschusses war auch vom Regierungsentwurf eine sachliche Erschwerung der Rechtswahrnehmung durch den Gläubiger nicht beabsichtigt. Der Schuldner, der nicht rechtzeitig oder schlecht geleistet hat, muß eine Fristsetzung zur Nacherfüllung ernst nehmen und grundsätzlich nach deren Ablauf damit rechnen, daß der Gläubiger statt der Leistung nunmehr Schadensersatz verlangt oder vom Vertrag zurücktritt.[1306] Der Verzicht auf § 281 Abs.1 Satz 2 BGB ist zu begrüßen, da Schuldner, für die die Inanspruchnahme durch den Gläubiger berechtigterweise unerwartet ist, ausreichend durch den Grundsatz des "venire contra factum proprium" aus § 242 BGB geschützt sind.[1307] Außerdem ist § 281 Abs.1 BGB nunmehr einfacher anzuwenden und hinsichtlich des Schuldners zwar strenger, aber sachgerecht, da er einer Vertragsauflösung oder einem Schadensersatzverlangen nach der Fristsetzung durch Leistung selbst abhelfen kann.[1308]

(c) Verzicht auf das Verzugserfordernis

Nach § 281 Abs.1 BGB kommt es für den Schadensersatzanspruch des Käufers zukünftig nicht mehr darauf an, daß der Verkäufer sich mit der Leistung der vollständigen oder fehlerfreien Sache im Verzug befindet. Der Käufer kann in den Fällen, in denen sich der Verkäufer nicht gleichzeitig mit seiner Leistung im Verzug ist, zukünftig zwar Schadensersatz statt der Leistung, aber nicht aus derselben Vorschrift Ersatz für den Verzögerungsschaden, verlangen.

[1304] Beschlußempfehlung des Rechtsausschusses des Deutschen Bundestags, S.211, BT-Drucks. 14/7052, S.185.

[1305] Schuldrechtskommission, Abschlußbericht, S.134 f., zu § 283 Abs.1 Satz 1 BGB-KE.

[1306] Beschlußempfehlung des Rechtsausschusses des Deutschen Bundestags, S.211, BT-Drucks. 14/7052, S.185.

[1307] Ähnlich Beschlußempfehlung des Rechtsausschusses des Deutschen Bundestags, S.211, BT-Drucks. 14/7052, S.185; Schmidt-Räntsch, Das neue Schuldrecht, Rn.344.

[1308] Zutreffend die Beschlußempfehlung des Rechtsausschusses des Deutschen Bundestags, S.211, BT-Drucks. 14/7052, S.185. Ebenso Schmidt-Räntsch, Das neue Schuldrecht, Rn.344.

(3) Aufwendungsersatz an Stelle des Schadensersatzes statt der Leistung, § 284 BGB

Nach § 284 BGB wird dem Gläubiger, der einen Schadensersatzanspruch statt der Leistung hat, wahlweise ein Anspruch auf Ersatz seiner vergeblichen Aufwendungen gewährt. Der Gläubiger kann Ersatz solcher Aufwendungen verlangen, die er im Vertrauen auf den Erhalt der Leistung gemacht hat und billigerweise machen durfte, es sei denn, deren Zweck wäre auch ohne die Pflichtverletzung des Schuldners nicht erreicht worden. Damit soll verhindert werden, daß der Gläubiger (Käufer) die Folgen einer falschen Investition auf den Schuldner (Verkäufer) abwälzen kann.[1309] Der Gesetzgeber läßt damit die von der Rechtsprechung entwickelte sog. Rentabilitätsvermutung[1310] hinsichtlich der Aufwendungen des Gläubigers Gesetz werden.[1311] Der Schuldner (Verkäufer) trägt die Beweislast für die mangelnde Zweckhaftigkeit der Aufwendungen.

(a) Ersatz sog. frustrierter Aufwendungen

Der Ersatz über den materiellen Nichterfüllungsschaden hinausgehender sog. frustrierter Aufwendungen ist nach § 284 BGB künftig auch bei Fehlen einer materiellen Gegenleistung möglich.[1312] Das ist problematisch, da die Aufwendungen nicht durch eine Pflichtverletzung verursacht sind, und wenn nicht eine gemeinsame Zwecksetzung der Vertragsparteien vorliegt, auch bei ordnungsgemäßer Erfüllung entstehen können.[1313] Im Deliktsrecht wird der Ersatz von Frustrationsschäden als nicht ersatzfähige Vermögensschäden abgelehnt.

[1309] Anmerkung der Kommission Leistungsstörungsrecht zu § 284 BGB-DEKF, in: Konsolidierte Fassung des Diskussionsentwurfs eines Schuldrechtsmodernisierungsgesetzes auf der Grundlage des Diskussionsentwurfs eines Schuldrechtsmodernisierungsgesetzes, der hierzu vorliegenden Stellungnahmen und der Ergebnisse der Beratungen der Arbeitsgemeinschaften zu den einzelnen Komplexen und der Kommission Leistungsstörungsrecht, S.13. Ebenso Canaris, in: JZ 2001, 499 (516), der Mitglied der Kommission "Leistungsstörungsrecht" war.

[1310] Dazu Palandt-Heinrichs, 61. Aufl., § 325, Rn.15.

[1311] Canaris, JZ 2001, 499 (516).

[1312] Die sog. Rentabilitätsvermutung, die davon ausging, daß die Aufwendungen des Käufers in die Kalkulation der Gegenleistung des Verkäufers eingegangen sind, versagte, wenn der Gläubiger aus dem Vertrag keine materielle kostendeckende Gegenleistung, sondern immaterielle Gewinne erhoffte (BGHZ 99, 182 (195 ff.)). Dauner-Lieb/Arnold/Dötsch/Kitz, Anmerkungen und Fragen zur konsolidierten Fassung des Diskussionsentwurfs eines Schuldrechtsmodernisierungsgesetzes, S.35.

[1313] Ablehnend daher Stoll, in: JZ 2001, 589 (596).

Altmeppen[1314] hat gefordert die Bestimmung des § 284 BGB zu streichen, da ihr de lege lata zwingende Gründe der Schadensdogmatik entgegenstünden. Der Gläubiger, der dem Schuldner vorwirft, den Vertrag nicht erfüllt zu haben, kann haftungsrechtlich nur so gestellt werden, als habe der Schuldner erfüllt.[1315] Der Ersatz vergeblicher Aufwendungen sei dem Schuldner gegenüber unangemessen. Die Einwände sind in der genannten Pauschalität nicht zutreffend, da der Anspruch auf Aufwendungen beschränkt ist, die der Gläubiger billigerweise machen durfte, es sei denn, deren Zweck wäre auch ohne die Pflichtverletzung verfehlt worden. § 284 BGB schützt das Vertrauen des Gläubigers in die Leistungstreue des Schuldners, sowie die Freiheit des Gläubigers hinsichtlich vertragsbezogener Dispositionen und verhindert die Sanktionslosigkeit eines Vertragsbruchs ohne - oder nur mit einem geringen - materiellen Schaden.[1316] Der Gesetzgeber darf schließlich selbst über § 253 BGB hinausgehen.

(b) Ersatz der Vertragskosten beim Rücktritt

Bisher kann der Käufer nur bei vollzogener Wandelung die Vertragskosten gemäß § 467 Satz 2 BGB a.F. ersetzt verlangen. Eine spezielle Regelung der Kaufvertragskosten ist im Regierungsentwurf dagegen nicht mehr enthalten.[1317] Nach der Absicht des Gesetzgebers soll der Käufer den Ersatz der Vertragskosten beim Rücktritt nach § 284 BGB verlangen können. Da der Aufwendungsersatz nur "anstelle des Schadensersatzes statt der Leistung" geltend gemacht werden kann, unterliegt er den Voraussetzungen des § 280 Abs.1 BGB, der ein Verschulden des Schuldners (Verkäufers) verlangt.[1318] Hat der Verkäufer den Mangel nicht zu vertreten, so hat der Käufer keinen Anspruch auf Ersatz der Vertragskosten.[1319] Das Verschulden des Verkäufers wird jedoch grundsätzlich vermutet (§ 280 Abs.1

[1314] Altmeppen, Stellungnahme zum Regierungsentwurf eines Gesetzes zur Modernisierung des Schuldrechts vor dem Rechtsausschuß des Deutschen Bundestags, S.8.

[1315] Altmeppen, Stellungnahme zum Regierungsentwurf eines Gesetzes zur Modernisierung des Schuldrechts vor dem Rechtsausschuß des Deutschen Bundestags, S.8 f.; ders., in: DB 2001, 1399 (1402 ff.).

[1316] Canaris, DB 2001, 1815 (1820).

[1317] So aber noch der Diskussionsentwurf in § 438 Abs.3 BGB-DE.

[1318] Dauner-Lieb/Arnold/Dötsch/Kitz, Anmerkungen und Fragen zur konsolidierten Fassung des Diskussionsentwurfs eines Schuldrechtsmodernisierungsgesetzes, S.36.

[1319] Dauner-Lieb/Arnold/Dötsch/Kitz, Anmerkungen und Fragen zur konsolidierten Fassung des Diskussionsentwurfs eines Schuldrechtsmodernisierungsgesetzes, S.36.

Satz 2 BGB).[1320] Der Unterschied zur bisher verschuldensunabhängigen Gewährleistungshaftung auf die Vertragskosten wiegt daher nicht besonders schwer.[1321]

(4) Schadensersatz statt der Leistung bei nachträglichen und unbehebbaren Sachmängeln, § 283 BGB

Ist der Verkäufer nach § 275 Abs.1 bis 3 BGB von seiner Leistungspflicht aus dem Kaufvertrag befreit, weil der Mangel der Kaufsache nach Abschluß des Kaufvertrags unbehebbar, d.h. die Beseitigung des Mangels objektiv oder subjektiv unmöglich ist (§ 275 Abs.1 BGB),[1322] oder der Verkäufer die Leistung verweigern kann, weil diese einen Aufwand erfordert, der unter Beachtung des Inhalts des Schuldverhältnisses und der Gebote von Treu und Glauben in einem groben Mißverhältnis zu dem Leistungsinteresse des Käufers und des Leistungshindernisses auf Seiten des Verkäufers steht (§ 275 Abs.2 Satz 1 BGB), so kann der Käufer nach § 280 Abs.3 BGB i.V.m. § 283 BGB Schadensersatz statt der Leistung verlangen. § 283 BGB-RE ist erforderlich, da § 281 BGB, der über § 280 Abs.1 BGB hinausgehende Voraussetzungen aufstellt, nicht auf die Fälle paßt, in denen der Leistungsanspruch des Gläubigers wegen Unmöglichkeit nach § 275 BGB ausgeschlossen ist. Denn ist der Leistungsanspruch ausgeschlossen, kann er nicht gemäß § 281 Abs.1 Satz 1 BGB fällig sein und außerdem ist eine Nachfristsetzung sinnlos. § 283 BGB verweist daher direkt auf die Voraussetzungen des § 280 Abs.1 BGB. Erforderlich ist deshalb, daß der Verkäufer eine Pflicht aus dem Kaufvertrag schuldhaft verletzt hat. Doch ist der Verkäufer nach § 275 Abs.1 bis 3 BGB gerade nicht zur Leistung verpflichtet, erscheint eine Pflichtverletzung fraglich. Eine Pflichtverletzung kann dann nur in der Nichtabwendung der Unmöglichkeit der Leistung liegen.[1323]

[1320] Darauf weist Canaris, in: JZ 2001, 499 (517), hin.

[1321] Canaris, JZ 2001, 499 (517).

[1322] Nach dem Diskussionsentwurf eines Gesetzes zur Modernisierung des Schuldrechts sollte dem Schuldner im Fall der Unmöglichkeit keine gesetzliche Leistungsbefreiung zugute kommen, sondern nur eine Einrede gegen den Leistungsanspruch des Gläubigers zustehen.

[1323] Lorenz, JZ 2001, 742 (743). Nach der Begründung des Regierungsentwurfs eines Gesetzes zur Modernisierung des Schuldrechts stellt die Verweisung in § 283 BGB klar, daß die Unmöglichkeit bzw. Einrede nach § 275 Abs.2 BGB doch zu einem Schadensersatzanspruch führt, wenn der Schuldner sich hinsichtlich seines Vertretenmüssens nicht entlasten kann, § 280 Abs.1 Satz 2 BGB.

(5) Schadensersatz statt der Leistung bei anfänglichen und unbehebbaren Sachmängeln, § 311a Abs.2 BGB

Besteht bereits bei Vertragsabschluß ein Leistungshindernis[1324] und ist der Schuldner deshalb nach § 275 Abs.1 bis 3 BGB von seiner Leistungspflicht frei geworden, bleibt der Vertrag -ganz gleich, ob es sich um einen Fall anfänglicher objektiver oder subjektiver Unmöglichkeit handelt- wirksam, wie § 311a Abs.1 BGB ausdrücklich klarstellt. Das entspricht insoweit den Lando- und UNIDROIT-Prinzipien.[1325] Die Vorschrift des § 306 BGB a.F. wurde abgeschafft, wonach Verträge, in denen eine anfänglich objektiv unmögliche Leistung versprochen wird, bisher nichtig waren. Die Fälle anfänglicher Unmöglichkeit werden nach § 275 Abs.1 BGB den Fällen nachträglicher Unmöglichkeit gleichgestellt.[1326]

Der Gläubiger einer bereits bei Vertragsabschluß (subjektiv oder objektiv) unmöglichen Leistung kann nach seiner Wahl Schadensersatz statt der Leistung oder Ersatz seiner Aufwendungen in dem in § 284 BGB bestimmten Umfang verlangen (§ 311a Abs.2 Satz 1 BGB). § 311a Abs.2 Satz 1 BGB ist eine selbständige Anspruchsgrundlage[1327] und ersetzt das Erfüllungsinteresse (sog. positives Interesse) des Käufers.[1328] Die Haftung des Schuldners gründet sich dabei nicht auf eine Pflichtverletzung nach § 280 Abs.1 BGB, sondern auf die Nichterfüllung des Leistungsversprechens aus dem nach § 311a Abs.1 BGB ausdrücklich für wirksam erklärten Vertrag.[1329] Der Gläubiger erhält keinen Anspruch auf die Erfüllung der nach § 275 BGB ausgeschlossenen ursprünglich

---

[1324] Nach der Beschlußempfehlung des Rechtsausschusses des Bundestags, in: BT-Drucks. 14/7052, S.190, lautet die Überschrift des § 311a BGB nunmehr "Leistungshindernis bei Vertragsabschluß", da die im Regierungsentwurf gewählte Überschrift "Ausschluß der Leistungspflicht bei Vertragsabschluß" mißverständlich auch so verstanden werden konnte, daß auch vorvertragliche Pflichten erfaßt seien.

[1325] Art.4:102 Lando-Prinzipien, Art.3.3 UNIDROIT-Prinzipien. Palandt-Heinrichs, 61. Aufl., Einl v § 241, Rn.42; Teichmann, in; BB 2001, 1485 (1486); Schmidt-Räntsch, Das neue Schuldrecht, Rn.421.

[1326] Regierungsentwurf eines Gesetzes zur Modernisierung des Schuldrechts, S.288, 293, BT-Drucks.14/6040, S.127, 129.

[1327] Regierungsentwurf eines Gesetzes zur Modernisierung des Schuldrechts, S.381, BT-Drucks. 14/6040, S.166. Anderer Ansicht ist Stoll, in: JZ 2001, 589.

[1328] Regierungsentwurf eines Gesetzes zur Modernisierung des Schuldrechts, S.380, BT-Drucks. 14/6040, S.165.

[1329] Regierungsentwurf eines Gesetzes zur Modernisierung des Schuldrechts, S.380, BT-Drucks. 14/6040, S.165; Schmidt-Räntsch, Das neue Schuldrecht, Rn.426.

vereinbarten Leistungspflicht,[1330] kann aber Schadensersatz statt der Leistung verlangen. Der Schadensersatzanspruch auf das positive Interesse ist ausgeschlossen, wenn der Schuldner das Leistungshindernis bei Vertragsabschluß nicht kannte und seine Unkenntnis nicht zu vertreten hat (§ 311a Abs.2 Satz 2 BGB).[1331] Anknüpfungspunkt der Haftung aus dem Vertrag ist damit eine schuldhafte[1332] Nichtvergewisserung des Verkäufers über seine Leistungsfähigkeit.[1333]

Die, von der im Schrifttum herrschenden Meinung anerkannte, sog. Garantiehaftung bei anfänglichem Unvermögen[1334] ist ex lege beseitigt

---

1330 Regierungsentwurf eines Gesetzes zur Modernisierung des Schuldrechts, S.380, BT-Drucks. 14/6040, S.165.

1331 § 311a Abs.2 Satz 1 a.E. BGB-RE. Die Aufteilung des § 311a Abs.2 Satz 1 BGB-RE in zwei Sätze erfolgte zur Anpassung an die sprachliche Formulierung in § 280 Abs.1 BGB-RE. Beschlußempfehlung des Rechtsausschusses des Deutschen Bundestags, BT-Drucks. 14/7052, S.190. Die inhaltliche Klarstellung gegenüber der Fassung des Regierungsentwurfs, die keinen Hinweis auf den Zeitpunkt der Kenntnis vom Leistungshindernis enthielt, und sprachlich kompliziert war, ist zu begrüßen.

1332 Sowohl der Anspruch auf Schadensersatz als auch der Anspruch auf Aufwendungsersatz sind verschuldensabhängig. Regierungsentwurf eines Gesetzes zur Modernisierung des Schuldrechts, S.381, BT-Drucks. 14/6040, S.165.

1333 Lorenz, JZ 2001, 742 (743). Zum Diskussionsentwurf Dauner-Lieb/Arnold/Dötsch/Kitz, Anmerkungen und Fragen zur konsolidierten Fassung des Diskussionsentwurfs eines Schuldrechtsmodernisierungsgesetzes, S.52.

1334 Zur Garantiehaftung bei anfänglichem Unvermögen RGZ 69, 355 (357); BGHZ 8, 222 (231); 11, 16 (22); 47, 266 (269); 129, 103 (105); BGH, NJW 1997, 938 (939), ständige Rechtsprechung. Larenz, I, § 8, II.; Medicus, Bürgerliches Recht, Rn.282 ff.; Palandt-Heinrichs, 61. Aufl., § 306, Rn.9 f.; Staudinger-Otto, § 325, Rn.15. Die Gegenansicht in Teilen des Schrifttums läßt den Schuldner nur haften, wenn er das anfängliche Unvermögen auch über § 325 BGB a.F. analog gemäß §§ 276-279 BGB a.F. zu vertreten hat, da sonst lediglich der zufällige Zeitpunkt der Unmöglichkeit über das Verschuldenserfordernis entschiede: Esser/Schmidt, I 2, § 22, III 2; Wagner, JZ 1998, 482 (492 f.), der allerdings den Grundgedanken der Garantiehaftung in den Fahrlässigkeitsbegriff integriert. Auch Emmerich, in: MüchKomm, Vor § 275, Rn.17, will § 325 BGB a.F. insgesamt anwenden, betont dabei jedoch den Gesichtspunkt der Risikoübernahme nach Maßgabe der jeweiligen Vertragsgestaltung und befürwortet zugleich ein Vorgehen über § 283 bzw. § 326 BGB a.F. Die Haftung für die anfängliche Leistungsfähigkeit beruht aber auf der wirksamen Verpflichtung zur Leistung. Überzeugender ist es nach bisheriger Rechtslage daher, von einer generellen Einstandspflicht auszugehen, aber Ausnahmen bei völlig unvorhersehbaren Risiken und vor allem bei abweichenden Parteivereinbarungen zu machen. BGH, NJW 2000, 2101 (2102); Staudinger-Löwisch, § 306, Rn.50; Medicus, Bürgerliches Recht, Rn.285; Soergel-Wolf, § 306, Rn.48. Die

worden. Durch § 311a Abs.2 BGB werden die Fälle des anfänglichen Unvermögens nunmehr kraft Gesetzes mit den Fällen der nachträglichen subjektiven und objektiven Unmöglichkeit in Tatbestandsvoraussetzungen und Rechtsfolgen gleichgestellt. Damit wurde auch die widersprüchliche Wertung beseitigt, wonach der Verkäufer im Falle der objektiven Unmöglichkeit nur auf den, durch das Erfüllungsinteresse begrenzten Vertrauensschaden (sog. negatives Interesse) haftete, obwohl er die Unmöglichkeit kannte oder kennen konnte (§ 307 BGB a.F.), der Verkäufer, dem die Leistung subjektiv unmöglich ist, hingegen verschuldensunabhängig auf das sog. positive Interesse haftet.[1335]

Eine Garantiehaftung kann sich zukünftig im Einzelfall aus der Übernahme einer entsprechenden selbständigen Garantie durch den Schuldner gemäß § 276 Abs.1 BGB ergeben.[1336]

Im Schrifttum[1337] ist die Vorschrift des § 311a BGB kritisiert und ihre Streichung gefordert worden. Der Ersatz des positiven Interesses nach § 311a Abs.2 Satz 1 BGB laufe der Zielsetzung des Gesetzes zur Modernisierung des Schuldrechts entgegen. Aus zwingenden schadensdogmatischen Gründen könne bei anfänglicher objektiver Unmöglichkeit, die wegen des ersatzlosen Wegfalls von § 306 BGB a.F. nicht mehr die Unwirksamkeit des Vertrags bedingt, keine Verschuldenshaftung des Schuldners auf Ersatz des positiven Interesses möglich sein.[1338] Im Falle des anfänglichen Unvermögens sei ebenfalls keine Verschuldenshaftung möglich, da diese nicht auf das positive Interesse, sondern nur auf das negative Interesse gerichtet sein könne. Nach dem Regierungsentwurf bleibt

---

praktischen Unterschiede zwischen beiden Ansätzen sind daher schon bisher gering gewesen.

1335 Lorenz, in: JZ 2001, 742 (743, Fn.11), sieht in der Abschaffung der Garantiehaftung des Schuldners für anfängliches Unvermögen einen wesentlichen rechtspolitischen Fortschritt.

1336 Ebenso Canaris, DB 2001, 1815 (1819).

1337 Altmeppen, Stellungnahme zum Regierungsentwurf eines Gesetzes zur Modernisierung des Schuldrechts vor dem Rechtsausschuß des Deutschen Bundestags, S.8; ders., in: DB 2001, 1399. Stoll, in: JZ 2001, 589 (592), hält § 311a Abs.2 BGB nicht für eine selbständige Anspruchsgrundlage und geht davon aus, daß § 311a BGB durch eine Reduzierung von § 275 BGB auf die Regel, daß die nicht zu vertretende, endgültige Leistungsverhinderung, den Schuldner von seiner Leistungspflicht befreit. Heldrich, in: NJW 2001, 2521 (2523), hat die Streichung von § 311a Abs.1 BGB verlangt, da damit lediglich die Aufhebung des § 306 BGB a.F. überflüssigerweise bekräftigt würde. Kritisch gegenüber der Regelung des § 311a Abs.1 BGB auch Hammen, in: WM 2001, 1357 (1359). Dem ist entgegenzuhalten, daß § 311a Abs.1 BGB eine für das Gesamtverständnis der Vorschrift durchaus sinnvolle Klarstellung enthält.

1338 Dahingehend auch die Kritik von Knütel, in: NJW 2001, 2519 (2520).

der Vertrag jedoch trotz anfänglicher objektiver Unmöglichkeit gültig. Der Anspruch auf das positive Interesse folgt daher aus der Nichterfüllung des wirksamen primären Leistungsversprechens und tritt an die Stelle des nach § 275 BGB ausgeschlossenen Erfüllungsanspruchs.[1339] Unmögliches kann freilich nicht verlangt werden.[1340] Die Pflicht zur Vergewisserung über die eigene Leistungsfähigkeit schützt aber das Erfüllungsinteresse des Vertragspartners.[1341] Soweit der Regierungsentwurf beim anfänglichen Unvermögen auf ein Verschulden des Schuldners abstellt, schafft er Klarheit in dem Streit, ob im Fall anfänglichen Unvermögens eine Garantiehaftung eingreift.[1342] Das Verschulden wird im übrigen grundsätzlich vermutet; die Beweislast soll wie bei § 280 Abs.1 Satz 2 BGB insoweit umgekehrt sein.[1343]

(6) Umfang des Schadensersatzanspruchs: Sog. großer oder kleiner Schadensersatz, § 281 Abs.1 Satz 2, 3 BGB[1344]

(a) Regierungsentwurf

In der Frage des sog. großen Schadensersatzes enthielt der Regierungsentwurf in § 281 Abs.1 Satz 3 BGB-RE eine einheitliche Sonderregelung für Teil- und

---

1339 Regierungsentwurf eines Gesetzes zur Modernisierung des Schuldrechts, S.380, BT-Drucks. 14/6040, S.165. Canaris, DB 2001, 1815 (1818); Gsell, Der Schadensersatz statt der Leistung nach dem neuen Schuldrecht, in: Helms/Neumann/Caspers/Sailer/Schmidt-Kessel (Hrsg.), Das neue Schuldrecht, Jb.J.ZivRWiss., S.105 (120 f.), die allerdings zu Recht auf die mangelnde Deutlichkeit aufmerksam macht, mit der der Regierungsentwurf das wirksame Vertragsversprechen als Haftungsgrund ausweist. Dagegen attestiert Harke, Unmöglichkeit und Pflichtverletzung, in: Helms/Neumann/Caspers/Sailer/Schmidt-Kessel (Hrsg.), Das neue Schuldrecht, Jb.J.ZivRWiss., S.29 (56), § 311a Abs.2 BGB eine Inkongruenz von Tatbestand und Haftungsfolge.

1340 Aus diesem Grundsatz läßt sich nur herleiten, daß der Primäranspruch auf Erfüllung grundsätzlich ausscheidet, nicht das auch der Schadensersatz wegen Nichterfüllung entfallen muß. Canaris, DB 2001, 1815 (1817).

1341 Schlechtriem, Entwicklung des deutschen Schuldrechts und europäische Rechtsangleichung, in: Helms/Neumann/Caspers/Sailer/Schmidt-Kessel (Hrsg.), Das neue Schuldrecht, Jb.J.ZivRWiss., S.9 (22).

1342 Den klarstellenden Schritt des Gesetzgebers begrüßt Canaris, in: DB 2001, 1815 (1819).

1343 Bisher §§ 282, 285 BGB a.F. Regierungsentwurf eines Gesetzes zur Modernisierung des Schuldrechts, S. 381, BT-Drucks. 14/6040, S.166

1344 § 281 Abs.1 Satz 3 BGB-RE.

Schlechtleistungen. Die Wahl des Käufers zwischen sog. großem und kleinem Schadensersatz war nach dieser Vorschrift beschränkt.[1345] Schadensersatz statt der ganzen Leistung[1346] sollte der Gläubiger, dessen Schuldner nur teilweise oder nicht wie geschuldet geleistet hat, nur verlangen können, wenn das Interesse des Gläubigers an der geschuldeten Leistung dies erfordert. Den sog. großen Schadensersatz durfte der Käufer danach also nur fordern, wenn durch einen Schadensersatz in Geld keine umfassende Kompensation der unvollständigen Leistung erreicht werden kann (sog. kleiner Schadensersatz).[1347] Es war beabsichtigt, den Gläubiger durch die Teil- oder Schlechtleistung und den zu zahlenden sog. kleinen Schadensersatz so zu stellen, wie er bei vollständiger Erfüllung in natura stünde. Der Schadensersatz statt der Leistung ging nach dem Regierungsentwurf daher grundsätzlich nur auf den sog. kleinen Schadensersatz (§§ 283 Satz 2, 311a Abs.2 Satz 2 verweisen auf § 281 Abs.1 Satz 2 BGB-RE).

Die Anforderung an den sog. großen Schadensersatz bei Schlechtleistung waren nach dem Regierungsentwurf strenger als die Voraussetzungen für den Rücktritt vom gesamten Vertrag, der schon verlangt werden kann, wenn keine lediglich unerhebliche Pflichtverletzung vorliegt (§ 323 Abs.4 Satz 2 BGB-RE).[1348] Auf das Interesse des Gläubigers an der Leistung kommt es nur beim Rücktritt wegen einer Teilleistung an (§ 323 Abs.4 Satz 1 BGB-RE). Es waren nach der Konzeption des Regierungsentwurfs daher Fälle denkbar, in denen der Gläubiger keinen Schadensersatz statt der gesamten Leistung fordern, aber sehr wohl vom Vertrag insgesamt zurücktreten konnte. Da Schadensersatz und Rücktritt zukünftig nebeneinander anwendbar sind (§ 325 BGB-RE), konnte die Regelung des Regierungsentwurfs in § 281 Abs.1 Satz 2 BGB-RE umgangen werden, indem der Gläubiger den Rücktritt vom Vertrag erklärt und im übrigen Schadensersatz fordert.[1349]

[1345] So auch Lorenz, in: JZ 2001, 742 (744).

[1346] "Schadensersatz statt der Leistung" meint den im BGB bisher bekannten "Schadensersatz wegen Nichterfüllung" (insbesondere §§ 280 Abs.1, 325 Abs.1 Satz 1; § 326 Abs.1 Satz 2 BGB a.F.).

[1347] Canaris, JZ 2001, 499 (513); Lorenz, JZ 2001, 742 (744).

[1348] Gsell, Der Schadensersatz statt der Leistung nach dem neuen Schuldrecht, in: Helms/Neumann/Caspers/Sailer/Schmidt-Kessel (Hrsg.), Das neue Schuldrecht, Jb.J.ZivRWiss., S.105 (123).

[1349] So die berechtigte Kritik in der Beschlußempfehlung des Rechtsausschusses des Deutschen Bundestags, S.212, BT-Drucks. 14/7052, S.185.

(b) Beschlußempfehlung des Rechtsausschusses des Deutschen Bundestags

Nach der Beschlußempfehlung des Deutschen Bundestags[1350] wird ein Gleichlauf zwischen den Vorschriften des Schadensersatzes und dem Rücktritt erreicht. Die vormalige Vorschrift des § 281 Abs.1 Satz 3 BGB-RE, in der auf das Interesse des Gläubigers an der gesamten Leistung abgestellt wird, ist wie beim Rücktrittsrecht, auf den Fall der Teilleistung beschränkt (§ 281 Abs.1 Satz 2 BGB). Schadensersatz statt der ganzen Leistung kann daher nur dann nicht verlangt werden, wenn die Pflichtverletzung unerheblich ist (§ 281 Abs.1 Satz 3 BGB). Die Entscheidung des Rechtsausschusses ist sachgerecht, da sie die in § 325 BGB vorausgesetzte Parallelität der Rechtsbehelfe, die eine Vertragsbeendigung herbeiführen, konsequent nachvollzieht.

(7) Ausschluß des Erfüllungsanspruchs, § 281 Abs.4 BGB

Hat der Gläubiger Schadensersatz statt der Leistung verlangt, ist der Anspruch auf die Leistung nach § 281 Abs.4 BGB ausgeschlossen. Im Anbetracht der Rechtsfolge des Verlustes des ursprünglichen Erfüllungsanspruchs, ist ein hinreichend eindeutiges Schadensersatzverlangen erforderlich.

(8) Rückgewähr des Geleisteten, § 281 Abs.5 BGB[1351]

Der Schuldner ist gemäß § 281 Abs.5 BGB zur Rückforderung des Geleisteten nach den Rücktrittsvorschriften der §§ 346-348 BGB berechtigt, wenn der Gläubiger Schadensersatz statt der Gesamtleistung fordert.[1352] Danach kann der Käufer eine bereits erbrachte Teilleistung zurückverlangen.

[1350] Beschlußempfehlung des Rechtsausschusses des Deutschen Bundestags, S.212, BT-Drucks. 14/7052, S.185.

[1351] § 281 Abs.4 BGB-RE.

[1352] Der Zusatz des Regierungsentwurfs "..., sobald der Schuldner nicht mehr zu leisten braucht", war überflüssig, da der Leistungsanspruch des Gläubigers, der Schadensersatz statt der Leistung verlangt, ohnehin nach § 281 Abs.3 BGB-RE bzw. § 281 Abs.4 BGB ausgeschlossen ist. Stellungnahme des Bundesrats, in: BT-Drucks. 338/01 (Beschluß), S.19, Nr.30. Dem hatte sich die Bundesregierung in ihrer Gegenäußerung, in: BT-Drucks. 14/6857, S.50, angeschlossen. Der Rechtsausschuß des Deutschen Bundestags hatte in seiner Beschlußempfehlung, S.212, BT-Drucks.14/7052, S.185, den Zusatz zu Recht gestrichen.

(9) Ersatz des Verzögerungsschadens, § 280 Abs.2 BGB i.V.m. § 286 BGB

Den Schaden wegen der Verzögerung einer fälligen Leistung kann der Gläubiger nur unter der zusätzlichen besonderen Voraussetzung des Verzugs gemäß § 286 Abs.1 BGB verlangen (§ 280 Abs.2 BGB). In Verzug gerät der Schuldner einer fälligen und durchsetzbaren Leistung in der Regel durch Mahnung (§ 286 Abs.1 Satz 1 BGB). Die Fälle, in denen der Schuldner ohne Mahnung in Verzug gerät, sind nunmehr in § 286 Abs.2, 3 BGB geregelt. Nach § 286 Abs.3 BGB kommt der Schuldner einer Entgeltforderung spätestens in Verzug, wenn er nicht innerhalb von 30 Tagen nach Fälligkeit und Zugang einer Rechnung oder gleichwertigen Zahlungssaufstellung leistet.[1353] Danach kann auch bei Geldforderungen, neben der 30-Tages-Frist, der Verzug auch wieder durch Mahnung eintreten. Ist der Schuldner kein Verbraucher, gerät er, wenn der Zeitpunkt des Zugangs der Rechnung oder Zahlungsaufstellung unsicher ist, spätestens 30 Tage nach Fälligkeit und Empfang der Gegenleistung in Verzug (§ 286 Abs.3 Satz 2 BGB).

Die Verzugszinsen für Geldschulden betragen auch künftig gemäß § 288 Abs.1 Satz 2 BGB pro Jahr fünf Prozentpunkte über dem Basiszinssatz. Sofern kein Verbraucher an dem Rechtsgeschäft beteiligt ist, betragen die Verzugszinsen nach § 288 Abs.2 BGB zukünftig acht Prozentpunkte über dem Basiszinssatz.[1354]

6. Verhältnis zwischen Rücktritt und Schadensersatz, § 325 BGB

Eine Kumulierung des Schadensersatzanspruchs mit anderen Rechtsbehelfen, insbesondere den Rücktritt ist zukünftig, wie im UN-Kaufrecht (Art.45 Abs.2 CISG), möglich. Dies stellt nunmehr § 325 BGB ausdrücklich klar, der bestimmt, daß das Recht, bei einem gegenseitigen Vertrag Schadensersatz zu verlangen, durch den Rücktritt nicht ausgeschlossen wird. Die Rückabwicklung des Vertragsverhältnisses und der Ersatz von Schäden, die durch eine mangelhafte oder unvollständige Erfüllung entstanden sind, schließen sich somit grundsätzlich nicht mehr gegenseitig aus. Es handelt sich um eine Rechtsfolge, die in der Rechts-

---

[1353] Damit wird die mißglückte Formulierung des § 284 Abs.3 BGB a.F. behoben, die durch das Gesetz zur Beschleunigung fälliger Zahlungen v. 30.3.2000 (BGBl I S.330) Eingang in das BGB gefunden hat. Dazu Heinrichs, in: Palandt, 61. Aufl., § 284, Rn.24, m.w.N.

[1354] Die Vorschrift ist möglicherweise richtlinienkonform auszulegen, da die europäische Vorgabe aus Art.3 Abs.1 lit.d der Richtlinie zur Bekämpfung des Zahlungsverzugs im Geschäftsverkehr nur vorsieht, daß der Verzugszins für den Geschäftsverkehr anzuheben ist. Auch ohne Beteiligung eines Verbrauchers liegt nicht zwangsläufig ein Rechtsgeschäft im Geschäftsverkehr vor.

praxis bereits durch das Verlangen eines sog. großen Schadensersatzes erreichen ließ. Die Folgen des Schadensersatzes müssen aber auch zukünftig mit einem erklärten Rücktritt vereinbar sein. Die Rechtsfolgen beider Rechtsbehelfe sind daher untereinander abzustimmen, so daß der Rücktritt nach den Rückabwicklungsfolgen der §§ 346 ff. BGB durchgeführt werden kann.

VIII. Gewährleistungsausschluß und Gewährleistungsbeschränkung, §§ 442 Abs.1 Satz 1, 2; 444, 445 BGB

1. Gesetzlicher Gewährleistungsausschluß bei Kenntnis des Käufers, § 442 Abs.1 Satz 1, 2 BGB

Die Gewährleistungsrechte des Käufers wegen Mängeln der Kaufsache sind nach § 442 Abs.1 Satz 1 BGB[1355] ausgeschlossen, wenn er bei Vertragsschluß positive Kenntnis vom Mangel hat. Der Ausschluß gilt für alle Rechte des Käufers wegen eines Mangels. Umfaßt werden auch das Schadensersatzrecht und Rücktrittsrecht wegen nicht vertragsgemäßer Lieferung nach den allgemeinen Vorschriften (§§ 281, 323 BGB). Ist dem Käufer der Mangel infolge grober Fahrlässigkeit unbekannt geblieben, kann der Käufer seine Rechte wegen dieses Mangels gemäß § 442 Abs.1 Satz 2 BGB-BE nur geltend machen, wenn der Verkäufer den Mangel arglistig verschwiegen oder eine Garantie für die Beschaffenheit der Sache

[1355] Entspricht § 442 Abs.1 BGB-KE.

übernommen hat.[1356] Die Vorschriften stimmen damit materiell-rechtlich mit § 460 Satz 1 und Satz 2 BGB a.F. überein und sollen Art.2 Abs.3 VbrKfRil umsetzen.

Die Schuldrechtskommission hatte noch vorgeschlagen, die Kaufgewährleistung nur bei positiver Kenntnis des Käufers vom Mangel auszuschließen,[1357] grobe Fahrlässigkeit sollte nicht ausreichen.[1358] Die Streichung von § 460 Abs.1 Satz 2 BGB a.F., der den Gewährleistungsausschluß bei grober Fahrlässigkeit regelte, wurde mit der Aufgabe der Unterscheidung zwischen Fehler und zugesicherter Eigenschaft begründet.[1359] Nach dem Abschlußbericht der Schuldrechtskommission sei die praktische Bedeutung dieses Ausschlußtatbestandes gering,[1360] da der Verkäufer die Beweislast für die grobe Fahrlässigkeit der Unkenntnis des Käufers von dem Mangel tragen muß.[1361] Diese Argumentation vermag nicht zu überzeugen, hat der Verkäufer doch auch den Beweis für eine positive Kenntnis des Käufers vom Mangel zu erbringen, der regelmäßig ebenso schwer zu leisten ist, wie der Beweis grobfahrlässiger Unkenntnis, da beides subjektive Umstände aus der Sphäre des Käufers sind. Die rechtspolitisch richtige

[1356] So bisher auch § 460 Satz 2 BGB a.F. Nach der Schuldrechtskommission, in: Abschlußbericht, S.226, sollte § 460 Satz 2 BGB a.F. ersatzlos gestrichen werden, da die praktische Relevanz der Fälle gering sei, in denen dem Käufer die Mangelhaftigkeit der Kaufsache wegen der Vernachlässigung seiner eigenen Sorgfaltspflicht in besonders schwerer Weise unbekannt bleibt, und der Verkäufer wegen Arglist oder einer Zusicherung trotzdem haftet. Auch § 441 Abs.1 BGB-DE verzichtete auf die Übernahme der Wertung aus § 460 Satz 2 BGB in den Gesetzestext, wonach der Käufer den Mangel trotz grober Fahrlässigkeit bei Arglist oder Zusicherung des Verkäufers geltend machen kann. Ist die Zahl der fraglichen Fälle zweifellos gering, so ändert dies nichts an der Richtigkeit der gesetzlichen Wertung, die hinter § 460 Satz 2 BGB a.F. steht, nämlich daß grob fahrlässige Unkenntnis des Mangels bei Arglist oder Zusicherung des Verkäufers nicht zu einen Haftungsausschluß für diesen führen darf. Das erkennt auch die Schuldrechtskommission, in: Abschlußbericht, S.226. Für eine entsprechenden Ausnahme aus Klarstellungsgründen auch Repgen, in: Kein Abschied von der Privatautonomie, S.60.

[1357] § 442 Abs.1 BGB-KE.

[1358] Schuldrechtskommission, Abschlußbericht, S.226. Diesem Standpunkt hat sich zuletzt Krebs, in: Die große Schuldrechtsreform, in: DB, Beilage Nr.14/2000, S.18, angeschlossen.

[1359] Schuldrechtskommission, Abschlußbericht, S.226.

[1360] Ebenso Krebs, Die große Schuldrechtsreform, in: DB, Beilage Nr.14/2000, S.18.

[1361] Schuldrechtskommission, Abschlußbericht, S.226.

und bewährte gesetzliche Wertung[1362] des § 460 Abs.1 Satz 2 BGB a.F., nach der bei Zusicherung und Arglist grobfahrlässige Unkenntnis des Mangels nicht zum Haftungsausschluß führt, sollte nicht ohne zwingende Gründe aufgegeben werden.[1363] Im Diskussionsentwurf eines Gesetzes zur Modernisierung des Schuldrechts wurde von Seiten des Bundesjustizministeriums vorgeschlagen, den Gewährleistungsausschluß gemäß § 441 Abs.1 Satz 1 BGB-DE über die positive Kenntnis hinaus auch auf die grob fahrlässige Unkenntnis des Käufers vom Mangel zu erstrecken. Diese Abweichung vom Vorschlag der Schuldrechtskommission gründet sich auf Art.2 Abs.3 VbrKfRil, der das Vorliegen einer Vertragswidrigkeit nicht nur bei positiver Kenntnis, sondern auch für den Fall ausschließt, daß der Käufer vernünftigerweise nicht in Unkenntnis des Mangels sein konnte.[1364] Der Diskussionsentwurf ging zutreffend davon aus, daß das Kriterium "vernünftigerweise" der VbrKfRil mit dem, dem Bürgerlichen Gesetzbuch geläufigen Begriff der groben Fahrlässigkeit[1365] übereinstimmt.[1366]

1362 Die Richtigkeit der gesetzlichen Wertung betont selbst die Schuldrechtskommission, in: Abschlußbericht, S.226.

1363 Dafür auch Ernst/Gsell, in: ZIP 2000, 1410 (1416) und 1462, die es in ihrem Vorschlag für eine sog. kleine Lösung der Umsetzung der VbrKfRil bei der Regelung des § 460 Abs.1 Satz 2 BGB a.F. belassen wollen. Dieser Standpunkt stimmt materiell-rechtlich mit der Lösung des § 442 Abs.1 Satz 2 BGB überein. Dagegen Krebs, in: Die große Schuldrechtsreform, in: DB, Beilage Nr.14/2000, S.18, der davon ausgeht, daß auf den Haftungsausschluß wegen grober Fahrlässigkeit ohne spürbaren Nachteil für den Verkäufer verzichtet werden könne. Diese Lösung zieht dem Haftungsausschluß für den Verkäufer engere Grenzen als der Regierungsentwurf und ist daher wegen des Mindestschutzgebots gemäß Art.8 Abs.2 VbrKfRil mit der Richtlinie vereinbar. Dieser Vorschlag vernachlässigt jedoch die Signalwirkung der in § 460 Abs.1 Satz 2 BGB a.F. enthaltenen, zwischen den Kaufvertragsparteien vermittelnden, rechtspolitischen Wertung.

1364 Diskussionsentwurf eines Gesetzes zur Modernisierung des Schuldrechts, S.512.

1365 Z.B. in § 932 Abs.2 BGB.

1366 Diskussionsentwurf eines Gesetzes zur Modernisierung des Schuldrechts, S.513. Kirchner/Richter, in: Vorschlag für ein Gesetz zur Änderung des Kaufrechts und des Fernabsatzgesetzes, S.16, wollen § 460 BGB a.F. in einem neuen § 460 Abs.1 zusammenfassen, um einen Abs.2 anzufügen, in dem vorgesehen sein soll, daß der Verkäufer im Falle eines Verbrauchsgüterkaufes einen Mangel der verkauften Sache bereits dann nicht zu vertreten hat, wenn der Käufer den Mangel bei Abschluß des Kaufes kennen konnte. Danach soll auch bei Fahrlässigkeit des Verbrauchers hinsichtlich der Mangelhaftigkeit der Kaufsache, die Haftung des Verkäufers für Sachmängel ausgeschlossen sein. Auf diese Weise sollen die, für den Verkäufer sonst eher ungünstigen Regelungen der VbrKfRil abgemildert werden. Nach der hier

§ 441 Abs.1 Satz 1 BGB-DE sah allerdings keine Einschränkung des Gewährleistungsausschlusses bei grober Fahrlässigkeit vor, wenn der Verkäufer den Mangel arglistig verschwiegen oder die Abwesenheit des Mangels zugesichert hat. Es ist jedoch nicht sachgerecht, daß ein arglistig (vorsätzlich) handelnder oder dem Käufer die Mangelfreiheit der Sache versichernder Verkäufer von der Gewährleistungshaftung befreit wird, nur weil der Käufer den Mangel grob fahrlässig übersieht.[1367] Außerdem bestünde ein Widerspruch zu § 444 BGB[1368], der einen sonst möglichen Haftungsausschluß bei Arglist und der Übernahme einer Garantie für die Beschaffenheit einer Sache verbietet.[1369] Im übrigen erlaubt Art.8 Abs.2 VbrKfRil dem Gesetzgeber über den Mindestschutzgehalt der Richtlinie hinaus einen strengeren Verbraucherschutz, der auch über einen engeren Gewährleistungsausschluß erreicht werden kann.[1370] Die konsolidierte Fassung des Diskussionsentwurfs bestimmte daher in § 441 Abs.1 Satz 2 BGB-DEKF, daß der Käufer, dem ein Mangel infolge grober Fahrlässigkeit unbekannt geblieben ist, seine Gewährleistungsrechte wegen dieses Mangels nur geltend machen kann, wenn der Verkäufer den Mangel arglistig[1371] verschwiegen oder die "Mangelfreiheit zugesichert" hat. Die Rückkehr zum Begriff der Zusicherung war angesichts der ursprünglichen und auch im Regierungsentwurf aufrechterhaltenen[1372]

---

vertretenen Auffassung, ist diese Lösung nicht mit dem Begriff "vernünftigerweise" des Art.2 Abs.3 VbrKfRil zu vereinbaren, der dem Merkmal der groben Fahrlässigkeit entspricht. Kirchner/Richter schlagen damit zur Umsetzung von Art.2 Abs.3 VbrKfRil eine Regelung vor, die die Rechte des Verbrauchers zu sehr beschränkt und daher nicht richtlinienkonform ist.

1367 Reinking, DAR 2001, 8 (11); Krebs, Die große Schuldrechtsreform, in: DB, Beilage Nr.14/2000, S.18. Für die Beibehaltung des Regelungsgehalts des § 460 BGB auch Ehmann/Rust, JZ 1999, 853 (857).

1368 § 443 BGB-DE.

1369 Krebs, Die große Schuldrechtsreform, in: DB, Beilage Nr.14/2000, S.18.

1370 Ehmann/Rust, JZ 1999, 853 (857); Krebs, Die große Schuldrechtsreform, in: DB, Beilage Nr.14/2000, S.18.

1371 Der Begriff "arglistig" fehlt in der Formulierung der konsolidierten Fassung des Diskussionsentwurfs. Ein Grund ist dafür nicht ersichtlich. Diese Veränderung ist im Regierungsentwurf zu Recht berichtigt worden, da anderenfalls unnötige Verwirrung gestiftet worden wäre. Einen Grund für das Fehlen des Merkmals "arglistig" vermissen auch Dauner-Lieb/Arnold/Dötsch/Kitz, Anmerkungen und Fragen zur konsolidierten Fassung des Diskussionsentwurfs eines Gesetzes zur Modernisierung des Schuldrechts, S.86.

1372 Regierungsentwurf eines Gesetzes zur Modernisierung des Schuldrechts, S.554, BT-Drucks. 14/6040, S.236.

Absicht auf dieses Merkmal neben Fehler und Garantie ganz zu verzichten, überraschend, verwirrend und unnötig.[1373] Bei der Zusicherung einer Eigenschaft handelt es sich um eine Garantieerklärung des Verkäufers, daß die Kaufsache bei Gefahrübergang eine bestimmte Eigenschaft hat, und daß er für das Vorhandensein der Eigenschaft einstehen will.[1374] § 276 Abs.1 Satz 1 BGB regelt nunmehr allgemein, daß der Schuldner für die Übernahme einer Garantie haften muß. Der Regierungsentwurf bediente sich daher für die bisherigen Fälle der Zusicherung einer Eigenschaft, der allgemeinen Formulierung der Übernahme einer Garantie für das Vorhandensein einer Eigenschaft, ohne materiell-rechtlich eine Änderung gegenüber den Fällen der zugesicherten Eigenschaft zu bewirken.[1375] Der Rechtsausschuß des Deutschen Bundestags hat außerdem empfohlen, den Wortlaut der Vorschrift an § 443 BGB anzupassen und von einer Garantie für die Beschaffenheit einer Sache zu sprechen. Dies ist im Interesse einer möglichst weitgehenden Einheit der im Gesetz verwendeten Rechtsbegriffe zu begrüßen.[1376] Die Regelung des § 442 Abs.1 Satz 1, 2 BGB setzen Art.2 Abs.3 VbrKfRil im Ergebnis ordnungsgemäß um.[1377]

2. Vertraglicher Gewährleistungsausschluß oder Gewährleistungsbeschränkung, § 444 BGB

Auch zukünftig ist grundsätzlich eine Vereinbarung zwischen Verkäufer und Käufer über den Ausschluß oder die Einschränkung der Gewährleistungshaftung des Käufers möglich. Auf eine solche Vereinbarung kann sich der Verkäufer allerdings nicht berufen, wenn er den Mangel arglistig verschwiegen oder eine Garantie für die Beschaffenheit der Sache übernommen hat[1378] (§ 444 BGB).

[1373] Dauner-Lieb/Arnold/Dötsch/Kitz, Anmerkungen und Fragen zur konsolidierten Fassung des Diskussionsentwurfs eines Gesetzes zur Modernisierung des Schuldrechts, S.86.

[1374] Regierungsentwurf eines Gesetzes zur Modernisierung des Schuldrechts, S.555, BT-Drucks. 14/6040, S.236.

[1375] Regierungsentwurf eines Gesetzes zur Modernisierung des Schuldrechts, S.554, BT-Drucks. 14/6040, S.236.

[1376] Beschlußempfehlung des Rechtsausschusses des Deutschen Bundestags, in: BT-Drucks. 14/7052, S.197.

[1377] So im Ergebnis auch Hoffmann, in: ZRP 2001, 347 (348).

[1378] Der Wortlaut wurde insoweit wie in § 442 BGB durch den Rechtsausschuß des Bundestags an § 443 BGB angepaßt.

Die Vorschrift des § 444 BGB ist im Schrifttum[1379], insbesondere hinsichtlich des Unternehmenskaufes, auf starke Kritik gestoßen. Das Verbot der Freizeichnung oder Begrenzung der Haftung des Verkäufers wirke sich bei Individualverträgen fatal aus, da im gewöhnlichen Geschäftsverkehr manigfaltige Garantien eingeräumt und Haftungsbeschränkungen oder Haftungsausschlüsse deshalb nahezu unmöglich gemacht würden. Der Regierungsentwurf gibt jedoch keine Anhaltspunkte dafür, daß die Privatautonomie über die bisherige Rechtslage hinaus eingeschränkt werden soll.[1380] Mit einer Garantieübernahme ist nach dem Regierungsentwurf die im bisherigen Recht erwähnte Zusicherung einer Eigenschaft gemeint,[1381] die einen unbedingten Einstandswillen des Verkäufers für das Vorhandensein der Eigenschaft erkennen lassen muß. Damit ist dem Verkäufer lediglich ein widersprüchliches Verhalten verboten. Der Verkäufer soll dem Käufer zugesicherte Rechte nicht sogleich wieder nehmen dürfen.[1382] Schlichte Anpreisungen der Waren bleiben außer Betracht. Die aus einer Garantie für die Beschaffenheit der Sache folgenden Rechte kann der Verkäufer durchaus beschränken oder ausschließen.[1383]

3. Haftungsbegrenzung bei öffentlichen Versteigerungen, § 445 BGB

Der Rechtsausschuß des Bundestags hat sich aufgrund der Stellungnahme des Bundesrats[1384] und der Gegenäußerung des Bundesregierung[1385] dazu entschlossen

---

[1379] Von Westphalen, in: ZIP 2001, 2107, bezeichnet § 444 BGB als "Keule", die dazu führen könne, daß das deutsche Recht künftig gemieden wird.

[1380] Zutreffend Barbara Dauner-Lieb, BGB-Reform schafft Unklarheiten bei Garantien, Haftungsausschluß nur scheinbar unmöglich, Zusicherungsumfang wichtig, in: FAZ v. 8.12.2001, S.21.

[1381] Regierungsentwurf eines Gesetzes zur Modernisierung des Schuldrechts, S.563, BT-Drucks. 14/6040, S.240.

[1382] Barbara Dauner-Lieb, BGB-Reform schafft Unklarheiten bei Garantien, Haftungsausschluß nur scheinbar unmöglich, Zusicherungsumfang wichtig, in: FAZ v. 8.12.2001, S.21.

[1383] Palandt-Putzo, 62. Aufl., § 444, Rn.3. Haas, in: Haas/Medicus/Rolland/Schäfer/Wendtland, Das neue Schuldrecht, § 5, Rn.553. Anderer Ansicht von Westphalen, in: Henssler/von Westphalen, Praxis der Schuldrechtsreform, 2. Aufl., § 444, Rn.18.

[1384] Der Bundesrat begründet diese Forderung damit, daß ohne entsprechende Ausnahmeregelung z.B. bei den jährlich stattfindenden Koffer- und Fundsachenversteigerungen der Verkehrsbetriebe zwingend Gewährleistungsansprüche gegen diese begründet würden. BR-Drucks. 338/01 (Beschluß), S.60 f.

[1385] BT-Drucks. 14/6857, S.62, Zu Nummer 103.

§ 461 BGB a.F. in nahezu unveränderter Form beizubehalten. Neu ist lediglich, daß der Gesetzgeber den Haftungsausschluß ausdrücklich auf Fälle begrenzt, in denen der Verkäufer den Mangel nicht arglistig verschwiegen oder dessen Abwesenheit zugesichert hat.[1386] Bei Verbrauchsgüterkäufen ist § 445 BGB ausgeschlossen (§ 474 Abs.2 BGB); es gilt die Spezialvorschrift des § 474 Abs.1 Satz 2 BGB.

IX. Keine Rügeobliegenheit und Rügefrist

1. Regierungsentwurf: Keine Rügeobliegenheit und Rügefrist

Der Regierungsentwurf sieht davon ab, die den Mitgliedstaaten durch Art.5 Abs.2 VbrKfRil gegebene Option einer Rügeobliegenheit des Verbrauchers mit mindestens zweimonatiger Frist in das Kaufrecht einzufügen.[1387]

2. Diskussionsentwurf: Rügeobliegenheit und Rügefrist

Dagegen sah der Diskussionsentwurf noch eine entsprechende, allerdings auf das gesamte Kaufrecht erweiterte Regelung vor. Nach § 441 Abs.1 Satz 2 BGB-DE sollte jeder Käufer auch dann von den Gewährleistungsrechten ausgeschlossen sein, wenn er dem Verkäufer den Mangel nicht innerhalb einer Frist von zwei Monaten nach dessen Entdeckung anzeigt. Die Vorschrift des § 441 Abs.1 Satz 2 BGB-DE hätte deshalb auch für den Handelskauf gegolten, solange die handelsrechtliche Untersuchungs- und Rügeobliegenheit aus § 377 HGB nicht strengere Regeln beinhaltet oder nicht eine abweichende Vereinbarung getroffen worden wäre. Die Anzeigefrist sollte nach § 441 Abs.1 Satz 2 BGB-DE mit dem Zeitpunkt der Entdeckung des Mangels durch den Käufer beginnen. Dazu hätte der Käufer positive Kenntnis von der Mangelhaftigkeit der Kaufsache erlangt haben müssen.[1388]

[1386] So aber bisher schon das Schrifttum. Nur Putzo, in: Palandt, 61. Aufl., § 461, Rn.3.

[1387] Bereits die konsolidierte Fassung des Diskussionsentwurfs verzichtete auf die allgemeine Rügeobliegenheit. Keine allgemeine Rügeobliegenheit sieht auch der Entwurf für eine sog. kleine Lösung zur Umsetzung der VbrKfRil von Ernst/Gsell, in: ZIP 2000, 1410 (1426), vor. Auf die Übernahme einer Rügeobliegenheit für den Käufer verzichtet auch das Gewährleistungsrechts-Änderungsgesetz Österreichs, das sich auf die Umsetzung der Inhalte der VbrKfRil beschränkt (sog. kleine Lösung).

[1388] Reinking, DAR 2001, 8 (12).

3. Stellungnahme

Die Einführung einer Rügeobliegenheit für alle Kaufvertragsarten ist nicht durch die Verbrauchsgüterkaufrichtlinie zwingend geboten und verschafft den Verkäufern keine wesentliche Verbesserung,[1389] da Käufer, die eine mangelhafte Sache erhalten, regelmäßig selbst ein Interesse daran haben, dem Verkäufer bei positiver Kenntnis des Mangels die Fehlerhaftigkeit anzuzeigen, um eine zügige Abhilfe zu erreichen.[1390] Im Interesse einer raschen Abwicklung von Sachmängeln ist eine Rügeobliegenheit des Käufers freilich grundsätzlich angemessen.[1391] Der Verkäufer sieht sich allerdings notwendigerweise der Schwierigkeit ausgesetzt, dem Käufer die Feststellung der Vertragswidrigkeit, d.h. einen subjektiven Umstand aus der Sphäre des Käufers, zu beweisen.[1392] Die Anknüpfung der Rügeobliegenheit im Diskussionsentwurf an den Zeitpunkt der positiven Kenntnis des Mangels durch den Käufer ist mithin völlig ungeeignet.[1393] In der Folge würden die zu erwartenden Beweisschwierigkeiten für den Verkäufer eine Zunahme von Rechtsstreitigkeiten bewirken, die im Ergebnis zu einer Belastung der Gerichte führten.[1394] Eine Schlechterstellung des Verkäufers durch den Verzicht auf eine

---

[1389] Beschlußempfehlung des Rechtsausschusses des Deutschen Bundestags, in: BT-Drucks. 14/7052, S.197. Ernst/Gsell, in: ZIP 2000, 1410 (1426), sind der Meinung, daß die Rügeobliegenheit für den Verkäufer beim Handel mit technischen Produkten und im Platzverkehr von geringem Wert sei. Es sei deshalb schon die Regelung der §§ 377 f. HGB insofern fragwürdig geworden. Ähnlich Huber, in: ZHR 161 (1997), 160 (184 f.), der feststellt, daß die Rügefrist des § 377 HGB de lege ferenda für den Handel mit Industrieprodukten nicht mehr angemessen ist. Eine andere Ansicht vertritt der BDI, in: FAZ v. 2.7.2001, S.17. Ebenso sieht Repgen, in: Kein Abschied von der Privatautonomie, S.61, in der Rügeobliegenheit eine gewisse Kompensation für die Verlängerung der Gewährleistungsfrist des Verbrauchers.

[1390] Vgl. Reinking, DAR 2001, 8 (12).

[1391] Repgen, Kein Abschied von der Privatautonomie, S.61.

[1392] Darauf weisen auch Dauner-Lieb/Arnold/Dötsch/Kitz, in: Anmerkungen und Fragen zur konsolidierten Fassung des Diskussionsentwurfs eines Gesetzes zur Modernisierung des Schuldrechts, S.86, hin. Ebenso von Sachsen Gessaphe, RIW 2001, 721 (733) und Westermann, Kaufrecht im Wandel, in: Schulze/Schulte-Nölke (Hrsg.), Die Schuldrechtsreform vor dem Hintergrund des Gemeinschaftsrechts, S.109 (122 f.).

[1393] Grundsätzlich kritisch auch Schwartze, Europ. Sachmängelgewährleistung, S.492.

[1394] Rechtsausschuß des Deutschen Bundestags, in: BT-Drucks. 14/7052, S.197. Ähnlich auch Ernst/Gsell, in: ZIP 2000, 1410 (1426), die auf die Erfahrungen mit §§ 377 f. HGB verweisen. Die Rechtzeitigkeit der allgemeinen Mängelrüge in Art.370 Schweizerisches Obligationenrecht ist umstritten. Dazu Zehnder, SJZ 2000, 545 (546 ff.).

Rügeobliegenheit für den Käufer ist auch nicht zu befürchten, wenn ein anfänglicher Mangel vom Käufer erst am Ende der Verjährungsfrist geltend gemacht wird. Für Verbraucher gilt dann nicht die Umkehr der Beweislast nach § 476 BGB, die sich auf die ersten sechs Monate beschränkt. Macht der Käufer Rechtsbehelfe wegen Mängeln der Kaufsache am Ende der Verjährungsfrist geltend, muß er deshalb grundsätzlich beweisen, daß die Mängel schon seit Vertragsschluß bestehen. In der auf eine Frist von sechs Monaten begrenzten Beweislastumkehr liegt daher ein mittelbarer Anreiz für den Verbraucher, den Mangel zeitnah nach der Entdeckung geltend zu machen.[1395] Zur Kompensation der auf zwei Jahre verlängerten Gewährleistungsfrist eignet sich eine Rügepflicht für den Verkäufer deshalb nicht.[1396]

Dem deutschen Kaufrecht ist außerdem eine gesetzliche Rügeobliegenheit für den Käufer, mit Ausnahme des Handelskaufs (§ 377 HGB), fremd. § 11 Nr.10 lit.e AGBG a.F. verbietet darüber hinaus bislang in Verträgen über neu hergestellte Sachen die formularmäßige Vereinbarung einer Anzeigefrist, die kürzer ist als die Verjährungsfrist für die gesetzlichen Gewährleistungsrechte, mit Ausnahme offensichtlicher Mängel. Der Regierungsentwurf behält diese Regelung in etwas abgewandelter Form bei. Nach § 309 Nr.8 lit.b, ee BGB darf der Verwender von AGB in Verträgen über neu hergestellte Sachen keine Klauseln vorsehen, die dem anderen Vertragsteil für die Anzeige nicht offensichtlicher Mängel eine Ausschlußfrist setzt, die weniger als ein Jahr beträgt.[1397] Die Vorschrift ist richtlinienkonform, verallgemeinert deren Vorgaben aber auf das gesamte Kaufrecht. § 309 Nr.8 lit.b, ee BGB orientiert sich allerdings nicht an der regelmäßigen gesetzlichen Gewährleistungsfrist von zwei Jahren (§ 438 Abs.1 Nr.3 BGB), sondern an der für gebrauchte Sachen beim Verbrauchsgüterkauf nach § 475 Abs.2 BGB durch Vereinbarung höchstens möglichen Erleichterung der Verjährung. Die Orientierung des Gesetzgebers an der kürzesten gesetzlichen Gewährleistungsfrist ist im Interesse einer möglichst weitgehenden Wahrung der Privatautonomie zwischen den Vertragsparteien.

[1395] Ernst/Gsell, ZIP 2000, 1410 (1427).

[1396] Ernst/Gsell, ZIP 2000, 1410 (1427); Westermann, Kaufrecht im Wandel, in; Schulze/Schulte-Nölke (Hrsg.), Die Schuldrechtsreform vor dem Hintergrund des Gemeinschaftsrechts, S.109 (123). Im Ergebnis auch Hoffmann, in: ZRP 2001, 347 (348).

[1397] Dagegen hält Ayad, in: DB 2001, 2697 (2703), es für zulässig, wenn dem Verbraucher vom Verkäufer eine Rügepflicht dergestalt auferlegt wird, daß dieser erkannte Mängel binnen zwei Monaten nach der Entdeckung anzuzeigen hat.

Im übrigen hatte auch der Abschlußbericht der Schuldrechtskommission, trotz der auch für das Kaufgewährleistungsrecht vorgesehenen Verlängerung der Verjährungsfrist auf einheitlich drei Jahre, keine kompensatorische Einführung einer allgemeinen Rügepflicht in das BGB erwogen.

4. Ergebnis

Im Hinblick auf die Optionsregelung in Art.5 Abs.2 VbrKfRil zur Einführung einer Rügeobliegenheit, die möglicherweise zu unterschiedlichen nationalen Lösungen in den Mitgliedstaaten führt,[1398] ist ein Verzicht auf ihre Umsetzung im Ergebnis sachgerecht.[1399] Der Gesetzgeber sollte nicht in eine unbedachte überobligatorische Erfüllung der VbrKfRil verfallen und den eigentlich bis zum 7.1.2003 von der Kommission zu erstellenden Bericht abwarten, in dem die von den Mitgliedstaaten gewählten Umsetzungsmaßnahmen ausgewertet werden. Damit kann vermieden werden, daß eine hastig eingeführte allgemeine Rügeobliegenheit möglicherweise wieder revidiert werden müßte.

X. Haltbarkeits- und Beschaffenheitsgarantien, § 443 BGB[1400]

In § 443 BGB sieht das Gesetz zur Modernisierung des Schuldrechts in der Fassung der Beschlußempfehlung des Rechtsausschusses des Bundestags eine allgemeine Vorschrift für, in Verbindung mit Kaufverträgen eingegangene, Haltbarkeits- und Beschaffenheitsgarantien vor. Dies entspricht der Richtlinie, die insbesondere in Erwägungsgrund 21 Satz 1 zwar die Haltbarkeitsgarantie vorrangig in Betracht zieht, aber keine Beschränkung auf Haltbarkeitsgarantien vornimmt.

Nach § 443 Abs.1 BGB kann der Käufer im Garantiefall, unbeschadet der gesetzlichen Gewährleistung, die Rechte aus einer selbständigen Garantie, die der Verkäufer oder ein Dritter (etwa der Hersteller) ihm eingeräumt hat, zu den in der Garantieerklärung und in der einschlägigen Werbung angegebenen Bedingungen

---

[1398] Das niederländische Burgerlijk Wetboek beinhaltet in Art.7:23 eine allgemeine Rügeobliegenheit für alle Käufer

[1399] Beschlußempfehlung des Rechtsausschusses des Deutschen Bundestags, in: BT-Drucks. 14/7052, S.197.

[1400] Die amtliche Überschrift von § 443 BGB-RE lautete noch einfach"Garantien".

gegenüber dem Garantiegeber geltend machen. Der deutsche Gesetzgeber übernimmt damit die Vorgaben aus Art.6 Abs.1 und Abs.2 Spiegelstrich 1 VbrKfRil in das allgemeine Kaufrecht.

Nach der Beschlußempfehlung des Rechtsausschusses des Bundestags ist ergänzend eine Legaldefinition der Haltbarkeitsgarantie vorgesehen, auf die bisher nur § 443 Abs.2 BGB-RE Bezug nahm.[1401] In § 443 Abs.2 BGB wird nunmehr der Begriff der Haltbarkeitsgarantie vorausgesetzt.

1. Rechtsbindende Wirkung der Garantie und von Werbeangaben

Mit § 443 BGB wird zum einen die rechtsbindende Wirkung einer Garantieerklärung ausdrücklich gesetzlich vorgeschrieben. Zum anderen wird der Inhalt der Garantie um die in der Werbung erfolgten Angaben erweitert. Der deutsche Gesetzgeber setzt damit die Vorgabe aus Art.6 Abs.1 VbrKfRil um.

2. Garantie für nachträgliche Mängel

Im Unterschied zur gesetzlichen Gewährleistung kommt es für den Garantiefall nach § 443 BGB nicht entscheidend darauf an, ob der Mangel bereits bei Gefahrübergang vorhanden war, sondern die Garantie gilt auch dann, wenn der Mangel erst später, während der Garantiefrist, entsteht.[1402]

3. Widerlegbare Vermutung des Garantiefalls bei Haltbarkeitsgarantien, § 443 Abs.2 BGB

Zugunsten des Käufers wird in § 443 Abs.2 BGB bei Haltbarkeitsgarantien die widerlegbare Vermutung festgelegt, daß ein während der Geltungsdauer der Garantie auftretender Sachmangel die Rechte aus der Garantie auslöst. Diese Bestimmung ist nicht durch die Richtlinie geboten, stellt aber durchaus eine sachgerechte Regelung dar. Dem Garantiegeber ist während der Garantiefrist zuzumuten, die Beweislast dafür zu tragen, daß der Mangel nicht Resultat des anfänglichen Zustands der Sache ist, und im Zweifelsfall zu seiner Garantie stehen zu müssen, da diese sonst nahezu entwertet wäre.[1403] Nach Ablauf der

---

1401 Beschlußempfehlung des Rechtsausschusses des Bundestags, S.234, BT-Drucks. 14/7052, S.197.

1402 Haas, BB 2001, 1313 (1315).

1403 Regierungsentwurf eines Gesetzes zur Modernisierung des Schuldrechts, S.562, BT-Drucks. 14/6040, S.239.

Garantiefrist trifft dagegen den Käufer die Beweislast dafür, daß der Mangel bereits in der Garantiefrist aufgetreten ist.[1404]

XI. Beseitigung der Viehkaufsregeln

Die bisher im BGB enthaltenen Vorschriften über den Viehkauf §§ 481-492 BGB a.F. werden im Regierungsentwurf ersatzlos gestrichen.

Schon bisher werden die Vorschriften des Viehkaufs als insgesamt überholt angesehen.[1405] Viele der, in der zugehörigen Verordnung geregelten Tierkrankheiten haben an Bedeutung verloren, andere sind in den Vordergrund getreten, da insbesondere Pferde kaum mehr landwirtschaftlich genutzt werden, sondern fast ausschließlich nur noch dem Reitsport dienen. Außerdem stimmen die Gewährfristen der Verordnung nicht mehr mit den neuartigen Inkubationszeiträumen überein.[1406]

Mit den Vorgaben der Verbrauchsgüterkaufrichtlinie sind die deutschrechtlichen Viehkaufregeln im übrigen nicht vereinbar. Da der überwiegende Teil der Verbrauchsgüterkaufrichtlinie allgemein in das deutsche Kaufgewährleistungsrecht umgesetzt wird, ist eine Beibehaltung der Viehkaufvorschriften auch außerhalb von Verbrauchsgüterkäufen im BGB gesetzessystematisch nicht möglich. Der ersatzlose Verzicht auf die Regeln des Viehkaufs der §§ 481-492 BGB a.F. im Regierungsentwurf ist damit nur folgerichtig.

XII. Verjährung von Gewährleistungsansprüchen im Kaufrecht

1. Verjährungsrechtliche Sonderregelung im Rahmen des Kaufgewährleistungsrechts

Umfassende Änderungen des geltenden Rechts nimmt der Regierungsentwurf eines Gesetzes zur Modernisierung des Schuldrechts hinsichtlich der Verjährungsregeln vor. In § 438 BGB enthält das Schuldrechtsmodernisierungsgesetz eine

---

[1404] Regierungsentwurf eines Gesetzes zur Modernisierung des Schuldrechts, S.562, BT-Drucks. 14/6040, S.239.

[1405] Medicus, SchuldR II, BT, Rn.76.

[1406] Medicus, SchuldR II, BT, Rn.76.

spezielle Regelung der "Verjährung von Mängelansprüchen". § 438 BGB tritt damit an die Stelle von § 477 BGB a.F.[1407] Ist der Gewährleistungsanspruch rechtskräftig (z.B. durch Endurteil) festgestellt worden, gilt die 30jährige Verjährung (§ 197 Abs.1 Nr.3 BGB). Die Verjährungsregeln des § 438 BGB regeln einheitlich Sach- und Rechtsmängel.[1408] Für den Letztverkäuferrückgriff und den Rückgriff in der Vertragskette (§ 478 BGB) sind gemäß § 479 BGB besondere Verjährungsbestimmungen vorgesehen.

a) Verjährung von Nacherfüllungs- und Schadensersatzansprüchen

Die Gewährleistungsansprüche des § 437 BGB, genauer die Ansprüche auf Nachbesserung und Ersatzlieferung aus § 437 Nr.1 BGB und die Schadensersatzansprüche aus § 437 Nr.3 BGB,[1409] verjähren grundsätzlich in zwei Jahren (§ 438 Abs.1 Nr.3 BGB). § 438 Abs.1 Nr.3 BGB dient damit der Umsetzung von Art.5 VbrKfRil hinsichtlich der Nacherfüllungsansprüche des Verbrauchers.

b) Unwirksamkeit des Rücktritts- und Minderungsrechts

Das Rücktritts- und Minderungsrecht aus § 437 Nr.2 BGB werden von der Regelung nicht (direkt) erfaßt, da sie Gestaltungsrechte sind, die selbst nicht der Verjährung unterliegen. Die entsprechend zu der Verjährung eintretende Unwirksamkeit des Rücktrittsrechts sollte sich, um die erforderliche Richtlinienumsetzung herbeizuführen, aus § 438 Nr.3 BGB i.V.m. § 218 Abs.1 Satz 1 BGB ergeben. Für das Minderungsrecht verwies nach dem Regierungsentwurf § 441 Abs.5 BGB auf § 218 BGB.[1410] Diese Konstruktion ist unübersichtlich, da § 438 BGB selbst keinen Verweis auf § 218 BGB enthielt.[1411] Dieser Schwäche des Regierungsentwurfs hat der Rechtsausschuß des Bundestags abgeholfen, indem in die Beschlußempfehlung ein entsprechender Verweis auf § 218 BGB für das Rücktritts-

---

[1407] Regierungsentwurf eines Gesetzes zur Modernisierung des Schuldrechts, S.530, BT-Drucks. 14/6040, S.226.

[1408] Regierungsentwurf eines Gesetzes zur Modernisierung des Schuldrechts, S.530, BT-Drucks. 14/6040, S.226.

[1409] So die begrüßenswerte Klarstellung des Gesetzestextes in § 438 Abs.1 BGB durch den Rechtsausschuß des Deutschen Bundestags, in: Beschlußempfehlung, S.232.

[1410] Regierungsentwurf eines Gesetzes zur Modernisierung des Schuldrechts, S.536, BT-Drucks. 14/6040, S.229.

[1411] So auch die Beschlußempfehlung des Rechtsausschusses des Deutschen Bundestags, S.233, BT-Drucks. 14/7052, S.196 f.

recht (§ 438 Abs.4 Satz 1 BGB) und das Minderungsrecht (§ 438 Abs.5 BGB) aufgenommen wurde.

c) Regelmäßige Verjährung bei Arglist hinsichtlich des Mangels

Abweichend von der Regel verjähren die Ansprüche in der regelmäßigen dreijährigen Verjährungsfrist (§ 195 BGB), wenn der Verkäufer den Mangel arglistig verschwiegen hat (§ 438 Abs.3 BGB).[1412] Aufgrund der Beschlußempfehlung des Rechtsausschusses wurde nunmehr klargestellt, daß der Verjährungsbeginn bei Arglist abweichend von § 438 Abs.2 BGB subjektiv zu bestimmen ist (§ 199 Abs.1 BGB).[1413] Der Gesetzgeber stellt damit sicher, daß der Beginn der Verjährung nicht eintritt, bevor der Käufer den Mangel tatsächlich erkennen kann.[1414]

2. Ausnahme von der regelmäßigen Verjährung

Die Schuldrechtskommission schlug in § 195 BGB-KE eine generelle Verjährungsfrist von drei Jahren für alle vertraglichen Ansprüche vor. Dem hat sich der Diskussionsentwurf eines Gesetzes zur Modernisierung des Schuldrechts in § 195 BGB-DE angeschlossen.[1415] Im Hinblick auf die Verjährung von Gewährleistungsansprüchen wird eine dreijährige Frist jedoch für zu lang gehalten.[1416] Jedenfalls wird der Verbraucher am Ende der Frist Schwierigkeiten haben zu beweisen, daß die Mangelhaftigkeit der Sache bereits bei der Übergabe gegeben war und nicht auf schlichter Abnutzung beruht.[1417] Außerdem begnügt sich die VbrKfRil mit einer Frist von zwei Jahren als Mindestschutzstandard. Letztlich ist es eine politische Entscheidung, für welche Frist der Gesetzgeber sich ent-

---

[1412] Der vorausgegangene Diskussionsentwurf unterwarf Mängelgewährleistungsansprüche dagegen grundsätzlich dem einheitlichen Verjährungsregime von drei Jahren.

[1413] Diese Klarstellung haben Zimmermann/Leenen/Mansel/Ernst, in: JZ 2001, 684 (695), als Reaktion auf den Regierungsentwurf gefordert.

[1414] Schmidt-Räntsch, Das neue Schuldrecht, Rn.846.

[1415] Ähnlich die konsolidierte Fassung des Diskussionsentwurfs, die mit § 196 BGB-DEKF zwar im Gegensatz zum Diskussionsentwurf eine eigene Vorschrift für die Verjährung von Mängelansprüchen vorsah, jedoch die Dreijahresfrist grundsätzlich beibehielt.

[1416] Welser/Jud, S.137 f.; Welser, FS Hempel, S.162 (168); Ernst/Gsell, ZIP 2000, 1812 (1815); Krebs, in: DB, Beilage Nr.14/2000, S.4; Honsell, JZ 2001, (18) 21; Dauner-Lieb/Arnold, Anmerkungen zur neuesten Fassung des Verjährungsrechts in der konsolidierten Fassung des Diskussionsentwurfs, S.8.

[1417] Welser/Jud, S.138.

scheidet.[1418] Auf die Kritik von Wirtschaftsverbänden hin, hat die Bundesregierung davon abgesehen eine allgemeine dreijährige Verjährungsfrist vorzuschlagen, die auch für die Rechtsbehelfe des Kaufrechts gilt.[1419]

3. Verjährungsfrist, § 438 Abs.1 Nr.3 BGB

Nach § 438 Abs.1 Nr.3 BGB gilt "im Übrigen" eine Verjährungsfrist von zwei Jahren. Die Formulierung darf nicht darüber hinwegtäuschen, daß es sich beim Kauf beweglicher Sachen um die Regel handelt.

Die zweijährige Frist entspricht den Vorgaben von Art.5 VbrKfRil, verallgemeinert diese aber auf fast das gesamte Kaufgewährleistungsrecht.[1420] Die Verlängerung der Verjährungsfristen bringe nach der besonderen Begründung des Regierungsentwurfs zwar zusätzliche Belastungen für Verkäufer und Werkunternehmer mit sich, diese müßten aber hingenommen werden, damit die Vertragspartner eine faire Chance erhalten, ihre Ansprüche geltend zu machen.[1421] Die

---

[1418] Reich, NJW 1999, 2397 (2401).

[1419] FAZ v. 2.7.2001, S.17.

[1420] Regierungsentwurf eines Gesetzes zur Modernisierung des Schuldrechts, S.534, BT-Drucks. 14/6040, S.228. Auch die Alternativentwürfe für eine "kleine Lösung" der Umsetzung der Verbrauchsgüterkaufrichtlinie befürworten die Einführung einer allgemeinen zweijährigen Verjährungsfrist der Kaufgewährleistungsrechte: Ernst/Gsell, ZIP 2000, 1462 (1463); Kirchner/Richter, Vorschlag für ein Gesetz zur Änderung des Kaufrechts und des Fernabsatzgesetzes, S.5.

[1421] Regierungsentwurf eines Gesetzes zur Modernisierung des Schuldrechts, S.535, BT-Drucks. 14/6040, S.228. Nach Angaben des Präsidenten der IHK Region Stuttgart Günter Baumann, in: FAZ v. 27.6.2001, S.14, rechnet die Wirtschaft indes mit Belastungen zwischen sieben und acht Milliarden DM. Der DIHK, in: FAZ v. 2.7.2001, S.17, erwartet allein wegen der Umsetzung der VbrKfRil in das deutsche Recht zusätzliche finanzielle Lasten für die Wirtschaft in Höhe eines zweistelligen Milliardenbetrags. Nach einer Studie der Deutschen Gesellschaft für Mittelstandsberatung (DGM), in: FAZ v. 9.8.2001, S.13, die diese im Auftrag des Verbandes der Fenster- und Fassadenhersteller erstellt hat, werden die Verbraucherpreise als Folge der Schuldrechtsmodernisierung zwischen sieben und zehn Prozent steigen, da der Aufwand für die Überwachung und Dokumentation der Produktionsabläufe stark wachse, um unbegründete Mängelrügen der Verbraucher widerlegen zu können. Der Regierungsentwurf eines Gesetzes zur Modernisierung des Schuldrechts, S.2, BT-Drucks. 14/6040, S.2, hält hingegen nur eine "leichte Erhöhung der Kosten von Verkäufern und Werkunternehmern", die durch die verlängerten Gewährleistungsfristen entstehen könnten, sich "aber in geringen Grenzen halten" würden, für möglich. Die Bundesregierung geht im Regierungsentwurf eines Gesetzes zur Modernisierung des Schuldrechts, S.2, BT-Drucks. 14/6040, S.2, davon aus, daß Auswirkungen auf das

nach deutschem Recht geltende sechsmonatige Verjährungsfrist für Ansprüche auf Wandelung, Minderung und Schadensersatz wegen Fehlens einer zugesicherten Eigenschaft bei beweglichen Sachen ist in der Vergangenheit zu Recht nahezu einheitlich kritisiert worden.[1422] Sie stellt keine sachgerechte Lösung dar.[1423] Häufig war die kurze Frist nach § 477 Abs.1 BGB a.F. abgelaufen, bevor der Käufer überhaupt Kenntnis von dem Mangel der gelieferten beweglichen Sache erlangte.[1424] Deshalb ist dem Regierungsentwurf darin beizupflichten, daß eine deutliche Verlängerung der Gewährleistungspflichten auch für Verträge außerhalb des Verbrauchsgüterkaufs geboten ist.[1425] Es bietet sich daher an, die zweijährige Frist der VbrKfRil auf das allgemeine Kaufrecht zu erweitern. Jedenfalls bei

Preisniveau, insbesondere das Verbraucherpreisniveau, nicht zu erwarten sind. Im täglichen Geschäftsleben würden schon bisher Garantiefristen eingeräumt, die die derzeitigen gesetzlichen Gewährleistungsfristen zum Teil deutlich überschreiten. Die gesamtwirtschaftlichen Folgekosten der raschen umfassenden Schuldrechtsmodernisierung sind im Gesetzgebungsverfahren nicht ausreichend berücksichtigt worden. Eine objektive Kostenanalyse wäre erforderlich gewesen, um festzustellen, ob Wirtschaft und Verbrauchern mit Wirkung zum 1.1.2001 das Schuldrechtsmodernisierungsgesetz zumutbar ist.

1422 Schuldrechtskommission, Abschlußbericht, S.45; Schmidt-Räntsch, Das neue Schuldrecht, Rn.831; Honsell, in: Staudinger, § 477, Rn.3 f., der wenigstens eine Frist von einem Jahr für bewegliche Sachen und von fünf Jahren für Grundstücke und Gebäude erwägt. Jeweils m.w.N.

1423 Anderer Ansicht: Haug, Neuregelung des Verjährungsrechts, S.80 f. Die kurze Gewährleistungsfrist wurde mit der raschen Wiederherstellung des Rechtsfriedens, sowie mit Beweissicherungsschwierigkeiten begründet. Palandt-Putzo, 61. Aufl., § 477, Rn.1; MünchKomm-Westermann, § 477, Rn.1 f.

1424 Regierungsentwurf eines Gesetzes zur Modernisierung des Schuldrechts, S.534, BT-Drucks. 14/6040, S.228; Schmidt-Räntsch, Das neue Schuldrecht, Rn.831. Dagegen sieht es Haug, in: Neuregelung des Verjährungsrechts, S.81, als Sache des Käufers an, seine individuelle Planung hinsichtlich der Ingebrauchnahme des Kaufgegenstands durch eine entsprechende Verlängerung der Verjährungsfrist mit dem Umsatzgeschäft zu koordinieren. Dies entspricht jedoch nicht der regelmäßigen vertraglichen Praxis, nach der der Käufer keine Möglichkeit hat, eine individuell bestimmte Verjährungsfrist zu vereinbaren. Die Lasten der vertraglichen Abänderung der dispositiven Verjährungsfrist sollten der Vertragspartei auferlegt werden, der dabei die geringsten Transaktionskosten entstehen. Das ist regelmäßig der Verkäufer, der Kaufverträge meist unter von ihm gestellten AGB abschließt, und daher nur geringe Mühe hat, diese zu ihm angemessen erscheinenden Konditionen abzuändern. So zutreffend Kötz, Zur Verjährung der Sachmängelansprüche, FS Medicus, S.283 (295).

1425 Regierungsentwurf eines Gesetzes zur Modernisierung des Schuldrechts, S.536, BT-Drucks. 14/6040, S.229.

industriellen Massengütern treten Mängel nach gesicherten Erkenntnissen ganz überwiegend in den ersten sechs Monaten nach der Lieferung auf.[1426] Somit beschränkt sich die Verlängerung der Verjährungsfrist auf den weniger schadenträchtigen Zeitraum der folgenden eineinhalb Jahre, in dem der Verbraucher, wie jeder andere Käufer, voll beweispflichtig ist.[1427] Die Verlängerung der Verjährungsfrist auf zwei Jahre stellt daher auch keine unzumutbare Benachteiligung des Verkäufers dar.[1428]

4. Rechtsmängelhaftung

Im Zuge der Gleichstellung von Sach- und Rechtsmängeln durch das Schuldrechtsmodernisierungsgesetz wird die bisher für Rechtsmängel geltende dreißigjährige Regelverjährungsfrist (§ 195 BGB a.F.) auf die neue zweijährige Gewährleistungsfrist gemäß § 438 Abs.1 Nr.3 BGB verkürzt.[1429] Der Umstand, daß Rechtsmängel künftig der gleichen relativ kurzen Frist wie Sachmängel unterliegen sollen, ist im Schrifttum[1430] auf Bedenken gestoßen. Die Mängel der Vorentwürfe hat der Gesetzgeber indes behoben. Die den Rechtsmangel bildenden

---

1426 Wilhelm Consulting, S.26, 61 f.; Gass, FS Rolland, S.129 (135). Ebenso die Bundesregierung im Regierungsentwurf eines Gesetzes zur Modernisierung des Schuldrechts, S.2, BT-Drucks. 14/6040, S.2, und Schmidt-Räntsch, Das neue Schuldrecht, Rn.832.

1427 Gass, FS Rolland, S.129 (135).

1428 Für die Übernahme der zweijährigen Frist der VbrKfRil in das allgemeine Kaufrecht Medicus, Dogmatische Verwerfungen im geltenden deutschen Schuldrecht, in: Schulze/Schulte-Nölke (Hrsg.), Die Schuldrechtsreform vor dem Hintergrund des Gemeinschaftsrechts, S.33 (38).

1429 Regierungsentwurf eines Gesetzes zur Modernisierung des Schuldrechts, S.530, BT-Drucks. 14/6040, S.226.

1430 Ernst/Gsell, in: ZIP 2000, 1410 (1412), die auch in ihrem Entwurf für eine sog. kleine Lösung die Vorschriften über die Rechtsmängelhaftung (§§ 440-458 BGB a.F.) unverändert beibehalten; dies., in: ZIP 2000, 1462. Ebenso der Entwurf für eine sog. kleine Lösung von Kirchner/Richter, Vorschlag für ein Gesetz zur Änderung des Kaufrechts und des Fernabsatzgesetzes, S.2. Kritisch auch Zimmer, Das geplante Kaufrecht, in: Ernst/Zimmermann (Hrsg.), Zivilrechtswissenschaft und Schuldrechtsreform, S.191 (203) und Westermann, Kaufrecht im Wandel, in: Schulze/Schulte-Nölke (Hrsg.), Die Schuldrechtsreform vor dem Hintergrund des Gemeinschaftsrechts, S.109 (113). Bedenken haben zur konsolidierten Fassung des Diskussionsentwurfs bereits Dauner-Lieb/Arnold, in: Anmerkungen zur neuesten Fassung des Verjährungsrechts in der konsolidierten Fassung des Diskussionsentwurfs, S.8, geäußert. Anderer Ansicht Haas, DB 2001, 1313 (1318) und Heinrichs, DB 2001, 1417 (1420).

Drittrechte unterfallen selbst regelmäßig der auf drei Jahre verkürzten Regelverjährung gemäß § 195 BGB. Das gilt freilich nicht für Herausgabeansprüche aus dinglichen Rechten, die auch zukünftig in 30 Jahren verjähren (§ 197 Abs.1 Nr.1 BGB). Insoweit ist der Käufer nach neuem Recht durch § 438 Abs.1 Nr.1 lit.a BGB hinreichend geschützt, wonach die Nacherfüllungs- und Schadensersatzansprüche des Käufers erst nach 30 Jahren verjähren, wenn der Mangel in einem dinglichen Recht des Dritten besteht, aufgrund dessen dieser die Herausgabe der Sache verlangen kann.[1431]

5. Verjährungsbeginn, § 438 Abs.2, 3 BGB

a) Verjährungsbeginn bei allgemeinen Mängeln, § 438 Abs.2 BGB

Die Verjährung der Mängelansprüche beginnt bei beweglichen Sachen regelmäßig mit der Ablieferung bzw. der Übergabe (§ 438 Abs.2 BGB).[1432] Damit beläßt es das Schuldrechtsmodernisierungsgesetz für den Verjährungsbeginn im Kaufgewährleistungsrecht grundsätzlich bei der objektiven Anknüpfung der Regelung in § 477 BGB. Art.5 Abs.1 VbrKfRil, der für den Fristbeginn auf die "Lieferung" abstellt, wird damit ordnungsgemäß umgesetzt.[1433] Bei Grundstücken ist zukünftig die Übergabe ausschlaggebend (§ 438 Abs.2 BGB).

Bei aufgrund der Mangelhaftigkeit einer im Rahmen der Nacherfüllung neu gelieferten Sache i.S.d. § 439 BGB beginnt grundsätzlich die Verjährungsfrist

---

1431 Eine entsprechende Sonderregelung hat Mansel, Die Reform des Verjährungsrechts, in: Ernst/Zimmermann (Hrsg.), Zivilrechtswissenschaft und Schuldrechtsrechtsreform, S.333 (354), auf den Diskussionsentwurf hin gefordert. Dagegen halten Haas, in: DB 2001, 1313 (1318) und Heinrichs, in: DB 2001, 1417 (1420), eine Sonderregelung der Eviktionshaftung nicht für zwingend erforderlich, da der Käufer einer gestohlenen Sache nicht schutzwürdiger sei als der Käufer einer mangelhaften Sache.

1432 Ebenso § 201 Abs.1 BGB-DEKF. Nach § 198 Abs.4 BGB-DE sollte die Verjährung der Gewährleistungsrechte des Käufers mit der Zurverfügungstellung der Sache beginnen.

1433 Leenen, in: JZ 2001, 552 (555), hatte gefordert, die subjektive Anknüpfung des Verjährungsbeginns an die Erkennbarkeit des Mangels auch auf die Schadensersatzansprüche des Gewährleistungsrechts auszudehnen. Dieser Vorschlag ist zu Recht von Heinrichs, in: DB 2001, 1417 (1423), kritisiert und vom Gesetzgeber nicht verfolgt worden. Die Übernahme einer solchen Regelung würde schließlich zu einer weiteren Belastung der Gerichte führen, da der Nachweis der Erkennbarkeit der Mängel häufig nur schwer zu führen ist.

erneut,[1434] damit der Käufer bei mangelhafter Nacherfüllung am Ende der Verjährungsfrist hinreichend aus Gewährleistungsrecht geschützt bleibt. Dies ergibt sich aus § 212 Abs.1 Nr.1 BGB, da mit der mangelhaften Nacherfüllung ein (konkludentes) Anerkenntnis der Nacherfüllungspflicht aus § 439 Abs.1 BGB vorliegt, jedenfalls wenn sich aus dem tatsächlichen Verhalten des Schuldners gegenüber dem Gläubiger das Bewußtsein des Schuldners vom Bestehen des (Nacherfüllungs-)Anspruchs unzweideutig ergibt.[1435]

b) Verjährungsbeginn bei arglistigem Verschweigen des Mangels, § 438 Abs.3 BGB

Das Gesetz zur Modernisierung des Schuldrechts beschränkt den im übrigen Verjährungsrecht vollzogenen Paradigmenwechsel der Bestimmung des Verjährungsbeginns in Richtung auf ein bisher nur in § 852 BGB a.F. bekanntes subjektives System, das an der Fälligkeit des Anspruchs und der Kenntnis des Gläubigers von den anspruchsbegründenden Umständen und der Person des Schuldners anknüpft (§ 199 Abs.1 Nr.2 BGB),[1436] im Kaufgewährleistungsrecht auf den Fall der Arglist des Verkäufers (§ 438 Abs.3 BGB).

Nach § 477 Abs.1 Satz 1 BGB a.F. galt bisher bei arglistigem Verschweigen eines Mangels einer beweglichen Sache die regelmäßige 30jährige Verjährungsfrist gemäß § 195 BGB a.F.[1437] Hinsichtlich des Verjährungsbeginns wurde bislang danach differenziert, ob es sich um einen Stück- oder Gattungskauf handelt. Liegt der Kauf einer Gattungssache vor, wurde regelmäßig auf den

---

[1434] Haas, in: Haas/Medicus/Rolland/Schäfer/Wendtland, Das neue Schuldrecht, § 5, Rn.332; Oetker/Maultzsch, Vertragliche Schuldverhältnisse, 107 f.; von Westphalen, ZGS 2002, 19 ff.; ders., in: Henssler/von Westphalen, Praxis der Schuldrechtsreform, 2.Aufl., § 438, Rn.31. Anderer Ansicht: Reinking, ZGS 2002, 140 ff.

[1435] Palandt-Heinrichs, 62.Aufl., § 212, Rn.4 m.w.N. Fehlt es an einem Anerkenntnis, kommt eine Verjährungshemmung gemäß § 203 BGB in Betracht, wenn es zu Verhandlungen, d.h. einem Meinungsaustausch zwischen den Kaufvertragsparteien über das Bestehen eines Anspruchs und dessen tatsächliche Grundlagen, gekommen ist. Auktor, NJW 2003, 120 (122).

[1436] Das subjektive Verjährungssystem trägt der erheblichen Verkürzung der bisherigen 30jährigen Regelverjährung (§ 195 BGB a.F.) auf drei Jahre (§ 195 BGB) Rechnung. So Ernst, Zum Fortgang der Schuldrechtsreform, in: Ernst/Zimmermann (Hrsg.), Zivilrechtswissenschaft und Schuldrechtsreform, S.559 (587); Leenen, in: JZ 2001, 552 (553).

[1437] Palandt-Putzo, 61. Aufl., § 477, Rn.9.

Gefahrübergang abgestellt.[1438] Bei einem Stückkauf sollte der Vertragsabschluß maßgeblich sein.[1439] Den "Beginn der regelmäßigen Verjährungsfrist" regelt nunmehr § 199 BGB. Danach beginnt in Arglistfällen die Verjährung erst, wenn der Käufer auch von dem Mangel Kenntnis erlangt oder ohne grobe Fahrlässigkeit erlangen mußte (§ 199 Abs.1 Nr.2 BGB). Damit will das Schuldrechtsmodernisierungsgesetz der Gefahr entgegen wirken, daß die Verjährung der Mängelansprüche zu laufen beginnt, obwohl der Käufer gerade wegen des arglistigen Handelns des Verkäufers den Mangel nicht "zeitnah" nach der Ablieferung der Sache entdecken kann.[1440]

6. Verjährungsgegenstand

Gegenstand der besonderen kaufgewährleistungsrechtlichen Verjährungsregelung des § 438 BGB sind sowohl die Nacherfüllungsansprüche (Nachbesserung und Ersatzlieferung) als auch Schadensersatz- und Aufwendungsersatzansprüche (§ 437 Nr.1 und 3 BGB).

Die nunmehr als Gestaltungsrechte konzipierten Rechtsbehelfe des Rücktritts (Wandelung) und Minderung verfristen zukünftig nach der sog. Einredelösung des § 218 Abs.1 BGB.

a) Unwirksamkeit der Gestaltungsrechte Rücktritt und Minderung

§ 477 BGB a.F. regelte bislang die Verjährung der Wandelung und Minderung, bei denen es sich um Ansprüche gemäß § 194 Abs.1 BGB a.F. handelte.[1441] Rücktritt und Minderung des Käufers sind nach dem Schuldrechtsmodernisierungsgesetz als Gestaltungsrechte vorgesehen und können danach durch einseitige Gestaltungserklärung ausgeübt werden. Dadurch werden die Gewährleistungsrechtsbehelfe des BGB an das UN-Kaufrecht angeglichen, das Minderung[1442] und Vertragsaufhebung[1443] schon bisher als Gestaltungsrechte behandelt. Gestaltungs-

---

[1438] BGH, JZ 1989, 702; Palandt-Putzo, 61. Aufl., § 477, Rn.9.

[1439] BGH, JZ 1989, 702; Palandt-Putzo, 61. Aufl., § 477, Rn.9. Einschränkend Tiedtke, JZ 1996, 549 (554 f.), der auch beim Spezieskauf auf die Ablieferung abstellen will.

[1440] Regierungsentwurf eines Gesetzes zur Modernisierung des Schuldrechts, S.539, BT-Drucks. 14/6040, S.230; Schmidt-Räntsch, Das neue Schuldrecht, Rn.846.

[1441] Staudinger-Honsell, § 462, Rn.4.

[1442] Schlechtriem, Intern. UN-KaufR, Rn.204; Soergel-Lüderitz, Art.50, Rn.5; Staudinger-Magnus, Art.50 CISG, Rn.15.

[1443] Herber/Czerwenka, Art.49 CISG, Rn.11; Staudinger-Magnus, Art.49 CISG, Rn.26.

rechte unterliegen grundsätzlich nicht der Verjährung. Für Gestaltungsrechte können aber unter Umständen Ausschlußfristen vorgesehen sein.[1444] Gegenstand der Verjährung ist gemäß § 194 Abs.1 BGB auch weiterhin nur der Anspruch.[1445] Werden die Gestaltungsrechte ausgeübt, entstehen andererseits häufig Ansprüche, die ihrerseits verjähren.[1446] Grundsätzlich gelten die Normen über die Verjährung von Ansprüchen aber nicht unmittelbar für die Gestaltungsrechte Rücktritt und Minderung.[1447] Der Grundsatz, daß Gestaltungsrechte nicht der Verjährung unterliegen, wird dagegen beim Rücktritt und der Minderung durch einen Kunstgriff "in der Sache durchbrochen".[1448] Da der Rücktritt nach dem Schuldrechtsmodernisierungsgesetz als "allgemeines Rechtsinstitut" ausgestaltet ist, erfolgt dies im Allgemeinen Teil des BGB in § 218 BGB. Gemäß § 218 Abs.1 BGB ist der Rücktritt wegen nicht oder nicht vertragsgemäß erbrachter Leistung unwirksam, wenn der Anspruch auf die Leistung oder der Nacherfüllung verjährt ist und der Schuldner sich hierauf beruft.

Ist die Nacherfüllung gemäß § 275 Abs.1 BGB subjektiv oder objektiv unmöglich, so ist der Anspruch auf die Leistung oder Nacherfüllung ausgeschlossen. Es besteht daher kein Nacherfüllungsanspruch, der der Verjährung unterliegt.[1449] Das Schuldrechtsmodernisierungsgesetz sieht daher ausdrücklich vor, daß die Unwirksamkeit des Rücktritts- und des Minderungsrechts auch in diesem Fall eintritt (§ 218 Abs.1 Satz 2 BGB). Macht der Käufer einen Nacherfüllungsanspruch geltend, den der Verkäufer nach § 439 Abs.3 BGB oder § 275 Abs.2 bis 3 BGB verweigern kann, so ist der Anspruch des Käufers grundsätzlich nicht ausgeschlossen. Die Ansprüche des Käufers unterliegen daher auch der Verjährung. Nach der Beschlußempfehlung des Rechtsausschusses soll trotzdem

---

1444 Staudinger-Peters, § 194, Rn.18.

1445 Das sieht auch der Regierungsentwurf eines Gesetzes zur Modernisierung des Schuldrechts, S.531, BT-Drucks. 14/6040, S.226.

1446 Staudinger-Peters, § 194, Rn.18.

1447 Haas, BB 2001, 1313 (1319). Bydlinski, Die geplante Modernisierung des Verjährungsrechts, in: Schulze/Schulte-Nölke (Hrsg.), Die Schuldrechtsreform vor dem Hintergrund des Gemeinschaftsrechts, S.381 (383), hält dagegen - in Anlehnung an das österreichische Recht (§ 1487 AGBGB) - auch Gestaltungsrechte für verjährbar.

1448 Regierungsentwurf eines Gesetzes zur Modernisierung des Schuldrechts, S.531, BT-Drucks. 14/6040, S.226.

1449 Dies bemerkt der Bundesrat in seiner Stellungnahme zum Regierungsentwurf eines Gesetzes zur Modernisierung des Schuldrechts, BR-Drucks. 338/01 (Beschluß), S.53.

aus Klarstellungsgründen der Eintritt der Unwirksamkeit des Rücktritts- und des Minderungsrechts auch im Falle der §§ 439 Abs.3, 275 Abs.2, 3 BGB ausdrücklich in § 218 Abs.1 Satz 2 BGB angeordnet werden.[1450] Darauf könnte verzichtet werden. Der Hinweis schadet jedoch nicht.

§ 438 Abs.4 Satz 1 BGB verweist für das Rücktrittsrecht auf § 218 BGB. Für das Minderungsrecht verwies § 441 Abs.5 BGB-RE auf § 218 BGB. Nach der Beschlußempfehlung des Rechtsausschusses des Bundestags trat an die Stelle von § 441 Abs.5 BGB-RE die inhaltlich gleichlautende Regelung des § 438 Abs.5 BGB. Die Fristen für die Ausübung des Rücktritts und der Minderung sollen nach dem Regierungsentwurf im Kaufrecht geregelt werden, da sie "anderen Strukturen" folgen, als die allgemeine Verjährungsfrist für die übrigen Ansprüche.[1451] Der Übersichtlichkeit halber ist es durchaus sinnvoll nunmehr in § 438 Abs.4 Satz 1, Abs.5 BGB für Rücktritt und Minderung einen Verweis auf § 218 BGB vorzusehen. Die gesetzliche Verjährungsregelung der Gewährleistungsrechte gewinnt durch die zentralen Verweisungsnormen der §§ 438 Abs.4 Satz 1, Abs.5 BGB an systematischer Geschlossenheit.

b) Verjährung der vertraglichen Schadensersatzansprüche

Der Schadensersatzanspruch wegen Mängeln der Kaufsache und der Anspruch auf Ersatz vergeblicher Aufwendungen werden der zweijährigen Verjährungsfrist unterstellt.[1452]

7. Abgrenzungsfragen bei Nebenpflichtverletzungen und sog. weiterfressenden Mängeln

Wegen der Beibehaltung des objektiven Verjährungssystems im Gewährleistungsrecht und der besonderen zweijährigen Verjährungsfrist für Gewährleistungsansprüche, bleiben weiterhin verjährungsrechtliche Verwerfungen zum Bereich der Nebenpflichtverletzungen und den deliktsrechtlichen Verkehrssicherungs-

---

[1450] Beschlußempfehlung des Rechtsausschusses des Deutschen Bundestags, S.206, BT-Drucks. 14/7052, S.182.

[1451] Regierungsentwurf eines Gesetzes zur Modernisierung des Schuldrechts, S.531, BT-Drucks. 14/6040, S.226.

[1452] Regierungsentwurf eines Gesetzes zur Modernisierung des Schuldrechts, S.536, BT-Drucks. 14/6040, S.229.

pflichten bestehen.[1453] Die dogmatische Einordnung von Nebenpflichtverletzungen und sog. weiterfressender Mängel bleibt problematisch, da die sich hieraus ergebenden Ansprüche möglicherweise der Regelverjährung von drei Jahren unterliegen. Die verbleibenden Schwierigkeiten für die Praxis sind zwar durch die Erweiterung des Mangelbegriffs, sowie die entscheidende Verlängerung der Verjährungsfrist bei der Kaufgewährleistung auf zwei Jahre und die Verkürzung der Regelverjährung auf drei Jahre erheblich abgeschwächt worden.[1454] Das Ziel einer vollständigen Bereinigung dieser Problemfelder ist jedoch nicht erreicht. Insbesondere wird das Integritätsinteresse des Käufers, das als Folge eines sog. Weiterfressermangels beeinträchtigt wird, nicht schon durch die Erfüllungspflicht des Verkäufers geschützt, da die Erfüllungspflicht nur das Äquivalenzinteresse des Käufers deckt.[1455]

8. Mangelschäden und Mangelfolgeschäden

Mangelschäden, sowie Schäden die Folge der Mangelhaftigkeit der Kaufsache sind, können zukünftig, soweit adäquat kausal durch den Mangel verursacht, einheitlich nach § 280 Abs.1 Satz 1 BGB ersetzt verlangt werden.[1456] Schadensersatzansprüche wegen Mangel- und Mangelfolgeschäden verjähren, da es sich um Schäden, handelt die auf dem Mangel beruhen gemäß § 437 Abs.1 Nr.3 BGB

1453 Ebenso hinsichtlich der sog. Weiterfresserschäden Ayad, DB 2001, 2697 (2703, Fn.97); Dauner-Lieb, DStR 2001, 1572 (1576); Foerste, ZRP 2001, 342; Zimmermann/Leenen/Mansel/Ernst, JZ 2001, 684 (692); Schlechtriem, Entwicklung des deutschen Schuldrechts und europäische Rechtsangleichung, in: Helms/Neumann/Caspers/Sailer/Schmidt-Kessel (Hrsg.), Das neue Schuldrecht, Jb.J.ZivRWiss., S.9 (15), der dafür eintritt, daß Schadensersatzansprüche wegen Mängeln grundsätzlich besser dem Anwendungsbereich der Regelfristen unterstellt worden wären. Dagegen sieht von Westphalen, in: DB 2001, 799 (803), möglicherweise die Figur der sog. Weiterfresserschäden als beendet an.

1454 Mit einer "weitgehenden" Vermeidung der bisher bestehenden Abgrenzungsprobleme begnügt sich der Regierungsentwurf eines Gesetzes zur Modernisierung des Schuldrechts, S.536, BT-Drucks. 14/6040, S.229, und läßt bewußt offen, ob die Rechtsprechung -angesichts der verbleibenden Unterschiede hinsichtlich der Verjährungsfrist zwischen Gewährleistungs- und Deliktsrecht- die Figur der sog. Weiterfresserschäden beibehalten soll. Ebenso Schmidt-Räntsch, Das neue Schuldrecht, Rn.837.

1455 Für das UN-Kaufrecht Schlechtriem, Intern. UN-KaufR, Rn.40. Anderer Ansicht wohl von Westphalen, DB 2001, 799 (803).

1456 Dauner-Lieb/Dötsch, DB 2001, 2535 (2540).

in zwei Jahren. Die bisher problematische Abgrenzung zwischen beiden Schadensarten erübrigt sich daher.[1457]

9. Vertragliche Verkürzung der Verjährungsfrist

Die Schuldrechtskommission sah die regelmäßige dreijährige Verjährungsfrist, die auch für Kaufgewährleistungsrechte gelten sollte, hinreichend durch § 11 Nr.10 AGBG a.F. geschützt, der, wie nach bisheriger Rechtslage, die Verkürzung der gesetzlichen Gewährleistungsfrist durch AGB verbietet. Dem durch Art.7 VbrKfRil aufgestellten zwingendem Charakter kann jedoch nur durch Einfügung eines allgemeinen Verbotes der Verkürzung der Verjährung in das BGB entsprochen werden.[1458] Denn gemäß § 225 Satz 2 BGB kann die Verjährung durch Rechtsgeschäft grundsätzlich erleichtert, insbesondere verkürzt werden. Die zwingende Haftungsordnung der VbrKfRil gilt für Individualvereinbarungen und auch unabhängig vom Vorliegen von AGB.[1459] Nach dem Schuldrechtsmodernisierungsgesetz ist die Möglichkeit der Verkürzung der zweijährigen Gewährleistungsfrist weitergehend eingeschränkt worden.[1460] Nur bei Verbrauchsgüterkäufen gebrauchter Sachen kann die Verjährungsfrist bis zu einem Jahr verkürzt werden (§ 475 Abs.2 BGB).[1461] Nach § 202 Abs.1 BGB kann die Verjährung darüber hinaus, auch außerhalb des Verbrauchsgüterkaufs, bei Haftung wegen Vorsatzes nicht im Voraus durch Rechtsgeschäft erleichtert werden. Eine Verkürzung der Verjährung durch AGB darf nach § 309 Nr.8 lit.b, ff BGB bei neu hergestellten Waren außerdem nicht weniger als ein Jahr nach gesetzlichem Verjährungsbeginn betragen.

[1457] Bereits in diesem Kapitel, I., 7.5.3. Anderer Ansicht zum Diskussionsentwurf Ernst, in: ZRP 2001, 1 (7). Ebenso zum Regierungsentwurf Dauner-Lieb, DStR 2001, 1572 (1576).

[1458] Reich, NJW 1999, 2397 (2402).

[1459] Bereits im 3. Kapitel.

[1460] Regierungsentwurf eines Gesetzes zur Modernisierung des Schuldrechts, S.536, BT-Drucks. 14/6040, S.229.

[1461] § 475 Abs.3 BGB (§ 475 Abs.1 Satz 2 BGB-RE) gestattet jedoch einen Ausschluß oder eine umfassendere Beschränkung des Anspruchs auf Schadensersatz durch Individualvereinbarungen oder, vorbehaltlich der §§ 307-309 BGB, durch AGB. Das ist mit der Richtlinie vereinbar, die Schadensersatzansprüche nicht regelt.

10. Verjährungsfolge

Ist der Nacherfüllungsanspruch verjährt, ergibt sich die Unwirksamkeit der Rücktritts- und Minderungsrechte aus § 218 BGB i.V.m. §§ 438 Abs.4 Satz 1, Abs.5 BGB.[1462]

11. Einrede der Verjährung, § 438 Abs.4 Satz 2 BGB[1463]

Der bisherige § 478 BGB a.F., der eine Ausnahme zu § 477 BGB a.F. enthält, indem er die Mängeleinrede unter bestimmten Voraussetzungen perpetuiert und die kurze Verjährung des § 477 BGB a.F. außer Kraft setzt[1464], soll "in der Sache"[1465], allerdings "in veränderter Form"[1466], erhalten bleiben.[1467] § 478 BGB a.F. räumt dem Käufer, der den Mangel dem Verkäufer angezeigt oder die Anzeige an diesen abgesendet hat, bevor der Anspruch auf Wandelung oder Minderung verjährt war, nach der Vollendung der Verjährung die Möglichkeit ein, die Zahlung des Kaufpreises gemäß § 273 BGB insoweit zu verweigern, als er aufgrund der Wandelung oder Minderung dazu berechtigt sein würde. Der Regierungsentwurf sieht vor, daß die aus der Mangelhaftigkeit folgenden Rücktritts- und Minderungsrechte dem Käufer nach § 438 Abs.4 Satz 2 BGB[1468] und dem, für das Minderungsrecht auf diese Vorschrift verweisenden § 438 Abs.5 BGB[1469], erhalten bleiben.[1470] Ist der vom Käufer erklärte Rücktritt wegen einer nicht vertragsgemäß erbrachten Leistung unwirksam, weil der Nacherfüllungsanspruch verjährt ist und beruft sich der Schuldner darauf (§ 218 Abs.1 BGB), so kann der

---

1462 Regierungsentwurf eines Gesetzes zur Modernisierung des Schuldrechts, S.530, BT-Drucks. 14/6040, S.226, in dem nur § 441 Abs.5 BGB-RE für das Minderungsrecht auf § 218 BGB-RE verwies.

1463 § 438 Abs.4 BGB-RE.

1464 Zur ratio des § 478 BGB, Putzo, in: Palandt, 61. Aufl., § 478, Rn.1.

1465 Regierungsentwurf eines Gesetzes zur Modernisierung des Schuldrechts, S.531, BT-Drucks. 14/6040, S.226.

1466 Regierungsentwurf eines Gesetzes zur Modernisierung des Schuldrechts, S.539, BT-Drucks. 14/6040, S.230.

1467 Regierungsentwurf eines Gesetzes zur Modernisierung des Schuldrechts, S.531, BT-Drucks. 14/6040, S.226 f.

1468 § 438 Abs.4 BGB-RE.

1469 § 441 Abs.5 BGB-RE.

1470 Regierungsentwurf eines Gesetzes zur Modernisierung des Schuldrechts, S.531, BT-Drucks. 14/6040, S.226 f.

Käufer trotzdem die Zahlung des Kaufpreises nach § 438 Abs.4 Satz 2 BGB[1471] insoweit verweigern, als er aufgrund des Rücktritts berechtigt wäre. Das gilt gemäß § 438 Abs.5 BGB[1472] auch für die Minderung.

a) Erhalt der Mängeleinrede gegen den Kaufpreisanspruch

Führt der Verkäufer nach dem Ablauf der zweijährigen Verjährungsfrist des Nacherfüllungsanspruchs (§ 438 Abs.1 Nr.3 BGB) nach § 218 Abs.1 BGB die Unwirksamkeit des Rücktritts oder der Minderung herbei, indem er sich auf die Verjährung des Nacherfüllungsanspruchs beruft, bleibt der Käufer zur Zahlung des Kaufpreises verpflichtet, da der Kaufpreisanspruch der dreijährigen Regelverjährung nach § 195 BGB unterliegt. Daher hält es der Regierungsentwurf für sachgerecht, dem Käufer die Mängeleinrede gegen den Kaufpreisanspruch zu erhalten.[1473]

b) Schuldrechtsmodernsierungsgesetz: Keine Mängelanzeige

Eine Mängelanzeige innerhalb der Verjährungsfrist für Ansprüche auf Wandelung und Minderung, wie in § 478 Abs.1 Satz 1 BGB a.F., soll zur Erhaltung der Mängeleinrede zukünftig nicht mehr erforderlich sein.[1474] Die Mängeleinrede erfüllte nach § 478 BGB a.F. den Zweck, eine Umgehung der kurzen sechsmonatigen Verjährung der Ansprüche auf Wandelung und Minderung gemäß § 477 BGB a.F. zu verhindern. Der Verkäufer sollte nach Ablauf der sechsmonatigen Frist Sicherheit darüber erhalten, daß keine Mängelansprüche mehr gegen ihn geltend gemacht werden.[1475] Nach dem Abschlußbericht der Schuldrechtskommission und dem Diskussionsentwurf sollte die Erhaltung der Mängeleinrede nach rechtzeitiger Mängelanzeige entfallen, weil Kaufpreisanspruch und Gewährleistungsansprüche grundsätzlich der gleich langen, regelmäßigen Verjährungs-

---

[1471] § 438 Abs.4 BGB-RE.

[1472] § 441 Abs.5 BGB-RE.

[1473] Regierungsentwurf eines Gesetzes zur Modernisierung des Schuldrechts, S.539, BT-Drucks. 14/6040, S.230.

[1474] Regierungsentwurf eines Gesetzes zur Modernisierung des Schuldrechts, S.539, BT-Drucks. 14/6040, S.230. Dagegen halten die Entwürfe für eine "kleine Lösung" der Umsetzung der Verbrauchsgüterkaufrichtlinie am Mängelanzeigeerfordernis zur Erhaltung der Mängeleinrede in § 478 BGB fest: Kirchner/Richter, S.5; Ernst/Gsell, ZIP 2000, 1462 (1463).

[1475] Regierungsentwurf eines Gesetzes zur Modernisierung des Schuldrechts, S.540, BT-Drucks. 14/6040, S.230.

frist von drei Jahren unterliegen sollten (§ 195 Abs.1 BGB-KE).[1476] Auch im allgemeinen Verjährungsrecht war der Erhalt einer Mängeleinrede nach Mängelanzeige nicht vorgesehen. Wegen der längeren Verjährungsfrist sollte der Verkäufer zukünftig auch ohne Mängelanzeige bis zur Verjährung seines Kaufpreisanspruchs damit rechnen, daß dem Käufer unverjährte Sachmängelansprüche zustehen und er deshalb den Kaufpreis berechtigterweise ganz oder teilweise nicht bezahlt.[1477] Das soll im Ergebnis auch nach dem Schuldrechtsmodernisierungsgesetz gelten.

c) Beibehaltung einer Mängelanzeige vorzugswürdig

Die Begründung des Schuldrechtsmodernisierungsgesetzes für die Aufgabe des Anzeigeerfordernisses vermag nicht zu überzeugen. Mit der zweijährigen Verjährungsfrist nach § 438 Abs.1 Nr.3 BGB werde ein Mängelanzeigeerfordernis nach Auffassung des Schuldrechtsmodernisierungsgesetzes "sinnentleert", da der Verkäufer nur selten mehr als zwei Jahre auf die Beitreibung seines Kaufpreisanspruchs verzichte.[1478] Eine Mängelanzeige mache nach bisherigem Recht Sinn, weil es nicht unüblich sei, daß der Verkäufer dem Käufer nachläßt, den Kaufpreis erst in mehr als sechs Monaten zu zahlen.[1479] Es handelt sich hierbei um reine Behauptungen, die nicht durch entsprechende Nachweise gesichert sind. Üblich sind im Handelsverkehr für gewöhnlich Zahlungsziele der Verkäufer von bis zu 30 Tagen. Längere Zahlungsziele sind grundsätzlich die Ausnahme und müssen zwischen den Vertragsparteien gesondert ausgehandelt werden. Verkäufer werden sich, unter Umständen abhängig von der Größenordnung des verhandelten Kaufs, nicht nur Zahlungsziele von bis zu sechs Monaten gewähren, sondern auch auf längere Zahlungsziele als zwei Jahre einlassen. Die Aufgabe des Anzeigeerfordernisses für die Erhaltung der Mängeleinrede wird deshalb ausschließlich Käufern sehr umfangreicher bzw. teurer Käufe nützen. Faktisch ist die Mängeleinredefrist in diesen, freilich seltenen Fällen, auf drei Jahre erweitert. Womit die Privilegie-

---

1476 Schuldrechtskommission, Abschlußbericht, S.112. Das dem Abschlußbericht vorausgegangene Gutachten von Huber, Leistungsstörungen, S.890, wollte die Mängeleinrede bei rechtzeitiger Anzeige des Mangels beibehalten.

1477 Schuldrechtskommission, Abschlußbericht, S.112.

1478 Regierungsentwurf eines Gesetzes zur Modernisierung des Schuldrechts, S.540, BT-Drucks. 14/6040, S.230.

1479 Regierungsentwurf eines Gesetzes zur Modernisierung des Schuldrechts, S.539, BT-Drucks. 14/6040, S.230.

rung gerade dieser Käufer gerechtfertigt werden kann, ist nicht ersichtlich. Mit Verbraucherschutzgesichtspunkten ist dies wohl kaum begründbar. Eine überzeugende Erklärung für die Aufgabe des Anzeigeerfordernisses gibt der Regierungsentwurf somit nicht. Das Mängelanzeigeerfordernis ist daher dem Regierungsentwurf vorzuziehen.

12. Rücktrittsrecht des Verkäufers, § 438 Abs.4 Satz 3 BGB

Beruht die Verweigerung der Kaufpreiszahlung durch den Käufer auf einem Rücktrittsrecht, so kann der Verkäufer vom Kaufvertrag zurücktreten und vom Käufer die Sache heraus verlangen (§ 438 Abs.4 Satz 3 BGB).[1480] Wenn der Käufer die Kaufpreiszahlung verweigern kann, dann ist sachgerecht, daß er nicht auch die Sache behalten darf, sondern sie auf Verlangen des Verkäufers zurückgeben muß.[1481]

XIII. Verbrauchsgüterkauf, §§ 474 ff. BGB

Der deutsche Gesetzgeber fügte die Vorgaben der Verbrauchsgüterkaufrichtlinie grundsätzlich in das allgemeine Kaufrecht ein. Bestimmte Regeln der Richtlinie, die auf speziellen Verbraucherschutzerwägungen basieren, sind im Rahmen der zwischen allen Kaufvertragsparteien geltenden Gewährleistungshaftung nicht angemessen und werden daher in ihrer Anwendung auf Verbrauchsgüterkäufe begrenzt. Es handelt sich dabei um die zwingende Ausgestaltung der Gewährleistungsrechte des Verbrauchers (Art.7 Abs.1 VbrKfRil), die Beweislastumkehr zugunsten des Verbrauchers (Art.5 Abs.3 VbrKfRil), die besonderen Anforderungen an Verbrauchergarantien (Art.6 VbrKfRil) und den Regreß des Letztverkäufer in der Handelskette (Art.4 VbrKfRil).

[1480] Beschlußempfehlung des Rechtsausschusses des Deutschen Bundestags, S.233, BT-Drucks.14/7052, S.197.

[1481] Zutreffend der Bundesrat in seiner Stellungnahme zum Regierungsentwurf, in: BR-Drucks. 338/01 (Beschluß), S.52.

1. Standort der Regelung des Verbrauchsgüterkaufs

Die Regelung des Verbrauchsgüterkaufs findet sich im 3. Untertitel des Kaufrechts in der Fassung des Gesetzes zur Modernisierung des Schuldrechts.[1482] Damit werden die Vorschriften des Verbrauchsgüterkaufs nach den "Allgemeinen Vorschriften" in den §§ 433- 453 BGB (Untertitel 1) und den "Besonderen Arten des Kaufs" in den §§ 454-473 BGB (Untertitel 2) in das BGB eingestellt.

2. Anwendungsbereich

"Kauft ein Verbraucher von einem Unternehmer eine bewegliche Sache", liegt nach der Legaldefinition des § 474 Abs.1 Satz 1 BGB ein Verbrauchsgüterkauf vor, auf den die speziellen Vorschriften der §§ 474-479 BGB anzuwenden sind.

Der Verbrauchsgüterkauf in den §§ 474 ff. BGB schließt an die Definition der Begriffe des Verbrauchers und Unternehmers in den §§ 13, 14 BGB an.

3. Ausschluß der Verbrauchsgüterkaufsvorschriften bei öffentlichen Versteigerungen gebrauchter Güter, an denen der Verbraucher persönlich teilnehmen kann, § 474 Abs.1 Satz 2 BGB

Bei Verbrauchsgüterkäufen ist der umfassende Haftungsausschluß gemäß § 445 BGB für Mängel an einer aufgrund eines Pfandrechts öffentlich versteigerten Sache nicht anwendbar (§ 474 Abs.2 BGB). Nach § 474 Abs.1 Satz 2 BGB finden lediglich bei gebrauchten Gütern, die in öffentlichen Versteigerungen verkauft werden, an denen der Verbraucher persönlich teilnehmen kann, die Vorschriften über Verbrauchsgüterkäufe keine Anwendung.[1483] Damit macht der deutsche Gesetzgeber von der Ausschlußoption des Art.1 Abs.3 VbrKfRil Gebrauch. Allerdings verzichtet der Gesetzgeber darauf, vom Verbrauchsgüterbegriff solche

---

[1482] Kritisch Repgen, in: Kein Abschied von der Privatautonomie, S.63, der eine Einordnung der Vorschriften über den Verbrauchsgüterkauf in den 2. Untertitel oder im 1. Untertitel vor §§ 447 ff. BGB-DE fordert.

[1483] Eingefügt in die Beschlußempfehlung des Rechtsausschusses des Bundestags, in: BT-Drucks. 14/7052, Zu Untertitel 3, § 474, Zu Absatz 1, S.198, auf die Stellungnahme des Bundesrats, in: BR-Drucks. 338/01 (Beschluß), Nr.103, S.60, hin, der sich die Bundesregierung insoweit in ihrer Gegenäußerung, in: BT-Drucks. 14/6857, Zu Nummer 103, S.62, angeschlossen hat. Gedacht ist bei der Ausnahmevorschrift des § 474 Abs.1 Satz 2 BGB-BE insbesondere an Versteigerungen von Fundsachen. So Beschlußempfehlung des Rechtsausschusses des Bundestags, in: BT-Drucks. 14/7052, Zu Untertitel 3, § 474, Zu Absatz 1, S.198.

beweglichen Güter auszunehmen, die aufgrund von Zwangsvollstreckungsmaßnahmen oder anderen gerichtlichen Maßnahmen verkauft werden (Art.1 Abs.2 lit.b Spiegelstrich 1 VbrKfRil). Diese Entscheidung ist wegen des Mindestschutzprinzips (Art.8 Abs.2 VbrKfRil) mit der Richtlinie vereinbar und aus Verbraucherschutzgesichtspunkten zu begrüßen.

4. Ausschluß der Gefahrtragungsregelung beim Versendungskauf an Verbraucher, § 474 Abs.2 BGB

Die in den allgemeinen Kaufrechtsvorschriften enthaltene besondere Gefahrtragungsregel für den Versendungskauf (§ 447 BGB-BE[1484]) findet nach § 474 Abs.2 BGB keine Anwendung auf Verbrauchsgüterkäufe. Versendet der Verkäufer die Kaufsache auf Verlangen des Verbrauchers an einem anderen Ort als den Erfüllungsort, so geht die Sachgefahr auch in diesem Fall erst mit der Ablieferung bzw. Übergabe an den Verbraucher über.

5. Zwingende Gewährleistungsregeln, § 475 BGB

Dem in § 444 BGB niedergelegten Grundsatz zufolge, kann zwischen den Kaufvertragsparteien ein Haftungsausschluß oder eine Haftungsbeschränkung für Sachmängel vereinbart werden, die nur dann keine Rechtswirkung entfaltet, wenn der Verkäufer den Mangel arglistig verschwiegen oder eine Garantie für das Vorhandensein eines Mangels übernommen hat. Diese allgemeine Regel wird für den Verbrauchsgüterkauf durch § 475 BGB modifiziert.

a) Kein Gewährleistungssausschluß für Nacherfüllung, Rücktritt und Minderung, § 475 Abs.1 BGB

Gemäß § 475 Abs.1 Satz 1 BGB[1485] ist eine vor Mitteilung eines Mangels an den Verkäufer getroffene Vereinbarung, die zum Nachteil des Verbrauchers von den §§ 433 bis 435, 437, 439 bis 443, sowie von den Vorschriften des Untertitels für Verbrauchsgüterkäufe abweicht, unwirksam. Mit der Beschlußempfehlung des

---

[1484] § 446 BGB-RE.

[1485] Der Diskussionsentwurf erklärte in § 305c Abs.1 BGB-DE die Unwirksamkeit der zum Nachteil des Verbrauchers von den Verbraucherschutzvorschriften, unter anderem auch des Verbrauchsgüterkaufs, getroffenen Vereinbarungen. Die Verlagerung der Regelung in den Untertitel des Verbrauchsgüterkaufs ist zu begrüßen, da die Vorschrift damit in ihren materiellrechtlichen Regelungszusammenhang zurückgeführt wird. Dies ist der Übersichtlichkeit des Gesetzes und der Rechtsklarheit zuträglich.

Rechtsausschusses des Bundestags wurde § 444 BGB aus der vorstehenden Verweisungskette entnommen, da § 444 BGB seinerseits eine allgemein auch außerhalb des Verbrauchsgüterkaufs geltende Beschränkung der Abdingbarkeit kaufrechtlicher Vorschriften regele.[1486] Diese Feststellung ist durchaus zutreffend. Die Anwendbarkeit außerhalb des Verbrauchsgüterkaufs gilt aber auch für alle anderen Regelungen in der Verweisungskette und stellt keine überzeugende Begründung dar. Vielmehr ist es so, daß § 444 BGB-RE ein materiell-rechtliches "Minus" zur umfassenderen Unabdingbarkeitsregelung des § 475 BGB-RE bildet und daher ein Verweis auf § 444 BGB-RE schlicht überflüssig ist.

Die zwingenden Vorschriften dürfen auch nicht durch andere Gestaltungen umgangen werden (§ 475 Abs.1 Satz 3 BGB).

Nach § 475 BGB sind die dem Verbraucher nach der VbrKfRil gewährten Rechte nicht zu dessen Nachteil abdingbar; § 475 BGB dient damit der Umsetzung von Art.7 Abs.1 VbrKfRil.[1487] § 475 BGB hat die Funktion, die §§ 307-309 BGB (§§ 9-11 AGBG a.F.) zu ergänzen, die nicht sämtliche Individualverträge mit Verbrauchern erfassen.[1488] Die Formulierung ist mißverständlich, regeln §§ 307-309 BGB doch lediglich die Inhaltskontrolle vorformulierter Vertragsbedingungen, während individuell ausgehandelte Vertragsbestimmungen nicht Gegenstand der Inhaltskontrolle sind. Der Wille des Gesetzgebers ist so auszulegen, daß § 475 BGB ergänzend neben die §§ 307-309 BGB tritt und sowohl Individualverträge als auch vorformulierte Vertragsbedingungen betrifft, durch die Rechte des Verbrauchers zu dessen Nachteil abbedungen werden sollen.[1489]

[1486] Beschlußempfehlung des Rechtsausschusses des Deutschen Bundestags, S.237, BT-Drucks. 14/7052, S.199.

[1487] Regierungsentwurf eines Gesetzes zur Modernisierung des Schuldrechts, S.575, BT-Drucks. 14/6040, S.244.

[1488] Regierungsentwurf eines Gesetzes zur Modernisierung des Schuldrechts, S.575, BT-Drucks. 14/6040, S.244.

[1489] Dafür spricht, daß § 309 Nr.8 lit.b, ff BGB nach dem Regierungsentwurf außerhalb des Verbrauchsgüterkaufs für die Verjährung von Ansprüchen wegen Mängeln neu hergestellter Sachen im Kauf- und Werkvertragsrecht eine einjährige Mindestfrist vorschreibt. Regierungsentwurf eines Gesetzes zur Modernisierung des Schuldrechts, S.364, BT-Drucks. 14/6040, S.158.

Grundsätzlich beinhaltet § 475 BGB bei Verbrauchsgüterkäufen zugunsten des Verbrauchers eine Verschärfung der AGB-Kontrolle der §§ 308, 309 BGB.[1490]

b) Haftungsbeschränkungen beim Verbrauchsgüterkauf

aa) Verkürzung der Verjährung, § 475 Abs.2 BGB

(1) Keine Verkürzung der Verjährung bei neu hergestellten Sachen

§ 475 Abs.2 BGB[1491] ordnet an, daß die Verjährung der in § 437 BGB bezeichneten Gewährleistungsansprüche vor Mitteilung eines Mangels an den Verkäufer nicht durch Vereinbarung erleichtert werden kann, wenn die Verjährungsfrist dadurch bei neu hergestellten Sachen auf weniger als zwei Jahre verkürzt wird.

(2) Verkürzung der Verjährung bei gebrauchten Sachen

Bei gebrauchten Gütern ist eine vertragliche Verringerung der Verjährung auf weniger als ein Jahr ab dem gesetzlichen Verjährungsbeginn verboten. Bei Verbrauchsgüterkäufen gilt daher grundsätzlich, auch wenn gebrauchte Sachen Vertragsgegenstand sind, die zweijährige Verjährungsfrist gemäß § 438 Abs.1 Nr.3 BGB. Die Verjährungsfrist kann aber bei gebrauchten Verbrauchsgütern vertraglich auf bis zu einem Jahr verkürzt werden.[1492] Bei Verwendung von AGB

[1490] Die AGB-Kontrolle wird deshalb beim Verbraucherkauf zukünftig eine wesentlich geringere Rolle spielen als bisher. Zutreffend Schubel, JZ 2001, 1113 (1117).

[1491] Der Diskussionsentwurf kam wegen der einheitlichen, grundsätzlich disponiblen, dreijährigen Grundverjährung gemäß § 195 BGB-DE (§ 212 Abs.1 BGB-DE) nicht umhin, im allgemeinen Verjährungsrecht eine Sondervorschrift über den Verbrauchsgüterkauf (§ 212 Abs.2 BGB-DE) zu schaffen, nach der Vereinbarungen mit Verbrauchern über Verkürzungen der Verjährungsfrist unter zwei, bei gebrauchten Gütern unter einem Jahr, unwirksam sein sollten. Aus Gründen des Sachzusammenhangs und der Übersichtlichkeit des Gesetzes ist zu begrüßen, daß diese spezielle Regelung des Verbrauchsgüterkaufs nunmehr in den besonderen Untertitel "Verbrauchsgüterkauf" eingefügt wurde.

[1492] Tiere können nicht grundsätzlich als gebrauchte Sachen behandelt werden. Auch bei Tieren ist die Unterscheidung zwischen "neu" und "gebraucht" vorzunehmen. Die Rechtsprechung hat bereits zu § 11 Nr.10 AGBG a.F. entschieden, daß Tiere "neu hergestellt" sein können (BGH, NJW-RR 1986, 52: Forellen; LG Aschaffenburg, NJW 1990, 915: junge Hundewelpen). So Schmidt-Räntsch, in: Das neue Schuldrecht, Rn.929. Dagegen vertritt Heinrichs, in Palandt, 61. Aufl., AGBG 11, Rn.47, zu § 11 Nr.10 AGBG a.F. die Ansicht, daß Tiere, auch wenn sie bald nach der Geburt verkauft werden, nicht "neu hergestellt" sein können.

zur Befristung der Verjährung kann gleichwohl ein Verstoß gegen § 307 Nr.7 lit.a, b BGB vorliegen, wenn die Klausel auch die Haftung für Schäden aus der Verletzung von Leben, Körper und Gesundheit und auf grober Fahrlässigkeit beruhende Schäden begrenzt. Ein Verkauf gebrauchter Güter im Wege eines Verbrauchsgüterkaufs unter Ausschluß jeglicher Gewährleistung ist nach neuer Rechtslage nicht mehr möglich.[1493]

bb) Ausschluß von Schadensersatzansprüchen, § 475 Abs.3 BGB

Unbeschadet der Inhaltskontrolle für AGB gemäß der §§ 307- 309 BGB ist eine Vereinbarung über den Ausschluß oder die Beschränkung des Anspruchs auf Schadensersatz nicht nach Maßgabe von § 475 Abs.1 Satz 1 unwirksam (§ 475 Abs.3 BGB). Danach ist ein individualvertraglicher Ausschluß von Schadensersatzansprüchen zwischen Unternehmern und Verbrauchern grundsätzlich wirksam. Ein Ausschluß von Schadensersatzansprüchen durch AGB steht unter dem Vorbehalt der Inhaltskontrolle gemäß der §§ 307-309 BGB.

Nach der Beschlußempfehlung des Rechtsausschusses des Bundestags ist der Inhalt von § 475 Abs.1 Satz 2 BGB-RE in § 475 Abs.3 BGB übernommen worden, um zu erreichen, daß eine haftungsbeschränkende Vereinbarung zwischen Unternehmern und Verbrauchern über die Erleichterung der Verjährungsfristen bezüglich Schadensersatzansprüchen abweichend von § 475 Abs.2 BGB, aber vorbehaltlich der Regelung in §§ 307-309 BGB für die Beschränkung durch AGB, nicht ausgeschlossen ist. Das ist sachgerecht, da die Verkürzung der Verjährung nichts anderes als eine Haftungsbeschränkung nach § 475 Abs.1 BGB darstellt.[1494]

6. Beweislastumkehr, § 476 BGB

Beschränkt auf Verbrauchsgüterkaufverträge führt das Schuldrechtsmodernisierungsgesetz eine Beweislastumkehr für den Zeitpunkt der Mangelhaftigkeit der Kaufsache zugunsten des Verbrauchers ein (§ 476 BGB). Zeigt sich in den ersten sechs Monaten nach dem Gefahrübergang ein Sachmangel, so wird vermutet, daß die Sache bereits bei Gefahrübergang mangelhaft war. Diese Regel gilt nicht,

---

1493 Kessler, ZRP 2001, 70 (71). Ein gänzlicher Gewährleistungsausschluß nach der Formel "gekauft wie gesehen", ist nach der neuen Rechtslage beim Gebrauchtgüterkauf nicht mehr möglich.

1494 Zutreffend der Rechtsausschuß des Deutschen Bundestags, S.231 f.

wenn die Vermutung mit der Art der Sache oder des Mangels unvereinbar ist. Außer bei dieser Ausnahme hinsichtlich Verbrauchsgüterkäufen trägt der Käufer weiterhin nach dem Rechtsgedanken von § 363 BGB[1495] die Beweislast für das Vorliegen von Mängeln.[1496] Der Regierungsentwurf setzt damit Art.5 Abs.3 VbrKfRil um. Wann nach der Art der Sache oder des Mangels die Beweislastumkehr ausgeschlossen ist, läßt sich dem Gesetzeswortlaut nicht entnehmen. Regelmäßig wird die Beweislastumkehr bei leicht verderblichen Waren und bei vom Käufer selbst verschuldeten Mängeln auszuschließen sein. Nach der Gesetzesbegründung soll auch bei gebrauchten Gütern nach der Art der Sache grundsätzlich eine Beweislastumkehr ausgeschlossen sein, denn bei ihnen bestehe wegen des sehr unterschiedlichen Grades der Abnutzung schon kein entsprechender Erfahrungssatz.[1497] Ein genereller Ausschluß von gebrauchten Gütern von der Beweislastumkehr ohne Rücksicht auf die jeweilige Art und den individuellen Zustand der Ware erscheint jedoch unbillig und findet keine Grundlage im Gesetzestext.[1498]

7. Verbrauchergarantien, § 477 BGB

Wird eine Garantie über die Beschaffenheit einer Kaufsache gegenüber einem Verbraucher eingeräumt, gelten gemäß § 477 BGB "Sonderbestimmungen für Garantien". Danach muß eine Garantieerklärung klar und verständlich abgefaßt sein (§ 477 Abs.1 Satz 1 BGB). Die Garantie muß mindestens einen Hinweis auf die gesetzlichen Rechte des Verbrauchers und darauf, daß die gesetzlichen Rechte durch die Garantie nicht eingeschränkt werden, enthalten (§ 477 Abs.1 Satz 2 Nr.1 BGB). Der Inhalt der Garantie ist zu nennen und alle wesentlichen Angaben zu machen, die für die Geltendmachung der Garantie erforderlich sind, insbeson-

---

[1495] BGH, NJW 1985, 2328 (2329); Huber, in: Soergel, § 459, Rn.63 ff. m.w.N.

[1496] Schmidt-Räntsch, Das neue Schuldrecht, Rn.743. Nach dem Abschlußbericht der Schuldrechtskommission, S.198, sollte es insgesamt bei der sachgerechten Regelung der Beweislastverteilung für den Nachweis des Vorhandenseins eines Sachmangels nach § 363 BGB bleiben, da der Verkäufer ganz grundsätzlich nach der Übergabe keine Einflußmöglichkeit auf die Kaufsache mehr hat.

[1497] Regierungsentwurf eines Gesetzes zur Modernisierung des Schuldrechts, S.577, BT-Drucks. 14/6040, S.245. So auch Schmidt-Räntsch, Das neue Schuldrecht, Rn.935.

[1498] So auch die Arbeitsgemeinschaft Verkehrsrecht im Deutschen Anwaltverein, in: FAZ v. 19.12.2001, S.25.

dere die Dauer und der räumliche Geltungsbereich des Garantieschutzes sowie Name und Anschrift des Garantiegebers.

Der Verbraucher kann gemäß § 477 Abs.2 BGB verlangen, daß ihm die Garantieerklärung schriftlich oder auf einem anderen dauerhaften Datenträger zur Verfügung gestellt wird. Der Rechtsausschuß des Deutschen Bundestags faßt beide Alternativen in seiner Beschlußempfehlung durch den Begriff der Textform i.S.v. § 126b BGB zusammen.[1499]

§ 477 Abs.3 BGB stellt klar, daß die Wirksamkeit der Garantieverpflichtung nicht dadurch berührt wird, daß eine der vorstehenden Anforderungen nicht erfüllt wurde.

8. Unternehmerregreß, §§ 478, 479 BGB

a) Ausgangsfall und Grundproblem der Rückgriffsfallen

Ausgangs- und Grundfall des Unternehmerregresses nach den §§ 478, 479 ff. BGB ist stets, daß ein Unternehmer als Letztverkäufer eine bewegliche Sache im Wege des Verbrauchsgüterkaufs i.S.v. § 474 BGB an einen Verbraucher verkauft.[1500] Der Verbraucher macht gegen den Unternehmer Gewährleistungsansprüche gemäß § 437 BGB geltend. Daraufhin will der Unternehmer gegen seinen Lieferanten Regreß nehmen und seine Rechte aus § 437 BGB in Anspruch nehmen.

Der Letztverkäufer und die weiteren Zwischenglieder der Vertragskette standen nach der Rechtslage vor der Schuldrechtsreform in der Gefahr in eine Regreßfalle zu geraten: Schöpft der Verbraucher die Verjährungsfrist seiner Gewährleistungsrechte aus, so konnte es dazu kommen, daß die Ansprüche des Verkäufers zu diesem Zeitpunkt bereits verjährt waren. Die Gewährleistungsansprüche des Unternehmers waren schließlich häufig durch die Verwendung Allgemeiner Geschäftsbedingungen (AGB) seitens des Lieferanten weitgehend eingeschränkt. Im übrigen konnte der Verkäufer in der Regel auch keinen Ersatz für die Kosten seiner Nacherfüllung verlangen.[1501] Ein Schadensersatzanspruch

---

[1499] Beschlußempfehlung des Rechtsausschusses des Deutschen Bundestags, in: BT-Drucks. 14/7052, S.199.

[1500] Anwendung finden die Regeln des §§ 478, 479 BGB auch auf Werklieferungsverträge (§ 651). Putzo, in: Palandt/Ergänzungsband, § 478 Rn.1.

[1501] Gsell, JZ 2001, 65, 73; Huber, in: Huber/Faust, Schuldrechtsmodernisierung, S.404; Westermann, Kaufrecht im Wandel, in: Schulze/Schulte-Nölke (Hrsg.), Schuldrechtsreform vor

des Unternehmers gemäß §§ 437 Nr.3, 280 Abs.1 BGB setzt ein Verschulden des Lieferanten voraus, der ins Leere geht, wenn der Lieferant sich entlasten kann.[1502]

Der Diskussionsentwurf des Schuldrechtsmodernisierungsgesetzes verzichtete noch auf die Übernahme der Regreßregelung der VbrKfRil in die Verbrauchsgüterkaufregeln des BGB.[1503] Art.4 VbrKfRil sollte durch eine Anhebung der Verjährungsfristen auch für Kaufverträge zwischen Kaufleuten auf eine einheitliche regelmäßige Verjährung von drei Jahren (§ 195 BGB-DE) umgesetzt werden.[1504] Eine bloße Verlängerung der Gewährleistungsfristen hätte für die Umsetzung von Art.4 VbrKfRil nicht ausgereicht.[1505] Schöpft der Verbraucher die

---

dem Hintergrund des Gemeinschaftsrechts, S.109, 129. Von Westphalen, DB 1999, 2553 (2557), nimmt an, daß der Verkäufer seine Mangelbeseitigungsaufwendungen nach den Grundsätzen der Geschäftsbesorgung gemäß §§ 675, 670 BGB vom Vorverkäufer bzw. Hersteller der mangelhaften Ware verlangen kann. Der Letztverkäufer müßte dazu mit der Erfüllung der Gewährleistungsansprüche des Verbrauchers ein fremdes Geschäft - des Vorverkäufers bzw. Herstellers - besorgt haben. Die Besorgung eines fremden Geschäfts für einen anderen, setzt voraus, daß der Letztverkäufer eine Tätigkeit im fremden Interesse ausübt. Die Erfüllung der Gewährleistungsansprüche des Verbrauchers ist jedoch eine Tätigkeit, die entweder ausschließlich dem Rechts- und Interessenkreis des Letztverkäufers oder allenfalls daneben auch dem Verbraucher zuzurechnen ist, aber keineswegs dem Vorverkäufer bzw. Hersteller. Die Nacherfüllungskosten kann der Letztverkäufer daher nicht gemäß §§ 675, 670 BGB von seinem Verkäufer oder vom Hersteller verlangen. So ebenfalls Jorden, Verbrauchergarantien, S.468.

1502 Huber, in: Huber/ Faust, Schuldrechtsmodernisierung, S.404.

1503 Dagegen wies das Informationspapier zum Diskussionsentwurf für ein Schuldrechtsmodernisierungsgesetz, Stand: 4.8.2000, S.12, bereits auf eine solche Regreßvorschrift im Untertitel 3 über den Verbrauchsgüterkauf hin. Für den gänzlichen Verzicht auf eine eigenständige Regreßregelung zur Umsetzung der Richtlinie in das allgemeine Kaufrecht sprach sich Tonner, BB 1999, 1769 (1774), aus.

1504 Diskussionsentwurf eines Gesetzes zur Modernisierung des Schuldrechts, S. 212.

1505 Ernst/Gsell, ZIP 2000, 1812 (1815); Gsell, JZ 2001, 65 (73); von Sachsen Gessaphe, RIW 2001, 721 (731); Schlechtriem, Das geplante Gewährleistungsrecht im Licht der Kaufrechtsrichtlinie, in Ernst/Zimmermann (Hrsg.), Zivilrechtswissenschaft und Schuldrechtsreform, S.205 (212). Einen effektiven Rückgriff i.S.v. Art.4 VbrKfRil sah dagegen Roth, Die Schuldrechtsmodernisierung im Kontext des Europarechts, in Ernst/Zimmermann (Hrsg.), Zivilrechtswissenschaft und Schuldrechtsreform, S.225 (251), durch den Diskussionsentwurf gewährleistet. Ähnlich § 933 b des österreichischen Gewährleistungs-Änderungs-Gesetzes v. 8.5.2001 (ÖBGBl I Nr.48/2001, S.1019), wonach der Unternehmer nur die allgemeinen Gewährleistungsrechte nach Ablauf der Verjährungsfrist geltend machen kann. Ernst/Gsell, in: ZIP 2000, 1410 (1422) und 1462 (1463), sehen in § 480 Abs.2 ihres Vorschlags für eine sog. kleine Lösung die entsprechende Anwendung der auf zwei Jahre verlängerten speziellen

Verjährungsfrist aus, sieht sich der Letztverkäufer trotzdem der Gefahr ausgesetzt, seinen Rückgriff bei einem parallelen Beginn der Verjährung nicht mehr geltend machen zu können.[1506] Dieser Ansatz erlaubte dem Unternehmer in der Regel auch nicht, seine gesamten Nacherfüllungskosten ersetzt verlangen zu können.[1507] Das Bundesjustizministerium hatte daher im weiteren Gesetzgebungsverfahren zu Recht nicht mehr an dieser Lösung festgehalten, sondern nahm bereits in die konsolidierten Fassung des Diskussionsentwurfs einen neuen § 476 BGB-DEKF auf, der einen eigenständigen "Rückgriff des Unternehmers" regelte.

Der deutsche Gesetzgeber hat Art.4 VbrKfRil schließlich in den §§ 478, 479 BGB umgesetzt. § 478 Abs.1 BGB ermöglicht dem Unternehmer nunmehr die erleichterte Geltendmachung seiner Gewährleistungsrechte. Eine eigenständige Anspruchsgrundlage auf Ersatz von Aufwendungen, die dem Unternehmer aufgrund der Nacherfüllung entstanden sind (§ 439 Abs.2 BGB), gegen den Lieferanten gibt ihm daneben § 478 Abs.2 BGB.[1508] Die verjährungsrechtlichen Folgefragen regelt § 479 BGB. Diese Regeln finden auch in der Lieferkette Anwendung, wenn am Ende der Kette ein Verbrauchsgüterkauf steht und sonst nur Unternehmer in der Kette beteiligt sind (§§ 478 Abs.5, 479 Abs.3 BGB).

b) Rückgriff des Unternehmers, § 478 BGB

Die im Wege der Schuldrechtsreform erfolgte Aufnahme der Regelung des Unternehmerregresses in das BGB stellt eine beachtliche, bisweilen als revolutionär bezeichnete Neuerung im BGB-Kaufrecht dar.[1509] Durchaus zu Recht haben die

---

kaufrechtlichen Verjährungsvorschrift vor.

[1506] So auch von Sachsen Gessaphe, RIW 2001, 721 (731).

[1507] Gsell, JZ 2001, 65 (73); Westermann, Kaufrecht im Wandel, in: Schulze/Schulte-Nölke (Hrsg.), Schuldrechtsreform vor dem Hintergrund des Gemeinschaftsrechts, S.109 (129).

[1508] Damit hat sich der Gesetzgeber - nach österreichischem Vorbild gemäß § 933b Gewährleistungs-Änderungs-Gesetz - dafür entschieden, zwei verschiedene Regresssysteme zu kombinieren: Zum einen selbständigen Rückgriffsanspruch und zum anderen eine schlichte Modifizierung des allgemeinen Gewährleistungsrechts. Kritisch Ernst/Gsell, ZIP 2001, 1389 (1394 ff.), die die Modifizierung der gesetzlichen Gewährleistungsrechte in § 478 Abs.1 BGB ablehnen und einen einheitlichen Regreßanspruch fordern.

[1509] Zu Recht Ernst/Gsell, ZIP 2001, 1389, 1393. Schubel, JZ 2001, 1113 (1120), hat den §§ 478 ff. BGB gar eine "systemsprengende Wirkung" zugemessen, und bevorzugt eine pauschale Verlängerung der Gewährleistungsfrist auf drei Jahre. Die Sicherung eines insgesamt effektiven Rückgriffs ist durch eine solche relativ unflexible Lösung nicht in ausreichender Weise gesichert, Insbesondere ist der Ausgleich der Nacherfüllungskosten in der Absatzkette

Regreßvorschriften des deutschen Rechts schon bisher besondere Aufmerksamkeit erfahren. Stellen sie doch die neue Schnittstelle zwischen Verbraucher- und Handelskauf dar.[1510] Mangels eines gesetzlichen Vorbildes, ist die Handhabung der Vorschriften bisher von einer erheblichen Rechtsunsicherheit geprägt.[1511] Auch die wirtschaftlichen Folgen sind erheblich. Die Unternehmen sind insbesondere gezwungen, für entsprechende Regresse ausreichende Rückstellungen vorzunehmen. Anlaß der Kodifizierung des Unternehmerregresses war die Umsetzung des Art.4 der EG-Verbrauchsgüterkaufrichtlinie 1999/44/EG (VbrKfRil), der die Beseitigung von Haftungsinkonkruenzen im Handelsverkehr durch den verstärkten Verbraucherschutz zum Gegenstand hat und dafür einen effektiven Verkäuferrückgriff vorschreibt.[1512] Mit den §§ 478, 479 BGB soll der Unternehmer, der durch einen Verbrauchsgüterkauf an einen Verbraucher verkauft hat und von diesem wegen Gewährleistungshaftung in Anspruch genommen wird, einen effektiven Rückgriff gegen seinen Lieferanten erhalten. Die nähere inhaltliche Ausgestaltung des Rückgriffs überläßt die Richtlinie den nationalen Gesetzgebern. Auf den Grundsatz der Relativität der Schuldverhältnisse aufbauend, entschied sich der deutsche Gesetzgeber gegen einen direkten Herstellerregressanspruch des Verbrauchers bzw. etwaiger Zwischenhändler. Der Rückgriff soll im jeweiligen Vertragsverhältnis stattfinden.[1513] Damit vermeidet der deutsche Gesetzgeber Schwierigkeiten, die sich daraus ergeben können, daß die Verträge in der Vertriebskette unterschiedliche Inhalte, insbesondere wegen unterschiedlicher Beschaffenheitsvereinbarungen der Parteien, aufweisen.[1514] Hat der Hersteller

---

nicht gewahrt.

[1510] Bereits Magnus, Der Regreßanspruch des Letztverkäufers nach der Richtlinie über den Verbrauchsgüterkauf, in: FS Siehr, S.429 (430).

[1511] Schubel, in: ZIP 2002, 2061, spricht gar von einem "Mysterium Lieferkette".

[1512] Magnus, Der Regreßanspruch des Letztverkäufers, S.429, 433 f.; Schmidt-Kessel, ÖJZ 2000, 668 (671).

[1513] BT-Drucks. 14/6040, S.247. Jorden, Verbrauchergarantien, Diss., 2001, S.445 ff. und S.638 f. schlägt einen allgemeinen Rückgriffsanspruch der zur Gewährleistung verpflichteten Verkäufer gegen den für den Sachmangel verantwortlichen Dritten und eine Direkthaftung des Herstellers gegenüber dem Käufer vor. Dieser Weg ist jedoch erheblichen Zweifeln ausgesetzt, da eine kaum erträgliche Kumulierung von Ansprüchen gegenüber dem Hersteller oder einem anderen für den Mangel verantwortlichen Zwischenhändler die Folge wäre.

[1514] Haas, in: Haas/Medicus/Rolland/Schäfer/Wendtlandt, Das neue Schuldrecht, S.273 (Rn.478).

erklärtermaßen schadhafte Ware unter Kaufpreisreduzierung abgegeben und verkauft ein Glied in der Vertragskette die Ware als mangelfrei oder vereinbart der Hersteller mit seinem Abnehmer sonst eine bestimmte Eigenschaft, die im Verhältnis späterer Glieder in der Lieferkette - und letztlich gegenüber dem Verbraucher - einen Mangel darstellt, erscheint ein Direktanspruch des Verbrauchers gegen den Hersteller als unbillig. Der Rückgriff soll nach dem Willen des Gesetzgebers im Handelsverkehr Gegenstand vertraglicher Regelungen sein können.[1515] Die Grenzen wollte der Gesetzgeber aber eng ziehen: Abweichende Regeln müssen für den Lieferanten stets einen angemessenen Ausgleich beinhalten (§ 478 Abs.4 BGB).

Als systematischen Standort hat der Gesetzgeber wegen des Regelungsanlasses der VbrKfRil das Ende der Regeln über den Verbrauchsgüterkauf gewählt, die ihrerseits reine Verbraucherschutzvorschriften sind. Das trifft für die §§ 478, 479 BGB nicht zu; sie dienen allenfalls mittelbar[1516] dem Verbraucherschutz und regeln dagegen den beiderseitigen Handelskauf, der seine gesetzessystematische Heimat bisher ausschließlich in §§ 373 ff. HGB hat.

c) Allgemeine Voraussetzungen des Rückgriffs

aa) Verbrauchsgüterkauf

Voraussetzung der Anwendbarkeit der Regeln des Unternehmerregresses ist, daß am Ende der Absatzkette ein Verbrauchsgüterkauf stattgefunden hat.[1517] Das ergibt sich zum einen aus dem Wortlaut von § 478 BGB sowie zum anderen aus dem Standort der Normen unter dem Untertitel 3 "Verbrauchsgüterkauf". Die Vorschriften der §§ 478, 479 BGB sollen verhindern, daß der Letztverkäufer die Nachteile des hohen Verbraucherschutzes beim Verbrauchsgüterkauf auch dann zu tragen hat, wenn der Grund seiner Haftung, d.h. der Mangel der Sache, gar nicht auf seinen Verantwortungsbereich, sondern auf den Herstellungsprozeß zurückzuführen ist.[1518]

[1515] BT-Drucks. 14/6040, S.247.

[1516] Büdenbender, in: Dauner-Lieb/Heidel/Lepa/Ring, Anwaltkommentar, Schuldrecht, § 478 Rn.1.

[1517] Bereska, ZGS 2002, 59; Haas, in: Haas/Medicus/Rolland/Schäfer/Wendtland, Das neue Schuldrecht, S.277 (Rn.493); Koller/Roth/Zimmermmann, Schuldrechtsmodernisierungsgesetz 2002, S.84; Maultzsch, JuS 2002, 1171 (1172); Putzo, in: Palandt/Ergänzungsband, § 478 Rn.3.

[1518] BT-Drucks. 14/6040, S.247.

Umstritten ist im Schrifttum, ob § 478 BGB entsprechend auf Fälle anzuwenden ist, die den Verkauf eines für den Endverbraucher produzierten Verbrauchsgutes zum Gegenstand haben, das aber nicht bis zum Verbraucher gelangt ist, weil dem Letztverkäufer oder einem anderen Zwischenhändler der Mangel bereits aufgefallen ist und er diesen gegenüber seinem Verkäufer geltend macht. Zu einem Verbrauchsgüterkauf ist es auch in diesen Fallvarianten nicht gekommen; die Verkäufe in der Handelskette sind aber letztlich auf diesen ausgerichtet. Rechtfertigt dieser Umstand für sich schon die Anwendung des Unternehmerregresses gemäß §§ 478, 479 BGB? Büdenbender[1519] und Westermann[1520] wollen § 478 BGB in den Fällen der abgebrochenen Lieferkette analog anwenden, da er Ausdruck einer "allgemeinen Regresslogik" sei, die durchaus auch Konsequenzen aus einer Käuferentscheidung für die Mängelrechte aus §§ 437 ff. BGB auf vorgelagerte Handelsstufen regele. Dagegen lehnt der überwiegende Teil des Schrifttums[1521] eine entsprechende Anwendung des Unternehmerregresses gemäß § 478 BGB ab, wenn am Ende der Lieferkette kein Verbrauchsgüterverkauf an einen Verbraucher steht. Denn nur der vorangegangene Verbrauchsgüterkauf rechtfertigt die Striktheit der Haftung. § 478 BGB dient mittelbar gerade dem durch die VbrKfRil intensivierten Verbraucherschutz.[1522] Der Warenabsatz an den Verbraucher löst die umfangreichen Verbraucherschutzwirkungen des Verbrauchsgüterkaufs gemäß § 474 BGB aus, denen sich der Letztverkäufer ausgesetzt sieht, in der Regel ohne, daß er für den Mangel selbst verantwortlich ist. Die entstehenden Lasten soll er durch die §§ 478 f. BGB leichter weitergeben können. Dies ergibt sich nicht zuletzt auch aus dem Aufwendungsersatzanspruch gemäß § 478 Abs.2 BGB, der letzten Endes darauf abzielt, dem Verbraucher eine zügige Nacherfüllung über die Glieder der Handelskette hinweg zu sichern. Ist die Beteiligung eines Verbrauchers als letztes Glied der Absatzkette, wenn dies auch von vornherein bei Verbrauchswaren beabsichtigt sein möge, schlußendlich ausgeblieben, dann wird das Ziel des mittelbaren Verbraucherschutzes nicht erreicht. Eine darüber hinaus gehende handelsspezifische Regreßfunktion kann

---

1519 In: Dauner-Lieb/Heidel/Lepa/Ring, Anwaltskommentar, Schuldrecht, § 478 Rn.49; Dauner-Lieb/Heidel/Lepa/Ring, Das neue Schuldrecht in der anwaltlichen Praxis, S.224.

1520 In: NJW 2002, 241 (251).

1521 Haas, in: Haas/Medicus/Rolland/Schäfer/Wendtland, Das neue Schuldrecht, S.277 (Rn.494); Matthes NJW 2002, 2505; Matusche-Beckmann, BB 2002, 2561 (2564). Zustimmend von Westphalen, Literaturreport, in: ZGS 2002, 389.

1522 Vgl. Matusche-Beckmann, BB 2002, 2561 (2564).

der Norm nicht entnommen werden. Es besteht insbesondere auch keine Regelungslücke: Die Sachmängelhaftung im unternehmerischen Verkehr ist abschließend durch die allgemeinen Gewährleistungsvorschriften der §§ 437 ff. BGB -ergänzt durch die Regeln des Handelskaufs- geregelt.[1523] Ein grundsätzlich überwiegendes Bedürfnis für einen allgemeinen Schutz der Händler gegenüber Herstellern durch spezielle Regreßvorschriften ist nicht ersichtlich. Eine Disparität der Schutzbedürftigkeit ist in vielen Marktbereichen ohnehin nicht gegeben: Häufig haben Großhändler durch ihre umfangreichen Handelsmargen eine marktbeherrschende Position. Kann der (Zwischen-)Händler die Ware aufgrund eines Mangels nicht absetzen, dann hat sich letztendlich sein betriebswirtschaftliches Geschäftsrisiko verwirklicht. Ihm stehen dann die allgemeinen Gewährleistungsrechte zur Seite. Es muß in diesen Verhältnissen bei der Vertragsfreiheit bleiben, die hinreichend durch die allgemeine Inhaltskontrolle von AGB abgesichert ist.[1524]

bb) Neu hergestellte Sache

Die Regressregeln beschränken sich auf den Vertrieb neu hergestellter Sachen.[1525] Im Gebrauchtwarenhandel finden daher die neuen Regreßvorschriften keine Anwendung. Der Gesetzgeber begründet die Ausnahme gebrauchter Sachen damit, daß unternehmerische, geschlossene Vertriebssysteme für gebrauchte Verbrauchsgüter, die einen Rückgriff in der Vertragskette ermöglichen, in der Praxis nicht bestehen.[1526] Eine Einschränkung der Regreßregeln sieht Art.4 VbrKfRil dagegen nicht vor.[1527] Was ist die Folge? Ist § 478 BGB daher richtlinienwidrig oder kann die Norm richtlinienkonform ausgelegt werden? Insofern kommt es darauf an, ob die allgemeinen Gewährleistungsrechte bereits einen effektiven Rückgriff gewährleisten, den die VbrKfRil voraussetzt.[1528] Jedenfalls bedarf es zur Sicherung eines effektiven Rückgriffs der Verhinderung der verjährungsrechtlichen Gewährleistungsfalle für den Letztverkäufer. Schöpft der Ver-

---

[1523] So auch Matusche-Beckmann, BB 2002, 2561 (2564).

[1524] Haas, in: Haas/Medicus/Rolland/Schäfer/Wendtland, Das neue Schuldrecht, S.277 (Rn.494). Dahingehend auch Matusche-Beckmann, BB 2002, 2561 (2563).

[1525] Bereska, ZGS 2002, 59.

[1526] BT-Drucks. 14/4060, S.248.

[1527] Ernst/Gsell, ZIP 2001, 1389 (1394). Jedenfalls für bedenklich hält die Einschränkung auf neu hergestellte Sachen Putzo, in: Palandt/Ergänzungsband, § 478 Rn.6.

[1528] Büdenbender, in: Dauner-Lieb/Heidel/Lepa/Ring, Anwaltskommentar, Schuldrecht, § 478 Rn.5.

braucher die Gewährleistungsfrist aus, kann der Regreß des Letztverkäufers gehindert sein.[1529] Bei gebrauchten Sachen ist also ein effektiver Rückgriff des Unternehmers nicht ausreichend gesichert.[1530] Der deutsche Gesetzgeber hat die Richtlinie insoweit nicht umgesetzt. Die deutsche Regelung weist daher für den Unternehmerrückgriff bei gebrauchten Sachen eine Regelungslücke auf. Man wird daher erwägen müssen, die §§ 478, 479 BGB auf den Vertrieb gebrauchter Verbrauchsgüter in richtlinienkonformer Auslegung entsprechend anzuwenden,[1531] insbesondere da auch § 474 Abs.1 - außer für den Erwerb gebrauchter Güter im Wege öffentlicher Versteigerung - keine entsprechende Einschränkung kennt. Die nationalen Gerichte haben den Inhalt der Richtlinie grundsätzlich auch ohne Umsetzung unmittelbar zu berücksichtigen, wenn und soweit er eindeutig ist und wenn die dem Gesetzgeber in der Richtlinie gesetzte Frist abgelaufen ist.[1532] Diese Voraussetzungen sind auch an sich erfüllt. Problematisch ist indes, ob der Wortlaut der deutschen Umsetzungsvorschrift eine derart weitgehende vom Wortlaut abweichende Auslegung noch zuläßt. Raum für eine Auslegung des Wortlauts, der unmißverständlich von "neu hergestellten" Waren spricht, verbleibt tatsächlich nicht.

cc) Mangelhafte Sache

Da der Rückgriff nach der Konzeption der deutschen Rückgriffsregeln innerhalb der bestehenden Vertragsverhältnisse erfolgen soll, müssen die allgemeinen Voraussetzungen der Mangelhaftung vorliegen. Grundlage des Unternehmerregresses ist daher, daß eine bereits bei Gefahrübergang mangelhafte Sache geliefert wurde. Der Fehlerbegriff wird durch § 478 Abs.1 nicht modifiziert. Es gilt ein einheitlicher Mangelbegriff. Für den Rückgriff des Unternehmers kommt es wegen des subjektiven Fehlerbegriffs gemäß § 434 Abs.1 S.1 darauf an, daß im Verhältnis des Unternehmers zu seinem Lieferanten ein Mangel vorliegt. Liegt also im Verhältnis des Verbrauchers zum Unternehmer wegen abweichender

---

[1529] Das hat der Gesetzgeber durchaus gesehen. Vgl. BT-Drucks. 14/6040, S.250.

[1530] Vgl. Budenbender, in: Dauner-Lieb/Heidel/Lepa/Ring, Anwaltskommentar, Schuldrecht, § 479 Rn.3 (Fn.3).

[1531] Dies erwägt - wenn auch zweifelnd - Westermann, NJW 2002, 241 (252). Anderer Ansicht Haas, in: Haas/Medicus/Rolland/Schäfer/Wendtlandt, Das neue Schuldrecht, S.274 (Rn.480). Keine Beschränkung auf neu hergestellte Sachen sieht etwa das österreichische Gewährleistungs-Änderungs-Gesetz in § 933b vor.

[1532] BGH EWS 1993, 386.

Beschaffenheitsvereinbarungen oder späterer Werbeaussagen des Herstellers (§ 434 Abs.1 S.3) ein Mangel vor, kann der Unternehmer nicht im Regreßwege nach § 478 Abs.1 gegen seinen Lieferanten vorgehen. Händler in der Vertragskette sind aber in den Schutzbereich des Vertrages des Herstellers mit dem jeweiligen Unternehmer einbezogen.[1533] Macht der Hersteller bzw. Lieferant falsche Werbeangaben, die erst nach dem Gefahrübergang auf den Unternehmer und vor der Übergabe an den Verbraucher die Mangelhaftigkeit der Kaufsache bewirken (§ 434 Abs.1 S.3), haftet der Hersteller bzw. Lieferant seinem Vertragspartner zwar nicht aus Mängelgewährleistung, aber wegen einer (Nebenpflicht-) Verletzung des zwischen ihnen geschlossenen Kaufvertrages auf Schadensersatz aus § 280 Abs.1.[1534]

d) Modifikation der Mängelgewährleistungsrechte, § 478 Abs.1 BGB

aa) Allgemeine Gewährleistungsvoraussetzungen

§ 478 Abs.1 BGB bietet lediglich eine gesetzliche Erleichterung der Geltendmachung seiner vertraglichen Gewährleistungsansprüche nach § 437 BGB gegen seinen Lieferanten. Die Vorschrift ist daher keine eigene Anspruchsgrundlage.[1535] Die anspruchsbegründenden Vorschriften ergeben sich daher stets aus § 437 BGB. Es gelten grundsätzlich die allgemeinen Voraussetzungen der Mängelhaftung.

bb) Befreiung von der Nachfristsetzung

Nach § 478 Abs.1 BGB ist der Unternehmer lediglich von dem Erfordernis der Nachfristsetzung befreit,[1536] daß den jeweiligen Käufer für die sekundären Mängelgewährleistungsrechte des Rücktritts, der Minderung und des Schadensersatzes

---

1533 BT-Drucks. 14/6040, S.248.

1534 Huber, in: Huber/Faust, Schuldrechtsmodernisierung, S.403 (Rn.30); Lorenz/Riehm, Lehrbuch zum neuen Schuldrecht, Rn.592.

1535 Regierungsentwurf eines Gesetzes zur Modernisierung des Schuldrechts, S.583, BT-Drucks. 14/6040, S.248, der ausdrücklich betont, daß § 478 Abs.1 Satz1 BGB keine eigenständige Anspruchsgrundlage darstellt, sondern nur eine Modifikation der an anderer Stelle (§§ 437, 439, 440, 323, 326 Abs.5, 441, 440, 280, 281, 283, 311a, 284 BGB)geregelten Ansprüche des Käufers gegen Verkäufer wegen einer mangelhaften Kaufsache enthält.

1536 § 478 Abs.1 BGB steht somit in einer Reihe mit den Nachfristsetzungsbefreiungen nach §§ 281 Abs.2, 323 Abs.2, 440 BGB.

aus § 437 BGB trifft, da die Nacherfüllung nach dem Verständnis des Gesetzgebers meist nutzlos wäre.[1537] Der Unternehmer kann also unmittelbar nach der Rücknahme der mangelhaften Sache selbst zurücktreten.[1538] Die Aussage des Gesetzgebers, daß die Nacherfüllung in der Situation des Rückgriffs meist nutzlos wäre, bedarf der Klärung. Das Interesse des Verbrauchers an einer Nacherfüllung, d.h. am Durchreichen von Ersatzteilen oder Ersatzware aus der Vertriebskette, ist kaum zu bestreiten.[1539] Das stellt den Händler in der Vertragskette, sofern solche Mittel tatsächlich zur Verfügung stehen, auch nicht von vornherein vor unlösbare Aufgaben. Zu beachten ist allerdings, daß dem Letztverkäufer selbst gegenüber seinem Verbraucher nur eine angemessene Frist zur Nacherfüllung zur Verfügung steht.[1540] Daher wird er dem Verbraucher beim - in der Praxis häufig vorkommenden - Gattungskauf, sofern er nicht selbst reparieren kann oder der Hersteller einen Reparaturservice anbietet, regelmäßig eine Ersatzsache aushändigen, um Rücktritt und Minderung zu verhindern. In diesem häufigen Fall trägt der Letztverkäufer das Insolvenzrisiko seines Lieferanten. Dann macht es Sinn, daß der Letztverkäufer sofort den Vertrag zurückabwickeln oder Minderung verlangen kann. Repariert der Letztverkäufer die Sache selbst oder läßt die Reparatur durch einen Dritten durchführen, besteht außerdem tatsächlich kein Interesse mehr an der Nacherfüllung.[1541] Die grundsätzliche Freistellung vom Erfordernis der Nachfristsetzung im Unternehmerrückgriff ist damit im Ergebnis letztlich sachgerecht.[1542]

[1537] BT-Drucks. 14/6040, S.248.

[1538] BT-Drucks. 14/6040, S.248.

[1539] Ähnlich Ernst/Gsell, ZIP 2001, 1389 (1398).

[1540] § 440 S.2 BGB in Umsetzung von Art.3 Abs.5 Spiegelstrich 2 VbrKfRil.

[1541] Wenngleich dieser Fall freilich nicht von § 478 Abs.1 BGB erfaßt wird.

[1542] Anderer Ansicht Ernst/Gsell, ZIP 2001, 1389 (1398). Im Anschluß an diese, will Maultzsch, JuS 2002, 1171 (1173), § 478 Abs.1 und 3 BGB in Fällen teleologisch reduzieren, in denen die Rechtsbehelfe "das Regreßinteresse des Unternehmers überschritten". Das sei dann der Fall, wenn der Verbraucher gegenüber dem Letztverkäufer nur gemindert habe, der Unternehmer selbst aber zurücktrete. Es liege eine "überschießende Privilegierung" des Unternehmers vor, die von dem Gesetzeszweck, Regreßfallen zu vermeiden, nicht gedeckt sei. Dies ergebe sich letztlich auch aus einem Vergleich mit § 478 Abs.2 BGB. Wie eingehend dargestellt, entspricht eine Einschränkung des § 478 BGB nicht dem Willen des Gesetzgebers. Anhaltspunkte finden sich weder im Wortlaut und noch der systematischen Stellung des § 478 Abs.2 und 3 BGB. Bei § 478 Abs.2 BGB handelt es sich überdies um einen eigenständigen, zusätzlichen Ersatzanspruch für Nacherfüllungsaufwendungen. Eine "überschießende Privilegierung" ist

Ein unmittelbares Nachbesserungsrecht des Unternehmers kennt die Verbrauchsgüterkaufrichtlinie aus Verbraucherschutzgesichtspunkten ohnehin nicht. Daher ist auch ein sog. Recht des Verkäufers zur zweiten Andienung lediglich mittelbar im Vorrang der Nacherfüllungsansprüche zu sehen.[1543] Die Richtlinie sieht nämlich lediglich vor, daß der Verbraucher "zunächst" nur Nacherfüllungsansprüche geltend machen kann (Art.3 Abs.1 iVm. Abs.3 VbrKfRil). Dieser Vorrang ist im deutschen Recht für das gesamte Kaufrecht durch die Verpflichtung zur Nachfristsetzung vor der Geltendmachung der sekundären Gewährleistungsrechte umgesetzt worden. Das mittelbare Recht "zur zweiten Andienung" durch das Fristsetzungserfordernis[1544] ist aber im Falle des § 478 Abs.1 BGB ausgeschlossen.

cc) Rücknahme oder Minderung als Folge des Mangels

Der Letztverkäufer kommt nur dann in den Genuß der vereinfachten Gewährleistungsrechte, wenn er als Folge der Mangelhaftigkeit der Sache diese "zurücknehmen mußte oder der Verbraucher den Kaufpreis gemindert hat". Beide Varianten fallen im Wortlaut auseinander: Die Rücknahme muß danach aufgrund einer Verpflichtung des Unternehmers erfolgt sein, für die Minderung scheint es dagegen nur auf die faktische Vornahme des Verbrauchers - unabhängig von der Berechtigung - anzukommen. Die Diskrepanz in der Formulierung beider Alternativen ist vom Gesetzgeber bei der Entstehung der Norm nicht bemerkt worden.[1545] Eine unterschiedliche Behandlung beider Alternativen war nicht

---

nicht ersichtlich: Der Unternehmer hat bei einem Rücktritt Wertersatz für die weiterveräußerte Ware gemäß § 346 Abs.2 BGB zu leisten; § 346 Abs.3 Nr.3 BGB findet insofern keine Anwendung, da die Verschlechterung der Sache nicht erst bei dem berechtigten Unternehmer eingetreten ist. Der Unternehmer steht im Ergebnis nicht anders als nach einer Minderung. Dem Unternehmer sollte daher überlassen bleiben, ob er sich von dem Vertrag lösen will, was letztlich wohl nur in Fällen gestörter Geschäftsbeziehungen im Interesse des Unternehmer sein wird.

1543 Anderer Ansicht offenbar Haas, in: Haas/Medicus/Rolland/Schäfer/Wendtlandt, Das neue Schuldrecht, S.274 (Rn.482), der von einem unabhängig von der Verpflichtung des Käufers zur Nachfristsetzung bestehenden Recht des Verkäufers "zur zweiten Andienung" ausgeht.

1544 Boerner, ZIP 2001, 2264(2269).

1545 Vgl. BT-Drucks. 14/6040, S.248. Der Regierungsentwurf problematisiert den Fall der Minderung erst gar nicht, sondern beinhaltet nur beispielshafte Ausführungen über die Alternative der Rücknahme.

gewollt; auch die Minderung muß Folge der Mangelhaftigkeit sein. Der Verkäufer muß also gesetzlich zur Rücknahme oder Minderung verpflichtet gewesen sein.[1546] Einer Verurteilung bedarf es aber nicht.[1547] Eine freiwillige Rücknahme des Unternehmers aus Kulanzgründen löst nicht die Erleichterungen des § 478 Abs.1 BGB aus.[1548] Vertragliche Vereinbarungen des Unternehmers mit dem Verbraucher, die über das gesetzlich geregelte Gewährleistungsrecht hinausgehen, sollen nicht zu Lasten des Lieferanten gehen.[1549] Erfolgt die Rücknahme aufgrund der vertraglichen Vereinbarung eines Rücktrittsrechts, greift § 478 Abs.1 BGB daher ein. Das entspricht auch dem Wortlaut der Richtlinie, die in Art.4 einen Regreß vorschreibt, wenn der Letztverkäufer dem Verbraucher "haftet".[1550]

Läßt der Unternehmer eine vom Verbraucher gesetzte Nachfrist gemäß §§ 281 Abs.1 S.1, 323 Abs.1 BGB verstreichen, ändert dies nichts an der Verpflichtung des Unternehmers zur Rücknahme oder Minderung. Der Unternehmer muß nicht erst darlegen und beweisen, daß die Frist zu Recht verstrichen ist, weil die vom Verbraucher gewählte Nachbesserung unverhältnismäßige Kosten verursacht hätte, und daß das Verstreichenlassen der Frist nicht selbst eine Pflichtverletzung ist.[1551] Der Rückgriff des Letztverkäufers setzt lediglich voraus, daß die Rücknahme oder die Minderung auf einer gesetzlichen Verpflichtung beruhen und nicht aus bloßer Kulanz erfolgen.[1552] Der Rückgriff wäre sonst sinnlos erheblich erschwert.

Folge für den Unternehmer ist, daß er letztlich erst nach gerichtlicher Klärung seiner Gewährleistungspflichten gegenüber dem Verbraucher Sicherheit

---

1546 Bereska, ZGS 2002, 59 (60).

1547 Ausreichend ist, daß das Verlangen des Verbrauchers aus Sicht des Letztverkäufers als begründet, die ausfüllenden Tatsachen beweisbar erscheinen. Putzo, in Palandt/Ergänzungsband, § 478 Rn.6; Schubel, ZIP 2002, 2061 (2064).

1548 BT-Drucks. 14/6040, S.248.

1549 Lorenz/Riehm, Lehrbuch zum neuen Schuldrecht, Rn.588.

1550 Magnus, der Regreßanspruch des Letztverkäufers, S.429 (438).

1551 Haas, in: Haas/Medicus/Rolland/Schäfer/Wendtlandt, Das neue Schuldrecht, S.274 f. (Rn.484).

1552 Anderer Ansicht ist Büdenbender, in: Dauner-Lieb/Heidel/Lepa/Ring, Schuldrecht, Anwaltkommentar, § 478 Rn.32, der § 478 Abs.1 BGB einschränkend so auslegen will, daß die Befreiung von der Nachfristsetzung dann nicht eingreift, wenn der Unternehmer der Nacherfüllung nachkommen konnte, dies aber versäumt. Dann könne nicht von einer Pflicht zur Rücknahme gesprochen werden.

darüber hat, ob er hinsichtlich seiner eigenen Gewährleistungsrechte in den Genuß der Erleichterungen der §§ 478, 479 BGB kommt.[1553]

(1) Rücknahme

Der in § 478 Abs.1 BGB verwendeten Begriff der "Rücknahme" ist weit zu verstehen, und umfaßt jede gesetzliche Rücknahmeverpflichtung des Unternehmers gegenüber dem Verbraucher aufgrund von Gewährleistungsrecht.[1554] Es ist also nicht nur die Rechtsfolge des aufgrund des Mangels berechtigten Rücktritts des Verbrauchers gemäß §§ 437 Nr.2, 440, 323 BGB gemeint, sondern auch die Rücknahme wegen des Verlangens des Verbrauchers nach "Schadensersatz statt der ganzen Leistung" - der sog. große Schadensersatz - nach §§ 437 Nr.3, 311a Abs.2 S.3, 281 Abs.5 BGB oder als Folge eines Nachlieferungsanspruchs gemäß §§ 437 Nr.1, 439 Abs.4 BGB.[1555] Der Unternehmer erhält jeweils die mit Mängeln behaftete Sache zurück, für die jedoch der Lieferant nach dem Willen des Gesetzgebers die Verantwortung trägt. Dem Unternehmer muß daher möglich sein, die Folgen des Mangels ohne weitere Fristsetzung weiterzureichen.
Behält der Verbraucher die Kaufsache und verlangt lediglich den sog. kleinen Schadensersatz, der den Minderwert der Sache betrifft, wird man dem Unternehmer mit einer analogen Anwendung des § 478 Abs.1 BGB weiterhelfen müssen, da schließlich auch der Fall der Minderung erfaßt wird[1556] (dazu sogleich).

Erfolgt die Rücknahme nicht wegen eines Mangels i.S.v. § 434 BGB, sondern wegen eines Widerrufs des Verbrauchers, ist die Voraussetzung des Unternehmerregresses nicht gegeben, da der Widerruf ein Risiko des kontrahie-

---

[1553] Bereska, ZGS 2002, 59 (60), sieht hierin eine erhebliche Schwäche der Regreßvorschriften.

[1554] Lorenz/Riehm, Lehrbuch zum neuen Schuldrecht, Rn.589.

[1555] BT-Drucks. 14/6040, S.247. Anderer Ansicht Büdenbender, in: Dauner-Lieb/Heidel/Lepa/Ring, Das neue Schuldrecht in der anwaltlichen Praxis, S.220 f., der davon ausgeht, daß der Fall der Ersatzlieferung trotz § 439 Abs.3 BGB - und entsprechender Feststellung in der amtlichen Begründung - nicht von § 478 Abs.1 erfaßt wird, da § 478 Abs.1 und Abs.2 BGB in einem Verhältnis der Exklusivität zueinander stehen würden. Für die "Rechtswohltat" einer Einschränkung der Lieferantenrechte nach § 478 Abs.1 BGB bestünden keine Gründe.

[1556] Büdenbender, in: Dauner-Lieb/Heidel/Lepa/Ring, Das neue Schuldrecht in der anwaltlichen Praxis, S.220; Lorenz/Riehm, Lehrbuch zum neuen Schuldrecht, Rn.589; Maultzsch, JuS 2002, 1171 (1172).

renden Unternehmers und nicht der Vorleute in der Lieferkette ist.[1557] Gleiches gilt bei einer Anfechtung des Kaufvertrages wegen eines Irrtums durch den Verbraucher.

(2) Minderung

Auch bei einer berechtigten Minderung des Verbrauchers kann der Unternehmer die Vorteile des § 478 BGB bei der Durchsetzung seiner Gewährleistungsrechte geltend machen.

(3) Nicht bei Nachbesserung und Mangelfolgeschäden

Wählt der Verbraucher Rechtsbehelfe, die nicht auf die Rücknahme der Kaufsache oder eine Minderung des Kaufpreises hinauslaufen, greift die Befreiung vom Vorrang der Nacherfüllung gemäß § 478 Abs.1 BGB nicht. Das gilt namentlich für den Fall der Nachbesserung[1558] und regelmäßig auch für den Ersatz von Mangelfolgeschäden.[1559] Bessert der Letztverkäufer die Ware nach, ist grundsätzlich zweckmäßig, den Vorrang der Nacherfüllung auch gegenüber dem Lieferanten beizubehalten, damit entsprechende Dienstleistungen in der Vertragskette durchgereicht werden. Führt der Unternehmer die Reparatur aber selbst aus oder läßt sie durch Dritte erledigen, entfällt rein tatsächlich das Interesse an der Nacherfüllung. Leistet der Unternehmer Schadensersatz für Mangelfolgeschäden, macht der Vorrang der Nacherfüllung ebenfalls wenig Sinn,[1560] da Schäden an anderen Sachen als der Kaufsache selbst dann wirtschaftlich ausgeglichen wurden und einer Nachbesserung im Sinne der Nacherfüllung des Kaufvertrages bereits begrifflich nicht zugänglich sind.

(4) Als Folge des Mangels

Die Rücknahme bzw. Minderung des Verbrauchers müssen auf einem Mangel der Kaufsache beruhen. Bei Beschaffenheitsvereinbarungen ist auf das Verhältnis zwischen Unternehmer und Verbraucher abzustellen.

[1557] Haas, in: Haas/Medicus/Rolland/Schäfer/Wendtlandt, Das neue Schuldrecht, S.275 (Rn.485).

[1558] Maultzsch, JuS 2002, 1171 (1172).

[1559] Westermann, NJW 2002, 241 (253).

[1560] Westermann, NJW 2002, 241 (253).

Will der Unternehmer gegenüber seinem Lieferanten seine Gewährleistungsrechte unter den Erleichterungen des § 478 Abs.1 BGB geltend machen, muß er auf zweierlei achten: Zum einen muß er im Verhältnis zu seinem Lieferanten einen Mangel geltend machen können, zum anderen muß er darauf achten, daß Rücknahme und Minderung des Verbrauchers ihm selbst gegenüber auf einen in diesem Verhältnis als Mangel zu qualifizierenden Umstand beruhen.

Beschaffenheitsvereinbarungen zwischen den Unternehmern und im Verhältnis zum Verbraucher bergen insofern eine erhebliche Gefahr für die Frage der Möglichkeit eines Regresses des Unternehmers nach § 478 BGB. Je nach Vereinbarung kann das Vorliegen eines Mangels in den jeweiligen Vertragsbeziehungen unterschiedlich zu beurteilen sein.[1561] Die Erleichterungen des § 478 BGB helfen über das Fehlen eines Mangels im Verhältnis zwischen den Unternehmern und erst Recht im Verhältnis des Unternehmers zum Verbraucher nicht hinweg. Eine gerichtliche Entscheidung über einen Mangel im Vertragsverhältnis zwischen Unternehmer und Verbraucher beinhaltet keine Aussage über einen Mangel im Verhältnis der Unternehmer untereinander.[1562] Der Unternehmer kann im Prozeß mit dem Verbraucher dem Lieferanten den Streit verkünden gemäß § 72 ZPO[1563] und damit die Interventionswirkung gemäß §§ 74 Abs.3, 68 ZPO hinsichtlich der tatsächlichen Feststellungen und rechtlichen Erwägungen des Urteils betreffend des Mangels im Verhältnis zwischen Verbraucher und Unternehmer auslösen. Bezüglich der Feststellung eines Mangels im Verhältnis zwischen den Unternehmern ist damit aber bei auseinanderfallenden Beschaffenheitsvereinbarungen nichts gewonnen.

e) Aufwendungsersatzanspruch, § 478 Abs.2 BGB

§ 478 Abs.2 BGB beinhaltet einen eigenständigen[1564], verschuldensunabhängigen [1565] Aufwendungsersatzanspruch. Er knüpft an den vorrangigen Nacherfüllungs-

---

[1561] Mit entsprechendem Hinweis bereits Bereska, ZGS 2002, 59 (60).

[1562] Bereska, ZGS 2002, 59 (60).

[1563] Bereska, ZGS 2002, 59 (60); von Westphalen, in: Henssler/von Westphalen (Hrsg.), Praxis der Schuldrechtsreform, § 478 Rn.17.

[1564] Regierungsentwurf eines Gesetzes zur Modernisierung des Schuldrechts, S.585, BT-Drucks. 14/6040, S.248. Ernst/Gsell, in: ZIP 2001, 1389 (1394), begrüßen einen eigenständigen Regreßanspruch, halten diesen, wie die gesamte Regreßregelung des Regierungsentwurfs jedoch für in der Sache und auch gesetzestechnisch mißlungen.

[1565] Vgl. § 670 BGB.

anspruch des Käufers gemäß § 439 (§ 437 Nr.1) BGB an und ermöglicht dem Letztverkäufer, seinen Aufwand, den er im Wege der Nacherfüllung gegenüber seinem Verbraucherkäufer nach § 439 Abs.2 BGB zu tragen hatte, insbesondere Transport-, Wege-, Arbeits- und Materialkosten,[1566] auf seinen Lieferanten abzuwälzen.[1567] Zu ersetzen sind nur die Aufwendungen, die der Letztverkäufer gemäß § 439 Abs.2 BGB "zu tragen hatte". Kulanzleistungen berechtigen den Unternehmer auch hier nicht zum Ersatz.[1568] Es werden solche Aufwendungen der Nacherfüllung auch nach § 478 Abs.2 BGB nicht ersetzt, die gemäß § 439 Abs.3 BGB unverhältnismäßige Kosten darstellen.[1569] Zwischen Nachbesserung und Ersatzlieferung ist durch den Unternehmer abzuwägen und die kostengünstiger Alternative zu wählen. Der Letztverkäufer wird sich dem grundsätzlichen Wahlrecht des Verbrauchers zwischen beiden Arten der Nacherfüllung gegenübersehen (§ 439 Abs.1 BGB) und die unwirtschaftliche Alternative verweigern müssen.[1570] Wählt der Verbraucher die Ersatzlieferung, muß der Unternehmer den kostengünstigsten Weg der Ersatzbeschaffung nutzen: Ist sein Lieferant zur Ersatzbeschaffung bereit, hat der Unternehmer diesen Weg einer Beschaffung am Markt vorzuziehen.[1571]

Auch der selbständige Regreßanspruch erfordert, daß der Mangel aufgrund dessen der Verbraucher den Unternehmer in Anspruch nimmt, bereits beim Übergang der Gefahr auf den Unternehmer selbst vorhanden war (§ 478 Abs.2 a.E. BGB). Daher kann der Unternehmer auch nach § 478 Abs.2 BGB keinen Regreß nehmen, wenn er gegenüber dem Verbraucher aus Gewährleistungsrecht nur aufgrund einer abweichenden Beschaffenheitsvereinbarung haftet, wobei die

---

1566 Die Aufzählung ist nicht abschließend. Der Letztverkäufer kann grundsätzlich alle gewährleistungsbezogenen Aufwendungen ersetzt verlangen. Dazu Marx, BB 2002, 2566 (2569).

1567 Büdenbender, in: Dauner-Lieb/Heidel/Lepa/Ring, Anwaltkommentar, Schuldrecht, § 478 Rn.7, hält § 478 Abs.2 BGB daher für die logisch vorrangige Norm. Sie stelle die "Aufwertung der bilateralen Kostenzuordnungsregel des § 439 Abs.2 BGB zur Anspruchsgrundlage auf entsprechende Kostenerstattung in Regreßfällen" dar.

1568 BT-Drucks. 14/6040, S.249.

1569 Dahingehend auch Schubel, ZIP 2002, 2061 (2063).

1570 Matthes, NJW 2002, 2505 (2507), ist der Ansicht, daß der Letztverkäufer dies nur schwer an den Verbraucher wird kommunizieren können.

1571 Maultzsch, JuS 2002, 1171 (1173).

jeweilige Beschaffenheit beim Gefahrübergang auf ihn, im Verhältnis zum Lieferanten keinen Mangel darstellte.

f) Beweiserleichterung, § 478 Abs.3 iVm. § 476 BGB

Die zugunsten des Verbrauchers im Rahmen der Verbrauchsgüterkäufe gemäß § 476 eingeführte Beweislastumkehr - die ihrerseits auf Art.5 Abs.3 VbrKfRil zurückgeht - findet nach § 478 Abs.3 BGB auch zugunsten des Letztverkäufers Anwendung. Für den Unternehmer gilt die Vermutung, daß ein Mangel bereits bei Gefahrübergang vorgelegen hat, wenn er innerhalb der ersten sechs Monate seit Gefahrübergang augetreten ist. Die Frist beginnt im Unternehmerregreß mit dem Übergang der Gefahr auf den Verbraucher gemäß § 446 (§ 478 Abs.3) BGB. Letztlich greift die Vermutung auch, wenn die Sache erst nach gesetzlich unbestimmt langer Zeit an den Verbraucher weiterverkauft wird.[1572] Damit erreicht die Regelung aber einen Gleichlauf der Dauer der Vermutung zugunsten des Verbrauchers gegenüber dem Unternehmer und der Vermutung zugunsten des Unternehmers selbst gegenüber seinem Lieferanten. Denn in der Hand des Verbrauchers wird die Ware in Benutzung genommen und näher untersucht. Beim Verbraucher ist daher die Wahrscheinlichkeit am größten, daß ein Mangel entdeckt wird. Nimmt der Unternehmer die Sache selbst vor der Weiterveräußerung in die Benutzung, handelt es sich dagegen nicht mehr um eine neu hergestellte Sache. Die Vermutung greift dann nicht ein.[1573] Der Lieferant kann die Vermutung nur entkräften, indem er darlegt und beweist, daß der Mangel auf ein Verhalten des Unternehmers oder Verbrauchers beruht.

Die Erstreckung der Vermutungsregelung des § 476 BGB auf den unternehmerischen Verkehr, an dessen Ende ein Verbraucherkauf steht, ist zur Erhaltung eines nach Art.4 VbrKfRil geforderten effektiven Regresses erforderlich.[1574] Denn der Unternehmer hat, wenn § 478 Abs.3 BGB zur Anwendung kommt, schon gegenüber dem Verbraucher nicht die Vermutungswirkung der Beweislastumkehr entkräften können.[1575]Anderenfalls wäre der Rückgriff bei langen Lagerzeiten der Ware, in deren Verlauf sich die Beweismöglichkeiten erheblich verringern,

---

[1572] Kritsch Ernst/Gsell, ZIP 2001, 1389 (1397).

[1573] Lorenz/ Riehm, Lehrbuch zum neuen Schuldrecht, Rn.591.

[1574] Anderer Ansicht Ernst/Gsell, ZIP 2001, 1389 (1397).

[1575] Zutreffend BT-Drucks. 14/6040, S.248.

nahezu ausgeschlossen.[1576] Die Untersuchungs- und Rügeobliegenheit nach § 377 HGB trägt außerdem ausreichend dafür Gewähr, daß der Regreß nicht unangemessen ausgedehnt wird (§ 478 Abs.6 BGB).

g) Dispositivität des Unternehmerrückgriffs und seine Grenzen, § 478 Abs.4 BGB

Während nach § 475 BGB die Dispositionsfreiheit zwischen Verbraucher und Unternehmer hinsichtlich der Gewährleistungsrechte vor Mitteilung des Mangels an den Unternehmer ausgeschlossen ist, sieht das allgemeine Zivil- sowie grundsätzlich auch das Handelsrecht keine entsprechende Einschränkung der Vertragsautonomie vor. Der Vertrag zwischen dem Letztverkäufer und seinem Lieferanten unterliegt selbst nicht den Verbrauchsgüterkaufregeln der §§ 474 ff. BGB, da beide Vertragsparteien als Unternehmer iSv. § 14 Abs.1 BGB handeln. Die Parteien könnten daher auf dem Wege individualvertraglicher Vereinbarungen die gesetzliche zweijährige Gewährleistungsfrist nach § 438 BGB - ausgenommen bei Vorsatz - verkürzen (§ 202 Abs.1 BGB). Individualvertraglich kann der Letztverkäufer auch ganz auf seine Gewährleistungsrechte verzichten. Entsprechende Gestaltungen durch AGB treffen auf Gestaltungsgrenzen. Nach § 309 Nr.8 lit.b, ff BGB sind in AGB enthaltene Regelungen unwirksam, mit denen die Gewährleistungsfrist auf unter ein Jahr verkürzt wird. Die Regelung ist auf AGB im unternehmerischen Verkehr nicht unmittelbar anwendbar (§ 310 Abs.1 S.1 BGB). Auf solche AGB ist die Inhaltskontrolle gemäß § 307 Abs. 1 BGB anzuwenden, die im Lichte der Wertungen der speziellen Klauselverbote der §§ 308 f. BGB zu sehen ist (§ 310 Abs.1 S.2 BGB). Daher kann auch im unternehmerischen Verkehr grundsätzlich die Gewährleistungsfrist durch AGB grundsätzlich nicht auf unter ein Jahr verkürzt werden.[1577] Auf die Rügeobliegenheit kann der Verkäufer grundsätzlich verzichten. § 478 Abs.4 BGB gilt nicht für

---

1576 Von Sachsen Gessaphe, RIW 2001, 721 (731).

1577 Dahingehend wohl BT-Drucks. 14/6040, S.229. Der Gesetzgeber hat die, Gewährleistungsbeschränkungen betreffenden Klauselverbote, deren unmittelbarer Anwendungsbereich aufgrund des § 475 BGB, der die zwingende Geltung der gesetzlichen Gewährleistungsregeln für Verbrauchsgüterkaufverträge vorschreibt, offensichtlich gerade wegen der mittelbaren Wirkungen auf den unternehmerischen Geschäftsverkehr beibehalten. Zu Recht Schubel, JZ 2001, 1113 (1117).

§ 377 HGB.[1578] Ein genereller Ausschluß in AGB verstößt jedoch gegen § 307 Abs.2 Nr.1 BGB, wenn er sich auch auf offene Mängel bezieht.[1579]

Strenger sind die Regeln, wenn am Ende der Vertragskette ein Verbrauchsgüterkauf i.S.v. § 474 BGB steht. Grundsätzlich ist zwar auch der Unternehmerrückgriff nach § 478 BGB dispositiv ausgestaltet.[1580] Das entspricht Art.4 VbrKfRil, der einen effektiven Letztverkäuferrückgriff fordert, aber diesen nicht für unabdingbar erklärt. Art.7 VbrKfRil verbietet nur die Einschränkung der Gewährleistungsrechte des Verbrauchers. Kann der Letztverkäufer die Gewährleistungsrechte des Verbrauchers grundsätzlich nicht beschränken, steht er in der Gefahr, daß ihm bei entsprechenden vertraglichen Gestaltungen ein Abschnitt seiner Rückgriffsrechte auf seinen Vormann droht. § 478 Abs.4 BGB soll daher nach dem Willen des Gesetzgebers die Privatautonomie der Unternehmer zum Schutze des meist schwächeren Händlers einschränken.[1581] Worin liegt der Sinn dieser weitgehenden Beschränkung der Vertragsfreiheit? Soll der Lieferant verbraucherähnlich geschützt werden? Darauf läuft wohl die Annahme des deutschen Gesetzgebers hinaus.[1582] Das war aber nicht der Anlaß des europäischen Richtliniengebers zur Schaffung des Art.4 VbrKfRil. Sinn und Zweck der Regelung der Richtlinie und auch der deutschen Umsetzungsnorm bleibt der mittelbare Schutz des Verbrauchers.[1583] Daran muß sich auch die Auslegung der Norm orientieren. Zweifelhaft ist auch hier die Beschränkung auf neu hergestellte Sachen.

Der deutsche Gesetzgeber hat zwar den Wortlaut von § 475 Abs.1 BGB fast identisch übernommen, er sieht aber in § 478 Abs.4 BGB vielmehr eine Ergänzung und Erweiterung zu § 307 BGB, die bestimmt, daß entsprechende individualvertragliche Vereinbarungen und gerade auch vorformulierte Vertragsklauseln nicht nur nach den für AGB geltenden Grundsätzen der Angemessenheit zu

---

[1578] Das ergibt sich schon daraus, daß die uneingeschränkte Anwendung von § 377 HGB erst nachfolgend in Abs.6 angeordnet wird. Putzo, in: Palandt/Ergänzungsband, § 478, Rn.16.

[1579] BGH, NJW 1991, 2634, zu § 9 Abs.2 Nr.1 AGBG.

[1580] BT-Drucks. 14/6040, S.249. Weber/Dospil/Hanhörster, Mandatspraxis neues Schuldrecht, S.149. Damit trägt der deutsche Gesetzgeber der Vorgabe der Richtlinie in Erwägungsgrund 9 Rechnung, der die Vertragsfreiheit grundsätzlich für unberührt erklärt.

[1581] BT-Drucks. 14/6040, S.249.

[1582] Ebenda.

[1583] Vgl. Büdenbender, in: Dauner-Lieb/Heidel/Lepa/Ring, Anwaltkommentar, Schuldrecht, § 478, Rn.2.

überprüfen sind.[1584] § 478 Abs.4 ist damit strenger als § 307, da er nicht nur eine unangemessene Benachteiligung verhindert, sondern darüber hinaus eine gleichwertige Ersatzbestimmung fordert.[1585] Der deutsche Gesetzgeber erreicht auf diese Weise aber einen Gleichlauf der gesetzlichen Mangelhaftung bei Kaufverträgen an deren Ende ein Verbrauchsgüterkauf steht: Dem Letztverkäufer werden die gleichen Gewährleistungsrechte erhalten, die der Verbraucher gegen ihn geltend machen kann. Folge ist aber auch, daß im unternehmerischen Verkehr verwendete AGB unmittelbar an den, an der Verbrauchsgüterkaufrichtlinie und damit am Verbraucherschutzgedanken orientierten Regeln des allgemeinen Kaufrechts kontrolliert werden.[1586]

§ 478 Abs.4 S.1 BGB schließt nicht jede Abweichung zum Nachteil des Letztverkäufers von den §§ 433 bis 435, 437, 439 bis 443 BGB aus. Eine von der gesetzlichen Regelung abweichende Vereinbarung muß einen "gleichwertigen Ausgleich" bringen. Durch das Erfordernis des "gleichwertigen Ausgleichs" werden die Regreßvorschriften im wirtschaftlichen Endergebnis zu zwingendem Recht.[1587] Aus Gründen der Praktikabilität werden abweichende Vereinbarungen auch in AGB getroffen werden können.[1588] Wie ein solcher Ausgleich beschaffen sein muß, ist vom Gesetzgeber bewußt offen gelassen worden. Auch Art.4 VbrKfRil überläßt die Ausgestaltung des Rückgriffs den Mitgliedstaaten.

Die Begründung des Regierungsentwurfs des Schuldrechtsmodernisierungsgesetzes begnügte sich mit einem Hinweis, daß ein gleichwertiger Ausgleich durch "pauschale Abrechnungssysteme" erreicht werden könne.[1589] Denkbar sind Pauschalrabatte bereits beim Einkauf oder die Vereinbarung pauschaler Ersatzleistungen für bestimmte Produkte ohne Rücksicht auf die Art des jeweils aufgetretenen Mangels. Entscheidend ist, ob die Ausgleichsregelung aus Sicht des Unter-

---

[1584] BT-Drucks. 14/6040, S.249.

[1585] Haas, in: Haas/Medicus/Rolland/Schäfer/Wendtland, Das neue Schuldrecht, S. 276 (Rn.491).

[1586] Schimmel/Buhlmann, Fehlerquellen im Umgang mit dem Neuen Schuldrecht, S.160.

[1587] Kritisch Ernst/Gsell, ZIP 2001, 1389 (1401); von Sachsen Gessaphe, RIW 2001, 721 ff.; Lorenz/Riehm, Lehrbuch zum neuen Schuldrecht, Rn.596.

[1588] Schubel, JZ 2001, 1113 (1118).

[1589] BT-Drucks. 14/6040, S.249. So statt Vieler Marx, BB 2002, 2566 (2567).

nehmers ein kommerzielles Äquivalent zu den gesetzlichen Regreßregeln darstellt.[1590]

Gegen derartige umfassende Gewährleistungsregelungen für die Abwicklung gesamter Geschäftsbeziehung wird vorgebracht, daß Lieferanten die nötigen Kalkulationsmargen vorab in die Produktpreise integrieren werden, so daß etwa die Einräumung von Gewährleistungsrabatten für den Letztverkäufer ein Nullsummenspiel bleibe und nur schwerlich als gleichwertiger Ausgleich angesehen werden könne.[1591] Dabei wird übersehen, daß der Letztverkäufer - vorausgesetzt es kommt überhaupt zu Teuerungen - eventuell gestiegene Produktpreise je nach Situation des entsprechenden Marktes an den Verbraucher weitergeben kann und wohl auch wird, so daß pauschale Abrechnungssysteme nicht ohne weiteres leerlaufen werden. Im übrigen muß sich der Letztverkäufer nicht auf eine für ihn ungünstige Ausgleichsvereinbarung einlassen und wird andernfalls den Lieferanten wechseln.

Ob sich eine zwischen den Parteien getroffene Ausgleichvereinbarung tatsächlich als gleichwertig erweist, kann erst im Einzelfall entschieden werden. Der Lieferant, der sich auf eine entsprechende Vereinbarung berufen will, muß darlegen und beweisen, daß es sich um eine gleichwertige Ausgleichsregelung handelt.[1592]

h) Behandlung von Schadensersatzansprüchen

Hinsichtlich der Behandlung von Schadensersatzansprüchen im Rückgriff weisen die Regelungen der §§ 478, 479 BGB eine Lücke auf. Jedenfalls ergreift die Befreiung vom Fristsetzungserfordernis gemäß § 478 Abs.1 BGB auch Schadensersatzansprüche, die nicht etwa verschuldensunabhängig als Aufwendungsersatzanspruch gemäß § 478 Abs.2 BGB weitergegeben werden können. Schon die Verbrauchsgüterkaufrichtlinie läßt Schadensersatzansprüche, die schärfsten Rechtsbehelfe des Gewährleistungsrechts, ungeregelt.

Die Einschränkung der Abdingbarkeit der Regreßreglung gilt nach § 478 Abs.4 S.2 - ebenso wie nach § 475 Abs.3 - BGB nicht für die Beschränkung oder den Ausschluß des Anspruchs auf Schadensersatz. Eine solche Vereinbarung

---

1590 Von Westphalen, in: Henssler/von Westphalen, Praxis der Schuldrechtsreform, 2. Aufl., § 478, Rn. 27.

1591 Schimmel/Buhlmann, Fehlerquellen im Umgang mit dem Neuen Schuldrecht, S.161.

1592 Haas, in: Haas/Medicus/Rolland/Schäfer/Wendtland, Das neue Schuldrecht, S.276 (Rn.491).

durch AGB unterliegt der allgemeinen Inhaltskontrolle nach § 307 BGB. Für Schadensersatzansprüche offenbaren die §§ 307 ff. BGB nunmehr einen ihrer letzten wichtigen Anwendungsbereiche neben §§ 475 Abs.3, 478 Abs.4 BGB. Die Unternehmer können daher grundsätzlich untereinander den Ausschluß von Schadensersatzansprüchen vereinbaren. Besonders relevant ist daher die Frage, ob und inwieweit Schranken hinsichtlich des Ausschlusses des AGB-Rechts bestehen. Die speziellen Klauselverbote des § 309 Nr.8 lit.b, aa-ee BGB sind auf Handelskäufe nicht unmittelbar anwendbar, sondern finden nur mittelbar über die Generalklausel des § 307 BGB Eingang in die Beurteilung der Zulässigkeit von AGB im Handelsverkehr (§ 310 Abs.1 S.1, 2 BGB). Nach § 307 BGB sind Bestimmungen in allgemeinen Geschäftsbedingungen unwirksam, wenn sie den Vertragspartner des Verwenders - also hier zunächst den Letztverkäufer - unangemessen benachteiligen. Die speziellen Klauselverbote enthalten ihrerseits aber auch keine ausdrückliche Regelung des Ausschlusses von Schadensersatzansprüchen. Beachtlich ist das Verbot einer Ausschlußfrist hinsichtlich nicht offensichtlicher Mängel für Verträge über die Lieferung neu hergestellter Sachen nach lit.ee - auch für Schadensersatzansprüche -, die kürzer als die nach lit.ff erforderliche Frist von mindestens einem Jahr ist. Für offensichtliche Mängel ist also bezüglich der Schadensersatzansprüche etwa eine Ausschlußfrist von zwei Monaten ab Kenntnisnahme vom Mangel denkbar.[1593] Mit Blick auf die allgemeinen Klauselverbote des § 309 Nr.7 lit.a, b BGB dürfen Schadensersatzansprüche wegen Verletzung des Lebens, Körpers und der Gesundheit (lit.a) sowie wegen grob fahrlässiger Pflichtverletzung des Verwenders[1594] - hier zunächst des Lieferanten - und wegen vorsätzlicher oder grob fahrlässiger Pflichtverletzung seines gesetzlichen Vertreters oder Erfüllungsgehilfen (lit.b) nicht ausgeschlossen oder beschränkt werden.

Eine verläßliche Aussage inwieweit die Generalklausel einer Einschränkung von Schadensersatzansprüchen über die genannten Fälle hinaus entgegensteht, kann mangels entsprechender Judikate vorerst nicht getroffen werden. Jedenfalls wird man wohl sagen können, daß auch weiterhin ein Ausschluß nicht

---

[1593] Haas, in: Haas/Medicus/Rolland/Schäfer/Wendtland, Das neue Schuldrecht, S.271 (Rn.465), in Bezug auf Verbrauchsgüterkäufe.

[1594] Nach § 276 Abs.3 BGB kann die Haftung wegen Vorsatzes schon nicht individualvertraglich ausgeschlossen werden.

vorhersehbarer Schäden möglich sein muß.[1595] Auch eine summenmäßige Beschränkung der Haftung dürfte, wenn sie in angemessener Relation zum betreffenden Risikotypus steht, zulässig sein.[1596]

Fraglich ist, ob die Verletzung von Kardinalpflichten[1597] des Kaufvertrages einer Freizeichnung oder Beschränkung von Schadensersatzansprüchen wegen Mängeln entgegensteht. Die mangelfreie Lieferung der Kaufsache ist nunmehr eine Hauptpflicht des Verkäufers (§ 433 Abs.1 S.2 BGB). Der Schadensersatzanspruch bildet zwar den in seiner Wirkung schärfsten, aber nicht einzigen Rechtsbehelf beim Vorliegen eines Mangels. Nacherfüllung, Rücktritt und Minderung sowie der verschuldensunabhängige Aufwendungsersatzanspruch stehen dem Letztverkäufer als Käufer immer zu, und auch der Schadensersatzanspruch kann bei groben Verschulden und bei Körperverletzungen nicht ausgeschlossen werden.[1598] Für den verbleibenden Bereich läßt sich die Frage, ob eine unangemessene Benachteiligung des Unternehmers im Ausschluß des Schadensersatzanspruchs angelegt ist, nicht schlechterdings und für alle Fälle einheitlich beantworten. Klarheit bringt dann nur die Abwägung der Haftungsrisiken im Einzelfall.

j) Rückgriff in der Lieferkette, § 478 Abs.5 BGB

Die Modifizierung der Gewährleistung nach § 478 Abs.1 BGB und der Aufwendungsersatzanspruch des Letztverkäufers nach § 478 Abs.2 BGB finden auch in der Lieferkette entsprechende Anwendung.[1599] Konsequent berücksichtigt der deutsche Gesetzgeber damit den Umstand, das durch den Regreß des Letztverkäufers dessen Belastung nur auf eine weitere vorgelagerte Absatzstufe verschoben

---

[1595] Haas, in: Haas/Medicus/Rolland/Schäfer/Wendtland, Das neue Schuldrecht, S.272 (Rn.467) in Bezug auf Verbrauchsgüterkäufe. Bisher Palandt-Heinrichs, 61. Aufl., § 9 AGBG Rn.46.

[1596] Haas, in: Haas/Medicus/Rolland/Schäfer/Wendtland, Das neue Schuldrecht, S.272 (Rn.467) in Bezug auf Verbrauchsgüterkäufe. Bisher die Rechtsprechung: BGH, NJW 1993, 335.

[1597] Fälle der Verletzung von Kardinalpflichten: BGHZ 89, 367; 93, 48; NJW 1993, 335.

[1598] Haas, in: Haas/Medicus/Rolland/Schäfer/Wendtland, Das neue Schuldrecht, S.272 (Rn.468) in Bezug auf Verbrauchsgüterkäufe.

[1599] § 478 Abs.3 BGB ist freilich dogmatisch unsauber formuliert, als § 478 Abs.2 BGB "auf die Ansprüche des Lieferanten und der übrigen Käufer in der Lieferkette gegen die jeweiligen Verkäufer entsprechende Anwendung" finden soll. Entsteht durch die entsprechende Anwendung der Vorschrift doch erst ein selbständiger Anspruch der Lieferanten und übrigen Käufer in der Lieferkette. Zutreffend Ernst/Gsell, ZIP 2001, 1389 (1395). Durchgreifender Schaden ist durch diese Formulierungsschwäche indes nicht zu erwarten.

wird, die den Mangel regelmäßig auch nicht zu vertreten hat.[1600] Voraussetzung ist auch in der Lieferkette, daß die jeweiligen Schuldner selbst Unternehmer sind (§ 478 Abs.5 a.E. BGB).

§ 478 Abs.1 BGB läuft in der Lieferkette letztlich darauf hinaus, daß nur der Verbraucher gegenüber dem Letztverkäufer den Vorrang der Nacherfüllung gemäß § 439 Abs.1 BGB einhalten muß. Der Aufwendungsersatzanspruch gemäß § 478 Abs.2 BGB geht in der Lieferkette ab dem Lieferanten auf den Ersatz der durch die Erfüllung der Rückgriffsansprüche der vorherigen Käufer nach § 478 Abs.2 BGB anfallenden Aufwendungen.[1601]

Ernst/Gsell[1602] gehen davon aus, daß der Lieferant und die übrigen vorstehenden Glieder in der Absatzkette die Ausnahme vom Fristsetzungserfordernis des § 478 Abs.1 BGB gemäß § 478 Abs.5 BGB auch dann geltend machen können, wenn der Letztverkäufer mangels Minderung oder Rücknahme der Ware vom Verbraucher gegenüber dem Lieferanten lediglich einen Aufwendungsersatzanspruch gemäß § 478 Abs.2 BGB hatte. Dagegen spricht der gesetzliche Wortlaut von § 478 Abs.1 BGB, dessen Voraussetzungen auch im Rahmen der Verweisung des § 478 Abs.5 BGB zu beachten sind. Es handelt sich bei § 478 Abs.5 BGB also gewissermaßen um eine Rechtsgrundverweisung. Die Ausnahme vom Fristsetzungserfordernis gilt letztlich nur, wenn der Verbraucher die Minderung oder Rücknahme der Sache erreicht hat. Für die Geltendmachung der Ausnahme vom Fristsetzungserfordernis in der Vertriebskette ist eine entsprechende ununterbrochene Gewährleistungskette bis zum Verbraucher erforderlich. Entsprechendes gilt auch für den Aufwendungsersatzanspruch gemäß § 478 Abs.2 BGB, der der Weitergabe desjenigen Aufwands dient, den der Letztverkäufer nach § 439 Abs.2 BGB hatte.[1603]

Der Unternehmerregreß zielt darauf ab, daß Mängel die bereits im Herstellungsprozeß entstanden sind, auf den Hersteller rückbelastet werden können. Doch wie sind Fälle zu lösen, in denen der Mangel des Endproduktes bereits auf

---

1600 Magnus, Der Regreßanspruch des Letztverkäufers, S. 429 (432).

1601 Das ergibt sich nicht direkt aus dem Wortlaut des Gesetzes, da § 478 Abs.2 BGB über § 478 Abs.3 nur auf die Nacherfüllungsaufwendungen nach § 439 Abs.2 BGB verweist. Aus Sinn und Zweck der Regelung, einen wirksamen Rückgriff in der Lieferkette zu erreichen, ist aber zu schließen, daß ein Ersatz der Rückgriffskosten möglich sein muß. Zu Recht Ernst/Gsell, ZIP 2001, 1389 (1395).

1602 In: ZIP 2001, 1389 (1399).

1603 Westermann, NJW 2002, 241 (252).

ein defektes Zulieferteil zurückzuführen ist? Kann der Hersteller dann auf den Zulieferer nach den §§ 478 f. BGB - möglicherweise analog - Rückgriff nehmen? Die Verbrauchsgüterkaufrichtlinie enthält keine Regelung der Vereinbarungen zwischen Herstellern und ihren Zulieferern. Auch der Wortlaut des § 478 BGB erfaßt Zulieferer nicht.[1604] Dies ist auch vom Sinn und Zweck der §§ 478, 479 BGB gedeckt: Belastungen des dem Verbraucher gewährleistungsrechtlich (verschärft) haftenden Verkäufers soll dieser an den regelmäßig für den Mangel verantwortlichen Hersteller durchreichen können. Die Vorschriften dienen damit mittelbar dem Verbraucherschutz. Der Hersteller trägt die Gesamtverantwortlichkeit für den Herstellungsprozeß in dessen Zuge die Sachmängel meist entstehen (vgl. § 4 Produkthaftungsgesetz).[1605] Er zeichnet daher auch für die Qualität des Produktes verantwortlich, denn er kann den Produktionsprozeß steuern, d.h. ist in der Lage Zulieferer auszuwechseln, die mangelhafte Komponenten in den Produktionsvorgang einbringen. Daher ist es sachgerecht, den Hersteller im Rahmen des Unternehmerrückgriffs gemäß §§ 478 f. BGB gewissermaßen als Schlußpunkt anzusehen, in dem die Ansprüche aus dem Unternehmerrückgriff kulminieren. Der Gesetzgeber hat also darauf abgezielt, "Fehler im Herstellungsprozeß" gegenüber dem Verbraucher grundsätzlich dem Hersteller aufzuerlegen.[1606] Eine planwidrige Regelungslücke ist daher nicht gegeben.[1607] In den Vertragsverhältnissen der Hersteller zu ihren Zulieferern gelten die allgemeinen und handelsrechtlichen Kaufrechtsregeln, insbesondere ist auch hier das Rügeerfordernis des § 377 HGB zu beachten.[1608] Um nicht in eine Rückgriffsfalle

---

[1604] Gemeint ist in dieser Vorschrift jeweils die Sache insgesamt. An den Verbraucher muß dieselbe Sache verkauft sein, wegen der Regreß genommen wird. Das gilt auch, wenn ein Einzelhändler Einzelteile, die er bei unterschiedliche Händlern erwirbt, selbst zusammensetzt. Nimmt ihn der Verbraucher wegen eines Mangels in Anspruch, sind die §§ 478 f. BGB nicht anwendbar. Der Einzelhändler wird nach der Maßgabe des § 950 BGB Hersteller einer neuen Sache. Mankowski, DB 2002, 2419; Matthes NJW 2002, 2505 (2506); Matusche-Beckmann, BB 2002, 2561 (2565); Maultzsch, JuS 2002, 1171 (1172). Im Ergebnis auch von Westphalen, in: Henssler/von Westphalen (Hrsg.), Praxis der Schuldrechtsreform, § 478 Rn.31. Wagner/Neuenhahn, ZGS 2002, 395 (397 f.). Anderer Ansicht Ball ZGS 2002, 49 (52); Heß, NJW 2002, 253 (259). Abweichend auch von Westphalen, Literaturreport, ZGS 2002, 389.

[1605] Wagner/Neuenhahn, ZGS 2002, 395 (399).

[1606] BT-Drucks. 14/6040, S.247.

[1607] Matusche-Beckmann, BB 2002, 2561 (2565).

[1608] Müller, ZIP 2002, 1178 ff.

zu geraten, kann der Hersteller in Allgemeinen Geschäftsbedingungen unter Berücksichtigung des Maßstabs von § 307 BGB oder einzelvertraglich mit dem Zulieferer abweichende Regelungen vereinbaren. Den §§ 478, 479 BGB kommt eine gewisse Leitbildfunktion für die Beurteilung von AGB nach § 307 Abs.1, 2 Nr.1 BGB im Verhältnis des Herstellers zum Zulieferer zu.[1609] Der ihnen zugrundeliegende gesetzliche Gedanke i.S.v. § 307 Abs.2 Nr.1 BGB bezweckt zwar aus Gründen des mittelbaren Verbraucherschutzes gerade eine Konzentration der Rückgriffsansprüche beim Hersteller. Dem läßt sich aber ebenso entnehmen, daß eine den §§ 478, 479 BGB vergleichbare Regelung im Verhältnis des Herstellers zum Zulieferer keine unzumutbare Belastung des Zulieferers darstellt, da sie letztlich nicht über das hinausgeht, was dem Hersteller gesetzlich abverlangt wird.[1610]

k) Untersuchungs- und Rügeobliegenheit, § 377 HGB, § 478 Abs.6 BGB

Erfolgt der Unternehmerregreß im Rahmen der vertraglichen Verhältnisse, so ist es nur konsequent, die handelsrechtliche Rügeobliegenheit gemäß § 377 HGB beizubehalten.[1611] § 377 HGB greift allerdings nur bei beiderseitigen Handelsgeschäften, also wenn die kontrahierenden Unternehmer gemäß § 14 BGB auch Kaufleute gemäß § 1 HGB sind.

Die Regelung des § 377 HGB beinhaltet im Handelsverkehr einen hohen Gerechtigkeitsgehalt[1612] und dient der Einfachheit und zügigen Abwicklung der Handelsgeschäfte,[1613] indem zeitnah zum Veräußerungsgeschäft Rechtssicherheit zwischen den Parteien geschaffen wird. Die Untersuchungs- und Rügeobliegenheit kann auch im Unternehmerregreß zu einer Einschränkung der Ansprüche des Unternehmers führen: Nach § 377 Abs.1 HGB obliegt dem Käufer eines beiderseitigen Handelskaufs die unverzügliche Untersuchung der Ware nach deren Ablieferung, "soweit dies nach ordnungsmäßigem Geschäftsgange tunlich ist", und wenn sich ein Mangel zeigt, die unverzügliche Anzeige des Mangels. Ohne Untersuchung erkennbare Mängel sind unverzüglich nach der Ablieferung zu

---

[1609] Matusche-Beckmann, BB 2002, 2561 (2566).

[1610] Dahingehend auch Mankowski, DB 2002, 2419 (2421).

[1611] Bereska ZGS 2002, 59.

[1612] Schubel JZ 2001, 1113 (1119).

[1613] BGHZ 110, 138. Baumbach/Hopt, 30. Aufl., 2002, § 377, Rn.1.

rügen.[1614] Durch Untersuchung erkennbare Mängel sind unverzüglich nach Ablauf der Frist zu rügen, die für die ordnungsgemäße Untersuchung erforderlich ist.[1615] Bei umfangreicheren Warenmengen reichen Stichproben.[1616] Zeigt sich später ein (versteckter) Mangel, so muß die Anzeige nach § 377 Abs.3 HS 1 HGB unverzüglich nach der Entdeckung erfolgen. "Unverzüglich" heißt ohne schuldhaftes Zögern (§ 121 BGB) und ist im Interesse der Schnelligkeit des Handelsverkehrs streng auszulegen.[1617] Schon geringe, bei ordnungsgemäßem Geschäftsgang vermeidbare Läßigkeit macht die Rüge verspätet.[1618] Bei Unterlassen der rechtzeitigen Rüge gilt die Ware als genehmigt gemäß § 377 Abs.2 HGB. In einem Teil der Fälle kann § 377 HGB daher zu einem - zeitnah an der Ablieferung der Ware bei ihm liegenden - Verlust der Gewährleistungsrechte des Unternehmers führen. Das liegt aber grundsätzlich im Interesse zügiger Abwicklung von Kaufverträgen im Handelsverkehr.[1619] Den Ausschluß seiner Gewährleistungsrechte kann der Käufer schließlich durch eine ordnungsgemäße und rechtzeitige Rüge erkennbarer Mängel selbst abwenden.[1620] Bei entdeckbaren Mängeln ist die mögliche Gewährleistungslücke im Interesse der Schnelligkeit des Handelsverkehrs daher durchaus sachgerecht. Im Falle verdeckter Mängel scheint die Gewährleistungslücke wegen des Erfordernisses der "unverzüglichen" Rüge dagegen für den Letztverkäufer handgreiflich.[1621] Er sieht sich einerseits dem durch die Umsetzung der Verbrauchsgüterkaufrichtlinie gesteigerten "Gewährleistungsdruck" gegenüber dem Verbraucher ausgesetzt, andererseits hat er keinen Einfluß auf die Entdeckung des Mangels. Seine Gewährleistungsrechte verliert der Letztverkäufer bei verdeckten Mängeln jedoch nicht sofort, sondern Fehler kann er unverzüglich nach ihrer Entdeckung innerhalb der Verjährungsfrist geltend machen.[1622] Mit der Aus-

---

[1614] RGZ 73, 168. Baumbach/Hopt, § 377, Rn.26.

[1615] Baumbach/Hopt, § 377, Rn. 19.

[1616] Nach BGH BB 1977, 1019, genügen fünf Stichproben auf 2400 Pilzkonservendosen. Baumbach/Hopt, § 377, Rn.25.

[1617] Baumbach/Hopt, § 377, Rn.23.

[1618] RGZ 106, 360. Baumbach/Hopt, § 377, Rn.23.

[1619] Kritisch jedoch Müller, ZIP 2002, 1178 (1185).

[1620] Magnus, Der Regreßanspruch des Letztverkäufers, S. 429 (435).

[1621] Magnus, Der Regreßanspruch des Letztverkäufers, S. 429 (435).

[1622] Dauner-Lieb/Arnold/Dötsch/Kitz, Fälle zum Neuen Schuldrecht, S.172; Huber, in: Huber/ Faust, Schuldrechtsmodernisierung, S.406.

dehnung der zweijährigen Gewährleistungsfrist auf das allgemeine Kaufrecht (§ 438 Nr.3 BGB) ist der Rückgriff des Unternehmers nach der Mängelanzeige weitgehend gesichert.

Dem Letztverkäufer droht also grundsätzlich der Abschnitt seines Rückgriffs wegen unterlassener oder verspäteter Rüge. Das ist auch grundsätzlich sachgerecht. Um den Rückgriff nicht wegen der kurzen Frist der Unverzüglichkeit in einer nicht unerheblichen Zahl der Handelskäufe, die einem Verbrauchsgüterkauf vorweg gehen, auszuschließen, ist das deutsche Recht zur Sicherung eines effektiven Rückgriffs i.S.v. Art.4 VbrKfRil richtlinienkonform auszulegen. Dabei wird man sich am UN-Kaufrecht zu orientieren haben, an das sich die Verbrauchsgüterkaufrichtlinie selbst anlehnt.[1623] Das UN-Kaufrecht hat die deutsche Regelung gewissermaßen "fortentwickelt" und läßt eine "angemessene Frist" zur Rüge ausreichen (Art.43 Abs.1 CISG). Art.43 CISG erweist sich in der Praxis als die flexiblere, verzugswürdigere Lösung.[1624]

l) Die Verjährung von Rückgriffsansprüchen, § 479 BGB

Für die Rückgriffsansprüche des Unternehmers gelten gemäß § 479 BGB spezielle Regeln hinsichtlich der Verjährung. Ziel des § 479 BGB ist, den effektiven Rückgriff des Letztverkäufers i.S.d. Art.4 VbrKfRil zu gewährleisten und zu vermeiden, daß die Rückgriffsansprüche in der Vertragskette bereits verjährt sind, wenn der jeweilige Gläubiger zum ersten Mal von der Mangelhaftigkeit der Sache erfährt.[1625] Aus diesem Grund werden die Regreßansprüche des Unternehmers aus § 478 BGB in Gleichlauf mit den allgemeinen Gewährleistungsansprüchen gemäß § 437 (§ 438 Nr.3) BGB gebracht. Diesem Zweck dient auch die Ablaufhemmung für die Regreßansprüche gemäß § 479 Abs. 2 BGB.

[1623] Für die richtlinienkonforme und europaeinheitliche Auslegung des deutschen Schuldrechts durch Rückgriff auf das CISG so weit wie nur möglich Magnus, RIW 2002 (Heft 10), "Die erste Seite".

[1624] Für grundsätzlich vorzugswürdig hält auch Schlechtriem, Internationales UN-Kaufrecht, Rn. 150, die Rügeregelung des UN-Kaufrechts. Ulrich Huber, ZHR 161 (1997), 160 (184 f.), hält die kurze Rügepflicht jedenfalls für den Handel mit Industriegütern für nicht sachgerecht. Karsten Schmidt, Handelsrecht, 5.Aufl., 1999, S.783 f., ist gar dar Auffassung, daß die §§ 377 f. HGB überhaupt nicht mehr zeitgemäß seien. Für eine Abschaffung des § 377 HGB letztlich auch Schubel, JZ 2001, 1113 (1120).

[1625] BT-Drucks. 14/6040, S.250.

aa) Verjährung des Aufwendungsersatzanspruchs gemäß § 478 Abs.2, § 479 Abs.1 BGB

Der Aufwendungsersatzanspruch gemäß § 478 Abs.2 BGB unterliegt nicht der Verjährungsregel des § 438 Abs.1 Nr.3 BGB - wie die lediglich gemäß § 478 Abs.1 BGB modifizierten Gewährleistungsrechte des Unternehmers - , daher würde der Anspruch der regelmäßigen dreijährigen Verjährungsfrist des § 195 unterliegen. Um einen Gleichklang der Gewährleistungsfristen beim Unternehmerregreß zu sichern, schreibt § 479 Abs.1 BGB eine zweijährige Verjährungsfrist ab der Ablieferung beim Unternehmer[1626] auch für den Aufwendungsersatzanspruch vor.

bb) Ablaufhemmung, § 479 Abs.2 BGB

Eine besondere, zweimonatige Ablaufhemmung[1627] führt § 479 Abs.2 BGB ein, um eine Regreßfalle zuungunsten des Unternehmers wegen Verjährung seiner Ansprüche gegenüber seinem Lieferanten zu vermeiden. Der Gesetzgeber hat sich damit gegen eine pauschale Verlängerung der Gewährleistungsfrist entschieden und hat damit das flexiblere Instrument gewählt. Seine Gewährleistungsansprüche nach § 437 BGB sowie der Aufwendungsersatzanspruch gemäß § 478 Abs.2 BGB (jeweils wegen eines Mangels einer an einen Verbraucher verkauften neu hergestellten Sache) verjähren frühestens zwei Monate nach der Erfüllung der Ansprüche des Verbrauchers (§ 479 Abs.2 S.1 BGB). Entscheidend ist der Zeitpunkt in dem der Unternehmer tatsächlich erfüllt hat.[1628] Unerheblich ist, wann der Verbraucher seine Ansprüche geltend gemacht, Klage erhoben hat oder ein Urteil rechtskräftig geworden ist.[1629] Weigert sich der Unternehmer zunächst, die Ansprüche des Verbrauchers zu erfüllen, da er etwa meint, daß kein Mangel vorliegt, und kommt es zu einer gerichtlichen Auseinandersetzung über die Frage des Mangels, beginnt auch dann die zweimonatige Ablaufhemmung erst mit der tatsächlichen Erfüllung nach Verurteilung des Unternehmers zur Gewähr-

---

1626 BR-Drucks. 338/01, S.588.

1627 Nach § 209 BGB wird der Zeitraum, während dessen die Verjährung gehemmt ist, nicht in die Verjährungsfrist eingerechnet.

1628 Bereska, ZGS 2002, 59 (61).

1629 Haas, in: Haas/Medicus/Rolland/Schäfer/Wendtlandt, Das neue Schuldrecht, S.277 (Rn.497). Anderer Ansicht offenbar Maultzsch, JuS 2002, 1171 (1174), der auf den Zeitpunkt abstellen will, in dem der Verbraucher den Unternehmer tatsächlich in Anspruch genommen hat.

leistung.[1630] Die Verjährung der Ansprüche des Unternehmers ist bis dahin gehemmt. D.h. eine bereits abgelaufene Verjährungsfrist wird bis zu diesem Zeitpunkt verlängert.[1631] War die Verjährungsfrist dagegen am Ende der Zwei-Monats-Frist noch nicht abgelaufen, wird sie auch nicht nach § 479 Abs.2 S.1 BGB verkürzt.[1632] Ein Zeitraum von zusätzlichen zwei Monaten reicht für den Letztverkäufer auch zur Geltendmachung seiner Rechte gegenüber seinem Lieferanten, da er bis zur Erfüllung der Ansprüche des Verbrauchers absehen kann, welche Ansprüche er gegen den Lieferanten hat.[1633]

Die Prolongation der Ablaufhemmung stellt mithin eine Sonderregel zu §§ 203 ff. BGB dar.[1634] Zur Hemmung seiner Ansprüche muß der Unternehmer dem Lieferanten nicht gemäß § 204 Nr.6 BGB den Streit verkünden.[1635] Verkündet er dem Lieferanten dennoch den Streit, schadet dies nicht,[1636] nützt dem Unternehmer aber auch nicht weiter. Die Hemmung nach § 479 Abs.2 BGB geht vor. Die Ablaufhemmung nach § 479 Abs.2 BGB wirkt also in zweifacher Weise. Zum einen sind die Ansprüche des Unternehmers gehemmt, bis er die Ansprüche des Verbrauchers erfüllt hat. Die Ablaufhemmung beginnt also erst mit der Befriedigung der Gewährleistungsansprüche des Verbrauchers zu laufen.[1637] Zum anderen tritt die Verjährung dann erst zwei Monate nach der Erfüllung ein. Für die Ablaufhemmung gilt nach § 479 Abs.2 Satz 2 BGB eine Höchstfrist von fünf Jahren nach dem Zeitpunkt, in dem der Lieferant die Sache bei dem Unternehmer abgeliefert hat. Die Höchstfrist soll die Wirkungen der Ablaufhemmung für den

---

1630 Kritisch insofern Ernst/Gsell, ZIP 2001, 1389 (1400), da mit dem Abstellen auf die Erfüllung der Gewährleistungsansprüche dem Verkäufer im Verhältnis zum Lieferanten eine verzögerte Gewährleistung zugute komme.

1631 Büdenbender, Dauner-Lieb/Heidel/Lepa/Ring, Schuldrecht, Anwaltkommentar, § 479, Rn.3.

1632 Büdenbender, Dauner-Lieb/Heidel/Lepa/Ring, Schuldrecht, Anwaltkommentar, § 479, Rn.3.

1633 Haas, in: Haas/Medicus/Rolland/Schäfer/Wendtlandt, Das neue Schuldrecht, S.277 (Rn.497).

1634 Büdenbender, in: Dauner-Lieb/Heidel/Lepa/Ring, Anwaltskommentar, Schuldrecht, § 479, Rn.3.

1635 Anderer Ansicht offenbar Bereska, ZGS 2002, 59 (61); Putzo, in: Palandt/Ergänzungsband, § 479, Rn.6.

1636 Nach BT-Drucks. 14/6040, S.250, bleiben andere Hemmungsgründe des Verjährungsrechts (§ 204 BGB) unberührt.

1637 Anderer Ansicht Ernst/Gsell, ZIP 2001, 1389 (1399).

Hersteller und andere Glieder in der Vertriebskette mildern.[1638] Sie sollen vor einem zeitlich unbegrenzten Rückgriff geschützt werden. Aufgrund der erst nach der Erfüllung der Ansprüche des Verbrauchers einsetzenden zweimonatigen Ablaufhemmung kann es bei längeren Lagerzeiten bei Groß- und Einzelhändlern vorkommen, daß der Hersteller bzw. Vertriebsglieder unmittelbar vor dem Hersteller noch weit über zwei Jahre nach der Ablieferung bei ihrem jeweiligen Käufer in Anspruch genommen werden.[1639] Nur in der Lieferkette entfaltet die Höchstfrist daher die ihr vom Gesetzgeber beigemessene Wirkung. Der Lieferant ist im Verhältnis zum Letztverkäufer durch die Begrenzung der Ablaufhemmung auf zwei Monate ab der Erfüllung der Verbraucheransprüche geschützt. Die Höchstfrist bleibt aufgrund der auf zwei Jahre begrenzten Gewährleistungsansprüche des Verbrauchers für den Lieferanten ohne Bedeutung. Der systematische Standort von § 479 Abs.2 Satz 2 BGB wäre also Abs.3, der die Absatzkette betrifft. Der Gesetzgeber sollte daher § 479 Abs.2 Satz 2 BGB streichen und als § 479 Abs.3 Satz 2 n.F. mit folgendem Wortlaut anzufügen: "Die Ablaufhemmung endet in der Lieferkette spätestens fünf Jahre nach dem Zeitpunkt, in dem der Lieferant die Sache dem Unternehmer abgeliefert hat."

Die zweimonatige Ablaufhemmung beginnt in der Lieferkette jeweils mit der Erfüllung der Ansprüche im jeweiligen Vertragsverhältnis erneut zu laufen. Dagegen beginnt die fünfjährige Höchstfrist für alle Vertragsverhältnisse in der Lieferkette nur einmal mit der Ablieferung der Sache durch den Lieferanten beim Letztverkäufer.[1640]

m) Unternehmerregreß im internationalen Handelsverkehr

Verschiedentlich ist die Besorgnis geäußert worden, daß mit den §§ 478, 479 BGB ein "deutsches Zwischenhändler-Schutzrecht" geschaffen worden sei, das inländische Hersteller und Großhändler im internationalen Güterverkehr benachteiligt.[1641]

[1638] BT-Drucks. 14/6040, S.250. Diesem Verständnis steht auch nahe Haas, in: Haas/Medicus/Rolland/Schäfer/Wendtlandt, Das neue Schuldrecht, S.278 (Rn.498).

[1639] BT-Drucks. 14/6040, S.250. Bereska, ZGS 2002, 59 (61), geht dagegen davon aus, daß die Höchstfrist dem Schutz des Lieferanten diene.

[1640] Haas, in: Haas/Medicus/Rolland/Schäfer/Wendtlandt, Das neue Schuldrecht, S.278 (Rn.498).

[1641] Gruber, NJW 2002, 1180 ff.

Zur Vermeidung entsprechender Haftungsnachteile, ist erwogen worden, Güter über im Ausland ansässige Unternehmen zu veräußern, um das deutsche Kaufrecht - insbesondere den Unternehmerregreß des § 478 BGB - zu umgehen.[1642] Für die meisten[1643] der Kaufverträge wird dann das UN-Kaufrecht zur Anwendung kommen (Art.1 Abs.1 lit.a, Art.10 lit.a CISG), daß einen spezifischen Unternehmerregreß nicht kennt. Dies kann auch durch die Vereinbarung ausländischen Rechts der Fall sein, sogar wenn das Recht eines EU-Staates zur Anwendung kommen soll, denn Art.4 VbrKfRil läßt einen weiten Spielraum. Art.29a Abs.1 EGBGB dient ausschließlich dem Verbraucherschutz und hilft dem Unternehmer, der nach § 478 BGB Rückgriff nehmen will, daher nicht als Anknüpfungspunkt weiter.[1644] Auch Art.29 EGBGB ist nicht einschlägig, da er die Beteiligung eines Verbrauchers erfordert, die bei Verträgen zwischen Unternehmern schlechterdings nicht gegeben ist. Die Rechtswahl der Vertragsparteien ist gemäß Art.27 Abs.1 EGBGB grundsätzlich frei. Letztlich kommen die deutschen Unternehmerrückgriffsvorschriften auch nicht aufgrund der Sonderanknüpfung des Art.34 EGBGB zur Anwendung, die bei zwingenden Vorschriften einschlägig ist. Zweifelhaft ist bereits, ob es sich bei ihnen aufgrund von § 478 Abs.4 BGB um vertraglich nicht abdingbare Regeln[1645] handelt, denn grundsätzlich ist das Rückgriffsverhältnis zwischen den Unternehmern dispositiv[1646]. Da nur Ansprüche unter Unternehmern geregelt werden, wurde davon abgesehen, die Ansprüche im Rückgriffsverhältnis im vollen Umfang zwingend auszugestalten.[1647] Der Gesetzgeber sieht die § 478 Abs.4 BGB lediglich als Ergänzung zu § 307 BGB.[1648] Die Vertragsautonomie ist zwar recht weitgehend durch die Voraussetzung der Vereinbarung einer gleichwertigen Ersatzleistung eingeschränkt. Art.34 EGBGB ist allerdings eng auszulegen: Erforderlich ist ein, durch Auslegung feststellbarer, internationaler Geltungswille. Die bloße Unabdingbarkeit nach

---

1642 Gruber NJW 2002, 1180; Matthes NJW 2002, 2505 (2508); Staudinger ZGS 2002, 63.

1643 Das UN-Kaufrecht gilt mittlerweile in 61 Staaten. Darunter sind - außer Großbritannien und Japan - die wichtigsten Handelspartner Deutschlands. Das UN-Kaufrecht ist aber gemäß Art.6 CISG abdingbar.

1644 Staudinger ZGS 2002. 63.

1645 Palandt-Heldrich, 62. Aufl., EGBGB 34, Rn.3.

1646 BT-Drucks. 14/6040, S.249; Palandt-Putzo, 62.Aufl., § 478, Rn.15.

1647 BT-Drucks. 14/6040, S.249.

1648 BT-Drucks. 14/6040, S.249.

deutschem materiellen Recht reicht allein nicht aus.[1649] Ein darüber hinaus gehender Wille des Gesetzgebers für internationale Sachverhalte läßt sich dem Regierungsentwurf nicht entnehmen.

Einigen sich inländische Parteien auf die Anwendung des CISG, stellt sich die Frage, ob dies iSd. § 478 Abs.4 BGB einen gleichwertigen Ausgleich bringt. Dies wird man wohl mangels entsprechender Rückgriffsvorschriften im CISG verneinen müssen. Der Lieferant kann sich dann nicht auf den Ausschluß des Rückgriffs berufen.[1650] Solche vertraglichen Gestaltungen erweisen sich als überflüssig, wenn das deutsche Recht der Privatautonomie ausreichend Spielraum einräumt. Entscheidende Bedeutung kommt also der Auslegung des Begriffs des "gleichwertigen Ausgleichs" zu.

Die Ablaufhemmung des § 479 Abs.2 BGB ist auch im Rahmen des UN-Kaufrechts anwendbar, wenn dessen Voraussetzungen vorliegen.[1651] Art.39 Abs.2 CISG stellt keine Verjährungsfrist, sondern nur eine zweijährige Ausschlußfrist für die rechtserhaltende Mängelanzeige dar.

n) Ausblick

Art.4 VbrKfRil, auf den die deutschen Vorschriften des Unternehmerrückgriffs zurückgehen, hat auch in der Umsetzung in das nationale Recht seine systemsprengende Kraft bewiesen. Die Vorschrift zeigt erhebliche Auswirkungen auf das Handelsrecht und hat eine umfangreiche Annäherung verbraucher- und handelsrechtlicher Vorschriften bewirkt. Die Umsetzung des Unternehmerrückgriffs, die die erste Verweisung aus dem BGB in das HGB gebracht hat, hat nach der Einfügung des Unternehmerbegriffs in § 14 BGB nunmehr die Frage deutlich aufgeworfen, ob die Existenz eines selbständigen Handelsrechts noch seine Berechtigung hat.

Eine Umsetzung der Regreßregelung in das allgemeine Kaufrecht[1652] ist gefordert worden, da der Letztverkäufer auch außerhalb des Verbrauchsgüterkaufs

---

[1649] Palandt-Heldrich, 62.Aufl., EGBGB 34, Rn.3 m.w.N.

[1650] Gruber NJW 2002, 1180, (1181, Fn. 7), ist der Ansicht, daß sich die §§ 478 f. BGB bei einer materiell-rechtlichen Vereinbarung der Anwendung des CISG in inländischen Kaufverträgen kollisionsrechtlich gegen das CISG durchsetzen.

[1651] Magnus RIW 2002, 577 (583). Anderer Ansicht von Sachsen Gessaphe RIW 2001, 721 (734).

[1652] So die Forderung von Koller/Roth/Zimmermann, Schuldrechtsmodernisierungsgesetz 2002, S.84 und Westermann, NJW 2002, 241 (252).

in gleicher Weise belastet sei. Es darf aber insoweit nicht außer Acht gelassen werden, daß Gegenstand des allgemeinen Kaufrechts das einzelne Vertragsverhältnis ist. Der Gesetzgeber hat sich über diesen Grundsatz in den §§ 478, 479 BGB hinweg gesetzt, um besondere Belastungen des Verbraucherschutzes an den für den Mangel Verantwortlichen durchzureichen. Würden die Vorschriften Teil des allgemeinen Kaufrechts, fänden sie auch auf Handelskäufe Anwendung, die der Gesetzgeber im Wege spezieller handelsrechtlicher Regelungen - gerade durch die §§ 377 f. HGB - in ihrer Abwicklung beschleunigen wollte. Hält man diesen Grundsatz insgesamt für verzichtbar, so wird man auch nicht umhin können, auch die Rückgriffsregelungen auf alle übrigen Kaufverträge auszuweiten. Ob dem unternehmerischen Verkehr damit ein Dienst erwiesen wird, ist zweifelhaft. Durch die Umsetzung der Verbrauchsgüterkaufrichtlinie im allgemeinen Kaufrecht entstandene Diskrepanzen können durch eine richtlinienkonforme Auslegung der Vorschriften orientiert an den Regeln des einheitlichen, internationalen UN-Kaufrechts sachgerecht abgemildert werden.

An entscheidenden Stellen, in denen das neue deutsche Recht auslegungsbedürftig bleibt, insbesondere etwa bei den neuen Regeln zum Unternehmerrückgriff, die nunmehr die virulente Schnittstelle zwischen dem durch die umfassende Umsetzung der Verbrauchsgüterkaufrichtlinie verbraucherschutzorientierten allgemeinen Kaufrecht und den Modifikationen des Kaufrechts - insbesondere durch die Untersuchungs- und Rügeobliegenheit - im unternehmerischen Verkehr bilden, vermag das deutsche Recht aus sich selbst heraus nicht in allen Punkten befriedigende Antworten zu geben. Es ist dann so weit wie möglich richtlinienkonform unter Zuhilfenahme des UN-Kaufrechts auszulegen. Eine Analogie kommt nur in Frage, wenn der Gesetzgeber nachweislich eine regelungsbedürftige Gesetzeslücke übersehen hat.

XIV. Auswirkungen auf das Werkvertragsrecht

1. Anwendung des Kaufrechts, § 651 BGB

Die kaufvertragliche und werkvertragliche Gewährleistung, die sich bisher insbesondere in den Rechtsbehelfen erheblich unterschieden, sind im Regierungsentwurf einander weitestgehend angenähert worden. Weist die Sache Mängel auf, kann der Käufer nunmehr auch nach Kaufvertragsrecht, wie bisher schon nach Werkvertragsrecht, Nachbesserung verlangen. Sowohl im Werkvertragsrecht, wie nunmehr auch im Kaufvertragsrecht, kann bei Sachmängeln keine sofortige Wandelung oder Minderung gefordert werden. Dieser Umstand erleichtert die Abgrenzung zwischen dem Kauf- und dem Werkvertragsrecht. Der gesonderte Typus des Werklieferungsvertrags entfällt.[1653] Damit folgt der Gesetzgeber der Vorgabe der VbrKfRil, gegen deren zwingende Vorschrift des Art.1 Abs.4 VbrKfRil das Modell des Werklieferungsvertrags nach § 651 BGB a.F. verstieß, da als Kaufverträge danach auch Verträge über die Lieferung herzustellender oder zu erzeugender Verbrauchsgüter gelten.[1654]

a) Verträge über die Lieferung herzustellender oder zu erzeugender beweglicher Sachen, § 651 Satz 1 BGB

Verträge über die Lieferung herzustellender oder zu erzeugender beweglicher Sachen werden nach dem Regierungsentwurf eines Gesetzes zur Modernisierung des Schuldrechts vollständig aus dem Werkvertragsrecht des BGB entnommen und dem Kaufvertragsrecht zugeordnet (§ 651 Satz 1 BGB-RE[1655]). Reine Reparaturarbeiten bleiben von der Anwendung des § 651 BGB-RE unberührt.[1656]

b) Gewährleistungsausschluß, § 651 Satz 2 BGB i.V.m. § 442 Abs.1 BGB

§ 651 Satz 2 BGB[1657] stellt klar, daß der Ausschluß der Gewährleistungsrechte des Käufers bei positiver Kenntnis oder grob fahrlässiger Unkenntnis vom Mangel bei Vertragsabschluß (§ 442 Abs.1 BGB)[1658] auch dann gilt, wenn der Mangel auf den vom Besteller gelieferten Stoff zurückzuführen ist. Diese Vorschrift ist nötig geworden, nachdem durch die Aufhebung des § 651 BGB a.F., das dort niedergelegte Konzept des Werklieferungsvertrages beseitigt wurde, demzufolge der Unternehmer zur Herstellung des Werks aus seinen eigenen Stoffen verpflichtet ist. Aus einem Werkvertrag schuldete der Unternehmer bisher also nur die Werkherstellung mit den Gütern des Bestellers. Der Regierungsentwurf konzipiert den

---

[1653] Regierungsentwurf eines Gesetzes zur Modernisierung des Schuldrechts, S.634, BT-Drucks. 14/6040, S.268.

[1654] Regierungsentwurf eines Gesetzes zur Modernisierung des Schuldrechts, S.634, BT-Drucks. 14/6040, S.268.

[1655] § 631 Abs.3 Satz 1 BGB-DE.

[1656] Regierungsentwurf eines Gesetzes zur Modernisierung des Schuldrechts, S.634, BT-Drucks. 14/6040, S.268.

[1657] § 631 Abs.3 Satz 2 BGB-DE.

[1658] § 441 Abs.1 Satz 1 BGB-DE.

Werkvertrag als Verpflichtung des Unternehmers zur Werkherstellung, ohne Differenzierung nach der Herkunft der zu bearbeitenden oder verarbeitenden Stoffe.

c) Unterscheidung nach vertretbaren oder nicht vertretbaren Sachen, § 651 Satz 3 BGB

Die Unterscheidung zwischen vertretbaren und nicht vertretbaren Sachen im Bezug auf die Anwendung von Kauf- oder Werkvertragsrecht, verfolgte der Regierungsentwurf nicht mehr.[1659] Der Gesetzgeber wollte im Zuge der Annährung beider Vertragsrechte die Abgrenzungsvorschrift des § 651 BGB a.F., die in einem verschachtelten Aufbau auf einzelne Vorschriften des Kauf- und Werkvertragsrechts verwies, weiter vereinfachen.[1660] Es sollte damit auch auf die Herstellung nicht vertretbarer Sachen Kaufvertragsrecht Anwendung finden.[1661] Die Beschlußempfehlung des Rechtsausschusses kehrte hingegen wieder zur Unterscheidung von vertretbaren und nicht vertretbaren Sachen zurück. Soweit es sich bei den herzustellenden oder neu zu erzeugenden beweglichen Sachen um nicht vertretbare Sachen handelt, sind auch die §§ 642, 643, 645, 649 und 650 BGB mit der Maßgabe anzuwenden, daß an die Stelle der Abnahme der nach den §§ 446, 447 BGB maßgebliche Zeitpunkt tritt.[1662] Der Gesetzgeber reagiert damit darauf, daß das Kaufrecht nicht auf Fallgestaltungen ausgerichtet ist, bei denen sich die Umstände während der Herstellung der Sache ändern können.[1663] Anders als bisher sollen die Vorschriften des Werkvertragsrechts bei nicht vertretbaren Sachen neben die Vorschriften des Kaufrechts treten, die weder ganz noch teil-

---

1659 So bereits der Diskussionsentwurf eines Gesetzes zur Modernisierung des Schuldrechts.

1660 Regierungsentwurf eines Gesetzes zur Modernisierung des Schuldrechts, S.633, BT-Drucks. 14/6040, S.267 f.

1661 Das kritisiert Roth, in: JZ 2001, 543 (546). Bei der Anwendung von Werkvertragsrecht beließ es auch der Entwurf der Schuldrechtskommission, S.243 (247). Gegen die Anwendung von Kaufrecht auch Krebs, DB, Beilage Nr.14/2000, S.23.

1662 Die Beschlußempfehlung kam damit dem entsprechenden Vorschlag der Gegenäußerung der Bundesregierung, in: BT-Drucks. 14/6857, Zu Nummer 137, S.68, nach. Für die Anwendung des passenden Werkvertragsrechts auf die Herstellung nicht vertretbarer Sachen bereits Roth, in: JZ 2001, 543 (551), im Hinblick auf die konsolidierte Fassung des Diskussionsentwurfs.

1663 So zu Recht der Bundesrat, in: Stellungnahme, BR-Drucks. 338/01 (Beschluß), Nr.137, S.79.

weise ersetzt werden sollen.[1664] Die Regelungen über die Mitwirkung des Bestellers bei der Herstellung des Werks (§§ 642, 643 BGB), die Gefahrtragung bei Annahmeverzug des Bestellers und zufälliger Verschlechterung des vom Besteller gelieferten Stoffs (§ 644 BGB), die zwischenzeitliche Haftung des Bestellers (§ 645 BGB), das Kündigungsrecht des Bestellers (§ 649 BGB) und die Bestimmungen betreffend eines getroffenen Kostenvoranschlags (§ 650 BGB) finden danach neben den Kaufrechtsvorschriften Anwendung. Durch die insoweit getroffene Ersetzung des Zeitpunkts der Abnahme durch den des Gefahrübergangs gemäß §§ 446, 447 BGB werden die werkvertraglichen Regeln schließlich mit denen des Kaufrechts in Abstimmung gebracht.

2. Terminologie des Werkvertragsrechts

Das BGB verwendet seit jeher für die das Werk erstellende Partei den Begriff des Unternehmers (§ 631 BGB). Mit Einfügung des § 14 BGB wird der Begriff des Unternehmers als eine natürliche oder juristische Person oder rechtsfähige Personengesellschaft, die bei Abschluß eines Rechtsgeschäfts in Ausübung ihrer gewerblichen oder selbständigen beruflichen Tätigkeit handelt, definiert. Damit findet der Unternehmerbegriff nunmehr in zwei verschiedenen Bedeutungen innerhalb des BGB Verwendung.[1665] Abgrenzungsschwierigkeiten sind zwar nicht zwangsläufig die Folge.[1666] Die Terminologie des Werkvertragsrechts sollte aber an die neuere Entwicklung angepaßt werden, um ein Durcheinander der Begriffe zu vermeiden.

Nach dem Diskussionsentwurf sollte die das Werk erstellende Partei "Hersteller" genannt werden (§ 631 Abs.1 BGB-DE). "Hersteller" wird vom Diskussionsentwurf allerdings auch der Erzeuger der Kaufsache im Sinne von § 4 Abs.1 und 2 des Produkthaftungsgesetzes genannt (§ 434 Abs.1 Satz 2 BGB-DE).[1667]

[1664] Darauf weist schließlich auch der Wortlaut mit der Wendung "auch" hin. Die Beschlußempfehlung des Rechtsausschusses des Deutschen Bundestags, in: BT-Drucks. 14/7052, S.205. Um eine entsprechende Prüfung der Anwendbarkeit von Regeln des Werkvertragsrechts neben den Kaufrechtsregeln bat der Bundesrat in seiner Stellungnahme zum Regierungsentwurf, in: BR-Drucks. 338/01 (Beschluß), Nr.137, S.79. Weitgehend zustimmend die Gegenäußerung der Bundesregierung, in: BT-Drucks. 14/6857, Zu Nummer 137, S.68.

[1665] Auch Meub, DB 2002, 131.

[1666] Roth, JZ 2001, 543 (547).

[1667] Meub, DB 2002, 131, hält den Begriff des "Herstellers" gegenüber dem des "Unternehmers" für vorzugswürdig.

Rechtsklarheit und Rechtssicherheit kann nur ein unbelasteter Begriff bringen, der Bezüge zur ursprünglichen Formulierung des BGB zuläßt. Möglicherweise könnte sich der Begriff eines "Werkunternehmers" anbieten.

XV. Auswirkungen auf den Handelskauf, §§ 377, 378 HGB a.F.

Die umfassende Umsetzung der Vorgaben der Verbrauchsgüterkaufrichtlinie in das allgemeine Kaufrecht hat auch Auswirkungen auf die Vorschriften des Handelskaufs in den §§ 373 ff. HGB. Denn das BGB kommt auch zukünftig neben dem HGB subsidiär zur Anwendung. Insbesondere bleibt § 377 HGB beim Rückgriff des Unternehmers gemäß § 478 BGB unberührt (§ 478 Abs.6 BGB[1668]).

Fraglich ist insbesondere, ob das geplante Kaufrecht hinsichtlich des Vorrangs der Nacherfüllung, der Gewährleitungsfrist und der handelrechtlichen Untersuchungs- und Rügeobliegenheit für die Anwendung auf Handelskäufe geeignet ist.[1669]

1. Vorrang der Nacherfüllung

Auf den Handelskauf finden die Gewährleistungsrechte aus § 437 BGB Anwendung. Der Vorrang der Nacherfüllung aus §§ 439, 440 BGB ist daher grundsätzlich auch auf die Mängelgewährleistung bei Kaufverträgen zwischen Kaufleuten anzuwenden. Etwas anderes gilt nur, wenn ein Regreß in der Lieferkette erfolgt, an deren Ende ein Verbrauchsgüterkauf steht. Nach § 478 Abs.1 BGB ist dann eine sonst notwendige Fristsetzung nicht erforderlich. Dies ist nach der VbrKfRil nicht zwingend notwendig, erscheint zur Erleichterung des Regresses in der Handelskette aber als sachgerecht und im Hinblick auf die Sicherung der Schnelligkeit des Handelsverkehrs begrüßenswert. In allen anderen Kaufverträgen unter Kaufleuten gilt dagegen der Vorrang der Nacherfüllung. Der Käufer wird dann zwischen Nachbesserung und Ersatzlieferung wählen können.[1670] Fraglich ist, ob

---

[1668] Der Regierungsentwurf ordnete in § 478 Abs.4 BGB-RE noch an, daß §§ 377, 378 HGB beim Rückgriff unberührt bleiben.

[1669] Zweifel äußerten Ernst und Schlechtriem im Hinblick auf die konsolidierte Fassung des Diskussionsentwurfs auf der Sondertagung der Zivilrechtslehrervereinigung am 30./31.3.2001 in Berlin, in: Repgen, Diskussionsbericht zum Vortrag von Harm Peter Westermann, JZ 2001, 542.

[1670] Honsell, JZ 2001, 278 (280).

der Vorrang der Nacherfüllung die zügige Abwicklung reiner Handelsgeschäfte beeinträchtigt.[1671] Für die Klärung dieser Frage ist ein Blick auf das UN-Kaufrecht hilfreich.

a) Regelung des UN-Kaufrechts

Nach UN-Kaufrecht kann der Käufer Ersatzlieferung oder die Aufhebung des Vertrags nur verlangen, wenn eine wesentliche Vertragsverletzung vorliegt (Art.46 Abs.2, 49 Abs.1 lit.a CISG).[1672] Damit soll der Käufer vorrangig auf Nachbesserung, Minderung oder einen relativ weitgehenden Schadensersatzanspruch (Art.45 Abs.1 lit.b, 74 ff. CISG) verwiesen werden.[1673] Die Beschränkung des Rechts des Käufers auf Naturalerfüllung wird damit begründet, daß dem Verkäufer die Kosten eines Rücktransports der Kaufsache nur ausnahmsweise zugemutet werden sollen.[1674]

b) Stellungnahme

Der Verkäufer hat natürlich auch in den handelsrechtlichen Vertragsverhältnissen grundsätzlich ein Interesse daran, eine mangelhafte Lieferung nachzubessern, um einer Minderung des Kaufpreises oder gar einer Auflösung des Vertrages zu entgehen. Das Interesse des Käufers ist, nicht wesentlich anders als beim Endverbraucher, auch darauf gerichtet eine mangelfreie Sache zu erhalten, um sie der jeweiligen Bestimmung im Unternehmen zuzuführen. Diesen Interessen wird in der Regel am ehesten und wirkungsvollsten durch die Nacherfüllung als durch Minderung oder Wandelung Rechnung getragen. Im Falle unzureichender Nacherfüllungsversuche ist der Unternehmer hinreichend durch die Vorschrift des § 440 BGB geschützt, die auf Art.3 Abs.5 VbrKfRil beruht. Vor besonders kostenintensiven Nacherfüllungsverlangen des Verkäufers wird der Lieferant nach § 439 Abs.3 BGB bewahrt. Die neue Gewährleistungsrechtssystematik des BGB

[1671] Kritisch Schulze/Schulte-Nölke, Schuldrechtsreform und Gemeinschaftsrecht, in: Schulze/Schulte-Nölke (Hrsg.), Die Schuldrechtsreform vor dem Hintergrund des Gemeinschaftsrechts, S.3 (15).

[1672] Honsell, JZ 2001, 278 (280).

[1673] Schulze/Schulte-Nölke, Schuldrechtsreform und Gemeinschaftsrecht, in: Schulze/Schulte-Nölke (Hrsg.), Die Schuldrechtsreform vor dem Hintergrund des Gemeinschaftsrechts, S.3 (14).

[1674] Schlechtriem-Huber, Art.46, Rn.20; Staudinger-Magnus, Art.46, Rn.31 ff.; Schulze/Schulte-Nölke, Schuldrechtsreform und Gemeinschaftsrecht, in: Schulze/Schulte-Nölke (Hrsg.), Die Schuldrechtsreform vor dem Hintergrund des Gemeinschaftsrechts, S.3 (14).

ist daher durchaus auch im Handelsverkehr angemessen. Außerdem kann zwischen den Kaufleuten eine andere Gewährleistungsvereinbarung getroffen werden, da von dem Inhalt der Kaufgewährleistungsrechte abweichende individualvertragliche Vereinbarungen gemäß § 475 Abs.1 BGB nur im Verhältnis zu Verbrauchern ausgeschlossen sind. Bei Vereinbarungen durch AGB muß die entsprechende Klausel der Inhaltskontrolle des § 307 i.V.m. § 310 Abs.1 Satz 2 2.HS BGB-BE standhalten. Die Vertragspartner eines Handelskaufs können, wenn sie aus verschiedenen Staaten stammen, freilich die Gewährleistung nach dem Modell des UN-Kaufrechts vereinbaren (Art.1 CISG).

2. Gewährleistungsfrist, § 438 Abs.1 Nr.3 BGB

Die zweijährige Gewährleistungsfrist des § 438 Abs.1 Nr.3 BGB gilt auch für Handelskäufe. Die Rückgriffsansprüche des Letztverkäufers verfristen damit nicht eineinhalb Jahre vor den Gewährleistungsrechten des Verbrauchers. Dies ist nach Art.4 VbrKfRil erforderlich,[1675] um einen Regreß des Verkäufers in diesem Zeitraum nicht vollständig zu verwehren. Im übrigen stimmt die Verlängerung der Verjährungsfrist für den Handelskauf auch mit dem UN-Kaufrecht überein.[1676]

3. Untersuchungs- und Rügeobliegenheit, § 377 HGB

Die Untersuchungs- und Rügeobliegenheit für Handelskäufe nach § 377 HGB bleibt unverändert bestehen. Damit ist ein Mangel, wenn der Kauf für beide Teile ein Handelsgeschäft ist, nach wie vor vom Käufer "unverzüglich" nach der Entdeckung bei der, nach der Ablieferung gebotenen Untersuchung anzuzeigen.[1677]

[1675] Magnus, Der Regreßanspruch des Letztverkäufers, S.429 (435).

[1676] Magnus, Der Regreßanspruch des Letztverkäufers, S.429 (435), weist darauf hin, daß die generelle Anhebung der kaufrechtlichen Verjährung auf zwei Jahre der Zweijahresfrist des Art.39 CISG entspricht, nach deren Ablauf Sachmängel ausgeschlossen sind. Außerdem sehe das UN-Übereinkommen über die Verjährung beim internationalen Warenkauf von 1974, das Deutschland bisher nicht ratifiziert hat, mit Art.8 i.V.m. Art.22 sogar eine unabdingbare vierjährige Verjährungsfrist vor. Unter diesem Gesichtspunkten ist eine allgemeine zweijährige Verjährungsfrist durchaus maßvoll und sachgerecht.

[1677] Huber, in: ZHR 161 (1997), 160 (185), ist der Ansicht, daß eine strenge Rügefrist in der Gestalt des § 377 HGB für den Handel mit Industrieprodukten nicht notwendig ist, da das Problem der Beweissicherung, das den gesetzgeberischen Grund für die Rügeobliegenheit darstellt, bei Produktfehlern zurücktrete. Die Regelung des UN-Kaufrechts trage den "Wandelungen des Handelskaufs" besser Rechnung als die §§ 377, 378 HGB a.F.

a) Wegfall von § 378 HGB a.F.

Durch die Gleichsetzung von Aliud- und Minderlieferungen mit einem Sachmangel in § 434 Abs.3 BGB wird § 378 HGB a.F. in der bisherigen Fassung, der eine Gleichbehandlung allein für den Handelskauf vorschrieb, hinfällig. § 378 HGB a.F. wird nicht beibehalten.[1678]

b) Regierungsentwurf: Modifizierte Rügeobliegenheit in der Lieferkette, § 378 HGB-RE

Die Rügeobliegenheit nach § 377 HGB sollte gemäß § 378 HGB-RE[1679] zur Erleichterung des Rückgriffs in der Lieferkette modifiziert werden.[1680] Nach dieser Regelung war beabsichtigt dem Käufer, der die Ware vor Entdeckung oder Erkennbarkeit des Mangels ganz oder teilweise im normalen Geschäftsverkehr verkauft oder der normalen Verwendung entsprechend verbraucht oder verändert, seine Rechte wegen des Mangels der Ware auch bei unterlassener Mängeluntersuchung und -rüge zu belassen. § 378 HGB-RE sollte ergänzend neben die §§ 478, 479 BGB treten, um dem Umstand Rechnung zu tragen, daß Mängel sich in normalen Massengeschäften in der Regel erst beim Letztkäufer, zumeist dem Verbraucher, zeigen, weil dieser die Sache zum ersten Mal in Gebrauch nimmt.[1681] Mit § 378 HGB-RE sollte außerdem die Umsetzung von Art.4 VbrKfRil sichergestellt werden, der dem Letztverkäufer eines Verbrauchsgutes, der wegen eines Mangels der Sache vom Verbraucher in Anspruch genommen wird, zwingend einen Regreßanspruch gegen seinen Verkäufer oder ein anderes Glied in der

---

1678 Regierungsentwurf eines Gesetzes zur Modernisierung des Schuldrechts, S.669, BT-Drucks. 14/6040, S.281. So auch die Beschlußempfehlung des Rechtsausschusses des Bundestags in Art.5 Abs.16 Nr.6 des Entwurfs eines Gesetzes zur Modernisierung des Schuldrechts. Ehmann/Sutschet, Modernisiertes Schuldrecht, S.235 f., wollen die gestrichene Regelung des § 378 HGB a.F. dagegen als "naturalis ratio" für die Fälle erheblicher Abweichungen der gekauften von der gelieferten Kaufsache in § 434 Abs.3 BGB "hinein interpretieren".

1679 Diese Modifizierung der Rügeobliegenheit war bereits im Diskussionsentwurf, § 378 HGB-DE, vorgesehen.

1680 Pick, in: ZIP 2001, 1173 (1180), hält § 378 HGB-RE in der Rückgriffssituation des § 478 BGB-RE für sachgerecht.

1681 Regierungsentwurf eines Gesetzes zur Modernisierung des Schuldrechts, S.669, BT-Drucks. 14/6040, S.281.

Vertragskette einräumt.[1682] Auf diese Weise sollte vermieden werden, daß Rückgriffsansprüche des Letztverkäufers wegen einer unterlassenen Rüge gemäß § 377 HGB ausgeschlossen werden[1683] und der Letztverkäufer auf diese Weise in eine sog. Gewährleistungsfalle gerät.

Wenn nach § 378 HGB-RE beabsichtigt war, dem Käufer die Gewährleistungsrechte auch bei Entdeckung oder Erkennbarkeit des Mangels zu erhalten, so läßt dies jedoch auf ein fragwürdiges Verständnis der Entwurfsverfasser von der Rügeobliegenheit gemäß § 377 HGB schließen.[1684] Eine Obliegenheit zur unverzügliche Rüge besteht nach § 377 Abs.1 HGB bei jedem entdeckbaren Mangel, unabhängig davon, ob die Sache untersucht und der Mangel tatsächlich entdeckt wird.[1685] Handelt es sich um einen verdeckten Mangel, besteht die Pflicht zur unverzüglichen Rüge gemäß § 377 Abs.3 HGB erst, wenn der Kunde den Mangel anzeigt oder ein begründeter Verdacht der Mangelhaftigkeit besteht.[1686] Sinn macht die Beschränkung der Rügeobliegenheit also nur bei ungerügten entdeckbaren Mängeln.[1687] Darüber hinaus wird mit der Regelung des § 378 HGB-RE deutlich, daß der Regierungsentwurf die Rügeobliegenheit nach § 377 HGB mit Art.4 VbrKfRil nicht für vereinbar hielt.[1688] Durch § 378 BGB-RE wäre die

---

[1682] Regierungsentwurf eines Gesetzes zur Modernisierung des Schuldrechts, S.669, BT-Drucks. 14/6040, S.281.

[1683] Regierungsentwurf eines Gesetzes zur Modernisierung des Schuldrechts, S.669, BT-Drucks. 14/6040, S.281; Diskussionsentwurf eines Gesetzes zur Modernisierung des Schuldrechts, S.213.

[1684] Roth, Die Schuldrechtsmodernisierung im Kontext des Europarechts, in: Ernst/Zimmermann (Hrsg.), Zivilrechtswissenschaft und Schuldrechtsmodernisierung, S.225 (252); von Sachsen Gessaphe, RIW 2001, 721 (732).

[1685] Baumbach/Hopt, § 377, Rn.19.

[1686] BGHZ 132, 175 (179); Baumbach/Hopt, § 377, Rn.27.

[1687] Stellungnahme des Bundesrats, in: BR-Drucks. 338/01 (Beschluß), S.85; von Sachsen Gessaphe, RIW 2001, 721 (732).

[1688] Die Frage der Vereinbarkeit von § 377 HGB mit Art.4 VbrKfRil wird möglicherweise noch den EuGH beschäftigen. Entscheidend ist nach der hier vertretenen Ansicht insoweit, daß die Untersuchungs- und Rügeobliegenheit die Ausübung des Regreßanspruchs durch den Letztverkäufer nicht gänzlich vereiteln darf. Die Vereinbarkeit von § 377 HGB mit Art.4 VbrKfRil erscheint jedenfalls insoweit zweifelhaft, daß ein Mangel nach § 377 HGB bereits dann anzuzeigen ist, wenn er ohne Fahrlässigkeit erkennbar ist (Baumbach/Hopt, § 377, Rn.26).

Rügeobliegenheit in der Handelskette nahezu ausgeschaltet worden,[1689] was die Rechtssicherheit, Einfachheit und Schnelligkeit des Handelsverkehrs und die schutzwürdigen Interessen des Vormanns in der Lieferkette in Frage gestellt hätte.[1690] Dies gilt umso mehr, da nach der vorgeschlagenen Regelung die Gewährleistungsrechte eines jeden Kaufmanns auch bei unterlassener Rüge erhalten werden sollten, der die Ware vor Entdeckung oder Erkennbarkeit eines Mangels im normalen Geschäftsverkehr verkauft, ganz gleichgültig, ob es zu einem Verbrauchsgüterkauf i.S.v. Art.1 VbrKfRil gekommen ist oder nicht, oder der Unternehmer die Ware lediglich für eigene Unternehmenszwecke verbraucht oder verändert hat. § 378 BGB-RE ging damit ganz erheblich und ohne sachliche Grundlage über die vom Regierungsentwurf angestrebten Zwecke hinaus.[1691]

c) Beschlußempfehlung des Rechtsausschusses: Verzicht auf eine modifizierte Rügeobliegenheit und Rügefrist in der Lieferkette

Die Regelung des § 378 HGB-RE ist schließlich auf Anregung des Bundesrats aus dem Schuldrechtsmodernsierungsgesetz gestrichen worden.[1692] Die VbrKfRil überläßt den Mitgliedstaaten Vorgehen und Modalitäten des Letztverkäuferregresses und schließt daher eine handelsrechtliche Untersuchungs- und Rügeobliegenheit beim Letztverkäuferregreß i.S.v. Art.4 VbrKfRil nicht grundsätzlich aus.[1693] Art.4 VbrKfRil verpflichtet die Mitgliedstaaten nicht, von einer Rügeobliegenheit

---

1689 Haas, in: BB 2001, 1313 (1320), sieht zutreffend § 377 HGB durch § 378 HGB-RE entwertet.

1690 Stellungnahme des Bundesrats, in: BR-Drucks. 338/01 (Beschluß), S.85; Ernst/Gsell, ZIP 2001, 1389 (1401). Zu Sinn und Zweck der §§ 377, 378 HGB a.F.: Baumbach/Hopt, § 377, Rn.1; BGHZ 101, 337 (345); 110, 130 (138).

1691 Ernst/Gsell, ZIP 2001, 1389 (1401). Kritisch auch Knütel, in: NJW 2001, 2519 (2521), und Schubel, in: JZ 2001, 1113 (1119), der auf den hohen Gerechtigkeitsgehalt von § 377 HGB verweist. Nach § 378 HGB-RE sähe sich der Verkäufer geradezu aufgefordert die mangelhafte Ware weiterzuverkaufen, um sich die Gewährleistungsrechte bei versäumter Rüge zu erhalten. Knütel, NJW 2001, 2519 (2521).

1692 Stellungnahme des Bundesrats, in: BR-Drucks. 338/01 (Beschluß), S.85 f. So auch die Beschlußempfehlung des Rechtsausschusses des Bundestags, in: BT-Drucks. 14/7052, S.211.

1693 Magnus, Der Regreßanspruch des Letztverkäufers, S.429 (434); Roth, Die Schuldrechtsmodernisierung im Kontext des Europarechts, in: Ernst/Zimmermann (Hrsg.), Zivilrechtswissenschaft und Schuldrechtsmodernisierung, S.225 (252). Ähnlich Ernst/Gsell, in: ZIP 2001, 1389 (1401).

im Handelsverkehr zur Erleichterung des Regresses Abstand zu nehmen.[1694] Eine Verpflichtung des Gesetzgebers, eine Rügeobliegenheit im Unternehmerregreß nach § 478 BGB auszuschließen, ergibt sich auch nicht aus dem Verzicht, die Option einer Rügeobliegenheit für den Verbraucher nach Art.5 Abs.2 VbrKfRil in das BGB zu übernehmen.[1695] Der Richtliniengeber hat dem Letztverkäufer mit Art.4 VbrKfRil lediglich in bedingtem Umfang verbraucherähnlichen Schutz eingeräumt, um sicherzustellen, daß die aus den gestärkten Verbraucherrechten folgenden Lasten nicht ausschließlich dem Letztverkäufer aufgebürdet werden, der den Mangel des Verbrauchsguts häufig nicht zu vertreten hat. Vorrangiger Zweck der VbrKfRil ist, die Rechte des Verbrauchers zu stärken.[1696] Der Letztverkäufer wird daher nicht zwangsläufig von den bestehenden nationalen handelsrechtlichen Vorschriften befreit, was durchaus im Interesse einer zügigen Abwicklung des Handelsverkehrs ist.[1697] So erfüllt die handelsrechtliche Rügeobliegenheit bei maßvoller Anwendung die sinnvolle Funktion, ohne lange zeitliche Verzögerung Klarheit zu schaffen und über die Rechtsfolgen des Handelsgeschäfts Auskunft zu geben.[1698] Schließlich beinhaltet auch das UN- Kaufrecht eine dem deutschen Recht ähnliche Obliegenheit des Käufers zur Untersuchung und Mängelanzeige (Art.39 Abs.1 CISG).

In der Entscheidung des Rechtsausschusses des Bundestags, die kaufmännische Untersuchungs- und Rügeobliegenheit aus § 377 HGB neben der Rückgriffsregelung aus § 478 BGB bestehen zu lassen,[1699] liegt eine grundsätzlich begrüßenswerte Kehrtwende in der Einschätzung der Vereinbarkeit des § 377 HGB mit Art.4 VbrKfRil. Der Rechtsausschuß stellte zu Recht fest, daß die Obliegenheit des Kaufmanns zur Untersuchung und gegebenenfalls erforderlichen Rüge entdeckter Mängel unabhängig davon ihre Berechtigung hat, ob bzw. auf

---

[1694] Zutreffend Stellungnahme des Bundesrats, in: BR-Drucks. 338/01, S.86; von Sachsen Gessaphe, in: RIW 2001, 721 (732 f.).

[1695] So auch Ernst/Gsell, in: ZIP 2001, 1389 (1401).

[1696] Zu Recht Stellungnahme des Bundesrats, in: BR-Drucks. 338/01, S.86.

[1697] Stellungnahme des Bundesrats, in: BR-Drucks. 338/01 (Beschluß), S.85.

[1698] Magnus, Der Regreßanspruch des Letztverkäufers, S.429 (435).

[1699] Begründung zur Beschlußempfehlung des Rechtsausschusses des Bundestags zu § 478 BGB n.F. "Rückgriff des Unternehmers", S.239, BT-Drucks. 14/7052, S.199. Schubel, in: JZ 2001, 1113 (1120), erwägt dagegen § 377 HGB ganz abzuschaffen.

welche Weise die Ware weiter verkauft wird, und ob insbesondere ein Verbraucher am Ende der Vertriebskette steht.[1700]

Einschränkend ist jedoch anzuführen, daß die Erforderlichkeit einer "unverzüglichen" Rüge im deutschen Recht in einer bedeutenden Zahl der Regreßfälle in der Absatzkette wegen einer unterlassenen Rüge zu einem Scheitern des Rückgriffs führen wird. In diesen Fällen läuft die Regelung des Rückgriffs des Unternehmers in der Lieferkette leer. Die Vereinbarkeit des gänzlichen de facto-Ausschlusses des Rückgriffs in diesen Fällen mit Art.4 VbrKfRil ist jedenfalls zweifelhaft, da Art.4 VbrKfRil eine Rückgriffsmöglichkeit des Letztverkäufers zwingend vorschreibt.

4. Anlehnung an das UN-Kaufrecht

Die Richtliniengemäßheit der handelrechtlichen Rügeregelung könnte in schonenderer Weise als durch § 478 BGB vormals beabsichtigt, durch eine weitere Annäherung an die flexiblere Regelung der Obliegenheiten zur Mängelanzeige in Art.39 Abs.1 CISG in Verbindung mit einer Möglichkeit zur Entschuldigung für eine unterlassene Mängelanzeige (Art.44 CISG) erreicht werden. Bei einer vernünftigen Entschuldigung kann der Verkäufer auch bei unterbliebener Mängelanzeige, die lediglich in einer angemessenen Frist erfolgen muß, Minderung und Schadensersatz verlangen. Durch die Entschärfung der Rügeobliegenheit im Sinne des UN-Kaufrechts wäre unter gleichzeitiger Wahrung der Interessen des Handelsverkehrs ein effektiver Regreß in der Handelskette zu erreichen.

Das UN-Kaufrecht hat die Rügeobliegenheit des Käufers aus dem deutschem Recht übernommen.[1701] Von der geltenden deutschen Rechtslage weicht die Regelung des UN-Kaufrechts aber erheblich ab[1702]: Nach UN-Kaufrecht ist der Käufer zur sofortigen Untersuchung der Ware verpflichtet (Art.38 Abs.1 CISG), muß aber Mängel der Ware nur in "angemessener Frist" ("reasonable time") rügen, um sich auf die Vertragswidrigkeit der Ware berufen zu können (Art.39 Abs.1 CISG). Der Bundesgerichtshof hat insoweit wegen der unterschiedlichen nationalen Rechtstraditionen eine, nach eigener Einschätzung, "sehr großzügige"

[1700] Begründung zur Beschlußempfehlung des Rechtsausschusses des Bundestags zu § 478 BGB n.F. "Rückgriff des Unternehmers", S.239, BT-Drucks. 14/7052, S.199.

[1701] Magnus, TranspR-IHR, 3-99, 29.

[1702] Schlechtriem, Intern. UN-KaufR, Rn.149.

Durchschnittsfrist von einem Monat erwogen.[1703] Eine danach erfolgende Anzeige wird regelmäßig als verspätet angesehen. Grundsätzlich ist als Daumenregel die Anzeige eines Mangels innerhalb von 14 Tagen nach der Lieferung rechtzeitig erfolgt.[1704] Bei schnell verderblichen oder saisonabhängigen Waren ist die Anzeigefrist dagegen viel kürzer; teilweise beträgt sie dann nur einen Tag.[1705] Vor diesem Hintergrund erscheint die Anwendung einer lediglich "angemessenen Frist" auch für das deutsche Recht passend, da sie die Interessen beider Vertragsparteien ausreichend berücksichtigt.[1706] Außerdem würde die Übernahme der großzügigeren Rügeregelung des UN-Kaufrechts der weiteren Rechtsvereinheitlichung in Europa zuträglich sein.[1707]

XVI. Integration des AGBG in das BGB

1. Rechtspolitische Diskussion

Weder von den umzusetzenden Richtlinien angezeigt, noch von der Schuldrechtskommission von 1991 vorgeschlagen wurde die Integration der bisher außerhalb des BGB geschaffenen Verbraucherschutzgesetze, insbesondere des AGBG, in das BGB.[1708]

1703 BGHZ 129, 75 (85 f.). Für eine Monatsfrist als 'groben Mittelwert' auch Schlechtriem-Schwenzer, Art.39, Rn.17; Huber, ZHR 161 (1997), 160 (185). Der österreichische oberste Gerichtshof, in: JBl 1999, 318, hält dagegen eine 14-tägige Gesamtfrist regelmäßig für angemessen.

1704 Magnus, in: Der Stand der internationalen Überlegungen: Die Verbrauchsgüterkauf-Richtlinie und das UN-Kaufrecht, S.79 (90); ders., in: TranspR-IHR, 3-99, 29 (33).

1705 Magnus, TranspR-IHR, 3-99, 29 (32).

1706 So Huber, in: ZHR 161 (1991), 160 (185), für den Handel mit industriell produzierter Ware.

1707 Roth, Die Schuldrechtsmodernisierung im Kontext des Europarechts, in: Ernst/Zimmermann (Hrsg.), Zivilrechtswissenschaft und Schuldrechtsmodernisierung, S.225 (253), empfiehlt dem deutschen Gesetzgeber zu Recht dringend, "das nationale Recht des Handelskaufs wo und wann immer möglich, inhaltlich an das UN-Kaufrecht anzupassen."

1708 Dauner-Lieb, in: Stellungnahme zum Schuldrechtsmodernisierungsgesetzentwurf, S.2, sieht keine Notwendigkeit zur Einfügung des AGB-Gesetzes in das BGB. Ulmer, Integration des AGB-Gesetzes in das BGB?, in: Schulze/Schulte-Nölke (Hrsg.), Die Schuldrechtsreform vor dem Hintergrund des Gemeinschaftsrechts, S.215 (220), führt ebenfalls an, daß keine materiell-inhaltlichen Gründe für die Notwendigkeit einer Integration des AGB-Gesetzes in das BGB erkennbar sind, weshalb diese Frage vor der Veröffentlichung des Diskussionsentwurfs nie

a) Stimmen gegen die Integration

Ein Teil des Schrifttums[1709] hat sich gegen eine Einfügung des AGB-Gesetzes in das BGB ausgesprochen.

b) Schuldrechtsmodernisierungsgesetz: Allgemeines Schuldrecht des BGB

Die Bestimmungen des AGBG a.F. wurden unter weitgehender Beibehaltung der gesetzlichen Inhalte als §§ 305-310 BGB in einem neuen Abschnitt 2 unter dem Titel "Gestaltung rechtsgeschäftlicher Schuldverhältnisse durch Allgemeine Geschäftsbedingungen" in das allgemeine Schuldrecht eingefügt.

c) Teile des Schrifttums: Allgemeiner Teil des BGB

Die Einordnung der AGB-Regeln in das allgemeine Schuldrecht des BGB ist im Schrifttum kritisiert worden.[1710] Statt dessen wird eine Aufnahme der Bestimmungen über AGB in den Allgemeinen Teil des BGB gefordert.[1711]

d) Stellungnahme

Den Gegnern einer Einfügung des AGB-Gesetzes in das BGB ist zuzugeben, daß sich das Bestreben der Integration der Tatsache stellen muß, daß das AGB-Gesetz a.F. inhaltliche Bezüge in den Allgemeinen Teil, das allgemeine und das besondere Schuldrecht des BGB aufwies. Die Einfügung des AGB-Gesetzes a.F. in das BGB muß diesem Umstand in dogmatischer Hinsicht Rechnung tragen. Die

---

ernsthaft diskutiert wurde.

[1709] Ulmer, Integration des AGB- Gesetzes in das BGB?, in: Schulze/Schulte-Nölke (Hrsg.), Die Schuldrechtsreform vor dem Hintergrund des Gemeinschaftsrechts, S.215 (226); ders., in: JZ 2001, 491 (494 f.). Altmeppen und Wilhelm, in: Gemeinsamer Erklärung, im Internet abrufbar unter http://www.uni-passau.de/altmeppen oder http://www.uni-passau.de/wilhelm, halten die Inkorporierung der Verbrauchergesetze in das BGB für "sehr problematisch".

[1710] Wolf/Pfeiffer, in: NJW 2001, XVI f.; dies., in: ZRP 2001, 303 ff.; Ulmer, JZ 2001, 491 (497).

[1711] Pfeiffer, Die Integration von "Nebengesetzen" in das BGB, in: Ernst/Zimmermann, Zivilrechtswissenschaft und Schuldrechtsreform, S.481 (502); Honsell, JZ 2001, 18 (19); Roth, JZ 2001, 475 (488, Fn.163); Schulze/Schulte-Nölke, Schuldrechtsreform und Gemeinschaftsrecht, in: Schulze/Schulte-Nölke (Hrsg.), Die Schuldrechtsreform vor dem Hintergrund des Gemeinschaftsrechts, S.3 (18); Wetzel, ZRP 2001, 117 (125 f.); Wolf/Pfeiffer, in: NJW 2001, XVI f.; dies., in: ZRP 2001, 303 ff.; Heldrich, NJW 2001, 2521 (25223). Ähnlich Ulmer, JZ 2001, 491, der eine Einfügung des AGBG a.F. in das BGB ablehnt, die §§ 1-6 AGBG a.F. aber grundsätzlich dem Allgemeinen Teil zurechnet.

ausreichende Abstraktionshöhe, um eine Anwendung auf alle erforderlichen Rechtsbereiche sicherzustellen und die Inhalte der AGB-Vorschriften zu berücksichtigen, hat daher nur der Allgemeine Teil des BGB. Eine Übernahme der AGB-Regeln in das allgemeine Schuldrecht berücksichtigt diese Umstände hingegen nicht ausreichend.

Außerdem hat der Gesetzgeber mit der Einführung des Verbraucher- und Unternehmerbegriffs in den Allgemeinen Teil des BGB (§§ 13 f. BGB) bereits die Vorentscheidung über die Einfügung der außerhalb des BGB bestehenden Verbraucherschutzgesetzes in das BGB getroffen. Der für den Verbraucherbegriff gewählte Standort im Allgemeinen Teil des BGB indiziert, daß die allgemeinen, den Verbraucher betreffenden Regeln grundsätzlich in diesem gesetzessystematischen Zusammenhang eingefügt werden sollten. Eine Übernahme der AGB-Regeln in das allgemeine Schuldrecht trägt der dogmatischen Ordnung des BGB nicht ausreichend Rechnung.

Eine Einordnung der Vorschriften für AGB in das Schuldrecht hat darüber hinaus die Folge, daß ihre Anwendung auf sachenrechtliche Rechtsgeschäfte zukünftig nur im Wege der Analogie zu erreichen ist.[1712] Dies macht auch die vom Regierungsentwurf gewählte Abschnittsüberschrift für das AGB-Recht deutlich, die sich auf Schuldverhältnisse beschränkt. Der Rechtsausschuß des Bundestags bringt dagegen vor, daß in § 310 BGB der Anwendungsbereich der Vorschriften über Allgemeine Geschäftsbedingungen festgelegt und dort eine Ausnahme für das Sachenrecht nicht gemacht ist.[1713] Dieser Umstand ändert indes nichts an der Tatsache, daß die Einordnung der AGB-Bestimmungen nach dem Schuldrechtsmodernisierungsgesetz dogmatisch verfehlt ist.

Eine Aufspaltung der Regelungen des AGBG a.F. in die entsprechenden inhaltlichen Bezugsbereiche des BGB empfahl sich nicht. Vorzugswürdig war

---

[1712] Die Anwendung des AGB-Rechts auf dingliche Rechtsgeschäft ist durch die Klauselrichtlinie 1993/13/EG vorgegeben. Wolf/Pfeiffer, in: NJW 2001, XVI; dies., in: ZRP 2001, 303 (304).

[1713] Beschlußempfehlung des Rechtsausschusses des Deutschen Bundestags, S.216, BT-Drucks. 14/7052, S.187.

eine “en bloc”-Einfügung des AGB-Rechts in das BGB[1714], um die Transparenz der Regelung über AGB zu erhalten.[1715]

Für eine Einfügung der AGB-Regeln in das Schuldrecht scheint ein Vergleich mit dem niederländischen Bürgerlichen Gesetzbuch zu sprechen, das das AGB-Recht ebenfalls im Schuldrecht eingefügt hat.[1716] Anders als im BGB ist im niederländischen Bürgerlichen Gesetzbuch das allgemeine Vertragsrecht Teil des Schuldrechts. Wegen des, dem deutschen Recht immanenten Abstraktions- und Trennungsprinzips findet das allgemeine Vertragsrecht des BGB nur aufgrund der Einordnung in einen vorgezogenen Allgemeinen Teil auch auf das Sachenrecht Anwendung. Das niederländische Bürgerliche Gesetzbuch ist daher insoweit nur eingeschränkt als Modellregelung für das deutsche Recht geeignet.[1717] Die Rechtsvereinheitlichungsmodelle der Lando- und UNIDROIT-Prinzipien lassen außerdem eine Tendenz zur systematischen Einordnung des AGB-Rechts in das allgemeine Vertragsrecht erkennen.[1718] Die Lando-Prinzipien behandeln die Einbeziehung vorformulierter Klauseln im 2. Kapitel über den Vertragsschluß (Art.2:104, Art.2:105 Abs.2). Im 4. Kapitel, das die Wirksamkeit des Vertrages

---

[1714] Ulmer, Integration des AGB-Gesetzes in das BGB?, in: Schulze/Schulte-Nölke (Hrsg.), Die Schuldrechtsreform vor dem Hintergrund des Gemeinschaftsrechts, S.215 (221). Ebenso Schulze/Schulte-Nölke, Schuldrechtsreform und Gemeinschaftsrecht, in: Schulze/Schulte-Nölke (Hrsg.), Die Schuldrechtsreform vor dem Hintergrund des Gemeinschaftsrechts, S.3 (18). Anderer Ansicht ist Dörner, Die Integration des Verbraucherrechts in das BGB, in: Schulze/Schulte-Nölke (Hrsg.), Die Schuldrechtsreform vor dem Hintergrund des Gemeinschaftsrechts, S.177 (182), der eine sog. Ankerlösung bevorzugt, bei der die Sondergesetze inhaltlich unverändert in einem Verbrauchergesetzbuch vereint, aber Definitionsnormen und zentrale, einzelgesetzesübergreifende Regelungen in das BGB an der systematisch passenden Stelle aufgenommen werden, um die Verbrauchergesetze im BGB zu verankern. Eine tatsächliche Integration des AGBG a.F. in das BGB wird auf diese Weise nicht erreicht. Es bleibt jedenfalls das Problem der Einordnung der Definition der AGB (bisher § 1 Abs.1 AGBG a.F.) an geeigneter Stelle im BGB.

[1715] Das Gebot der klaren und vollständigen Umsetzung hat der EuGH betreffend der Klauselrichtlinie 1993/13/EG erst kürzlich besonders festgestellt. EUGH, Urteil v. 10.5.2001, Rs. C-144/99 (Kommission der EG/ Königreich der Niederlande), in: EuZW 2001, 437 f.; NJW 2001, 2244 f. (Tz. 14, 17).

[1716] Art.6:213 Burgerlijk Wetboek. Regierungsentwurf eines Gesetzes zur Modernisierung des Schuldrechts, S.201, BT-Drucks. 14/6040, S.92.

[1717] Ähnlich Wolf/Pfeiffer, in: ZRP 2001, 303 (305).

[1718] Wolf/Pfeiffer, in: ZRP 2001, 303 (305, Fn.16).

betrifft, beinhalten die Lando-Prinzipien eine Regel über die inhaltliche Wirksamkeit vorformulierter Vertragsklauseln (Art.4:110). Ganz ähnlich ist die Einbeziehung von AGB in den Vertrag Gegenstand des 2. Kapitels über den Vertragsabschluß (Art.2.19-2.22) der UNIDROIT-Prinzipien. Das 3. Kapitel enthält daneben eine Regelung für die Wirksamkeit des Vertrags unter Einbeziehung von AGB (Art.3.10).[1719]

e) Ergebnis

Das AGB-Gesetz a.F. wurde trotz der dargestellten Schwierigkeiten in das BGB eingefügt. Vorzugswürdig wäre, wegen der Bezüge der Inhalte des AGB-Gesetzes auf den Allgemeinen Teil, das Schuldrecht und das Sachenrecht gewesen, die AGB-Regeln in einen eigenen Abschnitt unter der weiten Überschrift "Allgemeine Geschäftsbedingungen" in das Erste Buch, dem Allgemeinen Teil des BGB aufzunehmen.[1720] Damit wäre auch eine Übereinstimmung mit den internationalen Rechtsvereinheitlichungsprojekten der Lando- und der UNIDROIT-Prinzipien erreicht worden.

2. AGB-Vorschriften, §§ 307 ff. BGB

In § 307 BGB hat die Generalklausel des § 9 AGBG a.F. Aufnahme gefunden. § 308 BGB enthält die Klauselverbote mit Wertungsmöglichkeit des § 10 AGBG a.F. Die Klauselverbote ohne Wertungsmöglichkeit des § 11 AGBG a.F. sind in § 309 BGB aufgegangen.

a) § 307 Abs.2 Nr.1 BGB

Im Schrifttum ist die Befürchtung geäußert worden, daß die Ausrichtung des Kaufgewährleistungsrechts des BGB an dem gesetzgeberischen Modell der VbrKfRil möglicherweise eine Verschärfung der "am wesentlichen Grundgedanken der gesetzlichen Regelung" orientierten allgemeinen Inhaltskontrolle von AGB (§ 307 Abs.2 Nr.1 BGB) zur Folge hat.[1721] Insbesondere könnten sich

---

[1719] Zu den Regeln der Lando- und UNIDROIT-Prinzipien eingehender Wolf, Willensmängel in einem europäischen Vertragsrecht, in: Basedow (Hrsg.), Europäische Vertragsrechtsvereinheitlichung und deutsches Recht, S.85 (109 ff.).

[1720] Zu Recht Ulmer, Integration des AGB-Gesetzes in das BGB?, In: Schulze/Schulte-Nölke (Hrsg.), Schuldrechtsreform vor dem Hintergrund des Gemeinschaftsrechts, S. 215 (226).

[1721] Ayad, DB 2001, 2697 (2700); Dauner-Lieb, in: JZ 2001, 8 (13); Krebs, in: DB, Beilage Nr.14/2000, S.25 f.; Schulze/Schulte-Nölke, Schuldrechtsreform und Gemeinschaftsrecht, in:

Auswirkungen auf Handelskäufe ergeben, auf die die Regelung anzuwenden ist (§ 310 Abs.1 BGB). Der Vergleich von Formularvereinbarungen zwischen Kaufleuten mit dem am Verbraucherkauf orientierten gesetzlichen Leitbild könnte zu der Erkenntnis führen, daß derartige Vereinbarungen zu sehr vom gesetzlichen Modell abweichen.[1722] Andererseits ist Kaufleuten eher als Verbrauchern ein Abweichen von der gesetzlichen Regelung zuzumuten.[1723] Nach § 310 Abs.1 Satz 2 2.HS BGB ist außerdem auf die im Handelsverkehr geltenden Gewohnheiten und Gebräuche angemessen Rücksicht zu nehmen.[1724]

aa) Verkürzung der gesetzlichen Gewährleistungsfrist im kaufmännischen Geschäftsverkehr, § 307 Abs.2 Nr.1 BGB i.V.m. § 309 Nr.8 lit.b, ff BGB

Praxisrelevant ist insbesondere die Frage, ob und gegebenenfalls inwieweit eine Verkürzung der gesetzlichen Verjährungsfrist durch AGB im kaufmännischen Verkehr zulässig ist.[1725] Grundsätzlich, d.h. jedenfalls außerhalb von Handelskäufen, sind beim Verkauf neu hergestellter Sachen Klauseln unwirksam, durch die mittels AGB eine weniger als ein Jahr betragende Verjährungsfrist ab dem gesetzlichen Verjährungsbeginn erreicht wird (§ 309 Nr.8 lit.b, ff BGB). Die Frage der Zulässigkeit und gegebenenfalls näheren Ausgestaltung einer Verkürzung der gesetzlichen Gewährleistungsfrist ist nach der bisherigen Rechtslage für den kaufmännischen Verkehr unterschiedlich beantwortet worden.

Schulze/Schulte-Nölke (Hrsg.), Die Schuldrechtsreform vor dem Hintergrund des Gemeinschaftsrechts, S.3 (16); Roth, in: JZ 2001, 475 (486 f.); Westermann, in: JZ 2001, 530 (531).

1722 Zur Bedeutung des gesetzlichen Leitbildes für die AGB-Kontrolle beim Handelskauf Schubel, JZ 2001, 1113 (1114).

1723 Zutreffend Ayad, DB 2001, 2697 (2702); Schulze/Schulte-Nölke, Schuldrechtsreform und Gemeinschaftsrecht, in: Schulze/Schulte-Nölke (Hrsg.), Die Schuldrechtsreform vor dem Hintergrund des Gemeinschaftsrechts, S.3 (16); Schubel, JZ 2001, 1113 (1115).

1724 So bisher schon § 24 Satz 2 2.HS AGBG a.F.

1725 Dagegen dürfte außer Frage stehen, daß im unternehmerischen Verkehr zumindest eine individualvertragliche Verkürzung der zweijährigen Verjährung der Mängelansprüche auf die bisherigen sechs Monate möglich ist. Ayad, DB 2001, 2697 (2703).

(1) Hensen und Wolf: Kein grundsätzliches Verbot der Verkürzung der Gewährleistungsfrist

Nach Hensen[1726] und Wolf[1727] läßt sich nach bislang geltendem Recht für den Geschäftsverkehr mit Unternehmern ein Verbot der Verkürzung der Gewährleistungsfristen auch im Grundsatz nicht aufstellen. Im Einzelfall sei aber zu beachten, daß die bei der Lieferung beweglicher Sachen bisher regelmäßig eingreifende Gewährleistungsfrist von sechs Monaten kurz bemessen ist; für eine Verkürzung dieser Verjährungsfrist in Verträgen mit Unternehmern müßten also, insbesondere auch im Hinblick auf die Untersuchungs- und Rügeobliegenheit der §§ 377, 378 BGB a.F., gewichtige Gründe sprechen.

(2) Rechtsprechung und Teil des Schrifttums: Grundsätzliches Verbot der Verkürzung der Gewährleistungsfrist

Der Rechtsprechung[1728] und einem Teil des Schrifttums[1729] zufolge galt das Verbot der Verkürzung der gesetzlichen Gewährleistungsfristen gemäß § 11 Nr.10 lit.f AGBG a.F. grundsätzlich mit Indizwirkung auch bei der Verwendung von AGB unter Kaufleuten. Auf Kaufleute treffe der in der Regelung zum Ausdruck gekommene Gerechtigkeitsgedanke gleichermaßen zu. Der kaufmännische Verkehr biete insofern keine Besonderheiten.[1730] Insbesondere erlaubten die im Handelsverkehr geltenden Gewohnheiten und Gebräuche keine von § 11 Nr.10 lit.f AGBG a.F. abweichende Beurteilung.[1731]

(3) Ziegler/Rieder: Grundsätzliches Verbot der Verkürzung der Gewährleistungsfrist auch nach § 307 Abs.2 Nr.1 BGB i.V.m. § 309 Nr.8 lit.b, ff BGB

Ziegler/Rieder[1732] gehen aufgrund der bisherigen Haltung der Rechtsprechung davon aus, daß gemäß § 307 Abs.2 Nr.1 BGB i.V.m. § 309 Nr.8 lit.b, ff BGB auch ein grundsätzliches Verbot der Verkürzung der einjährigen Gewährleistungsfrist gilt.

[1726] In: Ulmer/Brandner/Hensen, § 11 Nr.10 f, Rn.84.

[1727] Wolf/Horn/Lindacher-Wolf, § 10 Nr.10 f, Rn.18.

[1728] BGHZ 90, 237 (277); 122, 241 (245).

[1729] Heinrichs, in: Palandt,61. Aufl., AGBG 11, Rn.71 a.

[1730] BGHZ 90, 273 (277); 122, 241 (245).

[1731] BGHZ 90, 273 (278); 122, 241 (245).

[1732] In: ZIP 2001, 1789 (1799, Fn.69).

(4) Stellungnahme: Kein grundsätzliches Verbot der Verkürzung der Gewährleistungsfrist nach § 307 Abs.2 Nr.1 BGB i.V.m. § 309 Nr.8 lit.b, ff BGB

Die bisherige ablehnende Haltung der Rechtsprechung hinsichtlich einer Verkürzung der gesetzlichen Gewährleistungsfrist durch AGB im kaufmännischen Verkehr beruht auf der zutreffenden Erwägung, daß mit einer entsprechenden Klausel vom wesentlichen -auch im Handelsverkehr geltenden- Grundgedanken der gesetzlichen Regelung des § 477 BGB (bzw. auch § 638 BGB) a.F. abgewichen wird (§ 9 Abs.2 Nr.1 AGBG a.F. bzw. nunmehr § 307 Abs.2 Nr.1 BGB), daß die kurze Gewährleistungsfrist die Zeiträume angemessen berücksichtigt, in denen gewöhnlich Mängel auftreten, und daß eine (weitere) Verkürzung den Käufer im Hinblick auf zunächst verborgene Mängel unzumutbar benachteiligen würde.[1733] Die Mindestfrist von einem Jahr gemäß § 309 Nr.8 lit.b, ff BGB geht über diese Zwecksetzung hinaus. Eine nachhaltige Beeinträchtigung des Äquivalenzprinzips zwischen Käufer und Verkäufer ist durch die Verkürzung der einjährigen Mindestfrist nicht zu besorgen. Entscheidend für die Verlängerung der gesetzlichen Gewährleistungsfrist nach § 438 Abs.1 Nr.3 BGB sind primär Verbraucherschutzerwägungen. Die kurze Frist des § 477 BGB a.F. war häufig bereits abgelaufen, bevor der Käufer überhaupt Kenntnis vom Mangel der Sache erlangt. Nichts anderes gilt grundsätzlich auch unter Kaufleuten. Deshalb ist die Verlängerung der gesetzlichen Verjährung auf zwei Jahre für Handelskäufe ebenso sachgerecht. Außerdem verlangt Art.4 VbrKfRil nach einer wirksamen Regreßmöglichkeit für den Letztverkäufer, die nur durch eine Angleichung der Verjährung der eigenen Mängelgewährleistungsansprüche gegenüber seinem Lieferanten an die zweijährige Verjährungsfrist des Verbrauchers zu erreichen ist. Etwas anderes gilt jedenfalls, wenn am Ende der Absatzkette kein Verbrauchsgüterkauf steht. In diesem Fall räumt der Gesetzgeber den Vertragsparteien weitreichendere Regelungsmöglichkeiten ein. Die verschärfte Inhaltskontrolle von AGB nach § 475 BGB gilt dann nicht. Nach § 309 Nr.8 lit.b, ff BGB muß lediglich beim Verkauf neu hergestellter Ware bei der Verkürzung der gesetzlichen Verjährung wenigstens eine Einjahresfrist gewährt werden. Beim Verkauf gebrauchter Sachen (außerhalb von Verbrauchsgüterkäufen) ist deshalb eine darüber hinausgehende Verkürzung der Verjährungsfrist ebenso, wie sogar ein völliger Gewährleistungsausschluß,

---

[1733] So nahezu wörtlich BGHZ 90, 273 (278). So auch der Regierungsentwurf eines Gesetzes zur Modernisierung des Schuldrechts, S.365 f., BT-Drucks. 14/6040, S.159.

grundsätzlich zulässig.[1734] Nach dem Regierungsentwurf soll der Verlängerung der gesetzlichen Verjährungsfrist auf grundsätzlich zwei Jahre bei beweglichen Sachen damit dadurch Rechnung getragen werden, daß insoweit das uneingeschränkte Verbot einer formularmäßigen Verjährungsverkürzung aufgehoben und bei Ansprüchen wegen Verletzung einer vertraglichen Pflicht nur noch eine Verkürzung auf weniger als ein Jahr verboten wird.[1735] Die Verlängerung der Verjährungsfrist auf zwei Jahre hat zwar durchaus die bisherige Interessenlage der Kaufvertragsparteien verändert.[1736] Das Interesse des Klauselverwenders, möglichst bald Klarheit über den Umfang eventueller Gewährleistungsansprüche zu erhalten, kann nach Ansicht des Gesetzgebers je nach Lage des Falles eine formularmäßige Verkürzung der Verjährungsfristen auf weniger als zwei Jahre rechtfertigen.[1737] Besonders bei Massengeschäften des täglichen Lebens werde dies häufig der Fall sein.[1738] Allerdings sei auch hier zu prüfen, ob der Umfang der Verkürzung nicht den Vertragspartner unangemessen benachteiligt und deshalb gegen den bisherigen § 9 Abs.1 AGBG a.F. verstößt.[1739] Dies macht deutlich, daß hinter der einjährigen Mindestfrist des § 309 Nr.8 lit.b, ff BGB letztlich ein Verbraucherschutzgedanke steht. Der Anwendungsbereich dieser Grundsätze ist daher wegen der engeren Regelung des § 475 BGB für Verbrauchsgüterkaufverträge auf Vertragsklauseln unter Verbrauchern beschränkt. Unter Kaufleuten sind die im Handelsverkehr üblichen Gewohnheiten und Gebräuche angemessen zu berücksichtigen (§ 310 Abs.1 2.HS BGB). Das Interesse an einer zügigen Abwicklung der Kaufgeschäfte im Handelsverkehr kann auch eine kürzere Verjährungsfrist als ein Jahr rechtfertigen. Die Regelung des § 309 Nr.8 lit.b, ff BGB berücksichtigt die Bedürfnisse des Handelsverkehrs insoweit nicht hinreichend.

[1734] Regierungsentwurf eines Gesetzes zur Modernisierung des Schuldrechts, S.364, BT-Drucks. 14/6040, S.159.

[1735] Regierungsentwurf eines Gesetzes zur Modernisierung des Schuldrechts, S.365, BT-Drucks. 14/6040, S.159.

[1736] Regierungsentwurf eines Gesetzes zur Modernisierung des Schuldrechts, S.366, BT-Drucks. 14/6040, S.159.

[1737] Regierungsentwurf eines Gesetzes zur Modernisierung des Schuldrechts, S.366, BT-Drucks. 14/6040, S.159.

[1738] Regierungsentwurf eines Gesetzes zur Modernisierung des Schuldrechts, S.366, BT-Drucks. 14/6040, S.159.

[1739] Regierungsentwurf eines Gesetzes zur Modernisierung des Schuldrechts, S.366, BT-Drucks. 14/6040, S.159.

Grundsätzlich gilt dies wohl auch, wenn am Ende der Veräußerungskette ein Verbrauchsgüterkauf steht. Denn in diesem Fall ist der Käufer vor der Gefahr einer sog. Verjährungsfalle hinreichend durch die besondere Ablaufhemmung des § 479 Abs.3 i.V.m. Abs.2 BGB geschützt. § 309 Nr.8 lit.b, ff BGB enthält damit kein derart starkes Gerechtigkeitsgebot wie vormals § 11 Nr.10 AGBG a.F., so daß es in gleicher Weise auch auf Handelskäufe durchschlägt. Allerdings muß die in den AGB vorgesehene Frist auch in Zukunft mindestens sechs Monate betragen, um den Käufer nicht unangemessen zu benachteiligen, da die meisten Mängel in den ersten sechs Monaten nach der Lieferung der neu hergestellten Sache auftreten. Insoweit kann auch zukünftig eine Berücksichtigung der Gewohnheiten und Gebräuche des Handelsverkehrs keine andere Beurteilung rechtfertigen.

Bei einer mittelbaren Verkürzung der Verjährungsfrist durch die Bestimmung des Umfangs der Benutzung ist auch nach neuer Rechtslage entscheidend, ob nach der Art der typischen Benutzung die Laufzeit nicht zu einer wesentlichen Verkürzung der sechsmonatigen Frist führt.[1740] Eine besonders intensive Nutzung sollte aber wie bisher, wenn sie den üblichen Rahmen sprengt, berücksichtigt werden können.[1741] Eine entsprechende Klausel wäre jedenfalls dann wirksam, wenn sie z.B. bei typischer Benutzung eines Fahrzeugs im wesentlichen mit der sechsmonatigen Gewährleistung übereinstimmt.[1742]

bb) Ergebnis

Im Handelsverkehr besteht auch zukünftig kein grundsätzliches Verbot der Verkürzung der Gewährleistungsfrist.

[1740] Der BGH hat eine Klausel, die die Gewährleistung bei zum ständigen Einsatz vorgesehenen Lkw oder Pkw auf 10.000 km Laufleistung beschränkt für unwirksam gehalten, da sich hieraus eine wesentliche Verkürzung der gesetzlichen sechsmonatigen Verjährungsfrist ergab (BGHZ 122, 241: Verkürzung auf etwa drei Wochen).

[1741] Zur alten Rechtslage Wolf/Lindacher/Horn-Wolf, § 10 Nr.10 f, Rn.18.

[1742] Wolf, in: Wolf/Lindacher/Horn, § 10 Nr.10 f, Rn.18, betrachtet daher bisher - im Anschluß an OLG Düsseldorf, NJW-RR 1987, 563 - im unternehmerischen Verkehr eine Garantiezeit von 3 Monaten für eine im Mehrschichtbetrieb arbeitende Maschine als zulässig, vor allem, wenn sich an eine Rüge innerhalb der Garantiezeit noch eine Verjährungsfrist von sechs Monaten anschließt.

b) § 309 Nr.8 BGB

§ 11 Nr.8-10 AGBG a.F. sind inhaltlich in § 309 Nr.8 BGB zusammengefaßt. § 309 Nr.8 BGB bestimmt damit, wann "sonstige[1743] Haftungsausschlüsse bei Pflichtverletzungen" durch AGB, auch soweit eine Abweichung von den gesetzlichen Vorschriften zulässig ist,[1744] unwirksam sind. § 309 Nr.8 lit.b BGB enthält insoweit eine Sonderregelung beim Vorliegen von Mängeln der Kaufsache.

XVII. Internationales Privatrecht

In Art.29a Abs.4 wird als Nr.4 "die Richtlinie 1999/44/EG des Europäischen Parlaments und des Rates vom 25.Mai 1999 zu bestimmten Aspekten des Verbrauchsgüterkaufs und der Garantien für Verbrauchsgüter (AblEG Nr.L 171 S.12)" angefügt. Damit ist der in Art.7 Abs.2 VbrKfRil vorgegebene kollisionsrechtliche Schutz des Verbrauchers vor Abbedingung der durch die Verbrauchsgüterkaufrichtlinie gewährten Rechte durch Vereinbarung der Anwendung des Rechts eines Nicht-Mitgliedstaates der EU in Verträgen, die einen engen Zusammenhang mit dem Gebiet der Mitgliedstaaten aufweisen, durch den deutschen Gesetzgeber pflichtgerecht umgesetzt worden.

XVIII. Übergangsregelung

Die Übergangsvorschrift des Regierungsentwurfs eines Gesetzes zur Modernisierung des Schuldrechts ist in Art.229 §§ 4 bis 6 EGBGB geregelt. §§ 4 bis 6 des Regierungsentwurfs werden an Art.229 EGBGB neu angefügt. Art.229 § 4 EGBGB enthält die allgemeinen Überleitungsregelungen.[1745] Die speziellen

---

[1743] § 309 Nr.7 BGB trifft dagegen eine Regelung für Haftungsausschlüsse bei Verletzungen von Leben, Körper, Gesundheit und bei grobem Verschulden.

[1744] § 309 BGB-RE zählte im Einleitungssatz noch einzelne Vorschriften auf, die Bestimmungen des BGB zwingend anordnen. Der Rechtsausschuß des Deutschen Bundestags hat in seiner Beschlußempfehlung, S.217, BT-Drucks. 14/7052, S.188, davon abgesehen, einzelne Bestimmungen aufzuzählen, da die Vollständigkeit der Aufzählung nicht gewährleistet war und die gewählte allgemeine Formulierung die gleiche Funktion erfüllt.

[1745] Regierungsentwurf eines Gesetzes zur Modernisierung des Schuldrechts, S.646, BT-Drucks. 14/6040, S.272 f.

verjährungsrechtlichen Übergangsvorschriften sind in Art.229 § 5 EGBGB geregelt.[1746]

1. Allgemeine Überleitungsvorschrift, Art.229 § 4 EGBGB

Auf Schuldverhältnisse, die vor dem 1.1.2002 geschlossen wurden, finden das BGB und die Sondergesetze, das AGBG a.F., das Verbraucherkreditgesetz a.F., das Fernabsatzgesetz a.F., das Gesetz über den Widerruf von Haustürgeschäften und ähnlichen Geschäften a.F., das Teilzeit-Wohnrechtegesetz a.F. und die Viehhauptmängelverordnung a.F. gemäß Art.229 § 4 Abs.1 EGBGB in der bisher geltenden Fassung Anwendung, soweit nichts anderes bestimmt ist. Die neuen Vorschriften des Gesetzes zur Modernisierung des Schuldrechts sollen danach grundsätzlich nur auf nach dem 1.1.2002 geschlossene Schuldverhältnisse Anwendung finden.[1747]

2. Spezielle verjährungsrechtliche Überleitungsvorschrift, Art.229 § 5 EGBGB

Art.229 § 5 Abs.1 EGBGB enthält die Grundregel der Übergangsbestimmungen für das Verjährungsrecht. Danach findet grundsätzlich das neue Verjährungsrecht des BGB auf die am 1.1.2002 bestehenden und noch nicht verjährten Ansprüche Anwendung. Ist die Verjährungsfrist der neuen Vorschriften des BGB länger als die alte Regelung, so ist richtet sich die Verjährung nach der alten kürzeren Frist.[1748] Zum Schutz des Schuldners bleibt damit die kurze sechsmonatige Verjährungsfrist aus § 477 Abs.1 BGB a.F. bei am 1.1.2002 bestehenden und noch nicht verjährten kaufvertraglichen Gewährleistungsansprüchen maßgebend.[1749]

[1746] Regierungsentwurf eines Gesetzes zur Modernisierung des Schuldrechts, S.647, BT-Drucks. 14/6040, S.273.

[1747] Regierungsentwurf eines Gesetzes zur Modernisierung des Schuldrechts, S.646, BT-Drucks. 14/6040, S.273.

[1748] Regierungsentwurf eines Gesetzes zur Modernisierung des Schuldrechts, S.648, BT-Drucks. 14/6040, S.273.

[1749] Regierungsentwurf eines Gesetzes zur Modernisierung des Schuldrechts, S.648, BT-Drucks. 14/6040, S.273.

D. Ergebnis

Der deutsche Gesetzgeber beschreitet mit dem Gesetz zur Modernisierung des Schuldrechts den neuen Weg zur Umsetzung europäischer Verbraucherschutzrichtlinien in das BGB einen großen Schritt weiter. Während EG-Richtlinien in der Vergangenheit auch in Deutschland überwiegend in Spezialgesetzen umgesetzt wurden (z.B. AGBG, Verbraucherkreditgesetz, Haustürwiderrufsgesetz), erfährt das BGB eine "Renaissance" als Umsetzungsgesetz europäischer Richtlinienvorgaben.[1750] Mit dem überwiegend am 30.6.2000 zur Umsetzung der EG-Fernabsatzrichtlinie 1997/7/EG in Kraft getretenen „Gesetz über Fernabsatzverträge und andere Fragen des Verbraucherrechts sowie zur Umstellung der Vorschriften auf den Euro“[1751] hat der Gesetzgeber den Weg zur Einfügung der Verbrauchsgüterkaufrichtlinie in das BGB augenscheinlich schon weitgehend vorgezeichnet. Durch dieses Gesetz wurden bereits der Verbraucher- und Unternehmerbegriff und spezielle Verbraucherschutzvorschriften, die dem BGB bisher fremd waren, in das BGB eingefügt.[1752] Nunmehr wird das praktisch äußerst bedeutsame Schuldrecht, insbesondere deren wichtigster Schlüsselbereich -das Kaufrecht- Gegenstand europäischer Rechtsvereinheitlichung.[1753] So hat das Bundesjustizministerium u.a. die notwendige Umsetzung der VbrKfRil zum Anlaß genommen, die gründlichen Vorarbeiten des Abschlußberichts der Schuldrechtskommission von 1992 aufzugreifen, die sich -wie die VbrKfRil- an das UN-Kaufrecht anlehnen, um die lange beabsichtigte Reform des deutschen Schuldrechts in Angriff zu nehmen. Innerhalb kürzester Zeit ist auf dieser Basis der Diskussionsentwurf eines Gesetzes zur Modernisierung des Schuldrechts und das dazugehörige Informationspapier entstanden. Diskussionsentwurf und Informationspapier wurden überhastet entwickelt und wiesen folglich deutliche Flüchtigkeitsfehler auf. Diese Mängel mußten schnellstens von Arbeitsgruppen, die das Bundesjustizministerium einberufen hatte, behoben werden. Viele Regelungen des Regierungsentwurfs waren daher in ihrem Wortlaut und in der beabsichtigten

[1750] Dauner-Lieb, ZGS 2003, 10 (12).

[1751] BGBl I S.897.

[1752] Vgl. Fuchs, ZIP 2000, 1273; Härting/Schirmbacher, MDR 2000, 917; Lorenz, JuS 2000, 833.

[1753] So auch Schulze/Schulte-Nölke, Vorwort, in: Schulze/Schulte-Nölke, Die Schuldrechtsreform vor dem Hintergrund des Gemeinschaftsrecht, S.V.

Wirkung umständlich oder sogar mißverständlich konzipiert. Häufig erschloß sich der Sinn der Vorschriften erst durch die Entwurfsbegründung.[1754] Einige gesetzgeberische Mängel sind auf diese Weise Inhalt des Gesetzes zur Modernisierung des Schuldrechts geworden. In der Beschlußempfehlung des Rechtsausschusses des Bundestags konnte aber noch die eine oder andere Formulierung, wie etwa die umständliche Regelung des § 281 Abs.1 Satz 1 BGB-RE, verbessert werden. Als weiteres augenscheinliches Beispiel der Verwirrung um mißverständliche Regelungen sei die im Regierungsentwurf vorgeschlagene Neuregelung zur Berechnung des Minderungsbetrags (§ 441 Abs.3 BGB-RE) genannt. Der Rechtsausschuß des Bundestags wußte sich, um Mißverständnisse im Schrifttum zu vermeiden, insofern nicht anders zu helfen, als hastig zu den bewährten Inhalten des alten Rechts des § 472 BGB a.F. zurückzukehren. Die konsequente Annährung an die vorzugswürdigere Regelung des UN-Kaufrechts ist nicht nur in diesem Punkt bedauernswerter Weise nicht zu Ende geführt worden. In Bezug auf die vereinfachende und vereinheitlichende Angleichung an das UN-Kaufrecht bleibt dem Gesetzgeber in Zukunft noch ausreichend Gelegenheit zur Verbesserung.[1755] Diese Gelegenheit sollte der Gesetzgeber insbesondere bei der Regelung der Minderungsberechnung, im Bereich der Gefahrtragungsvorschriften und der handelsrechtlichen Rügeobliegenheit nutzen.

Auf dem ersten Blick erscheint es problematisch, daß das Verbraucherkaufrecht der Verbrauchsgüterkaufrichtlinie durch das Schuldrechtsmodernisierungsgesetz zu weiten Teilen Bestandteil des allgemeinen Kaufrechts wird.[1756] Dieser Umstand trägt jedoch sachgerecht der Lage in der Praxis Rechnung, daß Verbrauchergeschäfte den wesentlichen Teil der abgewickelten Rechtsgeschäfte darstellen.[1757] Die Verbraucherschutzerwägungen der VbrKfRil sind grundsätzlich mit den Bedürfnissen des Handelsverkehrs vereinbar und belasten diesen auch

[1754] Zu Recht bemängelt Dauner-Lieb, in: Stellungnahme zum Schuldrechtsmodernisierungsgesetzentwurf, S.3, diese Schwäche des Regierungsentwurfs.

[1755] Zu den Vorteilen der Angleichung des deutschen Rechts an das UN-Kaufrecht gerade auch im Hinblick auf die weitere europäische Rechtsangleichung Däubler-Gmelin, NJW 2001, 2281 (2285).

[1756] Darauf weist Lieb, Vom Beruf unserer Zeit zur Modernisierung des Schuldrechts, in: Ernst/Zimmermann (Hrsg.), Zivilrechtswissenschaft und Schuldrechtsreform, S.556, hin.

[1757] Medicus, Dogmatische Verwerfungen im geltenden deutschen Schuldrecht, in: Schulze/Schulte-Nölke (Hrsg.), Die Schuldrechtsreform vor dem Hintergrund des Gemeinschaftsrechts, S.33 (40).

nicht im unerträglichen Maße. Durch die Umsetzung der VbrKfRil im BGB hat der Gesetzgeber es außerdem vermieden, neue Diskrepanzen zwischen allgemeinem Zivilrecht und dem Verbraucherrecht im Leistungsstörungsrecht zu schaffen, und hat gleichzeitig die Bedeutung des BGB als die zentrale deutsche Zivilrechtskodifikation gestärkt[1758].

Jedenfalls hat der deutsche Gesetzgeber die Gelegenheit genutzt, das Schuldrecht des BGB in Richtung auf die absehbare Entstehung eines europäischen Privatrechts fortzuentwickeln und zu erneuern.[1759] Der Regierungsentwurf trägt daher, jedenfalls überwiegend, zu Recht den Titel eines Gesetzes zur "Modernisierung" des Schuldrechts. Insbesondere gelingt es dem Gesetzgeber einige Verwerfungen und bislang ungeklärte Streitfragen, die sich im Schuldrecht des BGB - speziell im Leistungsstörungsrecht - bisher stellten, endlich zu beseitigen. Dabei hat es der deutsche Gesetzgeber "in der Gunst der Stunde" überwiegend verstanden in einer eigenständigen nationalen Lösung die Bereinigung der althergebrachten Zweifelsfragen des BGB mit der europäischen Rechtsangleichung auf dem Gebiet des Schuldrechts zu verbinden.[1760] Dies setzte freilich voraus, daß der Gesetzentwurf neben den Erkenntnissen der nationalen Zivilrechtswissenschaft, den aktuellen Stand des Gemeinschaftsrechts und der europäischen und internationalen Rechtsvereinheitlichungsbestrebungen berücksichtigt.[1761] Diese Anforderungen erfüllt der Regierungsentwurf in seinen überwiegenden Teilen. So etwa bei der Beibehaltung des Begriffs der Unmöglichkeit im Sanktionssystem des Leistungsstörungsrechts, das allerdings in UNIDROIT- und Lando-Prinzipien konsequenterweise an dem allgemeineren Begriff der "Nichterfüllung" und nicht der "Pflichtverletzung" anknüpft. Auch in weiteren Bereichen wird der Ansatz zur Rechtsvereinheitlichung nicht konsequent durchgehalten. Dies betrifft etwa auch die Verortung der AGB-Vorschriften durch das

---

1758 Ziegler/Rieder, in: ZIP 2001, 1789 (1799), sind der Auffassung, daß die Wirtschaft ein erheblich verbessertes Bürgerliches Gesetzbuch erhalte, in dem mehr als 100 Jahre Rechtsentwicklung im Schuldrecht endlich eingearbeitet werden und das das BGB wieder eine Kodifikation darstelle, die diesen Namen auch verdient.

1759 Dauner-Lieb, ZGS 2003, 10 (12).

1760 Dazu Schulze/Schulte-Nölke, Schuldrechtsreform und Gemeinschaftsrecht, in: Schulze/Schulte-Nölke (Hrsg.), Die Schuldrechtsreform vor dem Hintergrund des Gemeinschaftrechts, S.3 (7).

1761 Schulze/Schulte-Nölke, Schuldrechtsreform und Gemeinschaftsrecht, in: Schulze/Schulte-Nölke (Hrsg.), Die Schuldrechtsreform vor dem Hintergrund des Gemeinschaftrechts, S.3 (7).

Schuldrechtsmodernisierungsgesetz im Schuldrecht, obwohl der Vergleich mit den UNIDROIT- und Lando-Prinzipien eine Regelung im Allgemeinen Teil des BGB nahelegt.

Das Gesetz zur Modernisierung des Schuldrechts erreicht in den wesentlichen Grundzügen eine deutliche Anpassung des BGB an die europäischen und internationalen Rechtsvereinheitlichungsprojekte.[1762] Gleichwohl bleiben Unterschiede, die praktisch nicht besonders ins Gewicht fallen, aber dennoch eine weitere Angleichung des deutschen Rechts an die internationale Entwicklung empfehlen. Das Schuldrechtsmodernisierungsgesetz ist damit durchaus in Europa konkurrenzfähig,[1763] als Modell für ein künftiges europäisches Zivilgesetzbuch eignet es sich dadurch nicht ohne weiteres und in allen Einzelfragen der Rechtsangleichung.[1764]

Die durch die Schuldrechtsreform geschaffenen neuen BGB-Vorschriften - insbesondere die Unternehmerrückgriffsregeln der §§ 478, 479 BGB, die die virulente Schnittstelle zwischen dem nunmehr verbraucherschutzorientierten allgemeinen Kaufrecht und dem Kaufrecht des unternehmerischen Verkehrs bilden -, die mangels entsprechender Vorgängernormen und auch unter Heranziehung der Gesetzesbegründung klärungsbedürftig bleiben, sind so weit wie möglich richtlinienkonform unter Zuhilfenahme des UN-Kaufrechts auszulegen. Nur bei einer nachweislich planwidrigen Regelungslücke kommt eine Analogie der vom Gesetzgeber getroffenen Vorschrift in Frage.

1762 Magnus, Der Tatbestand der Pflichtverletzung, in: Schulze/Schulte-Nölke (Hrsg.), Die Schuldrechtsreform vor dem Hintergrund des Gemeinschaftsrechts, S.67 (79). Für den Abschlußbericht der Schuldrechtskommission bereits Schlechtriem, in: ZEuP 1993, 217 (246).

1763 Däubler-Gmelin, NJW 2001, 2281 (2289) und Ziegler/Rieder, ZIP 2001, 1789 (1799), halten das BGB durch die Schuldrechtsreform für mit anglo-amerikanischem und internationalem Vertragsrecht konkurrenzfähig.

1764 Magnus, Der Tatbestand der Pflichtverletzung, in: Schulze/Schulte-Nölke (Hrsg.), Die Schuldrechtsreform vor dem Hintergrund des Gemeinschaftsrechts, S.67 (79). Dem neuen deutschen BGB ist aber durchaus eine Vorreiterrolle auf dem Weg zur Europäisierung des Zivilrechts zu konzidieren. Zu Recht Dauner-Lieb, ZGS 2003, 10 (12).

7. Kapitel

Rechtsvergleichung

Mit dem Erlaß der Verbrauchsgüterkaufrichtlinie (VbrKfRil) hat die EU den EU-Mitgliedstaaten die Umsetzung verbraucherschutzrechtlicher Vorschriften aufgegeben, die den Schlüsselbereich des Schuldrechts, das Kaufrecht, betreffen. Der deutsche Gesetzgeber hat "den großen Wurf" zur umfassenden Reform des Allgemeinen und Besonderen Schuldrechts gewagt. Zum 1.1.2002 ist das neue deutsche Schuldrecht in Kraft getreten. Daß dieses durchaus ehrgeizige Projekt rechtzeitig zum Ablauf der Umsetzungsfrist der VbrKfRil in Gesetzesform gegossen werden konnte, ist dem Umstand zu verdanken, daß in Deutschland bereits seit 1992 Vorbereitungsarbeiten für eine Reform des Schuldrechts vorliegen, die sich - wie die VbrKfRil - am UN-Kaufrecht ausrichten. Nicht zuletzt wegen des gründlichen Entwurfs der Schuldrechtskommission, auf den überwiegend zurückgegriffen werden konnte, darf bereits ein Jahr nach Inkrafttreten des "Gesetzes zur Modernisierung des Schuldrechts" für dessen überwiegende Teile konstatiert werden, daß das Gesetz seinen Namen durchaus zu Recht trägt.

Dagegen hat der spanische Gesetzgeber den Schritt einer umfassenden Reform des Schuldrechts, insbesondere des Kaufrechts, aus Anlaß der VbrKfRil "gescheut". Dies ist umso bedauerlicher, als mit Deutschlands Schuldrechtsmodernisierungsgesetz bereits seit einem Jahr ein Vorbild für eine zukunftsorientierte und vereinfachende Reform des gesamten Schuldrechts besteht, das seit seinem Inkrafttreten eine fast ausschließlich positive Resonanz erfahren hat. Außerdem vertritt die spanische höchstrichterliche Rechtsprechung bereits nach der geltenden allgemeinen Kaufrechtsgewährleistung der Art.1484 ff. CC einen weiten Mangelbegriff, der die bestehenden Grenzen zwischen allgemeinem und besonderem Schuldrecht verschwimmen läßt.

I. Anwendungsbereich der Umsetzungsvorschriften

Die spanischen Umsetzungsvorschriften der VbrKfRil sind nach der GVBC ausschließlich auf Verbraucherkäufe anwendbar (Art.1 und 2 GVBC). Dennoch wird der Umsetzungsinhalt nicht ohne Auswirkungen auf das restliche spanische

Zivilrecht bleiben. Die GVBC enthält das modernste spanische Leistungsstörungsrecht und gibt damit die zukünftige Entwicklung des spanischen Schuldrechts vor. Damit wird wohl auch die Tendenz der höchstrichterlichen Rechtsprechung, die Nichterfüllungsvorschriften des allgemeinen Schuldrechts, Art.1101, 1107, 1124 CC, den spezielleren Kaufgewährleistungsregeln der Art.1484 ff. CC durch ein weites Verständnis des Aliud-Begriffs vorzuziehen, weitere Unterstützung erfahren. Der bisherige Ansatz der Rechtsprechung ist im Hinblick auf die in der Zukunft zu erwartende weitere Umgestaltung des spanischen Schuldrechts sicher konsequent, verstößt aber gegen das geltende Leistungsstörungsrecht des Código Civil, da es die erforderliche gesetzgeberische Reform vorwegnimmt. Daran wird sich auch nach der GVBC nichts ändern, da das Gesetz auf den Verbrauchsgüterkauf beschränkt bleibt. Das deutsche Schuldrecht hat dagegen die Verknüpfung des allgemeinen und besonderen Leistungsstörungsrechts durch Anlehnung an den gesetzgeberischen Gedanken des UN-Kaufrechts, der auch die VbrKfRil prägt, nunmehr in dem zweiten Buch des BGB vollzogen. Insbesondere der Mangelbegriff des UN-Kaufrechts bzw. der VbrKfRil wurde auf das allgemeine Kaufrecht ausgedehnt. Dagegen bleiben die originären verbraucherschützenden Vorschriften der VbrKfril in ihrem Anwendungsbereich Verbrauchsgüterkäufen vorbehalten (§§ 475 ff. BGB). Dies sind der zwingende Charakter des Kaufgewährleistungsrechts (§ 475 BGB), die Beweislastumkehr (§ 476 BGB) und die Sonderbestimmungen für Garantien (§ 477 BGB). Der 3.Untertitel über Verbrauchsgüterkäufe schließt mit den Regeln zum Unternehmerrückgriff ab (§§ 478, 479 BGB), die zwar Unternehmerrecht enthalten, aber letztlich eine wesentliche Folge der Verbrauchsgüterkäufe sind und dadurch mittelbar dem Verbraucherschutz dienen.

II. Mangelbegriff

In Spanien wurde die Definition der Vertragsmäßigkeit nahezu identisch, beschränkt auf Verbrauchsgüterkäufe, übernommen. Damit hat der subjektiv-objektive Mangelbegriff Aufnahme in das spanische Recht gefunden, allerdings beschränkt auf die sicherlich in der Praxis häufigen Verkäufe von Gütern an Verbraucher. Für alle übrigen Kaufverträge gilt dagegen nach wie vor das Mängelgewährleistungsrecht der Art.1484 ff. CC. Eine ausdrückliche Bestimmung des Mangels fehlt dort. Daher ist unklar, ob objektive oder subjektive Kriterien zur

Definition der Mangelhaftigkeit heranzuziehen sind. Die starke Tendenz im spanischen Schrifttum, subjektive Erwägungen in den Mittelpunkt des Mangelbegriffs zu stellen, dürfte durch Art.3 GVBC erhebliche Unterstützung erfahren. Gleichzeitig zeichnet sich dadurch bereits jetzt ab, daß die Art.1484 ff. CC in der Zukunft an Art.3 GVBC bzw. Art.2 VbrKfRil angeglichen werden müssen. Dies macht das entstehende Nebeneinander der gewährleistungsrechtlichen Systeme deutlich: Art.1486 CC knüpft nach wie vor an dem überkommenden römischrechtlichen Prinzip des verborgenen Mangels an. Dies steht in einem Gegensatz zu dem modernen Verbraucherrecht des Art.3 GVBC, das auf diese Unterscheidung verzichtet.

§ 434 Abs.3 BGB stellt in Übereinstimmung mit Art.2 VbrKfRil und Art.35 CISG fest, daß Aliud- und Zuweniglieferungen einen Sachmangel bilden. Nach der in Deutschland herrschenden Meinung ist auch die Lieferung eines sog. Identitätsaliuds ein Sachmangel.[1765] In dem Regierungsentwurf der GVBC fehlt eine Regelung die Aliudlieferungen und Mengenabweichungen als Sachmangel im Sinne der GVBC qualifiziert. Die GVBC muß insofern nachgebessert werden, denn aufgrund der speziellen Aufhebungsvorschrift ("Disp. derogatoria. Derogación normativa.") gilt auch die allgemeine Nichterfüllungshaftung aus Art.1124 CC nicht für Verbrauchsgüterkäufe. Die Rechtsprechung hat bisher großzügig beim Vorliegen von Sachmängeln eine Aliud-Lieferung angenommen und Art.1124 CC angewendet, um der kurzen Ausschlußfrist des Art.1490 CC zu entgehen. Für Verbrauchsgüterkäufe käme dieser Lösungsweg, der ohnehin dem Grundsatz der Spezialität des Kaufrechts zuwiderläuft, aufgrund der gesetzlichen Klarstellung in der GVBC nun endgültig nicht mehr in Betracht. Die Rechtsprechung wird daher im Hinblick auf die verlängerte zweijährige Ausschluß- bzw. die dreijährige Verjährungsfrist gemäß Art.9 GVBC bei Verbrauchsgüterkäufen von dem weiten Verständnis des Begriffs des aliuds Abstand nehmen und den subjektiv-objektiven Mängelbegriff des Art.3 GVBC anwenden, der in den allermeisten Fällen, in denen die Rechtsprechung bisher ein aliud angenommen hat, zu dem Ergebnis führen wird, daß ein Mangel i.S.d. Art.3 GVBC gegeben ist.

[1765] 6. Kapitel, C., III.., 1., ff).

III. Keine Mängelrüge

Auf eine Umsetzung einer Rügeobliegenheit des Verbrauchers, die der europäische Gesetzgeber in Art.5 Abs.2 VbrKfRil zur Wahl der Mitgliedstaaten gestellt hat, haben Spanien und Deutschland aus guten Gründen verzichtet. Der Käufer ist grundsätzlich selbst an einer zügigen Behebung des Mangels interessiert. Außerdem ist der Verkäufer ausreichend durch den Haftungsausschluß geschützt, der eingreift, wenn der Käufer die Vertragswidrigkeit bei Vertragsschluß kannte oder kennen mußte (Art.3 Abs.3 GVBC und § 442 Abs.1 BGB).

IV. Rechtsbehelfe

1. Vorrang der Nacherfüllung

Die Verbrauchsgüterkaufrichtlinie ist durch den Vorrang der Nacherfüllung geprägt, den das deutsche Recht den Bedürfnissen der Praxis folgend auf das allgemeine Kaufrecht ausgeweitet hat. Dies ist die logische Folge des Umstandes, daß die mangelfreie Erfüllung des Kaufvertrages nunmehr eine primäre Leistungspflicht des Verkäufers bildet (§ 433 Abs.1 Satz 2 BGB). Der Vorrang der Nacherfüllung wird durch das grundsätzliche Erfordernis einer Nachfristsetzung umgesetzt (§§ 281 Abs.1, 323 Abs.1 BGB). Die Nachfristsetzung selbst ist bereits aus Art.47 CISG bekannt. Vor Ablauf der Nachfrist ist der Käufer grundsätzlich von anderen Rechtsbehelfen ausgeschlossen; nach deutschem Recht gilt dies auch für Schadensersatzansprüche statt der Leistung (§ 281 Abs.1 BGB). In Spanien enthält der Regierungsentwurf der GVBC, dem beschränkten Anwendungsbereich der Richtlinie entsprechend, einen Vorrang der Nachbesserung und Ersatzlieferung für Verbrauchsgüterkäufe. Rücktritt oder Minderung kann der Verbraucher danach erst verlangen, wenn die Nacherfüllung nicht in angemessener Frist und ohne größere Unannehmlichkeiten für den Verbraucher erfolgte (Art.7 GVBC). Die Frist setzt sich danach, wie bei der VbrKfRil, selbst in Gang. Das Kriterium der Obliegenheit des Verbrauchers zur Nachfristsetzung ist indes aus dem Gesichtspunkt der Rechtsicherheit vorzugswürdig, da sich die streitträchtige Frage des Zeitpunktes des Fristbeginnes und des Fristendes nicht stellt.[1766]

[1766] 6. Kapitel, C., V., 3.

2. Nacherfüllung

Die Entscheidung zwischen Nachbesserung und Ersatzlieferung, den Rechtsbehelfen der Nacherfüllung, steht sowohl nach der spanischen Regierungsentwurf der GVBC als auch dem deutschen Schuldrechtsmodernisierungsgesetz zur Wahl des Verbrauchers (Art.5 Abs.1 Satz 1 GVBC und § 439 Abs.1 BGB). Nach dem Regierungsentwurf der GVBC ist die Ersatzlieferung ausdrücklich bei gebrauchten und nicht vertretbaren Gütern ausgeschlossen (Art.6 lit.g GVBC). Bei gebrauchten Gütern versteht sich die Ausnahme sowohl nach der deutschen Rechtslage als auch dem spanischen Regierungsentwurf von selbst. Die Ersatzlieferung kann aber nach dem Schuldrechtsmodernisierungsgesetz auch bei nicht vertretbaren Gütern vom Verbraucher nicht gefordert werden.[1767] Eine entsprechende gesetzliche Klarstellung fehlt im deutschen Recht.

3. Rücktritt und Minderung

Ist die Vertragswidrigkeit lediglich geringfügig, ist der Anspruch des Verbrauchers auf Vertragsauflösung in Spanien und Deutschland entsprechend Art.3 Abs.6 VbrKfRil ausgeschlossen (Art.7 Satz 2 GVBC und § 323 Abs.5 Satz 2 BGB). Beide Rechtsbehelfe, Wandelung und Minderung, stimmen im übrigen in Spanien und Deutschland weitestgehend überein. Seit dem Schuldrechtsmodernisierungsgesetz bilden sie Gestaltungsrechte, wie schon bisher etwa die Anfechtung gemäß § 143 BGB, die durch Erklärung gegenüber dem Vertragspartner geltend gemacht werden (§§ 349, 441 Abs.1 S.1 BGB). Der Käufer kann seine Gewährleistungsrechte in Spanien durch Klage ("acción") oder mittels Einrede geltend machen. Sowohl Art.8 GVBC als auch § 441 BGB legen zur Berechnung des Minderungsbetrags die sog. relative Methode zugrunde. Das deutsche Recht stellt allerdings, wie zuvor bereits § 472 BGB a.F., auf den hypothetischen Wert der Kaufsache im Zeitpunkt des Vertragsschlusses ab, der von den Gerichten in der Praxis nur schwer festzulegen ist. Das deutsche Recht sieht daher vor, daß die Minderung durch Schätzung festgestellt werden kann (§ 441 Abs.3 Satz 2 BGB). Die spanische Lösung ist dagegen vorzugswürdig. Sie knüpft, wie Art.50 CISG, an dem Mangelwert der gelieferten Sache an, der regelmäßig einfacher ergründbar ist.

[1767] 6. Kapitel, C., III.., 2.

V. Beweislastumkehr

Sowohl das spanische Umsetzungsgesetz GVBC als auch das deutsche BGB-Kaufrecht setzen die Beweislastumkehr des Art.5 Abs.3 VbrKfRil beschränkt auf Verbrauchsgüterkäufe um (Art.9 Abs.1 Satz 2 GVBC und § 476 BGB). Die Beweislastumkehr findet allerdings in Deutschland entsprechende Anwendung auf den Unternehmerrückgriff (§ 478 Abs.3 BGB). Das ist sachgerecht, da der Rückgriff des Letztverkäufers (Art.4 VbrKfRil) sonst in den Fällen nicht hinreichend gesichert ist, in denen der Unternehmer gegenüber seinem Verkäufer den Beweis über den Herkunft des Mangels selbst nicht führen kann. Dieser Umstand wurde bei dem spanischen Regierungsentwurf der GVBC offenbar übersehen. Die GVBC setzt daher insoweit Art.4 VbrKfRil nicht ordnungsgemäß um.

VI. Verjährungsfristen

Die kaufrechtlichen Gewährleistungsansprüche des Verbrauchers verjähren nach deutschem Recht grundsätzlich in zwei Jahren. Die Frist ist auf das gesamte Kaufrecht ausgedehnt worden (§ 438 Abs.1 Nr.3 BGB). Erwirbt der Verbraucher eine gebrauchte Sache, kann eine Frist von einem Jahr vereinbart werden (§ 475 Abs.2 BGB). Eine Zweijahresfrist gilt auch nach Art.9 Abs.1 Satz 1 GVBC. Beim Verkauf gebrauchter Güter können Unternehmer und Verbraucher ebenfalls eine kürzere Frist vereinbaren, die ein Jahr nicht unterschreiten darf (Art.9 Abs.1 Satz 2 GVBC). Neben dieser zweijährigen Ausschlußfrist läuft außerdem eine dreijährige Verjährungsfrist für die Rechte des Verbrauchers (Art.9 Abs.3 GVBC). Eine derartige Doppelfrist ist durch Art. 5 VbrKfRil nicht gefordert und beruht wohl auf einem Mißverständnis der europäischen Richtlinienvorgabe. Art.5 VbrKfRil enthält sowohl eine Ausschluß- als auch eine Verjährungsfrist, was aber letztlich damit zu erklären ist, daß der Richtliniengeber eine Mindestverjährungsfrist von zwei Jahren für die Mitgliedstaaten vorschreibt, die bisher bereits eine kürzere Verjährungsfrist vorsahen. Die Ausschluß- und die Verjährungsfrist werden durch die Reparatur gehemmt (Art.6 lit.e GVBC) und durch die Ersatzlieferung unterbrochen (Art.6 lit.f GVBC). Eine entsprechende Klarstellung wäre für das deutsche Recht wünschenswert, da die herrschende Meinung des deutschen Schrifttums zwar überzeugend davon ausgeht, daß die Ersatzlieferung die Verjährungsfrist neu beginnen läßt, dies aber recht umständlich über § 212 Abs.1 Nr.1 BGB durch die Annahme eines konkludenten Anerkenntnisses herzuleiten sucht.[1768]

VII. Garantien

Die Regeln über selbständige Garantien des Art.6 VbrKfRil werden sowohl in Spanien als auch in Deutschland aufgrund ihres typischen Verbraucherschutzcharakters beschränkt auf Verbrauchsgüterkäufe umgesetzt (Art.11 GVBC und § 477 BGB). Nach Art.11 GVBC muß die Garantieerklärung dem Verbraucher in schriftlicher Form ausgehändigt werden. Nach § 477 Abs.2 BGB kann dies dagegen auch erst nach dem dahingehenden Verlangen des Verbrauchers erfolgen. Der Verbraucher ist in Spanien darüber hinaus dadurch geschützt, daß sein Erfüllungsanspruch aus der kommerziellen Garantie erst sechs Monate nach Ende der Garantiefirst verjährt (Art.11 Abs.3 GVBC). Dies entspricht der bisherigen Rechtslage nach Art.12 Abs.2 LOCM für den Verbraucherkauf langlebiger Güter, für den gemäß Art.11 Abs.2 LGDCU eine kommerzielle Garantie zwingend vorgesehen war. Aufgrund der Spezialität der GVBC finden Art.11 LGDCU und Art.12 LOCM keine Anwendung mehr auf den Verbrauchsgüterkauf ("Disp. derogatoria. Derogación normativa.").

VIII. Unabdingbarkeit

Ebenso wie die Beweislastumkehr wird auch die Unabdingbarkeit der Verbraucherrechte aus der VbrKfRil gemäß Art.7 Abs.1 VbrKfRil in Spanien und Deutschland auf Verbrauchsgüterkäufe beschränkt umgesetzt (Art.4 Abs.2 GVBC und § 475 BGB). Nach deutschem Recht ist außerdem eine Abweichung von der gesetzlichen Regelung des Unternehmerrückgriffs, der mittelbar dem Verbraucherschutz dient, nur unter Einräumung eines "angemessenen Ausgleichs" möglich (§ 478 Abs.4 BGB). Zulässig sind nach herrschender Meinung etwa Preisermäßigungen im Rahmen pauschaler Abrechnungssysteme. Dagegen erklärt der spanische Regierungsentwurf der GVBC die Rückgriffsregelung des Art.10 Abs.4 GVBC nicht für (jedenfalls eingeschränkt) zwingend. Art.7 VbrKfRil schreibt

---

[1768] 6. Kapitel, C., XII., 5., a).

dies auch nicht ausdrücklich vor. Zur Sicherung eines wirksamen Letztverkäuferdurchgriffs ist die deutsche Regelung indes vorzugswürdig. Die Einschränkung der Unabdingbarkeit bei "angemessenem Ausgleich" wird den Anforderungen an die Flexibilität des Handelsverkehrs gerecht.

IX. Herstellerdurchgriffshaftung

Eine Herstellerdurchgriffshaftung im Sinne der französischen "action directe" ist dem deutschen Recht auch nach der Schuldrechtsreform fremd. Im spanischen Schrifttum war die Frage der Herleitung einer "acción directa" aus Art.27 LGDCU äußerst umstritten, aber letztlich negativ zu beantworten.[1769] Art.10 GVBC räumt dem Verbraucher nunmehr eine subsidiäre Durchgriffshaftung gegen den Hersteller des Verbrauchsgutes für den Fall ein, daß es dem Verbraucher unmöglich oder nicht zuzumuten ist, sich wegen des Mangels an den Verkäufer zu wenden. Der Durchgriffsanspruch ist allerdings auf Nacherfüllung beschränkt. Ein Rückgriff wird dem Verbraucher regelmäßig einzuräumen sein, wenn der Verkäufer im Gegensatz zum Hersteller keine Möglichkeit zur eigenen fachgerechten Reparatur hat (etwa mangels Ersatzteilen) oder über keine Ersatzstücke des Verbrauchsgutes verfügt. Die spanische Regelung gewährleistet eine zügige Nacherfüllung für den Verbraucher und entlastet den Letztverkäufer sowie die Zwischenglieder der Absatzkette von der Rückreichung des mangelhaften Verbrauchsgutes.

X. Rückgriffsregeln

Spanien und Deutschland sind durch Art.4 VbrKfRil zur Einführung eines wirksamen Haftungsrückgriffs des Letztverkäufers verpflichtet für den Fall, daß die Vertragswidrigkeit auf einem Verhalten des Herstellers oder einer anderen Zwischenperson beruht. Die Ausgestaltung des Rückgriffs, insbesondere die Person des Rückgriffsgegners sowie die zur Verfügung stehenden Mittel und deren Ausübung, sind den Mitgliedstaaten freigestellt. Das neue deutsche Schuldrecht hat, seinem österreichischen Vorbild folgend, ein recht kompliziertes Rückgriffs-

---

[1769] 3. Kapitel, A., IV., 2., e), aa), (6), (d).

system in den §§ 478, 479 BGB geschaffen. Es gilt der Grundsatz des Rückgriffs in der Verkaufskette. Der Letztverkäufer ist gegenüber seinem Verkäufer zum einen hinsichtlich seiner Gewährleistungsrechte aus § 437 BGB von der grundsätzlich erforderlichen Nachfristsetzung befreit (§ 478 Abs.1 BGB): Mußte er gegenüber dem Verbraucher mindern oder den Kaufvertrag zurückabwickeln, so kann er sofort in gleicher Weise gegenüber seinem Verkäufer vorgehen, ohne zuvor Nacherfüllung verlangen zu müssen. Zum anderen kann der Letztverkäufer einen selbständigen Aufwendungsersatzanspruch (§ 478 Abs.2 BGB) gegen den Vormann in der Vertragskette geltend machen. Außerdem hilft dem Letztverkäufer auch die Beweislastumkehr zugunsten des Verbrauchers, die entsprechende Anwendung findet (§ 478 Abs.3 BGB). Diese Rechte setzten sich in der gesamten Verkaufskette fort (§ 478 Abs.5 BGB). Abweichende Regelungen sind nur unter einem "angemessenen Ausgleich" möglich (§ 478 Abs.4 BGB). Allerdings sind der Letztverkäufer und seine Vormänner zur Untersuchung und Mängelrüge gemäß § 477 HGB verpflichtet (§ 478 Abs.6 BGB), so daß ein Rückgriff regelmäßig nur bei verdeckten Mängeln in Betracht kommt. Die deutsche Regelung ist entgegen der VbrKfRil außerdem auf neu hergestellte Verbrauchsgüter beschränkt (§ 478 Abs.1, 2 BGB). Eine richtlinienkonforme Auslegung erscheint angesichts des eindeutigen Wortlauts des § 478 BGB ausgeschlossen. In der Verkaufskette verjähren die Ansprüche aus §§ 437, 478 Abs.1 BGB und § 478 Abs.2 BGB in zwei Jahren (§§ 438 Abs.1 Nr.3, 479 Abs.1, 3 BGB). Die Verjährung ist für zwei Monate nach dem Zeitpunkt der Erfüllung der Gewährleistungsansprüche des Verbrauchers gehemmt. Die Hemmung dauert längstens fünf Jahre (§ 479 Abs.2 BGB).

Der spanische Gesetzgeber begnügt sich zur Regelung des Letztverkäuferrückgriffs dagegen mit einer vergleichsweise einfachen Lösung: Der Verkäufer eines Verbrauchsgutes mit einem Herstellungsmangel, der dem Verbraucher gegenüber nacherfüllt, den Kaufpreis gemindert oder den Kaufvertrag gar gewandelt hat, kann den entsprechenden Rechtsbehelf innerhalb eines Jahres auch dem Hersteller gegenüber geltend machen. Eine Beschränkung auf neu hergestellte Verbrauchsgüter sieht die spanische Regelung in Übereinstimmung mit der Richtlinie nicht vor. Die Frist beginnt erst nach Erfüllung der Gewährleistungsansprüche. Bei der Frist handelt es sich um eine besondere Rückgriffsfrist, die unabhängig von der sechsmonatigen Ausschlußfrist des Art.1490 CC des allgemeinen Zivilkaufs und vor allem auch der kurzen Fristen der Art.336 Abs.2, 342 CCom, läuft. Es handelt sich um einen direkten Rückgriff des dem Verbraucher haftenden Unternehmer (Letztverkäufer) gegenüber dem Hersteller der Ware bei Vorliegen eines Herstellungsmangels. Der Vorteil des spanischen Systems ist, daß eine langwierige Rückabwicklung in der Vertragskette unterbleibt. Die Zwischenglieder in der Vertragskette werden so behandelt, als wäre jeweils eine vertragsgemäße Ware geliefert worden. Die Rückabwicklung erfolgt bei Herstellungsmängeln direkt zwischen dem haftenden Letztverkäufer und dem für den Mangel verantwortlichen Hersteller. Das spanische System weist aber eine erhebliche Lücke auf: Ist ein Zwischenhändler für den Mangel verantwortlich, bleibt der Letztverkäufer auf das allgemeine Kaufgewährleistungsrecht angewiesen. Auch für diesen Fall verlangt Art.4 VbrKfRil, daß der Letztverkäufer einen wirksamen Rückgriff verlangen können muß. Dies ist durch das spanische Recht jedoch nicht gewährleistet, da insoweit insbesondere die kurzen Fristen der Art.336 Abs.2, 342 CCom greifen und einen wirksamen Rückgriff verhindern können. Dem Unternehmer droht in diesem Fall eine Gewährleistungsfalle. Das spanische Recht bedarf daher der Korrektur.

8. Kapitel

Schlußzusammenfassung

1. Die zum 1.1.2002 erforderlich gewordene Umsetzung der Verbrauchsgüterkaufrichtlinie hat der deutsche Gesetzgeber zum Anlaß genommen, die bereits 1991 von der Schuldrechtskommission erwogene umfassende Reform des Schuldrechts in die Tat umzusetzen. Das entsprechende deutsche Gesetz zur Modernisierung des Schuldrechts führt eine - bis auf einige korrekturbedürftige Teile - gelungene Aktualisierung und Verbesserung des deutschen Schuldrechts herbei. Im Kaufgewährleistungsrecht wurden bereits durch den Regierungsentwurf viele komplizierte Differenzierungen beseitigt. Zukünftig wird grundsätzlich nicht mehr zwischen Gattungs- und Stückkauf, Fehlern und zugesicherten Eigenschaften, Aliud- und Mangellieferungen sowie zwischen Rechts- und Sachmängeln unterschieden. Diese Entscheidung des Gesetzgebers führt damit zu einer erheblichen Vereinfachung der gesetzessystematischen Struktur des Kaufgewährleistungsrechts.

2. Dagegen hatte der spanische Gesetzgeber eine rechtzeitige Umsetzung der Verbrauchsgüterkaufrichtlinie zum 1.1.2002 versäumt. Spanien befindet sich dabei in "guter Gesellschaft": Insgesamt acht EU-Mitgliedstaaten haben die Richtlinie nicht fristgerecht umgesetzt.[1770] Die EU-Kommission hat daher zum 6.1.2003 durch Übermittlung einer mit Gründen versehenen Stellungnahme an diese Staaten die zweite Stufe des Verstoßverfahrens nach Art.226 EGV eingeleitet.[1771] Erst am 31.10.2002 wurde ein Regierungsentwurf für ein Verbraucherschutzgesetz über Garantien in den spanischen Kongreß eingebracht. Die spanische Regierung beabsichtigt also die Umsetzung durch eine sog. kleine Lösung, beschränkt auf Verbrauchsgüterkäufe. Vorzugswürdig erscheint dagegen eine umfassende Reform des spanischen Schuldrechts, das durch die Rechtsprechung

[1770] Neben Spanien sind dies Belgien, Frankreich, Irland, Luxemburg, Niederlande, Portugal und das Vereinigte Königreich. Fristgerecht umgesetzt haben die Richtlinie nur sieben EU-Staaten: Österreich, Dänemark, Deutschland, Griechenland, Finnland, Italien und Schweden.

[1771] IP/03/3. Im Internet abrufbar unter http://europa.eu.int.

bereits in Richtung auf ein einheitliches Leistungsstörungsrecht ähnlich dem UN-Kaufrecht weiterentwickelt wurde. Das Gesetzesvorhaben zur Umsetzung der Verbrauchsgüterkaufrichtlinie in Spanien ist ohnehin eines auf Zeit: Die Regierung wird bereits bei Gesetzeserlaß dazu verpflichtet, innerhalb von drei Jahren ein einheitliches Verbraucherschutzgesetz zu schaffen, in dem das Allgemeine Verbraucherschutzgesetz (Ley 26/1984 General para la Defensa de los Consumidores y Usuarios) mit den speziellen Verbraucherschutzgesetzen, die auf europäischen Richtlinien beruhen, zusammengeführt wird. Durchgreifende rechtsdogmatische Gründe, das durch die VbrKfRil in die EU-Rechtsordnung eingeführte Einheitsrecht auf das Verbraucherschutzrecht zu beschränken, bestehen nicht. Für den Gesetzgeber in Spanien bietet sich - wie die rechtspolitische Entwicklung in Deutschland gezeigt hat - mit der Verbrauchsgüterkaufrichtlinie die günstige Gelegenheit, den Código Civil auf den Stand der aktuellen Rechtsvereinheitlichungsmodelle, allen voran des UN-Kaufrechts, zu bringen.

3. Die Annäherung der nationalen Zivilrechtskodifikationen der EG-Mitgliedstaaten - unter ihnen Spanien und Deutschland - an das bewährte Modell des UN-Kaufrechts, das selbst Vorbild der Verbrauchsgüterkaufrichtlinie ist, bildet einen wertvollen Schritt in Richtung auf eine weitere Vereinheitlichung des europäischen Zivilrechts durch ein zukünftiges Europäisches Zivilgesetzbuch für den Bereich des Vermögensrechts. Durch das Inkrafttreten des Gesetzes zur Modernisierung des Schuldrechts am 1.1.2002 ist Deutschlands über hundertjähriges BGB recht gut für die in Zukunft zu erwartenden weiteren europäischen Reformen gerüstet. Dem spanischen Gesetzgeber ist ähnlicher Mut zur Modernisierung des nicht weniger betagten Código Civils zu wünschen.

4. Die schleppende Umsetzung der Verbrauchsgüterkaufrichtlinie in insgesamt acht EU-Mitgliedstaaten wirft ein bezeichnendes Bild auf die Harmonisierung des europäischen Schuldrechts durch Richtlinienrecht. Sollte sich vor diesem Hintergrund der gesetzgeberische Wille eines einheitlichen Zivilgesetzbuchs in der EU durchsetzen können, scheint dies schlechterdings nur im Verordnungswege realistisch - insbesondere zeitnah - durchführbar.

Abkürzungsverzeichnis

a.A.	anderer Ansicht
a.a.O.	am angegebenen Ort
a.F.	alte Fassung
ABlEG	Amtsblatt der Europäischen Gemeinschaften
ABlEWG	Amtsblatt der Europäischen Wirtschaftsgemeinschaft
AC	Actualidad Civil (Jahr und Seite)
AcP	Archiv für die civilistische Praxis (Band, Jahr und Seite)
ADC	Anuario de Derecho Civil (Jahr, Teil, Heft und Seite)
a.E.	am Ende
a.F.	alte Fassung
AGB	Allgemeine Geschäftsbedingungen
AGBG	Gesetz zur Regelung des Rechts der Allgemeinen Geschäftsbedingungen (AGB-Gesetz)
AnwBl	Anwaltsblatt (Jahr und Seite)
BB	Betriebsberater (Jahr und Seite)
BDI	Bundesverband der Deutschen Industrie e.V.
Bem.	Bemerkung
BGB	Bürgerliches Gesetzbuch in der Fassung nach Inkrafttreten des Gesetzes zur Modernisierung des Schuldrechts am 1.1.2002
BGB a.F.	Bürgerliches Gesetzbuch in der Fassung vor Inkrafttreten des Gesetzes zur Modernisierung des Schuldrechts am 1.1.2002
BGB-BE	Bürgerliches Gesetzbuch in der Fassung der Beschlußempfehlung des Rechtsausschusses des Deutschen Bundestags für ein Gesetz zur Modernisierung des Schuldrechts
BGB-DE	Bürgerliches Gesetzbuch in der Fassung des Diskussionsentwurfs eines Gesetzes zur Modernisierung des Schuldrechts
BGB-DEKF	Konsolidierte Fassung des Diskussionsentwurfs eines Schuldrechtsmodernisierungsgesetzes auf der Grundlage des Diskussionsentwurfs eines Gesetzes zur Modernisierung des Schuldrechts, der hierzu vorliegenden Stellungnahmen und der Ergebnisse der Beratungen der Arbeitsgemeinschaften zu den einzelnen Komplexen und der Kommission Leistungsstörungsrecht

BGB-KE	Bürgerliches Gesetzbuch in der Fassung des Entwurfs der Schuldrechtskommission
BGB-RE	Bürgerliches Gesetzbuch in der Fassung des Entwurfs der Bundesregierung eines Gesetzes zur Modernisierung des Schuldrechts
BGH	Bundesgerichtshof
BGHZ	Entscheidungen des Bundesgerichtshofs in Zivilsachen (Band und Seite)
BOCG	Boletín Oficial de los Cortes Generales
BOE	Boletín Oficial del Estado
BR-Drucks.	Bundesratsdrucksache
BT-Drucks.	Bundestagsdrucksache
CC	Código Civil
CCJC	Cuadernos Civitas de Jurisprudencia Civil (Band, Jahr und Seite)
CCom	Código de comercio
CE	Constitución española
cic	culpa in contrahendo
CISG	Convention on Contracts for the International Sale of Goods (United Nations)
CL	Colección Legislativa de España. Jurisprudencia Civil.
Coo.	Coordinación
DAR	Deutsches Autorecht
DB	Der Betrieb (Jahr und Seite)
DIHK	Deutscher Industrie- und Handelskammertag
Dir.	Dirección
Disp.adic.	Disposición adicional (Zusatzbestimmung)
Diss.	Dissertation
DZWir	Deutsche Zeitschrift für Wirtschaftsrecht (Jahr und Seite)
EC	Estudios sobre Consumo
ed.	editor/ Edition
Ed.	Editor, Editores
endg.	endgültig
EG	Europäische Gemeinschaft(en)
EGBGB-RE	Einführungsgesetz zum Bürgerlichen Gesetzbuche in der Fassung des Regierungsentwurfs eines Gesetzes zur Modernisie-

	rung des Schuldrechts
EGV	Vertrag zur Gründung der Europäischen Gemeinschaft i.d.F. v. 2.10.1997, ABlEG 1997 Nr C 340/145
ERPL	European Review of Private Law (Jahr und Seite)
EuGH	Europäischer Gerichtshof
EuZGB	Europäisches Zivilgesetzbuch
EuZW	Europäische Zeitschrift für Wirtschaftsrecht (Jahr und Seite)
EVÜ	Übereinkommen über das auf vertragliche Schuldverhältnisse anwendbare Recht v. 19.6.1980, BGBl 1986 II 810
EWS	Europäisches Wirtschafts- & Steuerrecht (Jahr und Seite)
FAZ	Frankfurter Allgemeine Zeitung
FS	Festschrift (für)
GRUR	Gewerblicher Rechtsschutz und Urheberrecht (Jahr und Seite)
GS	Gedächtnisschrift (für)
GVBC	Ley sobre Garantías en la Venta de Bienes de Consumo, Proyecto de Ley de 31 de Octubre de 2002, BOCG, VII Legislatura, Serie A. Núm. 117-1 (spanischer Regierungsentwurf eines Gesetzes über Garantien im Verbrauchsgüterkauf)
Habil.	Habilitation
HGB	Handelsgesetzbuch v. 10.5.1897, RGBl I 285, BGBl III 3 Nr.300-15
HGB-RE	Handelsgesetzbuch in der Fassung des Entwurfs der Bundesregierung eines Gesetzes zur Modernisierung des Schuldrechts
IHK	Internationale Handelskammer
IHR	Internationales Handelsrecht (Jahr und Seite)
IPRax	Praxis des Internationalen Privat- und Verfahrensrecht (Jahr und Seite)
IPRG	Gesetz zur Neuregelung des internationalen Privatrechts v. 25.7.1986, BGBl I 1142
IStR	Internationales Steuerrecht (Jahr und Seite)
Jb.J.ZivRWiss.	Jahrbuch Junger Zivilrechtswissenschaftler
JBl	Juristische Blätter (Jahr und Seite)
JR	Juristische Rundschau (Jahr und Seite)
JZ	Juristen-Zeitung (Jahr und Seite)
KOM	Dokumente der Kommission der Europäischen Gemeinschaften

LGDCU	Ley General para la Defensa de los Consumidores y Usuarios, Ley 26/1984, de 19 de julio, BOE número 176, de 24 de julio (spanisches allgemeines Verbraucherschutzgesetz)
LOCM	Ley de Ordenación del Comercio Minorista, Ley 7/1996, de 15 de enero, BOE número 15, de 17 de enero; corrección de erratas en BOE número 42, de 17 de febrero (spanisches Einzelhandelsgesetz)
LRCP	Ley de responsabilidad civil por los daños causados por productos defectuosos, Ley 22/1994, de 6 de julio, BOE número 161, de 7 de julio (spanisches Produkthaftungsgesetz)
MDR	Monatsschrift für Deutsches Recht (Jahr und Seite)
m.w.N.	mit weiteren Nachweisen
n.F.	neue Fassung
NJ	Neue Justiz (Jahr und Seite)
NJW	Neue Juristische Wochenschrift (Jahr und Seite)
NJW-RR	Neue Juristische Wochenschrift Rechtsprechungs-Report Zivilrecht (Jahr und Seite)
ÖBGBl	Österreichisches Bundesgesetzblatt (Jahr, Nummer und Seite)
OGH	Oberster Gerichtshof, Entscheidungen des obersten Gerichtshofs (Österreich)
ÖJZ	Österreichische Juristenzeitung (Jahr und Seite)
OLG	Oberlandesgericht
PDS	Partei des Demokratischen Sozialismus
pVV	positive Vertragsverletzung
RabelsZ	Rabels Zeitschrift für ausländisches und internationales Privatrecht (Jahr und Seite)
RCDI	Revista Crítica de Derecho Inmobilario
RDC	Revista de Derecho Comparado (Jahr und Seite)
RDP	Revista de Derecho Privado (Jahr und Seite)
RdW	Recht der Wirtschaft, Wien (Jahr und Seite)
REDC	Revue Européenne de Droit de la Consommation (Jahr und Seite)
Rev. Fac. Der.	Revista de la Facultad de Derecho
RIW	Recht der Internationalen Wirtschaft (Jahr und Seite)
RJA	Repetitorio de Jurisprudencia Aranzadi
SAP	Sentencia de la Audiencia Provincial

SJZ	Schweizerische Juristen- Zeitung (Jahr und Seite)
SPD	Sozialdemokratische Partei Deutschlands
STC	Sentencia del Tribunal Constitucional
STS	Sentencia del Tribunal Supremo
TranspR-IHR	Internationales Handelsrecht, Mitteilungen für die wirtschaftsrechtliche Praxis, Beilage zur Zeitschrift Transportrecht (Nummer, Jahr und Seite)
TS	Tribunal Supremo
Tz.	Textziffer
UN	United Nations (Vereinte Nationen)
UNCITRAL	United Nations Commission on International Trade Law
UNIDROIT	Institut International pour l'Unificacion du Droit Privé/ International Institute for the Unification of Private Law/ Internationales Institut für die Vereinheitlichung des Privatrechts
UWG	Gesetz gegen den unlauteren Wettbewerb v. 7.6.1909, RGBl 499, BGBl III 4 Nr.43-1
VbrKfRil	EG-Richtlinie zum Verbrauchsgüterkauf
VbrKfRil-E	Entwurf einer EG-Richtlinie zum Verbrauchsgüterkauf
VRS	Verkehrsrechts-Sammlung (Jahr und Seite)
VuR	Verbraucher und Recht (Jahr und Seite)
WM	Wertpapier-Mitteilungen, Zeitschrift für das Wirtschafts- und Bankrecht (Jahr und Seite)
ZEuP	Zeitschrift für Europäisches Privatrecht (Jahr und Seite)
ZfBR	Zeitschrift für deutsches und internationales Baurecht (Jahr und Seite)
ZfRV	Zeitschrift für Rechtsvergleichung (Jahr und Seite)
ZHR	Zeitschrift für das gesamte Handelsrecht und Wirtschaftsrecht (Band, Jahr und Seite)
ZIP	Zeitschrift für Wirtschaftsrecht und Insolvenzpraxis (Jahr und Seite)
ZPO	Zivilprozeßordnung i.d.F. v. 12.9.1950, BGBl I 535, BGBl III 3 Nr.310-4
ZRP	Zeitschrift für Rechtspolitik (Jahr und Seite)
ZSR	Zeitschrift für schweizerisches Recht (Jahr und Seite)
ZVglRWiss	Zeitschrift für vergleichende Rechtswissenschaft (Jahr und Seite)

Literaturverzeichnis

Adomeit, Klaus/ Frühbeck, Guillermo, Einführung in das spanische Recht, Das Verfassungs-, Zivil-, Wirtschafts- und Arbeitsrecht des Königreichs Spaniens, München 1993.

Albácar López, José Luis (Coo.), Código civil, Doctrina y jurisprudencia. Tomo II, Art. 333 a 603, Cuarta edición, Madrid 1991. (Zitiert: Albácar López-Bearbeiter).

– Tomo IV, Art.1088 a 1444, por Jaime Santos Briz, Madrid 1991. (Zitiert: Albácar López-Santos Briz).

– Tomo V, Art.1445 a 1603, Madrid 1991. (Zitiert: Albácar López).

Albaladejo García, Manuel, Compendio de derecho civil, Decima Edición, Barcelona 1997.

– *(Coo.),* Comentarios al Código civil y Compilaciones forales: Tomo V, Vol.1, Artículos 333-391 del Código Civil. Tomo XIX, Art.1445-1541 del Código Civil, Comentados por Gabriel García Cantero, Madrid 1980. Tomo XX, Volumen 2, Artículos 1583-1603 del Código Civil, Comentados por Francisco Lucas Fernandez, Madrid 1986. (Zitiert: Albaladejo-Bearbeiter).

– Derecho civil, Tomo II, Segunda parte: Derecho de obligaciones. Los contratos en particular, Octava Edición, Barcelona 1989.

Alcántara Sampelayo, J., La prestación del riesgo en la compraventa, in: RDP 1946, 487.

Alonso Espinosa, Francisco José/ López Pellicer, José Antonio/ Massaguer Fuentes, José/ Reverte Navarro, Antonio, Régimen Jurídico General del Comercio Minorista, Comentarios a la Ley 7/1996, de 15 de enero, de Ordenación del Comercio Minorista y a la Ley Orgánica 2/1996, de 15 de enero, complementaria de la Ordenación del Comercio Minorista, Madrid 1999. (Zitiert: Alonso Espinosa/López Pellicer/Massaguer Fuentes/Reverte Navarro-Bearbeiter).

Alonso Pérez, Mariano, El riesgo en el contrato de compraventa, Madrid 1972.

Altmeppen, Holger, Nochmals: Schadensersatz wegen Pflichtverletzung, anfängliche Unmöglichkeit und Aufwendungsersatz im Entwurf des Schuldrechtsmodernisierungsgesetzes, -Replik auf Canaris, DB 2001 S.1815, in: DB 2001, 1821.

– Stellungnahme zum Entwurf eines Gesetzes zur Modernisierung des Schuldrechts- BT- Drucksache 14/6040, Anhörung vor dem Rechtsausschuß des Deutschen Bundestags am 2. Juli 2001 und am 4. Juli 2001. Im Internet abrufbar unter http://www.uni-passau.de/Altmeppen. (Zitiert: Altmeppen, Stellungnahme zum Regierungsentwurf eines Schuldrechtsmodernisierungsgesetzes vor dem Rechtsausschuß des Deutschen Bundestags).

– Untaugliche Regeln zum Vertrauensschaden und Erfüllungsinteresse im Schuldrechtsmodernisierungsentwurf, in: DB 2001, 1399.
– Schadensersatz wegen Pflichtverletzung- Ein Beispiel für die Überhastung der Schuldrechtsreform, in: DB 2001, 1131.

Amtenbrink, Fabian/ Schneider, Claudia: Europäische Vorgaben für ein neues Kaufrecht und deutsche Schuldrechtsreform, in: VuR 1999, 293.
– Die europaweite Vereinheitlichung von Verbrauchsgüterkauf und -garantien, in: VuR 1996, 367.

Anders, Holm, Der zentrale Haftungsgrund der Pflichtverletzung im Leistungsstörungsrecht des Entwurfs für ein Schuldrechtsmodernisierungsgesetz, in: ZIP 2001, 184.
– Zur Reform des Kaufrechts, in: ZRP 2000, 293.

Artz, Markus, Die Schuldrechtsreform vor dem Hintergrund des Gemeinschaftsrechts, in: NJW 2001, 1703.

Auktor, Christian, Die Verjährung der Gewährleistungsrechte bei mangelhafter Nacherfüllung nach § 439 BGB, in: NJW 2003, 120.

Avilés García, Javier, Problemas de derecho interno que plantea la incorporación y aplicación de la Directiva 1999/44/CE sobre determinados aspectos de la venta y las garantias de los bienes de consumo, in: AC 2000 (XLIX), 1179.
– Garantía y conformidad da los bienes y servicios de consumo. Contratos de reparación y asistencia técnica, in: De León Arce/García García, Derechos de los consumidores y usuarios (Doctrina, normativa, jurisprudencia, formularios). (Zitiert: De León Arce/García García-Avilés García).

Ayad, Patrick, Schuldrechtsreform: Das Gesetz zur Modernisierung des Schuldrechts in der Vertragspraxis, in: DB 2001, 2697.

Badenes Gasset, Ramón, El contrato de compraventa, Tomo I, Tercera Edición, Barcelona 1995.

Ball, Wolfgang, Neues Gewährleistungsrecht beim Kauf, in: ZGS 2002, 49.

Bar, Christian von, Die Study Group on a European Civil Code, in: Festschrift für Dieter Henrich zum 70.Geburtstag, 1.Dezember 2000, hrsg. v. Peter Gottwald, Erik Jayme, Dieter Schwab, Bielefeld 2000, S.1. (Zitiert: Bar, Die Study Group on a European Civil Code, FS Henrich).

Basedow, Jürgen (Hrsg.), Das BGB im künftigen europäischen Privatrecht: Der hybride Kodex, Systemsuche zwischen nationaler Kodifikation und Rechtsangleichung, in: AcP 200 (2000), 445.
– Europäische Vertragsrechtsvereinheitlichung und deutsches Recht, Symposium „Europäische Vertragsvereinheitlichung und deutsches Recht“, Tübingen 2000. (Zitiert: Basedow (Hrsg.), Europäische Vertragsrechtsvereinheitlichung und deutsches Recht).
– Materielle Rechtsangleichung und Kollisionsrecht, in: Internationales Verbraucherschutzrecht: Erfahrungen und Entwicklungen in Deutschland, Liechtenstein, Österreich und der Schweiz; Referate und Diskussions-

berichte des Kolloquiums zu Ehren von Fritz Reichert-Facilides/ hrsg. von Anton K. Schnyder, Helmut Heiss und Bernhard Rudisch, Tübingen 1995.
- Die Reform des deutschen Kaufrechts, Köln 1988. (Zitiert: Basedow, Kaufrechtsreform).

Baumbach, Adolf/ Hopt, Klaus J., Handelsgesetzbuch mit GmbH & Co., Handelsklauseln, Bank- und Börsenrecht, Transportrecht (ohne Seerecht), 30. Auflage, München 2000.

Bercovitz y Rodrígez-Cano, Alberto/ Bercovitz y Rodrígez-Cano, Rodrigo, Estudios jurídicos sobre la protección de los consumidores, Madrid 1987. (Zitiert: Bercovitz/Bercovitz-Bearbeiter, Estudios jurídicos sobre la protección de los consumidores).

Bercovitz y Rodríguez-Cano, Rodrigo/ Salas Hernández, Javier (Coo.), Comentarios a la Ley General para la Defensa de los Consumidores y Usuarios, Madrid 1992. (Zitiert: Bercovitz/Salas-Bearbeiter, Comentarios LGDCU).

Bercovitz Rodríguez-Cano, Rodrigo (Coo.), Comentarios a la Ley de Condiciones Generales de Contratación, Elcano (Navarra) 1999. (Zitiert: Bercovitz Rodríguez-Cano-Bearbeiter, Comentarios a la Ley de Condiciones Generales de Contratación).
- Comentario a la STS de 23 de junio de 1993, in: CCJC, nº 33, 1993, 863.
- Comentario a la STS de 23 de mayo de 1991, in: CCJC, nº 26, 1991, 603.
- Vorwort, in: Pasquau Liaño, Miguel: La acción directa en el derecho español, Madrid 1989.
- STS 9 de abril de 1984: Contrato atípico: cumplimiento. Entrega de animales con enfermedad contagiosa: nulidad del contrato, in: CCJC, n.º 5, 1984, 1593.
- La naturaleza de las acciones redhibitoria y estimatoria en la compraventa, in: ADC 1969, 777.

Bereska, Christian, Der neue Lieferantenregress nach §§ 478, 479 BGB - eine Arbeitshilfe, in: ZGS 2002, 59.

Beschlüsse des 60.Deutschen Juristentages zur Schuldrechtsreform, Mängelhaftung und Verjährung, in: ZIP 1994, 1573.

Bianca, Cesare Massimo/ Bonell, Michael Joachim (Hrsg.), Commentary on the International Sales Law. The 1980 Vienna Sales Convention, Mailand 1987.

Bitter, Georg/ Meidt, Eva, Nacherfüllungsrecht und Nacherfüllungspflicht des Verkäufers im neuen Schuldrecht, in: ZIP 2001, 2114.

Blanco Giraldo, Fernando Luis/ Roldan Montaud, Francisco Javier, Código de Comercio, Tomo II, Artículos 116 al 572; Concordancias, Jurisprudencia y Resoluciones de la Dirección General de los Registros y del Notariado, Madrid 1992.

Bleckmann, Albert, Europarecht, Das Recht der Europäischen Union und der Europäischen Gemeinschaften, 6. Auflage; Köln, Berlin, Bonn, München 1997. (Zitiert: Bleckmann, Europarecht).

Boerner, Dietmar, Kaufrechtliche Sachmängelhaftung und Schuldrechtsreform, in: ZIP 2001, 2264.

Borrell y Soler, Antonio M., El contrato de compraventa según el Código civil español, Barcelona 1952. (Zitiert: Borrell y Soler, Contrato de compraventa).

Bredow, Günther, in: Recht der Werbung in Europa, Band 4: Spanien, hrsg. v. Gerhard Schricker, veröffentlicht vom Zentralausschuß der Werbewirtschaft (ZAW), Bonn 1990.

Brors, Christiane, Die Falschlieferung in der Schuldrechtsreform, in: JR 2002, 133.

Broseta Pont, Manuel, Manual de Derecho mercantil, 9. Auflage, Madrid 1991. (Zitiert: Broseta Pont, Manual de Derecho mercantil).

Brüggemann, Gerd, Die Produkthaftung nach spanischem Recht. Eine rechtsvergleichende Darstellung zum deutschen Recht und zur EG-Produkthaftungs-Richtlinie, Köln 1988.

Brüggemeier, Gert, Zur Reform des deutschen Kaufrechts- Herausforderungen durch die EG-Verbrauchsgüterkaufrichtlinie, in: JZ 2000, 529.

Brüggemeier, Gert/ Reich, Norbert, Europäisierung des BGB durch große Schuldrechtsreform?, Stellungnahme zum Entwurf eines Schuldrechtsmodernisierungsgesetzes, in: BB 2001, 213.

Bundesnotarkammer und DeutscherAnwaltVerein, Gemeinsame Stellungnahme der Bundesnotarkammer und des DeutschenAnwaltVereins zum Regierungsentwurf eines Gesetzes zur Modernisierung des Schuldrechts, 9. August 2001.

Bundesrat, Stellungnahme des Bundesrats, Entwurf eines Gesetzes zur Modernisierung des Schuldrechts, Drucksache 338/01 (Beschluss), 13.07.2001.

Bundesverband der Deutschen Industrie e.V. (BDI), Stellungnahme zum Entwurf eines Gesetzes zur Modernisierung des Schuldrechts (Bundesrats-Drucksache 338/01, Bundestags-Drucksache 14/6040), 18.Juni 2001. Im Internet abrufbar unter http://www.bdi-online.de.

Bülow, Peter/ Arzt, Markus, Fernabsatzverträge und Strukturen eines Verbraucherprivatrechts im BGB, in: NJW 2000, 2049.

Bydlinski, Peter, Die geplante Modernisierung des Verjährungsrechts, in: Schulze, Reiner/ Schulte-Nölke, Hans (Hrsg.), Schuldrechtsreform vor dem Hintergrund des Gemeinschaftsrechts, Tübingen 2001, S.381.

Caffarena Laporta, J., Genus numquam perit, ADC 1982, 291.

Cámara Lapuente, Sergio, Hacia un Código Civil Europeo: ¿Realidad o quimera?, in: La Ley 1999-2, D-61, S.1668.

Canaris, Claus-Wilhelm, Schadensersatz wegen Pflichtverletzung, anfängliche Unmöglichkeit und Aufwendungsersatz im Entwurf des Schuldrechtsmodernisierungsgesetzes, in: DB 2001, 1815.

– Die Reform des Rechts der Leistungsstörungen, in: JZ 2001, 499.

– Das allgemeine Leistungsstörungsrecht im Schuldrechtsmodernisierungsgesetz, in: ZRP 2001, 329.
– Zur Bedeutung der Kategorie der "Unmöglichkeit" für das Recht der Leistungsstörungen, in: Schulze, Reiner/ Schulte- Nölke, Hans (Hrsg.), Die Schuldrechtsreform vor dem Hintergrund des Gemeinschaftsrechts, Tübingen 2001, S.43.

Carrasco Perera, Angel F./ Cordero Lobato, Encarna/ Martín Espín, Pascual, Transposición de la Directiva comunitaria sobre venta y garantías de los bienes de consumo, Primera parte: Opciones, situación actual, condiciones de transposición y análisis de la Directiva; 1999. Im Internet abrufbar unter http://www.uclm.es/post_derecho/2000/materiales/civil/Materiales.htm. (Zitiert: Carrasco Perrera/ Cordero Lobato/ Martín Espín, Transposición de la Directiva comunitaria sobre venta y garantías de los bienes de consumo, Primera parte).
– Transposición de la Directiva comunitaria sobre venta y garantías de los bienes de consumo, Segunda parte: Propuesetas de regulación, textos articulados y bibliografía; 1999; Estudios sobre Consumo, Número 52, 2000, S.125. Ebenfalls im Internet abrufbar unter http://www.uclm.es/post_derecho/2000/materiales/civil/Materiales.htm. (Zitiert: Carrasco Perrera/ Cordero Lobato/ Martín Espín, Estudios sobre Consumo).

Castán Tobeñas, José, Derecho civil español, común y foral, Tomo IV, Derecho de obligaciones, Decimocuarta edición, Madrid 1988. (Zitiert: Castán Tobeñas).

Castilla Barea, Margarita, La determinación de la "falta de conformidad" del bien con el contrato a tenor del art.3.1 del Proyecto de Ley de Garantías en la venta de bienes de consumo, I Parte, AC 2002 (Número 17, Diciembre 2002), II Parte, AC 2003 (Número 18, Enero 2003).

Cavanillas Múgica, Santiago, Responsabilidad civil y protección del consumidor, Palma de Mallorca 1985.

Corral García, Eduardo, La protección de los consumidores a través de la eficacia contractual de la publicidad, in: AC 2000 (LVIII), 1399.

Dauner-Lieb, Barbara, Ein Jahr Schuldrechtsreform - Eine Zwischenbilanz, in: ZGS 2003, 10.
– Die Schuldrechtsreform- Das große juristische Abendteuer, in: DStR 2001, 1572.
– Stellungnahme zum Entwurf eines Gesetzes zur Modernisierung des Schuldrechts- Drucksache 14/6040, Anhörung vor dem Rechtsausschuß des Deutschen Bundestags am 2.7. und am 4.7.2001, Juni 2001. Im Internat als pdf-Format abrufbar unter http://www.uni-koeln.de/jur-fak/Ibrah/Publ_pdf/stellungnahme.pdf (Zitiert: Dauner-Lieb, Stellungnahme zum Schuldrechtsmodernisierungsgesetzentwurf).

– Die geplante Schuldrechtsmodernisierung- Durchbruch oder Schnellschuß?, in: JZ 2001, 8.

Dauner-Lieb, Barbara/ Arnold, Arnd, Noch einmal: Die Falschlieferung beim Stückkauf, JuS 2002, 1175.

– Anmerkungen zur neuesten Fassung des Verjährungsrechts in der konsolidierten Fassung des Verjährungsrechts in der konsolidierten Fassung eines Diskussionsentwurfs eines Schuldrechtsmodernisierungsgesetzes. Im Internet als pdf-Format abrufbar unter http://www.dauner-lieb.de. (Zitiert: Dauner-Lieb/Arnold, Anmerkungen zur neuesten Fassung des Verjährungsrechts in der konsolidierten Fassung des Diskussionsentwurfs).

Dauner-Lieb, Barbara/ Arnold, Arnd/ Dötsch, Wolfgang/ Kitz, Volker, Fälle zum neuen Schuldrecht, Köln u.a. 2002.

– Anmerkungen und Fragen zur konsolidierten Fassung des Diskussionsentwurfs eines Schuldrechtsmodernisierungsgesetzes. Im Internet als pdf-Format abrufbar unter http://www.dauner-lieb.de. (Zitiert: Dauner-Lieb/Arnold/Dötsch/Kitz, Anmerkungen und Fragen zur konsolidierten Fassung des Diskussionsentwurfs).

Dauner-Lieb, Barbara/ Dötsch, Wolfgang, Schuldrechtsreform: Haftungsgefahren für Zwischenhändler nach neuem Recht, in: DB 2001, 2535.

Dauner-Lieb, Barbara/ Heidel, Thomas/ Lepa, Manfred/ Ring, Gerhard, Anwaltkommentar, Schuldrecht, Bonn 2002.

– Das Neue Schuldrecht, Ein Lehrbuch, Heidelberg 2002.

– Das neue Schuldrecht in der anwaltlichen Praxis, Bonn 2002.

Däubler-Gmelin, Herta, Die Entscheidung für die so genannte Große Lösung bei der Schuldrechtsreform, Zum Entwurf eines Gesetzes zur Modernisierung des Schuldrechts, in: NJW 2001, 2281.

De Cossío, Alfonso, La transmisión de la propiedad y de los riesgos en la compraventa de cosas genéricas, ADC 1953, 597.

De León Arce, Alicia (Dir., Coo.)/ García García, Luz Maria (Coo.), Derechos de los Consumidores y Usuarios (Doctrina, normativa, jurisprudencia, formularios), Valencia 2000. (Zitiert: De León Arce/García García-Bearbeiter, Derechos de los Consumidores y Usuarios).

Díaz Alabart, Silvia, Artículo 12 LOCM, in: Piñar Mañas/Beltrán Sánchez, Comentarios a la Ley de Ordenación del Comercio Minorista y la Ley Orgánica complementaria (Zitiert: Piñar Mañas/Beltrán Sánchez-Bearbeiter, Comentarios LOCM).

Díez-Picazo, Luis Maria/ Gullón, Antonio, Sistema de Derecho Civil, Tomo II, Sexta Edición, Madrid 1989. (Zitiert: Díez Picazo/Gullón, Sistema II).

Díez-Picazo, Luis Maria, Fundamentos del Derecho Civil Patrimonial, Volumen Primero, Madrid 1972.

Díez-Picazo y Ponce de León, Luis (Dir., Coo.), La Compraventa Internacional de Mercaderias, Comentario de la Convención de Viena, bearbeitet v. Antonio Cabanillas Sánchez, Jorge Caffarena Laporta, Alfonso-Luis Calvo Caravaca, Miguel Coca Payeras, Luis Díez-Picazo y Ponce de León, Luis Fernández de la Gánadara, Angel López López; José Maria Miquel González, Vicente Montés, Antonio Manuel Morales Moreno, Fernando Pantaleón Prieto, Luis Rojo Ajuria, Pablo Salvador Coderch, Ana Soler Presas, Madrid 1998 (Zitiert: Díez-Picazo y Ponce de León-Bearbeiter).

Diskussionsentwurf eines Schuldrechtsmodernisierungsgesetzes, Bundesjustizministerium, Referat I B 2, Stand: 04.August 2000. Im Internet als pdf-Format abrufbar unter http://www..bmj.bund.de/ggv/eschurmo.pdf. Abgedruckt in: Ernst/Zimmermann (Hrsg.), Zivilrechtswissenschaft und Schuldrechtsreform, S.613 ff.

Dörner, Heinrich, Die Integration des Verbraucherrechts in das BGB, in: Schulze, Reiner/ Schulte- Nölke, Hans (Hrsg.), Die Schuldrechtsreform vor dem Hintergrund des Gemeinschaftsrechts, Tübingen 2001, S.177.

Drobnig, Ulrich, Der Stand der internationalen Überlegungen: Die UNIDROIT Principles of International Commercial Contracts, in: Grundmann, Stefan/ Medicus, Dieter/ Rolland, Walter (Hrsg.), Europäisches Kaufgewährleistungsrecht, Reform und Internationalisierung des deutschen Schuldrechts; Köln, Berlin, Bonn, München 2000, S.49.

– Europäisches Zivilgesetzbuch- Gründe und Grundgedanken, in: Martiny, Dieter/ Witzleb, Norman (Hrsg.), Auf dem Wege zu einem Europäischen Zivilgesetzbuch, Berlin/ Heidelberg 1999.

Duque Domínguez, J., La protección de los derechos económicos y sociales en la Ley General para la Defensa de los Consumidores y Usuarios, in: EC, 1984, nº 3, S.51. (Zitiert: Duque Domínguez, La protección, EC, 1984, nº 3, S.51).

Dürrschmidt, Armin, Werbung und Verbrauchergarantien: Zur Notwendigkeit einer Novellierung des § 13a UWG vor dem Hintergrund der europäischen Rechtsentwicklung, München 1997, zugl.: München, Univ., Diss., 1997.

Ehmann, Horst/ Rust, Ulrich, Die Verbrauchsgüterkaufrichtlinie, Umsetzungsvorschläge unter Berücksichtigung des Reformentwurfs der deutschen Schuldrechtskommission, in: JZ 1999, 853.

Ehmann, Horst/ Sutschet, Holger, Modernisiertes Schuldrecht, Lehrbuch der Grundsätze des neuen Rechts und seiner Besonderheiten, München 2002.

Eidenmüller, Horst, Zur Effizienz der Verjährungsregeln im geplanten Schuldrechtsmodernisierungsgesetz, in: JZ 2001, 283.

Erman, Walter, Handkommentar zum Bürgerlichen Gesetzbuch, 1. Band, 10.Auflage, Münster/ Köln 2000. (Zitiert: Erman-Bearbeiter).

Ernst, Wolfgang, Zum Fortgang der Schuldrechtsmodernisierung, in: Ernst, Wolfgang/ Zimmermann, Reinhard (Hrsg.), Zivilrechtswissenschaft und Schuldrechtsreform: Zum Diskussionsentwurf eines Schuldrechtsmodernisierungsgesetzes des Bundesministeriums der Justiz, Tübingen 2001, S.559.

– Schuldrechtsreform und Öffentlichkeit, in: WM 2001, 728.

– Die Schuldrechtsreform 2001/2002, Zum Diskussionsentwurf des Schuldrechtsmodernisierungsgesetzes, in: ZRP 2001, 1.
– Kurzreferat: EU- Richtlinie zum Verbrausgüterkauf- Optionen für die Umsetzung, in: Grundmann, Stefan/ Medicus, Dieter/ Rolland, Walter (Hrsg.), Europäisches Kaufgewährleistungsrecht, Reform und Internationalisierung des deutschen Schuldrechts; Köln, Berlin, Bonn, München 2000, S.325.
– Literatur, zu: Rust, Ulrich, Das kaufrechtliche Gewährleistungsrecht, und Wilhelm, Reinhardt, Die Gefahrtragung beim Kauf unter besonderer Berücksichtigung der Regelungsvorschläge des Schuldrechtsreformentwurfs, in: AcP 199 (1999), S.360.
– Kernfragen der Schuldrechtsreform, in: JZ 1994, 801.

Ernst, Wolfgang/ Gsell, Beate, Kritisches zum Stand der Schuldrechtsmodernisierung, Beispiele fragwürdiger Richtlinienumsetzung, in: ZIP 2001, 1389.
– Nochmals für die „kleine Lösung", Erwiderung auf Schmidt-Räntsch, ZIP 2000, 1639, in: ZIP 2000, 1812.
– Entwurf eines Gesetzes zur Umsetzung der Kaufrechtsrichtlinie, in: ZIP 2000, 1462.
– Kaufrechtsrichtlinie und BGB, Gesetzentwurf für eine „kleine" Lösung bei der Umsetzung der Kaufrechtsrichtlinie, in: ZIP 2000, 1410.

Ernst, Wolfgang/ Zimmermann, Reinhard (Hrsg.), Zivilrechtswissenschaft und Schuldrechtsreform: Zum Diskussionsentwurf eines Schuldrechtsmodernisierungsgesetzes des Bundesministeriums der Justiz, Tübingen 2001. (Zitiert: Ernst/Zimmermann, Zivilrechtswissenschaft und Schuldrechtsreform).

Esser, Josef/ Schmidt, Eike, Schuldrecht, Band 1, Allgemeiner Teil, Teilband 2, 7. Auflage, Heidelberg 1993.

Europaparlament, "The Private Law Systems in the EU: Discrimination on grounds of nationality and the need for a European Civil Code", PE 168.511, Koordination: Christian von Bar, Redaktion: Klaus H. Offermann, Luxemburg 1999.

Faber, Wolfgang, Aliud- und Minderlieferung im Konzept der "Vertragsmäßigkeit" der EG-Richtlinie zum Verbrauchsgüterkauf, in: Tradition und Fortschritt im Recht, Bonner Tagung, 8.-11. September 1999, Jahrbuch Junger Zivilrechtswissenschaftler 1999, Für die Gesellschaft Junger Zivilrechtswissenschaftler herausgegeben von Thomas Ackermann, Arnd Arnold, Diederich Eckhardt, Richard Giesen, Oliver Klose, Gerd Krämer, Panajotta Lakkis, Martina Müller-Ehlen, Oliver Ricken, Randolf Schnorr, Hans-Jörg Schultes; Stuttgart, München, Hannover, Berlin, Weimar, Dresden 2000. (Zitiert: Faber, Aliud- und Minderlieferung).
– Zur Richtlinie bezüglich Verbrauchsgüterkauf und Garantien für Verbrauchsgüter, in: JBl 1999, 413.

– Elemente verschiedener Verbraucherbegriffe in EG-Richtlinien, zwischenstaatlichen Übereinkommen und nationalem Zivil- und Kollisionsrecht, in: ZEuP 1998, 854.
Fenoy Picón, Nieves, Falta de conformidad e incumplimiento en la compraventa.(Evolución del ordenamiento español), Pólogo de Antonio-Manuel Morales Moreno, Madrid 1996. (Zitiert: Fenoy Picón, Falta de conformidad e incumplimiento en la compraventa).
Fikentscher, Wolfgang, Schuldrecht, 7. Auflage; Berlin, New York 1985.
Fischer, Gerfried, Das Kollisionsrecht der Verbraucherverträge jenseits von Art.5 EVÜ, in: Hübner, Ulrich/ Ebke, Werner F. (Hrsg.), Festschrift für Großfeld zum 60. Geburtstag, Heidelberg 1999, S.277.
Fischer, Kai Christian, Verbraucherschutz im spanischen Vertragsrecht im Lichte der europäischen Rechtsangleichung, Eine Studie mit rechtsvergleichenden Bezügen zum deutschen Recht; Frankfurt am Main, Berlin, Bern, Bruxelles, New York, Wien 2000. Zugl.: Würzburg, Univ., Diss., 2000. (Zitiert: Fischer, Verbraucherschutz im spanischen Vertragsrecht).
Fischer, Klaus-Bernd/ Fischer, Ana-Katharina, Spanisches Handels- und Wirtschaftsrecht, 2. Auflage, Heidelberg 1995.
Flume, Werner, Vom Beruf unserer Zeit für Gesetzgebung, in: ZIP 2000, 1427.
Foerste, Ulrich, Unklarheit im künftigen Schuldrecht: Verjährung von Kaufmängel-Ansprüchen in zwei, drei oder 30 Jahren?, in: ZRP 2001, 342.
Freitag, Robert/ Leible, Stefan, Von den Schwierigkeiten der Umsetzung kollisionsrechtlicher Richtlinienbestimmungen, Einige Anmerkungen zum Entwurf eines Art.29a EGBGB, in: ZIP 1999, 1296.
Fuchs, Andreas, Das Fernabsatzgesetz im neuen System des Verbraucherschutzrechts, in: ZIP 2000, 1273.
Fuchs, Daniel, Verbraucherschutz in Spanien, Die Rechtslage nach dem Konsumentenschutzgesetz von 1984, Baden-Baden 1990, zugl.: Frankfurt am Main, Univ., Diss., 1989.
Gaier, Reinhard, Die Minderungsberechnung im Schuldrechtsmodernisierungsgesetz, in: ZRP 2001, 336.
García Cantero, Gabriel, in: Manuel Albaldejo/ Silvia Diaz (Ed.); Comentarios al Código Civil y Compilaciones Forales, Tomo XIX, Art.1445-1541, Madrid 1980.
García Rubio, Maria Paz/ Lete, Javier, Communication from the commission to the council and the european parliament on european contract law. Im Internet abrufbar unter http://europa.eu.int/comm/consumers/policy/developments/contract_law/comments/5.29.pdf. (Zitiert: Gacía Rubio/Lete, Communication from the commission on european contract law).
Gass, Peter, Die Schuldrechtsüberarbeitung nach der politischen Entscheidung zum Inhalt der Richtlinie über den Verbrauchsgüterkauf, in: Festschrift für Walter Rolland zum 70.Geburtstag, herausgegeben von Uwe Diederichsen,

Gerfried Fischer, Dieter Medicus, Jörg Pirrung, Thomas Wagenitz, Köln 1999. (Zitiert: Gass, FS Rolland).

Geiger, Hansjörg, Einführung: Zum Stand des Gesetzgebungsverfahrens, in: JZ 2001, 473.

Gellermann, Martin, Beeinflussung des bundesdeutschen Rechts durch Richtlinien der EG, dargestellt am Beispiel des Umweltrechts, Köln 1994. (Zitiert: Gellermann).

Ghestin, Jacques/ Desché, Bernard, Traité des Contrats- La Vente, Paris 1990. (Zitiert: Ghestin/Desché, Traité des Contrats- La Vente).

Giulano, Mario/ Lagarde, Paul, Bericht über das Übereinkommen über das auf vertragliche Schuldverhältnisse anzuwendende Recht, ABlEG 1980 Nr. C 282/1.

Gómez Calero, Juan, Los Derechos de los Consumidores y Usuarios, Madrid 1994. (Zitiert: Gómez Calero, Los Derechos de los Consumidores y Usuarios).

Gómez de la Bárcena, José Maria, in: Jaime de Castro García/ José María Gómez de la Bárcena/ Antonio Sánchez Jáuregui/ Jaime Santos Briz/ Antonio de la Esperanza Martínez-Radío/ Francisco Hernandez Gil/ José María Paz Rubio (Ed.); Código Civil, Comentarios y jurisprudencia, Concordancias y referencias legales actualizadas, Art. 1.035 a 1.277, Décima Edición, Madrid 1999.

Grigoleit, Christoph/ Riehm, Thomas, Grenzen der Gleichstellung von Zuwenig-Leistung und Sachmangel, in: ZGS 2002, 115.

Gruber, Urs Peter, Das neue deutsche Zwischenhändler-Schutzrecht - eine Benachteiligung inländischer Hersteller und Großhändler?, in: NJW 2002, 1180.

– Die Nacherfüllung als zentraler Rechtsbehelf im neuen deutschen Kaufrecht- eine methodische und vergleichende Betrachtung zur Auslegung, in: Helms, Tobias/ Neumann, Daniela/ Caspers, Georg/ Sailer, Rita/ Schmidt- Kessel, Martin (Hrsg.), Das neue Schuldrecht, Jahrbuch Junger Zivilrechtswissenschaftler 2001, Freiburger Tagung 5.-8. September 2001, Gesellschaft Junger Zivilrechtswissenschaftler, Freiburg 2001, S.187.

Grundmann, Stefan, Europäisches Schuldvertragsrecht: Standort, Gestalt und Bezüge, in: JuS 2001, 946.

– Generalreferat: Internationalisierung und Reform des deutschen Kaufrechts, in: Grundmann, Stefan/ Medicus, Dieter/ Rolland, Walter (Hrsg.), Europäisches Kaufgewährleistungsrecht, Reform und Internationalisierung des deutschen Schuldrechts; Köln, Berlin, Bonn, München 2000, S.281.

– Europäisches Schuldvertragsrecht, Struktur und Bestand, in: NJW 2000, 14.

– Europäisches Schuldvertragsrecht, Das europäische Recht der Unternehmensgeschäfte (nebst Texten und Materialien zur Rechtsangleichung), Berlin/ New York 1999. (Zitiert: Grundmann, Europäisches Schuldvertragsrecht), S.286.

– EG-Richtlinie und nationales Privatrecht- Umsetzung und Bedeutung der umgesetzten Richtlinie im nationalen Privatrecht, in: JZ 1996, 274.

Grundmann, Stefan/ Medicus, Dieter/ Rolland, Walter (Hrsg.), Europäisches Kaufgewährleistungsrecht, Reform und Internationalisierung des deutschen Schuldrechts; Köln, Berlin, Bonn, München 2000. (Zitiert: Grundmann/ Medicus/Rolland (Hrsg.), Europäisches Kaufgewährleistungsrecht).

Grunewald, Barbara, Regelungsgehalt und System des deutschen Kaufrechts, in: Grundmann, Stefan/ Medicus, Dieter/ Rolland, Walter (Hrsg.), Europäisches Kaufgewährleistungsrecht, Reform und Internationalisierung des deutschen Schuldrechts; Köln, Berlin, Bonn, München 2000, S.3.

Gsell, Beate, Der Schadensersatz statt der Leistung nach dem neuen Schuldrecht, in: Helms, Tobias/ Neumann, Daniela/ Caspers, Georg/ Sailer, Rita/ Schmidt- Kessel, Martin (Hrsg.), Das neue Schuldrecht, Jahrbuch Junger Zivilrechtswissenschaftler 2001, Freiburger Tagung 5.- 8. September 2001, Gesellschaft Junger Zivilrechtswissenschaftler, Freiburg 2001, S.105.

– Kaufrechtsrichtlinie und Schuldrechtsmodernisierung, in: JZ 2001, 65.

– Die zeitlichen Grenzen der Gewährleistungsrechte des Verbrauchers nach der EU-Richtlinie zum Verbrauchsgüterkauf, in: ERPL 1999 (7), 151.

Gsell, Beate/ Rüfner, Thomas, Symposium Schuldrechtsmodernisierung, in: NJW 2001, 424.

Haas, Lothar, Entwurf eines Schuldrechtsmodernisierungsgesetzes: Kauf- und Werkvertragsrecht, in: BB 2001, 1313.

– Vorschläge zur Überarbeitung des Schuldrechts: Die Mängelhaftung bei Kauf- und Werkvertrag, in: NJW 1992, 2389.

Haas, Lothar/ Medicus, Dieter/ Rolland, Walter, Schäfer, Carsten, Das neue Schuldrecht, München 2002.

Hager, Günther, Die Gefahrtragung beim Kauf- Eine rechtsvergleichende Untersuchung, Frankfurt am Main 1982 (Zitiert: Hager, Gefahrtragung beim Kauf).

Hammen, Horst, Zerschlagt die Gesetzestafeln nicht!, in: WM 2001, 1357.

Hänlein, Andreas, Die Schuldrechtsreform kommt!, in: DB 2001, 852.

– Die Richtlinie zu bestimmten Aspekten des Verbrauchsgüterkaufs und der Garantien für Verbrauchsgüter, in: DB 1999, 1641.

Harke, Jan Dirk, Unmöglichkeit und Pflichtverletzung: Römisches Recht und Schuldrechtsmodernisierung, in: Helms, Tobias/ Neumann, Daniela/ Caspers, Georg/ Sailer, Rita/ Schmidt- Kessel, Martin (Hrsg.), Das neue Schuldrecht, Jahrbuch Junger Zivilrechtswissenschaftler 2001, Freiburger Tagung 5.- 8. September 2001, Gesellschaft Junger Zivilrechtswissenschaftler, Freiburg 2001, S.29.

Härting, Niko/ Schirmbacher, Martin, Fernabsatzgesetz- Ein Überblick über den Anwendungsbereich, die Systematik und die wichtigsten Regelungen, in: MDR 2000, 917.

Haug, Henner, Die Neuregelung der Verjährungsrechts, Eine kritische Untersuchung des Verjährungsrechts im Entwurf der Kommission zur Überarbeitung des Schuldrechts, 1. Auflage, Baden-Baden 1999. Zugl.: Tübingen, Univ., Diss., 1998. (Zitiert: Haug, Neuregelung des Verjährungsrechts).

Heilegger, Gerda, Neue Richtlinie zum Verbrauchsgüterkauf, RdW 1999, 633.

Heinrichs, Helmut, Entwurf eines Schuldrechtsmodernisierungsgesetzes: Neuregelung des Verjährungsrechts, in: BB 2001, 1417.

Heldrich, Andreas, Ein zeitgemäßes Gesicht für unser Schuldrecht, in: NJW 2001, 2521.

Helms, Tobias/ Neumann, Daniela/ Caspers, Georg/ Sailer, Rita/ Schmidt- Kessel, Martin (Hrsg.), Das neue Schuldrecht, Jahrbuch Junger Zivilrechtswissenschaftler 2001, Freiburger Tagung 5.- 8. September 2001, Gesellschaft Junger Zivilrechtswissenschaftler, Freiburg 2001. (Zitiert: Helms/Neumann/Caspers/Sailer/Schmidt-Kessel, Das neue Schuldrecht, Jb.J.ZivRWiss.).

Henssler, Martin/ Graf von Westphalen, Friedrich, Praxis der Schuldrechtsreform, 2. Auflage, Köln 2003.

– Praxis der Schuldrechtsreform, Köln 2002.

Herber, Rolf, "Internationales Handelsrecht", Gedanken zu der neuen Zeitschrift und ihrem Gegenstand, in: IHR 2001, 1.

Herber, Rolf/ Czerwenka, Beate, Internationales Kaufrecht, Kommentar zu dem Übereinkommen der Vereinten Nationen vom 11.4.1980 über Verträge über den internationalen Warenkauf, München 1991.

Herdegen, Michael, Europarecht, München 1997. (Zitiert: Herdegen, Europarecht).

Herera Catena, Juan, El ámbito de la responsabilidad extracontractual y su deslinde de otros distintos, Rev. Fac. Der. Universidad Granada, Nr.6 und 7, 1985, S.47. (Zitiert: Ámbito de la Responsabilidad extracontractual).

Hernández Martí, Juan, Kaufvertragsrecht in Spanien, in: Handbuch des Kaufvertragsrechts in den EG-Staaten, hrsg. von Friedrich Graf von Westphalen, Köln 1992, S.977. (Zitiert: Hernández Martí, Kaufvertragsrecht in Spanien).

Herrmann, Gerold, The Future of Trade Law Unification, Remarks of UNCITRAL's retiring Secretary, in: IHR 2001, 6.

Heß, Stefan, Die Umsetzung von EG-Richtlinien im Privatrecht, Frankfurt am Main 1999, zugl.: Halle, Univ., Diss., 1999. (Zitiert: Heß, Umsetzung von EG-Richtlinien).

Hofer, Sibylle, Der Schadensersatzanspruch des Käufers bei Sachmängeln-Grundsätze, Wertungen und Konstruktionen, in: AcP 201 (2001), 275.

Hoffmann, Jan, Verbrauchsgüterkaufrichtlinie und Schuldrechtsmodernisierungsgesetz, in: ZRP 2001, 347.

Hoffmann, Bernd von, Internationales Privatrecht, München 2000.

Hondius, Ewoud, Kaufen ohne Risiko: Der europäische Richtlinienentwurf zum Verbraucherkauf und Verbrauchergarantie, in: ZEuP 1997, 130.
Hondius, Ewoud/ Jeloschek, Christoph, Die Kaufrichtlinie und das niederländische Recht: Für den Westen kaum etwas Neues, in: Grundmann, Stefan/ Medicus, Dieter/ Rolland, Walter (Hrsg.), Europäisches Kaufgewährleistungsrecht, Reform und Internationalisierung des deutschen Schuldrechts; Köln, Berlin, Bonn, München 2000, S.197.
Honsell, Heinrich, Sondertagung Schuldrechtsmodernisierung, in: JZ 2001, 473.
– Die EU-Richtlinie über den Verbrauchsgüterkauf und ihre Umsetzung ins BGB, in: JZ 2001, 278.
– Einige Bedenken zum Diskussionsentwurf eines Schuldrechtsmodernisierungsgesetzes, in: JZ 2001, 18.
– (Hrsg.), Kommentar zum UN-Kaufrecht, Berlin u.a.1997. (Zitiert: Honsell-Bearbeiter).
Horak, Michael, Das EG-Grünbuch über Verbrauchsgütergarantien und Kundendienst, in: Martin Joseph Schermaier, Reform des Gewährleistungsrechts und europäische Rechtsangleichung: Studentische Beiträge zur Rechtsvergleichung und Rechtspolitik, Frankfurt am Main 1998, S.225.
Huber, Peter, Kaufrecht-Made in Europe!, Die EG-Richtlinie über den Verbrauchsgüterkauf und ihre Folgen für das deutsche Gewährleistungsrecht, in: Festschrift für Dieter Henrich zum 70.Geburtstag 1.Dezember 2000, hrsg. v. Peter Gottwald, Erik Jayme, Dieter Schwab, Bielefeld 2000, S.297. (Zitiert: Huber, Kaufrecht-Made in Europe!, FS Henrich).
Huber, Peter/ Faust, Florian, Schuldrechtsmodernisierung, München 2002.
Huber, Ulrich, Das geplante Recht der Leistungsstörungen, in: Ernst, Wolfgang/ Zimmermann, Reinhard (Hrsg.), Zivilrechtswissenschaft und Schuldrechtsreform: Zum Diskussionsentwurf eines Schuldrechtsmodernisierungsgesetzes des Bundesministeriums der Justiz, Tübingen 2001, S.31.
– Die Unmöglichkeit der Leistung im Diskussionsentwurf eines Schuldrechtsmodernisierungsgesetzes, in: ZIP 2000, 2137.
– Der Verbrauchsgüterkauf: ein weiterer Schritt in Richtung Europäisierung des Privatrechts, in: EuZW 1999, 481.
– Wandelungen im Recht des Handelskaufs, in: ZHR 161 (1997), 160.
– Die Haftung des Verkäufers für Verzug und Sachmängel nach dem Wiener Kaufrechtsübereinkommen, in: JBl 1989, 275.
– Leistungsstörungen, Empfiehlt sich die Einführung eines Leistungsstörungsrechts nach dem Vorbild des Einheitlichen Kaufgesetzes? Welche Änderungen im Gesetzestext und welche praktischen Auswirkungen im Schuldrecht würden sich dabei ergeben?, in: Gutachten und Vorschläge zur Überarbeitung des Schuldrechts, Köln 1981. (Zitiert: Huber, Leistungsstörungen).
– Kaufvertrag, Welche Ergänzungen und Fortentwicklungen sind im Kaufrecht im Hinblick auf die technischen, wirtschaftlichen und juristischen

Weiterentwicklungen der Rechtswirklichkeit geboten?, Sollten Sonderentwicklungen außerhalb des BGB (Abzahlungsgesetz, Handelskauf, kaufrechtliche Bestimmungen des AGBG) in die Kodifikation eingearbeitet werden?, in: Gutachten und Vorschläge zur Überarbeitung des Schuldrechts, Köln 1981. (Zitiert: Huber, Kaufvertrag).

Hucke, Anja, Die Auswirkungen der Europäischen Verbrauchsgüterkauf-Richtlinie auf das deutsche Schuldrecht, in: IStR 2000, 277.

Ibán, Ivan C., Los ordenamientos jurídicos de los estados europeos, Introducción al derecho español, (Die Rechtsordnung der europäischen Staaten, Einführung in das spanische Recht), Baden-Baden 1995.

Informationspapier zum Entwurf eines Schuldrechtsmodernisierungsgesetzes, Bundesjustizministerium, Stand: 04.August 2000. Im Internet abrufbar unter http://www..bmj.bund.de/ggv/eschurmo.pdf.

Jakobs, Horst Heinrich, Tagungsbericht, Schuldrechtsmodernisierung, Impressionen von einem Symposion, in: JZ 2001, 27.

Janssen, André, Kollision des einheitlichen UN-Kaufrechts mit dem Verbraucherschutzrecht am Beispiel der Richtlinie über den Verbrauchsgüterkauf und Garantien, in: VuR 1999, 324.

Jayme, Erik/ Kohler, Christian, Europäisches Kollisionsrecht 2001: Anerkennungsprinzip statt IPR?, in: IPRax 2001, 501.

Jiménez Sánchez, Guillermo J. (Coo.), Lecciones de derecho mercantil, Sexta Edición, Madrid 2000. (Zitiert: Jiménez Sánchez).

– Derecho mercantil, Tomo 1, I. Concepto, método y fuentes. Empresa. Estatuto del empresario. Empresario individual. II. Las sociedades mercantiles. III. Derecho industrialy régimen jurídico de la competencia, Barcelona 1998. (Zitiert: Jiménez Sánchez-Bearbeiter, Derecho mercantil, Tomo1).

– Derecho mercantil, Tomo 2, IV. Títulos-valores., V. Obligaciones y contratos mercantiles., VI. Derecho concursal mercantil y VII. Derecho de navegación, Barcelona 1998. (Zitiert: Jiménez Sanchez-Bearbeiter).

Jorden, Simone, Verbrauchergarantien, Die EG-Richtlinie über den Verbrauchsgüterkauf und Verbrauchsgütergarantien und ihre Umsetzung in das deutsche Zivilrecht, München 2001.

Jorden, Simone/ Lehmann, Michael, Verbrauchsgüterkauf und Schuldrechtsmodernisierung, Zur geplanten Umsetzung der Richtlinie 1999/44/EG im Rahmen eines Gesetzes zur Modernisierung des Schuldrechts, in: JZ 2001, 952.

Jud, Brigitta, Die Rangordnung der Gewährleistungsrechtsbehelfe. Verbrauchsgüterkaufrichtlinie, österreichisches, deutsches und UN-Kaufrecht im Vergleich, in: Helms, Tobias/ Neumann, Daniela/ Caspers, Georg/ Sailer, Rita/ Schmidt- Kessel, Martin (Hrsg.), Das neue Schuldrecht, Jahrbuch Junger Zivilrechtswissenschaftler 2001, Freiburger Tagung 5.-8. September 2001, Gesellschaft Junger Zivilrechtswissenschaftler, Freiburg 2001, S.205.

– Zum Händlerregress im Gewährleistungsrecht, Überlegungen zur Umsetzung des Art 4 der Richtlinie 1999/44/EG über den Verbrauchsgüterkauf, in: ÖJZ 2000, 661.
– Der Richtlinienentwurf der EU über den Verbrauchsgüterkauf und das österreichische Recht, in: ÖJZ 1997, 441.

Junker, Abbo, Vom Bürgerlichen zum kleinbürgerlichen Gesetzbuch- Der Richtlinienvorschlag über den Verbrauchsgüterkauf, in: DZWir 1997, 271.

Kainer, Friedemann, Die Verbrauchsgütergewährleistungsrichtlinie und ihre kaufrechtliche Umsetzung in das deutsche Recht, in: AnwBl 2001, 380.

Kastner, Nicola, Gegenäußerung der Bundesregierung zur Stellungnahme des Bundesrates zum Schuldrechtsmodernisierungsgesetz, in: NJW 2001, XIV.

Kegel, Gerhard/ Schurig, Klaus, Internationales Privatrecht, 8. Auflage, München 2000.

Kessler, Christian, Der Kauf gebrauchter Waren nach dem Diskussionsentwurf eines Schuldrechtsmodernisierungsgesetzes, in: ZRP 2001, 70.

Kilian, Benno, Der Verbraucherbegriff in der Europäischen Union, Augsburg, Univ., Diss., 1998. (Zitiert: Kilian, Verbraucherbegriff in der EU).
– Zum Vorschlag für eine Richtlinie über den Verbrauchsgüterkauf und -garantien, in: ZRP, 1997, 290.

Kirchner, Christian/ Richter, Klaus, Vorschlag für ein Gesetz zur Änderung des Kaufrechts und des Fernabsatzgesetzes, Juni 2001. Im Internet abrufbar unter http://www.rewi.hu-berlin.de/Lehrstuehle/Kirchner/index.html.

Knöpfle, Robert, Aliud-Lieferung beim Gattungskauf- Nichterfüllungs- oder Gewährleistungsrecht, in: NJW 1989, 871.

Knütel, Rolf, Zur Schuldrechtsreform, in: NJW 2001, 2519.

Kohler, Jürgen, Das Rücktrittsrecht in der Reform, in: JZ 2001, 325.

Koller, Ingo/ Roth, Herbert/ Zimmermann, Reinhard, Schuldrechtsmodernisierung 2002, München 2002.

Kommission der Europäischen Gemeinschaften, Mitteilung der Kommission an den Rat und das Europäische Parlament zum Europäischen Vertragsrecht, KOM (2001) 398 endg. v. 11.07.2001, Brüssel 2001. Abgedruckt in: Sonderbeilage zu EuZW Heft 16/2001.
– Grünbuch über Verbrauchsgütergarantien und Kundendienst, KOM (93) 509 endg. v. 15.11.1993, Brüssel 1993. (Zitiert: EG-Kommission, Grünbuch).

Kommission zur Überarbeitung des Schuldrechts, Abschlußbericht, Hrsg. Bundesminister der Justiz, Köln 1992. (Zitiert: Schuldrechtkommission, Abschlußbericht).

Konsolidierte Fassung des Diskussionsentwurfs eines Schuldrechtsmodernisierungsgesetzes auf der Grundlage des Diskussionsentwurfs eines Schuldrechtsmodernisierungsgesetzes, der hierzu vorliegenden Stellungnahmen und der Ergebnisse der Beratungen der Arbeitsgemeinschaften zu den einzelnen Komplexen und der Kommission Leistungsstörungsrecht, Bundesministerium der Justiz, Referat I B2, vom 6. März 2001. Im Internet abrufbar unter http://www.uni-köln.de/jur-fak/lbrah/Publ_pdf/schuldrechts-reform_kf.pdf.

Kötz, Hein, Zur Verjährung der Sachmängelansprüche, Die Vorschläge der Schuldrechtskommission im Lichte der ökonomischen Analyse des Rechts, in: Festschrift für Dieter Medicus: Zum 70. Geburtstag, hrsg. v. Volker Beuthien, Maximilian Fuchs, Herbert Roth, Gottfried Schiemann, Andreas Wacke; Köln, Berlin, Bonn, München 1999, S.283. (Zitiert: Kötz, Verjährung der Sachmängelansprüche, FS Medicus).

Krebber, Sebastian, Die vertragliche Pflicht des Verkäufers zur Übergabe einer Gebrauchsanweisung, in: AcP 201 (2001), 333.

Krebs, Peter, Die große Schuldrechtsreform, in: DB, Beilage Nr.14/2000.

Kropholler, Jan, Studienkommentar, BGB, München 2002.

– Internationales Privatrecht, 4. Auflage, Tübingen 2001.

Lacruz Berdejo, José Luis, Elementos de Derecho civil, Tomo II: Derecho de obligaciones, Tercera parte: Contratos y cuasicontratos, Segunda Edición, Barcelona 1986. (Zitiert: Lacruz Berdejo).

Lando, Ole, International Trends: Requirements concerning the quality of movable goods and remedies for defects under the Principles of European Contract Law, in: Grundmann, Stefan/ Medicus, Dieter/ Rolland, Walter (Hrsg.), Europäisches Kaufgewährleistungsrecht, Reform und Internationalisierung des deutschen Schuldrechts; Köln, Berlin, Bonn, München 2000, S.61.

– European Contract Law, in: Hans-Leo Weyers (Hrsg.), Europäisches Vertragsrecht, Baden-Baden 1997, S.81.

Lando, Ole/ Beale, Hugh (ed.), Principles of European Contract Law-Part I: Performance, Non-Performance and Remedies, Prepared by The Commission of European Contract Law; Dordrecht, Boston, London 1995.

– Principles of European Contract Law, Parts I and II, Prepared by The Commission of European Contract Law; The Hague, London, Boston 2000. (Zitiert:Lando/Beale: Principles of European Contract Law, Parts I and II).

Larenz, Karl, Lehrbuch des Schuldrechts, Band I, Allgemeiner Teil, 14. Auflage, München 1987. (Zitiert: Larenz, I).

– Lehrbuch des Schuldrechts, Zweiter Band, Besonderer Teil, 1. Halbband (II/I), 13. Auflage, München 1986. (Zitiert: Larenz, II/I).

Leenen, Detlef, Die Neuregelung der Verjährung, in: JZ 2001, 552.

Lehmann, Michael, Informationsverantwortung und Gewährleistung für Werbeangaben beim Verbrauchsgüterkauf, in: JZ 2000, 280.

Lehmann, Michael/ Dürrschmidt, Armin, Haftung für irreführende Werbung über Garantien -Zum Vorschlag einer Richtlinie des Europäischen Parlaments über Verbrauchsgüterkauf und -garantien vom 18.6.1996, in: GRUR 1997, 549.

Lehr, Wolfgang/ Wendel, Heiko, Die EU-Richtlinie zum Verbrauchsgüterkauf und -garantien, Auswirkungen auf Handel und Produzenten, in: EWS 1999, 321.

Leible, Stefan, Die Mitteilung der Kommission zum Europäischen Vertragsrecht-Startschuss für ein Europäisches Vertragsgesetzbuch?, in: EWS 2001, 471.

– Anmerkung, zu EuGH, Urteil v. 10.5.2001, Rs. C-144/99 (Kommission der EG/ Königreich der Niederlande), in: EuZW 2001, 438.

Lete Achirica, Javier, La Directiva sobre la venta y las garantías de los bienes de consumo de 25 de mayo de 1999 y su transposición en el Derecho español, in: AC 1999 (LXVII), 1365.

Lete del Río, José Manuel, Derecho de obligaciones, Volumen III, Contratos en particular, Segunda edición, Madrid 1995. (Zitiert: Lete del Río, Derecho de obligaciones).

Lettl, Tobias, Die Falschlieferung durch den Verkäufer nach der Schuldrechtsreform, in: JuS 2002, 866.

Lieb, Manfred, Vom Beruf unserer Zeit zur Modernisierung des Schuldrechts, in: Ernst, Wolfgang/ Zimmermann, Reinhard (Hrsg.), Zivilrechtswissenschaft und Schuldrechtsreform: Zum Diskussionsentwurf eines Schuldrechtsmodernisierungsgesetzes des Bundesministeriums der Justiz, Tübingen 2001, S.553.

Llácer Matacás, Maria R., El saneamiento por vicios ocultos en el código civil: su naturaleza jurídica, Barcelona 1992. (Zitiert: Llácer Matacás, El sanemiento por vicios ocultos).

Löber, Burckhardt/ Peuster, Witold, Aktuelles spanisches Handels- und Wirtschaftsrecht, Frankfurt/Köln, Berlin, Bonn, München 1991.

Lorenz, Stephan, Aliud, peius und indebitum im neuen Recht, in: JuS 2003, 36.

– Schadensersatz wegen Pflichtverletzung- ein Beispiel für die Überhastung der Kritik an der Schuldrechtsreform, in: JZ 2001, 742.

– Im BGB viel Neues: Die Umsetzung der Fernabsatzrichtlinie, in: JuS 2000, 833.

Lorenz, Stephan/ Riehm, Thomas, Lehrbuch zum neuen Schuldrecht, München 2002.

Lurger, Brigitta, Die wesentliche Vertragsverletzung nach Art.25 CISG, in: IHR 2001, 91.

Magnus, Ulrich, Die Auslegung des Schuldrechts, in: RIW 2002 (Heft 10), "Die erste Seite".

– UN-Kaufrecht und neues Verjährungsrecht des BGB - Wechselwirkungen und Praxisfolgen, in: RIW 2002, 577.

– Der Tatbestand der Pflichtverletzung, in: Schulze, Reiner/ Schulte- Nölke, Hans (Hrsg.), Die Schuldrechtsreform vor dem Hintergrund des Gemeinschaftsrechts, Tübingen 2001, S.67.

– Der Stand der internationalen Überlegungen: Die Verbrauchsgüterkauf-Richtlinie und das UN- Kaufrecht, in: Grundmann, Stefan/ Medicus, Dieter/

Rolland, Walter (Hrsg.), Europäisches Kaufgewährleistungsrecht, Reform und Internationalisierung des deutschen Schuldrechts; Köln, Berlin, Bonn, München 2000, S.79.
– Der Regreßanspruch des Letztverkäufers nach der Richtlinie über den Verbrauchsgüterkauf, in: Private Law in the International Arena, From National Conflict Rules Towards Harmonization and Unification , Liber amicorum Kurt Siehr, Edited by Jürgen Basedow, Isaak Meier, Anton K. Schnyder, Talia Einhorn, Daniel Girsberger, The Hague 2000. (Zitiert: Magnus, Der Regreßanspruch des Letztverkäufers).
– Wesentliche Fragen des UN-Kaufrechts, in: ZEuP 1999, 642.
– Die Rügeobliegenheit des Käufers im UN-Kaufrecht, in: TransportR-IHR 1999, 29.
– Aktuelle Fragen des UN-Kaufrechts, in: ZEuP 1993, 79.
Mankowski, Peter, Ein Zulieferer ist kein Lieferant - Konsequenzen aus dem begrenzten Zuschnitt der Regressregelungen in §§ 478, 479 BGB, in: DB 2002, 2419.
– § 12 AGBG im System des internationalen Verbrauchervertragsrechts, in: BB 1999, 1225.
Manresa y Navarro, José Maria, Comentarios al código civil español, Tomo 10, Volumen 1, Sexta edición, Madrid 1969. (Zitiert: Manresa).
Mansel, Heinz-Peter, Die Reform des Verjährungsrechts, in: Ernst, Wolfgang/ Zimmermann, Reinhard (Hrsg.), Zivilrechtswissenschaft und Schuldrechtsreform, S.333.
Manubens Florensa, Carlos/ Marín López, Juan José/ Arimany Lamoglia, Esteban/ Cases Pallarés, Lluís/ Tornos Mas, Joaquín, Ordenación del Comercio Minorista, Comentarios a la Ley 7/1996 y a la Ley Orgánica 2/1996, ambas de fecha 15 de enero, Barcelona 1996. (Zitiert: Manubens Florensa/Marín López/Arimany Lamoglia/ Cases Pallarés/Tornos Mas-Bearbeiter, Ordenación del Comercio Minorista).
Marín López, Juan José, Artículo 12. Garantía y Servicio Postventa, in: Manubens Florensa/Marín López/Arimany Lamoglia/ Cases Pallarés/Tornos Mas, Ordenación del Comercio Minarista. (Zitiert: Manubens Florensa/Marín López/Arimany Lamoglia/ Cases Pallarés/Tornos Mas-Bearbeiter, Ordenación del Comercio Minarista).
Martiny, Dieter, Europäisches Internationales Privatrecht - Ausbau und Konsolidierung, in: ZEuP 1999, 246.
Martiny, Dieter/ Witzleb, Norman (Hrsg.), Auf dem Wege zu einem Europäischen Zivilgesetzbuch, Berlin/ Heidelberg 1999.
Martis, Rüdiger, Aktuelle Entwicklungen im Kaufrecht, in: MDR 2000, 485.
Marx, Claudius, Handlingskosten im Unternehmerrückgriff, in: BB 2002, 2566.
Mäsch, Gerald, Gran Canaria und kein Ende- Zur Sonderanknüpfung vorkonsensualer Elemente im internationalen Vertragsrecht nach Art.31 Abs.2 EGBGB, in: IPRax 1995, 371.

Matthes, Jens, Der Herstellerregress nach § 478 BGB in Allgemeinen Geschäftsbedingungen - ausgewählte Probleme, in: NJW 2002, 2505.
Matthiessen, Holger/ Lindner, Beatrix, EG-Richtlinie über den Verbrauchsgüterkauf- Anlaß für eine Reform des deutschen Schuldrechts, in: NJ 1999, 617.
Matusche-Beckmann, Annemarie, Unternehmerregress im neuen Kaufrecht: Rechtsprobleme in der Praxis, in: BB 2002, 2561.
Maultzsch, Felix, Schuldrechtsmodernisierung 2001/2002: Der Regress des Unternehmers beim Verbrauchsgüterkauf, in: JuS 2002, 1171.
Medicus, Dieter, Dogmatische Verwerfungen im geltenden deutschen Schuldrecht, in: Schulze, Reiner/ Schulte- Nölke, Hans (Hrsg.), Die Schuldrechtsreform vor dem Hintergrund des Gemeinschaftsrechts, Tübingen 2001, S.33.
– Verbraucherrecht und Verbrauchsgüterkauf in einem kodifikatorischen System- Bürgerrecht, Handelsrecht und Sonderprivatrecht, in: Grundmann, Stefan/ Medicus, Dieter/ Rolland, Walter (Hrsg.), Europäisches Kaufgewährleistungsrecht, Reform und Internationalisierung des deutschen Schuldrechts; Köln, Berlin, Bonn, München 2000, S.219.
– Bürgerliches Recht, 19. Auflage; Köln, Berlin, Bonn, München 2002.
– Bürgerliches Recht, 18. Auflage; Köln, Berlin, Bonn, München 1999.
– Ein neues Kaufrecht für Verbraucher?, in: ZIP 1996, 1925.
– Schuldrecht II, Besonderer Teil, 7. Auflage, München 1995.
– Vorschläge zur Überarbeitung des Schuldrechts: Das allgemeine Recht der Leistungsstörungen, in: NJW 1992, 2384.
– Zum Stand der Überarbeitung des Schuldrechts, in: AcP 188 (1988), 168.
Menéndez Mato, Juan Carlos, La Oferta Contractual, Elcano (Navarra) 1998.
Meub, Michael, Schuldrechtsreform: Das neue Werkvertragsrecht, in: DB 2002, 131.
Micklitz, Hans- W., Die Verbrauchsgüterkauf-Richtlinie, in: EuZW 1999, 485.
– Ein einheitliches Kaufrecht für Verbraucher in der EG?, in: EuZW 1997, 229.
Micklitz, Hans- W. /Pfeiffer, Thomas/ Tonner, Klaus/ Willingmann, Armin, Schuldrechtsreform und Verbraucherschutz, Baden-Baden 2001.
Micklitz, Hans-W./ Rott, Peter, Die rechtliche Stellung des Verbrauchers bei der Durchleitung von Strom, in: VuR 2000, 389.
Morales Moreno, Antonio-Manuel, Declaraciones públicas y vinculación contractual (reflexiones sobre una Propuesta de Directiva), in: ADC 1999 II 1, 265.
– El dolo como criterio de imputación de responsabilidad al vendedor por los defectos de la cosa, in: ADC 1982 II, 591.
– El alcance protector de las acciones edilicias, in: ADC 1980, 585.
Moreno-Torres Herrera, Maria Luisa, Los plazos de ejercicio de los derechos del consumidor ante la falta de conformidad con el contrato en la directiva

1999/44/CE y su transposición a los ordenamientos: Un caso de 'desharmonización', La Ley, Año XXIII., Número 5655, 14 de Noviembre de 2002. Im Internet abrufbar unter http://www.laley.net.

Musielak; Hans-Joachim, Die Falschlieferung beim Stückkauf nach dem neuen Schuldrecht, in: NJW 2003, 89.

Müller, Gerd, Zu den Folgen des Rügeversäumnisses i.S.d. § 377 HGB, in: ZIP 2002, 1178.

Münchener Kommentar, Münchener Kommentar zum Bürgerlichen Gesetzbuch, hrsg. v. Kurt Rebmann, Franz Jürgen Säcker, 3. Auflage, München, Band 1, Allgemeiner Teil (§§ 1-240), AGB-Gesetz, Redakteur: Franz Jürgen Säcker, 1993; Band 2, Schuldrecht, Allgemeiner Teil (§§ 241-432), Redakteur: Helmut Heinrichs, 1994; Band 3, Schuldrecht Besonderer Teil I (§§ 433- 606), Redakteur: Harm Peter Westermann, 1995; Band 10, Einführungsgesetz zum Bürgerlichen Gesetzbuche (Art.1-38), Internationales Privatrecht, Redakteur: Hans Jürgen Sonnenberger, 1998. (Zitiert: MünchKomm-Bearbeiter).

Navarro Pérez, José Luis, La Compraventa en el Código Civil, Estudio sistematico de este Contrato, Córdoba 1999.

– La compraventa civil: antecedentes, comentario doctrinal, jurisprudencia y formularios, Granada 1993.

Nebe, Johannes Sebastian, Werbung in Spanien, Eine systematische Darstellung mit Hinweisen auf das deutsche Recht, Aachen 1997, zugl.: Münster, Univ., Diss., 1996 unter dem Titel: Die Regelung der Werbung in Spanien: Eine systematische Darstellung mit Hinweisen auf das deutsche Recht. (Zitiert: Nebe, Werbung in Spanien).

Nemeth, Kristin, Kollisionsrechtlicher Verbraucherschutz in Europa, Art.5 EVÜ und die einschlägigen Verbraucherschutzrichtlinien, Österreichische rechtswissenschaftliche Studien, Band 62, Wien 2000, zugl.: Innsbruck, Univ., Diss., 1999.

Nietzer, Michael/ Stein, Antonia, Richtlinie zum Verbrauchsgüterkauf- Auswirkungen in Deutschland und Frankreich, Vergleich zum UN-Kaufrecht, in: ZVglRWiss (99) 2000, 41.

Odenbach, Mark, Spanisches Produkthaftungsrecht, in: Löber/Peuster: Aktuelles spanisches Handels- und Wirtschaftsrecht, Frankfurt/Köln, Berlin, Bonn, München 1991, S.197.

Oetker, Hartmut/ Maultzsch, Felix, Vertragliche Schuldverhältnisse, Berlin und Heidelberg 2002.

Oliva Blázquez, Francisco, La Transmisión del Riesgo en la Compraventa Internacional de Mercaderías, Valencia 2000.

Olshausen, Eberhard v., Der geschenkte Gaul oder: Was uns das "Gesetz zur Modernisierung des Schuldrechts" auch noch bescheren könnte, in: JZ 2001, 1132.

Orti Vallejo, Antonio, Los defectos de la cosa en la compraventa civil y mercantil, El nuevo régimen jurídico de las faltas de conformidad según la Directiva 1999/44/CE, Granada 2002. (Zitiert: Orti Vallejo, Los defectos de la cosa en la compraventa civil y mercantil).
- El nuevo régimen de los defectos de la cosa vendida en la Directiva 1999/44: criterios generales para su transposición, in: Aranzadi Civil, 2001, N° 9, S.15.
- La protección del comprador, Por el defecto de la cosa vendida, Granada 1987.

Palandt, Otto, Kommentar zum Bürgerlichen Recht, bearbeitet von Peter Bassenge, Gerd Brudermüller, Uwe Diederichsen, Wolfgang Edenhofer, Helmut Heinrichs, Andreas Heldrich, Hans Putzo, Hartwig Sprau, Heinz Thomas, Walter Weidenkaff, 62. Auflage, München 2003. (Zitiert: Palandt-Bearbeiter, 62. Auflage).
- Gesetz zur Modernisierung des Schuldrechts, Ergänzungsband zu Palandt, BGB, 61. Auflage, München 2002 (Zitiert: Palandt/Ergänzungsband-Bearbeiter).
- 61. Auflage, München 2002. (Zitiert: Palandt-Bearbeiter, 61. Auflage).
- 60. Auflage, München 2001. (Zitiert: Palandt-Bearbeiter).

Palm, Heinz, Die Schuldrechtsreform vor dem Hintergrund des Gemeinschaftsrechts, Ein Symposion des Zentrums für Europäisches Privatrecht an der Universität Münster, in: ZRP 2001, 431.

Pantaleón, Fernando, Las nuevas bases de la responsabilidad contractual, in: ADC 1993, 1719.
- El sistema de responsabilidad contractual (Materiales para un debate), in: ADC 1991, 1019.

Parra Lucan, Maria Angeles, Los derechos mínimos del titular de la garantía del artículo 11 de la Ley General para la Defensa de los Consumidores y Usuarios, in: ADC 1988, 523.

Pasquau Liaño, Miguel, La indeterminación del cuadro de acciones protectoras del adquirente de bienes de consumo, AC 1990-2, 419.
- La acción directa en el derecho español, Madrid 1989.

Paz Rubio, José Maria, in: Jaime de Castro García/ José María Gómez de la Bárcena/ Antonio Sánchez Jáuregui/ Jaime Santos Briz/ Antonio de la Esperanza Martínez-Radío/ Francisco Hernandez Gil/ José María Paz Rubio (Ed.); Código Civil, Comentarios y jurisprudencia, Concordancias y referencias legales actualizadas, Art. 1.526 a 1.808, Décima Edicíon, Madrid 1999.

Peters, Frank, Der Gewährleistungsausschluß beim Verkauf gebrauchter Sachen durch allgemeine Geschäftsbedingungen, in: JZ 1991, 385.
- Der Anspruch auf Schadensersatz wegen Nichterfüllung gemäß § 635 BGB, in: JZ 1977, 458.

Peuster, Witold, Das spanische Zivilgesetzbuch, Köln 1979. (Zitiert: Peuster, Spanisches Zivilgesetzbuch).
Pfeiffer, Thomas, Unkorrektheiten bei der Umsetzung der Verbrauchsgüterkaufrichtlinie in das deutsche Recht, Teil 1: Sachmangelbegriff - Hierarchie statt Kumulation der Mangelkriterien, Teil 2: Sachmangelbegriff - Ausklammerung der Zuviellieferung, Teil 3: Unzumutbarkeit beider Arten der Nacherfüllung?, Teil 4: Rücktritt und Minderung bei erfolgreicher Nacherfüllung, in: ZGS 2002, 94, 138, 217, 390.
– Die Integration von "Nebengesetzen" in das BGB, in: Ernst, Wolfgang/ Zimmermann, Reinhard (Hrsg.), Zivilrechtswissenschaft und Schuldrechtsreform: Zum Diskussionsentwurf eines Schuldrechtsmodernisierungsgesetzes des Bundesministeriums der Justiz, Tübingen 2001, S.481.
– Der Verbraucherbegriff als zentrales Merkmal im europäischen Privatrecht, in: Hans Schulte-Nölke/ Reiner Schulze (Hrsg.), Europäische Rechtsangleichung und nationale Privatrechte, 1.Auflage, Baden-Baden 1999.
Pick, Eckhart, Zum Stand der Schuldrechtsmodernisierung, in: ZIP 2001, 1173.
– Der Entwurf des Schuldrechtsmodernisierungsgesetzes, in: Schulze, Reiner/ Schulte-Nölke, Hans (Hrsg,), Die Schuldrechtsreform vor dem Hintergrund des Gemeinschaftsrechts, Tübingen 2001, S.25.
Piltz, Burghard, Neuere Entwicklungen im UN-Kaufrecht, in: NJW 1996, 2768.
– Spanisches Kaufrecht, in: Löber, Burckhardt/ Peuster, Witold: Aktuelles spanisches Handels- und Wirtschaftsrecht; Frankfurt/Köln, Berlin, Bonn, München 1991.
Piñar Mañas, José/ Beltrán Sánchez, Emilio (Dir.), Comentarios a la Ley de Ordenación del Comercio Minorista y a la Ley Orgánica complementaria, Madrid 1997. (Zitiert: Piñar Mañas/Beltrán Sánchez-Bearbeiter, Comentarios LOCM).
Piske, Peer Ingo, Kaufvertrag in Spanien; Zustandekommen, Inhalt, Abwicklung; Münster 1998.
Polo, Antonio, La calificavión mercantil de la reventa- En torno a la sentencia de 27 enero 1945, in: RDP 1945, 285.
Prada Alonso, Javier, Protección del Consumidor y Responsabilidad Civil; Madrid, Barcelona 1998. (Zitiert: Prada Alonso, Protección del Consumidor y Responsabilidad Civil).
Puig Brutau, José, Compendio de derecho civil; volumen II; Derecho de obligaciones, contratos y cuasi contratos, Obligaciones derivadas de actos ilícitos; segunda edición, Barcelona 1994.
– Diccionario de acciones en el derecho español, Barcelona 1984. (Zitiert: Diccionario de acciones).
Rabe, Dieter, Pflichtverletzung als Grundtatbestand des Leistungsstörungsrechts, in: ZIP 1996, 1652.
– Vorschläge zur Überarbeitung des Schuldrechts: Verjährung, in: NJW 1992, 2395.

Rabel, Ernst, Das Recht des Warenkaufs, 2. Band; Berlin, Tübingen 1967, unveränderter Nachdruck der Ausgabe von 1958. (Zitiert: Rabel, Warenkauf II).

Ranieri, Filippo, Stellungnahme zum Entwurf eines Gesetzes zur Modernisierung des Schuldrechts- BT- Drucksache 14/6040, Anhörung vor dem Rechtsausschuß des Deutschen Bundestags am 2. Juli 2001 und am 4. Juli 2001. http://ranieri.jura.uni-sb.de/Veroeffentlichungen/schuldrechtsreform.htm. (Zitiert: Rainieri, Stellungnahme zum Regierungsentwurf eines Schuldrechtsmodernisierungsgesetzes vor dem Rechtsausschuß des Deutschen Bundestags).

– Europäisches Obligationenrecht: Lehr- und Textbuch, Wien 1999 (Zitiert: Ranieri, Europäisches Obligationenrecht).

Rechtsausschuß des Deutschen Bundestags, Beschlußempfehlung und Bericht des Rechtsausschusses (6. Ausschuß) des Deutschen Bundestags zu dem Entwurf eines Gesetzes zur Modernisierung des Schuldrechts v. 25.9.2001. Veröffentlicht als BT-Drucks.14/7052 v. 9.10.2001.

Reich, Norbert, Die Umsetzung der Richtlinie 1999/44/EG in das deutsche Recht, in: NJW 1999, 2397.

Reichert-Facilides, Fritz, Einführung in die Thematik „Internationales Verbraucherschutzrecht“, in: Schnyder, Anton K./ Heiss, Helmut/ Rudisch, Bernhard, Internationales Verbraucherschutzrecht: Erfahrungen und Entwicklungen in Deutschland, Liechtenstein, Österreich und der Schweiz; Referate und Diskussionsberichte des Kolloquiums zu Ehren von Fritz Reichert- Facilides, Tübingen 1995, S.1.

Reinhardt, Wilhelm, Die Gefahrtragung beim Kauf unter besonderer Berücksichtigung der Regelungsvorschläge des Schuldrechtsreformentwurfs, Berlin 1998, zugl.: Trier, Univ., Diss., 1996/97. (Zitiert: Reinhardt, Gefahrtragung beim Kauf).

Reinicke, Dietrich/ Tiedtke, Klaus, Kaufrecht, 6. Auflage; Neuwied, Kriftel, Berlin 1997. (Zitiert: Reinicke/Tiedtke, Kaufrecht).

Reinking, Kurt, Die Geltendmachung von Sachmängelrechten und ihre Auswirkung auf die Verjährung, in: ZGS 2002, 140.

– Auswirkungen des Schuldrechtsmodernisierungsgesetzes auf den Neu- und Gebrauchtwagenkauf, in: DAR 2001, 8.

Remien, Oliver, Mitteilung zum europäischen Vertragsrecht. Im Internet abrufbar unter http://europa.eu.int/comm/consumers/policy/developments/contract_law/comments/5.15.pdf.

– Nationale Schuldrechtsmodernisierung und gemeineuropäische Privatrechtswissenschaft, in: Schulze, Reiner/ Schulte- Nölke, Hans (Hrsg.), Die Schuldrechtsreform vor dem Hintergrund des Gemeinschaftsrechts, Tübingen 2001, S.101.

– Verbraucherrecht oder allgemeines Privatrecht für die Europäische Union, in: Hans Schulte-Nölke/ Reiner Schulze (Hrsg.), Europäische Rechtsangleichung und nationale Privatrechte, 1.Auflage, Baden-Baden 1999.

Repgen, Tilman, Kein Abschied von der Privatautonomie, Die Funktion zwingenden Rechts in der Verbrauchsgüterkaufrichtlinie, Paderborn 2001. (Zitiert: Repgen, Kein Abschied von der Privatautonomie).
Reyes López, M.ª José (Coo.), Derecho de Consumo, Valencia 1999.
Rieger, Georg, Die Richtlinie zu bestimmten Aspekten des Verbrauchsgüterkaufs und der Garantien für Verbrauchsgüter vor dem Hintergrund des geltenden Rechts, in: VuR 1999, 287.
Rohlfing-Dijoux, Stefanie, Umsetzungsüberlegungen zur Kaufgewährleistungs-Richtlinie in Frankreich, in: Grundmann, Stefan/ Medicus, Dieter/ Rolland, Walter (Hrsg.), Europäisches Kaufgewährleistungsrecht, Reform und Internationalisierung des deutschen Schuldrechts; Köln, Berlin, Bonn, München 2000, S.145.
Rojo Fernandez-Rio, Angel, Responsabilidad civil del fabricante en el Derecho español, Bolonia 1974. (Zitiert: Responsablidad del fabricante).
Rolland, Walter, Schuldrechtsreform- Allgemeiner Teil, in: NJW 1992, 2377.
Roth, Birgit/ Schulze, Götz, Verbraucherschutz im Electronic Commerce, Schutzmechanismen und grenzüberschreitende Geschäfte nach dem Referentenentwurf eines Fernabsatzgesetzes, in: RIW 1999, 924.
Roth, Herbert, Die Reform des Werkvertragsrechts, in: JZ 2001, 543.
– EG-Richtlinien und bürgerliches Recht, in: JZ 1999, 529.
Roth, Wulf-Henning, Europäischer Verbraucherschutz und BGB, in: JZ 2001, 475.
– Die Schuldrechtsmodernisierung im Kontext des Europarechts, in: Ernst, Wolfgang/ Zimmermann, Reinhard (Hrsg.), Zivilrechtswissenschaft und Schuldrechtsreform: Zum Diskussionsentwurf eines Schuldrechtsmodernisierungsgesetzes des Bundesministeriums der Justiz, Tübingen 2001, S.225.
– Der nationale Transformationsakt: Vom Punktuellen zum Systematischen, in: Grundmann, Stefan/ Medicus, Dieter/ Rolland, Walter (Hrsg.), Europäisches Kaufgewährleistungsrecht, Reform und Internationalisierung des deutschen Schuldrechts; Köln, Berlin, Bonn, München 2000, S.113.
– Berechtigte Verbrauchererwartung im Europäischen Gemeinschaftsrecht, in: Hans Schulte-Nölke/ Reiner Schulze (Hrsg.), Europäische Rechtsangleichung und nationale Privatrechte, 1.Auflage, Baden-Baden 1999.
Rubio Garrido, Tomas, Contrato de compraventa y transmisión de la propiedad, Bolonia 1993.
– La "garantía" del artículo 11 LCU, in: ADC 1990, 867.
Rüfner, Thomas, Amtliche Überschriften für das BGB, in: ZRP 2001, 12.
Rusche, Tim, Der "enge Zusammenhang" im Sinne des Art.29 a EGBGB, in: IPRax 2001, 420.
Rust, Ulrich, Das kaufrechtliche Gewährleistungsrecht, Eine kritische Untersuchung der Reformvorschläge der Schuldrechtskommission, Berlin 1997, zugl.: Trier, Univ., Diss., 1996/97.

Sachsen Gessaphe, Karl August von, Der Rückgriff des Letztverkäufers- neues europäisches und deutsches Kaufrecht, in: RIW 2001, 721.

Safferling, Chritoph J.M., Re- Kodifizierung des BGB- ein Anachronismus?, in: Helms, Tobias/ Neumann, Daniela/ Caspers, Georg/ Sailer, Rita/ Schmidt-Kessel, Martin (Hrsg.), Das neue Schuldrecht, Jahrbuch Junger Zivilrechtswissenschaftler 2001, Freiburger Tagung 5.- 8. September 2001, Gesellschaft Junger Zivilrechtswissenschaftler, Freiburg 2001, S.133.

Sánchez Jáuregui, Antonio, in: Jaime de Castro García/ José María Gómez de la Bárcena/ Antonio Sánchez Jáuregui/ Jaime Santos Briz/ Antonio de la Esperanza Martínez-Radío/ Francisco Hernandez Gil/ José María Paz Rubio (Ed.); Código Civil, Comentarios y jurisprudencia, Concordancias y referencias legales actualizadas, Art. 1.278 a 1.525, Décima Edicíon, Madrid 1999.

Santos Briz, Jaime, La responsabilidad civil, Derecho sustantivo y derecho procesal, septima edición, Madrid 1993. (Zitiert: Santos Briz, La Responsabilidad Civil).

– El contrato de ejecución de obra y su problemática jurídica, in: RDP 1972, 379.

– La responsabilidad del fabricante frente a terceros en el Derecho moderno, in: Estudios de Derecho Civil en honor del profesor Castán, Tomo II, Pamplona 1969, S.497 ff. (Zitiert: Responsabilidad del fabricante).

Sanz Valentín, Luis Antonio, La Directiva 1999/44 CE del Parlamento Europeo y del Consejo sobre determinados aspectos de la venta y las garantías de los bienes de consumo, in: AC 1999 (LV), 1073.

Schapp, Jan, Empfiehlt sich die "Pflichtverletzung" als Generaltatbestand des Leistungsstörungsrechts, in: JZ 2001, 583.

– Probleme der Reform des Leistungsstörungsrechts, in: JZ 1993, 637.

Schäfer, Peter/ Pfeiffer, Karen, Die EG-Richtlinie über den Verbrauchsgüterkauf, Gesetzgeberische Alternativen und wirtschaftliche Folgen ihrer Umsetzung in deutsches Recht, in: ZIP 1999, 1829.

Schermaier, Martin Josef (Hrsg.), Reform des Gewährleistungsrechts und europäische Rechtsangleichung: Studentische Beiträge zur Rechtsvergleichung und Rechtspolitik, Frankfurt am Main 1998. (Zitiert: Schermaier-Bearbeiter).

Schiller, Sabine, Europäische Union: Die Richtlinie über Verbrauchsgüterkauf und -garantien, Produkt- und Umwelthaftungsrecht international, Produkt- und Umwelthaftpflicht international- Recht und Versicherung (PHI) 1999, 118.

Schimmel, Roland/ Buhlmann, Dirk, Fehlerquellen im Umgang mit dem neuen Schuldrecht, Neuwied u.a. 2002.

Schlechtriem, Peter, Entwicklung des deutschen Schuldrechts und europäische Rechtsangleichung, in: Helms, Tobias/ Neumann, Daniela/ Caspers, Georg/ Sailer, Rita/ Schmidt- Kessel, Martin (Hrsg.), Das neue Schuldrecht, Jahr-

buch Junger Zivilrechtswissenschaftler 2001, Freiburger Tagung 5.-8.September 2001, Gesellschaft Junger Zivilrechtswissenschaftler, Freiburg 2001, S.9.
– Das geplante Gewährleistungsrecht im Licht der europäischen Richtlinie zum Verbrauchsgüterkauf, in: Ernst, Wolfgang/ Zimmermann, Reinhard (Hrsg.), Zivilrechtswissenschaft und Schuldrechtsreform: Zum Diskussionsentwurf eines Schuldrechtsmodernisierungsgesetzes des Bundesministeriums der Justiz, Tübingen 2001, S.205.
– 10 Jahre CISG- Der Einfluß des UN-Kaufrechts auf die Entwicklung des deutschen und des internationalen Schuldrechts, in: IHR 2001, 12.
– Kaufrechtsangleichung in Europa: Licht und Schatten in der Verbrauchsgüterkaufrichtlinie, in: Gedächtnisschrift für Alexander Lüderitz, hrsg. v. Haimo Schack. Unter Mitwirkung von Norbert Horn, Manfred Lieb, Klaus Luig, Jens Peter Meincke und Herbert Wiedemann, München 2000. (Zitiert: Schlechtriem, GS Lüderitz).
– Kommentar zum Einheitlichen UN-Kaufrecht. Das Übereinkommen der Vereinten Nationen über Verträge über den internationalen Warenkauf - CISG-Kommentar-, bearbeitet von Klaus Bacher, Franco Ferrari, Günter Hager, Rainer Hornung, Ulrich Huber, Werner Junge, Hans G. Leser, Markus Müller-Chen, Peter Schlechtriem, Ingeborg Schwenzer, Hans Stoll, herausgegeben von Peter Schlechtriem, 3. Auflage, München 2000. (Zitiert: Schlechtriem-Bearbeiter).
– Die Anpassung des deutschen Rechts an die Klausel-Richtlinie und den Richtlinienvorschlag zum Verbraucherkaufrecht, in: ZSR 118 (1999), 335.
– Schuldrecht, Besonderer Teil, 5. Auflage, Tübingen 1998. (Zitiert: Schlechtriem, Schuldrecht BT).
– Verbraucherkaufverträge- ein neuer Richtlinienentwurf, in: JZ 1997, 441.
– Internationales UN-Kaufrecht, Ein Studien- und Erläuterungsbuch zum Übereinkommen der Vereinten Nationen über Verträge über den internationalen Warenkauf (CISG), Tübingen 1996. (Zitiert: Schlechtriem, Intern. UN-KaufR).
– Rechtsvereinheitlichung in Europa und Schuldrechtsreform in Deutschland, in: ZEuP 1993, 217.

Schmid, Christoph, Legitimitätsbedingungen eines Europäischen Zivilgesetzbuchs, in: JZ 2001, 674.

Schmidt, Karsten, Handelsrecht, 5. Auflage, Heidelberg 1999.

Schmidt-Kessel, Martin, Der Rückgriff des Letztverkäufers, in: ÖJZ 2000, 668.

Schmidt-Räntsch, Jürgen, Das neue Schuldrecht, Anwendung und Auswirkungen in der Praxis, Köln, Berlin, Bonn, München 2002 (Zitiert: Schmidt-Räntsch, Das neue Schuldrecht).
– Der Entwurf eines Schuldrechtsmodernisierungsgesetzes, in: ZIP 2000, 1639.

– Gedanken zur Umsetzung der kommenden Kaufrechtsrichtlinie, in: ZEuP 1999, 294.
– Zum Stand der Kaufrechtsrichtlinie, in: ZIP 1998, 849.
Schnyder, Anton K./ Heiss, Helmut/ Rudisch, Bernhard, Internationales Verbraucherschutzrecht, Erfahrungen und Entwicklungen in Deutschland, Liechtenstein, Österreich und der Schweiz, Referate und Diskussionsberichte des Kolloquiums zu Ehren von Fritz Reichert- Facilides, Tübingen 1995.
Schnyder, Anton K./ Straub, Ralf Michael, Das EG-Grünbuch über Verbrauchsgütergarantien und Kundendienst- Erster Schritt zu einem einheitlichen EG-Kaufrecht?, in: ZEuP 1996, 8.
Staudinger, Ansgar, Die Mitteilung der Kommission zum Europäischen Vertragsrecht, in: VuR 2001, 353.
Schubel, Christian, Mysterium Lieferkette, in: ZIP 2002, 2061.
– Schuldrechtsreform: Perspektivenwechsel im Bürgerlichen Recht und AGB-Kontrolle für den Handelskauf, in: JZ 2001, 1113.
Schulte-Nölke, Hans, Kurzbeitrag, Ein Vertragsgesetzbuch für Europa?, in: JZ 2001, 917.
Schulte-Nölke, Hans/ Schulze, Reiner (Hrsg.), Europäische Rechtsangleichung und nationale Privatrechte, 1.Auflage, Baden-Baden 1999.
Schulz, Burkhard, Der Monat in Berlin, in: ZRP-Gesetzgebungs-Report 2000, 453.
Schulz, Sabine U. E., Die französische action directe: Modell für einen Gewährleistungsdurchgriff im deutschen Kaufrecht, Frankfurt am Main u.a. 1999, zugl.: Potsdam, Univ., Diss.,1999. (Zitiert: Schulz, action directe).
Schulze, Reiner/ Schulte-Nölke, Hans (Hrsg,), Gemeinsame Stellungnahme zur Mitteilung zum Europäischen Vertragsrecht. Im Internet abrufbar unter http://europa.eu.int/comm/consumers/policy/developments/contract_law/comments/5.10.pdf.
– Die Schuldrechtsreform vor dem Hintergrund des Gemeinschaftsrechts, Tübingen 2001.
– Schuldrechtsreform und Gemeinschaftsrecht, in: Schulze, Reiner/ Schulte-Nölke, Hans (Hrsg,), Die Schuldrechtsreform vor dem Hintergrund des Gemeinschaftsrechts, Tübingen 2001, S.1.
Schulze, Reiner/ Zimmermann, Reinhard, Vorwort, in: Basistexte zum Europäischen Privatrecht, Textsammlung, Baden- Baden 2000.
Schurr, Francesco A., Die neue Richtlinie 99/44/EG über den Verbrauchsgüterkauf und ihre Umsetzung - Chancen und Gefahren für das deutsche Kaufrecht, in: ZfRV 1999, 222.
Schwartze, Andreas, Europäische Sachmängelgewährleistung beim Warenkauf, Optionale Rechtsangleichung auf der Grundlage eines funktionalen Rechtsvergleichs, 1. Auflage, Tübingen 2000, zugl.: Hannover, Univ., Habil., 1997. (Zitiert: Schwartze, Europ. Sachmängelgewährleistung).

– Diskussionsbericht, in: Grundmann, Stefan/ Medicus, Dieter/ Rolland, Walter (Hrsg.), Europäisches Kaufgewährleistungsrecht, Reform und Internationalisierung des deutschen Schuldrechts; Köln, Berlin, Bonn, München 2000, S.335.
– Die zukünftige Sachmängelgewährleistung in Europa- Die Verbrauchsgüterkauf-Richtlinie vor ihrer Umsetzung, in: ZEuP 2000, 544.
– Die Europäisierung des Privatrechts am Beispiel des Kaufrechts, in: Dieter Martiny/ Norman Witzleb (Hrsg.), Auf dem Wege zu einem Europäischen Zivilgesetzbuch, Berlin/ Heidelberg 1999, S.33.

Schwenzer, Ingeborg (Hrsg.), Schuldrecht, Rechtsvergleichung und Rechtsvereinheitlichung an der Schwelle zum 21.Jahrhundert: Symposium aus Anlaß des 65. Geburtstages von Peter Schlechtriem, Tübingen 1999.

Seco Caro, Enrique, El contrato mercantil de compraventa. Concepto. Perfección. Doctrina del riesgo. In: Jiménez Sanchez, Guillermo J. (Coo.), Derecho mercantil, IV. Títulos-valores., V. Obligaciones y contratos mercantiles., VI. Derecho concursal mercantil y VII. Derecho de navegación, Barcelona 1998. (Zitiert: Jiménez Sanchez-Bearbeiter).

Seiler, Hans Herrmann, Das geplante Werkvertragsrecht I, in: Ernst, Wolfgang/ Zimmermann, Reinhard (Hrsg.), Zivilrechtswissenschaft und Schuldrechtsreform: Zum Diskussionsentwurf eines Schuldrechtsmodernisierungsgesetzes des Bundesministeriums der Justiz, Tübingen 2001, S.263.

Sequeira Martín, Adolfo J., El derecho a la indemnización de daños y perjuicios en la Ley General para la Defensa de los Cosumidores y Usuarios, in: RCDI 1986, 1443.

Sierra Gil de la Cuesta, Ignacio (Coo.), Comentario del Código Civil, Libro II, De los bienes, de la propriedad y sus modificaciones, Tomo 3, Arts. 333 al 603, Primera edición, Barcelona 2000. (Zitiert: Sierra Gil de la Cuesta-Bearbeiter).

Soergel, Hans Th., Bürgerliches Gesetzbuch mit Einführungsgesetz und Nebengesetzen, Band 2, Schuldrecht I (§§ 241-432), 12. Auflage; Stuttgart, Berlin, Köln 1991; Band 3, Schuldrecht II (§§ 433-515) AGB-Gesetz, AbzG, EAG, EKG, UN-KaufAbk, 12. Auflage; Stuttgart, Berlin, Köln 1991: §§ 433-454 bearbeitet von Ulrich Huber. AGB-Gesetz bearbeitet von Ursula Stein. UN-KaufAbk bearbeitet von Alexander Lüderitz; Band 10, Einführungsgesetz, 12. Auflage; Stuttgart, Berlin, Köln 1996, Redaktion: Gerhard Kegel. Band 13, Schuldrechtliche Nebengesetze 2, Übereinkommen der Vereinten Nationen über Verträge über den internationales Warenkauf (CISG), 13. Auflage, Stand: Frühjahr 2000; Stuttgart, Berlin, Köln, Mainz 2000.

Staudenmayer, Dirk, Die Mitteilung der Kommission zum Europäischen Vertragsrecht, in: EuZW 2001, 485.
– Perspektiven des Europäischen Vertragsrechts, in: Schulze, Reiner/ Schulte- Nölke, Hans (Hrsg.), Die Schuldrechtsreform vor dem Hintergrund des Gemeinschaftsrechts, Tübingen 2001, S.419.

– EG- Richtlinie 1999/44/EG zur Vereinheitlichung der Kaufgewährleistung, in: Grundmann, Stefan/ Medicus, Dieter/ Rolland, Walter (Hrsg.), Europäisches Kaufgewährleistungsrecht, Reform und Internationalisierung des deutschen Schuldrechts; Köln, Berlin, Bonn, München 2000, S.27.
– Europäisches Verbraucherschutzrecht nach Amsterdam-Stand und Perspektiven, in: RIW 1999, 733.
– Die EG-Richtlinie über den Verbrauchsgüterkauf, in: NJW 1999, 2393.

Staudinger, Ansgar, Der Rückgriff des Unternehmers in grenzüberschreitenden Sachverhalten, in: ZGS 2002, 63.

Staudinger, Julius v., Kommentar zum Bürgerlichen Gesetzbuch mit Einführungsgesetz und Nebengesetzen, 13. Auflage, Berlin; Erstes Buch, Allgemeiner Teil, §§ 164-240, Redaktor: Norbert Habermann, 1995; Zweites Buch: Recht der Schuldverhältnisse, §§ 255- 314, Bearbeiter: Claudia Bittner, Manfred Löwisch, Eduard Wufka, Redaktor: Manfred Löwisch, §§ 315-327, Bearbeiter: Hansjörg Otto, Volker Rieble, Redaktor: Manfred Löwisch, 2001, §§ 433-534, Redaktion Heinrich Honsell, 1995; Wiener UN-Kaufrecht (CISG), Bearbeiter Ulrich Magnus,1999. (Zitiert: Staudinger-Bearbeiter).

Steiner, Philip, Der Entwurf der Richtlinie des Europäischen Parlaments und des Rates über Verbrauchsgüterkauf und -garantien und das geltende österreichische Recht, in: Schermaier, Martin Josef (Hrsg.): Reform des Gewährleistungsrechts und europäische Rechtsangleichung: Studentische Beiträge zur Rechtsvergleichung und Rechtspolitik, Frankfurt am Main 1998.

Stoll, Hans, Notizen zur Neuordnung des Rechts der Leistungsstörungen, in: JZ 2001, 589.

Teichmann, Arndt, Strukturveränderungen im Recht der Leistungsstörungen nach dem Regierungsentwurf eines Schuldrechtsmodernisierungsgesetzes, in: BB 2001, 1485.

Tejedor Muñoz, Lourdes, Incorporación contractual de las condisiones generales, in: RDC, Cláusulas abusivas-II, 2001, 7.

Tenreiro, Mário, La proposition de directive sur la vente et les garanties des biens de consommation, in: REDC 1996, 187.

Thode, Reinhold, EG-Richtlinie zu bestimmten Aspekten des Verbrauchsgüterkaufs und der Garantien für Verbrauchsgüter, -Ihre Auswirkungen auf das deutsche Werkvertragsrecht-, in: ZfBR 2000, 363.

Tiedtke, Klaus, Verjährungsbeginn der Gewährleistungsansprüche, in: JZ 1996, 549.

Tonner, Klaus, Die kaufrechtlichen Vorschriften im Diskussionsentwurf eines Schuldrechtsmodernisierungsgesetzes, in: VuR 2001, 87.
– Die Verbrauchsgüterkauf-Richtlinie und Europäisierung des Zivilrechts, in: BB 1999, 1769.

Tornos Mas, Joaquín/ Marín López, Juan José/ Cases Pallares, Esteban/ Manubens Florensa, Carlos, Ordenación del comercio minorista, Comentarios a la Ley 7/1996 y a la Ley Orgánica 2/1996, ambas de fecha 15 de enero, Barcelona 1996.

Ulmer, Peter, Integration des AGB- Gesetzes in das BGB?, in: Schulze, Reiner/ Schulte- Nölke, Hans (Hrsg.), Die Schuldrechtsreform vor dem Hintergrund des Gemeinschaftsrechts, Tübingen 2001, S.189.

– Das AGB- Gesetz: ein eigenständiges Kodifikationswerk, in: JZ 2001, 491.

Ulmer, Peter/ Brander, Hans Erich/ Hensen, Horst-Diether, AGB-Gesetz, Kommentar zum Gesetz zur Regelung des Rechts der Allgemeinen Geschäftsbedingungen, 8. Auflage, Köln 1997. (Zitiert: Ulmer/Brander/Hensen).

UNIDROIT-Prinzipien, Grundregeln der Internationalen Handelsverträge ("Unidroit-Prinzipien"), UNIDROIT: Internationales Institut für die Vereinheitlichung des Privatrechts, Rom 1994.

Uría, Rodrigo, Derecho Mercantil, Vigésima Edición, Madrid 1993.

Uriarte y de Bofarull, Ignacio de, Consumer Legislation in Spain, Droit et Consommation XII, Brüssel-Luxemburg 1987. (Zitiert: Uriarte y de Bofarull, Consumer Legislation in Spain).

Valcárcel Schnüll, Dagmar, Die Haftung des Verkäufers für Fehler und zugesicherte Eigenschaften im europäischen Rechtsvergleich, Bonn, Univ., Diss., 1994.

Vicent Chulía, Francisco, Compendio crítico de derecho mercantil, Tomo II, Contratos-Títulos valores-Derecho Concursal, Tercera Edición, Barcelona 1990.

Vicente y Gella, A., La doctrina de los vicios y el cumplimiento "aparente" de los contratos, in: Homenaje a D. Juan Moneva y Pujol, Zaragoza 1954, 564. (Zitiert: Vicente y Gella, La doctrina de los vicios y el cumplimiento).

Wägenbaur, Rolf, EU-Kommission erwägt Ausarbeitung eines europäischen Vertragsrechts, in: ZRP 2001, 533.

Wagner, Axel-Michael/ Neuenhahn, Stefan, Die Anwendbarkeit der §§ 478 und 479 BGB auf die "Beschaffungskette" des Herstellers, in: ZGS 2002, 395.

Wagner, Gerhard, Ansprüche auf Unmögliches?, Die Rechtsfolgen des anfänglichen Unvermögens, in: JZ 1998, 482.

Wagner, Rolf, Zusammenführung verbraucherschützender Kollisionsnormen aufgrund EG-Richtlinien in einem neuen Art.29a EGBGB, -Ein Beitrag zur internationalprivatrechtlichen Umsetzung der Fernabsatz-Richtlinie-, in: IPRax 2000, 249.

Weber, Hans-Joachim/ Dospil, Joachim/ Hanhörster, Hedwig, Mandatspraxis neues Schuldrecht, Köln u.a. 2002.

Weiler, Frank, Haftung für Werbeangaben nach neuem Kaufrecht, WM 2002, 1784.

Weisner, Arnd, Die EG-Kaufgewährleistungsrichtlinie, in: JuS 2001, 759.

Welser, Rudolf, Der Vorschlag einer EU-Richtlinie über den Verbrauchsgüterkauf, in: Recht in Österreich und Europa: Festschrift für Karl Hempel zum 60.Geburtstag, hrsg. v. Heinz Mayer, Fabian von Schlabrendorff, Benedikt

Spiegelfeld, Rudolf Welser, Wien 1997, S.162. (Zitiert: Welser, FS Hempel).
Welser, Rudolf/ Jud, Brigitta, Zur Reform des Gewährleistungsrechts, Die Europäische Richtlinie über den Verbrauchsgüterkauf und ihre Bedeutung für ein neues Gewährleistungsrecht, Verhandlungen des Vierzehnten Österreichischen Juristentages, Bürgerliches Recht, Band II/1, Gutachten, Wien 2000.
Westermann, Harm Peter, Das neue Kaufrecht, in: NJW 2002, 241.
– Kaufrecht im Wandel, in: Schulze, Reiner/ Schulte-Nölke, Hans (Hrsg.), Die Schuldrechtsreform vor dem Hintergrund des Gemeinschaftsrechts, Tübingen 2001, S.109.
– Das neue Kaufrecht einschließlich des Verbrauchsgüterkaufs, in: JZ 2001, 530.
– Vorschlag für die Einpassung der Kaufgewährleistungs- Richtlinie ins deutsche Recht, in: Grundmann, Stefan/ Medicus, Dieter/ Rolland, Walter (Hrsg.), Europäisches Kaufgewährleistungsrecht, Reform und Internationalisierung des deutschen Schuldrechts; Köln, Berlin, Bonn, München 2000, S.251.
Westphalen, Friedrich Graf von, Literaturreport, in: ZGS 2002, 389.
– Kettengarantie und kein Ende?, in: ZGS 2002, 19.
– Ein Stein des Anstoßes: § 444 BGB n.F., in: ZIP 2001, 2107.
– Die Neuregelungen des Entwurfs eines Schuldrechtsmodernisierungsgesetzes für das Kauf- und Werkvertragsrecht, in: DB 2001, 799.
– Die Umsetzung der Verbrauchsgüterkauf-Richtlinie im Blick auf den Regreß zwischen Händler und Hersteller, in: DB 1999, 2553.
– (Hrsg.), Handbuch des Kaufvertragsrechts in den EG-Staaten, Köln 1992.
Wetzel, Thomas, Das Schuldrechtsmodernisierungsgesetz- Der große Wurf zum 1.1.2002?, in: ZRP 2001, 117.
Weyers, Hans-Leo (Hrsg.), Europäisches Vertragsrecht-Tagung der Gesellschaft für Rechtsvergleichung 1996, Baden-Baden 1997.
Wieser, Eberhard, Eine Revolution des Schuldrechts, in: NJW 2001, 121.
Wilhelm, Jan, Schuldrechtsreform 2001, in: JZ 2001, 861.
Wilhelm, Jan/ Deeg, Peter, Nachträgliche Unmöglichkeit und nachträgliches Unvermögen, in: JZ 2001, 223.
Wilhelm Consulting, Study on the possible economic impact of the proposal for the directive on the sale of consumer goods and associated garanties, Regensburg 1998.
Willingmann, Armin/ Hirse, Thomas, Das Leistungsstörungs- und Rücktrittsrecht im Diskussionsentwurf eines Gesetzes zur Schuldrechtsmodernisierung, in: VuR 2001, 99.
Wolf, Sabine, Reform des Kaufrechts durch EG-Richtlinie-ein Vorteil für die Wirtschaft?, Die möglichen Auswirkungen einer Richtlinie über den Ver-

brauchsgüterkauf und -garantien auf das deutsche Kaufrecht und die Wirtschaft, in: RIW 1997, 899.

Wolf, Manfred/ Pfeiffer, Thomas, Der richtige Standort des AGB-Rechts innerhalb des BGB, in: ZRP 2001, 303.

– Sechs Thesen zu Schuldrechtsreform und AGB-Gesetz, in: NJW 2001, XVI.

Wolf, Manfred/ Horn, Norbert/ Lindacher, Walter F., AGB-Gesetz, Gesetz zur Regelung des Rechts der Allgemeinen Geschäftsbedingungen, Kommentar, 4. Auflage, München 1999.

Zehnder, Hannes, Die Mängelrüge im Kauf-, Werkvertrags- und Mietrecht, in: SJZ 2000, 545.

Ziegler, Benno/ Rieder, Markus S., Vertragsgestaltung und Vertragsanpassung nach dem Schuldrechtsmodernisierungsgesetz, in: ZIP 2001, 1789.

Zimmer, Daniel, Das geplante Kaufrecht, in: Ernst, Wolfgang/ Zimmermann, Reinhard (Hrsg.), Zivilrechtswissenschaft und Schuldrechtsreform: Zum Diskussionsentwurf eines Schuldrechtsmodernisierungsgesetzes des Bundesministeriums der Justiz, Tübingen 2001, S.191.

Zimmermann, Reinhard, Schuldrechtsmodernisierung?, in. JZ 2001, 171.

Zimmermann, Reinhard/ Leenen, Detlef/ Mansel, Heinz-Peter/ Ernst, Wolfgang, Finis Litium? Zum Verjährungsrecht nach dem Regierungsentwurf eines Schuldrechtsmodernisierungsgesetzes, in: JZ 2001, 684.

Zweigert, Konrad/ Kötz, Hein, Einführung in die Rechtsvergleichung, 3. Auflage, Tübingen 1996. (Zitiert: Zweigert/Kötz, Rechtsvergleichung).

Anhang

1. **Directiva 1999/44/CE, 25 de mayo de 1999, sobre determinados aspectos de la venta y las garantías de los bienes de consumo (DOCE 7 de julio de 1999)**

2. **Proyecto de Ley: Garantías en la venta de bienes de consumo**
   (BOCG 31 de octubre de 2002, Serie A, Núm.117-1)

1. DIRECTIVA 1999/44/CE DEL PARLAMENTO EUROPEO Y DEL CONSEJO de 25 de mayo de 1999 sobre determinados aspectos de la venta y las garantías de los bienes de consumo

Diario Oficial nº L 171 de 07/07/1999 p. 0012 - 0016

EL PARLAMENTO EUROPEO Y EL CONSEJO DE LA UNIÓN EUROPEA,

Visto el Tratado constitutivo de la Comunidad Europea y, en particular, su artículo 95,

Vista la propuesta de la Comisión(1),

Visto el dictamen del Comité Económico y Social(2),

De conformidad con el procedimiento establecido en el artículo 251 del Tratado a la luz del texto conjunto aprobado el 18 de marzo de 1999 por el Comité de conciliación(3),

(1) Considerando que los apartados 1 y 3 del artículo 153 del Tratado disponen que la Comunidad contribuirá a que se alcance un alto nivel de protección de los consumidores mediante las medidas que adopte en virtud del artículo 95;

(2) Considerando que el mercado interior implica un espacio sin fronteras interiores en el que la libre circulación de mercancías, personas, servicios y capitales está garantizada; que la libre circulación de mercancías no se refiere solamente al comercio profesional, sino también a transacciones efectuadas por los particulares; que la libre circulación implica que los consumidores residentes en un Estado miembro deben poder adquirir bienes en el territorio de otro Estado miembro con arreglo a un conjunto mínimo uniforme de normas equitativas que regulen la compraventa de bienes de consumo;

(3) Considerando que las legislaciones de los Estados miembros sobre la venta de bienes de consumo presentan disparidades, como consecuencia de las cuales existen diferencias entre los mercados nacionales en materia de ventas de bienes de consumo y se puede falsear el juego de la competencia entre los vendedores;

(4) Considerando que el consumidor que trata de beneficiarse de las ventajas del gran mercado adquiriendo bienes en un Estado miembro distinto del de su residencia desempeña un papel fundamental en la realización del mercado interior; que debe impedirse el restablecimiento artificial de fronteras y la compartimentación de los mercados; que las posibilidades que se le ofrecen al consumidor aumentan considerablemente con las nuevas tecnologías de comunicación, que permiten acceder fácilmente a sistemas de distribución de otros Estados miembros o terceros países; que, si no existe una armonización mínima de las normas relativas a la compra de bienes de consumo, puede entorpecerse el desarrollo de la venta de bienes a través de las nuevas tecnologías de comunicación a distancia;

(5) Considerando que la creación de un conjunto común mínimo de normas en

materia de derechos de los consumidores, válidas con independencia del lugar de la compra de los bienes en la Comunidad, reforzará la confianza de los consumidores y les permitirá aprovechar al máximo las ventajas derivadas del mercado interior;

(6) Considerando que las principales dificultades de los consumidores y la principal fuente de conflictos con los vendedores se refieren a la falta de conformidad del bien con el contrato; que, en consecuencia, conviene aproximar las legislaciones nacionales sobre la venta de bienes de consumo en este aspecto, aunque sin afectar a las disposiciones y principios de las legislaciones nacionales relativos a los regímenes de responsabilidad contractual y extracontractual;

(7) Considerando que los bienes deben ante todo corresponder a las especificaciones contractuales; que el principio de conformidad con el contrato puede considerarse como una base común a las diferentes tradiciones jurídicas nacionales; que en determinadas tradiciones jurídicas nacionales puede no ser posible basarse sólo en ese principio para garantizar un nivel mínimo de protección del consumidor; que, en particular, con arreglo a las citadas tradiciones jurídicas puede resultar útil establecer disposiciones nacionales adicionales con el fin de garantizar la protección del consumidor cuando las partes no hayan acordado cláusula contractual específica alguna o cuando hayan acordado cláusulas o modalidades contractuales que excluyan o limiten, directa o indirectamente, los derechos del consumidor y que, en la medida en que esos derechos se deriven de la presente Directiva, no sean vinculantes para el consumidor;

(8) Considerando que, con el fin de facilitar la aplicación del principio de la conformidad con el contrato, conviene introducir una presunción impugnable de conformidad con el contrato que abarque las situaciones más comunes; que esta presunción no limita el principio de libertad contractual de las partes; que, además, a falta de cláusulas contractuales concretas, así como cuando se aplique la cláusula de protección mínima, los elementos mencionados en la presunción podrán utilizarse para determinar la falta de conformidad de los bienes con el contrato; que la calidad y el rendimiento que el consumidor puede razonablemente esperar dependerá, entre otras cosas, de si los bienes son nuevos o usados; que los elementos mencionados en la presunción son acumulativos; que cuando por las circunstancias de cada caso un elemento particular sea manifiestamente inadecuado, seguirán siendo aplicables, sin embargo, los elementos restantes de la presunción;

(9) Considerando que el vendedor debe ser el responsable directo ante el consumidor de la conformidad de los bienes con el contrato; que ésta es la solución tradicional consagrada en las ordenamientos jurídicos de los Estados miembros; que, no obstante, el vendedor debe poder, conforme a la legislación nacional, entablar acciones contra el productor, el vendedor anterior o contra cualquier otro intermediario de la cadena contractual salvo que hubiese renunciado a ese derecho; que la presente Directiva no afectará al principio de libertad contractual entre el vendedor, el productor, un vendedor anterior o cualquier otro intermediario; que la legislación nacional deberá determinar las normas que regulan contra quién podrá actuar el vendedor y las modalidades de dicha acción;

(10) Considerando que, en caso de que el producto no sea conforme al contrato, los consumidores deben tener derecho a que los bienes se conformen a él sin cargo alguno, pudiendo elegir entre su reparación y su sustitución o, en su defecto, obtener una reducción del precio o la resolución del contrato;

(11) Considerando que el consumidor podrá en primer lugar exigir al vendedor la reparación o la sustitución del bien salvo si ello resulta imposible o desproporcionado; que deberá determinarse de forma objetiva si esta forma de saneamiento es desproporcionada o no; que una forma de saneamiento es desproporcionada cuando impone gastos que no son razonables en comparación con otras formas de saneamiento; que para determinar si los gastos no son razonables, los correspondientes a una forma de saneamiento deben ser considerablemente más elevados que los gastos correspondientes a la otra;

(12) Considerando que cuando exista una falta de conformidad el vendedor siempre podrá proponer al consumidor, como solución, cualquier forma de saneamiento; que el consumidor deberá decidir si acepta o rechaza esta propuesta;

(13) Considerando que, con el fin de permitir que los consumidores participen de las ventajas del mercado interior y puedan comprar bienes de consumo en otro Estado miembro, debería recomendarse que, en interés de los consumidores, los fabricantes de bienes de consumo que se vendan en varios Estados miembros adjunten a éstos una lista que incluya por lo menos una dirección de contacto en cada Estado miembro en que se distribuya la mercancía;

(14) Considerando que las referencias a la fecha de entrega no suponen que los Estados miembros deban modificar sus normas sobre transferencia de riesgos;

(15) Considerando que los Estados miembros podrán establecer que se pueda reducir el importe de la restitución al consumidor teniendo en cuenta el uso que éste haya hecho del bien desde el momento en que le fue entregado; que la legislación nacional puede fijar las modalidades de resolución de los contratos;

(16) Considerando que la naturaleza específica de los bienes de segunda mano hace generalmente imposible sustituirlos; que, por lo tanto, para esos bienes no se puede aplicar por regla general el derecho del consumidor a la sustitución; que para los citados bienes los Estados miembros pueden permitir que las partes acuerden un período de responsabilidad de menor duración;

(17) Considerando que conviene limitar el plazo durante el cual el vendedor será responsable de cualquier falta de conformidad que exista en el momento de la entrega de los bienes; que los Estados miembros pueden también establecer la limitación del plazo durante el cual los consumidores pueden ejercer sus derechos, siempre que dicho plazo no expire antes de transcurridos dos años a contar del día de la entrega; que cuando, con arreglo a la legislación nacional, el momento en que comienza el plazo de prescripción no sea el mismo que el de la entrega del bien, la duración total del plazo de prescripción que establezca la legislación nacional no puede ser inferior a dos años contados a partir del día de la entrega;

(18) Considerando que los Estados miembros pueden disponer libremente la suspensión o la interrupción del período durante el cual cualquier falta de conformidad debe ponerse de manifiesto y del plazo de prescripción, cuando éstos sean aplicables y de acuerdo con sus legislaciones nacionales, cuando se trate de reparaciones, sustituciones o negociaciones entre vendedor y consumidor con el fin de llegar a una solución amistosa;

(19) Considerando que los Estados miembros deben poder establecer un plazo en el que el consumidor deba informar al vendedor acerca de cualquier falta de conformidad; que los Estados miembros podrán garantizar un mayor nivel de protección del consumidor renunciando a establecer dicha obligación; que en cualquier caso los consumidores de la Comunidad deben poder disponer de dos meses como mínimo para informar al vendedor de la existencia de una falta de conformidad;

(20) Considerando que los Estados miembros deben proteger contra las desventajas de dicho plazo a los consumidores que efectúen compras transfronterizas; que todos los Estados miembros deben informar a la Comisión del modo en que apliquen dicha disposición; que la Comisión deberá controlar el efecto de la distinta aplicación de dicha disposición en los consumidores y en el mercado interior; que la información sobre el modo de aplicación por un Estado miembro debe poder ser conocido por los demás Estados miembros, los consumidores y las organizaciones de consumidores de la Comunidad; que por lo tanto debe publicarse en el Diario Oficial de las Comunidades Europeas un resumen de la situación existente en todos los Estados miembros;

(21) Considerando que en lo que respecta a determinadas categorías de bienes es práctica corriente que los vendedores o los productores ofrezcan a los consumidores garantías sobre sus bienes contra cualquier defecto que se manifieste en un plazo determinado; que esta práctica puede estimular la competencia; que, aunque tales garantías pueden ser un instrumento legítimo de mercadotecnia, no deben inducir a error al consumidor; que para que éstos no se llamen a engaño, las garantías deben contener determinada información, incluida una declaración de que la garantía no afectará a los derechos del consumidor;

(22) Considerando que las partes no deben poder limitar o excluir por consentimiento mutuo los derechos conferidos a los consumidores, so pena de vaciar de contenido la protección legal; que este principio debe aplicarse asimismo a las cláusulas que implican que el consumidor tenía conocimiento de todas las faltas de conformidad de los bienes de consumo existentes en el momento de la celebración del contrato; que la protección del consumidor resultante de la presente Directiva no puede reducirse alegando que se ha escogido la legislación de un Estado no miembro como aplicable al contrato;

(23) Considerando que la legislación y la jurisprudencia en este ámbito demuestran que, en los distintos Estados miembros, existe una preocupación creciente por asegurar a los consumidores un elevado nivel de protección; que, a la luz de esta evolución y de la experiencia adquirida en la aplicación de la presente Directiva, podría ser necesario prever una mayor armonización, en particular estableciendo una responsabilidad directa del productor respecto de los defectos de que sea responsable;

(24) Considerando que los Estados miembros han de tener la facultad de adoptar o mantener, en el ámbito regulado por la presente Directiva, disposiciones más exigentes con objeto de garantizar un mayor nivel de protección de los consumidores;

(25) Considerando que, de conformidad con la Recomendación de la Comisión, de 30 de marzo de 1998, relativa a los principios aplicables a los órganos responsables de la solución extrajudicial de los litigios en materia de consumo(4), los Estados miembros pueden crear órganos que garanticen una gestión imparcial y eficaz de las reclamaciones en un contexto tanto nacional como transfronterizo y que los consumidores puedan utilizar como mediadores;

(26) Considerando que, con el fin de proteger los intereses colectivos de los consumidores, conviene añadir esta Directiva a la lista de directivas incluidas en el anexo de la Directiva 98/27/CE del Parlamento Europeo y del Consejo, de 19 de mayo de 1998, relativa a las acciones de cesación en materia de protección de los intereses de los consumidores(5),

HAN ADOPTADO LA PRESENTE DIRECTIVA:

Artículo 1
Ámbito de aplicación y definiciones

1. La presente Directiva tiene por objeto aproximar las disposiciones legales, reglamentarias y administrativas de los Estados miembros sobre determinados aspectos de la venta y de las garantías de los bienes de consumo, con el fin de garantizar un nivel mínimo uniforme de protección de los consumidores en el marco del mercado interior.

2. A efectos de la presente Directiva se entenderá por:

a) "consumidor": toda persona física que, en los contratos a que se refiere la presente Directiva, actúa con fines que no entran en el marco de su actividad profesional;

b) "bien de consumo": cualquier bien mueble corpóreo, excepto los siguientes:

- los bienes vendidos por la autoridad judicial tras un embargo u otro procedimiento,
- el agua y el gas cuando no estén

envasados para la venta en el volumen delimitado o en cantidades determinadas,
- la electricidad;
c) "vendedor": cualquier persona física o jurídica que, mediante un contrato, vende bienes de consumo en el marco de su actividad profesional;
d) "productor": el fabricante de un bien de consumo, el importador de un bien de consumo en el territorio de la Comunidad o cualquier persona que se presente como productor indicando en el bien de consumo su nombre, su marca u otro signo distintivo;
e) "garantía": todo compromiso asumido por un vendedor o un productor respecto del consumidor, sin coste suplementario, de reembolsar el precio pagado por un bien de consumo, de sustituirlo, de repararlo o de ocuparse del modo que fuere del bien en caso de que no corresponda a las condiciones enunciadas en la declaración de garantía o en la publicidad correspondiente;
f) "reparación": en caso de falta de conformidad, poner el bien de consumo en un estado que sea conforme al contrato de venta.
3. Los Estados miembros podrán establecer que los "bienes de consumo" no incluyan los bienes de segunda mano vendidos en una subasta en la que los consumidores puedan asistir personalmente a la venta.
4. Los contratos de suministro de bienes de consumo que hayan de fabricarse o producirse también se considerarán contratos de compraventa a efectos de la presente Directiva.

Artículo 2
Conformidad con el contrato

1. El vendedor estará obligado a entregar al consumidor un bien que sea conforme al contrato de compraventa.
2. Se presumirá que los bienes de consumo son conformes al contrato si:
a) se ajustan a la descripción realizada por el vendedor y poseen las cualidades del bien que el vendedor haya presentado al consumidor en forma de muestra o modelo;
b) son aptos para el uso especial requerido por el consumidor que éste haya puesto en conocimiento del vendedor en el momento de la celebración del contrato y éste haya admitido que el bien es apto para dicho uso;
c) son aptos para los usos a que ordinariamente se destinen bienes del mismo tipo;
d) presentan la calidad y las prestaciones habituales de un bien del mismo tipo que el consumidor puede fundadamente esperar, habida cuenta de la naturaleza del bien y, en su caso, de las declaraciones públicas sobre las características concretas de los bienes hechas por el vendedor, el productor o su representante, en particular en la publicidad o el etiquetado.
3. Se considerará que no existe falta de conformidad a efectos del presente artículo si en el momento de la celebración del contrato el consumidor tenía conocimiento de este defecto o no podía fundadamente ignorarlo, o si la falta de conformidad tiene su origen en materiales suministrados por el consumidor.

4. El vendedor no quedará obligado por las declaraciones públicas contempladas en la letra d) del apartado 2 si demuestra:
- que desconocía y no cabía razonablemente esperar que conociera la declaración en cuestión,
- que dicha declaración había sido corregida en el momento de la celebración del contrato, o
- que dicha declaración no pudo influir en la decisión de comprar el bien de consumo.
5. La falta de conformidad que resulte de una incorrecta instalación del bien de consumo se presumirá equiparable a la falta de conformidad del bien cuando la instalación esté incluida en el contrato de compraventa del bien y haya sido realizada por el vendedor o bajo su responsabilidad. Esta disposición también será aplicable cuando se trate de un bien cuya instalación esté previsto que sea realizada por el consumidor, sea éste quien lo instale y la instalación defectuosa se deba a un error en las instrucciones de instalación.

Artículo 3
Derechos del consumidor
1. El vendedor responderá ante el consumidor de cualquier falta de conformidad que exista en el momento de la entrega del bien.
2. En caso de falta de conformidad, el consumidor podrá exigir que los bienes sean puestos en conformidad mediante la reparación o la sustitución del bien sin cargo alguno, de conformidad con el apartado 3, o una reducción adecuada del precio o la resolución del contrato respecto de dicho bien, de conformidad con los apartados 5 y 6.
3. En primer lugar, el consumidor podrá exigir al vendedor que repare el bien o que lo sustituya, en ambos casos sin cargo alguno, salvo que ello resulte imposible o desproporcionado.
Se considerará desproporcionada toda forma de saneamiento que imponga al vendedor costes que, en comparación con la otra forma de saneamiento, no sean razonables, teniendo en cuenta:
- el valor que tendría el bien si no hubiera falta de conformidad,
- la relevancia de la falta de conformidad, y
- si la forma de saneamiento alternativa pudiese realizarse sin inconvenientes mayores para el consumidor.
Toda reparación o sustitución deberá llevarse a cabo en un plazo razonable y sin mayores inconvenientes para el consumidor, habida cuenta de la naturaleza de los bienes y de la finalidad que tuvieran los bienes para el consumidor.
4. La expresión "sin cargo alguno" utilizada en los apartados 2 y 3 se refiere a los gastos necesarios realizados para subsanar la falta de conformidad de los bienes con el contrato, especialmente los gastos de envío, así como los costes relacionados con la mano de obra y los materiales.
5. El consumidor tendrá derecho a una reducción adecuada del precio o a la resolución del contrato:
- si no puede exigir ni la reparación ni la sustitución, o
- si el vendedor no hubiera llevado a cabo el saneamiento en un plazo razonable, o

- si el vendedor no hubiera llevado a cabo el saneamiento sin mayores inconvenientes para el consumidor.
6. El consumidor no tendrá derecho a resolver el contrato si la falta de conformidad es de escasa importancia.

Artículo 4
Recursos

Cuando el vendedor final deba responder ante el consumidor por falta de conformidad resultante de una acción u omisión del productor, de un vendedor anterior perteneciente a la misma cadena contractual o de cualquier otro intermediario, el vendedor final podrá emprender acciones contra la persona responsable en la cadena contractual. La legislación nacional determinará quién es el responsable, o los responsables, contra los que podrá emprender acciones el vendedor final, así como las acciones y las condiciones de ejercicio correspondientes.

Artículo 5
Plazos

1. El vendedor deberá responder de conformidad con el artículo 3 cuando la falta de conformidad se manifieste dentro de un plazo de dos años a partir de la entrega del bien. Si, con arreglo a la legislación nacional, los derechos previstos en el apartado 2 del artículo 3 están sujetos a un plazo de prescripción, éste no podrá ser inferior a dos años desde la entrega del bien.
2. Los Estados miembros podrán disponer que el consumidor, para poder hacer valer sus derechos, deberá informar al vendedor de la falta de conformidad en el plazo de dos meses desde la fecha en que se percató de dicha falta de conformidad.
Los Estados miembros informarán a la Comisión acerca de la forma en que apliquen lo dispuesto en el presente apartado. La Comisión controlará el efecto que sobre los consumidores y sobre el mercado interior tenga la existencia de esta opción otorgada a los Estados miembros.
A más tardar el 7 de enero de 2003, la Comisión elaborará un informe sobre la aplicación del presente apartado por los Estados miembros. Dicho informe se publicará en el Diario Oficial de las Comunidades Europeas.
3. Salvo prueba en contrario, se presumirá que las faltas de conformidad que se manifiesten en un período de seis meses a partir de la entrega del bien ya existían en esa fecha, salvo cuando esa presunción sea incompatible con la naturaleza de los bienes o la índole de la falta de conformidad.

Artículo 6
Garantías

1. La garantía comercial obligará a la persona que la ofrezca en las condiciones establecidas en el documento de garantía y en la correspondiente publicidad.
2. La garantía deberá:
- declarar que el consumidor goza de derechos con arreglo a la legislación nacional aplicable que regula la venta de bienes de consumo y especificar que la garantía no afecta a los derechos que asisten al consumidor con arreglo a la misma;
- indicar con claridad el contenido de la

garantía y los elementos básicos para presentar reclamaciones en virtud de la misma, en particular su duración y alcance territorial, así como el nombre y dirección del garante.
3. A petición del consumidor, la garantía deberá figurar por escrito o en cualquier otro soporte duradero disponible que le sea accesible.
4. Los Estados miembros podrán, con arreglo a lo dispuesto en el Tratado, exigir que la garantía de los bienes comercializados en su territorio esté redactada en una o más lenguas de las que ellos determinen de entre las lenguas oficiales de la Comunidad.
5. En el caso de que una garantía infringiera los requisitos de los apartados 2, 3 o 4, ello no afectaría en ningún caso a su validez, pudiendo el consumidor en todo caso exigir su cumplimiento.

Artículo 7
Carácter imperativo de las disposiciones

1. Las cláusulas contractuales o los acuerdos celebrados con el vendedor, antes de que se indique a éste la falta de conformidad, que excluyan o limiten directa o indirectamente los derechos conferidos por la presente Directiva, no vincularán al consumidor, con arreglo a lo establecido en el Derecho nacional.
Los Estados miembros podrán disponer que, tratándose de bienes de segunda mano, el vendedor y el consumidor podrán establecer cláusulas o acuerdos contractuales que fijen un plazo de responsabilidad por parte del vendedor menor que el establecido en el apartado 1 del artículo 5. Dicho plazo no podrá ser inferior a un año.
2. Los Estados miembros adoptarán las medidas necesarias para que el consumidor no se vea privado de la protección conferida por la presente Directiva por haberse optado por la legislación de un Estado no miembro como Derecho aplicable al contrato, cuando éste presente un vínculo estrecho con el territorio de los Estados miembros.

Artículo 8
Derecho interno y protección mínima

1. Los derechos conferidos por la presente Directiva se ejercerán sin perjuicio de otros derechos que pueda invocar el consumidor en virtud de otras normas nacionales relativas a la responsabilidad contractual o extracontractual.
2. Los Estados miembros podrán adoptar o mantener, en el ámbito regulado por la presente Directiva, disposiciones más exigentes, compatibles con el Tratado, para garantizar al consumidor un nivel de protección más elevado.

Artículo 9

Los Estados miembros tomarán las medidas adecuadas para informar a los consumidores sobre las disposiciones nacionales adoptadas para la transposición de la presente Directiva y, si lo consideran oportuno, alentarán a las organizaciones profesionales a que informen a los consumidores sobre sus derechos.

Artículo 10

En el anexo de la Directiva 98/27/CE, se añadirá la siguiente mención: "10. Directiva 99/44/CE del Parlamento Europeo y del Consejo, de 25 de mayo de 1999, sobre determinados aspectos de la venta y las garantías de los bienes de consumo (DO L 171 de 7.7.1999, p. 12).".

Artículo 11

Transposición

1. Los Estados miembros pondrán en vigor las disposiciones legales reglamentarias y administrativas necesarias para dar cumplimiento a lo establecido en la presente Directiva a más tardar el 1 de enero de 2002. Informarán inmediatamente de ello a la Comisión.

Cuando los Estados miembros adopten dichas disposiciones, éstas incluirán una referencia a la presente Directiva o irán acompañadas de dicha referencia en su publicación oficial. Los Estados miembros establecerán las modalidades de la mencionada referencia.

2. Los Estados miembros comunicarán a la Comisión el texto de las disposiciones de Derecho interno que adopten en el ámbito regulado por la presente Directiva.

Artículo 12

Revisión

A más tardar el 7 de julio de 2006, la Comisión procederá al examen de la aplicación de la presente Directiva y presentará un informe al respecto al Parlamento Europeo y al Consejo. Dicho informe examinará, entre otros elementos, si procede introducir la responsabilidad directa del productor y, si procede, irá acompañado de propuestas.

Artículo 13

Entrada en vigor

La presente Directiva entrará en vigor el día de su publicación en el Diario Oficial de las Comunidades Europeas.

Artículo 14

Los destinatarios de la presente Directiva serán los Estados miembros.

Hecho en Bruselas, el 25 de mayo de 1999.

Por el Parlamento Europeo
El Presidente
J. M. GIL-ROBLES

Por el Consejo
El Presidente
H. EICHEL

(1) DO C 307 de 16.10.1996, p. 8, y DO C 148 de 14.5.1998, p. 12.
(2) DO C 66 de 3.3.1997, p. 5.
(3) Dictamen del Parlamento Europeo de 10 de marzo de 1998 (DO C 104 de 6.4.1998, p. 30), Posición común del Consejo de 24 de septiembre de 1998 (DO C 333 de 30.10.1998, p. 46) y Decisión del Parlamento Europeo de 17 de diciembre de 1998 (DO C 98 de 9.04.1999, p. 226). Decisión del Parlamento Europeo de 5 de mayo de 1999. Decisión del Consejo de 17 de mayo de 1999.
(4) DO L 115 de 17.4.1998, p. 31.
(5) DO L 166 de 11.6.1998, p. 51.

2. PROYECTO DE LEY: Garantías en la venta de bienes de consumo (BOCG 31 de octubre de 2002, Serie A, Núm.117-1)

BOLETÍN OFICIAL DE LAS CORTES GENERALES

VII LEGISLATURA
Serie A:
31 de octubre de 2002 Núm. 117-1 PROYECTOS DE LEY
PROYECTO DE LEY
121/000117 Garantías en la venta de bienes de consumo.

La Mesa de la Cámara, en su reunión del día de hoy, ha adoptado el acuerdo que se indica respecto del asunto de referencia: (121) Proyecto de Ley. 121/000117

AUTOR: Gobierno.

Proyecto de Ley de garantías en la venta de bienes de consumo.

Acuerdo:
Encomendar su aprobación con competencia legislativa plena, conforme al artículo 148 del Reglamento, a la Comisión de Justicia e Interior. Asimismo, publicar en el BOLETÍN OFICIAL DE LAS CORTES GENERALES, estableciendo plazo de enmiendas, por un período de quince días hábiles, que finaliza el día 20 de noviembre de 2002. En ejecución de dicho acuerdo, se ordena la publicación de conformidad con el artículo 97 del Reglamento de la Cámara.

Palacio del Congreso de los Diputados, 29 de octubre de 2002.—P. D. La Secretaria General del Congreso de los Diputados, **Piedad García-Escudero Márquez.**

PROYECTO DE LEY DE GARANTÍAS EN LA VENTA DE BIENES DE CONSUMO

Exposición de motivos

La presente Ley tiene por objeto la incorporación al derecho español de la Directiva 1999/44/CE del Parlamento Europeo y del Consejo, de 25 de mayo de 1999, sobre determinados aspectos de la venta y garantía de los bienes de consumo. La Directiva establece un conjunto de medidas tendentes a garantizar un nivel mínimo uniforme de protección de los consumidores en el marco del mercado interior en todos y cada uno de los Estados miembros. Para ello introduce el principio de conformidad de los bienes con el contrato, aplicable a los supuestos de contratos de compraventa de bienes de consumo celebrados entre el vendedor y el consumidor. Las disposiciones de la Directiva poseen carácter imperativo de modo que no cabe pactar cláusulas que excluyan o limiten los derechos conferidos al consumidor. En consecuencia, la presente Ley otorga este carácter imperativo a todos los derechos reconocidos en la misma. La Ley, de acuerdo con la Directiva de la que trae causa, contiene dos aspectos esenciales que se refieren, por una parte, al marco legal de la garantía en relación con los derechos reconocidos por la propia Ley para garantizar la conformidad de los bienes con el contrato de compraventa; y, por otra, articular la garantía comercial que, adicionalmente, pueda ofrecerse al consumidor. El marco legal de garantía tiene por objeto facilitar al consumidor distintas opciones para exigir el saneamiento cuando el bien adquirido no sea conforme con el contrato, dándole la opción de exigir la reparación por la sustitución del bien, salvo que ésta resulte imposible o desproporcionada. Cuando la reparación o la sustitución no fueran posibles o resulten infructuosas, el consumidor podrá exigir la rebaja del precio o la resolución del contrato. Se reconoce un plazo de dos años, a partir del momento de compra para que el consumidor pueda hacer efectivos estos derechos (en el caso de bienes de segunda mano se podrá pactar un plazo menor no inferior a un año) y un plazo de tres años, también contado a partir del momento de la compra, para que pueda ejercitar, en su caso, las acciones legales oportunas. Por lo que se refiere a la garantía comercial ofrecida por el vendedor o por el productor del bien debe poner al consumidor en una posición más ventajosa en relación con los derechos ya concedidos a los consumidores por esta Ley. Toda garantía comercial debe figurar en un documento escrito en el que se establezcan, de manera clara, los elementos esenciales necesarios para su aplicación. La publicidad relativa a la garantía se considera que forma parte integrante de las condiciones de ésta. La Directiva se añade a la lista que figura en el Anexo de la Directiva 98/27/CE, relativa a las acciones de cesación en materia de protección de los intereses de los consumidores, por lo que ha sido necesario incluir un artículo para introducir la acción de cesación contra las conductas contrarias a lo prevenido en esta Ley. La norma de transposición tiene rango de ley dado que la misma incide tanto en el régimen de los vicios de la compraventa, regulados en los artículos 1.484 y siguientes del Código Civil, como en la regulación de la garantía comercial que se recoge en los artículos 11 de la Ley General para la Defensa de los Consumidores y Usuarios y 12 de la Ley 7/1996, de 15 de enero, de Ordenación del Comercio Minorista. La modificación que se lleva a cabo implica crear un régimen específico aplicable a los contratos de compraventa civil de bienes de consumo celebrados entre los consumidores y los vendedores profesionales. El régimen de saneamiento de vicios ocultos del Código Civil permanece inalterado, siendo de aplicación a las compraventas civiles no comprendidas en el ámbito de la Directiva. El régimen contenido en la Ley de Ordenación del Comercio Minorista sigue siendo aplicable para regular los aspectos de la garantía comercial que no vienen recogidos en la presente Ley. En conclusión, las acciones de reparación y sustitución del bien vendido, de rebaja de su precio y de resolución de la compraventa previstas en esta Ley sustituyen, en el ámbito de las compraventas de bienes de consumo, a las acciones redhibitoria y quanti minoris derivadas del saneamiento por vicios ocultos, y dejan a salvo las acciones indemnizatorias que asisten a los compradores. En razón de tales incidencias la presente Ley se dicta al amparo de lo establecido en las reglas 6.ª y 8.ª del artículo 149.1 de la Constitución, que confieren al Estado competencia exclusiva en materia de legislación mercantil, procesal y civil.

Artículo 1. Principios generales.

El vendedor está obligado a entregar al consumidor un bien que sea conforme con el contrato de compraventa en los términos establecidos en esta Ley.

A los efectos de la presente Ley son vendedores las personas físicas o jurídicas que, en el marco de su actividad profesional, venden bienes de consumo. Se consideran aquí bienes de consumo los bienes muebles corporales destinados al consumo privado.

Artículo 2. Ámbito de aplicación.

Lo previsto en esta Ley no será de aplicación a los bienes adquiridos mediante venta judicial, ni al agua o al gas cuando no estén envasados para la venta en volumen delimitado o en cantidades determinadas, ni a la electricidad. Tampoco será aplicable a los bienes de segunda mano adquiridos en subasta administrativa a la que los consumidores puedan asistir personalmente.

Quedan incluidos en el ámbito de aplicación de esta Ley los contratos de suministro de bienes muebles corporales que hayan de producirse o fabricarse.

Artículo 3. Conformidad de los bienes con el contrato.

1. Salvo prueba en contrario, se entenderá que los bienes son conformes con el contrato siempre que cumplan todos los requisitos que se expresan a continuación, salvo que por las circunstancias del caso alguno de ellos no resulte aplicable:

a) Se ajusten a la descripción realizada por el vendedor y posean las cualidades del bien que el vendedor haya presentado al consumidor en forma de muestra o modelo.

b) Sean aptos para los usos a que ordinariamente se destinen los bienes del mismo tipo.

c) Sean aptos para cualquier uso especial requerido por el consumidor cuando lo haya puesto en conocimiento del vendedor en el momento de celebración del contrato, siempre que éste haya admitido que el bien es apto para dicho uso.

d) Presenten la calidad y prestaciones habituales de un bien del mismo tipo que el consumidor pueda fundadamente esperar, habida cuenta de la naturaleza del bien y, en su caso, de las declaraciones públicas sobre las características concretas de los bienes hechas por el vendedor, el productor o su representante, en particular en la publicidad o en el etiquetado. El vendedor no quedará obligado por tales declaraciones públicas si demuestra que desconocía y no cabía razonablemente esperar que conociera la declaración en cuestión, que dicha declaración había sido corregida en el momento de celebración del contrato o que dicha declaración no pudo influir en la decisión de comprar el bien de consumo.

2. La falta de conformidad que resulte de una incorrecta instalación del bien se equiparará a la falta de conformidad del bien cuando la instalación esté incluida en el contrato de compraventa y haya sido realizada por el vendedor o bajo su responsabilidad, o por el consumidor cuando la instalación defectuosa se deba a un error en las instrucciones de instalación.

3. No habrá lugar a responsabilidad por faltas de conformidad que el consumidor conociera o no hubiera podido fundadamente ignorar en el momento de la celebración del contrato o que tengan su origen en materiales suministrados por el consumidor.

Artículo 4. Responsabilidad del vendedor y derechos del consumidor.

El vendedor responderá ante el consumidor de cualquier falta de conformidad que exista en el momento de la entrega del bien. En los términos de la presente Ley se reconoce al consumidor el derecho a la reparación del bien, a su sustitución, a la rebaja del precio y a la resolución del contrato.

La renuncia previa de los derechos que esta Ley reconoce a los consumidores es nula, siendo asimismo nulos los actos realizados en fraude de esta Ley, de conformidad con el artículo 6.º del Código Civil.

Artículo 5. Reparación y sustitución del bien.

1. Si el bien no fuera conforme con el contrato, el consumidor podrá optar entre exigir la reparación o la sustitución del bien, salvo que una de estas opciones resulte imposible o desproporcionada. Desde el momento en que el consumidor comunique al vendedor la opción elegida, ambas partes habrán de atenerse a ella. Esta decisión del consumidor se entiende sin perjuicio de lo dispuesto en el artículo siguiente para los supuestos en que la reparación o la sustitución no logren poner el bien en conformidad con el contrato.

2. Se considerará desproporcionada toda forma desaneamiento que imponga al vendedor costes que, en comparación con la otra forma de saneamiento, no sean razonables, teniendo en cuenta el valor que tendría el bien si no hubiera falta de conformidad, la relevancia de la falta de conformidad y si la forma de saneamiento alternativa se pudiese realizar sin inconvenientes mayores para el consumidor.

Artículo 6. Reglas de la reparación o sustitución del bien.

La reparación y la sustitución se ajustarán a las siguientes reglas:

a) Serán gratuitas para el consumidor. Dicha gratuidad comprende, especialmente, los gastos de envío, así como los costes relacionados con la mano de obra y los materiales.

b) Deberán llevarse a cabo en un plazo razonable y sin mayores inconvenientes para el consumidor, habida cuenta de la naturaleza de los bienes y de la finalidad que tuvieran para el consumidor.

c) La reparación suspende el cómputo de los plazos a que se refiere el artículo 9 de esta Ley. El período de suspensión comenzará desde que el consumidor ponga el bien a disposición del vendedor y concluirá con la entrega al consumidor del bien ya reparado. Cuando esta entrega se produzca en los seis últimos meses del plazo previsto por el apartado 1 del artículo 9, éste se prorrogará hasta que transcurran seis meses desde dicha entrega del bien reparado.

d) La sustitución interrumpe los plazos a que se refiere el artículo 9, abriéndose unos nuevos desde la entrega del segundo bien.

e) Si concluida la reparación y entregado el bien, éste sigue siendo no conforme con el contrato, el comprador podrá exigir la sustitución del bien, dentro de los límites establecidos en el apartado 2 del artículo 5, o la rebaja del precio o la resolución del contrato en los términos de los artículos 7 y 8 de esta Ley.

f) Si la sustitución no lograra poner el bien en conformidad con el contrato, el comprador podrá exigir la reparación del bien, dentro de los límites establecidos en el apartado 2 del artículo 5, o la rebaja del precio o la resolución del contrato en los términos de los artículos 7 y 8 de esta Ley.

g) El consumidor no podrá exigir la sustitución en el caso de bienes no fungibles, ni tampoco cuando se trate de bienes de segunda mano.

Artículo 7. Rebaja del precio y resolución del contrato.

La rebaja del precio y la resolución del contrato procederán, a elección del consumidor, cuando éste no pudiera exigir la reparación o la sustitución y en los casos en que éstas no se hubieran llevado a cabo en plazo razonable o sin mayores inconvenientes para el consumidor. La resolución no procederá cuando la falta de conformidad sea de escasa importancia.

Artículo 8. Criterios para la rebaja del precio.

La rebaja del precio será proporcional a la diferencia existente entre el valor que el bien hubiera tenido en el momento de la entrega de haber sido conforme con el contrato y el valor que el bien efectivamente entregado tenía en el momento de dicha entrega.

Artículo 9. Plazos.

1. El vendedor responde de las faltas de conformidad que se manifiesten en un plazo de dos años desde la entrega. En los bienes de segunda mano, el vendedor y el consumidor podrán pactar un plazo menor, que no podrá ser inferior a un año desde la entrega.

Salvo prueba en contrario, se presumirá que las faltas de conformidad que se manifiesten en los seis meses posteriores a la entrega ya existían cuando la cosa se entregó, excepto cuando esta presunción sea incompatible con la naturaleza del bien o la índole de la falta de conformidad.

2. Salvo prueba en contrario, la entrega se entiende hecha en el día que figure en la factura o tique de compra, o en el albarán de entrega correspondiente si éste fuera posterior.

3. La acción para reclamar el cumplimiento de lo previsto en los artículos 1 a 8 de esta Ley prescribirá a los tres años desde la entrega del bien.

Artículo 10. Acción contra el productor.

Cuando al consumidor le resulte imposible o le suponga una carga excesiva dirigirse frente al vendedor por la falta de conformidad de los bienes con el contrato de compraventa podrá reclamar directamente al productor con el fin de obtener la sustitución o reparación del bien.

Con carácter general, y sin perjuicio de que la responsabilidad del productor cesará, a los efectos de esta ley en los mismos plazos y condiciones que los establecidos para el vendedor, el productor responderá por la falta de conformidad cuando la misma se refiera al origen, identidad o idoneidad de los bienes de consumo, de acuerdo con su naturaleza y finalidad y con las normas que los regulan.

Se entiende por productor al fabricante de un bien de consumo o al importador del mismo en el territorio de la Unión Europea o a cualquier persona que se presente como tal al indicar en el bien de consumo su nombre, marca u otro signo distintivo.

Quien haya respondido frente al consumidor dispondrá del plazo de un año para repetir del responsable de la falta de conformidad. Dicho plazo se computa a partir del momento en que se completó el saneamiento.

Artículo 11. Garantía comercial.

1. La garantía comercial que pueda ofrecerse adicionalmente obligará a quien figure como garante en las condiciones establecidas en el documento de garantía y en la correspondiente publicidad.

2. La garantía deberá formalizarse al menos en castellano, por escrito o en cualquier otro soporte duradero y directamente disponible para el consumidor, que sea accesible a éste y acorde con la técnica de comunicación empleada. La garantía expresará necesariamente:

a) El bien sobre el que recaiga la garantía.

b) El nombre y dirección del garante.

c) Que la garantía no afecta a los derechos de que dispone el consumidor conforme a las previsiones de la presente Ley.

d) Los derechos del consumidor como titular de la garantía.

e) El plazo de duración de la garantía y su alcance territorial.

3. La acción para reclamar el cumplimiento de lo dispuesto en la garantía prescribirá a los seis meses desde la finalización del plazo de garantía.

4. En todo caso, haya o no prestado garantía comercial, el vendedor informará por escrito al consumidor de los derechos que, en caso de falta de conformidad, se derivan para él de esta Ley. Cuando se preste garantía comercial esta información se incluirá en un único documento.

Artículo 12. Acción de cesación.

Podrá ejercitarse la acción de cesación contra las conductas contrarias a lo prevenido por la presente ley que lesionen intereses tanto colectivos como difusos de los consumidores y usuarios, en la forma y con las condiciones establecidas en la Ley de Enjuiciamiento Civil y en la Ley General para la Defensa de los Consumidores y Usuarios.

Artículo 13. Puntos de conexión.

Las normas de protección de los consumidores contenidas en la presente Ley serán aplicables, cualquiera que sea la Ley que las partes hayan elegido para regir el contrato, cuando éste presente una conexión o vínculo estrecho con el territorio de alguno de los Estados miembros de la Comunidad Europea.

Disposición adicional única. Incompatibilidad de acciones.

El ejercicio de las acciones que contempla esta Ley derivadas de la falta de conformidad será incompatible con el ejercicio de las acciones derivadas del saneamiento por vicios ocultos de la compraventa.

En todo caso, el comprador tendrá derecho, de acuerdo con la legislación civil y mercantil, a ser indemnizado por los daños y perjuicios derivados de la falta de conformidad.

Disposición transitoria única.

Lo dispuesto respecto de la garantía comercial no será de aplicación a los productos puestos en circulación antes de la entrada en vigor de la presente Ley. Éstos se regirán por las disposiciones vigentes en dicho momento.

Disposición derogatoria. Derogación normativa.

Quedan derogadas todas las disposiciones de igual o inferior rango que se opongan a lo establecido en esta Ley.

Disposición final primera. Modificación normativa.

El apartado 1 del artículo 8 de la Ley 26/1984, de 19 de julio, General para la Defensa de los Consumidores y Usuarios, tendrá la siguiente redacción:

«1. La oferta, promoción y publicidad de los productos, actividades o servicios, se ajustarán a su naturaleza, características, condiciones, utilidad o finalidad,
sin perjuicio de lo establecido en las disposiciones sobre publicidad y de acuerdo con el principio de conformidad con el contrato regulado en su legislación específica. Su contenido, las prestaciones propias de cada producto o servicio y las condiciones y garantías ofrecidas, serán exigibles por los consumidores y usuarios, aun cuando no figuren expresamente en el contrato celebrado
o en el documento o comprobante recibido.»

Disposición final segunda. Habilitación al Gobierno.

Se habilita al Gobierno para que en el plazo de tres años proceda a refundir en un único texto la Ley General para la Defensa de los Consumidores y Usuarios y las normas de transposición de las Directivas comunitarias dictadas en materia de protección de los consumidores y usuarios que inciden en los aspectos regulados en ella, regularizando, aclarando y armonizando los textos legales que tengan que ser refundidos.

Disposición final tercera. Título competencial.

Esta Ley se dicta al amparo de las competencias exclusivas que corresponden al Estado en materia de legislación mercantil, procesal y civil, conforme a las reglas 6.ª y 8.ª del artículo 149.1 de la Constitución.

Disposición final cuarta. Entrada en vigor.

Esta Ley entrará en vigor a los dos meses de su publicación en el «Boletín Oficial del Estado».

INTERNATIONALRECHTLICHE STUDIEN
Beiträge zum Internationalen Privatrecht,
zum Einheitsrecht und zur Rechtsvergleichung

Herausgegeben von Ulrich Magnus

Band 1 Birgit Reimers-Zocher: Beweislastfragen im Haager und Wiener Kaufrecht. 1995.

Band 2 Lenja Vespermann: Schadensersatz bei Beeinträchtigung rechts- oder sittenwidriger Interessen im deutschen und französischen Recht. 1996.

Band 3 Peter Cypra: Die Rechtsbehelfe im Verfahren der Vollstreckbarerklärung nach dem EuGVÜ unter besonderer Berücksichtigung der Ausgestaltung in Deutschland und Frankreich. 1996.

Band 4 Brigitta Lurger: Regulierung und Deregulierung im europäischen Privatrecht. 1997.

Band 5 Uta Gutknecht: Das Nacherfüllungsrecht des Verkäufers bei Kauf- und Werklieferungsverträgen. Rechtsvergleichende Untersuchung zum CISG, zum US-amerikanischen Uniform Commercial Code, zum deutschen Recht und zu dem Vorschlag der Kommission zur Überarbeitung des deutschen Schuldrechts. 1996.

Band 6 Stefan Abel: Die Qualifikation der Schenkung. Zur Methode der Qualifikation im Internationalen Schuldvertragsrecht. 1997.

Band 7 Daniel Kötz: Verkäuferpflichten und Rechtsbehelfe des Käufers im neuen norwegischen Kaufrecht vom 13. Mai 1988 Nr. 27 im Vergleich zum UN-Kaufrecht vom 11. April 1980 (CISG). 1997.

Band 8 Olaf Beier: Grundsätze eines europäischen transportmittelübergreifenden Schadensrechts für den Gütertransport. Eine rechtsvergleichende Untersuchung unter besonderer Berücksichtigung der CMR, der ER/CIM 1990, des WA/HP und der HVR. 1999.

Band 9 Ulrich Krüger: Modifizierte Erfolgshaftung im UN-Kaufrecht. Die Haftungsbefreiung bei Lieferung vertragswidriger Ware gemäß Art. 79 CISG. 1999.

Band 10 Wolf-Henning Hammer: Das Zurückhaltungsrecht gemäß Art. 71 CISG im Vergleich zu den Kaufgesetzen der nordischen Staaten unter Einbeziehung transportrechtlicher Aspekte. Eine rechtsvergleichende Studie. 1999.

Band 11 Ulrich Quay: Der Consulting-Vertrag im Internationalen Privatrecht. 2000.

Band 12 Axel Halfmeier: Die Veröffentlichung privater Tatsachen als unerlaubte Handlung. Eine rechtsvergleichende Untersuchung. 2000.

Band 13 Stephanie Scholz: Lohngleichheit durch Verfahren. Eine Studie zur Förderung der Lohngleichheit durch verfahrensrechtliche Ansätze. 2000.

Band 14 Tarık Cebecioğlu: Stellung des Ausländers im Zivilprozeß. Eine rechtsvergleichende Untersuchung des türkischen und deutschen Rechts. 2000.

Band 15 Gunnar Straube: Sozialrechtliche Eingriffsnormen im Internationalen Privatrecht. 2001.

Band 16 Daniela de Lukowicz: Divergenzen in der Rechtsprechung zum CISG. Auf dem Weg zu einer einheitlichen Auslegung und Anwendung? 2001.

Band 17 Mohamed Hassan Fadlalla Ali: Das islamische Ehe- und Kindschaftsrecht im Sudan. Mit Hinweisen zu den Lehren der Islamischen Rechtsschule, der anwendbaren Familienrechtsvorschriften für Nichtmuslime im Sudan und im deutschen Familienrecht. 2001.

Band 19 Florian Schulz: Der Ersatzlieferungs- und Nachbesserungsanspruch des Käufers im internen deutschen Recht, im UCC und im CISG. Eine rechtsvergleichende Untersuchung unter Berücksichtigung der Schuldrechtskommission, der EG-Richtlinie 1999/44/EG und des Diskussionsentwurfs eines Schuldrechtsmodernisierungsgesetzes. 2002.

Band 20 Ingo Janert: Die Aufrechnung im internationalen Vertragsrecht. 2002.

Band 21 Armin Jentsch: Die Erhaltungspflichten des Verkäufers und des Käufers im UN-Kaufrecht im Vergleich zum US-amerikanischen Uniform Commercial Code und zum deutschen Recht. 2002.

Band 22 Martin Taschner: Arbeitsvertragsstatut und zwingende Bestimmungen nach dem Europäischen Schuldvertragsübereinkommen. Einheitliche Auslegung. 2003.

Band 23 Klaus Bitterich: Die Neuregelung des Internationalen Verbrauchervertragsrechts in Art. 29a EGBGB. 2003.

Band 24 Sascha J. Morgenroth: Umsetzung der Verbrauchsgüterkaufrichtlinie in Spanien und Deutschland. Umsetzung der Richtlinie 1999/44/EG des Europäischen Parlaments und des Rates vom 25. Mai 1999 zu bestimmten Aspekten des Verbrauchsgüterkaufs und der Garantien für Verbrauchsgüter in Spanien und Deutschland. 2003.

FSC
www.fsc.org
MIX
Papier | Fördert gute Waldnutzung
FSC® C083411

Kolibri 360 GmbH
Ferdinand-Jühlke-Straße 7
99095 Erfurt, Deutschland
produktsicherheit@kolibri360.de

Druck:
CPI Druckdienstleistungen GmbH
im Auftrag der
Kolibri 360 GmbH
Ferdinand-Jühlke-Str. 7
99095 Erfurt

FSC
www.fsc.org
MIX
Papier | Fördert gute Waldnutzung
FSC® C083411

Kolibri 360 GmbH
Ferdinand-Jühlke-Straße 7
99095 Erfurt, Deutschland
produktsicherheit@kolibri360.de

Druck:
CPI Druckdienstleistungen GmbH
im Auftrag der
Kolibri 360 GmbH
Ferdinand-Jühlke-Str. 7
99095 Erfurt